本课题为教育部人文社会科学重点研究基地项目资助

项目批准号：14JJD78001

中国史前考古论集
续集

王仁湘　著

文物出版社

图书在版编目（CIP）数据

中国史前考古论集：续集／王仁湘著. —北京：文物
出版社，2017.1

ISBN 978 - 7 - 5010 - 4778 - 9

Ⅰ.①中… Ⅱ.①王… Ⅲ.①石器时代考古 - 中国 -
文集 Ⅳ.①K871. 104 - 53

中国版本图书馆 CIP 数据核字（2016）第 227093 号

中国史前考古论集续集

著　　者：王仁湘

责任编辑：王　伟　　周燕林
封面设计：张征雁
责任印制：梁秋卉

出版发行：文物出版社
社　　址：北京市东直门内北小街 2 号楼
邮　　编：100007
网　　址：http://www.wenwu.com
邮　　箱：web@ wenwu.com
经　　销：新华书店
印　　刷：北京京都六环印刷厂印刷
开　　本：787mm × 1092mm　1/16
印　　张：31.5
版　　次：2017 年 1 月第 1 版
印　　次：2017 年 1 月第 1 次印刷
书　　号：ISBN 978 - 7 - 5010 - 4778 - 9
定　　价：190.00 元

永远的仰韶

（代序）

［仰韶之门］

在一个细雨纷飞的时刻

我怀着一种虔诚

轻轻地

推开这扇柴门

蓦然间

我看见面前有一条路

蜿蜒坎坷

连接着古今

向往着未来

这是古老的仰韶之路

那是 80 年前，在一些偶然发现的古老石器的吸引下，一个外国学者经历远途的崎岖，来到了当时并不知名的黄河中游的小村庄——仰韶村。他来自遥远的瑞典，他就是安特生。是安特生发现了仰韶村的秘密，是他将这些秘密公诸于世，让全世界知道了仰韶村，知道中国也有新石器文化，这就是他命名的仰韶文化。80 多年来，仰韶文化的研究不仅成为中国考古学的中心课题，也是一些考古学家治学立业的基础。仰韶文化研究所取得的成就，是 20 世纪中国史前考古灿烂的篇章。

80 年后，我随着一个朝圣的车队，在一阵细雨的滋润中，来到向往已久的仰韶村。村子在渑池城北 8 公里处，是一个靠近黄河南岸、三面环水的小村庄。因为面对着一座名为韶山的小山，这村庄也就有了"仰韶"这个响亮的名字。仰韶遗址位于仰韶村南和寺沟村北的台地上，面积 30 多万平方米。这里有厚厚的黄土层，沟壑崖头处处可见房址和灰坑遗迹。虽然见惯了东西南北的许多遗址，但面对着这一方考古圣土，激动之情还是久久不能自已。这终归不是一座普通的考古遗址，它的根须，早已深种在中国考古人的心中。

漫步在仰韶遗址，虽然已经找不到当年安特生树立"仰韶文化区"木牌的地方了，也听不到他那手摇留声机的洋腔洋调了，但我却能感觉到那位安牧师（安蛮子）的身影深深地印在了这块土地上。我离开朝圣的人流，独自信步走向村外，我感受着安特生当年感受过的气息。当我怀着一种虔诚，双手轻轻推开一扇柴门，蓦然间我看到了一条连接过去、现在和未来的路，这是仰韶之路。也许安特生曾走过我眼前的这条路，他也许就是在这条路上，反复思考了这样的问题：仰韶这样灿烂的彩陶文化，它是怎么出现的呢？它的源头在哪里？

在追寻仰韶文化源头的过程中，包括发现者安特生在内的不少研究者都曾宣称自己找到了真正的源头，但是他们并没有获得真正的成功，不断有后来者发现新证，否定旧说。探索中不断变更的仰韶文化源头，成了学界一道非常特别的景致。

在仰韶文化刚刚确立不久，安特生根据河南与甘肃发现的彩陶同中亚土库曼斯坦的安诺文化彩陶进行比较研究，认为两者有密切的联系，最先提出了仰韶文化西来说的观点，为演绎中国文化西来说作了很大努力。于是安特生把搜索的目光转向中国西北部，他推测那里应存在着一条彩陶传播的通道。安特生沿着古老的黄河西行，去追溯仰韶文化的源头。他本来打算只在西北地区考察几个月就返回北京，但在甘肃和青海一带发现了丰富的古文化遗存，这使得他留连忘返，一直在那里待了近两个年头。

20世纪70年代以后，也就是在安特生发现仰韶文化半个世纪后，中国考古学家在仰韶文化生长的土地上，找到一系列的前仰韶文化遗存，我们从中可以寻得仰韶文化本土起源的许多证据，这才完全否定了仰韶文化西来说的理论，不过安特生已经无法了解这些发现了。

其实我们也明白，找到了前仰韶，并不等于解决了仰韶的起源问题。当裴李岗、磁山文化确立，我们便指认仰韶起源于此。当老官台、白家、大地湾、北首岭下层被认识，我们又认定仰韶起源于彼。一时间辩之不明，我们又说仰韶起源于此也起源于彼。近年又在关中、晋南发现了晚于老官台和裴李岗文化的零口、枣园遗存，原来的认识又全都成了过时的东西，这些发现使很多人相信，我们这才找到了仰韶真正的源头。

不可否认，关中和晋南地区零口一类前仰韶文化遗存的发现，让人们看到了仰韶文化探源研究的新希望。但是在这个希望面前，直觉告诉我们，仰韶的源头可能还有疑惑。且不说研究者对零口一类遗存的归属尚有分歧，冷静一点看，这类遗存其实不论与半坡还是与庙底沟之间，距离都是很明显。我以为，将它作为半坡或是作为庙底沟文化的源头，都还显得有些为时过早。

直觉让我们认识到，零口文化的出现非常突然，它切断了建立在学者们论著中的仰韶与前仰韶之间的联系。也就是说，我们以前用心探求的前仰韶的传统并没有为仰韶文化所继承。这个事实对我们的打击显得太残酷了一些，它致使我们过去精心构筑的仰韶文化源流体系几近瓦解，也似乎让我们过去这方面的所有研究顿时没了什么实际价值。

寻找源头，是个很费力的工作。不要以为一条大河，源头一定会十分彰明。长江和黄河的源头就不是一下子确定下来的，历史上经历了多次认错源头的事情。对于仰韶文化的研究也是如此，我们似乎已经到了接近破解谜底的最后关头，但是 20 世纪已经结束，学者们在旧世纪来不及完全解决这个世纪难题。我们寄希望于新世纪之初，曙光应当就在前头。

不仅是源头的寻找还有待努力，我们现在对仰韶的命名、分布范围、社会发展状况等问题的研究，也存有许许多多的争论。但是对于很多学者来说，我们现在还不愿意舍弃"仰韶"，这可以称作几代学者的"仰韶情结"。在安特生的时代，仰韶文化的命名不仅是恰当的、及时的，也是非常必要的。仰韶文化命名伊始，就成了新诞生的中国田野考古学的一面大旗，许多的学者都由这旗下走过，成就了他们的伟业。

我想，没有仰韶村的发现，中国新石器时代考古开始的时日可能还会晚一些。没有仰韶村的发现，在大中原最先发现的史前文化就不会是以"仰韶"命名的文化，中国新石器时代的建构或许是通过另外的途径完成的，"仰韶"这个名称也不会出现在中国考古学史上。我们现在完全可以这样说：史前时代的中国，是从仰韶村遗址的发现而开始发现的，仰韶村应当被作为中国新石器时代考古发祥地载入中国考古学史。在中国考古学界，尤其是在中国史前考古学研究领域，我们不能没有仰韶村，也不能没有仰韶文化。

我在仰韶村的朝圣，时间虽短暂，印象却非常深刻。当仰韶村慢慢消失在背后，我心中还在默念着它。我相信进入 21 世纪以后，仰韶与仰韶文化，同龙山和龙山时代这样的词汇一样，还将继续是中国考古学中辉煌的名字，还将是中国史前考古学的永恒论题。

王仁湘

作于 2001 年

目　录

仰韶文化诸遗存

一　发现与研究简史

　　仰韶文化是黄河中游地区的一支重要的新石器时代文化，代表了中国新石器时代一个非常重要的发展阶段。仰韶文化又是中国田野考古最早发现和确认的新石器时代文化，在中国考古学研究中占有相当重要的地位。

　　仰韶文化的发现和确认，与瑞典学者安特生（Andersson Johan Gunnar）的名字联系在一起。1918 年在北洋政府农商部担任矿政顾问的安特生，在河南渑池县仰韶村采集古生物化石。1920 年他的助手刘长山在仰韶村收集到数百件石器，安特生据此认定在仰韶村一带肯定存在一处史前时代遗址。于是他在 1921 年 4 月又一次到仰韶村考察，这是中国一次十分重要的考古调查。他在村边冲沟的崖壁上发现了远古时代的文化堆积，采集到一些石器和陶片，包括绘有红色或黑色图案的彩陶片。安特生在征得中国政府的同意后，于 1921 年年末在仰韶村遗址进行了正式发掘。参与这次发掘的还有中国地质调查所的 5 位工作人员，他们共发掘了 17 个地点，获得了大批珍贵文化遗物[1]。安特生在仰韶村的发掘，是中国第一次以学术研究为目的的正式发掘，对中国新石器时代考古学的建立和中国近代田野考古学的发展，具有开创之功。

　　1921～1922 年，安特生又在渑池调查发掘了其他一些遗址。他认为这些地点的发现都属新石器时代末期的同类遗存，因此提出了"仰韶文化"的命名。因为这类遗存均以彩陶为明显特征，所以安特生又称之为"彩陶文化"。从此，仰韶文化的研究不仅成为中国近代考古学发端的一个重要标志，也成为中国史前考古学乃至整个中国考古学研究的中心课题之一，而且一直影响到中国现代考古学的发展。

　　1951 年，中国考古工作者对仰韶村进行了第二次发掘[2]，后来在 1980～1981 年又进行了较大规模的发掘[3]，进一步弄清了遗址堆积的内涵，得知那里不仅有仰韶文化遗存，还包括有安特生当时所不知晓的龙山文化遗存。

　　经过数十年的田野考古调查和发掘，仰韶文化及受仰韶文化明显影响的遗址发现

　　〔1〕　安特生：《中国远古之文化》，《地质汇报》1923 年 5 号。
　　〔2〕　中国科学院考古所河南调查团：《河南渑池的史前遗址》，《科学通报》1951 年 2 卷 9 期。
　　〔3〕　河南省文物研究所等：《渑池仰韶遗址 1980－1981 年发掘报告》，《史前研究》1983 年 1 期。

已有数千处，它的分布以陕西、河南、山西为中心，影响远达甘肃、湖北、河北和内蒙古南部边缘地区。

作为中国史前考古学研究的中心课题，仰韶文化的研究经历了80多年的发展过程。在20世纪20年代，是开始发现与初步研究阶段，以仰韶村的发现为标志，确认中国有发达的新石器文化，命名了仰韶文化。到30~40年代，是深入认知的研究阶段，以1931年后冈三叠层的发现最为重要，由认知龙山文化而进一步了解仰韶文化，并且确认龙山文化晚于仰韶文化。以1945年夏鼐重新改定齐家与仰韶两期相对年代为标志，中国学者基本否定了安特生判定的中国黄河流域史前文化年代表。

进入50~60年代，大规模考古发掘和全面研究使仰韶文化的面貌更为清晰，西安半坡和陕县庙底沟等一系列遗址的发掘取得重要收获。半坡和庙底沟两个遗址的发掘，确立了仰韶文化的半坡和庙底沟两个主要类型。调查和发掘遗址数量大大增加，仰韶文化的地区与时代特征渐渐分明，类型和分期研究成为研究者们的重要课题。苏秉琦发表《论仰韶文化的几个问题》，对仰韶文化进行了全面研究，是这一时期仰韶文化研究成果的阶段性总结[4]。

到了70~90年代，专题研究蓬勃开展，探源研究成果显著。这一时期发掘的重要遗址有临潼姜寨和郑州大河村等，为探索仰韶文化渊源而发掘的重要遗址主要有秦安大地湾、临潼白家村、渭南北刘、武安磁山和新郑裴李岗等。一些研究者提出了"仰韶时代"的概念，将公元前5000~前3000年的新石器文化作为一个大的时段进行了系统研究[5]。郑州西山仰韶城址和关中、晋南一些典型遗址的发掘，为渐趋冷落的仰韶文化研究注入了新的活力。在这期间获得了大批碳十四年代数据，绝对年代的研究成为现实。专题研究涉及的内容比较广泛，主要有聚落形态、农业起源、生产工具、制陶工艺、彩陶、埋葬制度、社会发展阶段、文化源流等，通过多角度的全面深入研究，对仰韶文化的了解更加全面透彻。在中国新石器时代考古研究中，以仰韶文化发现时间最早，发现遗址最多，研究最为深入，影响也最广泛。

当然，不同的研究者对仰韶文化的理解会有明显的差异，关于它的分布范围、年代判断、类型划分、文化性质乃至社会结构，都存在一些不同的看法。在"大仰韶"的概念形成以后，一些研究者对传统的"仰韶文化"的命名有了重新考虑。有的提出了"半坡文化"、"庙底沟文化"和"大河村文化"的命名，用以取代仰韶文化[6]。

研究者对仰韶文化的概念并没有一致的认识，有的将它作为一个时代的代称，这

[4] 苏秉琦：《关于仰韶文化的若干问题》，《考古学报》1965年1期。
[5] 张居中：《仰韶时代文化刍议》，《论仰韶文化——纪念仰韶村遗址发现60周年学术讨论会论文集》，《中原文物》1986年特刊；张忠培：《仰韶时代——史前社会的繁荣与向文明时代的转变》，《文物季刊》1997年1期。
[6] 丁清贤：《关于"仰韶文化"的问题》，《史前研究》1985年3期。

是广义的仰韶；有的只将它作为典型仰韶文化的名称，这是仰韶文化的本体，也是狭义的仰韶；还有的将包括典型仰韶和与之关系密切的文化统称为仰韶文化。本文阐述的仰韶文化，主要指的是研究者们认定的中心分布区域的典型仰韶文化，包括半坡文化、庙底沟文化、西王村文化，这是仰韶文化一脉相承的三个发展阶段。对于中心分布区域之外其他在发展过程中受仰韶文化影响较大而被划入仰韶文化系统的文化遗存，也兼为述及。

二 分布范围和典型遗址

由于对仰韶文化的界定存在着分歧，所以研究者们对于它的分布范围也有着明显不同的看法。调查发现的数以千计的仰韶文化遗址，主要分布在陕西、河南、山西三个省区内，此外在甘肃、湖北、河北和内蒙古临近中原的边缘地区也有分布。有些研究者划定的仰韶文化的分布范围还要广大一些，认为以陕西、河南和晋南为中心，西达河西走廊，东至鲁西地区，北至河套一带，南抵汉水流域。各地遗址的分布，由于地域的不同，又划分为几个不同的文化区域，包括关中－陕南－豫西－晋南区、洛阳－郑州区、豫北－冀南区、丹江区、陇东区、张家口区、河套区等[7]。

仰韶文化中心分布区在关中－陕南－豫西－晋南，在这个范围之外的表现有相似特点的文化遗存，是仰韶文化影响的结果，重要的是这些外围遗存的来源与中心区域的仰韶文化并不完全相同。为了与过去的研究相衔接，我们在这里以中心区的叙述为主，也仍然要涉及这些外围遗存。对于这些外围遗存有的研究者已经提出了一些命名，如"后冈一期文化"、"大司空文化"、"秦王寨文化"或"大河村文化"、"下王岗文化"等（图1）。

仰韶文化及相关的外围遗存的典型遗址，有陕西的西安半坡，宝鸡北首岭，福临堡，扶风案板村，邠县下孟村，临潼姜寨，华县元君庙、泉护村，华阴横阵村，渭南史家村，铜川吕家崖[8]、李家沟[9]、瓦窑沟，西乡何家湾，南郑龙岗寺，商县紫荆；山西的夏县西阴村遗址，芮城东庄村、西王村，翼城北橄；河南的陕县庙底沟、三里桥，渑池仰韶村，洛阳王湾、秦王寨，郑州大河村，荥阳点军台，淅川下王岗，安阳后冈、大司空、大正集，濮阳西水坡；河北的磁县下潘汪；甘肃的秦安大地湾、王家阴洼；湖北的郧县大寺等。

〔7〕 中国社会科学院考古研究所编：《新中国的考古发现和研究》，文物出版社，1984 年。

〔8〕 陕西省考古研究所等：《陕西铜川吕家崖新石器时代遗址试掘简报》，《考古与文物》1993 年 6 期。

〔9〕 西安半坡博物馆：《铜川李家沟新石器时代遗址发掘报告》，《考古与文物》1984 年 1 期。

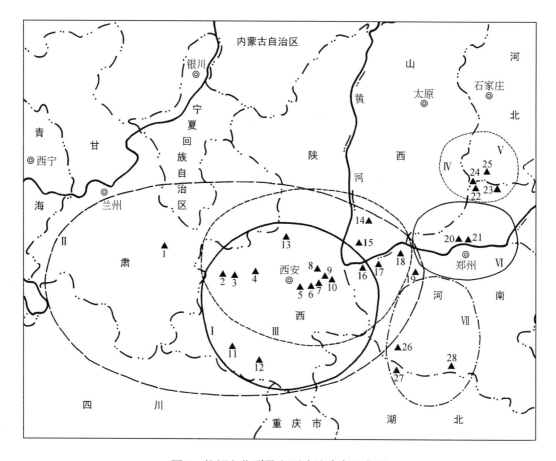

图 1　仰韶文化群及主要遗址分布示意图

I. 半坡文化　II. 庙底沟文化　III. 西王村文化　IV. 后冈一期文化　V. 大司空文化　VI. 大河村文化　VII. 下王岗文化　1. 秦安大地湾　2. 宝鸡北首岭　3. 宝鸡福临堡　4. 扶风案板村　5. 西安半坡　6. 临潼姜寨　7. 渭南史家　8. 华县泉护村　9. 华县元君庙　10. 华阴横阵村　11. 南郑龙岗寺　12. 西乡何家湾　13. 铜川瓦窑沟　14. 夏县西阴村　15. 芮城东庄村和西王村　16. 陕县庙底沟　17. 渑池仰韶村　18. 洛阳王湾　19. 汝洲阎村　20. 荥阳秦王寨　21. 郑州大河村　22. 安阳后冈　23. 濮阳西水坡　24. 安阳大司空　25. 磁县下潘汪　26. 淅川下王岗　27. 郧县大寺　28. 邓州八里岗

　　大地湾遗址：面积 12 万平方米，甘肃省文物工作队于 1978～1984 年进行多次发掘，发掘面积 1.37 万平方米。遗址下层为前仰韶文化堆积，其次为仰韶文化和早期龙山文化堆积，仰韶层包括了半坡、庙底沟和西王村三个时期的遗存，发现有墓葬和大型建筑遗迹[10]。

　　北首岭遗址：面积约 6 万平方米，由中国（社会）科学院考古研究所等在 1958～1960 年和 1977～1987 年进行了 7 次发掘，发掘面积约 5000 平方米。发现房屋居址 50

---

〔10〕　甘肃省博物馆文物工作队：《甘肃秦安大地湾第九区发掘简报》、《秦安大地湾 405 号新石器时代房屋遗址》、《甘肃秦安大地湾遗址 1978 至 1982 年发掘的主要收获》，《文物》1983 年 11 期；甘肃省文物工作队：《甘肃秦安大地湾 901 号房址发掘简报》，《文物》1986 年 2 期；郎树德：《大地湾考古对仰韶文化研究的贡献》，《论仰韶文化》，《中原文物》1986 年特刊。

座，墓葬 451 座，还有陶窑和排水沟等遗迹，出土大量陶器、石器和装饰品。遗址的堆积中期为半坡文化，晚期为西王村文化，早期为前仰韶的"北首岭类型"。早中期都有墓地，晚期为村落遗址[11]。

福临堡遗址：面积 18 万平方米，1984～1985 年由宝鸡市考古工作队和陕西省考古研究所宝鸡工作站联合发掘，发掘面积 1344 平方米，揭露的遗迹有房址、陶窑、灰坑和墓葬。遗址分属庙底沟和西王村文化，还发现了一个介乎二者之间的过渡层，45 座墓葬属半坡文化[12]。

瓦窑沟遗址：面积 5 万平方米，1991 年由陕西省考古研究所发掘，发掘面积 8000 平方米。遗址主要为半坡文化堆积，清理 23 座房址、70 座成人墓葬和 46 座瓮棺葬，发现有小围沟圈起来的儿童瓮棺葬墓地。这里也是一处有环壕的聚落遗址[13]。

案板村遗址：面积 70 万平方米，1984～1987 年由西北大学历史系发掘，发掘面积 1625 平方米。上层为龙山文化堆积，仰韶文化堆积分属庙底沟和西王村时期，发现有作为祭仪使用的大型房址，出土的陶塑人像很有特色[14]。

半坡遗址：面积约 5 万平方米，1954～1957 年由中国科学院考古研究所主持进行了 5 次发掘，发掘面积 1 万平方米，1971 年西安半坡博物馆又进行过小规模发掘。这是一个具有完整布局的村落遗址，揭露房址 46 座、墓葬 247 座、陶窑 6 座，出土了包括陶器、石器和骨器在内的大量文化遗物，还有丰富的农作物和包括家畜在内的动物遗存[15]。

姜寨遗址：面积约 5 万平方米，西安半坡博物馆等在 1972～1979 年进行了 11 次发掘，发掘面积 1.7 万余平方米。文化堆积包含仰韶文化的半坡、庙底沟、西王村几个主要阶段的遗存，发掘揭露出一座包括居住区、窑场和墓地的半坡时期大型聚落址，出土大量文化遗物[16]。

元君庙墓地：面积 600 平方米，1958～1959 年由黄河水库华县考古队北京大学考古专业发掘，整个墓地已全面揭露。清理半坡时期墓葬 57 座，多数为多人二次合葬，墓穴排列整齐有序，合葬有一定的规则。随葬品有生产工具、陶器、装饰品和食物，以日用陶器为主[17]。

泉护村遗址：面积 60 万平方米，1958～1959 年由黄河水库华阴考古队发掘，发掘面积 6000 余平方米。遗址的仰韶层堆积属庙底沟时期，发现有半地穴方形房屋基址和

〔11〕 中国社会科学院考古研究所：《宝鸡北首岭》，文物出版社，1983 年。
〔12〕 宝鸡市考古工作队等：《宝鸡福临堡》，文物出版社，1993 年。
〔13〕 王炜林：《瓦窑沟史前遗址发掘取得重要成果》，《中国文物报》1995 年 5 月 21 日。
〔14〕 西北大学文博学院考古专业：《扶风案板遗址发掘报告》，科学出版社，2000 年。
〔15〕 中国科学院考古研究所等：《西安半坡》，科学出版社，1963 年。
〔16〕 西安半坡博物馆等：《姜寨》，文物出版社，1988 年。
〔17〕 北京大学历史系考古教研室：《元君庙仰韶墓地》，文物出版社，1983 年。

成组的陶窑群，出土的花卉与鸟纹图案彩陶为庙底沟时期彩陶图案的典型代表[18]。

横阵村墓地：面积 12 万平方米，1958～1959 年由黄河水库华阴考古队中国科学院考古所发掘，发掘面积 1000 平方米，揭露了一处较为完整的半坡时期墓地，清理墓葬 24 座，还有灰坑葬和瓮棺葬。墓葬以多人二次合葬为主，其中 3 座大坑套小坑的大合葬墓最引人注目，合葬者多达 40 多人，许多研究者都认为这是复原仰韶时期家族制度的重要资料[19]。

史家村墓地：面积约 2 万平方米，1976 年由西安半坡博物馆进行发掘，发掘面积 250 平方米，揭露出一处半坡时期墓地。清理墓葬 43 座，其中 40 座为多人二次合葬，每墓合葬者一般为 20 人左右，最多的达 51 人。多数墓中都发现了以陶器为主的随葬品，也见到少量的生产工具。史家墓地的文化性质体现有半坡和庙底沟时期的双重特点，有的研究者或将它归入"半坡类型"，或单独命名为"史家类型"[20]。

何家湾遗址：面积约 1 万平方米，1980～1982 年由陕西省考古研究所进行发掘，发掘面积 1475 平方米。遗址文化堆积下层为李家村文化，上层为半坡文化。发现半坡时期居址 35 座，墓葬 156 座，另有瓮棺葬 21 座。这是分布在汉水流域的典型半坡文化遗存，出土不少精致的文化遗物[21]。

龙岗寺遗址：面积约 7500 平方米，陕西省考古研究所于 1983～1984 年进行发掘，发掘面积 1800 余平方米。遗址文化堆积与何家湾相似，下层为李家村文化，上层为半坡文化。发现半坡时期墓葬 423 座，其中土坑墓 409 座，瓮棺葬 14 座。土坑墓以单人葬为主，有 11 座二人以上的多人二次合葬，也发现大坑套小坑的合葬形式[22]。

西阴村遗址：面积 30 万平方米，1926 年由清华学校国学研究院李济主持进行首次发掘，发掘面积约 40 平方米；1994 年山西省考古研究所进行了第二次发掘，发掘面积 576 平方米。主要堆积属庙底沟文化，还有少量西王村文化和庙底沟二期文化堆积。发现庙底沟时期房址和壕沟，未见完整聚落址，出土大量彩陶等文化遗物[23]。

东庄村和西王村遗址：两处相距 20 多公里，由中国科学院考古研究所在 1958～1960 年发掘。东庄村遗址面积 12 万平方米，发掘面积 1180 平方米。遗址的仰韶层属半坡时期，发现有多人二次合葬墓和数座陶窑遗迹。西王村遗址面积 10 万平方米，发

[18] 黄河水库考古队华县队：《陕西华县柳子镇考古发掘简报》，《考古》1959 年 2 期；《陕西华县柳子镇第二次发掘主要收获》，《考古》1959 年 11 期。

[19] 中国社会科学院考古研究所陕西工作队：《陕西华阴横阵遗址发掘报告》，《考古学集刊（第 4 辑）》，1984 年。

[20] 西安半坡博物馆等：《陕西渭南史家新石器时代遗址》，《考古》1978 年 1 期。

[21] 陕西省考古研究所等：《陕南考古报告集》，三秦出版社，1994 年．

[22] 陕西省考古研究所：《龙岗寺》，文物出版社，1990 年。

[23] 李济、袁复礼：《西阴村史前的遗存》，书林书局，1927 年；山西省考古研究所：《西阴村史前遗存第二次发掘》，《三晋考古（第二辑）》，山西人民出版社，1996 年。

掘面积近 400 平方米。仰韶文化堆积的下层属庙底沟时期，上层面貌有明显不同，具有与半坡和庙底沟时期相区别的陶器群，如浅腹盆、小平底碗、深腹瓮、镂孔柄豆和长颈尖底瓶等，所以在后来提出了"西王村类型"的命名[24]。

庙底沟遗址：面积约 24 万平方米，1956～1957 年由中国科学院考古研究所进行发掘，发掘面积近 4500 平方米，下层堆积为庙底沟文化，发现遗迹不多，但出土陶器等文化遗物十分丰富，彩陶曲腹钵与曲腹盆、双唇尖底瓶、鼓腹罐、釜、灶为代表的陶器群具有明显的特色，使它成为仰韶文化繁荣时期的代表性遗址[25]。

王湾遗址：面积 8000 平方米，北京大学历史系考古专业在 1959～1960 年进行了两次发掘，发掘面积 3350 平方米。下层为仰韶文化堆积，发现房址 7 座、成人墓葬 25 座、瓮棺葬 43 座。遗址的第二期文化堆积介于仰韶和龙山之间，研究者一般还是将它归入仰韶晚期，曾将它命名为"王湾类型"[26]。

大河村遗址：面积 30 万平方米，文化堆积厚达 7 米。1972～1987 年进行了 21 次发掘，发掘面积约 5000 平方米。遗址前四期堆积原被划属仰韶文化，一、二期相当于王湾一期文化，三、四期则与庙底沟文化比较接近，以三、四期的遗迹遗物最为丰富。三、四期发现单间和连间的房址 20 多座、瓮棺葬 70 多座，出土大量文化遗物。遗址还发现有更早的文化堆积[27]。不少研究者认为大河村遗址的前龙山遗存与仰韶文化关系密切而又另具特点，所以同类遗存可以命名为大河村文化。

后冈遗址：面积 10 万平方米，于 1931 年进行了首次发掘，后来又发掘过多次，主要由中国科学院考古研究所承担，发掘面积在 600 平方米以上。遗址因最初发现"仰韶 - 龙山 - 商文化三叠层"而著名，第一期文化遗迹现象只见到一些保存不好的房址和墓葬，出土文化遗物比较丰富。它因与半坡文化表现出有相似因素而被称为仰韶文化的"后冈类型"，后来对它的认识又有了变化，认为是与仰韶不同谱系的另一个文化，所以命名为"后冈一期文化"[28]。

西水坡遗址：面积 5 万平方米，于 1987～1988 年进行发掘，发掘面积 5000 余平方米，主要堆积被划属仰韶文化的"后冈类型"。1988 年发掘墓葬 148 座，瓮棺葬 38 座，另有少量陶窑和房址。这里最引人注目的是发现了多组蚌塑龙虎等动物图形，揭示了

---

〔24〕 中国科学院考古研究所山西工作队：《山西芮城东庄村和西王村遗址的发掘》，《考古学报》1973 年 1 期。

〔25〕 中国科学院考古研究所：《庙底沟与三里桥》，科学出版社，1959 年。

〔26〕 北京大学文博学院：《洛阳王湾》，北京大学出版社，2002 年。

〔27〕 郑州市文物考古研究所：《郑州大河村》，科学出版社，2001 年。

〔28〕 中国科学院考古研究所安阳发掘队：《1958 - 1959 年殷墟发掘简报》，《考古》1961 年 2 期；中国社会科学院考古研究所安阳工作队：《1971 年安阳后冈发掘简报》，《考古》1972 年 3 期；《1972 年春安阳后冈发掘简报》，《考古》1972 年 5 期；《安阳后冈新石器时代遗址的发掘》，《考古》1982 年 6 期，张忠培等：《后冈一期文化研究》，《考古学报》1992 年 3 期。

史前宗教与艺术的深刻主题[29]。

下王岗遗址：面积 6000 平方米，由河南省博物馆文物工作队于 1971 ~ 1974 年进行发掘，发掘面积 2300 余平方米。遗址下层发现居住址 43 座、墓葬 575 座、瓮棺葬 22 座，揭露的晚期大型长屋居址最为重要[30]。下层堆积原被划属仰韶文化，已有命名为下王岗文化的动议。

三　文化特征

以半坡、庙底沟和西王村文化为主干的仰韶文化，被有些研究者称为"典型仰韶文化"，其文化特征表现在以下几个方面。

在定居的农耕村落基础上出现了大型环壕聚落，聚落中的居址构成几级社会结构。居址以圆形和方形半地穴式建筑为主，建筑方式主要为木骨草拌泥墙、红烧土地面。居址附近有大规模公共墓地，成人以单人一次葬为主，一度流行二次合葬，幼儿多采用瓮棺葬。随葬品以实用陶器为主，也有一定数量的生产工具和装饰品。日常生活用具主要为陶器，早期以红陶为主，器表装饰多见粗细绳纹，也有弦纹等，有一定数量的彩陶，器形有罐、瓮、尖底瓶、碗、钵、盆，多为平底器；中期灰陶比例增大，新增器形有釜、灶、鼎和豆，彩陶纹饰有所变化。生产工具有石器、骨器、陶器，以石器和骨器为主。早期有一定数量的打制石器，磨制石器主要有斧、锛、凿、铲和长方形小石刀。骨器大多磨制较精，多见镞、锥和针等。装饰品有骨珠、骨笄、陶笄和陶环等。

仰韶文化的聚落多在靠近水源的地方，有面积达数万至上百万平方米的大型村落，建有环绕的壕沟，村落附近有制陶的窑场和公共墓地。居址排列有序，在早期以圆形与方形半地穴式单间建筑为主，逐渐发展为平地起建的方形单间和套间建筑，建筑面积也有明显扩大。室内建有火灶，火灶由瓢形和圆形穴状灶坑向平地起围的火塘演变。房屋的建筑方式基本为木骨草拌泥墙、烧土地面，晚期居住面使用了混合土抹浆技术。

埋葬有规范的制度，公共墓地设在村落附近，死者按一定的规则埋葬在各自的墓区。成人流行使用土坑葬，以单人一次葬为主，死者多数头向西或西北。早期偏晚阶段一度流行二次合葬，合葬者数人、数十人不等。随葬品早期略为丰富，以实用陶器为主。幼儿多采用瓮棺葬，葬具用瓮与钵、盆套合而成，晚期也有用鼎、豆和尖底瓶作葬具的。

陶器为手制，主要采用泥条盘筑的制法。早期以红陶和红褐陶为主，灰陶与黑陶

---

[29]　濮阳市文物管理委员会等：《河南濮阳西水坡遗址发掘简报》，《文物》1988 年 3 期；濮阳西水坡遗址考古队：《1988 年河南濮阳西水坡遗址发掘简报》，《考古》1989 年 12 期。

[30]　河南省文物研究所等：《淅川下王岗》，文物出版社，1989 年。

呈增加的趋势。主要器形中的罐、瓮、尖底瓶、碗、钵、盆，分别作为炊器、盛器、水器和食器使用，后来出现的一定数量的釜、灶和豆，主要用作炊器和食器。陶器纹饰早期以粗绳纹、细绳纹、弦纹和锥刺纹为主，逐渐出现线纹、篮纹和附加堆纹，弦纹减少，锥刺纹消失。早晚都有一定数量的彩陶，由红、黑色的单色彩发展为带白衣或红衣的多色复彩，再变化为单色彩。彩陶纹饰由以象生类图案和直边几何图形多见，发展为以弧边几何图案为主，构图表现出由简而繁继而趋简的特点。彩陶的代表性图案早期是鱼纹、人面鱼纹、直边几何纹，中期开始是鸟纹、花瓣纹和弧边几何纹。

生产工具中石器和骨器发挥着主要作用，也有一些陶质器具。早期打制石器占较大比重，石器主要类别有斧、锛、铲、刀、盘状器、纺轮等，中期打制石器比例下降，出现窄条穿孔铲，长方形穿孔小石刀在数量上有明显增加的趋势，还见到大量陶刀。骨器主要类型为镞、锥、针等，多为狩猎和手工制作使用的尖刺类器具。

虽然作了一些地域上的限定，仰韶文化的分布范围仍然不小，在文化内涵的某些方面也表现出明显的区域特征。半坡、庙底沟、西王村作为前后相接续的三个文化，基本上代表了仰韶文化早、中、晚三个发展阶段，这三个文化也具有自己的个体特征。对于这些区域性的和个体性的特征，下面还要述及。

四　文化群内的文化划分

仰韶文化延续时间很长，分布地域又很广泛，各地的遗存表现出比较明显的差异。仰韶文化类型的研究，开始于半坡和庙底沟两类型相对年代与性质的讨论。半坡和庙底沟遗址的发掘，确立了仰韶文化的两个主要类型，也奠定了仰韶文化研究的基础。对这两个类型的关系，起初有认为半坡早于庙底沟的[31]，也有认为后者早于前者的[32]，还有认为两者是同时的[33]。一直到现在，不同意见之间的争论还依然存在，多数意见认为两类型具有一脉相承发展关系，也有人说并不能完全肯定谁早谁晚[34]，现在这两个类型之间关系的讨论还在继续[35]。

---

[31] 石兴邦：《黄河流域原始社会考古研究上的若干问题》，《考古》1959 年 10 期；严文明：《论庙底沟仰韶文化的分期》，《考古学报》1965 年 2 期。

[32] 中国科学院考古研究所：《庙底沟与三里桥》，科学出版社，1959 年；杨建芳：《略论仰韶文化和马家窑文化的分期》，《考古学报》1962 年 1 期。

[33] 石兴邦：《有关马家窑文化的一些问题》，《考古》1962 年 6 期；苏秉琦：《关于仰韶文化的若干问题》，《考古学报》1965 年 1 期。

[34] 严文明：《论半坡类型和庙底沟类型》，《考古与文物》1980 年 1 期；巩启明：《试论仰韶文化》，《史前研究》1983 年 1 期；安志敏：《略论中国新石器时代文化的年代问题》，《考古》1972 年 6 期；中国社会科学院考古研究所：《新中国的考古发现与研究》，文物出版社，1984 年。

[35] 戴向明：《试论庙底沟文化的起源》，《青果集——吉林大学考古系建系十周年纪念文集》，知识出版社，1998 年。

　　随着发掘资料的不断丰富，表现有仰韶文化某些特点的遗存在更广的范围内有了更多的发现，研究者们认知过程中又提出了许多地区类型的命名。根据区域特征提出的地方类型命名有：在陕西有半坡类型、史家类型、泉护类型、半坡晚期类型、北首岭类型；在山西有东庄类型、西王村类型、西阴村类型、义井类型；在河南有庙底沟类型、大河村类型、后冈类型、大司空类型、阎村类型、下王岗类型、王湾类型、秦王寨类型；在河北有下潘汪类型、三关类型、钓鱼台类型、南杨庄类型、百家村类型、台口类型；在内蒙古有海生不浪类型；在湖北北部和陇东发现的仰韶遗存，归入豫陕仰韶系统，没有新的类型命名。

　　从 20 世纪 50 年代末期命名半坡和庙底沟类型开始，现在的仰韶文化类型的命名已增加到了二三十个之多，这些纷繁的名称构成了一个庞大的仰韶体系。有的类型在地域上有较大的跨度，如关中－陕南－豫西－晋南，主要分布的是半坡、庙底沟和西王村类型，在这几个类型的划分上，学术界的意见大体是一致的。稍有不同的是，有的在半坡之前加上了"北首岭类型"[36]，有的则将庙底沟二期文化也包括在仰韶文化内[37]。对于分布在局部地区的其他一些类型的划分，则不大容易取得一致的意见，如河南地区的仰韶，同一内涵的遗存有时被冠以不同的命名，同一个命名有时又被界定出不同的内涵。比较有意义有影响的仰韶文化类型的命名主要有半坡类型、庙底沟类型、西王村类型、后冈类型、大司空类型、大河村类型和下王岗类型等。

　　有研究者认为陇东－关中－晋南－河南的仰韶文化，还可以细划分为三区，即宝鸡至陕县一带的中心区，以半坡和庙底沟的早期遗存为代表；东区为河南中部地区，以大河村和王湾为代表；西区为陇东地区，以大地湾为代表。三区间的模糊分界是崤山和陇山[38]。有些研究者大而化之，认为仰韶文化大致可以分为以渭河流域及其周围地区和以中原地区及其周围地区两个大的区系，前者以半坡－庙底沟类型为主，后者以后冈－大河村类型为主[39]。

　　以往构建的大仰韶体系内涵并不是单一的，不仅有中心分布区与周边分布区的不同，还有内涵上的不同和源流上的不同。我们将分布在陇东－关中－陕南－豫西中心区的仰韶文化，分别命名为半坡文化、庙底沟文化和西王村文化，可称作典型仰韶文化，具有一脉相承的渊源关系；将这个区域一度划属仰韶早期的北首岭下层类型归入前仰韶文化；将河南地区与仰韶文化关系密切的遗存，与中心区明确区别开来，它们是冀南豫北地区的后冈一期文化和大司空文化、豫中地区的大河村（早、中、晚期）文化、豫西南地区的下王岗（一、二、三期）文化。

────────────

〔36〕　安志敏：《裴李岗、磁山和仰韶》，《考古》1979 年 4 期。
〔37〕　严文明：《略论仰韶文化的起源和发展阶段》，《仰韶文化研究》，文物出版社，1989 年。
〔38〕　苏秉琦：《纪念仰韶村遗址发现六十五周年》，《论仰韶文化》，《中原文物》1985 年特刊。
〔39〕　魏京武：《汉江上游及丹江流域的仰韶文化》，《论仰韶文化》，《中原文物》1986 年特刊。

1. 半坡文化

以原来的半坡类型为基础命名，因陕西西安半坡遗址的发掘而得名。也有人将它的后半段独立出来，以渭南史家墓地为典型地点，命名为"史家类型"[40]。

陶器为手制，质地多为夹砂和泥质红陶，有少量黑、灰陶器。器形主要有圜底和小平底钵与盆、深腹盆、细颈大腹壶、小口尖底瓶、深腹罐，多圜底、平底和尖底器，少圈足器，无三足器。晚期出现葫芦瓶、带盖平底小罐和高领罐。纹饰有绳纹、细绳纹、弦纹、锥刺纹和黑彩图案，彩绘纹样有宽带纹、三角、折线等几何纹和网纹、鱼纹、人面纹、鹿纹、鸟纹等象生图案，常见内彩，有些钵盆类陶器见有不同的刻符。生产工具中的石器以磨制的为主，也有打制的，主要器类有斧、铲、锛、刀、凿和磨盘等，以一种两侧带缺口的石刀最有特色（图2）。

建有大型环壕村落，居址排列有序，以圆形半地穴为主要建筑形式。村边有公共窑场，村外有公共墓地，墓穴排列整齐，早期多单人葬，晚期流行多人二次合葬。儿

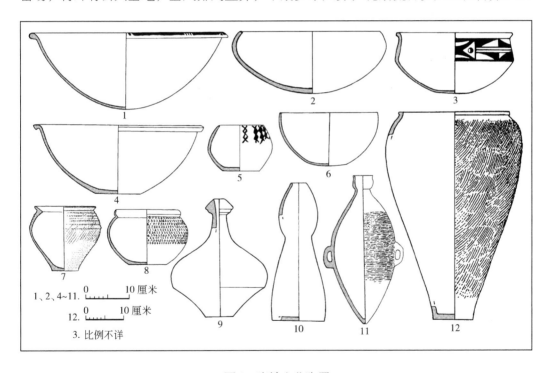

图 2　半坡文化陶器

1. 盆（半坡 P. 4696）　2. 钵（半坡 P. 1299）　3. 彩陶盆（半坡 P. 1162）　4. 盆（半坡 P. 4691）　5. 彩陶罐（半坡 P. 1129）　6. 钵（半坡 P. 4653）　7. 罐（半坡 P. 4712）　8. 罐（半坡 P. 1135）　9. 壶（半坡 P. 4674）　10. 壶（半坡 P. 4673）　11. 尖底瓶（半坡 P. 4652）　12. 瓮（半坡 P. 1329）

〔40〕　巩启明：《试论仰韶文化》，《史前研究》1983 年 1 期；王小庆：《论仰韶文化史家类型》，《考古学报》1993 年 4 期。

童多使用瓮棺埋葬，一般埋葬在居址附近。

　　主要分布在关中、陕南、陇东与晋南地区，典型遗址还有秦安大地湾、王家阴洼、临潼姜寨、华县元君庙、华阴横阵村、渭南史家、郴县下孟村、南郑龙岗寺、西乡何家湾、商县紫荆、芮城东庄村等。

2. 庙底沟文化

　　以原来的庙底沟类型为基础命名，庙底沟类型因陕县庙底沟遗址的发掘而得名。有的研究者或以内涵相同的夏县西阴村遗址命名为"西阴村类型"或"西阴文化"[41]。

　　陶器以夹砂和泥质的红陶为主，主要器形有卷沿和敛口曲腹盆、敛口曲腹钵、重唇小口尖底瓶、葫芦口平底瓶、敛口深腹瓮、深腹罐、釜灶等。纹饰主要是线纹、绳纹和彩绘，彩陶除了黑彩，还有红彩和白衣彩陶，纹样有写实的鸟纹、蛙纹，大量见到的是由圆点、勾叶、弧边三角组成的花卉形几何图案，均绘于器外，不见内彩。生产工具中的石器以磨制为主，普遍采用了钻孔技术，主要器形有斧、锛、铲、刀和纺轮等。陶刀和陶纺轮也是常见的工具（图3）。

　　居住建筑多数仍为半地穴式，出现了一定数量的地面建筑，平面有方形的，也有

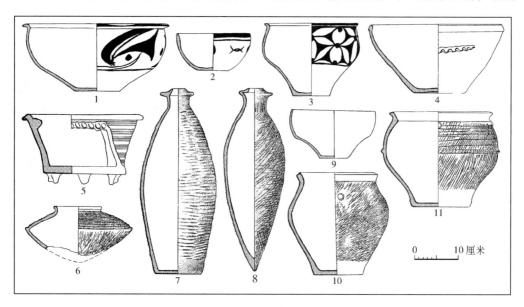

图3　庙底沟文化陶器

1. 彩陶盆（庙底沟 H3979∶86） 2. 彩陶钵（庙底沟 H15∶49） 3. 彩陶盆（庙底沟 H11∶75） 4. 钵（庙底沟 H340∶11） 5. 灶（庙底沟 H47∶34） 6. 釜（庙底沟 H12∶112） 7. 平底瓶（庙底沟 H338∶10） 8. 尖底瓶（庙底沟 T203∶40） 9. 碗（庙底沟 T21∶03） 10. 罐（庙底沟 T203∶46） 11. 罐（庙底沟 H322∶66）

[41] 杨建芳：《略论仰韶文化与马家窑文化的分期》，《考古学报》1962 年 1 期；山西省考古研究所：《西阴村史前遗存第二次发掘》，《三晋考古（第二辑)》，山西人民出版社，1996 年；张忠培：《仰韶时代——史前社会的繁荣与向文明时代的转变》，《文物季刊》1997 年 1 期。

圆形的。居址面积较大，立柱开始使用柱础。墓葬发现不多，成人采用单人仰身直肢葬式，很少有随葬品。不见多人二次合葬，儿童用瓮棺埋葬，葬具组合较多变化，有的是专门的瓮棺，有的是日用陶器。

分布范围较半坡文化稍大，典型遗址还有宝鸡福临堡、扶风案板村、华县泉护村、华阴西关堡、彬县下孟村、芮城西王村、夏县西阴村、河津固镇[42]、秦安大地湾等。

3. 西王村文化

以原来的西王村类型为基础命名，西王村类型因山西芮城西王村遗址的发掘而得名[43]。西王村遗址的上层为这个类型的代表，西王村类型有时被称为"半坡上层类型"或"半坡晚期类型"[44]。

陶器以红陶为主，灰陶也有较大比例，器口普遍采用轮修技术。主要器形有宽沿折腹盆、曲腹钵、长颈束腰尖底瓶、深腹平底罐、筒形瓮和镂孔圈足豆等。纹饰常见绳纹、附加堆纹，其次是篮纹、细绳纹和少量的方格纹与彩绘。彩陶纹饰简约，只见条纹、圆点和波折纹等几何纹饰（图4）。石器绝大多数为磨制，器形仍以斧、锛、铲、刀多见，新见的有穿孔刀和镰。

房屋建筑技术有进一步提高，居址面积较大，以地面木构建筑为主要形式，出现了分间式大型房子。埋葬方式与庙底沟文化区别不明显，成人采用单人仰身直肢葬，儿童用瓮棺埋葬。

主要分布在晋西南、关中和陇东地区，典型遗址还有宝鸡福临堡、扶风案板村、半坡上层、姜寨四期、蓝田泄湖、北首岭上层和大地湾上层等。

4. 后冈一期文化

因安阳后冈下层遗存命名，又称为"南杨庄类型"[45]。

陶器以泥质和夹砂红陶为主，多素面陶，纹饰有弦纹、线纹、附加堆纹等，有数量不多的彩陶，为红黑彩的竖线、宽带、三角、网格等几何纹。器形有圆腹鼎、圜底釜、灶、弦纹罐、深腹平底钵、红顶碗、小口细颈壶、大口圜底缸等，流行圜底器，不见圈足器。石器有斧、铲、凿、锛、刀和磨盘等（图5），其中石铲数量较多，以磨制为主。

〔42〕 山西省考古研究所：《山西河津固镇遗址发掘报告》，《三晋考古（第二辑）》，山西人民出版社，1996年。

〔43〕 安志敏：《裴李岗、磁山和仰韶——试论中原新石器文化的类型和发展》，《考古》1979年4期；张天恩：《浅论西王村类型几个问题》，《考古与文物》1994年2期。

〔44〕 梁星彭：《关中仰韶文化的几个问题》，《考古》1979年4期；严文明：《半坡仰韶文化的分期与类型问题》，《考古》1977年3期。

〔45〕 唐云明：《试论有关河北仰韶文化中的一些问题》，《考古》1964年9期。

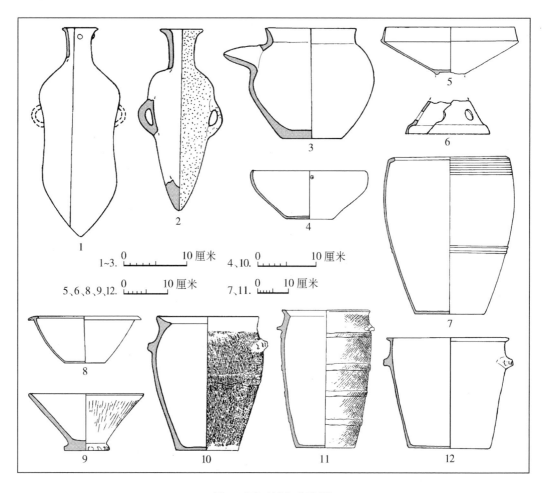

图4 西王村文化陶器

1. 尖底瓶（半坡 P.1109） 2. 尖底瓶（半坡 P.1107） 3. 罐（半坡 P.1153） 4. 碗（西王村 T2：3：15） 5. 豆
（西王村 H4：2：14） 6. 豆（西王村 H29：2：15） 7. 罐（西王村 H4：2：17） 8. 盆（西王村 H4：2：7） 9. 碗
（半坡 P.1179） 10. 罐（半坡 P.4680） 11. 瓮（西王村 M2：1） 12. 盆（西王村 H8：1：2）

　　居住遗迹少有发现，对它的建筑技术水平还缺乏了解，所见居址多为圆形半地穴
式，有木骨泥墙。墓葬为土坑葬，葬式有仰身直肢葬、俯身葬和多人二次葬，一般都
没有随葬品，儿童也采用瓮棺埋葬。在濮阳西水坡成人墓中清理出几组用蚌壳摆塑的
龙虎图形，是非常重要的发现。

　　主要分布于豫北冀南及附近地区，或认为"它并非居停于豫北冀南的狭小地带，而
是以河套及山东半岛为犄角、广布于整个黄河下游地区的独立的考古学文化遗存"[46]。
典型遗址还有正定南杨庄[47]、濮阳西水坡[48]，甚至还包括山东泰安大汶口和滕州北

〔46〕 张忠培：《原始农业考古的几个问题》，《农业考古》1984 年 2 期；张忠培、乔梁：《后冈一期文
化研究》，《考古学报》1992 年 3 期。
〔47〕 河北省文物研究所：《正定南杨庄：新石器时代遗址发掘报告》，科学出版社，2003 年。
〔48〕 濮阳市文管会等：《河南濮阳西水坡遗址发掘简报》，《文物》1988 年 3 期。

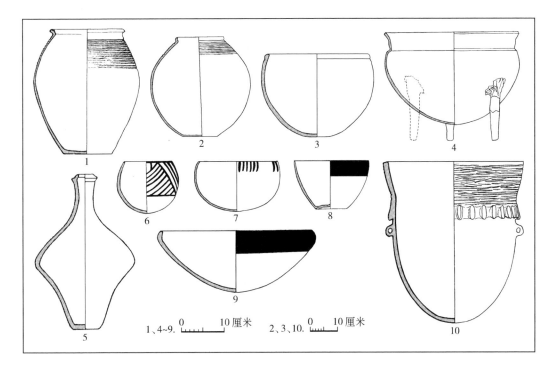

图 5　后冈一期文化陶器

1. 罐（后冈 H5：6）　2. 罐（后冈 H2：2）　3. 瓮（后冈 T3：3）　4. 鼎（后冈 H5：6）　5. 瓶（后冈）　6. 彩陶钵
（后冈 H2：1）　7. 彩陶钵（后冈 H8：4）　8. 彩陶碗（后冈 H3：3）　9. 彩陶盆（后冈 H8：1）　10. 缸（后冈 H8：5）

辛遗址的部分遗存等。

5. 大司空文化

以大司空类型为基础命名，因安阳大司空村遗址的发掘而得名[49]。它曾被归入"秦王寨类型"[50]，又称为"百家村类型"[51]，还有的研究者命名为"大司空类型"[52] 或"大司空文化"[53]。

陶器以灰陶为主，其次为红陶，还有极少的黑陶。器表装饰以篮纹为主，也有绳纹和方格纹等，有一定数量的彩陶。彩陶以红褐色为主，少见黑色，纹饰有弧边三角纹、曲线纹、波纹、平行线纹等，结构简单，构图洗炼。器形以敛口平底钵、直口平底碗、折腹盆、高领罐多见，还有釜、灶和鼎等。生产工具有石质和骨质的刀、铲，还有蚌质的刀与镰等（图 6）。

〔49〕中国科学院考古研究所安阳发掘队：《1958–1959 年殷墟发掘报告》，《考古》1961 年 2 期。

〔50〕杨建芳：《略论仰韶文化与马家窑文化的分期》，《考古学报》1962 年 1 期。

〔51〕唐云明：《试论有关河北仰韶文化中的一些问题》，《考古》1964 年 9 期。

〔52〕丁清贤：《磁山·下潘汪·大司空——从下潘汪遗址仰韶文化的第二类型的性质谈起》，《史前研究》1983 年 1 期；乔登云：《仰韶文化下潘汪类型初探》，《河北省考古学会第一次年会论文集》，1985 年。

〔53〕河南省文物研究所：《河南考古四十年》，河南人民出版社，1994 年。

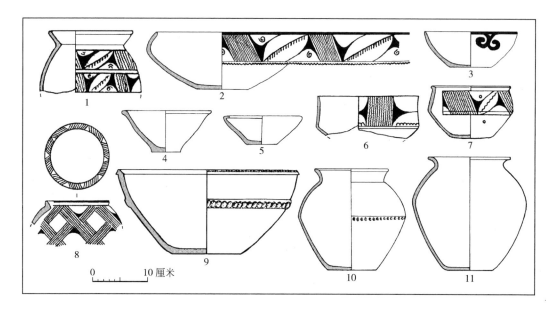

图6 大司空文化陶器

1. 彩陶罐（界段营 H10：8） 2. 彩陶钵（界段营 H35：4） 3. 彩陶钵（界段营 H21：1） 4. 碗（界段营 H17：2）
5. 钵（界段营 T13④：3） 6. 彩陶盆（下潘汪 H99：5） 7. 彩陶盆（下潘汪 H99：2） 8. 彩陶罐（下潘汪 T32
④：36） 9. 盆（界段营 H35：2） 10. 罐（界段营 H10：4） 11. 罐（下潘汪 H70：2）

居址很少发现，可以确定是以半地穴式为主要建筑形式。墓葬资料也很少发现，埋葬制度不明。

主要分布在豫北冀南地区，典型遗址还有安阳鲍家堂[54]、大寒南岗、大正集老磨岗[55]、新乡洛丝潭[56]、磁县下潘汪和界段营[57]、邯郸百家村等[58]。

6. 大河村文化

在以郑州大河村遗址为代表遗存命名的"大河村类型"基础上命名为大河村文化，包括该遗址龙山文化层以前的七期堆积。早先以大河村遗址三、四期文化为代表而命名"大河村类型"[59]，又曾被命名为秦王寨类型[60]，还有的研究者将郑洛地区一部

〔54〕 中国社会科学院考古研究所安阳发掘队：《安阳鲍家堂仰韶文化遗址》，《考古学报》1988 年 2 期。

〔55〕 中国科学院考古研究所安阳发掘队：《安阳洹河流域几个遗址的试掘》，《考古》1965 年 7 期。

〔56〕 新乡地区文管会等：《河南新乡县洛丝潭遗址发掘简报》，《考古》1985 年 2 期。

〔57〕 河北省文物管理处：《磁县下潘汪遗址发掘报告》，《考古学报》1975 年期；《磁县界段营发掘简报》，《考古》1972 年 5 期。

〔58〕 罗平：《河北邯郸百家村新石器时代遗址》，《考古》1965 年 4 期。

〔59〕 安志敏：《裴李岗、磁山和仰韶——试论中原新石器文化的类型和发展》，《考古》1979 年 4 期。

〔60〕 杨建芳：《略论仰韶文化与马家窑文化的分期》，《考古学报》1962 年 1 期；巩启明：《试论仰韶文化》，《史前研究》1983 年 1 期；李昌韬：《试论秦王寨类型和大河村类型》，《史前研究》1985 年 3 期。

分较早的遗存命名为"阎村类型"[61]。

　　陶器以泥质红陶和夹砂灰陶为主，晚期流行轮制技术。纹饰多附加堆纹、方格纹、篮纹和镂孔，彩陶有复彩和白衣彩，图案有弧边三角纹、月牙纹、太阳纹、方格纹、六角星纹，有些专门制作的瓮棺绘有各种寓意画面。陶器器形主要有鼎、豆、碗、罐和盆等，代表性器形有釜形鼎、罐形鼎、小口尖底瓶、大口尖底缸、折腹盆、曲腹盆。工具多石铲、刀、镰，陶刀等（图7）。

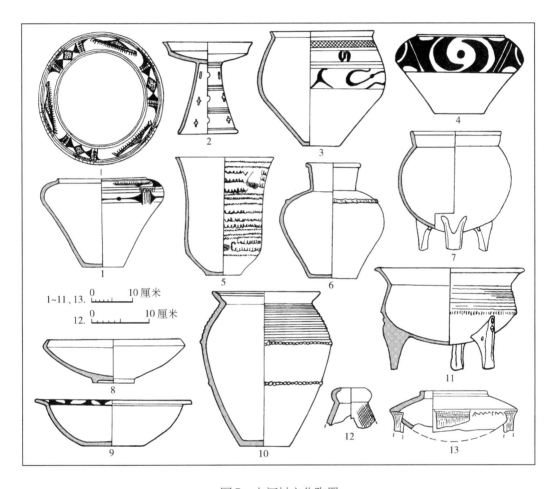

图 7　大河村文化陶器

1. 彩陶钵（大河村 F19：1）　2. 豆（大河村 F20：5）　3. 彩陶罐（大河村 F19：5）　4. 彩陶钵（大河村采：56）5. 彩陶盆（大河村 W8：2）　6. 壶（大河村 T1④：5）　7. 鼎（大河村 W150：1）　8. 碗（大河村 T3④：27）　9. 彩陶盆（大河村 T11⑥D：111）　10. 罐（大河村 W7 付1：2）　11. 鼎（大河村 T21⑤：18）　12. 尖底瓶（大河村 T11⑥B：114）　13. 鼎（大河村 T11⑤A：75）

〔61〕严文明：《略论仰韶文化的起源和发展阶段》，《仰韶文化研究》，文物出版社，1989 年；袁广阔：《阎村类型研究》，《考古学报》1996 年 3 期。

房屋建筑技术比较进步，居址平面有长方形、方形和圆形 3 种，有单体建筑，也有多间连建和套间地面建筑。墓葬多单人仰身一次葬，少见二次葬和多人合葬，部分地区盛行成人瓮棺葬，随葬品不多。

主要分布在以嵩山为中心的伊洛郑州地区，也有一种意见将豫中、豫北和豫西南的晚于裴李岗文化和早于龙山文化的遗存多数都归入"大河村文化"[62]，又显得过于庞杂了一些，还是限定在以嵩山为中心的豫中区域为妥。大河村文化典型遗址还有郑州林山寨[63]、长葛石固[64]、荥阳点军台[65]、青台[66]、禹县谷水河[67]、洛阳王湾[68]、汝州中山寨[69]、洪山庙[70]、大张[71]和阁村等处[72]。

7. 下王岗（一、二、三期）文化

因淅川下王岗遗址的发掘命名的下王岗类型[73]，是一支受仰韶文化强烈影响的区域文化，可以直接命名为下王岗文化。

陶器以泥质红陶和夹砂褐陶为主，也有一定数量的灰陶与黑陶，有少量彩陶。主要器形有罐形、盆形和釜形鼎、夹砂罐、细颈折腹瓶、小口壶、平底钵、圈足盘、镂孔豆等（图 8）。石器有铲、镰、刀、镞、斧、锛、凿和磨盘等，以磨制为主，穿孔技术出现较早。

房屋以地面建筑为主，早期平面多为圆形，晚期多方形，晚期出现多间连建的房屋和近 30 间居室合成一排的长屋，屋内一般设有火灶。地面建筑房屋有中央立柱，挖有墙基，在基槽内栽柱筑墙，居住面以火烘烤，有的采用了推拉门技术。下王岗人有大型公共墓地，早期墓葬以单人仰身直肢葬为主，多数头向西南，一般有 1 件陶器作随葬品，少数墓随葬有龟和狗。中期墓有明显分区，亦以单人葬为主，二次葬所占比例较大，有一定数量的多人二次合葬。多数墓都有几件随葬品，个别墓的随葬品多到数十件，都以专门制作的陶质冥器为主，以罐、钵和碗为主要组合。

---

〔62〕 河南省文物研究所编：《河南考古四十年》，河南人民出版社，1994 年。

〔63〕 河南省文化局文物工作队：《郑州西郊仰韶文化遗址发掘简报》，《考古》1958 年 2 期。

〔64〕 河南省文物研究所：《长葛石固遗址发掘报告》，《华夏考古》1987 年 1 期。

〔65〕 郑州市博物馆：《荥阳点军台遗址 1980 年发掘报告》，《中原文物》1980 年 4 期。

〔66〕 郑州市文物工作队：《青台仰韶文化遗址 1981 年上半年发掘简报》，《中原文物》1987 年 1 期。

〔67〕 河南省博物院：《河南禹县谷水河遗址发掘简报》，《考古》1979 年 4 期。

〔68〕 北京大学考古实习队：《洛阳王湾遗址发掘简报》，《考古》1961 年 4 期。

〔69〕 中国社会科学院考古研究所河南一队：《河南汝州中山寨遗址》，《考古学报》1991 年 1 期。

〔70〕 河南省文物考古研究所：《汝州洪山庙》，中州古籍出版社，1995 年。

〔71〕 河南省文化局文物工作队：《河南临汝大张新石器时代遗址发掘简报》，《考古》1960 年 6 期。

〔72〕 临汝县文化馆：《临汝阁村新石器时代遗址调查》，《中原文物》1981 年 1 期。

〔73〕 丁清贤：《鄂西北、豫西南仰韶文化的性质与分期》，《中原文物》1982 年 4 期；靳松安、任伟：《略论汉水中游地区的仰韶文化》，《中原文物》1984 年 4 期。

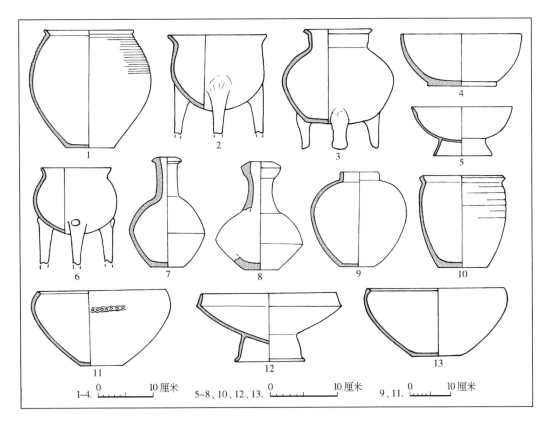

图 8　下王岗文化陶器

1. 罐（下王岗 W131∶1）　2. 鼎（下王岗 M57∶1）　3. 鼎（下王岗 F39∶2）　4. 盆（下王岗 T15⑦∶342）　5. 豆（下王岗 T23⑥∶102）　6. 鼎（下王岗 M404∶1）　7. 瓶（下王岗 M111∶1）　8. 瓶（下王岗 M698∶1）　9. 罐（下王岗 W571∶1）　10. 罐（下王岗 M66∶1）　11. 盆（下王岗 F39∶4）　12. 豆（下王岗 F39∶3）　13. 钵（下王岗 F39∶10）

　　主要分布在汉水中游地区，典型遗址还有淅川下集[74]、黄楝树[75]、镇平赵湾[76]、郧县青龙泉、大寺[77]、均县乱石滩[78]、朱家台[79]、枣阳雕龙碑等处[80]。

五　年代与分期

　　仰韶文化的年代与分期研究，自它被发现之初起就受到重视，在资料积累到一定程度时，相对年代、绝对年代和分期都有了比较确定的认识。

---

[74]　长办考古队河南分队：《河南淅川下集新石器时代遗址发掘报告》，《中原文物》1989 年 1 期。

[75]　长办考古队河南分队：《河南淅川黄楝树遗址发掘报告》，《华夏考古》1990 年 3 期。

[76]　河南省文化局文物工作队：《河南镇平赵湾新石器时代遗址发掘报告》，《考古》1962 年 1 期。

[77]　中国社会科学院考古研究所：《青龙泉与大寺》，科学出版社，1991 年。

[78]　中国社会科学院考古研究所长江工作队：《湖北均县乱石滩遗址发掘报告》，《考古》1986 年 7 期。

[79]　中国社会科学院考古研究所长江工作队：《湖北均县朱家台遗址》，《考古学报》1989 年 1 期。

[80]　中国社会科学院考古研究所湖北队：《湖北枣阳雕龙碑新石器时代遗址试掘简报》，《考古》1992 年 7 期。

1. 相对年代

安特生和梁思永都曾对仰韶文化作分期和年代学研究。对仰韶文化进行比较成功的分期研究，是由西安半坡遗址的发掘开始的。发掘者将半坡的仰韶文化堆积划分为早、晚两期，后来又有人将半坡的堆积划分为三期或四期，甚至甄别出来不同的文化遗存，提出了一期属老官台文化、二期为半坡类型、三期为庙底沟类型、四期为半坡晚期类型的认识[81]。

仰韶文化典型遗址显示的地层关系，在关中地区的北首岭、北刘、零口，陕南地区的何家湾、阮家坝、马家营、龙岗寺、紫荆和陇东地区的大地湾等遗址，最下层为前仰韶文化堆积，上面为仰韶文化堆积；而在福临堡、半坡、姜寨、李家沟、泄湖、紫荆和大地湾等遗址，都包含了仰韶文化早中晚不同时期的遗存，地层堆积由下至上依次为半坡文化、庙底沟文化和西王村文化；在其他堆积欠完整的遗址，不同时期的仰韶文化也明确表现为半坡早、庙底沟和西王村文化晚的相对年代关系（表1）。

表1　仰韶文化典型遗址的地层关系

地区	遗址名称	"前仰韶文化"		半坡文化		庙底沟文化		西王村文化		"后仰韶文化"	
		早	晚	早	晚	早	晚	早	晚	早	晚
关中地区	宝鸡北首岭		I	II				III			
	宝鸡福临堡					I	（II）	III			
	彬县下孟村			I		II					
	扶风案板村					I		II			III
	西安半坡			I		II		III			
	临潼姜寨			I	II	III		IV			V
	临潼零口		I	II				III			
	华县元君庙			I							
	华县泉护村					I				II	III
	华阴横阵村			I							II
	渭南史家村				I						
	渭南北刘	I				II					
	铜川李家沟			I		II		III			
	铜川吕家崖				I						
	蓝田泄湖			I	II	III		IV		V	
	西乡何家湾		I	II III	IV	V					VI

[81] 严文明：《半坡仰韶文化的分期和类型问题》，《考古》1977年3期；张忠培：《论东庄村与西王村遗存的文化性质》，《考古》1977年1期。

续表

地区	遗址名称	"前仰韶文化"		半坡文化		庙底沟文化		西王村文化		"后仰韶文化"	
		早	晚	早	晚	早	晚	早	晚	早	晚
陕南地区	西乡李家村		I								
	汉阴阮家坝		I		II	III					
	紫阳马家营		I	II			III				
	南郑龙岗寺		I	II	(II)	III					IV
	商州紫荆		I		II			III		IV	
山西	芮城东庄村			I			II				
	芮城西王村					I		II		III	
	垣曲古城东关	I									
	夏县西阴村					I			II	III	
	翼城北橄			I II	III	IV					
河南	陕县庙底沟					I				II	III
	渑池仰韶村					I					II
	陕县三里桥					I					II
甘肃	秦安大地湾	I		II		III		IV		V	
	秦安王家阴洼					I			II		

仰韶文化中心分布地区的有关遗址一致的地层关系，是最下层为"前仰韶文化"，再往上依次为半坡文化、庙底沟文化、西王村文化、"后仰韶文化"（早期是指庙底沟二期及其相当的文化，晚期则指广义的龙山文化）。

2. 绝对年代

1925 年安特生对甘肃史前文化进行了分期，提出了仰韶文化"六期"说[82]。六期从早到晚依次是齐家、仰韶、马厂、辛店、寺洼和沙井，年代推定在公元前 3500 ~ 前 1700 年，其中仰韶期为公元前 3200 ~ 前 2900 年。1930 年梁思永讨论西阴村出土的陶器，将仰韶文化的年代定在公元前 2500 ~ 前 2000 年间，与安特生的说法有了一定的差距[83]。1931 年梁思永发现了安阳后冈"三叠层"，在依据地层证据研究

[82] 安特生著，乐森璕译：《甘肃考古记》，农商部地质调查所，1925 年。
[83] 梁思永：《山西西阴村史前遗址的新石器时代的陶器》，《梁思永考古论文集》，科学出版社，1959 年。

仰韶与龙山文化相对年代关系的基础上，将仰韶期的年代定为公元前 2600 ~ 前 2300 年，又在仰韶期之前增加了一个后冈期，年代确定为公元前 2900 ~ 前 2600 年，这实际上是将仰韶文化的上限提到了公元前 2900 年[84]。尹达 1939 年在延安写成的《中国新石器时代》[85]，将仰韶分为后冈、仰韶和辛店三期，他推定的仰韶文化的上下限为公元前 2600 ~ 前 1800 年。1943 年安特生将仰韶文化的绝对年代作了较大改变，推定仰韶期的年代为公元前 2200 ~ 前 1700 年[86]。当时中国学者们通过自己的实践一步步推翻了安特生的结论，将齐家期从仰韶分离，独立命名为齐家文化，从根本上否定了他那修订了的仰韶文化年代表[87]。由于 20 世纪 50 年代以后田野考古工作的篷勃开展，新发现层出不穷，中国学者很快就建立起了一个新的仰韶文化体系，对于仰韶文化的年代也有了全新的认识，一个新的年代表就逐渐建立起来了。

20 世纪 70 年代以后，由于碳十四测定年代方法的广泛应用，研究者们获得了大量绝对年代数据，仰韶文化的年代学研究有了更为科学可靠的基础。由于大量碳十四数据资料的积累，现在可以得到比以往任何时候都要准确的绝对年代。半坡、庙底沟和西王村文化的年代数据，已经发表的有 70 多个，除了大约 20 个存在明显偏早或偏晚的问题外，多数年代数据都应当说是可信和可靠的[88]。

半坡文化的碳十四年代数据，共有 31 个，测定标本多数采自大地湾、北首岭、半坡、姜寨、瓦窑堡和何家湾。这些数据中有几个明显偏早或偏晚，经过高精度校正的数据多数在公元前 4700 ~ 前 4200 年。舍弃偏早或偏晚的数据以后，最早的为公元前 5048 ~ 前 4770 年（ZK – 0516），最晚的为公元前 4036 ~ 前 3819 年（ZK – 2721），据此核定半坡文化年代的上下限，取两个数据的平均值为公元前 4909 ~ 前 3836 年。年代最终可以判定在公元前 4900 ~ 前 3800 年，延续时间达 1000 年以上。

庙底沟文化的碳十四年代数据，共有 20 个，测定标本多数采自大地湾、北首岭、西关堡和庙底沟。这些数据中明显偏早或偏晚的有 8 个，偏晚的数据较多，舍弃偏早偏晚的数据以后，多数在公元前 3990 ~ 前 3500 年之，最早的为公元前

〔84〕 梁思永：《小屯、龙山与仰韶》，《梁思永考古论文集》，科学出版社，1959 年。
〔85〕 尹达：《中国新石器时代》，《新石器时代》，生活·读书·新知三联书店，1955 年。
〔86〕 安特生：《中国史前史研究》，1943 年。
〔87〕 夏鼐：《临洮寺洼山发掘记》，《中国考古学报》第四册，1949 年；《齐家期墓葬的发现及其年代之改定》，《中国考古学报》第三册，1948 年；裴文中：《甘肃考古报告》，《裴文中史前考古学论文集》，文物出版社，1987 年。
〔88〕 本文引用的碳十四数据，主要采自中国社会科学院编：《中国考古学中碳十四年代数据集》（1965 – 1991 年），文物出版社，1991 年；1991 年以后的数据取自《文物》和《考古》杂志刊载的碳十四数据测定报告，不再一一注明。

4035～前3790年（ZK－2177），最晚的为公元前3302～前2910年（ZK－2180）。核定年代上下限，取两个数据的平均值为公元前3913～前3568年。据此判定年代为公元前3900～前3600年，上限与半坡文化年代的下限略有重合，延续达300年以上。

西王村文化的碳十四年代数据，共有22个，测定标本多数采自大地湾、福临堡和泄湖。这些数据中明显偏早的较多，舍弃偏早的8个数据以后，多数在公元前3600～3000年，最早的为公元前年3772～前3517（BK79027），最晚的为公元前3016～前2707年（ZK－2058）。核定西王村文化年代的上下限，取两个数据的平均值为公元前3530～前2867年。据此判定年代为公元前3600～前2900年，其上限大体与庙底沟文化的下限相衔接，延续达700年以上。

以半坡、庙底沟和西王村文化为内涵的仰韶文化的年代，取半坡文化的上限为公元前4900年，和西王村文化的下限为公元前2900年，跨度大致在公元前5000～前3000年，延续发展达2000年上下。也即是说，它在公元前约5000年承续前仰韶文化而来，在公元前3000年以后演为龙山时代文化而去，它是黄河中游地区延续发展了20个世纪的一支重要的新石器时代文化。

后冈一期文化的碳十四年代数据，已经公布的有8个，标本主要采自后冈、西水坡和南杨庄。年代多数在公元前4500～前4000年，最早的为公元前4665～前4360年（ZK－2304），最晚的为公元前3930～前3648年（BK85065），年代上下限为公元前4513～3489年，据此判定年代为公元前4500～前3500年，延续达1000年上下。

大司空文化的碳十四年代数据，只有河北容城午方遗址1个标本测定的结果，精确校正年代为公元前3040～前2783年（ZK－1234），我们还不能据此判定这一文化年代的上下限，可以将它延续的年代暂定为公元前3100～前2700年，大体上晚于后冈文化。

大河村文化的碳十四年代数据较多，共有41个，标本主要采自大河村、青台和点军台。舍去个别偏早或偏晚的数据，多数在公元前3900～前3000年，最早的为公元前3986～前3782年（WB82－04），最晚的为公元前3028～前2782年（WB81－26），年代上下限为公元前3884～前2905年，据此可以判定年代为公元前3900～前2900年之间，延续达1000年以上。

下王岗文化的碳十四年代数据只公布了5个，其中有一个偏早，另4个在公元前4780～前4360年（GC－0083）和公元前2920～前2491年（GC－0088）。它们暂可取作下王岗文化年代的上下限，为公元前4570～前2706年，年代约当公元前4600～前2700之间，延续近2000年。

这几个文化与典型仰韶文化的年代关系，可以用下面的图表来进行比较（表2）：

表 2　仰韶文化与其他相关文化绝对年代比较表

典型仰韶文化	其他文化			年代（BC）
				2700
				2800
3600~2900		3900~2900		2900
	3100~2700			3000
	大司空文化			3100
				3200
				3300
				3400
				3500
西王村文化				3600
				3700
3900~3600		大河村文化		3800
庙底沟文化				3900
				4000
				4100
				4200
4900~3800	4500~3500		4600~2700	4300
				4400
半坡文化	后冈一期文化		下王岗文化	4500
				4600
				4700
				4800
				4900

3. 发展阶段

　　有的研究者将仰韶文化划分为四期，一、二期以半坡、庙底沟类型为代表，三期以半坡晚期、西王村三期和秦王寨类型为代表，四期以庙底沟二期文化为代表[89]。有的研究者将延续发展达 2000 年上下的仰韶文化划分为三个阶段，距今 6700~5900 年前为早期阶段，5900~5300 年前为中期阶段，5300~4800 年前为晚期阶段[90]。

---

〔89〕　严文明：《略论仰韶文化的起源和发展阶段》，《仰韶文化研究》，文物出版社，1989 年。

〔90〕　梁星彭、孙关龙：《黄河文化》，华艺出版社，1994 年。

有些研究者明确建议将半坡、庙底沟和西王村为代表的遗存,分别作为仰韶文化早、中、晚三期[91]。还有的学者将仰韶文化划分为前期和后期两大段,前期属新石器时代,后期划归铜石并用时代[92]。

中心分布区仰韶文化中的半坡文化、庙底沟文化、西王村文化,相对年代关系已很明确,除了少数研究者坚持认为庙底沟文化并非源自半坡文化外[93],多数研究者都认定它们是具有连续发展的三个阶段,发展变化主要表现在以下几个方面:

房屋建筑形式与技术 半坡文化为半地穴式,一般为单间、无墙,平面有圆形和方形两种。庙底沟文化仍以半地穴式为主,出现地面建筑,发明了柱础和木骨泥墙技术,平面以方形为主,面积较大。西王村文化以地面建筑为主,出现分间和套间建筑,有成熟的筑墙技术,可以营建大型公共建筑。

石器工具制作 半坡文化打制石器稍多,多数磨制石器仅磨光刃缘,通体磨光的不多,器体缺乏棱角,器形以斧锛多见。庙底沟文化石器以磨制的为主,一般都通体磨光,钻孔技术运用普遍,新出现的器形有大石铲和石刀,骨器较少。西王村文化打制石器极少,绝大多数为磨制石器,器体棱角分明,出现石镰和穿孔石刀(图9、10)。

陶窑与制陶技术 半坡文化陶窑以横穴窑为主,有个别竖穴窑,结构比较简单,容量也较小;陶器全部采用手制,少数器口采用了慢轮修整技术。庙底沟文化陶窑结构有了明显进步,横穴窑筑有环形火道,火道上设算子和火眼,使窑火得到有效控制。陶器以手制为主,器口较多地采用了慢轮修整技术。西王村文化陶窑火膛缩短,出现多股火道,窑室容量增大;广泛采用慢轮修整技术,陶器修整的部位也不只限于口沿部位了。

主体陶器群 半坡文化陶色以红为主,晚期有少量灰陶,陶胎较厚,陶器群为钵、盆、罐、瓶、瓮和壶,器物造型比较简单,口沿变化不大,直口器为大宗。流行圜底器,器体多圆弧形,没有明显的棱角。庙底沟文化陶色与半坡时期接近,陶胎较半坡文化的薄,陶器群为碗、盆、钵、瓶、罐、杯、盘、甑、釜和灶。西王村文化陶色仍以红陶为主,灰陶比例增大,陶器群为盆、钵、碗、瓶、杯、盘、豆、罐和缸。

典型陶器的演变 以尖底瓶和钵为例,半坡文化钵为直口或微敛的圆腹圜底,尖底瓶为双耳杯形口短颈鼓腹或溜肩瘦腹。庙底沟文化钵为曲腹或折腹敛口平底,尖底瓶为双唇口瘦腹无耳。西王村文化钵为斜腹平底或假圈足,尖底瓶为喇叭口束腰双耳或无耳。

---

〔91〕 巩启明:《陕西新石器时代考古工作与研究》,《考古与文物》1988 年 5、6 期合刊;中国社会科学院考古所陕西六队:《陕西蓝田泄湖遗址》,《考古学报》1991 年 4 期。

〔92〕 苏秉琦主编:《中国通史》第二卷《远古时代》,上海人民出版社,1994 年。

〔93〕 田建文等:《晋南新石器考古学文化的新认识》,《文物季刊》1992 年 2 期;海金乐:《大同马家小村遗存试析》,《文物季刊》1992 年 4 期。

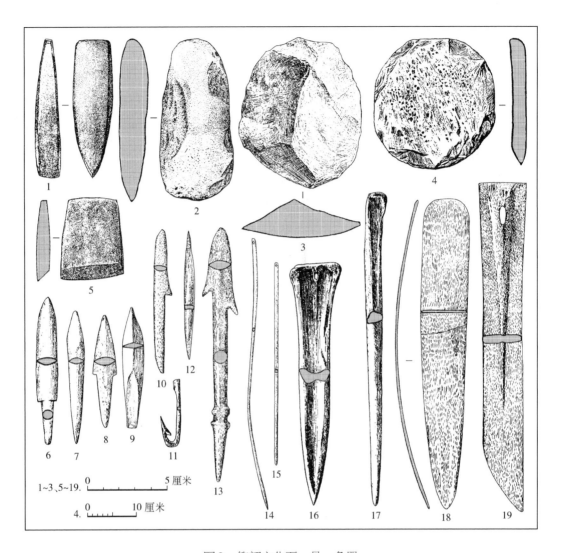

图 9　仰韶文化石、骨、角器

1. 石凿（半坡 P. 6865）　2. 石斧（半坡 P. 6738）　3. 石砍砸器（半坡 P. 5667）　4. 石刮削器（半坡 P. 5956）　5. 石铸（半坡 P. 6335）　6. 骨镞（半坡 P. 12696）　7. 骨镞（半坡 P. 12125）　8. 骨镞（半坡 P. 10092）　9. 骨镞（半坡 P. 11420）　10. 骨鱼镖（半坡 P. 10705）　11. 骨鱼钩（半坡 P. 12194）　12. 骨两端器（半坡 P. 12739）　13. 骨鱼镖（半坡 P. 11639）　14. 骨针（半坡 P. 10704）　15. 骨针（半坡 P. 12726）　16. 角锥（半坡 P. 11620）　17. 骨锥（半坡 P. 12518）　18. 骨匕（半坡 P. 10521）　19. 骨刀（半坡 P. 12681）

陶器装饰风格　半坡文化陶质分细泥和夹砂两种。夹砂陶部分为素面，很多都拍印有不太清晰的绳纹，少部分饰弦纹等。泥质陶一般内外都经打磨，表面光滑平整，有的绘黑彩或饰戳印纹。陶器纹饰主要为绳纹、线纹、弦纹、锥刺纹。庙底沟文化夹砂陶饰较清晰的线纹，还有弦纹和附加堆纹，不见半坡文化的戳印纹和粗绳纹，泥质陶多饰线纹，细泥陶一般打磨光滑，有数量较多的彩陶，也有的饰弦纹。西王村文化陶器主要有绳纹、附加堆纹、篮纹，还有方格形和镂孔。

彩陶纹饰母题　半坡文化彩陶图案简单朴素，以黑彩为主，有鱼、鹿、蛙和人面

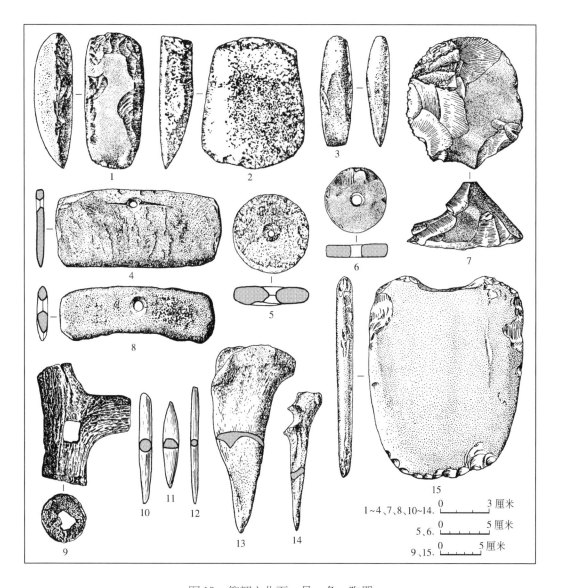

图 10　仰韶文化石、骨、角、陶器

1. 石锛（庙底沟 H32：19）　2. 石锛（庙底沟 H322：14）　3. 石凿（庙底沟 H47：19）　4. 石刀（庙底沟 H319：04）
5. 石纺轮（庙底沟 H327：11）　6. 陶纺轮（庙底沟 T243：03）　7. 石盘状器（庙底沟 T323：34）　8. 石刀（庙底沟 H46：94）　9. 角柄（庙底沟 T97：03）　10. 骨镞（庙底沟 H313：02）　11. 骨镞（庙底沟 T70A：09）　12. 骨针（庙底沟 T248：11）　13. 骨锥（庙底沟 H32：29）　14. 骨锥（庙底沟 H79：49）　15. 石铲（庙底沟 T81：10）

纹，几何纹多由直线、折线、三角和圆点组成，有一定数量的内彩。庙底沟文化彩陶除了黑彩，也有红彩和白衣彩陶，有鸟纹、蛙纹，几何纹多由圆点、勾叶、弧边三角组成花卉形图案，不见内彩。西王村文化彩陶极少，有红彩和白彩，图案非常简单，有条纹、折线和圆点等。

埋葬制度　半坡文化以单人仰身直肢葬为主，儿童采用瓮棺埋葬，晚期流行多人二次合葬。庙底沟和西王村文化多单人仰身直肢葬，儿童也用瓮棺埋葬，有的区域还见到较多的成人瓮棺葬。

半坡、庙底沟和西王村 3 个文化各自也可以划分为几期，代表各自的早晚发展阶段。如半坡文化可分为半坡期和史家期，庙底沟文化可分为东庄村期和庙底沟期，西王村文化可分为大地湾期（或福临堡期）和西王村期。这些分期有的具有明显的意义，有的则还不很成熟，还有待资料的充实。

六　聚落形态与房屋建筑

仰韶文化遗址主要分布在黄土高原上，关中渭河流域是这支文化分布的中心地区，这里的遗址多位于发育较好的马兰阶地上，特别是河流交汇处。遗址分布较为密集，在沣河中游沿岸其密度大体与现代村落相等，在 10 公里距离内发现遗址 10 多处。遗址面积一般在数万或十多万平方米，大的几十万乃至百万平方米，最大的如华阴西关堡、咸阳尹家村遗址近 100 万平方米。文化堆积厚度一般为 1～6 米。各遗址往往保存着房基、灰坑、陶窑、墓葬或大片墓地。仰韶早期的这些大型遗址为中心聚落，到晚期在中心聚落基础上开始形成城市，在仰韶文化中心分布区的外围地带发现了筑有城墙的城址。

经科学发掘的重要遗址，如秦安大地湾、西安半坡、宝鸡北首岭、临潼姜寨、华县泉护村、铜川瓦窑沟、陕县庙底沟、翼城北橄等，多数都可以看出当时村落的大致布局。其中以大地湾、半坡、姜寨、北首岭等地的村落布局较为清楚，居住遗迹也保存比较完整。

大地湾遗址分为两个部分，一部分位于五营河岸边，为半坡文化时期的一处聚落遗址；另一部分位于甲址以南的小山坡上，为西王村文化时期的大型聚落遗址。前者发现的房址有 100 多座，门向都向着中心广场。居住区外围有壕沟环绕，西部为墓葬区。村落布局以北边山坡的 901 号大房址为中心，向南呈扇面形展开。整个村落分成若干小区，每个小区中都有大房址和小房址。大地湾已经发掘的 240 座房址绝大多数都属仰韶文化时期，这是仰韶文化的一处山地村落，聚落布局与半坡、姜寨等遗址不同。

西安半坡遗址位于西安城东一条小河的二级阶地上，聚落大体可看出分为居住区、氏族墓地及公共窑场三部分。居住区面积约 3 万平方米，发掘出 1 座大型和 45 座中小型的房基，房址门向大体朝南，有一条小沟将居住区分为南北两片，中间有道路相通。房址附近发现了 200 多个窖穴，还有两处简陋的长方形建筑遗迹，推测是饲养牲畜的圈栏或哨棚之类。遗址发现的 70 多个幼儿瓮棺葬，主要分布在居址周围。围绕着居住区挖有宽、深各 5～6 米的壕沟，为村落的防御性设施。壕沟以北有公共墓地，发现有 170 多座成人墓葬。壕沟以东有公共窑场，发现了 6 座陶窑。

临潼姜寨遗址是一处比半坡更为完整的新石器时代聚落遗址。居住区中心为一面积为 4000 平方米的广场，广场四周的地势稍高，100 多座房屋基址构成 5 ～ 6 组，围绕在广场周围。每组建筑以一个大型房屋为主体，附近分布着十几座或二十几座中小型房址。小型房址又以中型房址为布局的次中心，构成一个个更小的单元。房址无论大小，几乎所有门向都朝向中心广场。有些房址附近分布着窖穴群或幼儿瓮棺葬群。广场的西边，还有两处牲畜夜宿场。居住区周围，挖有宽、深约 2 米的壕沟，在东部留有跨越壕沟的通道，建有寨门和哨棚。壕沟外东北部及东南部有 3 片较大的公共墓地，有 170 多座成人墓。西南方向的小河旁发现了几座窑址，是一处公共窑场（图 11）。

宝鸡北首岭遗址的居址和墓地构成聚落的主体。遗址西靠陵塬，东临河流，平面为长椭圆形。聚落有一个面积约 6000 平方米的中央广场，近 50 座房址分为 3 组环绕在广场周围，门向多数也都朝向广场。居址以南为墓地，发现墓葬 400 多座。

在北首岭、半坡、姜寨和大地湾所揭示出的聚落布局，许多研究者认为可能是几个氏族或胞族集聚的部落居址。面积较大的大地湾遗址，应是聚落群中的中心村落，或许就是部落联盟的所在地。无论是部落的居址还是单个氏族的居址，它都形象地体现着氏族制度具有的那种向心精神。居住区内居址分组分群现象和墓葬区分片分群现象，显然与居民之间存在的亲疏关系有关[94]。

仰韶文化聚落的发展表现有一定的时代特点。半坡文化的村落面积较大，布局整齐有序，庙底沟文化至今还没有发现半坡文化那样的村落居址。到了仰韶文化晚期，聚落形态又有了新的变化，可能已经出现了围绕着高大城墙的城市。1995 年，郑州西山发现了一座"仰韶文化晚期"的城址，是在黄河流域发现的年代最早的史前城址。城址平面近圆形，尚保存有高 3 米、宽 5 ～ 8 米的残垣，城外环绕着宽 5 ～ 7.5 米、深约 4 米的壕沟。城墙采版筑法夯筑而成。城址规模并不大，城内面积估计为 3 万平方米。城址时代为大河村文化晚期，延续使用的时间为距今 5300 ～ 4800 年。有研究者认为，这座城址的性质还只是一个具有中心聚落意义的城堡，属于"雏形城市"，也可能是"军事民主制时期部落联盟中心"，还不是一个真正统治一方的政治中心[95]。

仰韶文化的聚落有这样几个明显的特点：1. 由大小不同按一定规则排列的房子构成聚落的中心；2. 有中心广场一类的公共活动场所；3. 有公共窑场；4. 居址外围建有壕沟、哨棚之类的防御设施；5. 居址附近有分片的公共墓地。

---

〔94〕 巩启明、严文明：《从姜寨早期村落布探讨其居民的社会组织结构》，《考古与文物》1981 年 1 期。

〔95〕 许顺湛：《郑州西山发现黄帝时代古城》，《中原文物》1996 年 1 期；曹兵武：《关于郑州西山古城的一点思考》，《中国文物报》1995 年 11 月 12 日；马世之：《郑州西山仰韶文化城址浅析》，《考古文物研究——纪念西北大学考古专业成立四十周年文集》，三秦出版社，1996 年；杨肇清：《试论郑州西山仰韶文化晚期古城址的性质》，《华夏考古》1997 年 1 期。

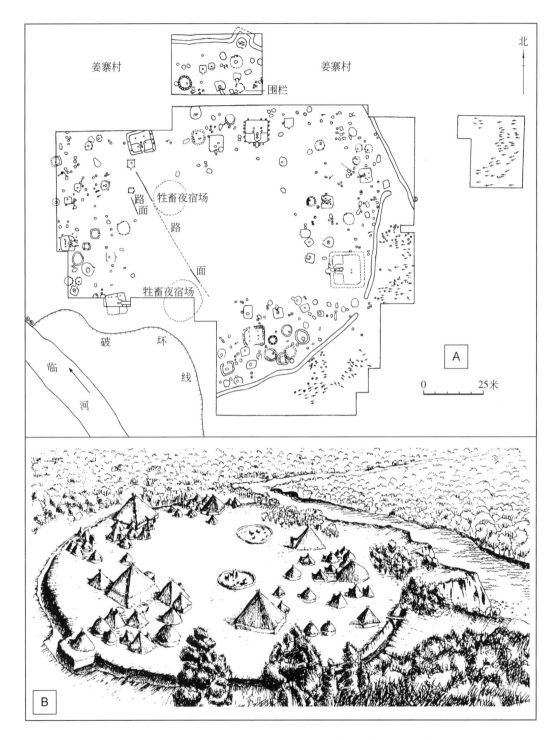

图 11　姜寨遗址平面图及复原示意图（引自《姜寨》下册）

A. 平面图　B. 复原示意图

仰韶文化的房屋建筑很有特点。一些遗址中发现很多灰坑，其中大部分用作窖穴，少数应是作居址的坑穴。窖穴中有的口大底小，有的穴壁较直，还有一种是口小底大的"袋形穴"。多数袋形穴形状规整，口部或方或圆，穴壁平整，还有台阶供上下，姜寨遗址就发现了不少有台阶的窖穴。半坡遗址 2 号袋形穴东北壁上掏有小龛，放置两个带盖的敛口罐。这类窖穴应是作居址使用的，坑穴一般较大，泉护村 1096 号坑穴，深 2.9 米，面积近 20 平方米，有斜坡出入口，通过 5 级台阶可盘旋而下，穴底中央有烧灶。

仰韶文化居民除了少数穴居外，一般是居住在精心营造的房屋内。迄今所发现的仰韶文化房址，已发掘出了 500 多座，较重要的有半坡 46 座，姜寨约 120 座，北首岭 32 座，福临堡 12 座，李家沟 15 座，瓦窑沟 23 座，下孟村 7 座，北橄 9 座，大地湾约 240 座。仰韶文化的房屋可分为圆形半地穴式、圆形地面式、方形半地穴式、方形地面式、方形地面多间式。

圆形半地穴式集中发现于半坡、姜寨和瓦窑沟。建筑平面近圆形，一般面积较小，直径多为 5～6 米。房基凹入地下，坑壁有一周柱洞，室内也有数目不等的柱洞，门内两侧有矮墙，室中央有长方形或瓢形灶坑或浅圆灶面，有的灶坑后部设有保存火种的陶罐。居住面与墙壁经火烧烤，坚硬平整，少数也有不经烘烤的。如半坡 3 号房址，房基正圆，直径为 5 米，凹入地下近 1 米，门向南稍偏西，门内两侧有隔墙，长 1 米余。室中央有长约 1 米的瓢形灶，灶前后排列着六个柱洞。居住面下层铺垫有树枝，面上涂有 8 厘米厚的草泥土面，并经烘烤（图 12，B）。

圆形地面式居址也集中见于半坡、姜寨。这种房址与圆形半地穴式在布局大体相同，区别在于它直接由地面筑墙。如半坡 22 号房址、平面为正圆形，直径 4.6 米，平地起墙，墙厚 0.25～1.3 米。房门向南，门内两侧有隔墙，隔墙北端稍向内折，室中间有长方形灶坑，四周有四个柱洞，灶坑后部的两柱洞之间残存有矮小隔墙，居住面为 5 厘米厚的草泥土（图 12，C）。

方形半地穴式居址平面为方形或长方形，又可分为大、中、小三型，最大的约 160 平方米，小的仅 10 平方米左右。大房址一般为方形，房基凹入地下，有狭长的坡式或阶式门道，门道和居室之间有门坎，室内有数目不等的柱洞，中央有灶坑，有些灶坑也见到火种罐。居住面及坑壁多经烤烧，坚实平整。这种中小型方形圆角半地穴式是关中豫西地区仰韶文化中最常见的房址。如半坡 41 号房址，东西长 4.4、南北宽 3.2 米，房基凹入地下 0.4 米，门向南，门道长 2.3 米，呈斜坡状，有门坎，门内有隔墙（图 12A）。在同一类型的庙底沟 301 号房址的柱洞内，还发现了充当柱础的石块。大河村的 16 号房址，地面以上的墙壁系由红烧土块垒砌而成。大河村 14 号房基四周有 50 多个排列均匀的柱洞，室内中央有方形烧土台，居住面经多次修整，铺设达 10 层之多，由料姜石粉、黄砂及少量黏土合成，铺平、砸实、抹光，并经火烤。这种以料姜石铺设居住面的方法也见于北首岭同类房址。

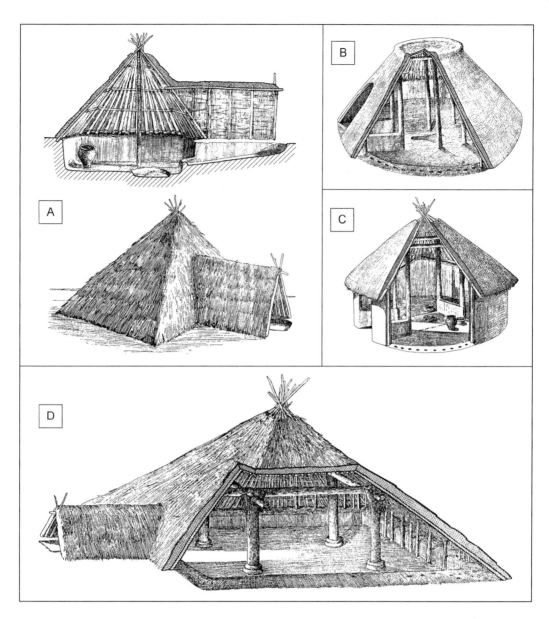

图12　半坡遗址房址复原图（引自《西安半坡》）

A. 41 号方形房址　B. 3 号圆形房址　C. 22 号圆形房址　D. 1 号方形房址

　　半坡、泉护村和姜寨所发现的大型房基均属方形半地穴式建筑。半坡 1 号房址已残破，推算面积达 160 平方米。房基凹入地下 0. 5 米，坑壁厚约 1 米，壁内有柱洞，转角处柱洞较为密集。室内原应有 4 根擎梁柱，柱脚围以泥圈形成柱基（图 12D）。在居住面下发现一带盖陶罐，是建房时有意埋入的。姜寨的大房子，面积一般都在 80 平方米以上。有较宽的门道，室内迎门有火塘，火塘两侧有高出地面的宽大平台。在这类大房子中较少见到中小型住屋内常见的那些生活用具和日用陶器。

方形地面式居址平面为方形或长方形，由地面起筑。这类房子在河南地区发现较多，是豫中地区大河村文化主要的建筑形式，可分大、中、小三型。洛阳王湾 11 号房址，墙基为挖槽建造，内填红烧土碎块，房基内外都有柱洞。15 号房址的墙基由大块平整的砾石铺成，上面直接筑墙，墙内立木柱，外敷草泥土，室内有较大的平台，台的外端有矮小的隔墙。居住面用两种不同的材料构筑，一为草拌泥的红烧土，表面坚硬，一为石灰质三合土做成，坚硬光滑。大河村的方形地面式建筑的居住面也多用细沙、黏土和料姜石粉的物质层层铺垫，多者达 11 层，居住面修建得相当考究。

庙底沟文化时期已经有了少量方形套间房址。铜川李家沟遗址的 1 号房址（图 13B），面积约 50 平方米，在房屋内另筑有一个约 5 平方米的小套间，套间还留有较宽的门道。典型的方形地面多间式房址，较多见于河南地区大河村文化和下王岗文化，在秦安大地湾也有发现。大河村遗址发现有三组共 12 间连间的建筑，房基保存完好，墙壁残高有的达 1 米。三组连间建筑的结构及营造工艺大体相同。以 1～4 号一组房址为例（图 13A），四间房基均为南北长方形，作东西并列相连。1、2 号为同时建成，两间有共用的一面墙壁，3 号利用 1 号东壁接筑，4 号又利用 3 号东壁接筑。最西端的 2 号门向南，1、3、4 号门均向北。中间的 1 号面积最大，有灶台，放置有 20 多件陶器，内有小型套间，套间内也有土台。2 号房址内有三个土台，台面上放置日用器物及粮食。3 号房址内也有一方形土台。4 号面积最小，仅 2 平方米左右。这三组连间建筑的营造方式大体是：首先平整地基，铺垫厚约 10 厘米的沙质草泥土，开挖墙壁基槽，同时在南部挖好窖穴。然后沿房基或基槽四周栽立木柱，立柱间加填芦苇束，绑缚横木，并在内外两侧敷以厚约 10～15 厘米的草泥土。筑好墙壁后加工居住面，铺设数层砂质地面，最后一层白灰粗砂硬面涂抹在墙壁或室内土台之上，然后都经大火长时间烘烤，呈红色或青灰色，坚硬光滑。

淅川下王岗遗址发现一座长屋基址，坐北朝南，长达 85 米，进深 6.3～8 米，房屋分间达 29 间之多（图 13E）。长屋中的正房都设有门厅，构成 17 个单元套房，多数为单间套房，少数为双间套房，有的还建有门槛，门向东南。另有 3 间无门厅的偏房，为单间居室，门向西南。这三类房间内除门厅外都发现了铺地的竹席痕迹，居住面平坦坚实，草拌泥墙壁光滑平整，表明它们都是居室。1/3 的套房内建有火灶，有的一房一灶，有的一房二灶，还有一房六灶的。双间套房面积为 15.35～38.85 平方米，单间套房为 13.58～22.02 平方米，单间房为 18.78 平方米。长屋西头，还建有一座面积不足 5 平方米的干栏式粮仓[96]。

秦安大地湾遗址发现了殿堂一类的大型宗教性建筑，其中 901 号房址就是一座由前殿、后室和东西两个厢房构成的多间式原始殿堂建筑，原有全部建筑面积当在 300

---

[96] 河南省文物研究所等：《淅川下王岗》，文物出版社，1989 年。

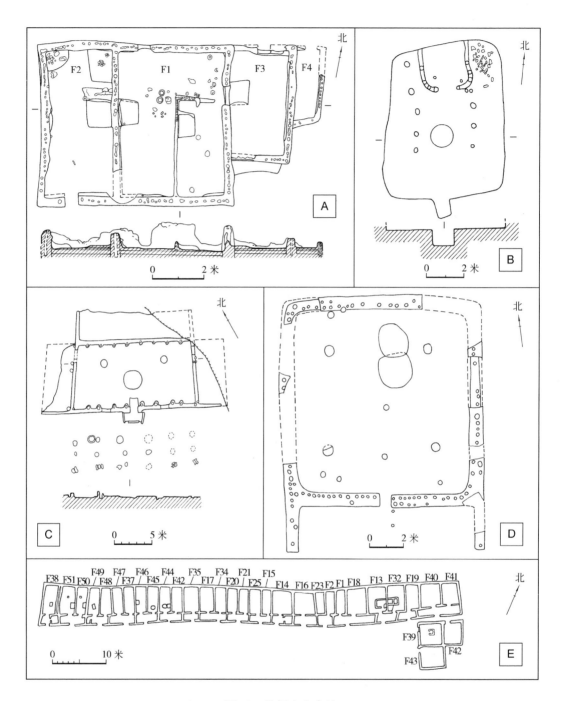

图 13　仰韶文化房址

A. 大河村 F1–F4 平、剖面图　B. 李家沟 F1 平、剖面图　C. 大地湾 F901 平、剖面图　D. 案板 F3 平面图　E. 下王岗排房房址平面图

平方米以上（图 13C）。前殿宽 16 米，进深 8 米，面积达 130 平方米。正门向南偏西，左右有侧门，东西还有通向厢房的两扇门。迎正门建有一座灶台，残高 0.5 米，直径约 2.5 米。前殿偏后部有顶梁柱 2 根，直径达 90 厘米。南北墙面各有立柱 8 根，柱径

近 50 厘米，都有石柱础。前殿的地面、墙面、柱面、灶台都抹有料姜石灰浆，地面铺草泥烧土块后，再以小石子、砂粒和灰浆制成厚近 20 厘米的混凝土层。殿内地面上出有一些器形特殊的非日用陶器。殿外还有约 130 平方米的地坪，发现排列整齐的 12 个柱洞。这座建筑规模宏大，布局有序，结构复杂合理，建造方法讲究，工艺精良，它不是普通的居室，可能是举行宗教仪式的公共建筑。由室内大量的烧土堆积、炭屑灰烬等迹象分析，这座大型建筑毁于一场突然的大火[97]。类似的建筑在扶风案板遗址也有发现，同属仰韶晚期的 3 号建筑也是一座由主室和前廊构成的方形大房址，面积 165.2 平方米（图 13D）。它位于遗址中心部位的最高处，坐北朝南，居高临下。在它周围的灰坑中出土了不少陶塑人像，表明这座大型建筑曾是宗教活动中心所在[98]。

仰韶早期的居住建筑以单间为主，平面形状有方形和圆形两种。居住建筑的这种平面形状上的差异，还明显地表现有地域上的特点。北首岭的房址几乎全为方形，半坡和姜寨则是方圆都有，而豫西一带的房址大体都是圆形。也即是说，仰韶文化早期的房址，分布中心的关中地区有方形也有圆形，而它的东部是圆形建筑传统，西部则是方形建筑传统。到了庙底沟文化时期，方形居址的建筑传统占据了主导地位，这是显得更为进步的一种建筑技术。到西王村文化时期，多数居址已采用平地建筑方式，半地穴居址较少见到了。与仰韶文化关系密切的一些文化中出现了一定数量的多间连建的大型居址，表明建筑技术有了相当的发展。

由半坡经庙底沟到西王村文化的居住建筑形式，具有由穴居—半穴居—地面单间建筑—地面多间建筑的发展序列[99]。

七　经济生活

仰韶文化居民有定居的聚落，他们有较为稳定的经济生活来源。人们已掌握了较高的农业生产技术，同时也饲养家畜，还从事采集渔猎活动，以获取更丰富的生活资料。

1. 农业与饲养业

黄河流域原始农业文化的出现，估计可以早到 1 万年以前。仰韶文化主要分布地带的黄土高原，土壤结构均匀松散，富含肥力，有一定的保水性能，有利于耐旱作物

---

[97] 甘肃省文物工作队：《甘肃秦安大地湾 901 号房址发掘简报》，《文物》1986 年 2 期；赵建龙、阎渭清：《关于大地湾 F901 房基的几点认识》，《考古与文物》1990 年 5 期。

[98] 西北大学文博学院考古专业：《案板遗址仰韶时期大型房址的发掘》，《文物》1996 年 6 期。

[99] 杨鸿勋：《仰韶文化居住建筑发展问题的讨论》，《考古学报》1975 年 1 期；《黄土地带源于穴居的建筑发展》，《文物天地》1987 年 6 期。

的生长。原始农耕技术在黄土地带出现以后，经过 3000 年以上的发展，到仰韶文化时期已经比较成熟。

仰韶居民用于砍伐林木、开垦耕地的农具，主要有石斧、锛和铲等。在半坡遗址出土的 700 多件农具中，近半数为用于砍伐的磨制石斧和 70 多件石锛，有 30 多件石锄和石铲，还有用于收割的 150 多件石刀和陶刀。姜寨遗址出土的农业生产工具，一期有石斧 150 件、石铲 127 件、骨角铲 126 件、石锛 48 件、石砍斫器 19 件，二期有石斧 46 件、石铲 8 件、骨角铲 11 件、石锛 17 件、石锄 9 件、石砍斫器 5 件。北首岭遗址出土石斧 63 件、石铲 33 件。何家湾遗址半坡文化早期出土石斧 13 件、石铲 1 件、骨铲 8 件；中期出土石斧 44 件、骨石铲 23 件、石锛 12 件、石刀 4 件。龙岗寺遗址半坡文化层出土砍斫器 97 件、石斧 49 件、石锛 29 件、骨石铲 39 件。庙底沟遗址出土石斧石铲 31 件、石刀、陶刀 200 件。有的研究者已经注意到，仰韶文化居民很少将砍伐类农具用作死者的随葬品，而较多地使用渔猎工具随葬[100]。这其实是仰韶文化居民比较重视农业生产工具的一个证据，他们不愿意将用得着、制作又不易的工具放进死者的墓穴里。

庙底沟文化的种植农业较半坡文化的种植农业发达，用于收割的陶刀和石刀，庙底沟文化多于半坡文化。半坡文化半坡遗址发现刀 217 件，占农具总数（662 件）的 32.78%，而庙底沟文化的庙底沟遗址的刀为 200 件，占农具总数的 56%。半坡文化流行的石铲为圆角长方形及矩形，而庙底沟文化石铲均平薄，多数通体磨光。半坡文化用于砍伐的石斧，在数量上远多于翻土用的石铲、锄，而庙底沟文化的石铲数量却远多于石斧，有的研究者认为仰韶文化不同时期这两类工具数量比例的改变，是耕种方式变化的反映，表明庙底沟文化时期已全面进入锄耕农业的耕种方式。

在半坡和北首岭遗址中，发现的石、骨、角及陶质的矛头、镞、弹丸、掷球、鱼叉、鱼钩及网坠等渔猎工具共计近 1300 件，是石质的斧、铲、锄、刀及陶刀 600 多件的 2 倍。庙底沟和王家嘴见到用于农业的石质的斧、铲、刀及陶刀共计 167 件，同址用于渔猎的石、骨、陶质的镞、掷球、弹丸及网坠 140 多件。一些研究者认为生产工具数量比例关系上发生的变化，是庙底沟文化时期的种植农业有新发展的反映。

仰韶文化居民收割农作物用的工具，主要是石刀和陶刀，刀为长方形，形体较小，一般两侧带缺口，可用绳索固定在掌中使用。谷物加工工具有石磨盘、磨棒和杵石等。

仰韶文化的农作物，主要品种是粟。粟的成熟期短，耐干旱，黄土地带是较为理想的生长环境。半坡遗址几座房址中的陶器内，都发现过碳化的粟，H115 中发现了大量碳化的粟。此外在北首岭、泉护村、下孟村和龙岗寺等遗址都发现了粟类遗存。

---

〔100〕 云翔：《新石器时代墓葬中随葬生产工具的考察——以黄河中游地区为例》，《考古求知集》，中国社会科学出版社，1996 年。

仰韶文化时期的农作物还有黍，有蔬菜作物芥菜，可能还有小规模的水稻种植。在姜寨遗址的陶器中，发现了黍的籽实，泉护村则发现过类似稻谷的痕迹。在半坡遗址 F38 的小陶罐内贮存着芥菜或白菜籽一类的种籽，说明半坡居民也栽培园圃蔬菜。

仰韶文化居民已有家畜养殖业，半坡遗址有牲畜圈栏，姜寨遗址发现了牲畜夜宿场，表明家畜饲养有了一定的规模。当时饲养的家畜，由出土的动物骨骼鉴定，主要有猪和狗两种，此外还有鸡和黄牛。北首岭遗址一座墓中随葬的陶罐内装有两只完整的鸡骨架，是当时人们用自己饲养的家畜烹制的一道美味。有些研究者认为，仰韶文化居民很可能已开始驯养鹿类，鹿类骨骼在许多遗址都有大量出土。

家猪骨骸发现的数量也不多，个体较小。由姜寨遗址的发现看，家猪半数的死亡年龄在 1 ~ 1.5 岁，83% 的猪没有能够长到 2 岁。元君庙墓地 439、442 和 425 号墓中用猪骨随葬，说明猪和人们经济生活的密切联系。有的家狗头骨及下颌较小，面部及鼻吻部较短，可能是一种体格中型的猎狗。

2. 采集与渔猎

渔猎活动在仰韶居民的经济生活中，占有相当的比重。从各处遗址发掘出土的榛子、栗子、松子、朴树子和螺蛳等遗存，都是当时采集的对象，采集品中可能还包括鸟卵、蜂蜜、昆虫、植物块茎和野麻一类纤维植物。半坡遗址灰坑中发现成堆甚至整坑堆放的螺蛳壳，表明了半坡人采集经济所具有的规模。

渔猎经济在半坡文化时期比较发达。半坡遗址出土的动物骨骼种类很多，它们多数应当是当时渔猎的对象。在半坡文化彩陶中常见的鱼纹、鹿纹、蛙纹、鸟纹、网纹及嘴衔鱼的人头形彩绘图案，也是当时人们渔猎活动的真实写照。

仰韶文化时期人们的猎获物，包括的范围比较广泛。北首岭人的猎获物包括了兽、鸟、鱼、龟鳖和软体动物 5 大类 18 个种属，数量较多的有野猪、马、鹿和狍，还有狗、獾、狐、貉和棕熊，也有数量不多的虎、豹、豺、狼[101]。半坡人的猎获物主要有斑鹿、獐、竹鼠、野兔、狸、貉、短尾兔、羚羊、獾、狐狸、雕及鲤科鱼类，还有大量的贝类水生物[102]。姜寨人的猎获物主要有梅花鹿、鹿和獐，貉、狗獾、麝、软体动物和鱼类[103]。生活在汉水流域的何家湾人，猎获物有岩松鼠、黑熊、犀、野猪、林麝、獐、小鹿、水鹿、马鹿、狍、羚羊、苏门羚和野牛等[104]。龙岗寺人的猎获物，有野

[101] 周本雄：《宝鸡北首岭遗址中的动物骨骼》，《宝鸡北首岭》，文物出版社，1983 年。
[102] 李有恒、韩德芬：《半坡新石器时代遗址中之兽类骨骼》，《西安半坡》，文物出版社，1963 年。
[103] 祁国琴：《姜寨新石器时代遗址动物群的分析》，《姜寨——新石器时代遗址发掘报告》，文物出版社，1988 年。
[104] 吴家炎：《何家湾新石器时代遗址动物骨骼鉴定报告》，《陕南考古报告集》，三秦出版社，1994 年。

猪、猪獾、豪猪、狼、豺、野牛、水鹿、华丽黑鹿、狍、小麂、林麝、岩鸽、白枕鹤、大白鹭、鳖、鲤鱼、蚌和中华圆田螺，以野猪和水鹿为主 [105]。下王岗人的猎获物有亚洲象、苏门犀、苏门羚、麝、麂、斑鹿、梅花鹿、狍、水鹿、豪猪、野猪、猕猴、黑熊、虎、孔雀、鱼、龟、鳖、水獭、大熊猫、貉、狗獾、豹猫和水牛 [106]。汉水流域的仰韶文化与同时期的其他居民的猎获物，在种类上与关中地区多少有些区别。

仰韶文化的狩猎工具，由半坡遗址出土的情况看，箭镞最多，有近 300 件，其中半数为骨镞。半坡居民其他用于渔捞的工具有骨鱼钩、鱼叉件和网坠等。姜寨遗址一期出土的渔猎工具有箭镞 165 件，另有骨叉骨矛 46 件。姜寨二期出土骨、石镞 28 件、矛叉 4 件。北首岭遗址出土骨镞 80 件，庙底沟遗址出土骨镞 71 件。这些数字表明，射杀类器具是仰韶人惯常使用的狩猎武器，是一种效率较高的轻武器。仰韶文化的箭镞有多种样式，有三角形、圆锥形、柳叶形、有翼形等 10 多种，质料有角、骨、石三类，可以用于对付不同的猎物。

3. 手工业

仰韶文化居民拥有原始的手工业，人们以石、木、骨、角、牙、蚌、陶土制作各种器具，不断发展着工艺技能。

仰韶时期制作石器，打制与磨制技术并用。早期打制石器较多，用直接打击法制作，一般不作太多修整即行使用。早期对部分石器和骨器都使用磨制技术，但不是每一件器物都通体磨光，仅对小型的锛、凿、镞、针、笄等进行精磨，对大量较大的石器和骨器，一般都只磨光刃部。多数器具只是略加粗磨，北首岭遗址出土石斧经细磨的仅为 5%，粗磨的占 80%，另有打制与琢制的占 15%。一般石器都不见明显的棱角，如半坡文化石斧的横截面均呈椭圆形，至庙底沟文化中期还少见横截面呈矩形的石斧。所有石器的穿孔，都是双面对钻成的，多使用琢制方法开孔，说明当时还没有使用锯切石材及管钻的技能。

半坡文化居民的木作技术，据半坡遗址柱子洞的大小和墙壁烧土块上的印痕估计，有长 2 米左右，宽、厚分别仅为 10 ~ 15 厘米和 1.5 ~ 2 厘米的木板，板面比较平整，加工出这样长而薄的板材，表明木作技术水平所达到的高度。

仰韶人拥有自己的纺织品和编织物，从陶器上的印痕可以了解到半坡文化的纺织品及编织物情况。元君庙遗址陶器上的布纹印痕，经线清晰，纬线较模糊，每平方厘米经纬线各 12 根，粗细均匀，线径约 0.84 毫米。有资料表明当时纱线细的径仅 0.5 毫米，粗的则达 4 毫米。仰韶文化时期可能已掌握了丝织技术，在山西夏县的西阴村遗

---

〔105〕 陕西省考古研究所：《龙岗寺——新石器时代遗址发掘报告》，文物出版社，1990 年。

〔106〕 贾兰坡、张振标：《淅川下王岗遗址中的动物群》，《淅川下王岗》，文物出版社，1989 年。

址发现过被截断的蚕茧，在荥阳青台遗址的一座大河村文化墓葬中，发现过丝织品残块。仰韶文化的纺织品少有发现，织机的构件也没有发现，仰韶文化居民使用的当是水平式踞织机。

仰韶居民制作编织物的技法多样化，从半坡遗址出土陶器上的编织印痕可以看出，当时制作编织物已使用了斜纹编织法、缠结编织法和棋盘格式编织法，以斜纹纺织法采用最为普遍。纺织和编织所用的其他工具，有骨针、骨锥和纺轮等。

仰韶文化时期有了比较发达的制陶业。仰韶前期的制陶技术，主要采用泥条盘筑的慢轮制作方法，制成粗坯，再作修整。制作大型陶器时，以泥条分别盘成陶器各部位，再拼合成整器。陶坯的修整，采用刮削、拍打和压磨，在轮盘上修整器形或口沿，有的还要装饰纹样，进行彩绘。北首岭遗址出有绘制彩陶的颜料块，经鉴定均为天然赤铁矿矿物颜料。北首岭和姜寨墓葬中都发现了用作随葬品的颜料或研磨颜料的石盘，墓主可能是专门制作彩陶的陶工。在西安半坡、长安马王村、铜川李家沟、宝鸡北首岭等遗址都发现了陶轮盘（图14），当还有更多的木质轮盘没有能够保存下来。仰韶文化中晚期，在慢轮修整的基础上发明了快轮制陶技术，将陶泥放在轮盘上，在旋转中用双手直接拉成器坯。仰韶人用快轮制成的只有少数杯、碗、盘之类的小型器物，多数大器物仍然要在慢轮上制作〔107〕。王家阴洼半坡文化的一些陶器底部有偏心圆纹，这是用线绳从陶轮上割离陶器的工艺痕迹，这种工艺产生于快轮制陶之前，它是后来快轮制陶的重要工艺程序之一。

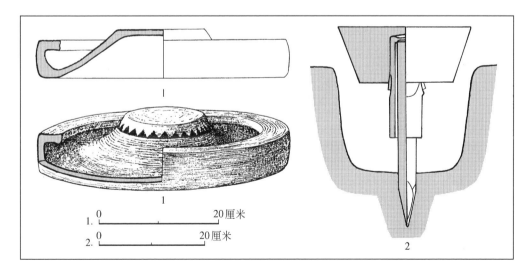

图 14　半坡文化陶轮盘和现代慢轮制陶装置示意图（引自《考古》1977 年第 4 期）

1. 陶轮盘（半坡 P. 4736）　2. 云南景洪曼斗寨傣族慢轮制陶装置

---

〔107〕　李仰松：《仰韶文化慢轮制陶技术的研究》，《考古》1990 年 12 期；李文杰：《中国古代制陶工艺研究》，科学出版社，1996 年 12 月。

半坡文化烧制陶器的陶窑一般建在村落附近，发掘所见陶窑总数已达100多座。在大地湾遗址，不同形式的窑址发现30座之多。在姜寨还发现了制陶作坊遗址，有制陶工作平台，平台上遗有陶土和未及入窑的陶坯。

仰韶文化陶窑主要分为横穴窑和竖穴窑两种，盛行横穴窑，也有竖穴窑，前者发现较多，结构比较原始。陶窑由火口、火膛、火道、窑箅和窑室组成，火膛的两端分别接连火口和窑室。早期横穴陶窑的火膛和窑室大致处在同一水平面上，火道分中央火道和环行火道两部分，由较长的火膛终端斜上通入窑箅下部，窑室直径在1米左右。由于窑室容量较小，一次只能烧几件陶器。如半坡3号窑址，火膛长约2米，后部分为3条火道，圆形窑室直径约80厘米（图15A、B）。横穴窑火膛较长，这可以保持窑内火力均匀。仰韶中期烧窑技术提高，陶窑的火膛长度缩短，使火力得到了充分利用。半坡和庙底沟文化陶窑的区别，是前者陶窑的火膛，完全位于窑室的一侧，火口与窑室的距离是庙底沟文化陶窑的4倍左右，这是典型的横穴窑。庙底沟文化的横穴窑在火道上增设了箅子和火眼，使横穴窑在火力的控制上得到了加强。如福临堡遗址的1号窑址，窑室直径约1米，火膛有左右两股极短的火道通向窑室，环窑壁底设7个火眼形成窑箅。西王村文化的横穴窑有进一步改进，设有多股火道，火眼均匀分布在窑底，使窑室各部位的火力均等，如福临堡遗址的2号窑址，窑室直径1.3米，底部均匀排列5条长条形火眼，与5条斜坡形火道相通。

仰韶文化的竖穴窑在半坡时期已经出现，窑室设在火膛上方，有数股火道连接火膛与窑室。如半坡遗址2号窑址，窑室在火膛正上方，两者之间的间隔自然构成窑箅，箅上有两股长0.3米的火道与火眼相通。后来竖穴窑的窑室进一步改进，底部有多股沟状火道，上面设有多火眼的窑箅，使火力更为均匀。

到了仰韶文化晚期，陶窑火膛更短，窑室容量更大。郑州林山砦遗址发现一座大河村文化晚期竖穴陶窑，窑室直径约1.3米，中间有两条主火道，各向一侧伸出两支短火道，火道平面作"北"字形，使窑内火力更趋均匀。

仰韶文化陶窑构造的不断改进，提高了能源利用率，是烧陶技术的进步的结果。仰韶文化陶器烧成温度一般高于黄河流域以外其他地区，达到900℃～1050℃。

仰韶文化居民在烧制高温陶器的过程上，可能已开始了冶铜的尝试。在仰韶文化遗址中发现的铜片和小件铜器，引起了研究者们的广泛注意。在姜寨遗址的半坡文化地层中，发现了圆形和管状残铜片各1件，鉴定表明它们的含锌量分别为25.5%和31.0%，应属黄铜，这是用铜锌共生矿冶炼出的合金[108]。此外，在渭南北刘遗址的庙底沟文化地层中，还发现过1件铜笄。这些证据表明仰韶早期居民已开始了金属冶炼的尝试，由于这种尝试还处于初始阶段，他们还没有真正跨入金属时代。

---

[108] 北京钢铁学院冶金史组：《中国早期铜器的初步研究》，《考古学报》1981年3期。

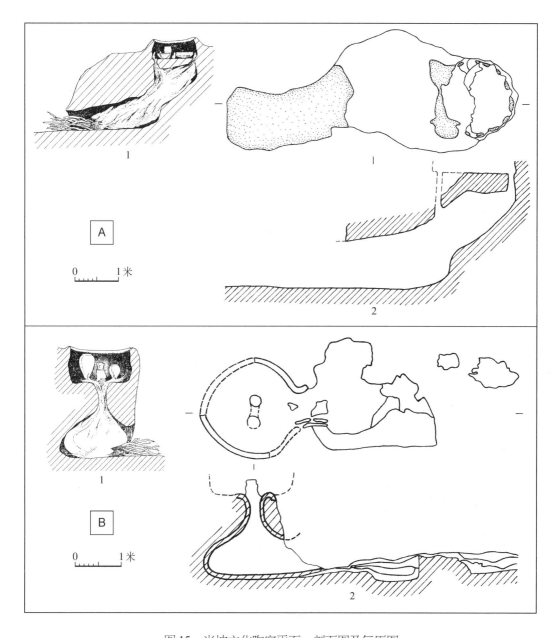

图 15　半坡文化陶窑平面、剖面图及复原图

A. 半坡 3 号陶窑　1. 复原图　2. 平面、剖面图
B. 半坡 2 号陶窑　1. 复原图　2. 平面、剖面图

4. 劳动分工

随着生产活动的扩展，仰韶文化的居民的劳动分工逐渐细化。在制石、制陶、木作、制骨（角、牙、蚌）、纺织和编织这些手工劳动，以及农业种植、家畜饲养、渔猎和采集这类直接食物生产劳动中，由于需要的体力和技能不同，使得男女两性在社会

分工上成为一个很自然的标准。

通过考察墓葬中两性随葬工具的差异，可以发现仰韶文化居民劳动分工上的一些证据。元君庙及北首岭遗址男女两性使用不同生产工具随葬，反映了半坡文化居民性别劳动分工的真实情况。北首岭遗址半坡文化墓葬中的男性墓均随葬石镞和骨镞，有的还有石斧、磨石及石磨盘，女性墓随葬的工具只有骨锥和石研磨盘。在姜寨遗址一期 40 座随葬工具的墓葬中，石斧全部出自男性墓，石球多数出自女性墓。元君庙墓地只有少数墓葬随葬了工具，男性使用骨镞随葬，女性使用蚌刀、骨针和纺轮随葬。在龙岗寺遗址早期墓葬中，陶锉和骨匕多出自女性墓，而石镞和骨镞多见于男性墓。仰韶文化居民男女两性使用不同工具随葬，表明男子主要从事工具制作、狩猎及农业中的部分重体力劳动，妇女主要从事农业、纺织及缝纫等较轻体力的劳动。有研究者还认为，庙底沟文化时期耕种方式的变化，锄耕农业技术的推广，可能同男性由主要从事渔猎转到主要从事农耕生产活动有关[109]。

八 文化与艺术

仰韶文化居民进行艺术创造的手段是多方面的，有雕塑，有绘画，艺术的主要载体是陶器，即陶塑和彩陶。

黄土地带的土质有较强黏性，色度纯净，用它制成的陶器是彩绘理想的地色，在7000 多年前拥有黄土资源的渭水流域居民最先在陶器上施用了彩色，黄河流域是世界上的彩陶发祥地之一。前仰韶时期已经出现的彩陶工艺，到了仰韶文化时期水平又有了很大提高。仰韶文化的彩陶工艺，经历了完善、发达到衰落的发展过程。仰韶早、中期，彩陶以黑色为基调，纹饰较为繁缛复杂。中期以后，色彩丰富多变，纹饰以装饰性很强的图案为主。到了晚期，彩陶艺术明显衰落，陶器上只见到不多的单色彩的线条了。

半坡和庙底沟文化的彩陶都盛行几何图案和象形花纹，总的构图特点是对称性强，发展到庙底沟文化中晚期，图案富于变化，结构有一些不同。

半坡文化彩陶以红地黑彩为主要风格，流行用直线、折线、直边三角组成的直线体几何图案和以鱼纹为主的象形纹饰，线条比较简练，色块凝重，主要绘制在钵、盆、尖底罐和鼓腹罐上，有一定数量的内彩。多数彩陶只是在口沿上画一圈黑色宽带，彩陶盆的口沿除流行彩带外，有时绘重复排列成若干组的一种几何纹，有时将口沿分作四等分，每一等分内绘相同的纹饰。半坡彩陶的象形纹饰有鱼、人面、鹿、蛙、鸟和

---

[109] 云翔：《新石器时代墓葬中随葬生产工具的考察——以黄河中游地区为例》，《考古求知集》，中国社会科学出版社，1996 年。

鱼纹等，鱼纹常绘于盆类陶器上，被研究者视为半坡文化的标志。鱼纹与半坡文化先民祭祀活动的内容有关，一般表现为侧视形象，极少见到正面图象，有嘴边衔鱼的人面鱼纹、单体鱼纹、双体鱼纹、变体鱼纹和鸟啄鱼纹等，早期鱼纹写实性较强。到晚期时部分鱼纹逐渐向图案化演变，有的简化成三角和直线等线条组成的图案。有的器物写实的鱼、鸟图形与三角、圆点等几何纹饰融为一体，纹饰繁复，寓意深刻，如姜寨遗址 467 号灰坑出土的一件葫芦形彩陶瓶，就是这种鱼鸟图形合璧的作品。在何家湾遗址的一件彩陶盆，盆内中心绘一较大的人面，在它周围绘有 4 个小人面，与半坡遗址所见的人面彩绘相似，但不见鱼纹装饰。在龙岗寺遗址的一件尖底陶罐上见到的人面彩绘更加精彩。尖底罐腹部上下分两排绘 10 个神态不同的人面像，是一件非常难得的彩陶艺术珍品（图 16）。

庙底沟文化彩陶更为发达成熟，为仰韶文化彩陶艺术发展的高峰。庙底沟文化彩陶增加了红黑兼施和白衣彩陶等复彩，纹饰更加亮丽。彩绘常见于曲腹盆、钵和泥质罐，一般不见内彩。庙底沟文化彩陶的几何纹以圆点、曲线和弧边三角为主要元素，对比半坡文化彩陶简洁的风格，图案显得复杂繁缛，有一种研究者所称的"阴阳纹"最具特色。阳纹涂彩，阴纹是地色，阴阳纹都体现有强烈的图案效果，都能显示完整的花纹图案。几何纹彩陶主要表现为花卉图案形式，它被视为庙底沟文化彩陶的一个显著特征。花卉图案常以若干相同的单元重复排列，构成二方连续式的带状纹饰。庙底沟文化象形题材的彩陶主要有鸟、蟾和蜥蜴等，鸟纹占象形纹饰中的绝大多数，既有侧视的，也有正视的形象，鸟纹也经历了由写实到抽象、简化的发展过程，一部分鸟纹也逐渐演变成一些曲线而融汇到流畅的几何形纹饰中。蟾和蜥蜴一般都作俯视形象，蟾与半坡文化的区别不大，背部密布圆点（图 17）。

西王村文化时期，彩陶艺术很快就衰落了，除了见到一些零星的简单线条构成的彩陶图案以外，几乎没有成批彩陶作品出土。不过局部地区见到略为丰富的彩陶，如大地湾遗址彩陶比例较大，纹饰也略为复杂。

后冈文化彩陶数量不多，纹饰也比较简单，以红黑二色绘宽带纹、平行线纹、三角纹和网纹等，晚期见到明显受庙底沟文化影响圆点与弧边三角组合纹饰。大司空文化彩陶以红彩为主，多见富于变化的弧边三角组合纹饰，是大河村文化影响的结果。

大河村文化彩陶受庙底沟文化影响很大，除了一部分与庙底沟文化相同的彩陶，也有独具特色的作品，以精美的白衣彩陶最为出色。出土自河南汝州阎村陶缸上的"鹳鱼石斧图"（图 18），是大河村文化发现的最有魅力的作品之一[110]。这幅"鹳鱼石斧图"，绘于陶缸的一侧，画面较大，用白和紫褐等多种色彩绘出。画面左边是一只侧

---

〔110〕 临汝县文化馆：《临汝阎村新石器时代遗址调查》；张绍文：《原始艺术的珠宝——记仰韶文化彩陶上的〈鹳鱼石斧图〉》，《中原文物》1981 年 1 期。

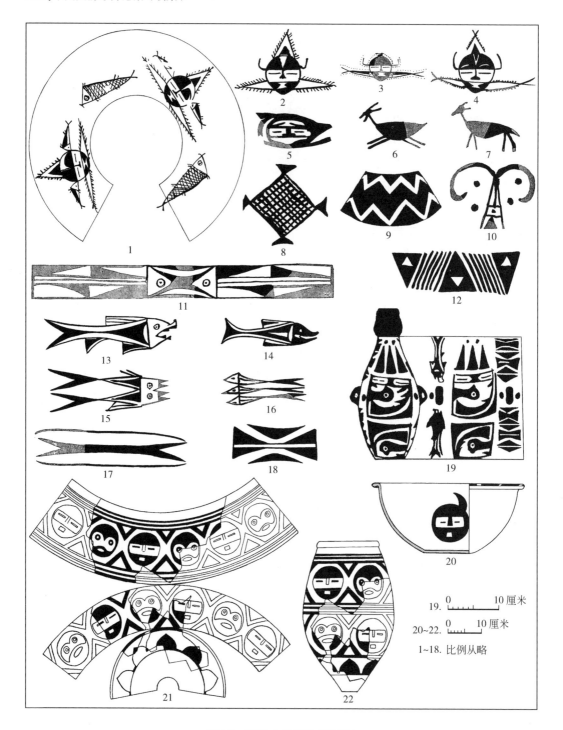

图 16　半坡文化彩陶及图案

1. 陶盆内壁纹图案展开示意图（半坡 P. 4691）　2. 人面鱼纹（半坡 A1a）　3. 人面鱼纹（半坡 A1c）　4. 人面鱼纹（半坡 A1a）　5. 人面鱼头纹（半坡 A3）　6. 鹿纹（半坡 A4a）　7. 鹿纹（半坡 A4b）　8. 网纹（半坡 B19b）　9. 波折纹（半坡 B20）　10. 兽面纹（半坡 A7a）　11. 几何形鱼纹（半坡 A2j）　12. 几何图案（半坡 B10c）　13. 鱼纹（半坡 A2b）　14. 鱼纹（半坡 A2a）　15. 双鱼纹（半坡 A2g）　16. 三鱼纹（半坡 A2k）　17. 几何形鱼纹（平坡 B17）　18. 几何形鱼纹（半坡 B14g）　19. 彩陶瓶（姜寨 H467：1）　20. 人面纹彩陶盘（何家湾 H242：4）　21. 彩陶尖底罐外壁图案展开示意图（龙岗寺 H23：1）　22. 人面纹彩陶尖底罐（龙岗寺 H23：1）

图 17　庙底沟文化彩陶及图案

1~7. 彩陶盆外壁图案展开示意图（庙底沟）　8. 蟾纹彩陶片（庙底沟 H52：48）　9. 鸟纹彩陶片（泉护村 H1052：05）　10. 鸟纹彩陶钵（泉护村 H14：180）

立的白鹳，白鹳衔着一条鱼；画面右边是一柄竖立的斧子，斧柄上还绘有黑叉符号。这是一幅寓意深刻的作品，已具有图画纪事的作用，它像谜一样吸引了许多研究者。这个彩陶缸是墓中的随葬品，所以画面被认为是墓主人生前事功的写实画，有研究者据此认定墓主人应当是部落首领之类的人物[111]。

─────────────

〔111〕　严文明：《鹳鱼石斧图跋》，《文物》1982 年 12 期。

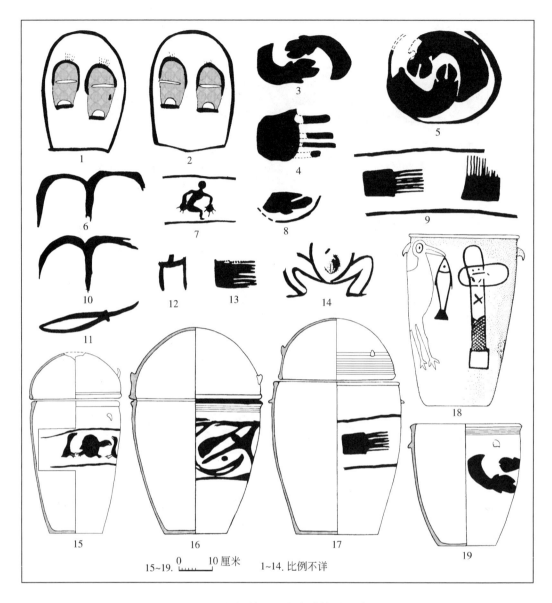

图 18 大河村文化彩陶瓮棺及图案

1. 人面纹（洪山庙 W71：1 甲） 2. 人面纹（洪山庙 W71：1 乙） 3. 男根纹（洪山庙 W10：1） 4. 人手纹（洪山庙 W104：1） 5. 男根纹（洪山庙 W116：1） 6. 羊角纹（洪山庙 W59：1） 7. 人物纹（洪山庙 W42：1） 8. 男根纹（洪山庙 W53：1） 9. 梳形纹（洪山庙 W69：1） 10. 羊角纹（洪山庙 W59：1） 11. 耜形纹（洪山庙 W104：1） 12. 耒形纹（洪山庙 W39：1） 13. 梳形纹（洪山庙 W69：1） 14. 人物纹（洪山庙 W39：1） 15. 鸟纹、龟纹彩陶瓮棺（洪山庙 W84：1） 16. 勾叶纹彩陶瓮棺（洪山庙 W31：1） 17. 梳形纹彩陶瓮棺（洪山庙 W32：1） 18. 鹳鱼石斧图彩陶瓮棺（缸）（阎村采集） 19. 男根纹彩陶瓮棺（洪山庙 W10：1）

同阎村陶缸彩画具有相似意味的作品，在豫中地区还有一些发现。汝州洪山庙遗址一座合葬墓中出土的 136 件瓮棺上，全都有彩绘纹饰，纹饰的题材有人物、男根、动物、植物、几何形、天象、器具若干类。如在一具瓮棺上同时绘有红色的日和白色的月，在另三具瓮棺上绘有男根图形，它们揭示了洪山庙人精神世界的一个侧面[112]。

下王岗文化彩陶以黑彩为主，多见构图均衡的三角纹和花瓣纹，后者为地纹，是庙底沟文化影响的结果。

仰韶文化居民还有一些陶塑艺术作品，作品一般都是以陶器上的附件出现，少有单体陶塑作品。陶塑可分为人形与动物形两类，以人形作品最为生动[113]。人形陶塑以人首和人面为主，常见将人首塑于瓶类器物的口部，做成人头形陶瓶。如大地湾遗址发现的人头形器口彩陶瓶，人头五官毕具，器身满饰弧边三角纹彩绘，犹如人身外披上了一件彩衣[114]。北首岭遗址出土的一件红陶人面像，口眼镂空，鼻梁隆起，墨绘须眉，为一男子的塑像，十分生动[115]。陶器上附塑的动物，有蛇、蜥蜴、鸟、狗、羊、鹰等，如西安南殿村遗址出土的一件大口罐表面，对称地塑有两条蟠屈的蛇，蛇首翻过器口，两蛇相视，别有一种情趣[116]。华县太平庄遗址发现的鹰首塑像和鸮形陶器，也都是非常珍贵的艺术品[117]（图19，1~4）。

陶塑艺术以外，仰韶居民还拥有其他一些雕塑艺术珍品。何家湾遗址的一件线刻人面骨雕，用动物肢骨刻成，沿骨管一周刻三个相连的人面像，分别刻划了喜、哀、怒三种表情，夸张生动，是史前罕见的艺术珍品（图19，5、6）。

仰韶居民还创作了一些绘画作品。绘画的对象主要是陶器，居室的地面有时也是画工们施展才能的地方。秦安大地湾411号房址的地面上，就发现了一幅地画，画面的主体是两个立着的和两个卧着的人形[118]。这难得一见的地画有人认为这是祖先崇拜的证迹，也有说是原始巫术活动的厌胜图画，或者又说是狩猎图画[119]。

仰韶文化的彩陶、雕塑和其他形式的艺术品，都真切地反映了那个时代的精神。各种图案都不是现实生活的简单摹写，各种雕塑也不仅是现实事物的再现，都经历了一种抽象思维过程，经过了反复的艺术提炼，它们反映了仰韶居民的审美观念和原始宗教观念，具有深刻的文化内涵。

在仰韶文化陶器上，在盆钵类的口沿或底部，发现有一些繁简不一的刻符。如半坡遗址发现这样的刻符有20多种110多件，近半数为简单的一竖道，也有不少为带倒

[112] 河南省文物考古研究所：《汝州洪山庙》，中州古籍出版社，1995年。
[113] 张瑞岭：《仰韶文化陶塑艺术浅议》，《中原文物》1989年1期。
[114] 张朋川：《甘肃出土的几件仰韶文化陶塑》，《文物》1979年11期。
[115] 中国社会科学院考古研究所：《宝鸡北首岭》，文物出版社，1983年。
[116] 西安半坡博物馆：《西安南殿村新石器时代遗址的调查》，《史前研究》1984年1期。
[117] 黄河水库考古队华县队：《陕西华县柳子镇第二次发掘的主要收获》，《考古》1962年6期。
[118] 甘肃省文物工作队：《大地湾遗址仰韶晚期地画的发现》，《文物》1986年2期。
[119] 张朋川：《迄今发现的我国最早的绘画》，《美术》1986年11期；尚民杰：《大地湾地画释意》，《中原文物》1989年1期；宋兆麟：《室内地画与丧葬习俗——大地湾地画考释》，《论仰韶文化》，《中原文物》1986年特刊。

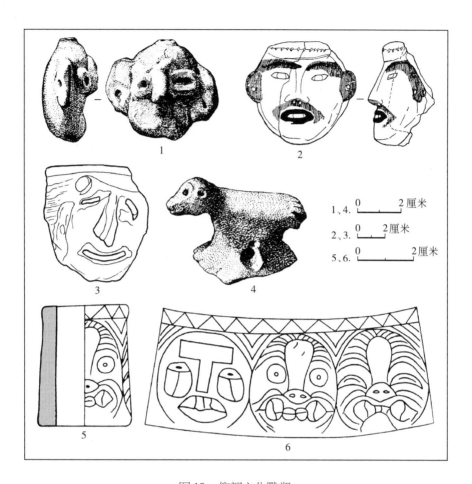

图 19　仰韶文化雕塑

1. 陶塑人头（半坡 P. 1660）　2. 陶塑人头（北首岭 T3∶3∶5）　3. 陶塑人头（扶风姜西村采集）　4. 陶兽形盖纽（半坡 P. 1662）　5. 线刻人面纹骨管（何家湾 M168∶1）　6. 线刻人面纹骨管图案展开示意图（何家湾 M168∶1）

钩的竖道。姜寨遗址发现的刻符多达 130 件，有的与半坡类似，有的结构更复杂一些，有一些具有象形特点的符号。据统计半坡文化陶器上的刻符，已发现不下 50 种[120]。铜川李家沟遗址也发现类似陶器刻符 8 种 22 件，其中划一竖道的有 14 件。王家阴洼遗址的 10 件彩陶钵上也见到相似的刻划符号，共有 5 种符号，也是以单竖道为多[121]。这类刻符多数可能是与制陶有关的记事符号，有的学者则认为是陶器所有者的记号，更有认定是原始文字的（图20）。仰韶文化居民有了很明确的数字概念，陶器上彩绘刻纹要用等分方法，从有的陶器上的戳点数目分析，仰韶人可能已有了 10 进制的知识，陶器上的简单刻划则说明当时有了记数的标记，这些标记与后来的甲骨文一脉相承。

---

〔120〕　王志俊：《关中地区仰韶文化刻划符号综述》，《考古与文物》1980 年 3 期。

〔121〕　甘肃省博物馆大地湾发掘小组：《甘肃秦安王家阴洼仰韶文化遗址的发掘》，《考古与文物》1984 年 2 期。

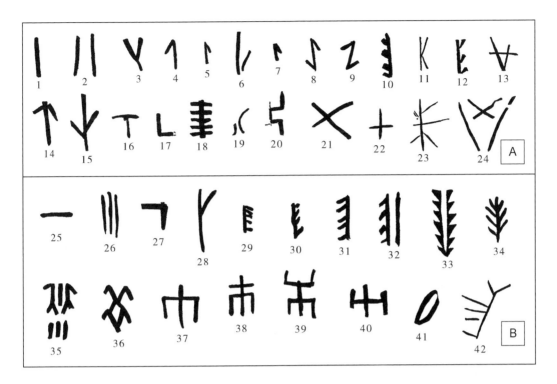

图 20　仰韶文化陶器刻划符号（摹本）

A. 半坡出土　1～24. 未编号
B. 姜寨出土　25. T254③：28　26. T172H188：2　27. T255④：90　28. T109H103H2　29. T147③：9　30. T259H307：5
31. T99③：3　32. T137H170：1　33. T135F41：1　34. T253W166：1　35. T159③：5　36. T254W158：1　37. T254W167：1
38. T292M297：1　39. T254W157：1　40. T254W164：1　41. T117③：1　42. T212H246：2

仰韶时期音乐也有一定发展，人们制作的乐器中比较重要的有陶埙和陶号角等。在半坡和姜寨遗址出土半坡文化陶埙 5 枚，外形为桃形或卵圆形，最大的长 5.87 厘米，吹孔在一端，有的有 1～2 个音孔，也有的没有音孔。测音结果表明，单音孔埙可吹出两个乐音，双音孔埙至少可吹出 4 个乐音，仰韶人已熟练掌握了 4 声音阶。庙底沟文化时期制成了仿牛角的陶号，华县井家堡遗址发现了一件陶号，全器呈弯角状，长 42 厘米[122]。

九　崇拜与信仰

仰韶文化居民崇拜的对象和信仰方式，我们不可能了解得十分全面，不过由他们留下的遗迹遗物，特别是他们创作的反映精神世界的艺术品，大体可以了解他们可能奉行图腾崇拜、天体和大地崇拜、生殖崇拜、灵魂和祖先崇拜等。

---

[122]　戴彤心：《记华县井家堡仰韶文化角状陶号》，《考古与文物》1988 年 4 期。

1. 图腾崇拜

不少研究者都认为仰韶文化时期盛行图腾崇拜，彩陶上见到的各种动物纹很多可能就是图腾标志。如半坡文化大量人面鱼纹彩陶的发现，使得许多研究者认为鱼可能为半坡人的图腾[123]。有的研究者进一步认定，姜寨遗址的半坡人氏族至少有 3 个图腾标志，可能代表着 3 个以上的氏族，这 3 种标志绘在彩陶盆内，它们被分别埋入各自的氏族墓地。在这 3 种标志中，都包含有鱼的图形，表明氏族之间可能存在有特别的关系[124]。

除动物类图腾，一些研究者认为仰韶居民也有植物类图腾，如庙底沟文化中见到的大量花卉彩陶图案，有可能是庙底沟人的图腾[125]。阎村彩陶缸上的鹳鱼石斧图，其中的鹳和鱼被有的研究者认作死者氏族的图腾[126]。

还有研究者认为大地湾 901 号房址规模宏大，建筑质量考究，是一所召开头人会议或举行盛大宗教仪式的公共设施。室内大灶台并非是用于烹饪的，可能是燃烧宗教圣火的处所。室外的 12 根立柱可能是氏族部落的图腾柱。这样的建筑应是原始殿堂。

2. 天体和大地崇拜

天体和大地崇拜在史前时代出现较早，仰韶文化时期的天体崇拜已有了进化，人们崇拜的天体已有了明确的标志物，如庙底沟文化彩陶上的鸟纹和蟾蜍纹，很可能就是日与月的标志，象征太阳神和月亮神，它是当时天体崇拜的一种方式[127]。庙底沟文化彩陶上频繁出现的太阳鸟图像，与大汶口文化和良渚文化所见的同类图形完全相同，说明当时的太阳神观念普遍存在，传播范围很广。

大河村文化居民的天体崇拜，也以日月崇拜为主要表现形式。汝州洪山庙遗址瓮棺上的彩绘纹饰有红日和白月，大河村遗址彩陶上有太阳纹、日晕纹、月牙纹和星座纹，都是当时人们对天体崇拜的证据。半坡遗址 1 号房址下发现一具人头骨，被认为是为建筑房屋举行的人头祭遗存，它其实也是半坡人对大地进行崇拜的一个表现[128]。

在濮阳西水坡墓地发现三组大画面的蚌塑图形，是后冈文化的大型艺术作品。第一组蚌图摆塑在 45 号墓死者的左右两侧，左为龙形，右为虎形。第二组蚌图图形有龙、虎、鹿和蜘蛛。龙背向北，头向南；虎背向东，头朝北。龙虎连为一体，有鹿形

〔123〕 宋兆麟等：《中国原始社会史》，文物出版社，1983 年。
〔124〕 高强：《姜寨史前居民图腾初探》，《史前研究》1984 年 1 期。
〔125〕 许顺湛：《中原远古文化》，河南人民出版社，1983 年。
〔126〕 严文明：《鹳鱼石斧图跋》，《文物》1981 年 12 期；郑杰祥：《鹳鱼石斧图新论》，《中原文物》1982 年 2 期；牛济普：《鹳鱼石斧图考》，《中原文物》1985 年 1 期。
〔127〕 严文明：《甘肃彩陶的源流》，《文物》1978 年 10 期。
〔128〕 王克林：《试论我国人祭和人牲的起源》，《文物》1982 年 10 期。

卧于虎背。龙前又有蜘蛛形，在蜘蛛和鹿之间放一精致的石斧。第三组蚌图图形有虎和人骑龙等，龙虎以西还有展翅的飞禽形，在龙与飞禽之间还用蚌壳摆有一个圆圈。对这三组蚌图的研究有一些不同的认识，有灵魂崇拜、天文图、巫师役兽、升天诸说，难为定论[129]。如果蚌图的主体真是一些研究者所认定的浑天图，说明西水坡人对天体的认识已有了相当的深度，对天体的崇拜已经有了很隆重的仪式。

天体和大地崇拜的产生，与农耕文化密切相关。仰韶文化、后冈文化和大河村文化居民都拥有比较发达的原始农业耕作技术，农耕文化发展进步的一个重要基础就是天文气象知识，还有对土地的使用，对大地的依赖和对天文的探求，是史前居民天体和大地崇拜形成的必然结果。

3. 生殖崇拜

半坡文化彩陶上的人面鱼纹，被一些研究者认为是女性生殖崇拜的证据。到了半坡文化晚期，女性生殖崇拜可能已转化为男性生殖崇拜，姜寨遗址的彩陶中（M76：8）发现的男根图形便是证明。在其他一些遗址发现了陶祖和石祖等，是当时普遍流行男性生殖崇拜的表现。

大河村文化洪山庙遗址瓮棺上的彩绘纹饰有男根图形，与仰韶文化彩陶上的图形相同，揭示了洪山庙人生殖崇拜的具体内容。

4. 灵魂和祖先崇拜

仰韶人由灵魂不死观念而形成的灵魂崇拜，应当是更古老年代传统的承续。墓葬制度主要反映的是一种灵魂崇拜观念，仰韶文化各种埋葬方式不仅是对死者尸体的安置，同时也是对死者灵魂的安置，其中尤以二次葬和瓮棺表现的灵魂崇拜最为明确。二次葬是一种待尸体腐烂后的洗骨葬或捡骨葬，被认为是为了让死者顺利进入灵魂世界的一种方式。瓮棺葬具一般在底部和盖上有穿孔，这孔道被认为是供死者灵魂出入的通道[130]。墓向的选定也是灵魂崇拜观念支配的结果，在很大程度上它可能是为死者灵魂活动指引的一个固定的方向。

仰韶文化居民对各种神灵有不同的崇拜方式。半坡遗址一座房址下埋藏的带盖陶罐和人头骨，可能就是献给地母的祭品。大地湾和案板遗址发现的大型宗教建筑，表明仰韶文化后期已有了专门的宗教活动中心。在案板遗址还发现了一些陶偶像，又表

---

[129] 郝本性：《濮阳仰韶文化蚌图小议》，《中原文物》1996 年 1 期；冯时：《河南濮阳西水坡 45 号墓的天文学研究》，《文物》1990 年 3 期；张光直：《濮阳三跃与中国古代美术上的人兽母题》，《文物》1988 年 11 期。

[130] 宋兆麟等：《中国原始社会史》，文物出版社，1983 年；李仰松：《谈谈仰韶文化的瓮棺葬》，《考古》1976 年 6 期。

明仰韶文化居民的原始宗教体现有偶像崇拜的特点。

十　埋葬制度和葬俗

　　仰韶文化墓地发现较多，发掘的墓葬总数 2500 座以上，埋葬的死者有 5000 多人。墓葬多数为土坑墓，约 1/4 为瓮棺葬，土坑墓多为成人葬，后者多为儿童葬，还有一些零星发现的灰坑葬和不规则墓葬。仰韶文化不同时期的葬俗和葬制存在明显区别，以半坡文化墓葬资料最为丰富，发现墓葬数量最多，葬制变化也最富有特点，所反映的葬俗也最为复杂。庙底沟和西王村文化发现的墓葬不多，反映在埋葬制度上的变化不明显。对于仰韶文化埋葬制度的研究，历来很受研究者们的关注[131]。

1. 墓地

　　半坡文化的大型居住址附近，一般都有成片公共墓地，如半坡、北首岭、姜寨、横阵、元君庙、史家等地，都发掘到了规模很大的墓地，埋葬的死者有时达到数百人之多。

　　半坡遗址的公共墓地在居址的北面，发掘的 174 座成人墓葬，绝大多数都处在这个墓地的范围内。墓穴排列比较整齐，埋葬方向基本一致，多数向西或接近向西。葬式以单人仰身直肢为主，也见到少量的俯身葬、屈肢葬、二次葬和不超过 4 人的合葬墓。只有近半数的墓有随葬品，随葬品数量不多，一般是五六件罐、钵、尖底瓶等日用陶器。儿童瓮棺葬有 73 座，成组埋葬在居址附近，作棺盖的陶器底部有特意打穿的小孔，另有 3 座儿童墓没有采用瓮棺埋葬。

　　姜寨遗址一期成人土坑墓大体分属于 3 个大的墓区，分别坐落在居址的东南、东北和东部，共有墓葬 174 座。多数为仰身直肢葬，头多向西，还见到二次葬、多人二次合葬、俯身葬，也发现了割体葬仪的证据。有瓮棺葬 206 座，也有的儿童不使用瓮棺而埋入成人墓地。二期墓地位于遗址的中部，有墓葬 294 座，成人墓 191 座，瓮棺葬 103 座。成人多数采用多人二次合葬，一墓埋葬死者多达七八十人，头向一般朝西。

　　北首岭遗址的公共墓地是在居址的南部，发掘土坑墓 370 多座，葬式以单人仰身直肢葬为主，有 30 多座为单人和二人的二次葬，10 多座俯身葬，还见到屈肢葬和多人合葬。埋葬方向以西北向为主，随葬品配置与半坡遗址接近，发现割体葬仪现象。有 66 座瓮棺葬，有的埋葬在公共墓地，多数没有随葬品。

　　横阵村的墓地在遗址的东南部，发现成人墓葬 24 座。横阵人的埋葬方式表现有

---

〔131〕　金则恭：《仰韶文化的埋葬制度》，《考古学集刊（4）》，中国社会科学出版社，1984 年。

特别之处，有 15 座墓分别套葬在 3 个大墓坑内。1 号坑内套葬有 5 座墓，各墓内有 4~12 具数目不等的人骨，合计为 24 具。这些人骨多数为二次葬，但仍摆置成仰身直肢的葬式，头向西方。每坑内都有以罐、钵和尖底瓶为主的陶器作随葬品。2 号坑内套葬 7 座墓，合计发现人骨 42 具。每座墓内合葬在一起的死者，男女老少均有（图 21）。

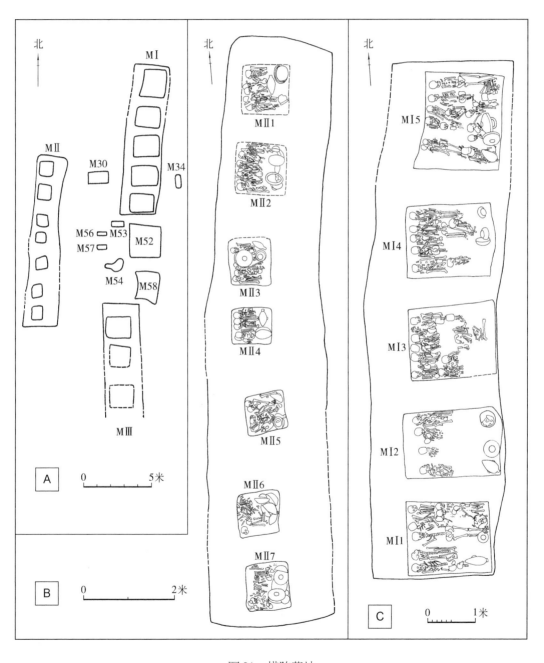

图 21　横阵墓地

A. 墓穴分布图　B. M Ⅱ 平面图　C. M Ⅰ 平面图

元君庙遗址发现墓葬 57 座，可分为两个墓区，墓穴排列整齐有序。45 座分为 6 排，墓向朝西。2/3 为二次合葬，多数葬 4 ~ 25 人不等，合葬者没有性别年龄的限制。其他还有单人仰身直肢葬和单人二次葬。

史家村遗址发现墓葬 43 座，其中 3 座为单人一次葬，其他均为 4 ~ 51 人的多人二次合葬，墓向朝西。墓穴中的人骨成排或成层排列，一般也没有性别年龄的限制（图 22）。多数墓都有以钵、罐和葫芦瓶等陶器为组合的随葬品。

吕家崖遗址发掘到与史家年代相若的多人二次合葬墓 7 座，合葬者在长条形墓穴中单排成一列，一般每墓合葬 3 ~ 6 人，最多的为 13 人[132]。

龙岗寺遗址发掘的半坡文化墓葬 409 座，另有瓮棺葬 14 座。墓向以西北向为主，绝大多数为单人仰身直肢葬。有 12 座合葬，以多人二次合葬为主。在单人一次

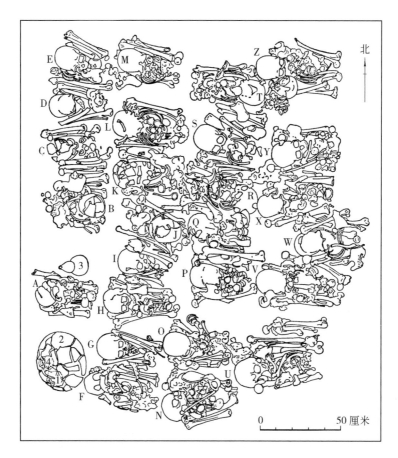

图 22　史家村遗址合葬墓 M25 平面图

A ~ Z. 人骨　1. 陶钵　2. 陶钵　3. 陶葫芦瓶　4. 陶带盖罐

〔132〕　陕西省考古研究所等：《陕西铜川吕家崖新石器时代遗址试掘简报》，《考古与文物》1993 年 6 期。

葬中，发现 78 个个体有肢体残缺。半数以上的墓有以陶器为主随葬品，也有不少生产工具和饰品。

何家湾遗址发掘的半坡文化墓葬 156 座，另有瓮棺葬 21 座。以单人仰身直肢葬为主，头向西北或西方，多数墓有以陶器为主的随葬品。不少人架上发现有红色痕迹。

王家阴洼遗址的墓地位于居址的东北部，共有 63 座墓，分为墓数大体相等的两个墓区，东区墓头向东北，西区头向东南。多数死者为单人仰身直肢葬，人架左侧挖有专为放置随葬品的椭圆形小坑[133]。

下王岗遗址发掘到的墓葬有 575 座，另有瓮棺葬 22 座。早期墓葬 123 座，多分布在居址附近，分三区相对集中埋葬。均为单人一次葬，多数墓穴排列比较整齐，头向以西北方向为主。半数以上的墓有以实用陶器为主的随葬品，有多例殉狗葬龟现象；中期的 451 座墓大多数部分四区相对集中埋葬，少数比较分散。289 座为二次葬，其中单人二次葬 202 座，余为二人以上的多人合葬，多 2~4 人的合葬，最多为 29 人的合葬；162 座为一次葬，其中 158 座为单人葬，以仰身直肢为主。多数墓有随葬品，随葬品多为专作的明器。

庙底沟和西王村文化少见大型墓地，发现的零星墓葬以单人仰身直肢葬为主，少有随葬品。

仰韶文化时期的墓地，以半坡文化最具代表性。半坡文化的大型聚落遗址，一般都有以土坑墓为主构成的大型公共墓地，墓地位于居址的外围，与居住区常常见有明确的分界。在与居址的方位关系上，公共墓地常常设在居址的东面、南面或北面，基本上没有发现在西面的例子，这一点同多数墓向为西向可能有一定的联系。墓地上的墓穴多数排列较为整齐，有时是成群成组排列。

2. 埋葬方式

仰韶文化居民对死者采用的埋葬方式，主要有土坑葬和瓮棺葬两种。另外还有一种灰坑葬，数量较少。

土坑墓。仰韶文化居民主要以土坑葬形式埋葬成年死者，在发掘的各墓地中，发现土坑墓有各种不同的葬式，有一种为基本葬式，或是仰身直肢葬，或是二次葬，其他的葬式还有屈肢葬和俯身葬等，可能是对非正常死亡者的处理方式。

仰韶人的土坑墓可分为单人葬和二人以上的多人合葬两种，合葬又有一次合葬与二次合葬的不同，以后者发现最多。在半坡文化较早阶段流行单人仰身直肢葬，

---

〔133〕 甘肃省博物馆大地湾发掘小组：《甘肃秦安王家阴洼仰韶文化遗址的发掘》，《考古与文物》1984年 2 期。

后来在很大范围内实行二次合葬，合葬者有时多达数十人。对二次葬的起因，有人认为当时人们相信血肉是属于世间的，等血肉腐朽才作正式埋葬，死者才能进入鬼魂世界，所以要举行二次葬仪[134]。随葬品的种类和数量，一次葬与二次葬没有明显区别。

单人葬的墓穴为长方形或圆角长方形，大小以容下一位死者为限；多人葬的墓穴有长方形、方形、椭圆形和不规则形多种，大小依合葬者数目而定。无论单人葬或多人葬，墓穴都不很深。个别地点如横阵发现的大坑套小坑的多人合葬，为比较特别的一种土坑葬。

仰韶居民的墓葬，除瓮棺以外，多数都不见明显的葬具痕迹。只有少部分墓葬可以看出当初使用了葬具。如元君庙 458 号墓的死者为一男性老人，墓穴有二层台，台上堆砌有砾石构成棺室。同地 429 号墓死者为两个少女，墓穴以红烧土块进行了铺垫。北首岭的一些墓坑在四壁和底部抹有草拌泥或料姜石浆，有的还在墓壁装置了木板，很多死者身上还发现了裹尸席子的痕迹。半坡 152 号墓的死者为一名约 8 岁的女孩，埋葬时使用了木棺。

在后冈文化中见到比较特别的土坑葬。西水坡遗址 45 号墓，葬制十分特别。墓穴为南北向，平面南弧北方，南端左右掘有对称的弧边侧室。墓长 4.1 米，宽 3.1 米。墓室南端中心葬一壮年男性，在他左右摆塑有与人体大小相近的蚌壳龙虎图形，足端置两根人的股骨与一些排列成三角形的蚌壳。墓室的北部和东西侧室还各葬一人，能鉴定年龄的两人为 12～16 岁的少年，其中一人头部有明显的砍斫痕迹，属非正常死亡者。

仰韶文化的土坑墓约有半数以上的墓发现有随葬品，以实用陶器为主，也有少量石器和装饰品。各墓之间随葬品的数量差别不明显，儿童和妇女的随葬品在有些墓地略显丰富，而且品种与男子的也有明显不同。

瓮棺葬。仰韶文化时期流行儿童瓮棺葬，有极少的成人也有使用瓮棺埋葬的。儿童瓮棺多葬在居址附近，也有埋入氏族墓地上的专有墓区的。半坡遗址对夭折的儿童使用瓮棺埋葬，发掘的 73 座瓮棺，绝大多数埋葬在居址周围。葬具一般选用大陶瓮，以盆或钵作棺盖。一些作盖的陶盆都绘有精美的人面鱼纹之类的纹饰，有的底部还特意凿有小孔，有研究者认为那是灵魂出入的通道。个别儿童也有用土坑葬的，但也没有埋入公共墓地，同瓮棺葬一起埋葬在居址附近。北首岭遗址居址内发现的 50 多座儿童瓮棺葬，作盖的陶器底部也都凿有孔洞。姜寨遗址半坡文化时期儿童瓮棺达 300 多座，儿童埋葬方式有明显变化，一部分用瓮棺埋葬在居址周围，也有的瓮棺埋入成人墓地，与一些用土坑葬埋葬的儿童集中在一起，形成儿童墓群。瓮棺葬很少见有随葬

---

[134] 石兴邦：《半坡氏族公社》，陕西人民出版社，1979 年。

品，仅发现有装饰品和小型陶质明器[135]。

　　大河村文化也见到许多儿童瓮棺葬，在洛阳王湾、郑州大河村都发现过较大的瓮棺葬群，常用大型小口尖底瓶为葬具，其他还使用鼎、豆、罐、盆、缸等，一般用2件扣合为棺。在河南汝州阎村、鲁山和伊川都发现了成人瓮棺葬，均为二次葬，葬具是高达四五十厘米的特制大陶缸，它的口沿外有泥突，底部有孔洞，有时要绘彩，被一些研究者称为"伊川缸"[136]。史前瓮棺葬最重要的发现是汝州洪山庙遗址瓮棺葬群，在一座合葬墓中出土了136件瓮棺，瓮棺排列比较整齐，分为13排，每排最多葬17具（图23）。这个墓局部有破坏，估计原来埋进的瓮棺应当有200具以上，死者多数为成人，少数为儿童。瓮棺的缸与盖都有泥突，缸底有穿孔，全部都有彩绘纹饰。

　　灰坑葬。在不少仰韶文化遗址都发现了灰坑葬，如半坡、下孟村、横阵村、泉护村、庙底沟等处都见到了灰坑葬，多数属于庙底沟和西王村文化时期。灰坑葬采用废

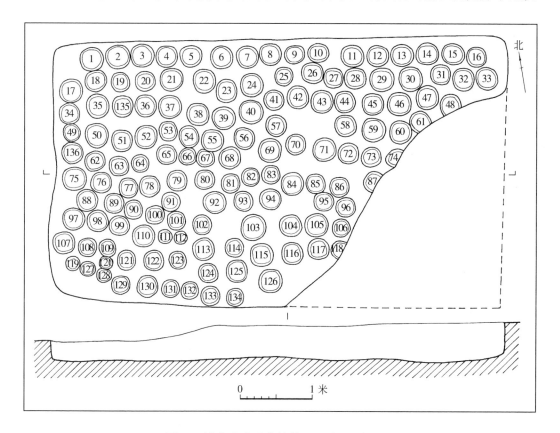

图23　洪山庙遗址瓮棺葬M1平面、剖面图

1～136. 瓮棺

[135]　李仰松：《谈谈仰韶文化的瓮棺葬》，《考古》1976年6期；许宏：《略论我国史前时期瓮棺葬》，《考古》1989年4期。

[136]　严文明：《鹳鱼石斧图跋》，《文物》1981年12期。

弃的窖穴埋葬死者，一般都处于居住区。每个地点的灰坑葬一般只有一二座，少者一坑仅葬一人，有时一坑埋葬多人。横阵村一座灰坑中发现过 8 具人骨（图 24），下孟村的一座灰坑中发现 1 具人骨和 3 个头骨。死者的葬式，多数不规则，常为屈肢或俯身，有的骨骼不全。灰坑葬中的死者，可能具有特别的死因，所以采取了特别的葬法，他们绝大多数都没有随葬品。

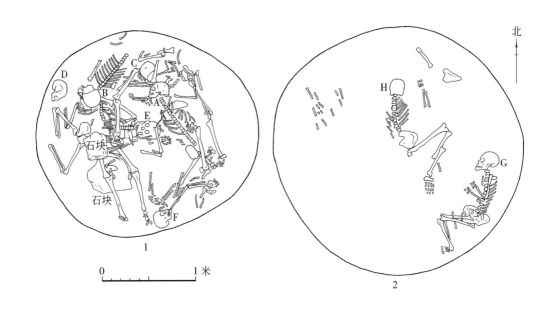

图 24　横阵遗址灰坑葬 H103 平面图

A ~ H. 人骨　1. 第一层人骨　2. 第二层人骨

3. 葬俗

　　仰韶文化的葬俗，还在墓葬方向、随葬品、割体葬和涂朱葬几个方面表现出一些特点。

　　墓葬方向。仰韶文化数以千计的墓葬，死者的头向都以西向或略偏西北向为主。渭河地区的前仰韶文化，多数墓葬的方向也为西向，可见后来的仰韶文化居民所继承的正是这个传统。墓葬方向的选定，出自多方面的原因，根据民族学资料研究的结果，墓向表现了一种强烈的灵魂信仰观念，人们认为人死后灵魂要回到传说中的祖先生活过的老家去，那是一个可以让灵魂安息的特殊的域界，所以在举行葬礼时要将死者的头颅向着这个方向。墓葬的方向在史前人类的心目中起着一种引导灵魂回归的作用，在历史时代还成为地域上或族群间的一个重要区别。如在夏商周时代的中原地区，墓葬制度有头向北方的规定。中原以外的所谓戎狄蛮夷之地，埋葬方向又各有不同。如南方的楚人死者的头颅向南方，西方的秦人一般是头向西方，而北方的燕国人死者头向北方。

　　史前时代对于凶死者和有不幸遭遇的死者，不仅要采用与正常人不同的葬式，而且他们在墓穴内的头向也与多数人不一样。在发掘的各个墓地中都发现了一些方向与众明显不同的墓葬，一般占到 3%～10%。这些墓葬的方向与多数墓葬的方向正相反，相差 180 度左右，至少错开 90 度。这类墓葬埋葬的位置是特定的，葬式也有明显区别。墓穴往往被安排在墓地与墓区的边缘部位，而且一般是在多数死者头向相反的位置。死者的葬式也被处理得与众不同，几乎都没有什么随葬品。凶死者与正常死亡者灵魂的归宿不同，所以为他们灵魂指路的墓葬的方向也不同，他们是没有权利归返故土的孤独的魂灵[137]。

　　随葬品。半坡文化的随葬品种类，主要是实用陶器钵、罐和瓶，少见生产工具和装饰品。随葬品数量一般不多，很多墓葬没有随葬品。随葬品中陶器摆放位置一般在死者腿部，生产工具多放置在腰部，装饰品则在死者生前佩戴的部位。庙底沟和西王村文化发现的数量不多的墓葬中，一般没有随葬品。下王岗文化二次葬墓多用陶质明器作随葬品，而一次葬墓仍随葬实用陶器。

　　割体葬。在半坡和姜寨遗址成人墓中，发现了一些死者有肢骨和指骨不全的现象，残失的体骨有时在墓葬填土或随葬的陶器中发现，有研究者认为这是半坡人实行"割体"葬仪的证据[138]。在北首岭墓地的仰身直肢葬者中，也发现 40 多个个体有肢体残缺现象，有缺部分头骨的，也有缺肢骨的。此外在新开流文化、马家窑文化和昙石山文化的墓葬中，也发现过死者缺失指骨或肢骨的现象，同样被看作是割体葬仪的证据。龙岗寺的单人一次葬中，发现 78 个个体有肢体残缺，有的缺掌骨，有的缺双手甚至整个手臂。有的研究者认为类似的割体葬仪其实是一种"厌胜巫术"，是对凶死者的一种特别的埋葬方式[139]。也有人认为死者缺失的指骨并不一定全是在他自己的葬仪中被人割掉的，而更有可能是在生前早就献给了别的死者。如有些民族在举行葬礼时，送葬者每人都要割下一节手指献给死者，一个酋长死后得到的手指有时有数百节之多。割指献与死者的风俗，这样做被认为是为了让死者安全地到达另一个世界[140]。

　　涂朱葬。仰韶文化几处墓地中的死者，发现了人骨涂朱现象，或涂在头骨，或涂在肢骨。元君庙 429 号女童额前染有红色。何家湾遗址半坡文化早期墓葬中的不少人架上也发现有红色物质。有时是将颜色撒在人骨周围，如北首岭 1977 年发掘的 17 号墓为一座无头葬，头部位置放有一个绘有黑彩符号的尖底陶器，陶器一侧撒有红色颜料。

---

　〔137〕　王仁湘：《我国新石器时代墓葬方向研究》，《中国原始文化论集》，文物出版社，1989 年。

　〔138〕　石兴邦：《半坡氏族公社》，陕西出版社，1979 年。

　〔139〕　萧兵：《略论西安半坡等地发现的"割体葬仪"》，《考古与文物》1980 年 4 期。

　〔140〕　李健民：《我国新石器时代断指习俗试探》，《考古与文物》1982 年 6 期；郑若葵：《中国上古暨三代习俗史》，人民出版社，1994 年。

王湾大河村文化墓葬的人骨涂红现象比较普遍。这种涂朱葬的含义尚不明了，有可能具有祛邪的用意。例外的是，在史家墓地发现了人骨涂黑现象。

十一　人口结构与社会发展阶段探讨

史前社会的人口构成研究，是一个难度较大的课题，需要有大量的统计资料。仰韶文化早期的人骨发现数量最多，鉴定的数量也多，为研究当时社会人口结构及社会发展阶段，提供了重要的科学资料。而仰韶中晚期的聚落考古资料比较缺乏，当时的聚落与氏族人口规模还不太了解。

1. 人口结构与健康状况

聚落和氏族人口规模　仰韶文化早期已经出现了大型聚落，聚落人口规模相当可观。从半坡文化的几处遗址和墓地，可以大体了解到当时大型聚落人口的数量，同时对共居于同一聚落中的各氏族的人口规模也可以有一个基本的了解。

有研究者通过横阵墓地的分析，推测该墓地是一氏族留下的遗存，并估定其存续时间为 100 年上下。依墓地死者为 330 人计算，当时横阵氏族经常性人口当保持在56～72人，或者还要稍多一些 [141]。姜寨遗址的发掘者依据居住区房屋面积和数量，及其可容纳人口数目，推定每一氏族经常性人口应为 90～110 人，认为这里五个氏族的人口总数可能有 500 人左右 [142]。又有研究者认为元君庙墓地可能代表了一个氏族单位，该氏族经常保持性人口为 55～62 人，最多可达到 96 人。元君庙墓地大体可区分为 8 个墓组，每组可能为一个小型家族，每个家族的经常性人口为 7～12 人 [143]。龙岗寺墓地因为使用过程中有过中断，有研究者推断墓地代表的社会单位的年均人口为 55 人 [144]。王家阴洼墓地属于一个胞族中的两个互为婚姻的氏族共同拥有，估计墓地使用的时间为 50 年上下，每一氏族的保持性人口为 25～30 人 [145]。

仰韶文化早期聚落与氏族人口数量推测实际上还不能做得很准确，现在只能大体做出这样一个基本的估计：居住着多个氏族的大型聚落的经常保持性人口可能有 500 人之多，而每一氏族的人口则一般在 50～100 人。单一氏族的聚落人口，一般可能不会超过 100 人，少者仅为 30 人左右。

---

〔141〕 严文明：《横阵墓地试析》，《仰韶文化研究》，文物出版社，1989 年。
〔142〕 西安半坡博物馆等：《姜寨》，文物出版社，1988 年。
〔143〕 朱乃诚：《元君庙仰韶墓地的研究》，《考古学集刊（9）》，科学出版社，1995 年。
〔144〕 朱乃诚：《人口数量的分析与社会组织的复原》，《华夏考古》1994 年 4 期。
〔145〕 王占奎：《王家阴洼墓地婚姻形态初探》，《考古与文物》1996 年 3 期。

平均寿命和死亡率 仰韶文化大规模墓地发掘较多，人口统计数据也较多，对当时的平均寿命和死亡率的估计比较准确。

姜寨遗址的仰韶文化早期墓葬埋葬死者 420 人，有婴儿 230 人，占总数的 56%；半坡 250 座墓中的 253 人，其中瓮棺埋葬婴儿 75 人，占总数约 30%。有的研究者将两地的情况合并统计，认为当时婴儿死亡率不会低于 40%，可知仰韶早期儿童成活率非常之低，所有出生者中只有约一半的人能有幸活到成年[146]。

研究者根据横阵墓地人骨年龄鉴定结果，推算居民平均寿命为 20.3 ~ 20.8 岁，死亡率为 4.59% 或 4.93%[147]。华县元君庙墓地已确定性别、年龄的 14 岁以上的成年人数为 134 人，其中 14 ~ 30 岁者占 45.55%，31 ~ 45 岁者占 38.06%，46 ~ 50 岁以上者占 16.41。在 14 岁以上的成年人中，将近一半的人活不过 30 岁，绝大多数人在 45 岁以前死亡，能活到 50 岁以上者很少，无人活到 60 岁。有研究者认为元君庙墓地可以划分为若干个墓组，其中第 1 组死者为 19 人，平均死亡年龄为 30.3 岁；第 2 组死者为 41 人，平均死亡年龄为 27.9 岁；第 3 组死者为 17 人，平均死亡年龄为 31.4 岁；第 4 组死者为 38 人，平均死亡年龄为 30.4 岁；第 5 组死者为 34 人，平均死亡年龄为 30.6 岁。整个墓地有统计意义的死者为 215 人，平均死亡年龄为 28.6 岁[148]。由于元君庙没有发现儿童瓮棺葬，所以统计有一定误差，这个墓地所见的人口平均寿命相对要高一些。如果计入死亡率可能为 40% 的儿童在内，则元君庙的人口平均寿命有可能在 22 岁以下。

史家村墓地死者年龄统计结果，665 个成年人中青年为 33 人占 4.9%，中年为 614 人占 92%，老年为 18 人仅占 3.1%，另有儿童 52 人。由于鉴定中没有明确死者的具体年龄跨度，史家人的平均寿命还不能有准确的了解。

综合对仰韶文化几处墓地的统计，可知仰韶居民的死亡率为 4% ~ 5%，成年人平均寿命为 30 岁上下。如果将未成年的死亡人口计算在内，则仰韶人的平均寿命只有 20 岁多一点。

在男女两性中，女性的平均寿命又低于男性。史家墓地人骨"青年"、"中年"、"老年"各年龄段中，男、女比例依次为 0.57∶1、2.07∶1、3∶1；元君庙的 15 ~ 30 岁、31 ~ 45 岁和 46 ~ 50 岁以上三个年龄级的男、女比例先后是 0.97∶1、1.83∶1 和 2.66∶1。统计说明死于青年段中女性和男性的比例，远高于当时成年男女的比例，史家为 1.97∶1，元君庙是 1.43∶1，死于中年段的男女比例，史家略低于当时成年男女比例，元君庙则略高，死于老年段的女性和男性的比例，两地均大大低于当时成年男

〔146〕 严文明：《横阵墓地试析》，《仰韶文化研究》，文物出版社，1989 年。

〔147〕 严文明：《横阵墓地试析》，《仰韶文化研究》，文物出版社，1989 年。

〔148〕 朱乃诚：《元君庙仰韶墓地的研究》，《考古学集刊（9）》，科学出版社，1995 年。

女比例。当时女性可能多半死于儿童时期，其次是青、中年时期，尤其是青年时期，而能活到老年者，远少于男性，说明女性寿命比男性更为短促。仰韶文化早期的妇女劳动繁重、生活艰难和医疗水平低下，又加上生育和抚养子女更是损害了她们的健康，甚至被夺去了生命，她们多死亡于 15～30 岁的青年时期[149]。

性别构成　性别构成是人口结构中的一个重要部分，通过对墓葬中出土人骨性别的鉴定，可以为研究仰韶文化居民人口的性别结构，提供可靠的资料。

20 世纪 80 年代初已有一些研究者开始关注仰韶文化人口的性别构成，近些年来大体形成了这样一种共识：半坡文化的女性过多地少于男性的成年人，是当时人口性别结构的一个重要特点[150]。有人就人骨鉴定数在 50 例以上新石器时代的墓地作为筛选标准，制作了一份统计表。这份统计表包纳的仰韶文化墓地已有 11 处，人骨通过性别鉴定的总数已达到 4000 例以上。在人骨鉴定个体超过 50 例的 11 处仰韶文化墓地中，除少部分性比正常和可疑的墓地外，异常性比值一般都在 1.33～2.39，最高可达 6.94，性比异常的平均值为 1.69∶1。如史家能确定性别的成年人为 665，男性 441，女性 224。男性占 66.31%，女性占 33.68%，性比例为 1.97∶1。元君庙已鉴定性别的成年人为 151 人，男性 91，女性 60，男性占 59.8%，女性占 40.1%，性比例为 1.52∶1。何家湾鉴定的 111 人中，男性 66 人，女性 45 人，男性占 59.5%，女性占 40.5%，性比例为 1.47∶1。姜寨一期的 119 人中，男性 68 人，女性 51 人，男性占 57.14，女性占 42.86%，性比例为 1.33∶1。姜寨二期的 1853 人中，男性 1170 人，女性 683 人，男性占 63.14%，女性占 36.86%，性比例为 1.71∶1。

根据统计进行分析，新石器时代性比异常并不仅只出现在仰韶文化中，在整个黄河流域都有反映。黄河上游甘青地区性比稍低，平均值为 1.35∶1；黄河中游附近地区（仰韶文化）性比稍高，性比值为 1.74∶1；黄河下游山东地区（大汶口文化）性比更高，性比值为 2∶1。史前人口异常的性别构成，有可能对婚姻形式与社会结构产生过重要影响[151]。

健康状况　对于仰韶居民健康状况和所患疾患的了解，主要也是通过骨骼上获得的。史家村人见到股骨变形弯曲，腰椎椎体间形成骨桥、骨刺等现象，元君庙人牙齿普遍遭到严重磨损，也有压缩性骨折、骨刺的现象，表明半坡文化居民生活的艰难和劳动的繁重。由当时平均寿命判断，仰韶文化居民健康水平是相当低下的。下王岗文化居民人骨材料表明，当时所患的疾病有佝偻病、骨折和龋齿等。大河村文化青台居

〔149〕 张忠培：《史家村墓地的研究》，《考古学报》1981 年 2 期；《中国北方考古文集》，文物出版社，1990 年。

〔150〕 陈铁梅：《中国新石器墓葬成年人骨性比异常的问题》，《考古学报》1990 年 4 期。

〔151〕 王仁湘：《我国新石器时代人口性别构成再研究》，《考古求知集》，中国社会科学出版社，1997 年。

民则普遍患有增生性脊椎炎、龋齿，还有化脓性骨髓炎和骨巨细胞瘤等病例，表明当时劳动强度之大和口腔卫生之差[152]。

在艰难环境中，为了维护生存，仰韶文化居民也逐渐积累了一些医疗知识，掌握了一些疗病的方法。元君庙居民人骨见到桡骨及颅骨陈旧性骨折，有研究者据此认为当时可能已具有一定的医疗护理知识。

2. 氏族、家庭、婚姻方式和社会发展阶段

仰韶文化由于时代跨度较大，它的氏族社会、婚姻形态、家庭模式都发生过变化，许多研究者都通过聚落址和墓地探讨了这些变化的方方面面，对仰韶文化的社会结构形态和社会发展阶段开展了充分的讨论。

由聚落布局可以发现存在于其中的多级社会结构。如在姜寨遗址，居址都环绕中心广场，全部居址又相对集合为 5 个组群，各组群中基本都有一座较大的居址，还有几座中型居址和 10 多座小型居址。整个聚落为一个层次清晰的四级结构，全村为第一级结构，大型和中型居址分别为第二、三级结构，小型居址为第四级结构。最新的研究认为，姜寨的聚落分组不是 5 个，而是 4 个，4 个分组与中心广场 4 片墓区相对应[153]。也有人认为姜寨聚落分组是 6 个，而且与 4 片墓地及窑址与制陶作坊相对应[154]。

姜寨小型居址面积一般都在 20 平方米以下，最小的只有 5 平方米左右，设有火塘，可供 2~4 人居住，这是一个独立的小家庭的住所，为最小的社会单位。中型居址面积为 20~40 平方米，也有火塘，可供 10 多人居住与活动，它是周围小型居址的高一级社会单位，它的附近有一些窖穴，说明食物的贮藏与分配权利掌握在这一级单位内，而不是在最小的家庭范围内。大型居址面积一般在 70 平方米以上，最大的约有 130 平方米，室内也建有火塘，这里既是起居之所，也是举行集会和特别仪式的场所，代表的是次于全村落的第二级社会单位。有的大型居址附近还有牲畜圈栏和牲畜夜宿场，表明畜养归这一级单位所掌握。全村为第一级社会单位，中央大广场是全村的活动中心，大型居址都朝着这个中心。全村还有共同的防御设施壕沟，是一个独立封闭的聚落。人们分析姜寨遗址这几级组织代表的应是家庭、家族、氏族和部落这四个级别，氏族有公共经济，它是仰韶文化的一个典型聚落[155]。

墓葬资料在研究新石器时代社会结构与家庭形态方面，也具有非常重要的意义。

[152] 杜百廉等：《河南青台原始社会人骨的研究》，《解剖学通报》1982 年 5 期增刊；《河南青台原始社会人骨腰骶椎病的观察》，《解剖学通报》1984 年 7 期增刊。
[153] 陈雍：《姜寨聚落再检讨》，《华夏考古》1996 年 4 期。
[154] 李新伟、贾笑冰：《探讨姜寨一期聚落的重新分组》，《考古》1995 年 9 期。
[155] 苏秉琦主编：《中国通史》第二卷《远古时代》，上海出版社，1994 年。

墓地分片和分坑埋葬，表现的应是同一种观念或意识，如姜寨第一期墓葬分片埋葬的现象说明，也可能是包括几个氏族的部落墓地[156]。也有人认为姜寨墓群分区的原则有可能是死者的年龄与性别，而不是氏族或家族[157]。

陕西华县元君庙仰韶文化墓地，50 多座墓葬多数为多人二次合葬，一墓中葬有6～10 人，多的达 25 人。同一墓中死者的年龄差距，表明了彼此具有的祖孙三代的关系。元君庙墓地的墓葬排列有序，被认为是部落墓地，该墓地被划分为两个墓区，分属于该部落的两个氏族，每个合葬墓属氏族之下的家族单位。整个墓地实际上体现了一种三级结构，比起村落显示的四级结构来，只是少了家庭一级结构而已[158]。也有人认为元君庙墓地可分为若干墓组，墓地所代表的社会单位，可能就是氏族，墓组则属于低一个级别的家族[159]。

对横阵村墓地也可以作类似的解释。墓地大量发现的二次合葬，都分别归入三个大葬坑中。对这种以多人二次合葬为主要葬式的墓地，有人认为横阵村墓地是氏族墓地，三个集体葬坑是该氏族先后实行三次集体葬仪的结果，各大坑中所套的小坑，分属各家族，小坑内死者分层分排的安葬反映着死者间辈分的差别[160]。有人则认为三个大集体葬坑分属母系家族，各小葬坑属于对偶家庭[161]。有人认为集体葬坑属于氏族的葬坑，三个大坑分属于三个女儿氏族，横阵墓地则是胞族墓地或部落墓地[162]。不论如何理解，横阵墓地所体现的也是明显的家族－氏族－胞族三级社会结构，与元君庙类同[163]。

关于仰韶文化居民的婚姻方式，就半坡文化早期而言，许多研究者都认为是母系氏族的对偶婚，建立的家庭则是从妻居的对偶家庭[164]。到半坡文化的晚期，这种婚姻方式有了明显改变，有的研究者根据多人合葬的流行，判断当时已开始向父系氏族阶段转变，家庭形式主要为父系大家族，婚姻形式则可能转变为从夫居的对偶婚[165]。还

[156] 严文明：《姜寨早期的村落布局》，《仰韶文化研究》，文物出版社，1989 年。
[157] 赵春青：《姜寨一期墓地初探》，《考古》1996 年 9 期。
[158] 张忠培：《元君庙墓地反映的社会组织》，《中国北方考古文集》，文物出版社，1986 年。
[159] 朱乃诚：《元君庙仰韶墓地的研究》，《考古学集刊（9）》，科学出版社，1995 年。
[160] 邵望平：《横阵仰韶文化墓地的性质与葬俗》，《考古》1976 年 3 期；李文杰：《华阴横阵母系氏族墓地剖析》，《考古》1976 年 3 期。
[161] 方扬：《仰韶文化合葬习俗的几点补充解释》，《考古》1962 年 3 期。
[162] 张忠培：《关于根据半坡类型的埋葬制度探讨仰韶文化社会制度的问题商榷》，《考古》1962 年 7 期；宋兆麟：《云南永宁纳西族的葬俗——兼谈对仰韶文化葬俗的看法》，《考古》1964 年 4 期。
[163] 严文明：《横阵墓地试析》；《半坡类型的埋葬制度和社会制度》，《仰韶文化研究》，文物出版社，1989 年。
[164] 王珍：《略论仰韶文化的群婚和对偶婚》，《考古》1962 年 7 期。
[165] 郭沫若主编：《中国史稿（第一册）》，人民出版社，1977 年；王仁湘：《我国新石器时代的二次合葬及其社会性质》，《考古与文物》1982 年 3 期；曹桂岑：《论仰韶文化的"二次葬"》，《论仰韶文化》，《中原文物》1986 年特刊。

有的研究者根据王家阴洼的墓葬资料，认为当时的婚姻方式既有一夫多妻制，也有一妻多夫制，用以说明仰韶文化婚姻方式的多样性[166]。

从一些仰韶文化中晚期和时代相近遗址分间房屋的出现，可以看到家庭形态开始发生的变化。庙底沟文化开始出现了套间房址，虽然不普遍，却透露出了家庭形态变化的信息。又如郑州大河村遗址，发掘到多座分间房址，有分为 4 间的，也有分为 2 间的。其中 19、20 号房址就是相连的同一座房，20 号为西间，面积约 15 平方米，中部有灶台；19 号为东间，面积 7.6 平方米，西北角有灶台。另外分为 4 间的房子，也应是 2 间的扩建而成，可以明确判断为家庭分化的结果。居住在同一栋房子里的人，应是属于同一祖先的家族，而在各小间的人则属于一个独立的小家庭，有独立的门户，有独立的经济生活。类似大河村的分间房址，在湖北枣阳雕龙碑等遗址也有发现。

中国史前居民建立的个体家庭，被认为大体出现在仰韶文化晚期，这应当就是私有制在中国出现的时代。

自 20 世纪 60 年代初起，考古界就开展了对仰韶文化所处社会发展阶段的讨论。大致有三种不同的观点：1. "母系说"，认为仰韶文化处于母系氏族社会发展阶段；2. "父系说"，认为仰韶文化已经处于父系氏族社会发展阶段；3. "母系向父系转化说"，认为仰韶文化早期尚处在母系氏族社会，中、晚期则进入到父系氏族社会。

起先作为主流的"母系说"，认为仰韶文化以原始锄耕农业为基础，妇女在社会经济中起着主导作用。在这样的社会经济条件下，人们以血缘纽带联结为氏族，过着原始共产制的经济生活，妇女有着崇高的地位，世系以母系计算。仰韶文化墓葬中的男、女分别合葬，子女随母亲埋葬，横阵等地点那种二次集体埋葬以及对妇女、幼女的厚葬，都明显地体现了以女性为中心的母系氏族社会的特点。半坡、姜寨的那种村落布局也体现着母系氏族特点的社会结构，它是一种向心布局的典型聚落形态，在这种格局下又明确区分出次一级的相对独立的居住单元——氏族，意味着有牢固的血缘纽带维系着氏族的团结[167]。许多研究者曾认为仰韶文化处于母系氏族社会的繁荣阶段，也有的认为半坡时期后段合葬墓的出现，说明仰韶文化已处于母系氏族社会的晚期阶段[168]。

"父系说"有三条理由：1. 仰韶时期已达到锄耕农业的中期，处于第一次社会大分工之后，根据恩格斯《家庭、私有制和国家的起源》认为第一次社会大分工是父系氏族社会的基础，仰韶时期应该是父系氏族社会；2. 认为仰韶文化墓葬中随葬品及葬

〔166〕 王占奎：《王家阴洼墓地婚姻形态初探》，《考古与文物》1996 年 3 期。
〔167〕 吴汝祚：《从墓葬发掘来看仰韶文化的社会性质》，《考古》1961 年 12 期；杨建芳：《仰韶时期已进入父系氏族社会了吗?》，《考古》1962 年 11 期。
〔168〕 夏之乾：《对仰韶文化多人合葬墓的一点看法》，《考古》1976 年 6 期；张忠培：《元君庙反映的社会组织初探》，《中国考古学会第一次年会论文集》，文物出版社，1980 年。

具有极大的差别，说明私有制已经产生，而私有制的产生便是父系氏族社会的标志；3. 仰韶文化末期已出现象征父权崇拜的陶祖[169]。其他研究者或以轮制陶器和多间房屋的出现，论证仰韶文化中晚期进入了父系氏族社会[170]。

关于仰韶文化社会性质的论争，已经持续了 30 多年，20 世纪 80 年代以后父系说者有明显增加，论据也似乎充实了一些。有的研究者对这个论争进行了比较全面的回顾，认为第二次社会分工已经萌芽，氏族内部人与人之间关系产生了深刻变化，已出现掠夺战争，由此提出仰韶文化时期不仅已是父系氏族社会，而且带有军事民主主义性质[171]。有的研究者认定裴李岗文化时期就已经开始向父系制转化，由半坡文化各住房拥有火塘、生产工具和生活用具分析，当时盛行典型的火塘分居制，对偶家庭已成为生产和生活单位，私有制已产生，社会已进入到从夫居的父系氏族和家族公社阶段[172]。还有的研究者通过对庙底沟时期汝州洪山庙男根彩绘的研究，认定半坡文化晚期的临潼姜寨遗址 76 号墓中的 8 号尖底彩陶罐上也有同样的图像，联系到大地湾的陶祖、福临堡的石祖和陶祖、铜川李家沟的陶祖、汝州北刘庄和中山寨的陶祖，表明仰韶自半坡文化晚期开始已有了明确的男性生殖崇拜，这种崇拜到仰韶晚期已非常盛行[173]。

由下列 5 个方面的证据分析，仰韶文化的社会性质应当有过一个转型的时期，这些证据是：1. 陶器轮制技术开始发明；2. 房屋建筑分间或套间形式的出现；3. 多人二次合葬的出现和消失；4. 成年异性二人合葬的出现（元君庙 M425 为一对成年男女与一小孩的合葬）；5. 以男根崇拜为标志的男性生殖崇拜的出现。这几个非常重大的变化都发生在半坡文化的晚期及后来的一段时期内，恐怕不是偶然的，应当是体现父权和夫权的社会现象。至于男性在生产经济中的主导地位，其实在前仰韶时期就已确立，从随葬品看，主要的农业和狩猎生产工具都属男子所有，这在仰韶时期并没有改变。

仰韶文化社会性质的讨论取得了一定的成果，不过现在还不是评价各种说法正确与否的最后时刻。近些年来，有些研究者对通过居址和埋葬制度研究史前社会性质在方法论上提出了批评，而且对人类社会是否是由母系发展到父系这一点都产生了怀疑，问题更加复杂化了[174]。关于仰韶文化社会性质的讨论有待于更深入认真的分析研究，

---

〔169〕 许顺湛：《"仰韶"时期已进入父系氏族社会》，《考古》1962 年 5 期。

〔170〕 郑州市博物馆：《郑州大河村遗址发掘报告》，《考古学报》1979 年 3 期。

〔171〕 丁清贤、曹静波：《仰韶文化社会性质的讨论及我见》，《论仰韶文化》，《中原文物》1986 年特刊。

〔172〕 黄崇岳：《从少数民族的火塘分居制看仰韶早期半坡类型的社会性质》，《中原文物》1983 年 4 期。

〔173〕 袁广阔：《试析姜寨出土的一幅彩陶图案——兼谈半坡类型鱼纹消失的原因》，《中原文物》1995 年 2 期；郎树德：《大地湾考古对仰韶文化研究的贡献》，《论仰韶文化》，《中原文物》1986 年特刊。

〔174〕 汪宁生：《中国考古发现中的"大房子"》，《仰韶文化葬俗和社会组织的研究——对仰韶母系社会说及其方法论的商榷》，《民族考古学论文集》，文物出版社，1989 年。

有待于更多的资料发现。

十二　与其他考古学文化的关系

　　仰韶文化与其他文化的关系，不少研究者曾由各个不同的角度进行了探讨，由此考察它的来龙去脉，考察它与周边文化的相互交流。

　　仰韶文化刚刚发现不久，人们就注意到它的来源问题。起初安特生根据河南与甘肃发现的彩陶同中亚土库曼斯坦的安诺文化彩陶对比研究的结果，认为两者有密切的联系，最先提出了仰韶文化西来说的观点。仰韶文化"西来说"后来被中国学者纠正了，过去倒置的相对年代关系造成了安特生的错误。虽然仰韶文化西来说的观点被否定了，但学术界并没有立即解决它的来源问题，在很长的时间里，黄河流域都没有发现年代更早的新石器文化遗存。进入 20 世纪 50 年代末期以后，宝鸡北首岭、华县老官台和西乡李家村遗址的发掘，发现了早于仰韶文化的新一类遗存，研究者们认定它们与仰韶文化存在渊源关系[175]。这一类遗存，后来被有的研究者命名为"老官台文化"和李家村文化等。这些年代较早的遗存 80 年代以后在渭河流域有较多的发现，经过正式发掘的地点有秦安大地湾、临潼白家村、渭南北刘、天水师赵村和西山坪等处，有的研究者又将它们重新命名为"大地湾文化"或"白家村文化"，从而进一步确认了它与同地区仰韶文化之间的渊源关系。与此同时，在河北和河南地区发现的磁山文化与裴李岗文化，它们与同地区的"仰韶文化"也被认为具有明显的渊源关系。这些发现表明，至少在陕西和河南两大区域内，传统上认识的仰韶文化有着不同的来源。

　　来源不同的文化，本来具有一些独到的特点，长期以来却被看作是同一个文化。通常所谓的仰韶文化，实际上包含着三支各自具有自己的特征，不同的源流，并分布在不同范围内的原始文化遗存。关中地区的仰韶文化，渊源于李家村、老官台文化，往下发展为客省庄二期文化；河南地区（包括鄂西北，不包括豫西）的仰韶文化，渊源于裴李岗文化，往后发展为当地的龙山文化；河北、豫西、晋南和关中东部的仰韶文化，渊源于磁山文化，往下分别发展为后冈二期文化和庙底沟二期文化[176]。

　　老官台或大地湾文化虽然是前仰韶文化，但不一定就是仰韶文化的直接渊源所在。过去一些研究者已经注意到，已发现的前仰韶文化与半坡文化之间在年代上和内涵上存在缺环，认为彼此并没有太明显的承续发展关系，两者之间可能还存在一个尚不知道的过渡发展阶段[177]。山西垣曲东关发现的"仰韶文化早期遗存"中，发掘到了不少

[175]　苏秉琦：《关于仰韶文化的若干问题》，《考古学报》1965 年 1 期。
[176]　丁清贤：《关于"仰韶文化"的问题》，《史前研究》1985 年 3 期。
[177]　王仁湘：《论渭河流域早期新石器文化发展的两个阶段》，《考古》1989 年 1 期。

于 3 个陶鼎，鼎体为圜底罐形，有高高的锥状足，口径在 14～16 厘米，高不超过 20 厘米。据发掘者判断，这个遗址的时代与半坡遗址的早期是接近的，内涵也有相似之处，主要区别在于这里没有半坡文化常见的尖底瓶和富有特点的彩陶，而环状口小平底瓶、假圈足盆、缸、盔形器盖、尖锥足鼎、弦纹罐等，却不见于半坡文化的其他遗址[178]。值得注意的是，类似遗存在关中地区也有发现，1994 年在面积约 2 万平方米的临潼零口遗址，发现了前仰韶、半坡和西王村文化的连续堆积，而且在半坡文化层之下，还有一个介于前仰韶和半坡文化之间的中间层堆积。这个中间层的陶系以泥质红陶为主，其次为夹砂红陶，主要器形有环形口小平底瓶、假圈足钵、深腹钵、器座、弦纹罐等，器表装饰多素面少彩绘，它被暂时称为"零口遗存"[179]。零口遗存确与垣曲东关遗存相似，而且其层位是在过去认定的前仰韶和半坡文化之间，它应当是半坡文化最近的渊源所在，也就是典型仰韶文化的起源所在。

河南地区与仰韶文化大体同时的大河村文化、下王岗文化，来源为裴李岗文化。

不同地区"仰韶文化"的来源不同，去向也不同。关中、豫西与晋南地区的西王村文化，发展去向为庙底沟二期文化，在地层关系和文化演变关系上都得到证实，对此学术界的认识大体是一致的。

豫中地区的大河村文化，发展为河南龙山文化。

主要分布在黄河中游地区的仰韶文化，对黄河上游和下游地区及至南北邻近地区的新石器文化，产生了广泛的影响。在仰韶文化的早期，影响到远在东北地区的红山文化，红山陶器中的红顶钵和彩陶中的红彩，都被认为是仰韶文化因素的表现。在仰韶文化的中期，庙底沟文化对周围的辐射影响更加明显。庙底沟文化最富特点的以弧边三角为主要构图的花瓣图案彩陶，在黄河下游地区的大汶口文化、长江中游的大溪文化、东北地区的红山文化中，都有类似的发现[180]。庙底沟文化的影响向西远及青海地区，向北越过河套地区，在这两个区域内都发现了具有浓厚庙底沟文化色彩的遗存，它们有时被一些研究者直接纳入庙底沟文化范畴以内。

仰韶文化与东方的北辛-大汶口文化之间，有着比较密切的交往。两个文化中都有特征相同的陶器如红顶钵、大口斜腹盆、小口双耳罐等，这是它们相互影响的证据。在北辛、大墩子见到的小口折腹细颈瓶，更与半坡时期的同类器完全相同。仰韶人流行以瓮棺埋葬儿童的习俗，对东方也产生过一定影响，如北辛遗址也发现过东方罕见的儿童瓮棺葬[181]。有研究者认为，大汶口文化陶器中的敛口钵、小平底盆、平底碗、

〔178〕 中国历史博物馆考古部等：《山西省垣曲县古城东关遗址Ⅳ区仰韶早期遗存的新发现》，《文物》1995 年 7 期。

〔179〕 周言：《专家论证零口遗存》，《考古与文物》1995 年 6 期。

〔180〕 王仁湘：《我国新石器时代花瓣纹彩陶图案研究》，《考古与文物》1989 年 1 期。

〔181〕 中国社会科学院考古研究所：《山东滕县北辛遗址发掘报告》，《考古学报》1984 年 2 期。

器座，都是受了豫中同期文化的影响。大汶口文化早期彩陶的色彩、绘制方法、图案母题，都与庙底沟文化的相似，是仰韶文化传播影响的结果[182]。

马家窑文化与仰韶文化关系非常密切，人们起初将马家窑文化作为仰韶文化的一个地方类型看待，认为是仰韶文化向西发展过程中产生的一个地方支系。

在仰韶文化的晚期，吸收了来自外围文化的许多因素。西王村和大河村都吸收了东方和南方文化的一些因素，鼎和豆等陶器的使用便是明证。

仰韶文化的不同时期，在 2000 年上下的发展过程中，它给予周围诸文化以强烈影响，它也吸收了周围诸文化的许多因素，并与这些文化之间存在着不可分割的联系。

（选自《中国考古学·新石器时代卷》，中国社会科学出版社，2010 年）

---

[182] 栾丰实：《试论仰韶时代东方与中原的关系》，《考古》1996 年 4 期。

四川和重庆地区的新石器文化
发现与研究

　　中国四川和重庆地区的史前考古活动，可以追溯到 19 世纪下半叶。有一些进入西南的外国传教士和探险家，如布朗（J. C. Brown）和贝伯（E. C. Baber）等，分别在云南和重庆发现过一些石器[1]。20 世纪初，仍然有一些外国学者在考察中国西南历史遗迹，同时采集了一些石器。如在 1914~1915 年，美国传教士埃德加（H. Edegar，叶长青）在四川岷江地区采集到大量石器时代遗物，并于两年之后发表了考察研究报告[2]。他在西部地区进行了大量调查，发现了许多石器地点。1925~1926 年，美国自然史博物馆中亚探险队的纳尔逊（N. C. Nelson）等在云南和长江三峡地区进行考古调查，在巫山发现大溪、跳石和培石等遗址，这些遗址都被推定为史前时期[3]。其中以大溪遗址的发现最为重要，它导致了 30 多年后的大规模发掘。

　　1930~1931 年，包利士（G. Bowles）在四川岷江地区调查过史前遗存[4]，葛维汉（D. C. Graham）在四川都江堰发现了石器时代遗存[5]。葛维汉 1933 年还在四川广汉月亮湾进行了首次发掘，发现石器、玉器和陶器，这是后来确认的三星堆遗址最早的发掘[6]。这一时期在四川进行过石器时代遗址调查的还有库克（T. Cook）、戴谦和（D. C. Dye）和费斯特（C. L. Foster）等人，他们的足迹遍及成都平原、原西康

[1]　E. C. Baber, Travels and Researches in Western China. *Royal Geographical Society* (London), Supplementary Papers 1.

[2]　H. Edegar, "Stone implements on the Upper Yangtze and Min river", *Journal of North China*, *Branch of R . A . S .* Vol. XIL III, 1917.

[3]　N. C. Nelson, *Central Asiatic Expedition of the American Museum of Natural History to the Province of Yunnnan.* New York: American Museum of Natural History.

[4]　G. Bowles, "A preliminary report of archaeological investigations on the China Tibetan border of the Szechuan", *Bulletin of the Geological Society of China*, Vol. XIII. 1934.

[5]　D. C. Graham, "A Neolithic culture in Szechuan province", *Journal of the West China Border Research Society*, Vol. VII. 1935.

[6]　D. C. Graham, "Implements of prehistoric man in the west China Union University Museum of Archaeology", *Journal of the West China Border Research Society*, Vol. VII. 1935.

地区和峡江一带[7]。

从 20 世纪 50 年代开始，这种状况有了明显改变，一些较大规模的调查与发掘受到了广泛关注。1957 年四川省博物馆派出川东调查小组，赴峡江沿岸八县市进行调查，发现了一些新石器遗址线索[8]。紧接着在 1958 年，为配合拟议中的三峡水利工程建设，四川省相关部门和机构又组织了庞大调查队进入三峡，调查了数百处古文化遗址和墓群，发现了一些新石器遗址线索[9]。1959 年四川省长江流域文物保护委员会文物考古队发掘了巫山大溪遗址，这是西南地区新石器考古大规模发掘的首次记录，发掘获得重要成果，不久以后同类遗存被命名为大溪文化[10]。60 年代初，四川大学考古教研室在川西北进行的考古调查，发现遗址和石器采集点 20 多处，发现一些具有马家窑文化因素的彩陶[11]。

到了 20 世纪 70 年代以后，除了对已经作过发掘的遗址继续进行工作外，还新发现和发掘了一些遗址，这是 20 世纪川渝新石器考古获得成果最多的年代。这一时期配合多座大型水库建设开展了多次大规模调查，同时也重点进行了一些发掘。1975 年组成金沙江安宁河流域考古调查队，在安宁河流域发现新石器遗址和石器采集点近 40 处，其中西昌礼州遗址为最重要的发现。礼州遗址在 1974～1976 年发掘。1979 年四川南充地区文化局和重庆博物馆联合对境内的嘉陵江两岸进行普查，发现了一些可能属于新石器时代遗址的线索[12]。1980 年重庆博物馆对江津王爷庙遗址进行了试掘，出土石器和陶器等遗物[13]。这是重庆地区发掘为数不多的新石器遗址，虽然堆积并不丰富，仍值得引起注意。

随着长江三峡水利工程的启动，峡区新石器时代考古又有了新进展，对这一地区的研究是一个很大的推动。1992～1993、1995 年，几十个相关院校和研究机构组成的普查队对三峡地区进行了多次调查，并同时对若干重点遗址进行了较大规模的发掘。其中巫山魏家梁子[14]、奉节老关庙[15]、忠县哨棚嘴[16]等遗址的发掘最为引人注目，

〔7〕 戴谦和著，沈永宁译：《四川古代石器》，《四川文物》1995 年 2 期。
〔8〕 四川省博物馆：《川东长江沿岸新石器时代遗址调查简报》，《考古》1959 年 8 期。
〔9〕 四川省博物馆：《四川省长江三峡水库考古调查简报》，《考古》1959 年 8 期。
〔10〕 四川省长江流域文物保护委员会文物考古队：《四川巫山大溪新石器时代遗址发掘记略》，《文物》1961 年 11 期。
〔11〕 四川大学历史系考古教研组：《四川理县汶川县考古调查简报》，《考古》1965 年 12 期。
〔12〕 重庆市博物馆：《四川嘉陵江中下游新石器时代遗址调查》，《考古》1983 年 6 期。
〔13〕 重庆市博物馆：《重庆市长江河段新石器时代遗址调查与试掘》，《考古》1992 年 12 期。
〔14〕 中国社会科学院考古研究所三峡考古队：《四川巫山县魏家梁子遗址的发掘》，《考古》1996 年 8 期。
〔15〕 赵宾福、王鲁茂：《老关庙下层文化初论》，《四川考古论文集》，文物出版社，1996 年。
〔16〕 王鑫：《忠县哨棚嘴遗址分期初步研究——兼论川东地区的新石器文化及早期青铜文化》，《四川考古论文集》，文物出版社，1996 年。

使人们对这一地区新石器文化的面貌有了全新认识。

中国社会科学院考古研究所从 1989 年开始对四川盆地北缘的几处新石器遗址进行了重点发掘，如广元张家坡[17]、邓家坪、中子铺和绵阳边堆山[18]等遗址的发掘都有重要收获，大体理清了这一地区距今 7000 年后新石器文化发展序列。其中最重要的发现是中子铺细石器遗存，这是长江流域见到的丰富而且典型的一处以细石器为主要特征的新石器时代遗址。

近年来在四川成都平原发现的几座相当于龙山时期的古城址，它们是新津宝墩城[19]、温江鱼凫城[20]、都江堰芒城[21]、崇州双河城和郫县古城[22]。其中新津宝墩城址保存较好，面积达 60 万平方米。这些城址的发现是四川地区新石器时代考古的又一新的开端，将西南史前考古推进到了一个新的发展阶段。

川渝地区新石器文化的研究，起初由于发现的资料不丰富，区域文化面貌很不清晰，遗存间的联系也不清楚。首次就出土石器进行比较研究的是郑德坤，他在 20 世纪 40 年代就专门撰文讨论过四川发现的史前石器，涉及约 90 处地点的石器的分布、分类、制作、时代及意义，认为它们分属中石器、新石器前期、新石器后期和铜石并用时期[23]。50 年代以后随着发现的增多，研究者对本区域内新石器文化的面貌有了新认识。到 70 年代有了初步的类型学研究，有些研究者进行了一些类型的划分，认识到已发现遗存的地域特点，对它们之间的异同有了一定的了解。研究者根据区域性特点初步划分出几个文化类型，如东部有甘井沟类型，西南有礼州文化，大渡河流域有狮子山和背后山类型，青衣江流域有斗胆村类型，川西有中兴场类型等[24]。90 年代以后对一些重点地区的发现展开了热烈讨论[25]，先后就川北、成都和峡江地区的发现进行了综合研究。由于这些研究都是以发掘资料为出发点，认识的基础更为坚实，代表着 20

〔17〕 中国社会科学院考古所四川工作队：《四川广元市张家坡新石器时代遗址的调查与试掘》，《考古》1991 年 9 期。

〔18〕 邓家坪、中子铺和边堆山遗址的发掘报告尚未发表，有关资料参见王仁湘、叶茂林：《四川盆地北缘新石器时代考古新收获》，《三星堆与巴蜀文化》，巴蜀书社，1993 年；叶茂林：《广元出土大量有地层根据的细石器》，《中国文物报》1991 年 2 月 5 日 1 版。

〔19〕 中国联合考古调查队：《四川新津宝墩遗址 1996 年发掘简报》，《考古》1998 年 1 期；成都市文物考古工作队等：《四川新津县宝墩遗址调查与试掘》，《考古》1997 年 1 期。

〔20〕 成都市文物考古工作队等：《四川省温江县鱼凫村遗址调查与试掘》，《文物》1998 年 12 期。

〔21〕 成都市文物考古工作队等：《四川都江堰市芒城遗址调查与试掘》，《考古》1999 年 7 期。

〔22〕 成都市文物考古工作队等：《四川省郫县古城遗址调查与试掘》，《文物》1999 年 1 期；《成都史前城址发掘又获重大成果》，《中国文物报》1997 年 1 月 19 日 1 版。

〔23〕 郑德坤：《华西的史前石器》，《说文月刊》三卷七期，1942 年。

〔24〕 赵殿增：《四川原始文化类型初探》，《中国考古学会第三次年会论文集（1981 年）》，文物出版社，1984 年。

〔25〕 王仁湘、叶茂林：《四川盆地北缘新石器时代考古新收获》，《三星堆与巴蜀文化》，巴蜀书社，1993 年；王毅、孙华：《宝墩村文化的初步认识》，《考古》1999 年 8 期；江章华、王毅：《川东长江沿岸史前文化初论》，《四川文物》1998 年 2 期。

世纪研究的最后结论。

目前提出的类型划分还存在较大分歧，看来认识还不会有很快统一的趋势，这里重点对四川和重庆地区的中子铺文化、礼州文化、宝墩村（或边堆山）文化作一概述。

一 川北地区的中子铺文化

中子铺文化因四川广元中子铺遗址的发现而命名，是长江流域有代表性的以细石器为主要特征的新石器文化。

中子铺遗址位于广元市东北 45 公里中子铺附近的一座河旁山丘顶部，面积约 2000 平方米，1990～1991 年由中国社会科学院考古研究所四川队调查发掘，发掘面积 1100 平方米。中子铺遗址为一座细石器制作场，出土细石器标本 1 万多件，除大量碎屑外，包括许多石片、细石叶、细石核和各类成形细石器（图 1）。发现一些露天灰坑和灶

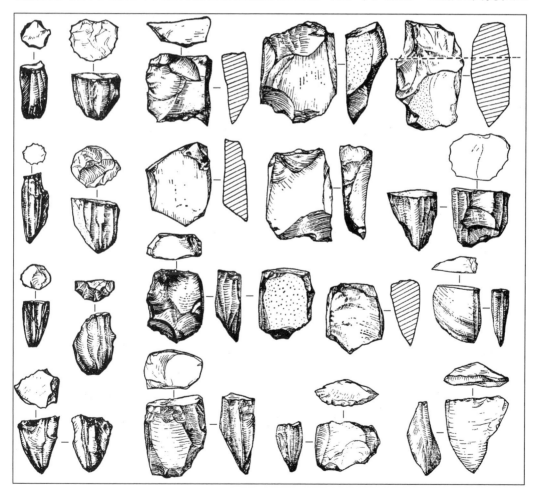

图 1 中子铺的细石器

坑，没有见到居址遗迹。灶坑和灰坑中发现有与细石器共存的夹砂红褐陶片，表明这一批细石器的年代已属新石器时代。遗址的上层还发现了一些斧、锛、刀、凿、磨盘等磨制石器，和一些夹砂红褐陶、灰陶及少量泥质红陶片，陶片火候不高，器表多饰绳纹，器形有罐、碗和圈足器等，以平底器为多[26]。

中子铺是长江流域及华南地区发现的内涵最为丰富的一处细石器遗址，有自己的特点，发现者将它下层为代表的遗存命名为中子铺文化。内涵与中子铺相同的遗址目前还没有发现，估计在川北附近盆地边缘一带还会有一些分布。在一些较晚的新石器文化遗址中，发现过典型细石器圆体石核，其渊源应是中子铺文化。

1. 文化特征

中子铺文化细石器以就地采集的燧石和石英为主要原料，采用间接和直接打击法剥片。石核分圆体和扁体两大类，以楔形、锥形和漏斗形多见，也有柱状石核，不见典型船底形石核。楔形石核楔刃向下且叶片疤见于单侧，有较多的斜底形圆体石核，是本文化细石器最突出的特点，它们少见或不见于国内其他细石器地点。细石器中的长石叶数量最多，有刮器、尖状器和雕刻器等。小石片石器数量也很多，都有锋利的刃缘，有的带有明显的二次加工痕迹。细石器不论石核、石叶或石器，形制大都比较固定，有比较明确的用途。

中子铺文化已有陶器制作，陶器多为夹砂绳纹红褐陶，火候较低，器形不大，有罐、碗和三足器等。

2. 年代

中子铺文化的年代据碳十四测定的数据（表1），在公元前4780～前4000年，即距今6780～6000年，推测上限可早到距今7000年前，是四川地区发现的最早的新石器文化。

3. 经济生活

以细石器为主要内涵的中子铺文化，其经济生活形态并不十分明朗，由于中子铺遗址只是一个细石器制造场，没有留下更多的证据用以复原当时的经济形态，但它不具有典型农耕文化特点则是可以肯定的。中子铺文化居民与北方和西藏地区细石器文化居民一样，推测也是以采集狩猎作为主要经济生活手段。

---

[26] 中国社会科学院考古研究所四川工作队：《四川广元中子铺的细石器遗存》，《考古》1991年4期。

4. 文化关系

中子铺文化的发现和确立，为研究中国南部的细石器文化提供了重要资料。研究者一般认为中国细石器工艺的起源是以华北为中心，然后往西、西南、华南传播，南方的细石器传统与华北同一[27]。事实上包括中子铺文化在内的南部地区的细石器遗存，与华北系统的区别还是比较明显的，如基本不见华北地区的典型船底形石核，楔形石核不像北方习惯上要修整出一个侧边刃，而是修整出底边刃，这些都表明细石器的剥片技术存在明显差异。由此可以认为南北细石器工艺并不完全出自同一系统，南方细石器可能也有自己的起源。

中子铺文化的细石器与华南地区比较，要分辨异同还有一定困难，华南材料不很丰富。有些研究者将中子铺细石器与西藏地区出土的细石器进行比较研究的结果，认为藏北细石器属华北系统，藏南细石器和中子铺细石器都属华南系统，华南系统的特点是软锤技术运用普遍，而这恰恰在华北不见使用[28]。从这个角度说，南方细石器与华北的差异是明显存在的，两地之间应当没有直接的发展关系。

表1　中子铺文化碳十四年代　（BC）　数据一览表

序号	实验室编号	地点	测定标本	编号	测定年代	高精度校正
1	ZK - 2568	中子铺遗址	木炭	T6H1	3990 ± 105	4780 ~ 4150
2	ZK - 2569	中子铺遗址	木炭	T7H2	3750 ± 100	4300 ~ 4040
3	ZK - 2571	中子铺遗址	木炭	H4	3275 ± 90	3989 ~ 3781
4	ZK - 2566	中子铺遗址	木炭	T1Z1	1865 ± 80	2205 ~ 1979
		核定年代上下限				4780 ~ 3989

二　成都盆地的宝墩文化

1. 发现与研究

蜀故地的新石器文化，过去面貌一直并不清楚，虽然陆续有过一些比较重要的发现，但是并没有被及时辨识出来。自 20 世纪 80 年代广汉三星堆遗址大规模发掘

---

[27] 贾兰坡：《中国细石器的特征和它的传统、起源和分布》，《贾兰坡旧石器时代考古论文集》，文物出版社，1984 年。

[28] 汤惠生：《略论青藏高原的旧石器和细石器》，《考古》1999 年 5 期。

区分出晚期新石器文化层位后，成都平原及周边地区的新石器考古才受到多方重视。中国社会科学院考古研究所组队在四川进行了大面积的调查，发现并发掘了一批新石器时代遗址，初步建立起川北一带的新石器文化序列。90 年代以后，成都市文物考古研究所在成都平原发现了数座新石器晚期城址，将这一地区新石器文化的探索推进到一个新的阶段。

近 10 多年以来，川渝地区的田野考古获得了许多新资料，研究者一下子提出了很多命名，如魏家梁子文化、老关庙文化、中坝文化、哨棚嘴文化、宝墩文化、边堆山文化等。因为它们在时代上比较接近，所以表现出一些相似的特征，一下子还真不易判明归属，也难得确定下公允的命名。其中宝墩文化已经有了较深入的研究，可以单独命名，代表成都平原的晚期新石器文化。

因新津宝墩村城址的发掘而得名的宝墩文化，有的研究者曾称为"边堆山文化"，也有的建议与峡江晚期新石器文化一起合称为"哨棚嘴—宝墩村文化"，还是将成都平原晚期新石器文化单独命名为宝墩文化更为妥当。宝墩文化已经发掘的典型遗址主要有广汉三星堆（一期）、新津宝墩村、都江堰芒城寺、郫县古城村、温江鱼凫城、崇州双河城、绵阳边堆山、成都十街坊、金汇花园等处。

宝墩村遗址　位于新津县西北 5 公里处宝墩村一带，面积 60 多万平方米，1995～1996 年由成都市文物考古研究所等单位发掘，发掘面积约 500 平方米，发现并解剖了城垣，出土大量陶片和石器等文化遗物[29]。宝墩村城址是成都平原所见数座城址中最大的一座，也是保存较好的一座。

郫县古城村遗址　位于郫县北约 8 公里处古城村，面积 31 万平方米，1996 年由成都市文物考古研究所等单位发掘，发现一座长达 50 米的大房址和一些小房址[30]。

鱼凫城遗址　位于温江区北约 6 公里处鱼凫村一带，面积 30 多万平方米，1996、1999 年由成都市文物考古研究所等单位发掘，发掘面积近 2000 平方米，发现并解剖了城墙，发现了一些居住建筑基址和古河道遗迹[31]。

边堆山遗址　位于绵阳市西南郊外的边堆山南坡，面积约 1 万平方米，1989～1990 年由中国社会科学院考古研究所发掘，发掘面积近 1000 平方米。文化堆积较厚，出土大量石器和陶片，未发现遗迹[32]。

〔29〕中国联合考古调查队：《四川新津宝墩遗址 1996 年发掘简报》，《考古》1998 年 1 期；成都市文物考古工作队等：《四川新津县宝墩遗址调查与试掘》，《考古》1997 年 1 期。

〔30〕成都市文物考古工作队等：《四川省郫县古城遗址调查与试掘》，《文物》1999 年 1 期。

〔31〕成都市文物考古工作队等：《四川省温江县鱼凫村遗址调查与试掘》，《文物》1998 年 12 期。

〔32〕中国社会科学院考古研究所四川队：《四川绵阳边堆山新石器时代遗址调查简报》，《考古》1990 年 4 期；王仁湘、叶茂林：《四川盆地北缘新石器时代考古新收获》，《三星堆与巴蜀文化》，巴蜀书社，1993 年。

2. 分布范围、文化特征与年代

宝墩文化主要分布在成都盆地及边缘浅丘低山地区，以成都附近的岷江两岸为分布的中心地区。

宝墩文化陶器为手制并采用轮修技术，陶质以夹砂褐陶和泥质灰陶为主，有一定数量的泥质黑衣陶。纹饰主要是绳纹，还有附加箍带纹和弦纹等，流行在器口压印齿状花边装饰。代表性器形有绳纹花边口罐、侈口深腹盆、高领壶、宽沿平底尊、矮圈足深腹杯等，以宽沿翻沿器、平底器和圈足器多见，不见三足器和圜底器（图2）。石器以磨制的小型斧、锛、凿多见，不见横刃的刀镰等。

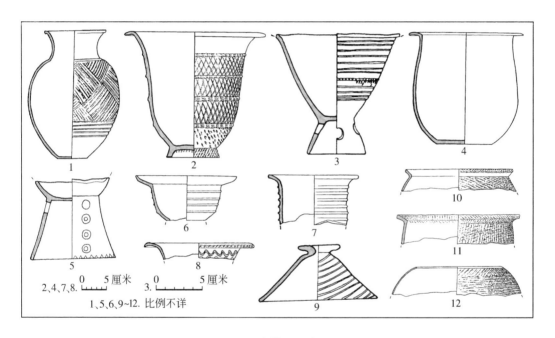

图2 宝墩文化陶器

发现有地面式建筑居址和干栏式建筑遗迹，见到几座规模较大的城址，平面多为方形和长方形，保存有堆筑的城垣，并有城壕遗迹（图3）。

宝墩文化的年代，根据宝墩村、边堆山和三星堆遗址出土木炭碳十四测定数据，大体介于公元前2870～前2100年之间，可以初步确定它的上限在距今4800年，下限在距今4000年上下，表明它是一种晚期新石器文化遗存，大致与中原龙山文化年代相当（表2）。

3. 聚落形态与房屋建筑

宝墩文化居民种植的农作物虽不是很清楚，但可以确定他们过着以农耕为主要经济来源的定居生活。众多城址的发现，就是这种定居生活的真实写照。

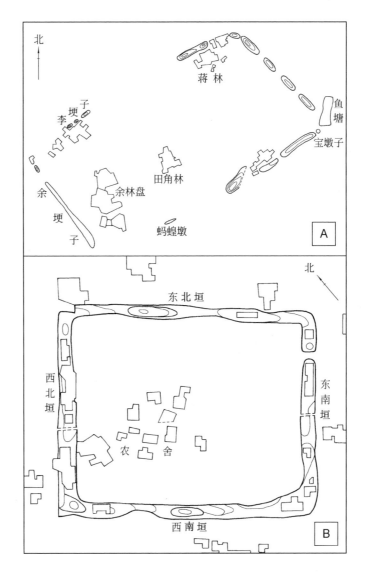

图3　宝墩文化城址

A. 新津宝墩　B. 郫县古城

表2　宝墩文化碳十四年代 （BC） 数据一览表

序号	实验室编号	地点	测定标本	编号	测定年代	高精度校正
1	日本实验室	宝墩村遗址	木炭	（城墙内）	2555 ±95	
2	日本实验室	宝墩村遗址	木炭	（墓葬填土内）	2535 ±70	
3	BK86046	三星堆遗址	木炭	T1416 （14）	2260 ±80	2873 ~ 2502
4	ZK – 2104	三星堆遗址	木、竹炭	T1416 （14）	2220 ±85	2864 ~ 2475
5	ZK – 2346	边堆山遗址	含炭泥土	T204⑤	2130 ±250	2883 ~ 2050
6	BK86045	三星堆遗址	木炭	T1516 （9）	2040 ±80	2471 ~ 2209

序号	实验室编号	地点	测定标本	编号	测定年代	高精度校正
7	BK86047	三星堆遗址	木、竹炭	T1415（8B）	1750±100	2133～1787
8	ZK－2349	边堆山遗址	含炭泥土	T214④	1740±255	2330～1630
		核定年代上下限				2873～2133

宝墩文化城址分布较为密集，彼此相距较近的只有 10 多公里远。城址规模大小差距较大，大的如宝墩城面积有 60 多万平方米，小的如芒城和双河城只有 10 多万平方米，鱼凫城和郫县古城有 30 多万平方米。

城址选择地势较高的地方，邻近并平行于河流。城址平面多为方形或长方形，有的如鱼凫城为对称的多边形。城墙采用平地起建的建筑方式，不挖基槽，城体斜坡堆筑。有的为双层城垣，这类城址一般面积较小，如芒城寺城址。城垣都见有城壕，为筑城时取土挖成。

城内布局因发现规模所限，了解并不清楚。在一些城址内发现了居住建筑，多为小型竹木骨泥墙建筑，平面为方形或长方形单间样式，也见到双间样式，一般为平地起建。郫县古城西北发现有干栏式建筑遗迹。古城内还发现一座面积较大的建筑基址，长 50 米，宽 11 米左右，房址上排列着 5 个用砾石堆砌的方形台子，可能为城内的礼仪性建筑。

4. 埋葬制度、葬俗和社会发展阶段

近年来在成都近郊几个地点发现了宝墩文化的墓葬，进行了正式发掘，但发掘资料还没有正式报道。据有些论著提及，在成都西郊的金汇花园发现墓葬 7 座，成都南郊的十街坊发现墓葬 18 座，墓葬排列较为整齐，多为狭长形小型土坑墓，葬式为仰身直肢，头向以西北向为主。随葬品较少，一般仅见一些随身的如手镯之类的装饰品，有的则随葬有小型石器。

从宝墩文化分布比较密集的城址分析，成都平原在宝墩文化时期已经形成了一批中心聚落，社会出现了明显的贫富分化。目前城外的小型遗址发现还不多，城内的布局也还有待于进一步了解，相当等级的大型墓葬也还没有发现，关于当时的社会发展阶段研究还需要深化。

5. 文化关系

与成都平原宝墩文化关系最密切的是峡江地区的晚期新石器文化，两个文化陶器都以平底器和圈足器多见，不见三足器和圜底器，器表多饰绳纹和压划纹等，口沿常出现齿状花边装饰。

以宝墩村与川南一带的礼州文化比较，两者的差距较为明显，说明它们相互之间没有太多的影响。

宝墩文化的来源，可能与川北地区的新石器文化有关。估计在宝墩文化所在的成都平原及周围地区也有年代更早的新石器文化，它应当会是宝墩文化的直接渊源，只是目前还没有找到可靠的线索。在宝墩文化基础上发展起来的是三星堆文化，有许多因素在宝墩文化中已经出现，表明宝墩文化应是三星堆文化的渊源所在。

三 峡江地区的新石器晚期文化

1. 发现与研究

峡江地区重庆境内的新石器文化遗存，一直都很受关注，各方面做了很多工作，虽然发现的资料不是很丰富，但已有的线索还是非常重要的。这一地区发现的新石器文化遗存多属新石器时代晚期，与中原龙山文化年代大体相当，年代更早的遗存面貌还不清晰，近年可望有突破性的发现。

峡江新石器文化遗址断续有些发现，但规模性的发掘做得并不多，到20世纪90年代以后随着三峡工程的全面展开，对重点遗址实施了一些集中的考古发掘。1994年开始通过对巫山魏家梁子、锁龙、奉节老关庙以及忠县哨棚嘴、中坝等遗址的调查发掘，发现了性质和年代都较为接近的新石器晚期遗存，使峡江地区晚期新石器文化面貌逐渐清晰起来[33]。目前，学术界对峡江地区新石器文化的命名问题上还有较大分歧，有的称为魏家梁子文化，有的名为老关庙文化，也有的建议命名为甘井沟文化。作为一个文化命名的条件似乎还没有完全成熟，所以在这里暂时统称为峡江晚期新石器文化。

魏家梁子遗址 位于巫山大宁河岸边一处坡地上，面积约1500平方米。1992年调查发现，1994年中国社会科学院考古研究所进行发掘。遗址面积虽然不大，但文化堆积较好，可分早晚两期，都属晚期新石器文化[34]。

锁龙遗址 位于巫山瞿塘峡东口外长江南岸的二级阶地上，面积约6万平方米。1992年调查发现后进行过多次调查，1997年由成都市文物考古研究所正式发掘。遗址堆积分早晚两期，都属晚期新石器文化[35]。

老关庙遗址 位于奉节瞿塘峡西口草堂河与长江交汇处的台地上，面积约4000平

---

〔33〕 江章华、王毅：《川东长江沿岸史前文化初论》，《四川文物》1998年2期；李明斌：《峡江地区龙山时代遗存初步研究》，《东南文化》2000年1期。

〔34〕 中国社会科学院考古研究所三峡考古队：《四川巫山县魏家梁子遗址的发掘》，《考古》1996年8期。

〔35〕 李明斌：《峡江地区龙山时代遗存初步研究》，《东南文化》2000年1期。

方米。1993～1994年由吉林大学考古系调查发现并试掘，1995年吉林大学考古系与四川省文物考古研究所联合发掘。前两次发掘没有见到原生堆积，第三次发掘在遗址的第四层发现了晚期新石器文化的原生堆积[36]。

哨棚嘴遗址 位于忠县甘井沟与长江交汇处的台地上，面积约3000平方米。20世纪50、60年代四川省博物馆进行过调查试掘，1993～1994年四川省文物考古研究所和北京大学考古系先后分别进行了发掘，1997～1998年北京大学考古系又进行了一次较大规模发掘。遗址堆积分为若干期，第一期属晚期新石器文化，堆积厚达2米以上[37]。

2. 分布范围、文化特征与年代

魏家梁子、锁龙、老关庙、哨棚嘴等遗址，一般都分布在巫山至重庆一线峡江及其支流两岸的台地上，大体在较大的洪水线以上位置。遗址多依山傍水，面积以小型为主，所处地势也并不都很平坦，有的就在稍平缓的山坡上。

峡江晚期新石器文化陶器手制轮修，多夹砂红褐陶，器表多饰绳纹和压划纹，器物口沿往往加厚并制成花边形。多见平底器和圈足器，主要器形有罐、钵、盆和豆等。石器中除磨制石器外，打制石器也占相当比例。

峡江晚期新石器文化的年代，目前还没有碳十四测定数据。由于它的文化特征与宝墩文化比较接近，所以一般认为两者的年代大体相当，年代大约处于公元前2000年前后，处在中原龙山文化晚期年代范围以内。

3. 文化关系

峡江地区晚期新石器文化与川西地区的同时代遗存有较为密切的联系，它们的发现填补了区域考古学文化空白。但是这里更早的新石器文化线索还不明确，目前关于晚期新石器文化来源问题的讨论还无法展开。这里旧石器文化有较多发现，不可能在早期和中期新石器文化阶段形成这样大的空白，相信这个空白在以后会弥补起来，峡江新石器文化的整体序列也将会建立起来。

与邻近地区同时期的文化相比较，峡江晚期新石器文化与它们存在一定的联系，主要表现在陶器器形上，都见到类似的罐和圈足器等，陶器纹饰风格也有接近之处。

四 横断山地的礼州文化

四川西南的横断山区先后发现过一些新石器时代遗址，但发掘做得较少，文化面

〔36〕 赵宾福、王鲁茂：《老关庙下层文化初论》，《四川考古论文集》，文物出版社，1996年。
〔37〕 王鑫：《忠县哨棚嘴遗址分期初步研究——兼论川东地区的新石器文化及早期青铜文化》，《四川考古论文集》，文物出版社，1996年。

貌不清晰。其中最为重要的并经规模发掘的是西昌礼州遗址，它的发掘使学术界首次认识了横断山区晚期新石器文化面貌[38]。后来在西昌一带又发现了一些与礼州遗址类似的遗址[39]，表明这一带同类遗存有较为广泛的分布。有研究者将礼州遗存命名为礼州文化，又因内涵与元谋大墩子文化相近，还有合称"大墩子－礼州文化"的。

礼州遗址位于西昌西北 25 公里处安宁河东岸的三级台地上，四川省文物部门于 1974～1976 年间进行过 3 次发掘，发掘面积 360 余平方米，清理墓葬 21 座，还发现火塘和窑址等遗迹，出土较为丰富的陶器等文化遗物。

礼州文化分布在四川西南的横断山区，邻近云南大墩子文化的地理分布范围。

1. 文化特征与年代

陶器均为夹砂红褐陶，火候较低，纹饰有划纹、锥刺纹和篦纹等。典型器形有双联罐、桶形器、小口瓶、筒形杯和碗等，以平底器为主，见到少量圈足器，不见圜底器（图 4）。石器以半月形双孔刀和盘状砍器为代表器形，其他还有磨制的斧、锛和凿等。墓葬为长条形土坑竖穴墓，在墓的两端随葬陶器。

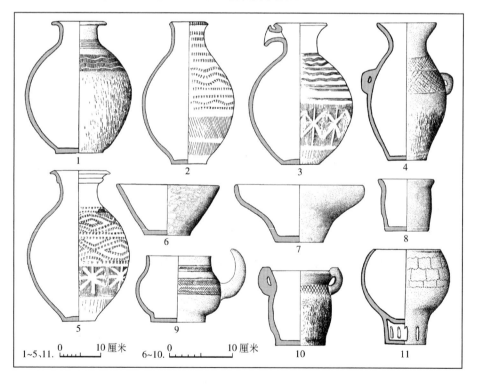

图 4　礼州文化陶器

〔38〕　礼州遗址联合考古发掘队：《四川西昌礼州新石器时代遗址》，《考古学报》1980 年 4 期。
〔39〕　西昌市文物管理所：《四川西昌市横栏山新石器时代遗址调查》，《考古》1998 年 2 期。

礼州文化的绝对年代因没有碳十四数据，所以不能完全确定，只能比照大墩子文化年代，推定在距今3500年前，属晚期新石器文化。

2. 墓葬制度和葬俗

礼州遗址发现了分布较为集中的墓葬，表明当时有公共墓地。墓葬形制很有特色，为长条形竖穴土坑，墓坑长4~8米，宽0.8~1.3米。方向以南北向为多见，因为墓中未见人骨（可能因腐朽不存），葬式不明。在墓穴两端各随葬陶器，较为整齐地排列为二三行，每墓一般见到陶器20件左右，多的有50余件，最少的也有5件左右。墓中所葬死者数目不明，人骨当置于墓穴中部。

3. 文化关系

在长江上游金沙江两岸地区发现的以四川西昌礼州和云南元谋大墩子为代表的晚期新石器遗存，文化面貌比较接近。是否将这一地区面貌接近的晚期新石器遗存作为同一个文化看待，还需要进一步讨论，具体的文化名称还可以从长计议。礼州的材料以墓葬为主，而大墩子则是以居址为主，所以两地文化遗物也表现有一定差异，如大墩子遗址的陶器以夹砂灰褐陶为主，纹饰多绳纹和篮纹，器形多平底深腹的大罐和大瓮等，与礼州遗址稍有不同。

（选自《中国考古学·新石器时代卷》，中国社会科学出版社，2010年）

西藏高原的晚期新石器文化
发现与研究

　　西藏地区新石器时代的考古工作开展较晚，在 20 世纪 50 年代才见到零星资料报道，如 1956 年在黑河发现细石器[1]，1966 年又在聂拉木发现了细石器[2]。70 年代开始西藏高原的工作形成一定规模，仍然有一些零星的发现引起关注，如 1973 年在墨脱和 1974～1975 年在林芝都采集到一些石器标本[3]。80 年代前后开始，西藏地区展开了多次大规模的文物普查，发现了一些新的遗址线索。以 1978 年昌都卡若遗址的发掘为起点，后来又陆续发掘了拉萨曲贡和贡嘎昌果沟等遗址，使得学术界对高原新石器文化知之甚少的状况有了明显改变。

　　西藏地区的新石器文化在进行大规模文物普查和重点发掘后，特别是确立了卡若和曲贡两个新石器文化以后，面貌更加明晰起来。有的研究者认为"粗糙的打制石器、细石器和磨制石器、陶器并存"，是西藏新石器时代一大特征[4]。西藏发现的细石器也极具特色，虽然它至今还没有明确命名，却也是高原重要的新石器时代遗存[5]。西藏地区的新石器文化，现在经过命名的只有卡若文化和曲贡文化，分别以昌都卡若和拉萨曲贡遗址为代表性遗址，都属于新石器时代晚期文化。卡若文化分布在藏东北地区，曲贡文化分布在雅鲁藏布江中游地区，分布地域不同，文化内涵区别明显，年代上也有一定距离。

一　藏东北地区的卡若文化

　　分布在藏东北地区的卡若文化，得名于昌都卡若遗址的发掘。卡若遗址 1978～

　　[1]　邱中郎：《青藏高原旧石器的发现》，《古脊椎动物学报》2 卷 2、3 期合刊，1958 年。
　　[2]　戴尔俭：《西藏聂拉木发现的石器》，《考古》1972 年 1 期。
　　[3]　新安：《西藏墨脱县马尼翁发现磨制石器》，《考古》1975 年 2 期；王恒杰：《西藏自治区林芝县发现的新石器时代遗址》，《考古》1975 年 5 期。
　　[4]　童恩正：《西藏考古综述》，《文物》1985 年 9 期。
　　[5]　霍巍：《西藏考古新收获与远古川藏间的联系》，《三星堆与巴蜀文化》，巴蜀书社，1993 年；李永宪：《略论西藏的细石器遗存》，《西藏研究》1992 年 1 期；段清波：《西藏细石器遗存》，《考古与文物》1989 年 5 期。

1979 年由四川大学和西藏自治区文物管理委员会联合发掘，遗址位于西藏昌都东南约
12 公里处的澜沧江东岸，海拔高度为 3100 米，面积约 10000 平方米，发掘面积为 1800
平方米。发现石墙、房址、道路、灰坑、石台和石圆圈等遗迹，出土玉器、石器、骨
器和陶器等，还有不少动物骨骼及小米遗存[6]。卡若遗址作为西藏境内首次正式发掘
的史前聚落遗址，丰富的收获引起学术界的广泛关注。

后来在昌都地区的调查和发掘中，还发现了其他与卡若遗址内涵相似的遗址，如昌
都的小恩达遗址就有同样性质的堆积[7]。鉴于卡若遗存文化内涵的独特性，发掘者在
1985 年提出了"卡若文化"的命名，它是分布在藏东北地区的一支代表性的新石器文化。

1. 文化特征

陶器全为夹砂陶，以灰色和黄色陶为主，也有红陶和黑陶，表面多经磨光。纹饰
用剔刺、刻划、拍印、彩绘等方法表现，多见平行线纹、方格纹、菱形纹和绳纹等。
器形比较简单，全为平底器，器耳不发达，主要有小口罐、高领罐、折腹盆、曲腹盆、
直腹盆和碗等（图1）。石器中打制石器、磨制石器和细石器共存，以打制石器为主。

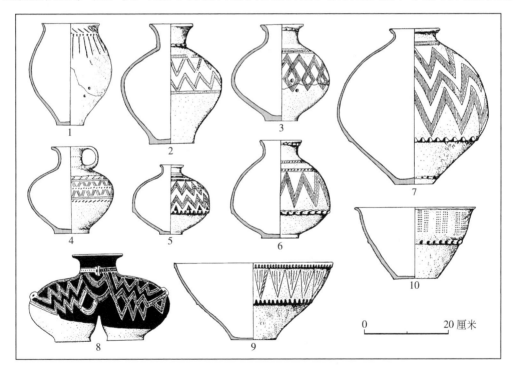

图 1　卡若文化陶器

〔6〕 西藏自治区文物管理委员会、四川大学历史系：《昌都卡若》，文物出版社，1985 年。
〔7〕 西藏文物管理委员会文物普查队：《西藏小恩达新石器时代遗址试掘简报》，《考古与文物》1990
年 1 期。

细石器有典型船底形、楔形、柱形和锥形细石核，有较多细石叶。有数量不多的磨制石器和玉器，采用穿孔和抛光技术，有条形斧和锛、凿、长方形和半月形刀等（图2）。卡若人在建筑中大量采用石块为材料，构筑房屋、道路、石台和石圆圈。房屋基址平面有方形的，也有圆形的，有半地穴式和平地建筑，也有罕见的楼屋遗迹（图3）。

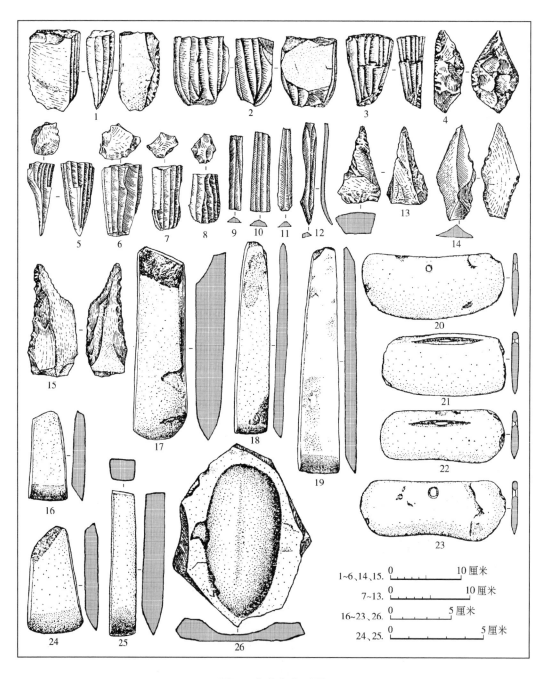

图2　卡若文化石器

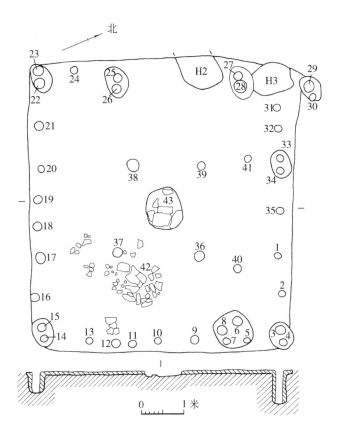

图 3 卡若文化的房址

2. 年代与分期

卡若文化的绝对年代，是根据卡若遗址碳十四测定数据确定的（表 1）。卡若遗址的碳十四数据共测得 41 个[8]，舍弃少数明显偏早或偏晚的数据外，卡若文化的年代数据集中在下面三个时段范围内：

1. 公元前 2450～前 2580 年；

2. 公元前 2850～前 3030 年；

3. 公元前 3296～前 3380 年。

表 1 卡若文化碳十四年代 （BC） 数据一览表

序号	实验室编号	地点	测定标本	编号	测定年代	高精度校正
1	WB79－53	卡若遗址	木炭	F12	1690±105	2030－1740
2	WB79－55	卡若遗址	木炭	T4③F9	1730±95	2119－1779
3	WB78－36	卡若遗址	木炭	F3	1750±95	2132－1826

〔8〕 中国社会科学院考古研究所：《中国考古学碳十四年代数据集》，文物出版社，1991 年。

序号	实验室编号	地点	测定标本	编号	测定年代	高精度校正
4	WB79－59	卡若遗址	木炭	T59②F10	1760±165	2200－1750
5	WB79－57	卡若遗址	木炭	T42④F8	1900±70	2284－2039
6	WB80－63	卡若遗址	木炭	F22－29	1920±95	2339－2038
7	ZK－0618	卡若遗址	炭屑	T13②	1920±170	2460－1950
8	ZK－0818	卡若遗址	木炭	F22（2）	1955±80	2451－2050
9	ZK－0819	卡若遗址	木炭	F30（2）	1980±80	2458－2142
10	WB78－37	卡若遗址	木炭	F1	1985±90	2460－2140
11	WB78－35	卡若遗址	木炭	F5	2000±80	2462－2147
12	ZK－0820	卡若遗址	木炭	F31	2030±100	2480－2149
13	WB79－54	卡若遗址	木炭	T102③	2035±70	2466－2209
14	BK79068	卡若遗址	木炭	T62③F17	2070±90	2564－2288
15	WB78－34	卡若遗址	木炭	F4	2070±130	2580－2200
16	ZK－0619	卡若遗址	木炭	T12②	2100±95	2582－2338
17	BK78045	卡若遗址	木炭	F5（4）	2110±80	2573－2343
18	ZK－0636	卡若遗址	木炭	F5	2145±90	2601－2404
19	BK78046	卡若遗址	木炭	F4（6）	2170±85	2852－2460
20	WB79－52	卡若遗址	木炭	T102③F19	2195±75	2857－2469
21	ZK－0814	卡若遗址	木炭	F15	2220±100	2863－2460
22	ZK－0811	卡若遗址	木炭	F8	2230±100	2870－2470
23	BK79070	卡若遗址	木炭	T14F12	2280±100	2883－2502
24	ZK－0620	卡若遗址	木炭	T22②	2280±80	2878－2509
25	WB79－51	卡若遗址	木炭	T56③F20	2295±140	2900－2491
26	BK79074	卡若遗址	木炭	T42④F8	2330±80	2893－2611
27	ZK－0812	卡若遗址	木橡	F9	2330±100	2900－2590
28	BK78044	卡若遗址	木炭	F3（3）	2350±120	2920－2590
29	ZK－0637	卡若遗址	木炭	F3（3）	2365±90	2912－2619
30	BK79077	卡若遗址	木炭	F29	2450±80	3018－2782
31	ZK－0813	卡若遗址	木炭	F14	2450±100	3028－2706
32	ZK－0817	卡若遗址	木炭	F19	2480±90	3032－2784
33	BK79073	卡若遗址	木炭	T103④F31	2560±100	3296－2910

续表

序号	实验室编号	地点	测定标本	编号	测定年代	高精度校正
34	ZK－0617	卡若遗址	木炭	T1②	2570±100	3302－2910
35	ZK－0810	卡若遗址	木炭	F7	2595±110	3330－2910
36	WB79－58	卡若遗址	木炭	T62③F7	2635±85	3340－2929
37	BK79071	卡若遗址	木炭	T102③F19	2670±90	3352－2949
38	BK79069	卡若遗址	木炭	T41F9（3）	2720±80	3369－3098
39	BK79072	卡若遗址	木炭	T102③F18	2730±100	3380－3048
40	ZK－0815	卡若遗址	木炭	F17	3005±100	3700－3386
41	ZK－0816	卡若遗址	木炭	F18	3320±300	4330－3640
		核定上下限				2451－3380

发掘者将卡若遗址的堆积划分为三期，与这三个年代时段大体相合。可以由此确定卡若文化的下限为公元前2400年，上限为公元前3380年，年代跨度在距今5300~4300年之间，延续的时间为1000年上下。

由于卡若文化遗址发掘的并不多，目前对卡若文化的分期研究仅仅是根据卡若遗址一处的资料。发掘者将卡若遗址的堆积分为早晚两期，将早期再分为前后两段。延续1000多年的卡若文化前后表现有一定差异，相对早期而言，晚期打制石器和细石器在数量上有明显增加，而磨制石器却明显减少；晚期陶器的器形和装饰纹样都趋于简单化，也不见早期的彩陶；早期建筑形式较为丰富，晚期则较为单一。一些研究者将这些变化归结为因环境改变后卡若居民经济形态转变而造成，这种转变表现为以农为主转向以牧为主，这种可能性应当是存在的。

3. 工艺技术发展水平

对卡若石作工艺技术的考察，可分为打制石器（细石器）、磨制石器（玉器）两大类，以打制石器的制作为重点。卡若文化石器的构成，是打制石器、细石器和磨制石器三个类别。有的研究者主要通过卡若遗址的资料，对西藏史前的石作工艺特点进行了归纳，认为西藏地区的石片打制石器，均采用锤击法打片，多由破裂面向背面加工，器型以砍器、边刮器、尖状器为常见，风格与华北打制石器技术传统接近，表现出的地域特点是石片的相邻两边采用了错向加工方法。这里的打制砾石器如砍器、敲砸器、边刮器和穿孔石器等，还明显地带有华南砾石工艺特征。卡若切割器的局部磨刃技术，也是南方新石器文化常见的。这些证据说明，西藏打制石器技术兼有南北传统工艺，这很值得进一步研究。研究者还注意到，在卡若石器中有少数是在核体上先修理出所需的外形，然后打片成器，只对刃缘稍作修理而不必进一步整形便可使用，如部分切割器和端刮器就是采用这种技术制成的。这种预加工的打制石器技术，在欧洲称为"勒瓦娄技术"（Levallois technique），成熟于旧石器时代中期。

卡若磨制石器所占比例同曲贡相比要高一些，整体数量仍然不算多，但是制作水平却很高，切、琢、磨和钻孔工艺运用非常熟练。部分石器只磨光了刃部，锛、凿和切割器等多数器形为单面磨制的偏刃，还见到一些两端刃器。卡若部分生产工具和装饰品取材于硬玉，这些玉器的制作工艺与磨制石器相同，与曲贡玉器一样也采用了抛光工艺，器表光润，棱角平直。

卡若文化陶器均为手制，质地较粗糙，烧制火候不高，器表颜色不纯正，以灰色和黄色为主。所有陶器均为夹砂陶，器表多经打磨，但并不很光滑。卡若多数陶器外表都装饰有各种纹饰，部分陶器外表饰满纹样，相当数量的陶器上的纹饰占到器表的一半部位。纹饰按制作方式划分，主要有刻划纹、绳纹、附加堆纹、剔刺纹、篦纹、篮纹和彩绘。其中以刻划纹所占比例最高，纹样有平行线纹、菱形纹、三角纹、连弧纹和涡纹等。值得注意的是，绳纹所占比例也较大，绳纹陶片占到全部陶片的14%以上。彩陶发现不多，纹样有三角折线和菱形纹，与同类的刻划纹并用。

卡若所见陶器全为平底器，极少器耳等附件。器形主要为罐、盆和碗三类，以罐类器为多，一般器体较大，细分为小口鼓腹罐、高领罐、深腹罐、大口罐、双体罐等。盆类器多敞口深腹，主要有折腹盆、曲腹盆、直腹盆和深腹盆四种。碗类器较小，为平底敞口，分直口碗和侈口碗两种。

4. 建筑技术

卡若遗址发现了较多的建筑遗迹，我们通过这些居住遗迹看到了卡若人较高的建筑技术发展水平，也看到了藏族传统建筑技术的渊源之所在。卡若遗址的房屋居住遗迹一共发现了28处，根据建筑形式的不同，可以划分为圜底房屋、半地穴式房屋和地面房屋三种类型。由建筑平面区分，还有圆形和方形的不同。三种建筑形式以圜底式数量最多，为一种圜底式地穴居址，面积多数较小，一般在10~16平方米左右，只有一座超过20平方米；地穴平均深度在0.3米左右，个别深过0.5米。半地穴式房屋数量略少，平面为方形或长方形，面积大小区别很大，一般在11~16平方米上下；地穴深0.3~0.6米左右，个别深近1米。地面房屋建筑数量较少，平面为方形，面积一般在20~30平方米上下，最大的一座双室建筑大到70平方米。

据卡若遗址发掘者的分析，卡若三种类型房屋的建筑技术，就主要方面而言大体相同。建筑的第一程序是处理地基，地面建筑要平整地面，上面要铺垫一二层细土；地穴式建筑则是先挖掘一个竖穴或圜底地穴，地穴大小一般与设定的居住面积接近。第二步是立柱搭起框架，立柱前要挖好柱洞，放置柱础石。第三步是封闭墙壁和房顶，墙壁的构成以木骨泥墙为主，也有木板拼合的板壁和砾石砌成的石墙。第四步是修整居住面，有的要铺垫一二层土块、石子和烧土末，然后砸实；有的铺垫土石或圆木，再抹一层草拌泥后用火烧烤。在整修居住面时筑造烧灶。第五步是修葺门道，修建门坎和阶梯。最后还可能有一道对草拌泥结构进行烧烤的工序，使房屋变得更加坚实。

由房屋早晚的区别，可以观察到卡若居民建筑技术进步的轨迹。如较为先进的地面建筑和双室建筑出现略晚，晚期可能建成了更进步的楼屋，建筑面积有增加的趋势，居住面的铺垫越来越细致，烧灶的修造越来越讲究；早期以草拌泥墙为主，后期出现砾石墙和板壁等。卡若文化的建筑技术已经集合土木石作为一体，水平发展已较为成熟，这成熟的建筑技术奠定了藏族居住建筑发展的基础。

5. 经济生活形态

卡若文化的经济生活，发掘者的推测是：从卡若遗址石器中数量较多的铲、锄、刀、斧可以看出农业是一个重要的生产部门，主要农作物为粟米。当时已有家畜饲养，家畜只有猪一种。卡若人还使用石矛、镞、球等狩猎工具，猎获狐、獐、马鹿、狍、藏原羊、青羊、鬣羚等。

一些研究者就卡若文化的经济形态进行了研究，提出了很有见地的认识。通过对卡若遗址不同用途石器的分类统计，论证与畜牧和农耕生产活动有关的石质工具数量最多，而与狩猎活动有关的工具却很少，说明农牧经济已是卡若居民的主体经济形态。他还根据卡若遗存的分期研究，认为"卡若遗址早、中期的经济形态是以锄耕农业为主并辅之以狩猎活动和家畜饲养，中期达到鼎盛。而从早期到晚期，与畜养活动有关的因素始终持续增长并在晚期占据了主要地位，但仍经营着部分农业生产，这似乎意味着其经济形态正在发生转变，可能正是原始畜牧经济的生长点。"[9]

卡若居民的农作物为谷子，遗址发现一些保存很好的植物种壳，经中国科学院植物研究所的专家鉴定是农作物谷子[10]。

卡若遗址出土的动物骨骸没有明确支持研究者关于卡若居民畜牧经济确立的论证，我们不知道卡若居民大量饲养的到底有哪些家畜。卡若遗址出土了一些猪的骨骸，鉴定者认为个体比野猪小，牙齿构造比野猪简单，都属老年或幼年个体，所以确定为饲养的家猪。卡若的家猪的饲养可能也是受了黄河流域新石器文化的影响，当然考古所获的资料还不算丰富，目前要作出太肯定的结论还做不到。卡若遗址动物骨骸出土量中仅次于獐的牛骨，研究者没有具体的鉴定分析，我们不知这些究竟是什么牛，是家牛或是野牛，是黄牛还是牦牛？将它排除在这两类动物之外。卡若遗址的羊骨，有藏原羊和青羊两

---

〔9〕 霍巍：《论卡若遗址经济文化类型的发展演变》，《中国藏学》1993 年 3 期；石应平：《卡若遗存若干问题的研究》，《西藏考古（第一辑）》，四川人民出版社，1994 年。

〔10〕 吴玉书等：《卡若遗址的孢粉分析与栽培作物的研究》，《昌都卡若》，文物出版社，1985 年。

种，鉴定者明确指明它们都是猎获物，表明卡若人放牧的家畜中没有羊[11]。

6. 文化关系

卡若文化与邻近的澜沧江以东、川西高原、滇西北横断山区一些原始文化有较为密切的关系。这一区域的文化以长条形石斧、石锛、弧刃半月形石刀、饰绳纹和压划纹的夹砂陶为共见特征，它们都见于卡若文化，表明卡若文化属于这个大文化区中的一支，与附近的文化有密切的交往。同时卡若文化与处于北方黄河上游地区的马家窑和齐家文化也表现有一定的联系，不论石器和陶器器形及陶器纹饰都曾受到黄河文化的一些影响，尤其是卡若文化的农作物粟，更有可能是直接由黄河文化传播过来的。

有的研究者认为，在以卡若文化为代表的西藏细石器中，船底形、楔形、锥形和柱形石核和与这些石核相关的各式石片及石镞、尖状器、雕刻器、边刮器等细石器，大体属于华北地区的细石器工艺传统，而不同于欧洲等地的几何形细石器传统[12]。

二　雅鲁藏布江中游地区的曲贡文化

1. 分布范围与文化特征

卡若文化发现以后，由于它的分布并不处在西藏腹地，研究者认为它并不能完全代表整个西藏高原新石器文化的一个发展阶段。虽然在雅鲁藏布江的林芝等地也发现过一些大体可以确定为新石器时代的遗存，但是由于文化面貌并不十分清楚，我们对西藏腹地史前文化的性质一直缺乏真正的了解。自从拉萨曲贡遗址发现和发掘以后，这一局面才开始有了根本的改观。

曲贡文化分布在雅鲁藏布江中游河谷地带，因拉萨曲贡遗址的发掘而得名。拉萨曲贡遗址是由西藏文物管理委员会文物普查队1984年发现的[13]，1990~1992年间由中国社会科学院考古研究所西藏队和西藏自治区文物管理委员会联合发掘，它是在西藏发掘的海拔最高的一处古文化遗址，海拔高度为3685米上下。曲贡遗址位于拉萨城以北的拉萨河谷边缘，面积约10000平方米，发掘面积为3000多平方米，清理的遗迹主要有灰坑和墓葬两类，出土的遗物有玉石器、骨器、陶器、小件铜器以及大量的动物骨骼[14]。

与曲贡遗址文化内涵相同的遗址，在雅鲁藏布江中游河谷地带还有一些发现，如贡

〔11〕 黄万波等：《卡若遗遗存兽骨鉴定与高原气候的研究》，《昌都卡若》，文物出版社，1985年。
〔12〕 童恩正：《西藏考古综述》，《文物》1985年9期。
〔13〕 西藏文物管理委员会文物普查队：《拉萨曲贡村遗址调查试掘简报》，《文物》1985年9期。
〔14〕 中国社会科学院考古研究所、西藏自治区文物局：《拉萨曲贡》，中国大百科出版社，1999年。

嘎县的昌果沟遗址和琼结县的邦嘎村遗址[15]，都见到性质相近的文化堆积，表明这是具有一定分布范围的富有特点的古代文化遗存。早在 1985 年在初步调查和试掘的基础上，曲贡遗址的发现者就提出了命名"曲贡文化"的建议[16]。中国社会科学院考古研究所西藏队在经过更大规模的发掘和进一步研究以后，也赞同命名为曲贡文化的意见，将曲贡文化遗存作为西藏腹地雅鲁藏布江中游地区一支具有代表性的晚期新石器文化看待。

曲贡文化的特征是：陶器陶质以夹砂灰褐色、黑色、褐色为主，很少红陶和红褐陶，还有磨光黑陶。器表装饰采用磨光、磨花、剔刺、刻划等工艺，纹样多见菱格纹、重菱纹、戳点纹等，不见拍印纹饰。主要器形有单耳罐、双耳罐、高领罐、大口罐、圈足碗、豆、盂、单耳杯、圜底钵等，多见圜底器，绝不见平底器（图4）。石器以打制为主，主要器形有敲砸器、砍砸器、砍斫器、斧形器、凿形器、切割器、刮削器、尖状器、尖琢器等。磨制石器和玉器很少，制作精致，主要器形有梳形器、锛、刀、齿镰等（图5），还出土有青铜镞。在灰坑中发现人祭和牲祭遗迹。墓葬发现有土坑石室单人屈肢葬、二次葬和二次合葬，以实用陶器随葬。

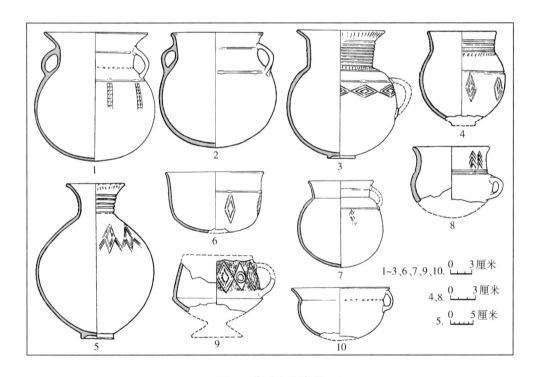

图 4　曲贡文化陶器

[15]　何强：《西藏嘎县昌果沟新石器时代遗址调查报告》，《西藏考古（第一辑）》，四川人民出版社，1994 年；中国社会科学院考古研究所西藏工作队、西藏自治区文物管理委员会：《西藏贡嘎县昌果沟新石器时代遗址》，《考古》1999 年 4 期；西藏文物管理委员会：《邦嘎村新石器时代遗址》，《琼结县文物志》，陕西省印刷厂，1986 年。

[16]　西藏文物管理委员会文物普查队：《拉萨曲贡村遗址调查试掘简报》，《文物》1985 年 9 期。

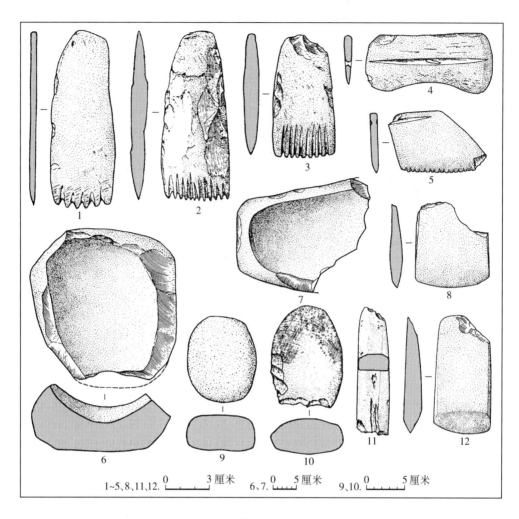

图 5　曲贡文化石器

2. 年代

　　曲贡文化遗存的年代，从文化内涵的比较研究上看，它晚于卡若文化。碳十四测定的年代数据也表明，曲贡遗存明显晚于卡若文化。曲贡遗址的碳十四数据，目前已测得 8 个，经树轮校正并对数据进行分析后，大体可以确定曲贡文化遗存的年代下限为公元前 1500 年上下，上限为不晚于公元前 1750 年，年代跨度在距今 3500～3750 年之间。推测这个上限还不是曲贡遗存实际上的最早年代，估计还可以上推到距今 4000年前（表 2）。

表 2　曲贡文化碳十四年代 （BC） 数据一览表

序号	实验室编号	地　点	测定标本	编　　号	测定年代	高精度校正
1	ZK－2543	曲贡遗址	木炭	T101③H1	1490±95	1742－1519
2	ZK－2544	曲贡遗址	木炭	T102③H8	1325±80	1688－1457
3	ZK－2550	曲贡遗址	木炭	T122③M111	1235±185	1598－1055
4	ZK－2547	曲贡遗址	木炭	T110③	1260±90	1523－1323
5	ZK－2334	曲贡遗址	木炭	89F1（采）	1165±85	1414－1162
6	ZK－2545	曲贡遗址	木炭	T101③H9	1080±80	1368－1021
7	ZK－2549	曲贡遗址	木炭	T111④	1030±110	1308－930
8	ZK－2560	曲贡遗址	人骨	T101②M103	530±60	758－410
	核定上下限					1742－1523

3. 工艺技术发展水平

曲贡文化的石器除细石器不发达且不典型以外（仅占石器总数的 3.2%），其他方面与卡若石器有不少明显相似，工艺技术属于同一传统，在某些方面有了新的发展。石器以打制的占绝大多数，材料多为就地选取的砾石，主要采用锤击法打片。以石片石器为主，普遍采用预加工的"勒瓦娄"工艺制作，先在核体上整形修刃，工艺简练，工艺较卡若文化更为成熟。曲贡遗址的许多石片石器都不见二次加工痕迹，原因正在于此。也见到一部分精细加工的石片石器，从器形到刃缘都经过反复修理。

曲贡发现不多的磨制石器除具备一般的打琢磨光等工艺特点外，也还有一些独特之处。如锉齿技术得到较好发挥，梳形器和刀镰上的齿列整齐、齿槽划一。又如石磨盘和磨棒在使用光滑后，要在磨面进行琢打加工以保持糙面，目的是提高磨具的效率。石器的钻孔采用了锥钻、打琢和锉切技术，有时是数法并用。发现不多的玉器采用了抛光技术，器表光滑润泽。

简单的打制石器工艺技术，伴随着磨制石器技术的出现，一直延续使用到冶铜技术的出现，这种情形在西南地区有一定的相似性，不过在西藏地区显得更为突出，西藏新石器文化中的打制石器占石器总数的比例高到 85%（卡若）和 95%（曲贡）。西藏地区新石器时代这种打制和磨制石器的特殊比例现象，需要由更多角度进行研究。

曲贡遗址出土了一枚青铜镞，时代约当中原夏商之际。铜镞为扁平叶形，与同出的玉镞器型相似，可以确定为当地制作。铜镞出自 103 号探方，它埋藏在 12 号灰坑内，灰坑的下层，没有见到扰乱的迹象。这铜镞是与大量的打制石器共存的，它在雪域高原的腹地出土，是一个非常重要的发现。这枚铜镞形体比较端正，左右对称，扁平形，短铤，边锋微弧，刃缘锋利，长 3.7、宽 1.4 厘米，厚不及 1 毫米。铜镞交北京科技大学冶金史研究室鉴定，经用扫描电镜 X 射线能谱仪测定，显示铜镞成分为比较标准的锡铜合金，含锡量为 12.51%，含铜量为 83.67%，属于配比相当规范的青铜。同时进行的金相观察还证实，铜镞为铸造青铜组织，这个结果与直观认定为锻打工艺制成的结果不同。冶金史专家认为铜镞系以铜锡合金铸造而成，原料为冶炼所得，不是自然铜。曲贡遗址青铜镞的时代与中原夏文化和早商文化相当，可以肯定这不会是西藏地区开始使用铜器的时代，应当还能追溯得更早一些。考虑到铜镞为消耗品，以铜铸镞表明当地当时的青铜冶铸业应当已有了相当的发展。铜镞合金成份配置比较合理，表明当时已有较为成熟发达的冶金科学理论。铜镞形态较为原始，遗址上还见到形状相同的玉镞，表明它应属当地产品，不会是传入品。据此可以初步推定，大约在距今 4000 年前后，生活在西藏高原的藏族先民已经迈开了跨入青铜时代的步伐[17]。

同卡若文化相比，曲贡文化的制陶工艺又有了新的提高。曲贡文化居民拥有更高水平的制陶技术，采用了手制轮修技术，陶器的成型、装饰、焙烧都显示出较高的水平。

曲贡文化的陶质以夹砂灰褐色、黑色、褐色为主，很少红陶和红褐陶，有十分精美的磨光黑陶。陶器的装饰采用磨光、磨花、剔刺、刻划等工艺，不见拍印纹饰。一般不见全器装饰纹样的陶器，简洁的纹饰多构成一条并不很宽的纹样带。纹样多见菱格纹、重菱纹、戳点纹、划纹、折线纹、三角纹、圆圈纹、网纹、附加堆纹等，绝不见绳纹，也没有彩陶。曲贡人制陶采用的磨花装饰工艺，是一种非常精致的工艺，它是在陶器表面打磨光亮后，再磨出糙面作底纹，使保留下来的光面构成素雅的图案，这种无彩的装饰胜于有彩，是曲贡人独到的艺术创造。

4. 经济生活形态

选择拉萨河谷地带聚居的曲贡居民，已经有了以农耕为主、畜牧为辅的经济生活传统。曲贡人有大量的砍伐类石器，可用于砍伐灌木丛，开垦河谷地带的土地。还有不少切割类的石器，可以用于谷物的收割。曲贡遗址还出土了大量的石磨盘和石磨棒，磨盘多数形体很大，磨棒一般为椭圆状的馒头形，正好握在掌中。这种磨具的臼窝很深，一般都经过较长时间的使用，应当是用于粉碎谷物的，它让我们联想到曲贡人的主食可能为面食。由其他遗址的发现看，当时种植的农作物品种可能是青稞麦之类。孢粉分析的结果表明，当时的气候比现代要湿润一些，有利于农作物的生长。过去藏汉文献记述西藏腹地的农耕文化出现很晚，曲贡遗址的发掘证实，西藏腹地农耕文化的出现，不会晚于距今 4000 年前[18]。

曲贡居民在农耕之余，还驯养家畜以补充生活来源。曲贡遗址出土的大量兽骨中，

〔17〕《拉萨曲贡遗址出土早期青铜器》，《中国文物报》1992 年 1 月 26 日一版。
〔18〕王仁湘：《关于曲贡文化的几个问题》，《西藏考古（第一辑）》，四川人民出版社，1994 年。

经鉴定属于家畜的有牦牛、藏绵羊和狗。曲贡家牦牛个体不大，细角，是迄今所知的最早的家牦牛遗存。牦牛在英文里念作 yak，与藏语完全相同。从语源学的角度追溯，牦牛确实是起源于西藏高原的，家牦牛的驯养在曲贡文化时代就已经完成了。曲贡绵羊为藏系大角绵羊，体型很大，当是由西藏野生盘羊驯化得来。牦牛和绵羊这两种家畜遗骸的出土，表明农牧结合的经济模式在西藏地区很早就出现了。当然，这两种高原家畜驯化成功的年代，肯定要早出曲贡人生存的年代。

曲贡人在农牧之外，另一个重要的经济来源是狩猎。遗址不仅出土了大量狩猎工具，也发现了许多野生动物骨骸，种类有马鹿、麝、野猪、藏野驴和涉禽等。在灰坑中还发现了一些鱼骨，表明渔捞也是当时的一个辅助经济手段。

卡若与曲贡文化谷子、青稞（?），牦牛、藏绵羊、狗、猪，这是目前所知的高原早期农牧文明的主要内容。这样一个经济模式和生业方式传统的建立，奠定了古代高原文明发展的基础，也奠定了高原居民经济生活模式的基础。

5. 艺术、崇拜与信仰

在吐蕃时代之前，高原居民信仰的是苯教，这是一种原始宗教，是在史前时代开始形成的一种精神生活规范。在创造物质生活的同时，生活在史前的藏族先民不断丰富自己的精神生活。他们有原始的宗教仪式，有表明自己信仰的特殊方式。在曲贡遗址发现的相关资料较为丰富，这些资料有尚红、人祭、牲祭和埋葬遗存，在陶艺上也有表现。曲贡人在大量的石器上涂有红颜色，石器的砾石面上和石片疤上都能见到红颜色，有的石器是通体涂红。曲贡涂红石器比例很大，占全部石器的五分之一以上。遗址同时还出土了制作红颜色的大量研色盘，还有专用于盛储红颜色的小陶瓶和借作调色盘使用的大陶片。按照这样的生产规模估计，曲贡居民制作的红色可能还要运用到更大的范围，不限于涂红石器。经鉴定石器上的红颜色为赤铁矿粉末，色泽鲜艳耐久。像曲贡居民这样在大量的打制石器上涂红，以前还没有见到过。红色在史前人的眼中，是生命与力量的象征。曲贡人崇奉红色信仰，在石器上涂红，也许是想赋予石器以力量，这体现了他们在同大自然的抗争中由物质和精神两方面所作的一种努力[19]。

曲贡人还通过陶艺表现自己的信仰。出土的两件陶艺作品非常引人注意，一件是浮塑的猴面，另一件是捏塑的鸟首。猴面是陶器上附贴的装饰，高高的额头，圆圆的双眼，长鼻阔嘴，泥塑形象非常生动传神。另一件鸟首为圆雕，也是陶器上残损的部件，像是器盖的盖钮。

猴与鸟都是古代藏族怀有特别感情的动物，通过陶艺表现它们的形象，不会是寻常的艺术品。在藏族具有创世纪意义的神话中，有妇孺皆知的猕猴变人的传说。藏族

---

〔19〕 王仁湘：《曲贡文化石器涂红现象》，《文物天地》1993 年 6 期。

古代的这个猕猴变人的传说，培养了他们的先民对猕猴的特别情感，我们或许可以由曲贡猴面艺术品的发现将这创世纪神话追溯到遥远的史前时代。

在曲贡遗址的灰坑中还发现了作为牲祭的秃鹫骨架，可以将高原人与这种特殊的高原鸟的联系上溯到更为古远的年代。曲贡出土鸟首陶塑因为残损过甚，不能判断鸟的种属，还不能确定是否为秃鹫。

曲贡人有牲祭习俗，以动物作牺牲，祭祀心中的神灵。发掘时在灰坑和地层中，发现了完整的狗骨架和秃鹫骨架，这应当是当时的牲祭遗存。另外在两座灰坑中还发现了完整的人骨架和环切的颅盖骨，这可以认定为人祭遗存，而且说明当时的人牲还不仅仅是偶尔为之。当然我们不能确知曲贡居民进行这样的人祭与牲祭是基于什么动机，不能确定当时祭祀的对象究竟是什么。对于一些重要的神灵，如天神、地母等，古代人类常用贡献生命的方式来表明自己的虔诚，人祭正是这种虔诚最高的体现。

6. 埋葬制度和葬俗

曲贡人采用埋葬的形式安置死者。他们将墓穴掘成方形或长方形，用选择过的石块垒成墓室，石块垒成的墓室象征死者生前的居所。葬式有曲肢葬和二次葬，有单人葬，也有合葬。合葬墓以实用陶器随葬。曲贡人的石室葬，是西南地区所见的年代最早的同类葬制，是目前所知的这一地区石葬的最早渊源。

曲贡遗址发掘的 3 座墓葬中的 5 位死者，死亡年龄最高的为 45 岁，最小的为 3 岁，平均年龄为 24 岁。虽然这个统计有明显的局限性，但在一定程度上还是能体现当时生活的艰难状况。

7. 文化关系

曲贡文化与相邻地区时代接近的文化表现有一定的联系。如云南西北地区的宾川白羊村遗址，出土较多的圜底陶器，也见到网格类的压划纹装饰[20]；又如剑川海门口遗址出土重石、穿孔石刀磨光黑陶器和镂孔豆足等，都是曲贡文化能见到的一些因素[21]。当然这些特征的相似，还不能作为判断它们之间存在直接联系的证据，毕竟彼此之间的距离过于遥远。同曲贡文化关系最为密切的还是卡若文化。卡若和曲贡文化在文化性质、年代和地域上都有明显区别，但是它们也有不少相似之处。对于卡若与曲贡文化的异同，可以通过石器和陶器的比较看得很清楚。

两个文化的打制石器有相同的技术，都采用石片石器的预加工技术，曲贡文化的技术更为成熟，运用也更为广泛。石器器型也有不少相同或相似，如一些类型的斧形

---

〔20〕 云南省博物馆：《云南宾川白羊村遗址》，《考古学报》1981 年 3 期。

〔21〕 云南省博物馆筹备处：《剑川海门口古遗址清理简报》，《考古通讯》1958 年 6 期。

器、切割器、尖状器、敲砸器、刮削器、石刀、石矛、重石等都见到类似的器型。但是曲贡文化极少磨制石器和细石器发现，并不典型的细石器标本在数量上仅占全部石器的 3.2%；卡若文化的磨制石器数量稍多，细石器标本非常典型，而且数量也比较多，占到全部石器的 10.8%。

两个文化的陶器装饰手法有相似的传统，都采用有刻划、剔刺和压印手法。装饰纹样也有的雷同，如两个文化都见到菱格纹、重菱纹、三角折线纹、涡纹和剔刺纹等。两个文化的陶器群不同，器形区别较为明显。曲贡文化陶器以圜底带耳器和圈足器为主要造型特征，不见平底器；卡若文化陶器小口鼓腹平底少耳为主要造型特征，不见圈足器和圜底器。在装饰风格上两个文化也表现有明显的区别，如曲贡文化陶器质地细腻，器表光滑，纹饰较为简练，少见复合纹饰，不见彩陶，有精致的磨花工艺；卡若文化陶器质地粗糙，纹饰草率繁复，复合纹样较多，有彩陶，有曲贡所不见的绳纹、篮纹、篦纹等。

由这些文化因素的异同可以看出，曲贡文化承续了卡若文化的一些传统，但也有明显改变，它们是既有联系又有区别的时代不同分布地区也不同的两支新石器文化。

（选自《中国考古学·新石器时代卷》，中国社会科学出版社，2010 年）

石兴邦：叩访古代中国的一位
勤谨谦和的学者

在我们的前面，行走着一位老人，他半个多世纪留下的足迹，穿透了千万年的时光，给我们捎来了许多尘封的故事。他是一位不知疲倦的学者，八秩之年仍在辛勤耕耘着收获着，他是叩访古代中国的一位勤谨谦和的学者。他就是著名考古学家石兴邦先生。

一

石兴邦先生在中国考古界的知名，是在他当初主持西安半坡遗址发掘的时候，虽然那时他只不过是一位 30 岁刚出头的年轻人。他的真知来自于田野，他的主要成就也来自于田野，他主持过许多重要的考古发掘。奠定他在中国史前考古学界中崇高地位的考古活动，除了半坡遗址的发掘外，主要还有山西沁水下川遗址和陕西临潼白家村遗址的发掘。这是一个由仰韶文化追溯前仰韶文化再进而追溯前新石器文化的心路历程，这一个三部曲前后断续奏响了 30 个年头，这耗费了石兴邦先生大量的精力，他在黄土高原的努力获得了极大成功。

我们都知道仰韶文化的研究，自安特生发现仰韶村的时候起，学术界的争论就没有停止过，学者们为灿烂的中国彩陶文化的发现欣欣鼓舞，同时也对它的年代与来源感到困惑。中国学者通过后冈三叠层的发现重新审定了仰韶文化的年代，又通过改定齐家期的年代否定了仰韶文化西来说。但再往后研究应当如何深入，学术界的迷茫很快就显现出来了。正是半坡遗址和稍迟进行的庙底沟遗址的发掘，打破了这个僵局，中国史前考古界立时便活跃起来。

半坡遗址的发掘开始于 1954 年，至 1957 年结束，1963 年出版田野发掘报告（《西安半坡》，文物出版社，1963 年）。半坡遗址面积约 5 万平方米，发掘面积 1 万平方米。半坡的发掘面积在中国考古史上是空前的，参与人员也很多，发掘第一次在中国揭露了一处六七千年前的仰韶文化村落。这是一个具有完整布局的村落遗址，揭露房址 46 座、墓葬 247 座、陶窑 6 座，出土了包括陶器、石器和骨器在内的大量文化遗物，还有丰富的农作物和包括家畜在内的动物遗存。在这个村落中，房屋、窖穴、畜栏、幼儿瓮棺葬都集中在中心地区。居住区被一条小壕沟分成两片，每片的中心是一所大房子，周围是一批小房子。居住区的外围有一条大壕沟，起着防御作用。壕沟外，村落的北面是有着一定规划的公共墓地，安葬着成年死者，东面是烧造陶器的作坊区。

半坡遗址的发掘，使得学者们真正有可能重新全面细致认识了仰韶文化的内涵。发现的房址有圆形、方形和长方形三种类型，以圆形占多数。这种圆形房子的墙壁是用密集插排小木柱编篱再涂泥做成的，有的还用火烤得十分坚固。房子中心有灶坑，有的灶坑后部嵌有火种罐。生产工具有石斧、石铲、石耜、石碾、石磨盘、石磨棒，石斧数量多。陶器以粗质和细泥的红色、红褐色陶为主，最常见的是粗砂陶罐、小口尖底瓶和钵等，器表多饰有绳纹、线纹、锥刺纹、指甲纹、弦纹等。有一定数量的彩陶，纹饰有人面、鱼、鹿、植物等象生性花纹和三角形圆点组成的几何图案花纹。在圜底钵口沿的宽带纹上，发现有许多烧成后刻上去的符号。遗址多处发现粟的遗存，在一个小陶罐里发现已炭化的芥菜或白菜一类的种子。遗址上发现成片公共墓地，墓葬多为单人仰身直肢葬，少数为二次葬、屈肢葬和俯身葬，成人墓中出现了割体葬的现象，儿童用瓮棺埋葬。

这是中国新石器考古第一次发现这么丰富的资料，也是第一次比较全面地揭露一处考古遗址。半坡遗址的发掘展示了原始氏族公社时期的经济与精神生活面貌，石兴邦先生由半坡作为切入点，在《西安半坡》中就仰韶文化的类型、年代和渊源进行了深入探讨，同时讨论了氏族公社制度、原始宗教信仰、粟作农业起源、彩陶发展演变诸多重要课题。半坡的发掘使仰韶文化的类型研究成为可能，确立了半坡类型，主要内涵属仰韶文化早期，这是区分不同时空范围的仰韶文化的开始。其实早在《西安半坡》刊布之前的 1959 年，石兴邦就提出了仰韶文化的类型划分意见，使得仰韶文化的研究进入到一个新的层次。石先生在《黄河流域原始社会考古研究的若干问题》（《考古》1959 年 10 期）一文中将仰韶文化按地区与时代不同反映出来的差异划分为两个类型，半坡类型和庙底沟类型因之确立。现在很多学者都将半坡作为一个独立的考古学文化命名了，确实它与安特生最初发现的仰韶是不相同的，正因为如此，划分类型就是势在必行的了。这个研究方法一经公布，有力推进了仰韶文化研究，不过一二十年的时间，与仰韶文化相关的类型命名多到几十个。研究者通过这个途径认识了仰韶文化在不同区域间的异同，区分出典型仰韶文化和受仰韶强烈影响的文化类型。这个方法还影响到后来包括龙山文化在内的其他许多新石器文化的研究，如果没有地区类型划分，中国新石器文化的研究就不会有今天这样完整的体系和清晰的脉络。

半坡遗址的发掘意义深远，它是新中国考古学发展史上的一个里程碑。它的意义还不仅仅是深化了仰韶文化本体的研究，它为中国新石器考古研究建立了一个重要的模式，也是中国全景式聚落考古的一个开端。这个模式经历了足足半个世纪的检验，当我们已经拥有了数十部史前考古报告时，才发现我们依然没有违越这样的模式。

半坡的发掘过去了半个世纪，关于半坡的研究仍然在继续，半坡是出现在学者们论著中频率最高的新石器考古遗址名称。半坡同时也因为半坡遗址博物馆的建立而深入到公众的知识结构中，许多国人是通过半坡开始认识史前中国的。半坡遗址的发掘标志中国史前考古一个新阶段的开始，它生发出许多的课题，也成就了许多的学者，石兴邦先生便是从半坡走出来的新中国第一代杰出的年轻学者。

当半坡遗址的研究告一段落以后，1961 年石先生回到自己的家乡陕西工作了 15年。在这期间他个人无法专注史前考古研究，再加上大部分时光都是在文革中度过的，他的思考多于在田野上的行走。由夏鼐先生安排，1976 年石先生重回国家考古所工作，于是他又开始了前陶时期史前文化的探索，山西沁水下川遗址的发掘因此提上了他的工作日程。

山西省是中国北方发现旧石器时代遗存最丰富的地区，发现了从旧石器时代早期、中期到晚期的众多文化遗存，其中包括西侯度、匼河、丁村、许家窑、峙峪等著名遗址和文化。1970 年又在沁水下川发现一批燧石器材料，山西省文物工作委员会稍后进行了发掘并作了更大范围的调查。1976～1978 年，在石兴邦先生的主持下，中国社会科学院考古研究所与山西省合作在下川又进行了大规模的考古发掘，取得了丰硕成果。下川发现的细石器文化遗物分布在若干地点，较重要的地点有富益河圪梁、牛路圪梁、小白桦圪梁、棠梨树圪梁、水井背等。遗址出土大量石器，包括细小石器和粗大石器两类，以细石器为主要特征，原料多为燧石。细石器类型多达数十种，有锥状、半锥状、柱状、楔状等各式典型细石核，也有许多细石叶和各类刮削器、尖状器、雕刻器、琢背小刀、镞、钻等。粗大石器的原料主要为砂岩和石英岩，器类有尖状器、砍砸器、石锤、砺石和磨盘等。下川文化细小石器除以间接打击方法产生的石叶加工而成外，更多见到的是直接加工的产品，一般制作都比较精细。它的发现对研究细石器工艺传统的起源与发展具有重要意义，研究者认为它上承峙峪文化小石器工艺传统，下开早期新石器文化高度发达细石器工艺的先河。根据碳十四测定，下川文化年代在距今 3.6～1.3 万年之间，属旧石器时代晚期。

下川的发掘经过了 3 年时间，对于它的整理与认识经历了近 30 年的时光，发掘报告经历石先生的反复推敲已经编撰完成。石先生为下川付出的时间与心力，已经远在半坡之上了。为了完善下川的成果，他还于 1996 年以 73 岁的高龄与年轻人重登中条山，采集与下川文化相关花粉标本作环境考古学研究。石先生在陆续发表的一些论文中，对下川文化的有关问题进行了深入研究。在《下川文化研究》（《庆祝苏秉琦考古五十五年论文集》，文物出版社，1989 年）中，石先生认为下川文化不仅是衡量中国其他类似文化的时代、性质和分期的标准，它的文化类型品也见于北亚、东北亚和北美地区，所以它在世界上同类文化的研究中也占有重要地位。下川文化石器是典型的细石器文化类型品，细石器工艺成熟发达，为探讨细石器工艺传统的起源和发展，探讨新旧石器的过渡，具有特别重要的学术意义。下川文化是旧石器时代受狩猎——采集经济制约的一种特殊的文化类型，它的发现让我们确认在原始农业文化出现之前，中国一定存在而且是普遍存在过狩猎——高级采集文化群落。下川文化的成长与发展，启迪了中国北方农业文化的产生，它的传统依然还保留在后续的畜牧部落和农业部落文化中。

下川的发现非常重要，下川文化是中国年代最早、材料最丰富最系统、特征最明确的细石器文化，它在山西甚至整个中国以至远东地区，是具有承上启下特殊地位的重要文化。它也是中国北方最后的前农业文化，它对探索中国干旱地区原始农耕文化起源的契机具有十分重要的作用。

下川发掘结束后，经过短暂的初步整理，石兴邦先生便率领原班人马很快又挥师陕西，1981 年开始在关中渭河流域调查前仰韶文化遗址。这次重回关中，有两个迫切的任务，一是寻找前仰韶文化，二是接续在下川的努力，探索黄土高原农业的起源。当时中原地区确立了磁山和裴李岗两个重要的前仰韶文化，学者们自然想到关中地区也应当存在相关遗存，虽然有过一些零星的线索，但由于当时还没有发掘过一个典型遗址，前仰韶（前半坡）文化的面貌并不十分清晰。回关中开展工作是夏鼐先生与石先生的共同决策，当时调查的前仰韶遗址有渭南白庙和北刘、临潼白家村、宝鸡北首岭、华县老官台和元君庙等，结果石先生毫不迟疑地选定临潼白家村遗址进行发掘，一个重要的前仰韶文化遗址随之被揭示出来。

白家村遗址最早发现于 1956 年，当时并没有明确它的文化内涵，所以没有引起更多的注意。遗址就在渭河边上，文化遗物丰富，内涵单纯，保存也很好。遗址面积 12 万平方米，1982～1984 年经过三个年度的发掘，发掘面积约 1500 平方米，揭露房址 2 座、墓葬 36 座，出土大量陶器和石器等文化遗物。1994 年出版了发掘报告《临潼白家村》（巴蜀书社，1994 年），这是目前中国史前考古中唯一的一本早期新石器遗址发掘报告。

石先生在报告的结论中认为，白家村遗址内涵丰富，特征突出，既不同于仰韶文化，也不同于磁山和裴李岗文化，它是广泛分布于渭河流域及附近地区的一支前仰韶文化，建议将它命名为白家村文化，它的年代为距今 8000～7000 年。白家村文化已有初步发展的原始农业经济，在发展种植农业的同时成功驯养了家畜狗、猪、黄牛和鸡。当时的陶器制作也达到相当的水平，器形很规范，火候也比较高，而且发明了彩陶技术。

白家村遗址的发掘和研究，使得学者们对渭河流域前仰韶文化性质和特点的认识更加具体准确，白家村文化在一定程度上展现了前仰韶文化向仰韶文化发展的轨迹，同时它也以鲜明的特征区别于仰韶文化。石兴邦先生怀着对彩陶的一种特别的感情关注白家村文化的发现，提供了解决中国彩陶起源问题重要线索的白家村遗址大量的彩陶资料让他兴奋不已。这是中国最早出现的彩陶，虽然它的图案那么简约，它的风格非常朴实，但它代表了东方彩陶萌发阶段的面貌和特征。它是以简单的符号、点线和条带联组而成的组合纹为特征，色调为单一的红色，与仰韶文化以黑色为主调的图案化与写实性花纹形成鲜明对照。白家村文化为最终确定中国彩陶文化的源头，也为完整认识中国彩陶文化的发展演变序列提供了科学资料，为中国彩陶本土起源说提供了最坚实的论据。

以白家村遗址的发掘为依据，石先生对前仰韶文化进行了深入研究。他在《前仰韶文化的发现及其意义》（《中国考古学研究》二，科学出版社，1986 年）一文中，将当时所知的前仰韶文化划分为东西两大文化传统，它们的源流关系并不相同。指出这一点是非常重要的，因为当时学术界一般只是在笼统探寻仰韶文化的源头，没有作细致分析研究，结果使探源研究陷入到众说纷纭的境地。石先生还特别提到由前仰韶文化研究粟作农业起源的重要性，他用山林文化、山麓文化和河谷文化三个时期的划分来说明原始农业起源与发展的过程。下川文化是山林文化时期，属食物采集时期，以狩猎采集经济为主；前仰韶文化属河谷文化，是食物生产时期，有初具规模的原始农业。在这两者之间，应有一个山麓文化时期，也就是说在高程 900 米以下的山前坡地应当存在最早的农业耕作遗迹。石先生认为只要下功夫寻找，这样的遗迹是一定能够找到的。

半坡、下川和白家村，这三个互为区别又相关联的典型遗址的发掘，解决了许多学术课题。概括起来说，这三次发现的科学意义与后续研究的成果主要在于这样几点：探索了中国粟作农业起源的生态因素与契机，首先通过全景式聚落考古方法研究中国原始氏族制社会纪录，第一次用"类型"区分仰韶文化的时空特点研究仰韶文化的发展过程，将半坡仰韶文化的起源锁定在渭河横贯的关中地区，确认中国彩陶文化本土起源具有独立发展的内在规律。

从半坡到下川再到白家村的发掘，在中国史前考古中都是非常有影响的大手笔。这样一个漫长迂回的追溯历程，体现了石兴邦先生在探索中华文明之源过程中激发的深邃思想，也展示了他热爱中国考古事业的勤谨求索的学者胸怀。

二

作为一个卓有建树的考古学家，优良的素养与始终如一的勤奋是两个非常重要的条件，同时拥有这两方面的品质是很不容易的，石兴邦先生正是这样两方面都很突出的一个学者。

石先生在学生时代刻苦勤奋，成绩非常优异，1944 年他以全陕西高中会考第一名的成绩免试进入大学学习。就读的学校和主修专业都是先生自选的，他很顺利地进入中央大学（南京大学前身）边政系，系统学习民族学和文化人类学知识，深受凌纯声和韩儒林先生器重，这为他日后进入考古学研究领域打下了坚实的基础。

到了1949年，石兴邦先生报考浙江大学人类学专业研究生，导师是吴定良先生。他在人类学研究所学了一段时间的体质人类学后，又改从夏鼐先生学习考古学，成为夏先生的入室弟子。那时担任研究生课程教学的还有沙孟海先生，他讲授的是金石学。先生在浙江大学接受了考古学的全面训练，学术素养得到全面培养，在名师们的指导下开始了自己的考古研究生涯。

石兴邦先生1950年进入刚建立的中国科学院考古研究所工作，因为参加了河南辉县商代墓葬的发掘，起先研究的兴趣是在青铜时代考古，那时的方向是要通过考古研究中国的奴隶社会的，很快因为主持半坡遗址的发掘而将研究重点转向中国史前考古，很自然地将重心放到了研究中国氏族社会的历史上。就从那时开始，经过了整整半个世纪的苦苦求索，石兴邦先生走出了一条自己的路，他在中国史前考古学研究中成就了自己的辉煌，为推动学术发展进步贡献了自己的青春，为所钟爱的事业奋进了半个多世纪。

石兴邦先生一贯强调马克思主义理论和方法论对史前考古研究的指导作用。他在《马克思主义与史前史的研究——纪念马克思逝世一百周年》（《史前研究》1983年2期）一文中，扼要叙述了马克思和恩格斯关于人类原始社会建立的过程。马克思主义关于原始公社发展的规律关于国家起源的学说，关于人类起源的理论，还有辩证唯物论和历史唯物论，石先生认为都是史前考古研究所应遵从的重要原理。在《中国原始社会史的研究及其史料学与方法论》（《史前研究》，1986年1-2期）一文中，石先生则侧重论及史前考古的方法论与研究方向问题。中国原始社会史研究的史料有三个来源，即史前考古学资料、历史文献和民族志，所以要采用"三结合"的综合研究方法，要进行多层次、多角度、多学科的研究。在20世纪末，石兴邦先生为总结新中国五十年史前考古研究成果，撰成《中国氏族社会考古研究的理论实践与方法问题》（《远望集》，陕西人民美术出版社，1998年）一文。他就中国史前考古研究的一系列理论和方法问题进行了深入讨论，从中我们可以看到先生在理论修养方面的深厚功力。

石兴邦先生对中国史前考古学研究有不少重要贡献，他通过聚落考古方法研究中国氏族社会，全面阐释了仰韶时期的氏族制；他探讨了北方旱作农业起源的过程，最早寻找到史前粟作证据；他仔细研究了仰韶彩陶起源与发展的过程，早年的许多精辟论述至今还为国内外学人所折服。更重要的发明是，石先生首创中国新石器文化区系学说，中国考古学界因之掀起了区系研究热潮。

在20世纪五六十年代之际，中国史前考古学研究的重点是仰韶文化和龙山文化，学者们多倾力于文化序列纵向的探索。随着田野考古资料的增加，一些课题已大大超

出仰韶和龙山两大文化之外，如何理解日益丰富的新资料，很自然地成为学术界思考
的一个焦点。石兴邦先生首开风气之先，最先提出了这样的研究课题，将中国新石器
文化进行大系统的分区研究，这是他积 30 余年田野奔波反复研究的一个重要成果。这
高屋建瓴的学说得来并不容易，石先生的工作关系在北京和陕西间曾数度变动，这使
他有可能经常变换角度进行观察思考，在宏观与微观之间获取新知。他曾数次从南到
北，又从北到南，由黄河到长江，又由长江到黄河，甚至远行西藏高原，经过系统考
察，纵横比较，全面分析，终于形成了自己全新的认识。七十年代末，通过对长江流
域的史前文化进行数次系统考察，石先生开始构建中国新石器文化体系的轮廓。1980
年他带领研究生往华东地区考察，在杭州、南京和合肥以《关于中国新石器文化的体
系问题》（《南京博物院辑刊》1980 年 2 期）为题作了专场学术报告，他从生态文化学
的角度，将中国新石器文化分为三个大板块，每一板块又分成若干文化传统。在此后
的十多年里，石先生就这一课题进行了反复研究，撰写了多篇论文，这是他注入心力
最多的研究之一。

在论文《中国新石器时代文化体系及其有关问题》（《亚洲文明》第一集，1992
年）中，石兴邦先生对这一课题的研究作了全面总结。他认为中国新石器时代文化体
系形成于 7000 多年前。这个体系分作三个系统：一是以稻作农业为主的青莲岗文化及
南方文化系统诸部族；二是黄土高原的垦殖者、以粟作农业为主的半坡仰韶文化系统
诸部族；三是以狩猎畜牧或游牧为主的北方细石器文化系统诸部族。这三个系统经过
1000 多年的发展融合，最后形成了以中原地区为中心的庙底沟氏族部落文化，它是华
夏族最早的原始文化核体，在与周围诸部落文化长期接触的过程中，不断地发展成长，
经过了三个发展阶段，上承半坡、大汶口和青莲岗文化之余绪，下启龙山文化氏族公
社之基，最后发展到夏、商、周三代青铜文明。

对于中国新石器文化区系研究的意义，石先生在前引《中国氏族社会考古研究的
理论实践与方法问题》一文中有进一步阐述。他认为文化区域性特点是一个历史范畴，
文化常常会因地域不同而形成各具特色的历史、社会和技术特点。"区系类型的界区，
是由地理环境的同质性和内聚性决定的，并以同样标准而与相邻各区域相区别。文化
类型之地区性确定，首先应该考虑到的是山脉、河流、气候以及民族及文化传统等。
……然后，按照区域理论，归纳于一定地区范围内文化类型品的共同性、相似性、系
统性斟定研究范畴。"文化发展的区域性特点，会反映出彼此之间的不平衡性，文化产
生的起点不同，发展的速度不同，便形成了文化之间的复杂性与变异性。"这种不平衡
便形成了地区文化类型间的差异，造成势能，在相邻地区便发生了人的迁移，技术传
播，文化类型品的交换与引进，形成了文化间的交流与扩散，促进文化区间的拓展与
开发。"要在深入了解地域文化起源和发展的基础上，开始毗邻文化的比较研究，构筑
区域文化框架。只有认识不同地域间文化发展的差异性和特殊性，才能通过由个别到

一般的途径，深化对整个文化共同体发展历史的认识。通过整个体系的整合研究，便能建立中国新石器文化发展体系，恢复氏族社会发展的历史全貌。

对中国新石器文化体系的研究，一时间激起中国史前考古界极大的热情。1981 苏秉琦先生发表《关于考古学文化区系类型问题》（《文物》1981 年 5 期），将中国新石器文化分为六大区系。后来学术界对此有了越来越深入的讨论，佟柱臣、严文明及张光直等先生随后都发表了相似的认识，区系划分虽然并不完全相同，但由不同生态出发所进行的研究结果却有惊人的相似，众多学者的努力可谓是殊途同归。直到现在，石先生仍然继续着这个课题的研究，即将完成的《中国新石器文化体系研究》是集聚他毕生精力铸成的巨著。

石兴邦先生除了宏观的理论和方法论研究，也进行了一些具体的个案研究，他在中国彩陶研究上的成就，便是中国考古学个案研究的典范。石先生研究彩陶，不是打笔墨官司，而是亲自动手在田野寻找证据，他的论据充足，他的结论也非常牢实。

中国的新石器时代，是由彩陶开始被认识的，也因为彩陶的研究而引发出中国文化起源的论争。不过学者们讨论的彩陶通常是以甘青地区的发现为主的，那里的彩陶其实大多是属于马家窑文化，所以许多论著没有太多涉及仰韶文化的本体。真正对仰韶彩陶进行研究还是在半坡和庙底沟遗址发现以后，大量具有准确层位关系的彩陶资料吸引了众多研究者的目光。石兴邦先生对仰韶彩陶的研究开始于半坡遗址的发掘，在《西安半坡》中他以相当大的篇幅探讨了半坡鱼纹图案的演化规律，勾勒出写实鱼纹向黑白相间的几何纹演变的轨迹。石先生为这个研究编配的几幅半坡彩陶纹饰变化图谱，已成为经典成果被广为引用。对于庙底沟遗址彩陶，石先生也十分关注，他在论文《有关马家窑文化的一些问题》（《考古》1962 年 6 期）中不仅研究了马家窑文化的彩陶，也研究了庙底沟鸟纹图案的演变过程，认为写实的鸟纹向几何纹演变的轨迹也非常清楚，他为此编配的鸟纹演变图谱也同样成为经典。石先生对半坡和庙底沟彩陶研究得出的结论是："半坡彩陶的几何形花纹是由鱼纹变化而来的，庙底沟彩陶的几何形花纹则是由鸟纹演变而来的，所以前者是单纯的直线，后者是起伏的曲线。"后来经过进一步研究，他还认为庙底沟部分几何形纹饰与半坡的鱼纹之间有演变轨迹可寻。

以仰韶文化彩陶的研究为基础，石先生全面考察了中国各地发现的彩陶资料，撰成《仰韶文化的彩陶纹饰辩证的发展过程及其渊源的考察》（《考古学研究》，三秦出版社，1993 年）一文，旨在解决中国彩陶文化起源和发展的规律，是彩陶研究的力作。石先生将中国史前彩陶的发展划分为四个阶段，第一为萌发阶段（前仰韶文化时期），第二为初步发展阶段（半坡时期），第三为繁荣阶段（庙底沟时期），第四为衰落阶段（秦王寨时期）。由此认定中国彩陶有一脉相承的完整发展体系，前后大约经历了 4000 年的发展历史。

三

　　石兴邦先生的学术经历非常丰富，他不仅在中国史前考古研究中取得卓著成就，在中国历史时代的考古研究中也发挥了重要作用。他不仅自己在学术研究中屡有创获，他还是一位中国考古科学研究优秀的组织者，为中国考古事业的发展贡献了自己的力量。

　　石先生广阔的学术视野，来源于他丰富的学术经历。他在田野上的足迹遍及长江、黄河流域，远及西藏高原。他关注史前考古动向，在历史考古中也倾注了相当大的心力。石先生的学术生涯始于杭州玉泉山晋墓的发掘，那是 1949 年在浙江大学师从夏鼐先生学习考古学研究生课程的时候，是第一次田野考古实习。1950 年石先生随夏鼐先生北上，受聘进入新组建的中国科学院考古研究所，担任学术秘书工作。进京后参加的第一次田野工作，是河南辉县琉璃阁商代墓葬的发掘。1951 年石先生还带队发掘北京颐和园明万历嫔妃董四墓，同年又参加了长沙子弹库楚墓和两汉墓葬发掘。1952 年石先生任河南禹县白沙水库考古队队长，发掘了一批重要的宋代墓葬。自 1953 年开始，石先生带领陕西考古发掘团往西安地区开展考古调查和发掘，正是在那次调查中发现了半坡遗址，由此揭开了仰韶文化研究的崭新篇章。1954 年开始主持半坡遗址发掘，正是因为半坡确定了先生科学研究的主攻方向为中国史前考古，但这并没有使他放弃对历史考古的兴趣。特别是在担任领导工作后，他的视野并没有仅仅局限在史前考古范围内，他怀着对中国考古学的一种责任感将大量精力投入到繁重的科研组织工作中。

　　1957~1960 年，石先生还曾担任长江流域考古队直属队的队长，参加三峡地区的考古调查，辅导长江流域各省的考古工作。那是为了配合拟议中的三峡工程建设，石先生也因此有了直接广泛了解长江流域考古发现的机会。

　　1961 年因工作需要，石兴邦先生调回陕西，回到他熟识的故土，任省考古研究所副所长，负担起科研组织工作。在陕西工作 15 年的时间里，虽然经历了文革的劫难，仍是无怨无悔，仍是执着不移，在实际开展工作并不长的时间里，先生组织了咸阳原九陵调查，还主持发掘了杨家湾汉墓。1973 年石先生参与了长沙马王堆三号汉墓后期的发掘工作，同年长江水利委员会举办了规模相当大的考古训练班，石先生应邀为学员讲授专业课程，并辅导学员的田野实习，这使他又一次有机会了解整个长江流域的考古信息。训练班结束后，石先生带领陕西参加培训的学员对长江中下游考古作了全面考察，他自己则重点考察了史前考古方面的成果，正是在那时，中国史前三大文化区系的认识已在胸中酝酿。

　　1976 年，石兴邦先生由陕西重回国家考古研究所工作，在不到 10 年的时间里连续进行山西下川和陕西白家村遗址的发掘与研究。到了 1984 年，石先生再次回到陕西，任省考古研究所所长和陕西省社会科学院副院长等职，为三秦考古殚精竭虑。这时他已经是年过花甲，但他的精力仍是那么充沛，不过这次回到故土却与 20 多年前的那一次不同了，这次他真正有了实现理想施展才学的机会。对于石兴邦先生来说，他是一位杰出的史前考古学家，但是走向领导岗位后，他却不能倾全力拓展自己的学术领域，他将更多的精力投入到了科研组织工作之中。

石兴邦先生这一次回到陕西，到现在已近 20 年。在这期间，因为石先生与同仁的辛勤努力，使陕西的文物考古工作一步一个台阶，取得了一个接一个的骄人成果。石先生有一些开创性的举措，大大推动了作为文物考古大省陕西的工作，如建立铜川耀州窑工作站，开展耀瓷发掘研究和协助耀窑博物馆的建立；建立陕北绥德工作站，负责陕北的考古工作；建立汉阴工作站，负责陕南考古工作；成立考古钻探公司，负责全省的考古勘探工作；成立唐帝王陵研究室，负责唐陵调查与研究；成立秦陵考古队，负责秦俑 1 号坑的发掘研究和秦陵的勘探研究；主持发掘扶风法门寺地宫，出土大量唐代珍宝。这是一个相当健全的工作体系，既考虑了纵向的点，又兼顾了横向的面。夏鼐先生曾说西安是中国考古之都，石先生年轻时便在那里经受锻炼，年老时一直坐镇这个考古之都，他成就了考古之都的考古大业，考古之都也成就了他的德业。

石兴邦先生对中国考古学的贡献，还体现在田野考古方法的探求和专业人才的培养上。50 多年来，他一直致力于提高中国田野考古水平，参与相关教学活动，在人才培养方面花费了很大的心力。1952 年全国考古培训班开课，石先生参与任教和指导实习。在主持半坡遗址发掘的同时辅导培训班学员的实习，为各地培养大批专业人才贡献了力量，从半坡走出来的学员后来大多成了各地的专业骨干，许多人都成了当地的卓有才能的科研组织者。1956 年西北大学开办考古专业，先生全力支持，承担了讲授中国新石器考古课程的任务。1973 年长江水利委员会举办考古训练班，培训 14 个省区干部 180 多人，石先生在湖北红花套遗址任田野发掘总辅导，为提高中国考古田野水平做出了贡献。他在中国社会科学院研究生院招收硕士，与西北大学合作建立硕士培养点，为中国考古培养了一批批后备军，他们中的很多人现在成了科研一线的中坚力量。

早在进行半坡遗址的发掘时，石兴邦先生就根据发掘实践撰写了一些相关论文发表，如《田野考古方法——调查、发掘与整理》（《考古通讯》，1956 年 3 期）和《略谈新石器时代晚期居住遗址的发掘》（《考古通讯》，1956 年 5 期）等，对新中国成立初期的田野考古发挥了一定的指导作用。后来石先生主撰了《考古工作手册》（文物出版社，1982 年）中的田野工作方法一章，还发表了《简谈田野考古工作的理论与实践》（《考古与文物》，1981 年 3 期）等文，总结了在田野上获得的许多心得。他认为，田野考古是获得科学可靠的考古资料的必由之路，他特别强调田野工作也是一个研究过程，在田野工作中要贯穿研究精神，"不善于对古迹的研究解释，便不能很好地进行调查发掘工作。不善于进行田野工作，便不能中肯地解释现象，也就拿不出合格的研究成果来"。田野考古是揭示人类历史层积的过程，在这个过程中必须有正确的理论指导，才能使所获得的资料有准确的时空维度。要注意资料的系统性和完整性，要通过物质遗存了解精神层面，既要见物，也要见人。石先生特别提到提高田野工作质量的必要措施，提倡有实践经验又有理论修养的人员应当坚持到田野一线，要通过举办一些典型示范性质的工地，把培养人才和解决学术课题两个方面更紧密地结合起来。还要及时总结田野工作经验，要召开专门的田野工作总结会议，将适用的经验全面推广。我们知道，石先生的有关想法已经实现，这在客观上大大提高了中国田野考古的整体水平。

在拓展科学研究领域的过程中，石先生也非常注意吸收外部经验，与有关方面建立了良好的合作与交流关系。20世纪90年代与德国科技部合作，建立陕西文物修复保护室，经十多年努力，建立起设备现代化的实验室取得一批重要的科研成果；与美国俄勒冈大学和华盛顿州立大学人类学系建立学术交流和学者互访关系，与台湾太平洋文化基金会合作召开周秦文化研讨会、黄帝与中国文化学术研讨会和汉唐文化研讨会，促进了两岸学术交流。

石先生半个多世纪以来，始终以饱满的热情从事所热爱的中国考古事业。他头脑清明，精力充沛，在学术界非常活跃。他有许多学术兼职，力争将每一个负责的领域都调理妥当出色。石先生不仅具有优良的素养和勤奋的品质，而且他还具备特别正直谦和的道德修养，在国内国外的同行中有口皆碑，获得许多师长的赏识、老友新朋的尊敬和学生们的爱戴。人们评价他"为人治学均平正通达"，他个人虽经历了不少磨难，从没改变一个探索者的初衷，半世纪如一日，"在这样一个显得清贫和寂寥的行列中坚定地走下去"。

我们在这里祝贺先生的八秩诞辰，只是粗略回顾了先生的学术历程，他的成就在这篇仓促的短文中很难面面俱到。作为后学的我们会发扬先生的精神，光大先生的事业，为陕西为中国的文物考古事业奉献光和热。

祝先生长寿永康，学术永续。

（选自《中国史前考古学研究》，三秦出版社，2004年）

一柄手铲解读史前中国

——读《石兴邦考古论文集》

在他的学生们一个接一个出版研究文集以后，在九十大寿生日之后不久，一代考古大家石兴邦先生出版了自己的考古论文集。我知道石先生对于文集的出版非常谨慎，一方面是因为早年的研究他觉得还有需要修正之处，还有就是虽有长期思考却一直未能匀出时间完成的论文需要充实。现在文集终于在很多学人的盼望中出版了，这部文集不仅因部头厚重而显分量，更因为它的科学分量而显厚重，这是石先生一生考古探索的总结。文集收录的论文，侧重中国史前考古的研究，也兼及三代与隋唐考古，我想在此将自己对史前考古内容的读后感写出与读者共享，也当作是对这位老者奉上的一份敬意。

石兴邦先生文集收录的多数论文，虽然过去都不只读过一次两次，但这次结集再读，依然让人有新的感觉，有新的回味。从中我们可以看到了一个勤谨奉献的考古学家的心路历程，我们能够回味中国史前考古经历的近百年的故事。收入文集中的史前考古研究论文，大略可以分为五类，一是史前史及方法论研究，二是中国新石器文化体系研究，三是史前环境与生业形态的考古研究，四是史前信仰与传说的考古研究，五是中国文明形成与发展的考古研究。这些研究又彼此贯通融会，互为表里，相得益彰。中国新石器文化体系研究，是石先生考古研究中最突出的建树，文集中有三篇长文进行了探讨，其中有一文是新刊，论述更加精到。

不能不说，在考古界虽然是德高望重，但在公知领域石兴邦先生的成就比他的名字更知名。20世纪50年代发现的陕西西安半坡遗址，念过书的人应当都知道，而半坡的发掘提领者，正是当时才刚刚30岁的石兴邦先生。半坡的历练，半坡考古范式的创立，让他很快成长为中国一流的田野考古学者，也使他开始了行走天下、解读地书足足60年的旅程。这个半坡考古范式，并没有什么人用力倡行，却一直引领着中国田野考古的行进方向。从半坡开始，石兴邦先生就用一柄手铲，发掘远古尘封的细节，细细解读史前中国的那些未知情节。

仰韶文化发现30年之后，半坡遗址的发掘使得学者们真正有可能重新细致认识了这个考古学文化的内涵，这是中国新石器考古第一次发现这么丰富的资料，也是第一次比较全面地揭露一处考古遗址。石兴邦先生由半坡作为切入点，在《西安半坡》中就仰韶文化的类型、年代和渊源进行了深入探讨，同时讨论了氏族公社制度、原始宗教信仰、粟作农业起源、彩陶发展演变诸多重要课题。半坡的发掘使仰韶文化的类型研究成为可能，确立了半坡类型，主要内涵属仰韶文化早期，这是区分不同时空范围的仰韶文化的开始，使得仰韶文化的研究进入到一个新的层次。也正是由半坡发掘梳理仰韶文化开始，对于中国史前文化体系的研究已经打下坚实基础。1959 年石先生在《黄河流域原始社会考古研究的若干问题》一文中将仰韶文化按地区与时代不同反映出来的差异划分为两个类型，半坡类型和庙底沟类型因之确立。起初学界主要扛鼎者并不同意这划分类型的思路，以为将问题复杂化了。现在很多学者都将半坡作为一个独立的考古学文化命名了，确实它与安特生最初发现的仰韶是不相同的，正因为如此，划分类型就是势在必行的了。这个研究方法一经公布，有力推进了仰韶文化研究。研究者通过这个途径认识了仰韶文化在不同区域间的异同，区分出典型仰韶文化和受仰韶强烈影响的文化类型。这个方法还影响到后来包括龙山文化在内的其他许多新石器文化的研究，如果没有地区类型划分，中国新石器文化的研究就不会有今天这样完整的体系和清晰的脉络呈现出来。

半坡遗址的发掘意义深远，它是中国考古学发展史上的一个里程碑。它的意义还不仅仅是深化了仰韶文化本体的研究，它为中国新石器考古研究建立了一个重要的模式，也是中国全景式聚落考古的一个开端。这个模式经历了半个多世纪的检验，当现在已经拥有了数十部史前考古发掘报告时，才发觉我们依然没有违越这样的模式。半坡的发掘过去了这样久的时间，关于半坡的研究仍然在继续，半坡是出现在学者们论著中频率最高的新石器考古遗址名称。半坡同时也因为半坡遗址博物馆的建立而深入到公众的知识结构中，许多国人是通过半坡开始认识史前中国的。半坡遗址的发掘标志中国史前考古一个新阶段的开始，它生发出许多的课题，也成就了许多的学者，这其中的佼佼者就是石兴邦先生。

在半坡遗址发掘之后的 30 年，中国史前考古又有了许多新发现，新的发现不限于仰韶，也不限于黄河流域，如何梳理和认识这些新资料，成为许多学者首要考虑的问题。对中国新石器文化整体框架的研究，有许多学者进行过尝试。主要地区的文化谱系得以建立，这个体系不断得到补充和完善，研究也不断深入。在研究过程中，曾经出现过二分、三分、四分和六分说等等一些不同的学说，显现出学者们不同阶段的不同认识维度。

二分说。过去不少学者提出过中国文明形成二元说（两大板块说），如傅斯年先生的"夷夏东西说"。一些研究农业史的学者，则按中国西北黄土地带与东南水乡分别从事旱作和水田农业分成两大块。有的考古学家起初也将中国远古文化分成西北、东南两大板块。这是最初建立起来的系统，也是后来研究的基础。

三分说。徐旭生先生在 20 世纪 40 年代发表《中国古史的传说时代》一书，明确提出华夏、东夷、苗蛮"三大集团"的说法。华夏集团包括传说中的黄帝、炎帝、颛顼、帝舜、祝融等，商族也包括其中。其地域主要在西北地区，沿黄河流域向中原扩展，越过太行山一线，直抵今天的山东西境。东夷集团包括传说中的太昊、少昊、蚩尤，主要活动区域在今天的山东地区。苗蛮集团包括传说中的三苗、伏羲、女娲、獾兜等，一直以江汉地区为活动中心。这三大集团的分野，是徐旭生对文献中古史传说的勾划。过去一些考古学家也曾试图由考古学文化进行比符，但并没有得出确定的结论。

20 世纪 70 年代末，通过对长江流域的史前文化进行数次系统考察，石兴邦先生开始构建中国新石器文化体系的轮廓，提出另一种三分说。1980 年石兴邦先生在华东地区考察时以《关于中国新石器文化的体系问题》为题作了专场学术报告，从生态文化学的角度，将中国新石器文化分为三个大板块，每一板块又分成若干文化传统。石兴邦先生认为中国新石器时代文化体系形成于 7000 多年前。他将这个体系分作三个系统：一是以稻作农业为主的青莲岗文化及南方文化系统诸部族；二是黄土高原的垦殖者、以粟作农业为主的半坡仰韶文化系统诸部族；三是以狩猎畜牧或游牧为主的北方细石器文化系统诸部族。这三个系统经过 1000 多年的发展融合，最后形成了以中原地区为中心的庙底沟氏族部落文化，它是华夏族最早的原始文化核体，在与周围诸部落文化长期接触的过程中，不断地发展成长，经过了三个发展阶段，上承半坡、大汶口和青莲岗文化之余绪，下启龙山文化氏族公社之基，最后发展到夏、商、周三代青铜文明。

四分说。夏鼐先生在主持编纂《中国大百科全书》的《考古学》卷时，把新石器时代的考古学文化从北到南划了四个横条，即北方地区、黄河流域、长江中下游和华南西南地区。这是大地理区划，如果说两分法是纵向的经式划分，这就是横向的纬式划分。

六分说。苏秉琦先生在 20 世纪 80 年代根据一些新发现，将中国新石器文化划分为六个区系，这个学说在学术界产生深远影响。六个区系实际上是兼取经纬划法，将黄河长江中下游又作了更细的区分。把仰韶文化系统以河南省陕县（今为三门峡市）为界，拆成东西并列的两个区系，又把长江流域按中游的江汉平原和下游的环太湖地区也划为两个区系。再加上南方地区和北方内蒙古长城地带，总共是六个大区系。

如果将这些学说模式作一下比较，我们觉得石兴邦先生的三分说，更概括、切实、无遗。石先生对中国新石器文化体系的研究，有自己的理论视角和方法论。他强调由自然环境史和大经济史的研究出发，考察人类社会的发展史和文化史，重视神话传说提供的线索，重构信仰传统，进一步探索文明起源与国家形成。这样的史前史研究思路与实践，为后人提示了完整的方法论，是石先生在学术上非常重要的贡献。

我们可以由石先生研究新石器文化体系的实践，看到他的学术思想不断完善的过程。1980 年首先问世的《关于中国新石器文化体系的问题》一文，开始由环境与经济模式观察史前，划分出旧石器时代山林采集经济、中石器时代山麓过渡经济和新石器时代河谷农畜经济，这三个环境与经济模式的确立，构建起最基本的认识框架。由此石先生还特别提出新石器文化的产生，是人类由山林到河谷的迁徙过程中完成的，这种迁徙改变了环境模式，改变了经济方式，自然也改变了文化形态。当然这种改变并非是完全的，也会有以旧模式生活的群体，新旧群体之间会有互动，所以石先生特别指出，"中华民族的物质文化最重要的特点，以及与之密切相关的行为模式的标准，是在不同民族部落和民族文化共同体的不断频繁相互作用的过程中形成的。"这个认识非常重要，也许可以看作是认知中国历史发展动能的一个重要基点。史前是如此，历史时期更是如此，中国历史应作如是观。

对于史前环境与生业形态的考古研究，石先生在 1990 年又发表《中国新石器时代考古文化与生态环境的考察》一文，对历史环境进一步作了动态考察。更深入探讨了中国新石器时代三个经济文化类型的生态环境带，即北部与西部的采猎经济文化带，黄河长江中下游农业经济文化带，沿海捕捞经济文化带，认为气候变化不仅影响生态环境，也影响到人类经济和文化的发展。在气候由寒转暖的全新世早期，生态体现了采猎向农业发展的过渡特点，人类向低地向平原转移营建聚落，推动高级采集经济的发展，最后导致农业的出现。"在两大经济文化类型生态环境带之间的接壤地区，形成混合经济文化类型并随自然条件的变化而形成文化的变体。这些文化变体的中介类型，正在自然环境和接壤地区成为历史上文化交流的巨大纽带。"环境与文化的动态考察，对考古材料的理解又前进了一步。

收入文集中的《中国新石器时代文化体系研究导论》约 8 万言长文，是石先生1998 写成的一篇未刊稿。他重点讨论了人与地的关系，提出了三点认识：1. 人类文化是生态环境的产物，生态环境是生存和创造的基地，是扮演文化史剧的舞台；2. 人是文化创造的主体；3. 古史传说与考古文化要整合研究。他用 15 个页面叙述山川湖海自然环境，分作三大板块，对考古文化、生态条件和历史民族文化进行了深入整合研究，进一步指出：1. 黄河中上游高原地区，以仰韶文化系统为代表，为粟作农业文化区，为古代羌戎族系活动范围；2. 长江中下游和东方沿海地区，以大汶口青莲岗文化系统为代表，古代夷僚（越）系统活动地区，为稻作农业文化区；3. 北方沙漠草原及高寒地区，以细石器文化传统为代表的采猎牧畜经济文化，为古代胡狄族系活动地带。他说这是从文化空间地域划分出来的第一个层级，还有第二个层级，是三大经济文化区之间，还有三个中介文化带：1. 与淮河一线平行的稻作与粟作农业混交带；2. 西南横断河谷文化带，稻作与畜牧中介文化带；3. 东北粟作与采猎经济文化带之间的中介文化带，如辽河流域兼有农牧特点的文化。这是对中国新石器时代文化体系更加细化的研究，文中附有详尽的图示与表示。

由实践得出的认识，还要接受实践的再次检验。为探讨环境变化对人类经济与文化带来的影响，石先生又由细石器文化的研究入手，为考古打开了一扇明窗。他在 20 世纪 70 年代还专门组织了一支考古队，在山西中条山一线开展调查发掘，连续几年的工作获得丰硕成果。2000 年在《新石器时代考古研究的回顾与展望》一文中，根据考古实践提出 21 世纪的重点课题，一是细石器革命与农业起源问题研究，二是考古文化与历史文化的整合研究工作，还有中国文明起源和形成的研究等。在学界习惯于将细石器仅作为一项石器制作技术传统研究的时候，石先生主要根据山西夏县下川细石器遗址的发现进行研究，2002 年发表《中国的"细石器革命"及有关问题》（台北），认为中国细石器革命完成于 20000 年前，发生在中国腹地的山林原野之间，它的传播发展导致种植农业的出现，之后为北部沙漠草原地带不适宜农业文化的采集狩猎文化部族保留。"中国细石器革命具有世界性意义，随着生态环境的变化，华北部分细石器族群追奔逐北的动物群向东北亚和西北美陆续迁移，促进了大亚美文化共同体的形成和建立，使蒙古人种开始向美洲开发和移植。"有了这样的认识，中国细石器文化研究因之有了更开阔的视野。石先生进一步指出，"仰韶和前仰韶时代的农业文化是从下川文化晚期的高级采集文化发展而来"。在高级采集经济文化的发展中，孕育了农业文化的萌芽，这就是采集农业的出现，细石器的制作正当此用。这样看来，细石器技术的出现，主要与采集农业有关，而非只是与狩猎活动有关，这一点我们许多人在认识上还没有及时更正过来。

为进一步探索史前农业的发展，石先生又有了新的筹划，他将在山西地区探索细石器文化的原班人马带到了关中地区，希望通过发掘前仰韶文化遗址来深入了解。他的愿望没有落空，陕西临潼白家村文化遗址的数年发掘获得丰硕成果，石先生将他的研究写成《前仰韶文化的发现及其意义》一文，认为前仰韶文化研究的意义，"一是寻找仰韶文化的来源，一是揭示了黄河流域农业文化较早阶段的面貌，为探寻农业的发源地，寻找粟作的起源"。前仰韶文化的探索，临潼白家遗址的发掘，是又一个田野考古研究范本。初具规模的农业文化，它与采集文化下川文化大约有 10000 年的时间之差和 1000 米的高程之差，这正是采集向农业转变的时空段，石先生由此指出了农业起源研究的明确方向。

对于史前考古研究，虽然一般考古学家都刻意回避与传说中的上古史比对，但也不甘于自己构建的考古文化有如空中楼阁一般，说不明白创造者究竟是谁。石兴邦先生没有采取回避的态度，他很早就将考古文化同上古信仰与传说联系起来研究，他也一直倡导考古与古史的整合研究，只有这样才能构建出中国的史前史来。

石先生关于考古与古史的整合研究，开端于传说时代的信仰问题研究。由于半坡遗址的发掘获得一批重要的彩陶标本，这使先生很早就开始关注彩陶意义的解释。他认为仰韶文化彩陶上的纹饰，是不间断地在一定社会意识形态下存在和发展的，是原始艺术创作中"唯一可追求本源的一支，是独成体系的"。1962 年在《有关马家窑文化的一些问题》一文中，石先生从彩陶纹饰的演变入手，解释了鱼纹和鸟纹的象征意义。"半坡彩陶的几何形花纹是由鱼纹变化而来的，庙底沟彩陶的几何形花纹则是由鸟纹演变而来的，所以前者是单纯的直线，后者是起伏的曲线。……半坡类型是代表鱼为图腾的氏族部落，庙底沟类型是代表以鸟为图腾的氏族部落。"对仰韶彩陶这样的定义，开拓了一条史前艺术研究新思路。循着这样的思路，石先生对史前艺术题材进行了系统梳理，许多鸟形艺术品引起了他的注意。1989 年石先生发表题为《我国东方沿海和东南地区古代文化中鸟类图像与鸟崇拜的有关问题》的论文，全面观察出土鸟形图像，东部和东南地区的鸟崇拜和鸟生传说，概括为三方面的意义：有关图腾崇拜，巫术之灵物，生产活动祭牲。东部以图腾崇拜为主，东南稻作民族则以鸟的精灵崇拜为主，而鸟生传说与图腾崇拜相联系。鸟崇拜可以追溯到 7000 年前的河姆渡文化，东南是这崇拜最为发达的地区。

对于彩陶的深入研究又让石先生有了新的发现，我们在 2008 年又读到了他的论文《中华龙的母体和原形是"鱼"》，可以看作是鱼纹彩陶研究的一个总结。他说半坡彩陶上的鱼纹，就是《山海经》有载的陵鱼，或称"猪嘴鱼"，应当是半坡人的氏族神。宝鸡后来的弓国，西周还有陵伯铜器出土，应当都与史前部落相关。更重要的是，石先生认为红山文化之玉龙和相关变体，都属于鱼龙系列。由此他主张"鱼龙说"，认为"中华龙的母题和原型是鱼，就是仰韶文化的鱼发展演变而来的"，所谓"鱼龙变化"之说正渊源如此。

由鱼形和鸟形艺术的研究入手，是非常有见地的学术思维。鱼与鸟是艺术永恒的主题，远古时代的信仰，在中国重点体现在这里了，后来他人的一些研究也充分体现了这一点。

与此同时，古史的整合研究也在进行之中。石先生 1988 年发表《试论尧舜禹对苗蛮的战争》，将传说时代与考古发现进行整合研究，认为"传说是远古历史在人们记忆中的反映，中国国家出现前的这一段史迹，考古与传说是可以互相印证的。"许多上古传说的内容都与早期国家形态有关，石先生推定"中国国家的形成，大概是在龙山文化时期"。而文中侧重讨论了江汉地区的考古资料，认为"苗蛮系统的古老文化是屈家岭文化和石家河文化"，是对应黄河文化的长江文化代表。

对于更早的黄帝传说，2005 年石先生有《论"炎黄文化研究"及有关问题》一文探讨。他认为"史迹、文献和考古遗存等多种资源基本是整合的，其内容十分丰富，是我们民族历史文化的库存档案，是我们取之不尽、掘之弥深的文化资源"。2007 年他又发表《黄帝与中华民族的形成和发展》，通过进一步研究揭示炎、黄、蚩尤同种同根。他认为中华民族形成的特点，是"一元多支和多支融合而形成"，"不论黄帝与炎帝，还是黄帝与蚩尤之间的部落融合战争，由于都是一脉相承的种系，具有文化、血缘与人种的同一性"。

正是透过史迹、文献和考古遗存之间的联系，让我们可能开展中国文明形成与发展的研究，这中间考古研究是主心骨，考古学者要承担更重的责任。在考古探索过程中，方法论问题也是非常重要的，石先生也在一直强调、一直实践方法论的建设。1993 年，石先生在《中国新石器时代文化研究的逻辑概括》中，就强调要"建立有中国特色的考古学理论与方法，建立有中国特色的考古学文化体系"。他提到四方面的努力目标：1. 依地层学原理，由微观文化因素分析入手，确立本体文化、变体文化和异体文化的特征与时空分界；2. 要完善层位学研究方法，与类型学研究相结合，使层位学研究尽可能准确规范地接近客观事实；3. 建立计算机数字管理系统，管理和处理考古学材料，对过去人类行为和生态进行模拟研究；4. 借鉴国外行之有效的理论方法，坚持多学科合作研究。要不断吸收其他学科如人类学、历史学、民族学等学科的成果与方法，大力拓展学科的思维空间和课题视野。我们也高兴地看到学界在这些方面的努力已经取得明显成果，今后也一定会有更多超越前人的发现与研究成果问世。

一部不断更新的中国史前史，浸润着一代一代考古学家的汗水与智慧。在这些考古学家的前面，可以看到曾经那样忙碌的石兴邦先生的身影，我们应当记住这些用手铲解读历史的不辞辛劳的学者们。

（原刊《文物》2015 年 12 期）

四正与四维：考古见到的中国
早期两大方位系统

——由古蜀时代的方位系统说起

1. 两个方位系统：提挈纲维与统领四方

不久前在写作科普著作《金沙之谜》时，我注意到古蜀时代的方位系统比较特别，与中原古代方位系统有明显区别，觉得很值得关注[1]。

我先是注意到在金沙博物馆遗址展示大厅内，有一处特别的遗迹，有 7 个排列有序的大洞让人望而生疑。发掘者推测原来应有九个洞。在这些洞的底部都发现了残留的朽木，证实它们都应是柱洞。金沙遗址的这些柱洞直径都在 50 厘米以上，立起来的木柱相当粗大。9 个柱洞分布在近 20 平方米的土层中，非常整齐地排列成一个长方形（图 1）。推测这 9 根柱子支起来的，一定是一个高台建筑物，因为这个建筑正处在祭祀区中心，所以发掘者认为它可能是金沙人的一个高大的祭台，也有人认为它是古蜀"大社"[2]。更进一步说是"近 500 年时间，金沙人一直在此地举行祭祀活动，所以这块区域才能出土如此众多的珍宝[3]"。

面对这处特别的遗迹，我们会想到一个问题，如果这是一个祭台，台是西北—东南朝向，这个方向是否有特定的意义呢？有关学者在对金沙祭祀区这 9 个柱洞进行勘测后，发现 9 个柱洞规则性的连线与地球北极方向成 22°～25° 夹角，均值为 23.5°，这个度数等于"黄赤交角"（黄道与赤道夹角）。有的专家据此提出了一个新的猜测，认为 3000 年前的古蜀人就能够根据太阳的运行轨迹判断季节的更替，进行相应的祭祀活动。每年春分即阳历 3 月 22 日前后，初升的太阳正好和祭台的朝向吻合，也许古蜀人正是选择在春分时节，在太阳升起时举行大型祭祀活动[4]。

---

〔1〕 王仁湘等：《金沙之谜——古蜀王国的文物传奇》，四川人民出版社，2010 年。

〔2〕 成都市文物考古研究所：《金沙——再现辉煌的古蜀王都》，四川人民出版社，2005 年；《有 9 个柱洞金沙建筑基址是"古蜀大社"？》，《成都商报》2010 年 5 月 19 日。

〔3〕 《探营金沙：200 米金属步道直通 3000 年前的宝藏》，《成都晚报》2007 年 4 月 11 日。

〔4〕 《金沙遗址祭台对着天上星？》，《成都商报》2009 年 7 月 18 日。

图 1　成都金沙遗址九个柱洞遗迹

所谓黄赤交角，是指地球公转轨道面与太阳公转轨道面之间的斜交夹角，太阳的回归运动是在黄赤交角之间进行的，在两条回归线之间出现了太阳的直射现象，所以夹角的存在使地球有了四季和五带的变化。黄赤交角会有周期性变动，现在是 23.5°，变动范围介于 22°~24.5° 之间，每一个变动周期为 40000 年[5]，我们是不可能感觉到这种变化的。

试想一下，高高的祭台上下摆满了各色祭品，当太阳冉冉升起的时刻，或是太阳即将落下的时间，巫师缓步登上了高台。也许还有乐有舞，一番虔诚的祭祷之后，巫师从上天领来了神的旨意。最后是献祭，无数祭品被倾倒在河中，被埋进泥土。沟通天与地，沟通神与人，祭台在人们的心中崇高而神圣。

不论假设金沙木构祭台方向与黄赤交角是否吻合，但祭台建筑不是正方向则是肯定的。虽然至今还没有见到正式公布的这座祭台的方向数据，它是一座西北—东南朝向的斜向建筑是无可怀疑的，我们在现场便能一目了然。由黄赤交角和木构祭台，让我们想到了一些有关方位的问题，觉得古蜀王国应当有一种特定的方位系统。

这个特定的方位系统是怎样的？古蜀人的特别的方位感又是怎样产生的呢？我们可以由古城址、宫殿址、祭祀坑和墓葬的布局方位，来了解古蜀方位系统的具体内涵。

根据初步报道，金沙附近一带发现的同时代的若干大型建筑基址和数十座一般居址，也"基本为西北—东南向"，而居址附近发现的 1000 余座墓也是"均为西北—东南向，头向西北或东南"[6]。如金沙兰苑发现的 17 座建筑基址，"方向基本呈西北—

〔5〕　陈炳飞：《浅析黄赤交角变化的影响》，《地理教育》2003 年 4 期。
〔6〕　成都市文物考古工作队：《四川新津县宝墩遗址调查与试掘》，《考古》1997 年第 1 期；成都市文物考古研究所：《再现辉煌的古蜀王都》，四川人民出版社，2005 年。

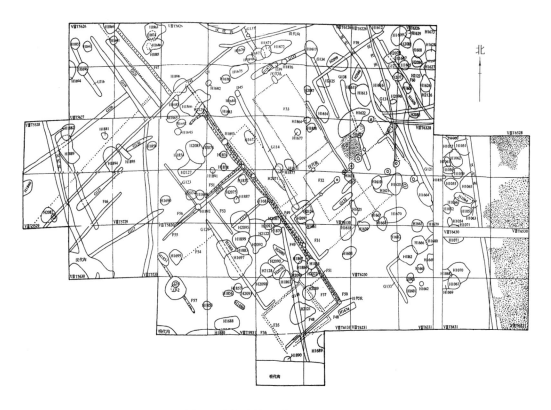

图2　成都金沙芙蓉苑南地点遗迹

东南向"[7]。金沙芙蓉苑南地点发掘到 7 座房址，不是西南向就是西北向，个别为东南向，没有一座是正方向[8]（图2）。又如金沙蜀风花园发现的15 座墓葬，有6 座是西北向，9 座为东南向[9]。金沙就是这样，施行的是一种斜向的方位系统。

这还让我们想起成都早年的一项发现，那是属于金沙时期的羊子山土台遗址（图3）。1953 年发现、1956 年发掘的成都市羊子山土台遗址，是一座人工修筑的高大的三层土台，这是经科学发掘的少见的大型夯土台建筑，学者们普遍认为它是古代用于盟会和祭祀的礼仪性建筑，是一处四边形高台建筑，它的方位同金沙遗址房址和墓葬一样，中轴方向为 45°，也是四角朝着东南西北四个方向[10]，这一定不是偶然的巧合。

〔7〕　成都市文物考古研究所：《成都金沙遗址"兰苑"地点发掘简报》，《成都考古发现（2001）》，科学出版社，2003 年。

〔8〕　成都市文物考古研究所：《金沙村遗址芙蓉苑南地点发掘简报》，《成都考古发现（2003）》，科学出版社，2005 年。

〔9〕　成都市文物考古研究所：《金沙遗址蜀风花园城二期地点试掘简报》，《成都考古发现（2001）》，科学出版社，2003 年。

〔10〕　四川省文物管理委员会：《成都羊子山土台遗址清理报告》，《考古学报》1957 年 4 期；李复华：《关于羊子山土台遗址和几件出土文物的历史价值问题》，《四川文物》2010 年 1 期。

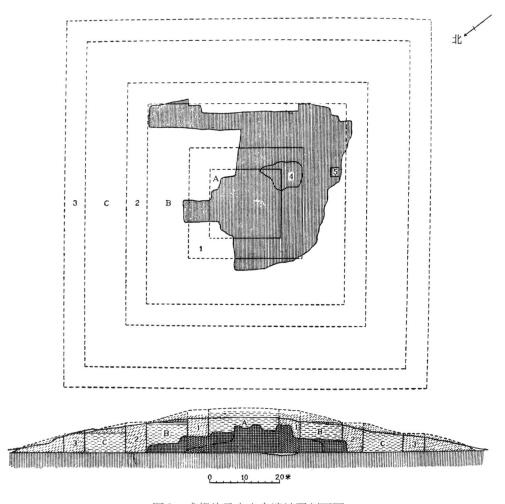

图3　成都羊子山土台遗址平剖面图

　　古蜀时期的三星堆城，城垣轮廓并不是我们想像中的正南北方向，而是东北—西南走向[11]。其中月亮湾内城墙中段有拐折，夹角为148°，北端为32°，只是南端接近成正南北走向。而西城墙呈明确的东北—西南走向，方向为40°。曾被认作祭台的三星堆后来也确定是一段残城墙，城墙长度为260米，基础宽度为42米，南侧有宽30多米的壕沟。三星堆原本是一条内城墙，呈西北—东南走向，方向约为北偏西35°，中轴方向为55°。这一段城墙的方向或许代表一个时期三星堆城的建筑选向，后来城墙应当经历过多次修缮，所以平面轮廓显得不很规则了（图4）。

　　三星堆城墙附近发现的两个器物坑，更是以45°角斜向排列，按发掘者的描述是器物坑的四角正好朝着东南西北四个不同的方向[12]。一、二号祭祀坑位于三星堆城墙东

〔11〕　四川省文物管理委员会、四川省博物馆、广汉市文化馆：《广汉三星堆遗址》，《考古学报》1987年2期；陈德安：《三星堆遗址》，《四川文物》1991年1期。

〔12〕　四川省文物考古研究所：《三星堆祭祀坑》，文物出版社，1998年。

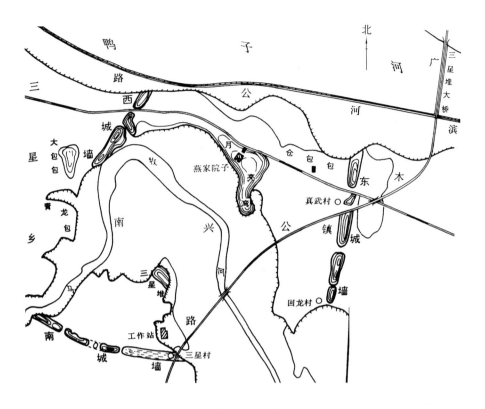

图4　广汉三星堆城址

南50余米，两坑相距25米。两坑平面布局一致，均为东北—西南走向，与附近城墙方向大体一致（图5）。

　　此外，在三星堆城内陆续发掘到一些建筑基址，1980年至1981年揭露18座房址，多为西南或东南朝向，也不见正方向建筑[13]（图6）。青关山发现大型红烧土房屋基址一座，平面呈长方形，也是西北—东南走向，与城址方向一致。

　　由金沙和三星堆的发现看，我们可以确认古蜀存在一种特别的方位系统，它的特点大体是建筑的四角指向四方，完全不同于四面与四方平行的方位系统。根据年代更早的考古资料判断，我们还可能确定这个方位系统具有更古老的传统。再将我们的视野移到史前时代，看看成都平原发现的新石器时代几座古城址的方向。新津宝墩[14]、郫县古城村[15]、温江鱼凫村[16]这几座比较重要的古城，也都是呈东北—西南方向布列。宝墩新近发现外城遗迹，内城墙以外四个方向都确认有城墙或壕沟，城址平面形状大致呈不规整的圆角长方形，方向与内城一致，约为北偏东45°，四角朝向东南西北

〔13〕　四川省文物管理委员会等：《广汉三星堆遗址》，《考古学报》1987年2期。
〔14〕　中日联合考古调查队：《四川新津宝墩遗址1996年发掘简报》，《考古》1998年1期。
〔15〕　成都市文物考古工作队等：《四川省郫县古城遗址调查与试掘》，《文物》1999年1期。
〔16〕　成都市文物考古工作队等：《四川省温江县鱼凫村遗址调查与试掘》，《文物》1998年12期。

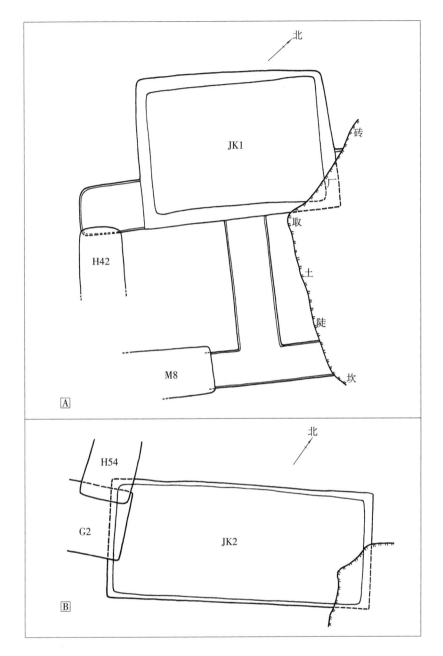

图 5　三星堆 1、2 号器物坑

A. 1 号器物坑　B. 2 号器物坑

四个方向[17]（图7）。郫县古城考古报告说城址方向为120°，这是指的北垣走向而不是
中轴方向，据附图量出中轴方向为北偏东40°，与宝墩城方向接近。郫县古城村遗址发
掘几座房址，还有一些方形大砾石坑，方向也都与古城一致。城址中部发现一座长

---

〔17〕　江章华、何锟宇、姜铭：《成都新津宝墩遗址发现外城城墙》，2010年2月26日3版。

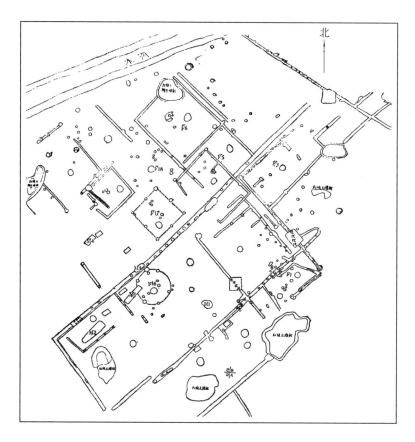

图6 广汉三星堆城内遗迹

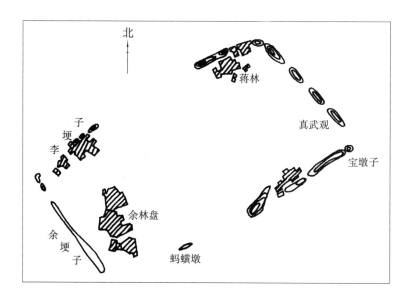

图7 新津宝墩城址

方形大型建筑，方向也是坐东北朝西南，房址内留存有 5 个长方形卵石台，可能为一座大型宫殿或宗庙一类的礼制性建筑（图8）。

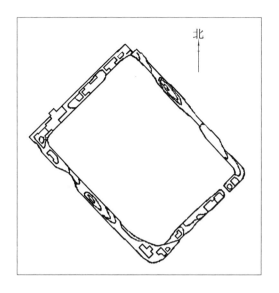

图 8 郫县古城城址

史前墓葬在成都平原少有发现，在成都市南郊十街坊遗址清理宝墩文化时期墓葬19 座，除一座为东西向外，均为西北—东南方向，头向西北，排列有序[18]。这表明史前墓葬方向的选择，与城址和居址的方向相关。史前末期的墓葬在广汉三星堆遗址西城墙以西 500 余米处的仁胜村也有发现，发掘到小型土坑墓 29 座，分布密集，排列有序，出土有玉器、石器、陶器和象牙等随葬品。墓葬除 M5 大致接近正南北向外，其余均为东北—西南向[19]。

这样看来，古蜀城垣建筑的方位系统在蜀地应当是形成于史前时代。金沙因为没有发现确定的城垣，我们还不知当时设计的方向如何。但是金沙附近发现了一些古蜀宫殿和居民基址，它们的方向也都是西北—东南向，推测与城垣是同一方向，可以推论金沙城的四角也应当是朝向四方的方向。

另外，由成都城内商业街发现的时代稍晚一点的战国大型船棺葬看，也是确定的东北—西南朝向，依然属于古蜀的传统方位系统。那是一座二三十具大小不同的船棺同埋一穴的大型墓葬，墓穴面积达 620 平方米，呈东北—西南方向排列，方向为 240°，即是西偏南 30°或者北偏东 60°[20]。可见到了战国时期，蜀国自古传承的方位系统并没有明显改变（图9）。

我们用上述例证对古蜀方位系统作一个概括：古蜀方位选择的中轴方向一般是

〔18〕 成都市文物考古研究所：《成都市南郊十街坊遗址发掘纪要》，《成都考古发现（1999）》，科学出版社，2001 年。

〔19〕 四川省文物考古研究所三星堆工作站：《四川广汉市三星堆遗址仁胜村土坑墓》，《考古》2004 年10 期。

〔20〕 成都市文物考古研究所：《成都商业街船棺葬》，文物出版社，2009 年。

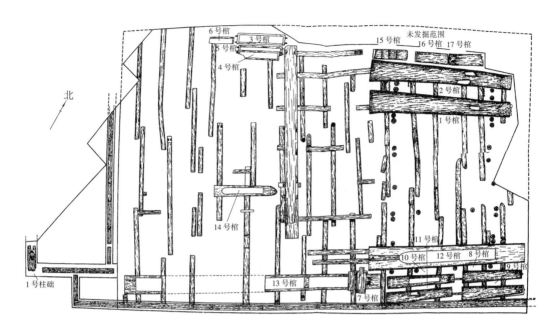

图 9　成都商业街船棺葬

表1　成都史前与古蜀城址、 建筑与建筑方位

时代	城址	中轴方向	北维方向	备注
宝墩文化	宝墩城址	45°	0°	
	鱼凫城城址	西北—东南	0°	
	郫县古城址与房址	40°	355°	
	成都十街坊墓葬	西北—东南		
	广汉仁胜村墓葬	西北—东南		一座墓为南北向
古蜀文化	三星堆中部城墙	55°	10°	
	三星堆1、2号器物坑	45°	0°	
	成都羊子山土台	45°	0°	
	金沙墓葬		0°	西北—东南
	羊子山土台遗迹	45°	0°	
	商业街船棺	60°	15°	

注：中轴方向指建筑体的轴心方向，北维方向指建筑体北角的方向，数据均以正北向为0°起点。

45°，偏离一般允许在5°之内，即40°～50°之间。个别较晚的例子没有控制在这个限度，如商业街船棺方向偏离在10°以内。如果变换一个角度观察，古蜀这个方位系统其实是更强调建筑"角"的朝向的，这个角古称"维"，四维朝向四方，而非四面朝向四方（表1）。

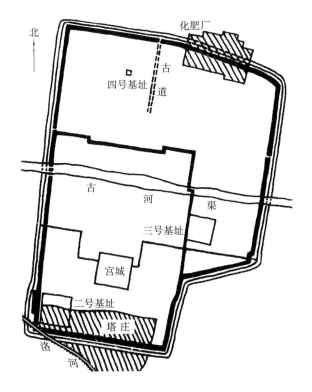

图 10　偃师商城

　　古蜀时代的这一方位系统，与中原主体方位系统明显不同。已经有研究者注意到，中原夏时期的二里头遗址虽然没有发现城墙基址，但宫殿基址一般是南向略偏东几度。中原地区商代早期，考古所见郑州商城、偃师商城（图 10）和盘龙城等处的城址和城内主要建筑方向一致，基本都是南偏西几度。这种偏东或偏西的现象，一时间还被作为区别夏商文化的一个标志[21]。商代中期的安阳洹北商城，方向为 13°，朝北略为偏东。洹北商城内发现的 1、2 号大型宫殿基址，方向均为 13°，与城址方向一致[22]（图 11）。中原地区商代晚期主体建筑的方位，多是朝向正南或略偏西南，与城址方向保持一致。商晚期墓葬方向虽不完全一致，"但绝大多数取东北方位"，其实是向北略为偏东，也即是向南略为偏西，与宫殿建筑选取的方位吻合[23]。商代中原区域从早到晚的城邑、宫殿与墓葬都维系固有的方位体系，一直没

〔21〕　中国社会科学院考古研究所：《中国考古学·夏商卷》，中国社会科学出版社，2003 年；北京大学考古文博学院、河南省文物考古研究所：《登封王城岗考古发现与研究（2002—2005）》（下），大象出版社，2007 年。

〔22〕　中国社会科学院考古研究所安阳队：《河南安阳市洹北商城的勘察与试掘》；《河南安阳市洹北商城宫殿区 1 号基址发掘简报》，《考古》2010 年 1 期；《河南安阳市洹北商城遗址 2005～2007 年勘察简报》；唐际根等：《洹北商城宫殿区一、二号夯土基址建筑复原研究》，《考古》2010 年 1 期。

〔23〕　中国社会科学院考古研究所：《中国考古学·夏商卷》，中国社会科学出版社，2003 年。

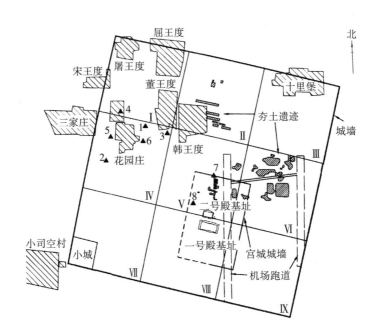

图 11　安阳洹北商城

有明显改变。

　　往前追溯到史前时期，中原的方位系统从发现的城址看已经确立。龙山文化时期的河南登封王城岗大城址的方向，与其东北方并列两小城的方向近似，均约 355°[24]，即北偏西 5°；还有淮阳平粮台龙山文化城址，平面图为正方形，方向为 6°，城中发现的两座房址 F1、F4 的方向也均为 6°，房址的方向与城址一致，为正北略偏东。河南新密古城寨龙山文化城址平面呈长方形，方向为 350°，即北偏西 10°。在古城寨城址的东南部，还发现了大面积的龙山时代夯筑建筑群，已清出一座大型宫殿基址和大型廊庑式建筑，方向与城墙一致[25]。

　　研究者所说的南偏东或偏西，其实是北偏西或偏东，一般偏离 5°~10°。我们用上述例证对古代中原方位系统作一个概括：自龙山文化时期至夏商时期方位选择的中轴方向一般是 45°，偏离一般允许在 10° 上下，即 350°~10° 之间。个别例子稍稍超出这个限度，如洹北商城方向偏离越过 13°。这是一个正向方位系统，建筑四面朝向四方（表 2）。

〔24〕　北京大学考古文博学院、河南省文物考古研究所：《登封王城岗考古发现与研究（2002—2005）》，大象出版社，2007 年。

〔25〕　蔡全法、马俊才、郭木森：《河南省新密市发现龙山时代重要城址》，《中原文物》2000 年 5 期。

表2　中原商代及前商城址与建筑方位

时代	城址	中轴方向	北维方向	备注
龙山文化	陶寺城址	315°	0°	
	王城岗城址	355°	—	
	平粮台城址与房址	6°	—	
	新密古城寨城址	350°	—	
二里头	二里头宫殿址	350°~355°	—	
商	东下冯城址	45°	0°	
商	偃师商城	7°	—	以西城墙为准
	洹北商城	13°	—	
	洹北商城1、2号宫殿址	13°	—	

　　不论是夏的南偏东或是商的南偏西，其实与正南北方向偏离并不是太大，我们仍然可以将它们合并在一起观察，归纳为同一个大方位系统，即正向方位系统，特点是建筑的四面与四方大体平行。而古蜀的方位系统是一种斜向方位系统，可称为第二方位系统，特点是建筑的四角分指四方。

　　四面八方，在现代这个成语的意义已是比较含糊，一般泛指各个方向。不过在古代它是确指的，四面包纳在八方之内。唐颜师古注《汉书·司马相如传》："是以六合之内，八方之外，浸浔衍溢"，说"四方四维谓之八方也"。所谓四方，实为四面，即东南西北，谓之四正，而四维则是四正之间的位置。所以《诗·小雅·节南山》有云"四方是维"，也是四个方向，但不是正方向。《淮南子·天文训》说，"日冬至，日出东南维，入西南维；至春秋分，日出东中，入西中；夏至，出东北维，入西北维，至则正南。"这里明确将"维"与太阳的运行联系到了一起，可见"维"在古代也是不可忽略的方位。《淮南子》又说"东北为报德之维也，西南为背阳之维，东南为常羊之维，西北为蹄通之维"，指出了四维的意义。似乎"四维"之说较早出自《管子》，《管子》非常重视礼义伦理在治国安民中的作用，在开篇《牧民》中提出了"四维"说，所谓"礼义廉耻，国之四维，四维不张，国乃灭亡"，这里所说的也是引申意义。

　　维又有边角之意，四维即四角，如《广雅》所说，"维，隅也"。用在方位概念上，正方向之间的方位便是"维"，是相差45°的斜向。

　　如果形象一点说，大体正方向的第一方位系统可以称为"统领四方"系统，第二方位系统可以称为"提挈纲维"系统。前者强调了建筑的面向，后者注重建筑的角向，方与维的区别相当明确。如果仍以传统的角度看待第二方位系统，那它的四面朝向的正是四维，完全不同于第一方位系统的四正传统。

2. 正向、维向选择的决定因素：天文抑或地理？

　　在人类构造的建筑形式中，方形是成熟的形式。方形建筑出现时，方位设计成为一件非常重要的事。当然圆形建筑也会有方位选择的问题，只是不如方形建筑要求明确。当方位选择得到认同，方位体系便形成了，这个传统一般不易发生改变。建房、建城、筑墓，都会以这认同的方位体系为依据，这样的体系可以代代相传。《周礼》开篇所说就是要辨别方位，所谓"惟王建国，辨方正位，体国经野"。

方位体系的形成原因，似乎非常简单明了。对于正向方位系统而言，选择的理由当然是非常明白的，依据并不复杂的天文知识，便可以比较准确地确定南北方向。以太阳定东西，以极星定南北。地球的自转运动，造成了太阳的东升西落，东西二向因之建立。又地球自转轴在空间指向恒定不变，这一指向投影到地面，构成南北二向。因此地球的自转与太阳发生的联系，是人类得以建立恒定水平四向的物理基础[26]。由这个角度来说，四正方位的确定，与天文地理都有关系。

确定了四正，也就确定了四维。为何古蜀不采用正南北方向而选定一个斜向的方位系统，当初又是依据什么确定这样的方位系统的呢？

同在太阳下，却作出了不同的方位选择，那就得在大地上找原因了。我们将目光放大到成都平原以外，会看到西北方向有龙门山，西南方向有龙泉山，两山脉一大一小，却大体平行，都是东北—西南走向，今天的成都城正处在这两个龙山之间（图12）。答案已经非常明确了，成都平原上的古城与现代成都城的位置，是夹在二个龙山之间，建城设计的方位取向，应当是顺山势而定，是依地理定势为原则，似乎并不与

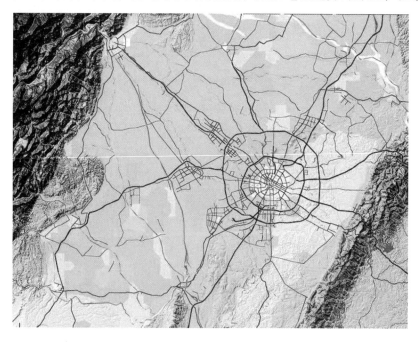

图12　成都附近的山势图

---

〔26〕　关增建：《中国古代的空间观念》，《大自然探索》1996 年 4 期。

天文相干。我们换个角度来看，如果城址呈正南北方向布列，可能还会给人一种不和谐的感觉。近来有人指出，通过古成都的中轴线，正处在天府的地脉中轴上，这个中轴与两个龙山平行，其实这并不是今人才有的认识，古蜀人早就有了这个方位感了。

这个大中轴的方向正是西北—东南走向，居然大约为45°！当然我们也可以由从龙门山流出的河流看一看，大部分的河流的流向，大体是与山势相垂直，也就是说河流是由西北往东南流。这样，我们又可以说古蜀人建立的方位系统与河流也有关系。我们还可以设想，如果有一天找到了金沙古城垣，不用说它一定是按照东北—西南方位设计的，这是古蜀国的方位系统。身居平畴的古蜀人的方向感，来自离他们不远的大山与江河，并不是过于遥远的星空。再说点多余的话，从卫星影像上看，整个四川盆地并非是圆形，它特别像是一座方城，以广元、达州、泸州和雅安分别为北、东、南、西四维，大约也是呈45°角倾斜。古蜀方位体系就产生在这样的地理态势中，天、人、地合一，充分体现了古蜀文明的发展高度（图13）。

其实选择第二方位系统的并不只限于古蜀人，与古蜀故地距离很远的东部沿海地区，就发现有第二方位系统的实例。而且具有中原文化血统的古遗存中，也发现有采用第二方位系统的实例。根据不完全检索，除古蜀以外，在中原及周边地区发现少量与主体方位系统不同的属于第二方位系统的例证，其中最重要的便是山西襄汾陶寺遗址的发现，

图 13　四川盆地影像图

其他还有山西夏县的东下冯城址、山东阳谷的景阳岗城址和江苏连云港的藤花落城址等。

陶寺城址主体堆积属龙山文化时期，城址、建筑基址和墓葬的方位一致，属于非正向的第二方位系统[27]。遗址位于山西襄汾城东北汾河东岸、塔儿山（崇山）西麓，已发现城址的北、东、南三面城墙基址，城址方向为315°（一说312°），北偏西45°。城址东北部为早期小城，方向也是315°。西区探出大型夯土建筑基址多座，门道朝向东南。此外还有大型宫殿址，报道方向为正东南225°。与大城方向偏离90°，应当是偏殿，不是正殿（图14）。陶寺城址东南发现大型墓地，1000余座墓则绝大多数头向东南或南偏东，也与城址方向一致。

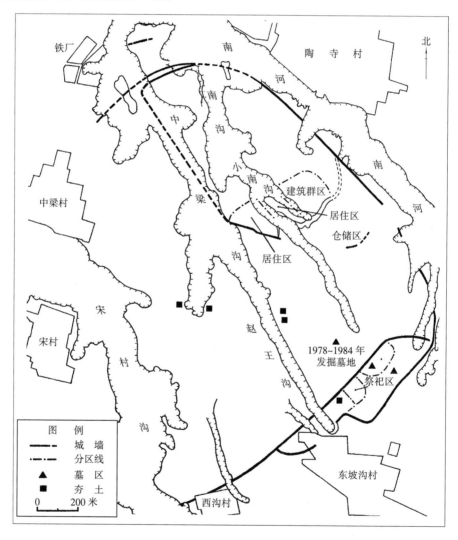

图 14 襄汾陶寺城址

〔27〕 中国社会科学院考古研究所山西工作队等：《山西襄汾县陶寺城址祭祀区大型建筑基址 2003 年发掘简报》，《考古》2004 年 7 期；《山西襄汾县陶寺城址发现陶寺文化大型建筑基址》，《考古》2004 年 2 期；解希恭主编：《襄汾陶寺遗址研究》，科学出版社，2007 年。

　　显然，陶寺城址是朝向正东南方向的，四角向着四正方向，这也就是"维向"。从地理位置上看，城址东南是崇山（太行山），西北是吕梁山，两山平行夹峙的中间是汾河盆地，陶寺城正建造在这两山间的盆地上。需要特别指出的是，两山的走势是西北—东南向，差不多接近45°，陶寺城的中轴恰与山势垂直，南北城墙与山势平行（图15）。

　　山西夏县东下冯遗址，主体堆积属夏文化年代范围，发现商代时期城址、建筑和墓葬等遗迹。城址平面形状不规则，已探明部分东城墙走向为45°，西城墙走向225°，城的中轴方向为45°，四角分别朝向四正，以四维对四正（图16）。在城西南角揭露一片建筑遗迹，最新的研究认定是一处储盐的仓房。仓房计有40～50座，纵横排列整齐，虽无明确的门道判明方向，但由它们的排列和内部构造分析，应当是以面向西南方向规划的，与城墙方向一致。那里的墓葬头向均为西北或东南向，与城址方向一致[28]（图17）。

　　东下冯遗址同陶寺一样，也建在汾河盆地。它所在地点位置也很特殊，夹处东南的中条山和西北的峨嵋岭之间，两山均呈西北—东南走向。两山之间另有一鸣条岗，岗左右有涑水和青龙河，亦为相同的西北—东南走向，这应当就是东下冯城址、建筑和墓葬方向的决定因素（表3）。

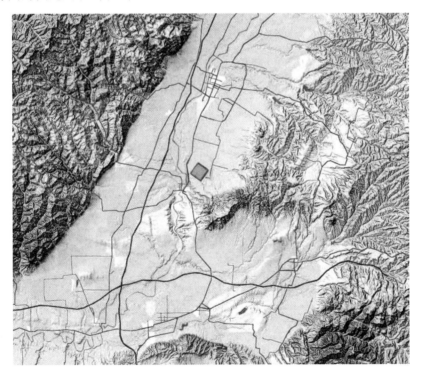

图15　陶寺城址附近山势图

〔28〕　中国社会科学院考古研究所等：《夏县东下冯》，文物出版社，1988年。

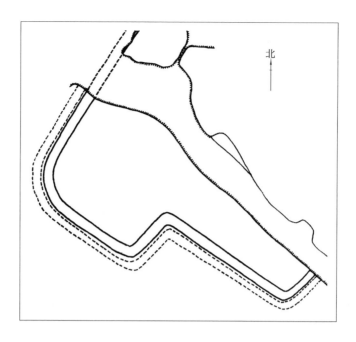

图 16　夏县东下冯城址

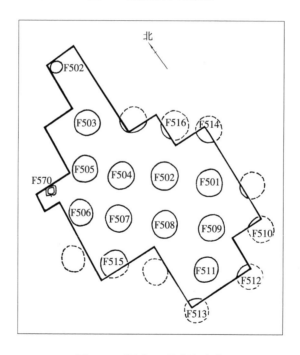

图 17　夏县东下冯建筑遗迹

表 3　晋南龙山及商代城址方位

时代	城址	中轴方向	北维方向	备注
龙山文化	陶寺城址	315°	0°	有资料说为 312°
商	东下冯城址	45°	0°	

再看东部区域龙山文化时期的山东阳谷景阳岗城址和江苏连云港藤花落城址。

景阳岗龙山文化城址平面略呈圆角长方形，为东北—西南向，方向43°。城址内发现大小台基2座，位于城址南部的大台基平面略呈长方形，方向也与城址一致[29]（图18）。距离景阳岗不远的皇姑冢新发现一座龙山文化城址，城址也是西南—东北走向，平面形状与景阳岗城址相似[30]。

景阳岗附近虽然没有高山大川，但远处东南方向还是有西北—东南走向的阳谷山岭的余脉，山与城方向大体吻合。

藤花落遗址位于连云港市国家级开发区中云乡诸朝村南部，处在南云台山和北云台山之间谷地上。藤花落古城由内外两道城垣组成，外城平面呈圆角长方形，由城墙、城壕、城门等组成，内城有城垣、道路、城门和哨所等。内外城方向一致，轴向约为55°，大体是四角朝向四正方向。在内城中发现30多座房址，分长方形单间房、双间房、排房、回字形和圆形房等各种形状，门大多朝向西南，与现代民居方向一致[31]（图19）。

连云港南云台山和北云台山之间的谷地，顺两山山势呈西北—东南走向（图20），与城址方向及城内建筑方向吻合（表4）。

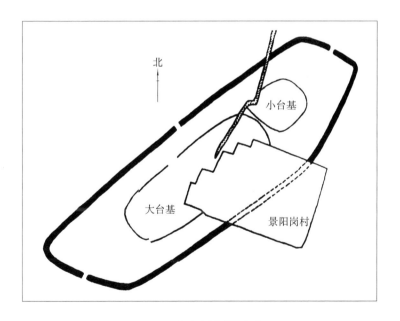

图18　阳谷景阳岗城址

〔29〕　山东省文物考古研究所：《山东阳谷景阳岗龙山文化城址调查与发掘》，《考古》1997年5期。

〔30〕　孙淮生等：《阳谷县皇姑冢龙山城址的初步勘探与相关问题的思考》，《蚩尤文化研究》二期。

〔31〕　孙亮等：《江苏连云港藤花落遗址考古发掘纪要》，《东南文化》2001年1期；林留根等：《藤花落遗址聚落考古取得重大收获》，《中国文物报》2000年6月15日1版。

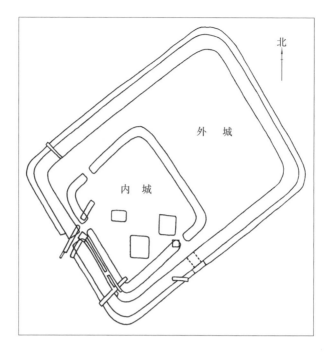

图 19　连云港藤花落城址

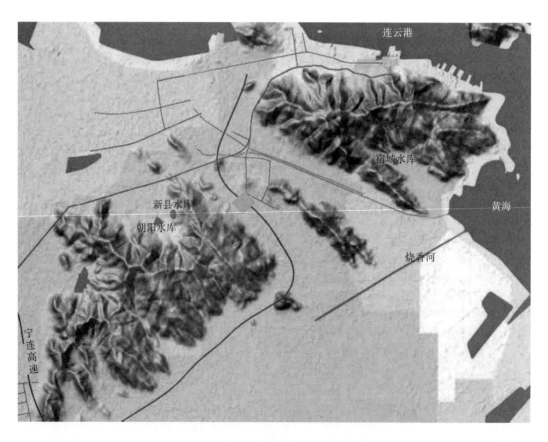

图 20　连云港藤花落城址附近山势图

表4　东部两处史前城址的方位

时代	城址	中轴方向	北维方向	备注
龙山文化	山东阳谷景阳岗城址	43°	358°	以西城墙为准
	江苏连云港藤花落城址	55°	10°	

以上这样的一些例证，都与古蜀方位系统具有相似的地理背景，这45°左右的方位倾角看似有些神秘，但都是由古城址所处附近山势决定的。只是目前还不能确定是因为有了固定的方位体系而选择合适的地点筑城，抑或是相反？也许两个动因都有。

还要提到的是，曾有人研究过湖北黄陂盘龙城商城的北偏东方位，以为当地风向顺河谷，其背后的滠水与涢水都是这个方向，这个方向可有效抵御北风的侵袭，多享受一时西晒的阳光，少进来一些早晨的雾气。滠水与涢水又都是断裂河谷，这个方位可有效地抵抗地震的破坏作用。郑州商城也用这个方位，郑州北偏东方向是冀中油田沉降带，这都说明商代大地构造学说有长足的发展[32]。

如果是这样，再回头看看成都平原上的古蜀方位，它正好平行于龙门山断裂带，是不与规避地震灾害有关呢？这一点似乎还不能遽下结论，我们还找不到更充足的论据。

正向、维向第一、第二方位系统的选择，决定性的因素有同有异，光照与季风是优先考虑的因素，而地理态势也是一个关键因素。对于倾斜的第二方位系统来说，地理应当是决定性因素，山势的走向往往就决定着方位的选择。当然山势也是决定风向的重要因素，风向也应当是方位选择的一个出发点。

3. 古代方位系统的传承

作为个体的人，都需要有基本的方向感，这是行为的制导。组成一个社会的人类从认识到确定自己在空间上的位置，是精神和物质上的双重需要，正是有这样的需要作动力，促进了人们对宇宙对大地的认识。确定并认同了这个空间位置，也就确立和认同了一个方位系统。一个完善方位系统的建立，应当可以看作是某个文明发达的一个象征，因为很多土著民族中原本是没有四方概念的，或者仅有东与西、前与后的方位词汇而已，有的四方概念或者是由其他民族中借用来的，他们的文明处在一种不发达的状态。

世界各地古今的方位系统，一般可以归纳在两个大的系统之内，即面东和面南两大系统，大体是西部世界如中亚远古居民面东，东部世界如亚洲腹地面南，在接合部

〔32〕　张哲：《盘龙城在商代社会的功用地位》，blog. cnr. cn/viewthread － 83997. html 2010 － 4 － 29。

则两种系统兼有〔33〕。不论是面东面南，都是在四方概念基础上的应用，本质上也并没有什么不同。在中国古代，面南是一个重要的传统，这个传统的确立，应当符合科学道理。有人会说面南背北的由来其实很朴实，是为着采光和通风的需要。中原地区及邻近大部地区太阳是东升西落，大多数地区的风向是春夏东南风，秋冬西北风，所以南向既可以有充足的光照度，又可以避免直射的西晒，春夏有足够的风通堂入室消暑散潮，秋冬又能挡住寒冷的西北风以护温保暖。

即使是先秦存在的南向系统，仍然可能来自于农耕定居在生产生活上对东亚大陆的季风气候的适应。学者们研究中国城市形态变迁史，以为先秦城市选址以君王居室之宫殿和祭祀祖先之宗庙的宫庙建筑为城市的主体，由于受大陆性季风气候的制约，宫庙主体建筑采取南北方向定位〔34〕。中原这样的传统，应当有了近5000年的历史。于是就有了汉乐府《陌上桑》"日出东南隅，照我秦氏楼"，以及李白的"日出东方隈，似从地底来"这样的歌唱。

当然，先秦时代所谓的南向，并不是严格的正南方向，我们在所有发现的城址中很难见到正南方向。比较而言，以南略偏西者为多，基本应当是商代的传统。南略偏西即是北略偏东，所以过去有学者研究说商人尊东北方位，注意到商代的城址、大型夯土建筑等重要遗迹的方向是北偏东。由此推定因商族起源于东北的古渤海湾一带，所以商代都城规划中重东北方位的经营，如郑州商城、偃师商城和洹北商城等莫不如此〔35〕。不过商代的这个方位传统为后来的城邑规制所继承，应当与商人原有的观念有了不同，或者只是依成例行事而已。严格的正南北向（磁北）的城邑出现于汉代，汉长安城的建制即是如此，从那以后就再也见不到商代方位传统的影子了。

古代方位系统的传承，还有甚于商代这样的例子。如古蜀特别的方位系统，并没有因为古蜀的消亡而消亡，我们看一看今日的成都街区道路系统图，依然还能看到明显的古蜀方位系统的影响。成都的中轴线是斜行的，走向是由东北向西南，接近45°。经历了数千年的传承，古蜀时代的方位系统仍然存在。成都的建城至迟始于古蜀金沙时期，最初一定就是采用的"维向"方位系统，形成偏斜的中轴。这条偏心的中轴以及后来沿这条轴线建筑的秦大城、唐罗城中发展出的方格路网结构，一直沿袭到了明代初年。当朱元璋之子朱椿封为蜀王，在城中心修建蜀王府，蜀王府按正南北中轴线布局，形成类似紫禁城的东西对称的庞大建筑群，旧址正在天府广场北端和展览馆一

〔33〕 维舟：《面南背北：中国文明的方向系统》，weizhoushiwang. blogbus. com，2009 – 08 – 09。
〔34〕 李孝聪：《古地图和中国城市形态变迁史》，香港城市大学中国文化中心编《历史地理—中国文化中心讲座系列》，香港城市大学出版社，2002 年。
〔35〕 杨锡璋：《殷人尊东北方位》，《庆祝苏秉琦考古55 年论文集》，文物出版社，1989 年；朱彦民：《殷人尊东北方位说补证》，《中原文物》2003 年6 期。

带[36]。虽然现在看到的中心广场是正南北向的布局，但那明显是明代城市改造的结果，是参考了中原古老的主体方位系统。两个方位系统在一个平面上得到了体现，尽管不那么和谐，却也让我们看到了两个传统的交汇（图21）。

我们再看晋南古代方位体系传承的例证。4000多年前的陶寺城，3000多年前的东下冯商城，都是采用的"维向"方位系统。有意思的是，到了战国时期，位于夏县的魏都安邑城，仍是以约45°的方向建城[37]。

前已述及，连云港藤花落古城址内的现代民居，依然保留着4000年前古城时代的方位系统，房门还是朝向西南。我们可以相信，这也是承自史前的传统。

以上是第二方位系统传承的例证，至于第一方位系统的传承，是一种主流传承，这里就不赘述了。方位体系是一种非常典型的文化印记，它传承的动力是非常强大的，不易变改。

最后还要说明的是，中国古代在两大方位系统之外，也还有其他一些特别的方位个例，因为没有普遍意义，所以不必太过于去关注它。

通过大量考古资料的统计，我们知道在古蜀文化中存在一个特别的方位体系，城邑、居址、墓葬乃至祭祀场所，都统纳在这个方位系统中。这是一个斜向方位系统，

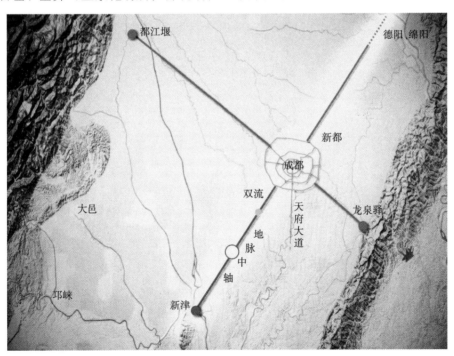

图21　成都城中轴线示意图

〔36〕　四川省文史馆：《成都城坊古迹考》，四川人民出版社，1987年。

〔37〕　中国科学院考古研究所山西工作队：《山西夏县禹王城调查》，《考古》1963年9期。

不同于中原主体正向方位系统。由考古发现的资料可以论定，中国古代存在两个方位系统，一是以方、面（中轴）定向，二是以维、隅（对角）定向，分别为第一和第二方位系统。以三代时期而论，中原地区主体属第一方位系统，而古蜀区域属第二方位系统。两大方位系统的形成，分别与天文和地理相关，其深层原因需要进一步探讨。两个大方位系统的传承与变改也有脉络可寻，这对于不同文化间的互动关系，也是一个很好的切入点。

（原刊《四川文物》2011 年 5 期）

狩猎、农耕、火食与进化

——史前饮食考古四题

饮食之于人类，是具有第一要义的事情。饮食及与之相关的活动，不仅是人类生存的前提，也是人类进化的动力，同时也是人类社会和文化发展进步的重要动力。在遥远的史前时代，在人类社会的初期发展阶段，饮食的意义也不例外，而且作用更为明显。史前考古已经为揭示饮食与人类进化和文化发展之间的关系进行了许多研究，获得了明确的结论，但是由饮食考古这个特定范畴进行的研究却并不深入，本文作为一种尝试，希望能对这个研究能有所推动。

1. 饮食与早期人类的进化

人与动物的区别，看似明显，却又不容易表述清楚。动物中有等级高低的分别，生物学家将指头和趾端带扁甲、大指与其余各指具有对掌功能、上下颌各有两对门齿的哺乳动物，称为灵长目动物，这便是最高等的哺乳动物。各类猿与猴都属灵长目，人类也列其中。作为动物的人，虽然与猿猴同列在灵长目之内，但人与一般的灵长类动物又有着根本的不同。但这区别主要表现在哪里，人兽的分野究竟在哪里呢？

人者何谓？在一些古人类学家看来，人与一般灵长类动物的本质区别，在于人会使用工具，所以人被称为"使用工具的动物"。还有的学者则更明确地将人界定为制造工具的动物，他们在一个世纪以前就有这样的论说，以为在工具问题上，人与动物之间存在着根本无法估量的差距，无论动物使用什么样的工具，这些工具绝不是它们自己制造的。

可是事实并不这么简单，德国心理学家苛勒（Wolfgang Kohler）通过对黑猩猩的实验观察证实，类人猿能够使用和制作简单工具。虽然相当多的学者并不愿意承认这一点，但在以后数十年的时间里，积累了越来越多的证据，表明类人猿在使用工具方面，具有非常惊人的能力和技艺。例如黑猩猩会用木棒作杠杆，会用木棒挖掘，会将两根短木棒连接成一根长木棒，用这样制作出来的长木棒获取手臂拿不到的食物。

人们也注意到这样一个事实：类人猿虽然具有发明才能，却没有文化，为什么类人猿没有文化？美国文化人类学家怀特（Leslie A White）说，没有经验的连续性，就不可能有文化。但是，什么样的经验连续性才构成文化的先决条件呢？这决不是来自经模仿而传递经验的那种连续性，因为在类人猿中也发现了这种连续性。很明显，唯独主观方面的连续性，而不是客观的或显露方面的连续性，才是必不可少的因素。

人使用工具是个积累和进步的过程，但类人猿却并非如此，它只是一代一代重复那些简单的技能而已，在经验上没有积累，它在使用工具上没有产生连续性的心理过程。人类的每一代都继承了前辈的工具和技术，并不断创造更新，正是这种技术的进步与积累，使人不仅最终脱离了动物界，而且使得人逐渐由野蛮状态进入到了文明时代。美国学者杜威（John Dewey）曾经在他所著的《哲学的重建》中写下了这样的一段话："人由于保存了他以往的经验而与低等动物相区别，……对动物来说，经验是随生随灭的，而每一种新的活动和经验都是孤立的。但人却生活在这样一个世界中，其中，每个都与对以往存在过的事物的反响和回忆相关，而每个事件都是对其他事物的提示。因此，人不像野生动物那样，生活在一个单纯的实在事物的世界中，而是生活在一个象征与符号的世界之中。"

任何动物的主要活动，几乎都是以获取食物维系生存为目的。许多的动物会收集和收藏食物，老鼠们会辛辛苦苦将老玉米运到洞中，它们要为度过寒冬准备足够的食物。蜘蛛忙碌结网，它们有时还没等到那网完全织好就能有所收获，总有倒霉的飞虫来自投罗网。蛛网有精巧的经纬布丝，蜘蛛还会在日出日落时修补残破的网。

看到蜘蛛，很自然地会想起蜜蜂，它们造出精致的蜂房，能酿出甜美的蜜。蜘蛛和蜜蜂都是机巧的食物生产者，一是总有收获的布网狩猎者，一是职业采花酿蜜者，它们都会制作生产或获取食物的工具，甚至都是与灵长目毫不相干的动物。其实几乎包括所有的动物，还有许多的植物，都有大小不同的类似获取食物的本领。人本来也是属于自然界中的这某一类的，但是人类不断发展着生产食物的技能，而不是像蜘蛛和蜜蜂那样重复祖祖辈辈那样的唯一技能，这也许是人之所以不断进步的一个重要因素。人由采集到狩猎、畜养、农耕，在不断更新食物生产方式的过程中不断进化。

人类是通过强化学习而成人的，不唯学习生存技能，还要学习包括传统观念与社会观念在内的文化。文化是人类的适应性，亚里士多德说"人是政治的动物"，现代又有人说"人是文化的动物"，人不仅创造了文化，文化也发展和完善了人自己。人类自身的进化，如直立行走、使用工具、用火，都是文化，人就是文化。还有的学者说过，人类出生后所获得的每个事物都是文化。人是动物，人有动物般的血肉之躯，有与灵长类动物相类似的生理机能。但人又不是一般的动物，而是最高级的、最特殊的动物。人有能动认知世界、认知自身的心智，有改造世界、完善自我的能力。人还拥有自己的社会、历史与文化，人是世间万物的主宰。许慎《说文》有云："人，天地之性最贵者也。"斯言是矣。

人与动物的区别，尤其是与类人猿的区别，不仅是在使用与制作工具之类技能上的，更重要的应当还是心智上的。人类起源的过程十分复杂，起源的动因与机制也是一言难尽。复杂的人既是自然界的一部分，又是社会的产物。美国哈佛大学的艾萨克曾发表过这样的论点：至少五项行为模式将人类和我们的猿类亲戚分开了，一是两足行走的方式；二是语言；三是在一个社会环境中有规律有条理的分享食物；四是住在家庭营地；五是猎取大动物。

这个说法特别强调了人的社会属性，强调了人的群体活动特性。对于早期人类这五项行为模式，至少有两足行走、分享食物和猎取大动物这三项与获取食物的过程相关。两足行走是基础，这是个体行为，但也是融入社会的个体行为。这种行为方式的出现，是人类行为方式最本质的改变，许多学者都将它列为人类出现的重要前提，意义正在于此。人兽的分野在很大程度上是通过饮食活动显现出来的，如猎取大型动物、分享食物、居住在家庭营地，都是早期人类的生活规则。

对于这样一个人兽分野的重大命题，中国古代先哲早有类似的高论。如《列子·黄帝》有云："有七尺之骸、手足之异，戴发含齿，倚而食者，谓之人"；《礼记·礼运》则言："人者，天地之心也，五行之端也，食味、别声、被色而生者也"。手足功用不同，用两足行走，有语言能力，饮食讲究滋味，还采用与一般动物不同的饮食姿态，这就是人，这就是区别于动物的人。既说明了人兽的形体差异，也列举了行为方式的区别，应当算作是较为完备的解释了。人平日可以粗茶淡饭，却总要追求适口的滋味，五味咸酸苦辣甜，一味不可少。人有时可以狼吞虎咽，却总要聆听席不正不坐，割不正不食的教诲，食之有仪。而动物呢，还有我们的同宗猩猩们呢，它们就没法与人的吃法相提并论了。

我们注意到古人类学家探究人类起源问题，将注意力集中到两足行走的起源上。学者们认为，两足行走的形成，不仅是一种生物学上的重大改变，而且也是一种重大的适应改变。甚至有人这样宣布：所有两足行走的猿都是"人"。两足行走的猿，在获取食物时采用的方式与过去不同了，在环境改变后这应当是一种更有效的行为方式。由于气候环境的变迁，由树居改为地面生活的猿类，在寻找食物的过程中形成了简单的劳动，促使前肢分化为手，后肢分化为脚，最终站立起来直立行走，这一走，就走出了猿群，完成了从猿到人的根本性转变。从这个意义上说，直立行走是人类祖先从事食物生产过程中获得的一项重大改变。直立行走以后，猿人的视野大大扩展了，大脑逐渐发达起来，语言也从更大范围的交往中产生，劳动也愈来愈见创造性，这种创造性劳动的标志之一，就是工具的制作。掌握工具制作技能是人类智慧最集中的体现，也是人类社会得以不断发展进步的根本动力之一。

劳动是人类先祖具备的一种特殊的适应手段，由于劳动的作用，才使生物演化转变为社会演化，后者成为人类发展的根本动力。劳动的作用筛选和保存了人类祖先机体遗传基因的有利突变，劳动选择了人，劳动保存了人，劳动作为人类的适应方式的本身，正是人类远祖所具备的潜能发展的产物。恩格斯在《劳动在从猿到人转变过程中的作用》中说，劳动是整个人类生活的第一个基本条件，它的意义达到了这样的程度，"以致我们在某种意义上不得不说：劳动创造了人本身。"

需要强调说明的是，作为早期人类进化动力的劳动，一般所指的就是人类维持生存的各种生产活动，其中最主要的就是获取食物的生产活动，如采集、狩猎、谷物栽培和烹调等。考察史前人类食物生产活动的方式、过程及其变化，应当是考古学研究的一个重要的内容。饮食是早期人类进化的必经之途，在一定角度看，是吃的方式、吃的内容、吃的观念不断变换，使得人类体质、社会、文化的进化获得了强劲的动力。

人类的发展，按照有些学者的划分，大体经历了前人类、原始人和现代人几个漫长的过程，这是由低级向高级的演化过程。生物进化的机制在于遗传与适应的交互作用，这种交互作用促使物种变异，推动生物进化。人类的进化，也是在这样的作用下一步步完成的，这样的过程虽然是缓慢的，但它却将人与猿的距离越拉越远，人有了自己的体质形态，有了自己的头脑，有了动物不可能有的社会与文化。

人是如何获得自己独特的体质形态的呢？在南非和东非发现的距今 400～100 万年前的人类化石，已有了不下 1000 多个体的标本，它们为研究早期人类体质的形成特点提供了可靠的资料。古人类学家的研究成果表明，人类独特的体质形态，主要表现在直立姿态的双脚直立行走而引起的一系列变化上。例如由爬行向直立姿态的转变，使人的骨盆旋转了 90°，骨盆变得短而宽了，这就使人类的外部形态有了根本的改变。

绝大多数的哺乳动物，自出生脱离母体之时，便能获得行动的自由，可以行走乃至跳跃，人却不能，除了吃奶的本事，别无力量。人类区别于动物的一个显著的特点，是婴儿初生时软弱得不能自助，要经历较长的儿童生长期，还有一个突然加快的青年生长期，以相当快的速率增加身高。动物界唯有人是如此，包括猿在内的多数种类的哺乳动物，都是从婴儿期直接进入成年期。人类出生时之所以表现出这样的特点，据生物学家的研究，那是因为受大脑发育和骨盆结构的制约。平均脑量为 1350 毫升的智人，妊娠期为 21 个月，而不是实际经历的像现代人这样的 9 个月。现代人还要靠出生后 1 年时间的生长，才能赶上去。人类分娩时新生儿的脑量只有成年的 1/3，这是为了适应人类并不能无限张大的骨盆出口。脑子的增大，直接影响到直立人的骨盆结构，只有增大的骨盆口，才能娩出脑子较大的婴儿。按现代人的情况看，新生儿 385 毫升的脑量是极限，再大一点，他的出生就是非常困难的事了。据研究，直立人与现代人的情形大体相似，婴儿脑量变为成年体积的 1/3，早期直立人的脑量大约为 900 毫升。就是这样一个至关重要的原因，人类的婴儿不得不过早地降生，将本来应在母体内完成的生长，安排在他出生以后。

研究者们注意到，高等动物物种脑子的大小不仅影响到智力，还与断奶年龄、性成熟年龄、妊娠期和寿命等方面的生命历史因素有关。脑子大的动物物种，这些因素要趋于延长，断奶晚、性成熟晚、妊娠期长、个体寿命长。

南方古猿被古人类学家称为是最早工具的制造者，用砾石制作最原始的石器，已经开始了狩猎和采集的集群生活。南方古猿脑量为 600 毫升，因为南猿已开始采用直立方式活动，所以身体结构发生了一系列相应的变化，头骨的枕骨大孔位置前移，骨盆向短而宽变化。1974 ~ 1975 年，在坦桑尼亚的莱托里发现了南猿在 370 万年前留下的一串直立行走的脚印，所以南猿被看作是跨越人猿界限的最早代表。

直立人是地球上极为成功的一个物种。直立行走的行为方式，是他们为适应变化了的环境而产生的更高效率的方式，这为他们寻找食物——尤其是成功的狩猎，创造了前所未有的条件。

直立人的脑量明显增大，从早期的 800 毫升增加到晚期的 1200 毫升。脑的增大与身材的增高互有关联。较之南方古猿，直立人的身高有明显增加，南方古猿平均身高为 140 厘米，平均体重为 40 千克；直立人平均身高为 160 厘米，平均体重为 60 千克。人类在这一阶段的进化，不仅仅是直立二字所能完全概括的，从脑量到身高都有明显增加，在体态的其他方方面面也都有了许多明显的变化。

2. 远古猎人与肉食

人类的生计，大约可以区分为 5 种形态，它们出现的时段不同，从早到晚依次是采集与狩猎、初级农业、畜牧业、精耕农业和工业。除采集狩猎为向自然索取食物外，其他 4 种谋生方式都是高一个级别的食物生产。环境决定着人类的谋生方式，生存环境在不同时期的变化，使得人类的谋生方式会发生一定的改变，或主要取一种谋生方式，或兼取二种与多种方式。

"人类不是生来就清白无罪的"，为了说明人类早期的狩猎生活内容，有的人类学家在他们的著作中曾发出过这样的感叹。还有的人类学家甚至作出过这样的形象比喻：原始人类生活的整个更新世，不断沿着一条石头和骨头的踪迹前进，石头就是人类的武器，而骨头则是人类的庖厨垃圾。人们用石头作武器，猎取各种动物为食，维持自己的生存。考古学家也正是由那些以百万年计的庖厨垃圾中，获得了远古狩猎者的许多信息。

最早的人类是从动物群中走出来的，虽然不再与动物为伍，为了生存与发展，却依然要与动物同行，他们要从动物身上吸取相当部分的能量，他们一代一代地成为了狩猎者，用动物的血肉强壮自己的体魄。早期人类经常性的生产活动，是通过采集和狩猎获取食物。对男子而言，他们每个人都是勇敢的猎人。有人曾作过这样的估计：从古到今在地球上生活过的人有 800 亿之众，700 亿以上的人为狩猎兼采集者，当然他们多数是生活在远古时代。

人类最早成功制作的石器可能是手斧，有学者认为手斧是随着直立人的出现而出现的，是人类获取食物的重要工具。理查德·利基说："当我们的祖先发现了持续地制造锋利石片的诀窍时，便有了人类史前时代的一次重大的突破。人类突然能得到以前无法得到的食物。……这样，他们不仅能扩大他们的觅食范围，而且也增加了成功地生育后代的机会。生殖过程是一种消耗很大的事情，扩大膳食包括肉类，会使生殖过程更加安全。"肉食对史前人类是如此的重要，对生殖繁衍，对体质进化，都是非常重要的。

恩格斯曾指出，肉食在人类形成过程中具有重要意义，肉类有丰富的营养，它缩短了消化过程，有效地保存了人的精力与活力，对大脑的发育也产生了重要影响。肉食还引起了两个有巨大意义的进步，即火的使用与动物的驯养。

早期人类的进化对肉类的需求很高，特别是脑的发育，脑量的增加需要靠提高能量供应来实现，肉类是热量、蛋白质和脂肪的集中来源，只有在食物中提高肉类的比例，早期人类才可能形成超过南方古猿的脑量。

在山西芮城的西侯度旧石器时代早期遗址，发现了生活在180万年前的西侯度人制作的打制石器，还有带有切割痕迹的鹿角和烧烤过的动物骨骼等，不少兽类的头骨因敲骨吸髓被砸碎。西侯度人使用粗糙的石器猎获各种动物，将猎物烧烤后作为自己的食物。所见的动物骨骼鉴定出的种属主要有鸵鸟、兔、纳玛象、野猪、鹿、披毛犀、野牛和羚羊等，它们中的大部分应当都是西侯度人的猎获物。在云南的元谋人遗址，也发现了许多哺乳动物肢骨化石的碎片和烧骨，表明元谋人的食谱主要是由他们中的猎人建立起来的，元谋狩猎者的猎获物较重要的有野猪、水牛、马、剑齿象、豪猪和各种鹿类，以食草类动物为主。在陕西蓝田人遗址见到的动物化石有三门马、大熊猫、野猪、斑鹿、剑齿象、剑齿虎、中国獏、爪兽、硕猕猴和兔等，多数应是当时人们享用过的肉物。

北京人的洞穴里发现大量大大小小的哺乳动物化石，都是主人们的猎获物，其中鹿类化石的个体多达3000头，也许是北京人独有的嗜好决定鹿类为主要狩猎目标，也许是当时附近生活的鹿类太多的缘故，也许是捕猎鹿类较为便利。不过，鹿类行动迅捷，捕获是非常不容易的，有的人类学家认为史前人类捕获鹿类的有效方法是没命的追赶，美洲印第安人追赶鹿群时，追得它精疲力尽而倒地，那鹿的蹄子都完全磨掉了，由此可见猎人们的韧力，为获得猎物他们付出的体能该有多大！

旧石器时代的狩猎活动，对人类社会及人类自身的发展带来的影响是巨大的，狩猎行为的终极目标是开拓食物资源，但它起到的作用却比这要大得多。人类在追寻猎物的过程中，逐渐加深了对自然界的了解，他们要弄清各种动物生存与活动的规律，确定捕获的地点与时机。人们还要根据不同的狩猎对象，设计不同的捕获方法，对工具加以改进。在追捕猎物的过程中，人们知道自身的奔跑速度不如动物快，急切寻求超越自身、超越动物速度的武器，石球、投枪、弓箭就是在这样的思考中发明的。在长途追猎中，猎手们要携带足够的水，于是发明了皮囊之类的容器。狩猎行为就是这样发展了人类的智力，使手与脑的配合越来越协调。肉食不仅促进了脑与手的进化，也促进了工具的进步。

狩猎改善了人类的大脑思维，同时还大大促进了人类体质方面的进化。有研究者认为，人类正是在追捕猎物的过程中逐渐脱去了体毛，将自己的外表与动物明确区别开来。体毛阻碍了人类在剧烈活动中的散热要求，脱毛也就成为了人类追求美味肉食的结果。也有人认为，人类体毛是在熟食的作用下脱去的，这熟食指的自然也是肉食，从这个意义上说，人类进化的脱毛过程确与狩猎的发展有着非常紧密的联系。

获取肉食的生存活动，还要求有意义重大的社会结构和合作。有效的出猎，要有恰当的组织方式，有时甚至在不同的组群之间产生协作关系，人类在共同的狩猎活动中发展了交往技能。

狩猎活动在人类进化过程中的作用十分重要。达尔文在《人类的由来》一书中曾明确提出了这样的观点：用人造武器狩猎是人类之所以真正成为人的因素之一。这个道理是再明白不过的了，饥饿的狩猎者行猎的结果，解决的不仅仅是饥饿问题，狩猎改变了人类自己。

人是有人样的，从表面形象看，人之为人，确实首先在用双足行走，但并不仅限于此。人的面容与猿类区别也很大，面部主要特征为短吻。直立人在牙齿上的变化很有特点，前部牙齿增大，后部牙齿减小，成为与南方古猿最显著的区别之一。研究者推测人类牙齿的这种变化可能与食性的改变有关，经常性的肉食取代了过去若干植物性食物，食物制备技术有了一定发展，使得咀嚼时后部牙齿用得较少，结果下颌骨及面部相关骨结构减小，人的吻部自然也就向后收缩了许多。收缩了外凸的吻，人类的面容便与猿类产生了明显的距离，获得了平正而和善的脸庞。

咀嚼自然是一种饮食活动，直立人咀嚼方式的改变，是食性改变的结果，也即是食物原料改变的结果。换一句话说，是人类由采集者进步到狩猎者的结果，是扩大的肉食来源改变了人的容颜。到了晚期智人的时代，智人前部牙齿和面部减小，颅高增大，眉脊减弱，人种开始形成。人种是根据人类皮肤的颜色、头发的形状与颜色、眼鼻唇的形状进行区分的，一个人种是具有区别于其他人群的共同的遗传体质特性的人群。不同的人种属于同一物种，就是智人种。

3. 原始农人的生计

旧石器时代狩猎者的传统毫无疑问地延续到了新石器时代。早期新石器文化的面貌呈现有相当强烈的狩猎采集经济色彩，虽然农业与家畜养殖均已出现，但人类食谱中的肉食来源仍然还要依靠狩猎。到了新石器时代中期以后，饲养业有了进一步发展，家畜在人类肉食中的比重有了明显增加，不过狩猎还在发生着一定作用。

谷物在作为比较稳固的食物来源以后，人类并没有一变而为完全的素食者，他们时常还要想起品尝肉食的美味，于是就发明了家畜养殖业。

据有些研究者的结论，家畜的起源似乎还要早于农耕出现的时代。例如人类最先驯养的狗，驯养者是猎人而不是农夫，猎人们养狗是为了它充当狩猎的助手。也有人说，是农耕的出现才使家畜的驯养成为可能。有一种理论认为，种植业的发明可能是家畜养殖的需要，当初的收获物都是用于动物的饲养，后来逐渐驯化成食用谷物，作为人类自己的食粮。

家畜的驯养，据研究大体经过了拘禁驯化、野外放养与定居放牧几个阶段，或者用散放、放牧和圈养作为家畜驯养的三种不同形式。有些研究者认为驯化家畜有一定的模式，有幼畜隔离模式，还有阉割雄畜模式。其实动物的本性千差万别，它们的驯化不可能采用同样的模式。中国新石器时代较早驯化的家畜是狗，狗的祖先是狼，由凶狠的狼驯化为忠诚的狗，显然是猎手们的功劳。猎人们围猎和追猎的最好助手，就是他们精心培育的猎狗。在中国发掘的多数新石器时代遗址中，都见到了狗的遗骸，最早的年代为距今 7000~8000 年，属磁山、裴李岗和河姆渡文化。仰韶文化遗址所见狗头骨较小，据研究应是体格中等的猎狗。狗骨在一般遗址中出土的数量很少，表明它没有被大量饲养，多数情况下应是作猎狗使用的。

在史前从事农耕的部落中，最重要的家畜是猪。家猪驯化的年代可能与狗大体同时，中国新石器时代遗址普遍出土了它的骨骸。河北徐水南庄头遗址出土了距今 10000 年前的家猪遗骸，仰韶文化和河姆渡文化居民都饲养有家猪。许多文化共同体的居民都有用猪作随葬品的习俗，人们食猪肉，用猪作举行祭典时献给神灵的供品。如大汶口文化居民，常以猪头和猪下颌作随葬品，有时一座墓中出土多块猪下颌骨。

中国史前南北方的家畜品种也存在一定的差异，狗和猪南北新石器时代居民都有饲养，而且都是以猪为主要养殖对象，区别在南方有水牛，北方有鸡，都有 7000 年以上的驯化历史。过去曾以为中国家鸡是自印度引种的，而考古学家在磁山文化遗址中发现了家鸡的骨殖。南方的彭头山文化遗址发现了家水牛的骨骸，目前还不能判别是肉牛还是役牛。在江苏吴江梅堰遗址出土了 7 具完整的水牛头骨，附近太湖流域的其他遗址也都见到不少的水牛遗骸。

仰韶居民饲养的家畜，由出土的动物骨骼鉴定，主要有猪和狗两种，此外还有鸡、羊和黄牛。家猪骨骸发现的数量也不多，个体较小。从姜寨遗址的资料看，家猪半数的死亡年龄在 1~1.5 岁之间，83% 的数量都没有 2 足岁。

在山东滕州北辛遗址，在一些窖穴的底部动物粪便层，这种窖穴应当就是圈养牲畜的圈栏，年代有了 7000 年。浙江余姚河姆渡遗址也见到两座小型家畜栅栏遗迹，西安半坡遗址有较大的牲畜圈栏遗迹。在临潼姜寨遗址还发现了两座牲畜夜宿场，场上留有几十厘米厚的畜粪堆积，表明仰韶文化居民的家畜饲养有了一定的规模。在山东胶县三里河遗址的一座猪圈栏遗迹的底部，发现了 5 具完整的小猪遗骸，这座猪圈可能是因为突如其来的原因废弃了。

到了新石器时代末期的龙山文化时代，北方又成功驯化家猫、家山羊与绵羊，可能还有了家马，南方是否同时也有这些家畜尚不十分清楚。

中国古今将传统饲养的家畜统称为"六畜"，指的是马、牛、羊、鸡、犬、豕，农人们不仅盼望五谷丰登，也盼望六畜兴旺。在新石器时代结束之前，传统的六畜都已驯化成功，后世的中国人所享用的肉食品种的格局与嗜食习惯，早在数千年前的时代就已形成了。

远古时代农耕技术的发明，有"绿色革命"之喻，许多学者都认为原始农业的出现，是人类认识世界、改造自然的巨大成功，农业的产生与发展是文明出现的首要前提。英国考古学家柴尔德最早作出了这样的论说："食物生产——对食用植物尤其是谷物的自觉栽培，对动物的驯化、饲养和选择，是人类历史上自掌握火以后最伟大的经济革命。"现代美国社会学家阿尔温·托夫勒也对此进行了评价，他在他的名著《第三次浪潮》中，将农业的开始作为人类文明史上出现的第一次浪潮，认为那是人类社会的第一个转折点。

农业的出现，是新石器时代到来的又一个最重要标志，它又被考古学家称之为"新石器时代革命"。原始农业的出现，显然并不是突发事件，应当经历了十分漫长的过程，所以有的学者将农业的出现视之为进化而不是革命，也有一定的道理。

关于农业起源的研究，柴尔德的"绿洲理论"说，农业发生在更新世末期一段严重干旱时期，气候危机逼迫人和动物都集中到了环境较好的绿洲上，为了生存人类被迫学会了培育植物和驯养动物。不过后来的科学考察证明，在更新世末期并没有发生什么灾难性的气候变异，研究者于是创立了一种新的"核心地带"的学说，认为有一种适宜培育植物和驯养动物的核心地带，人类凭借自身的能力与热心，在那里完成了农业革命。另外还有"人口压力理论"，认为是由于自然环境的变迁，传统的狩猎经济已不能满足相对集中人口的需求，农业生产经济就十分自然地出现了。

地球上的最后一次冰期结束之后，气候随之逐渐变暖，在改变了的环境中人类也慢慢改变着生产生活方式，世界各地在流浪中的采集与狩猎者集团，就这样独立发明了各种农业技术。随着环境的变迁和人口的增殖，原有的采集与渔猎之类的攫取经济，越来越不能满足人类生存的需要，生活来源的不稳固，给先民带来了空前的烦恼。寻找新的生活来源，成了愈来愈紧迫的事情。

不适宜作猎手的妇女，在年复一年的采集活动中，对植物的生长规律逐渐有了一些认识。也许是将吃剩的植物籽实扔在驻地附近，经历了春雨夏阳秋风，于是出现了发芽、开花、结果的事，人们无数次地观察到完整的植物生长过程，常常收获到无意种出的果实，而且还是一些人们最爱吃的果实。也不知经过了多少代人的经验积累，也不知经过了多少难熬的饥饿，终于妇女们开始了最初的种植实验，人类收获到了自己第一次亲手播种培育的果实。许多学者都认定妇女是最早的农人，绿色革命是妇女开创的，是她们将新的生机又带给了人类，就在这样的发现中又迎来了一个新的时代，这就是农耕文化时代。农耕文化的出现，被学者们看作是人类文化与技术进步的结果，而不是生物进化的结果。

原始的农耕垦殖方式，经过了由火耕发展到锄耕的过程。中国锄耕农业的出现，应当不会晚于距今八九千年前。这时的农耕活动已有了较大的规模，已培育出了较好的栽培作物品种，收获量一般能满足人们的生活需要，有了一定数量的粮食储备。根据比较精确的统计，全球粮食、经济、蔬菜、果树等作物共有 666 种之多，起源于中国的有 136 种，也有的说是 170 多种。考古学发现的证据表明，中国新石器时代的粮食作物有粟、黍、稻、麦、高粱、薏苡和芝麻，另外还有 20 多种植物遗存，如油菜、葫芦、甜瓜、大豆、花生等，有的可能也属于栽培作物。

集中体现中国的"绿色革命"的成果，是粟、黍、稻三大谷物的栽培成功。华夏先民最早栽培成功的农作物，主要是粟和稻，由于地理环境的差异，中国原始农业耕作自一开始，就形成了南北两个不同的类型。

长江中下游及南方地区，气候温暖湿润，雨量充沛，古今农作物均以水稻为主。考古学家发掘到大量的史前稻作遗存，时代最早的发现是在长江中游地区。湖南道县玉蟾岩遗址，年代在距今 1 万年以上，文化属旧石器向新石器时代的过渡时期，那里发现了目前所知时代最早的稻作遗存。江西万年仙人洞遗址也发现过稻作遗存，年代与此相当。稍晚的湖南地区的彭头山文化，也发现了栽培稻的证据，距今已有 9000 年以上的历史。经过了不太长的一段时期的发展，到了距今七八千年前的年代，长江流域的水稻栽培已相当普遍，而且已培育成功了粳、籼两个主要品种。籼稻为基本型，粳稻为变异型，两者的差别是栽培环境的温度不同而分化成的。在一些新石器文化遗址，发现了大量的炭化稻壳堆积，有的陶器内还见到残留的大米锅巴，有的陶胎内还见到掺入的稻壳炭粒。在发掘浙江余姚的河姆渡遗址的居住区时，发现堆积厚达 1 米的大量炭化稻谷、谷壳、稻杆，还发现了稻穗和米粒，计算认定这些稻谷总量在 120 吨以上，可见当时的产量已相当可观。经鉴定，这些稻谷主要属栽培稻的籼亚种中晚稻类型，也包括有粳稻。

发现稻作遗存的最南端的新石器遗址，是广东曲江石峡遗址。虽然长江及华南的新石器时代居民是以水稻为主要栽培作物，但近年的一些考古发现却明白无误地证实，史前黄河流域也曾有过一定面积的水稻栽培，表明当时的黄河流域可能比起今天要湿润温暖一些。黄河流域最早的稻谷遗存发现在河南舞阳贾湖遗址，年代为距今 8000 年上下。仰韶文化居民也有栽培水稻的经历，陕西华县泉护村发现过类似稻谷的痕迹，河南郑州大河村遗址发现过稻壳痕迹。在龙山时代的豫、陕、鲁地区，都有零星的稻作遗存发现，当时的栽培规模可能不及长江流域。

在气候干燥的黄河流域广大干旱地区，史前农人最早栽培成功的谷物是粟。黄河流域原始农业文化的出现，估计可以早到 1 万年以前，与长江流域几乎难分高下。黄土高原土壤结构均匀松散，富含肥力，有利于耐旱作物的生长。黄河中游的地理环境，与世界上农业发生最早的西亚地区的扇形地带接近，具备产生早期农业文化的适宜条件。在黄河流域的一些早期新石器遗址里，考古发掘到了明确的旱作谷物粟的证迹，它们是世界上最古老的栽培粟，表明黄河流域是粟的原产地。粟由禾本科的狗尾草培育而成，生长期较短，耐干旱，生长前期要求温度渐高，光照加长，后期要求温度渐低，光照缩短，非常适宜在黄河流域栽培。

数十处新石器遗址发现了粟的遗存，它们主要分布在黄河流域。年代较早的是河北武安磁山遗址的发现，在 88 座窖穴内发现的粟的堆积据测算有近 10 万公斤之多。作为仰韶文化主要分布地带的原始农耕技术出现以后，经过 3000 年以上的发展，到仰韶文化时期已经比较成熟。仰韶居民农作物主要品种是粟。在西安半坡遗址数座房址中的陶器内，都发现过碳化的粟。

黍，又称为糜子，脱粒后为黄米。它的生育期较短，喜温暖耐干旱，耐盐碱，耕作技术要求不高，适宜于北方种植。黍的遗存已发现了十几处，多分布在北方地区。甘肃秦安大地湾遗址的发现年代最早，有了不下 8000 年的历史。黍的栽培年代可能同粟一样古老，只是种植范围没有那么广泛。

北方地区稍晚栽培成功的谷物还有小麦和高粱，近些年的考古发现越来越清楚地表明了这一点。人类最初将野麦草驯化为一粒系小麦，再与拟山羊草杂交产生二粒系小麦，后来又与方穗山羊草杂交成为普遍小麦。过去的研究认为，小麦最早在西亚栽培成功，在西汉初年传入中国。甘肃民乐的东灰山新石器时代遗址出土了栽培小麦数百粒，年代为距今 5000 年前；陕西武功的赵家来龙山文化遗址出土的烧土块上，见到了小麦杆的印痕。中国小麦可能最早是在西部高原驯化成功的，估计在距今 5000 年前引种到了黄河中游地区，但种植似乎并不十分普遍。

高粱性喜温暖，抗旱耐涝。一般认为高粱最先在赤道非洲栽培成功，史前传入埃及，公元前后传入印度，3 ~ 4 世纪传入中国西南，迟到元明时代才在全国范围内普遍种植。考古发掘到的证据是，中国新石器时代已有了高粱种植，黄河流域的若干新石器文化晚期遗址都见到了炭化高粱籽粒和皮壳。

除了谷物以外，中国史前时代的其他栽培作物还有一些，如白家村文化的油菜，仰韶文化的芥菜，河姆渡文化的葫芦，良渚文化的瓠瓜、甜瓜、大豆，可能还有花生和芝麻。

我们在古代文献中，得知古人将常见的谷物称为五谷或百谷，主要包括稷（粟）、黍、麦、菽（豆）、稻、麻等。除了麦与麻外，都有了 7000 年以上的栽培历史。

古时将农耕的发明，归功于传说中的神农氏，说在猎获的动物不足以维持生存时，人们就发明了农具，利用天时地利开始农作物的栽培驯育。古代关于农业起源这样的传说，竟与考古学揭示的"绿色革命"的事实大体吻合。其他存在于少数民族中的神话，也有许多关于谷物栽培起源的传说。考古发现已经证实，中国是世界上农业起源的一个重要的中心地区，在人类文化发展史上占有十分重要的地位。

农耕作为新型的食物生产方式，在地球上出现了数千年之后，除了很少一部分仍然以渔猎经济为生的人群以外，使绝大多数的猎人都变成了牧人和农人，农耕文化在一些中心地区起源后，很快就传遍了全世界。

谷物生产从根本上改变了人类的饮食生活，这种比较稳固的经济来源，造成了人类长久的定居，农人的聚落出现了，在环境条件较好的地方人口密度明显增加了，这就必然带来了建筑在农耕基础上的人类文明。有了粮食储备的人类，将过去要几乎全部耗费在寻觅猎物的能量，投入到了许多新的工作中，于是纺织、快轮制陶、冶金术就出现了，文明最终也出现了。

4. 火食发端

烹饪并不是人类与生俱来的发明，它是人类物质生活发展到一定阶段的产物。在人类刚刚脱离动物界的蒙昧时代，食物原料就等于是美味佳肴，并不要通过任何烹调过程就可以送入腹中。到了后来，也只是偶尔用最简单的烧烤方式加工食物，没有什么调味品，也没有想到要使食物变得更美观诱人。

刚刚脱离动物界的人类，最初的饮食方式自然与一般动物没有什么明显区别，每在获取食物时，生吞活剥而已。在汉代及汉以前的古代文献中，形象地称这样的饮食方式为"茹毛饮血"。如《白虎通义》说，古之人"饥即求食，饱弃其余，茹毛饮血"；《礼记·礼运》说，古之时"未有火化，食草木之食、鸟兽之肉，饮其血，茹其毛"。人类生食的历史可能十分长久，生食的传统甚至局部保留到了现代，我们今天仍然有时还以生食为至美之味，还在当新鲜食法享用某些生食，这也许就是远古遗留下来的生食传统的体现。一些民族至今还保留的食用生料的习俗，可能是对远古生食的一种记忆。

人类的生食传统是古老的，我们还不能确知熟食时代是怎么到来的，不知道惯于生食的先民们为何要改变他们一向的饮食方式，而倾心于繁琐的熟食。熟食香美的滋味也许是最大的诱因，而火的应用则是最重要的前提条件。

火食的起源，也许经历了相当长的过程，并不是在某一天，人类突然感受到了熟食的美味，就从此不再吃那些还流着鲜血的兽肉了。根据古人类学家们由化石材料的研究，更新世的人科牙齿已显示出食用烧烤食物带来的结果，他们已经脱离了生食状态。

营养学认为，现代人类对大部分食物不能生吃，而必须熟食。相反所有动物几乎都是生食，熟食对于多数动物都不适应。人类在进化中有一个从生食到熟食的演化过程，对熟食的适应性使得现代人类对于主要包括肉类、水产品、谷物等无法生食。人类对食物的消化，除了人体的消化器官的生理作用外，很大程度上要靠人体内的各种消化酶的帮助，这是非常复杂而有序的系统。人类从生食到熟食的进化，实际上是人类消化适应能力的进化，也可以说是一种退化，因为他不得不依靠在体外已改善了的半消化食品，才能适应肠胃功能。

所谓半消化的食物，对史前人类而言，主要是火化的熟食，还可能有腐化的生食。食物的腐化是一个缓慢的化学酵解过程，既改变了食物原本的性味，又变得比纯粹的生食易于消化。也许人类最早品尝样的腐食是出于不得已，几天的出猎一无所获，他们在途中偶尔发现了腐烂的动物尸体，结果也能充饥，腐食的历史就这样开了头。后来在有了充足的食物时，人们有意制作腐食，享用熟食所不能提供的另一种滋味，那又另当别论了。

人类经历了漫长的没有烹调师、调味品的时代，但那并不意味着先民们的饮食生活没什么滋味可言，相信那时人们的味蕾已经开始发达了。自然界里得到的生食本来就具有互不相同的滋味，它们会对人们还不很发达的味觉带来各种刺激。在狩猎采集时代，虽然开始用火进行熟食了，但饮食生活大约还是比较简单的。刚刚开始的熟食，是一种最原始的烹饪，既无炉灶，也不知锅碗为何物，陶器尚未发明，主要烹饪方式不过是烧烤而已。人们在感到饥饿时，将肉块直接投入篝火中烤一烤，未必像我们现在这样熟透了才吃。

火是重要的生产工具，可用于狩猎，用于烧荒，火又是食物生产的重要工具。正像有些学者指出的那样，火的使用使人类开始吃熟的食物，熟食缩短了咀嚼和消化过程，分解了坚韧的肉和根茎类的纤维成为氨基酸和糖，使食物柔软和在某些方面更富于营养，并减少了进食的时间和耗费的能力。食物的种类和范围也因之扩大，促进了人类体质的发展。用火带来的第一个重要的结果，可能是人类食性的明显改变。过去一直以植物类食物为主，用火开始以后，动物类食物显著增加，人类食性因之完成了向杂食的完全转变。

农耕时代到来以后，谷物成为主要的食物。谷物是不宜生食的，先哲曾推测说，先民最初可能是借用了烧烤肉类的方法，将谷物放在烧热的石板上烤熟，如《礼记·礼运》即说："中古未有釜甑，释米捋肉，加于烧石之上而食之耳。"这是古时对石烹时代的一种回忆，人类在饮食生活上可能确实经历过这样一个阶段。根据一些民族学资料考证，东北地区有的民族在烹饪时，以木容器盛上水，将食物放入水中，然后烧热小石子投入水里，如此往复数十次，水热了，水中的食物也差不多就熟了。东北的鄂伦春人也用这方法熟食，将水与食物一起放入桦皮桶内，用烧热的石块投入桶中将食物煮熟。不仅在东北，就是在南方，也能发现用这方法熟食的例子。如云南的傣族过去就是这样，在杀死一头牛以后，先在地上挖一个坑，把剥下来的牛皮垫在坑中，再盛上水，放进牛肉，然后投入烧红的石块，水开一会儿，肉也熟了。还有独龙族和纳西族人在烙饼时，用一块圆形石板架在火塘上，把和好的饼浆倒在烧热的石板上烤熟。这类似的石烹方式不仅在中国找得到例证，在世界上其他地区也似乎广泛存在过。在罗伯特·路威所著《文明与野蛮》一书中，见到了这样的叙述：荷皮族的妇女会拿玉米面烙薄饼，她先把玉米放在石板上碾成粉，然后往那烧热了的石板上摊开。蕃古洼岛印第安人把水和肉装在木匣子里头，然后拿烧热的石子往水里丢，加州印第安人不用木匣而用不漏水的篮子。在平原第安人中，地上竖四根木棒，中间挂一个皮袋，或者在地上掘一个窟窿，四周铺以牛皮，然后搁水搁食物搁烧热的石块。这种古风在西班牙的给不斯哥地方仍然可以见到，那个地方的巴斯克人煮牛奶的方法，便是拿烧热的石块往木桶里丢。

在不同地区不同种族中，所见的石烹方式如此的相似，除了用人类曾普遍经历过这么一个烹饪阶段来解释，恐怕再找不到更好的答案了。不仅在民族学资料中我们见到了这样多的证据，考古学也发现了一些古代石烹的遗迹。美国华盛顿州哥伦比亚河上游，发掘出一个早期印第安人遗址，遗址上发现了蚌壳化石和龟裂的烧石堆积，考古学家认定它是当时遗址的主人进行熟食的证据。人们用涂泥竹篮盛水与河蚌，用加热的石块投篮中烤熟蚌类。竹篮早已腐朽，连食肉后的蚌壳也成了化石，但烧过的石块却显现了1万多年前人类石烹活动的证据。

西藏高原西部的古格王朝遗址里也曾发现几百年前的石釜，共有30多个，均为整块花岗岩琢成，有方形的，也有圆形的，直径15~40厘米，高10~20厘米。这种石釜是专用于煮肉的，煮出的肉味道十分香美，口感独特。类似的石釜在藏族的现代生活中还有使用，在日喀则和山南地区，甚至包括拉萨城在内，有不少藏民仍然喜爱用石釜烹饪，延续着古老时代遗下的传统。

不仅在少数民族地区，即使是在汉族地区，远古石烹传统也依然还在延续着。清代人著作中的"石子馍"、"石子炙"，可能就是上古石烹方式的遗留。清代《调鼎集》和《素食说略》中记述了石子馍的制法，用细面加香油、糖、盐揉成薄饼，在锅内铺小石子烧热，将饼置石子上烙熟。渭河边的农户家里至今还以这样的石子馍为美食，时光过去了以千数的世纪，人类还没有忘却自己那遥远的石烹经历。

烧烤固然为永恒的烹饪方法，但对于谷物而言，却不是非常适宜的，有时会感到诸多的不便利。人们想到应当寻找新的烹饪方式，让平淡的谷物变为真正的美味。

在采集狩猎者中出现了农人以后，在农人中又出现了陶工，陶工应当是人类社会第一批手工业者，是原始的社会分工中出现的意义非同寻常的事件。对原始的农耕部落来说，陶器是他们最有用处的日用器具。稳固的定居生活离不开大量的容器，汲水、烹调、饮食、贮藏，都需要容器。在竹木皮囊之类的制品再也不能满足需要的时候，陶器便从史前熊熊的窑火中诞生了。

人类逐渐认识到了黏土的性能，懂得了它能在高温中产生质的变化，获得了最初的物化知识。黏土本为古老的岩石风化而成，加热至800℃以上，就能变成结构紧密的新型物质，这物质便是我们所称的"陶"，事先将黏土捏成一定的形状，焙烧后就是陶器了。在科学观念处于萌芽状态的史前人那里，认识到这种质的变化并不容易，要完成制陶术的发明就更是不易了。

在古代传说中，有三个人享有陶器的发明权，即昆吾、神农、黄帝。佚书《世本》说"昆吾作陶"，还说"神农耕而作陶"，《古史考》说"黄帝始造釜甑"，总之那是十分遥远的事了。陶器应当是人类生活发展到一定阶段的产物，是长期实验的结果。陶器主要用于农耕部落的饮食生活，它是因了烹饪的需要而发明的，耕而作陶、始造釜甑的说法也是极有道理的。

制陶术在中国的发明，可以追溯到距今1万年前。在华南地区的一些洞穴遗址中发现了测定为1万多年的破碎陶片，火候较低。在江西万年仙人洞遗址的新石器时代早期地层里，出土了数百片陶器残片，陶片胎体厚重，夹有砂粒，表面遗有草把涂刷留下的乱条纹装饰。湖南道县玉蟾岩遗址，也发现了火候低质地疏松的陶片，时代与仙人洞接近。在北方的河北徐水南庄头和北京的东胡林等遗址，也出土了年代相近的粗糙陶片。

到了距今7500年上下时，制陶业已较为发达，工艺技术渐趋成熟，简单的彩陶也开始出现了。距今6000年前后，制陶术的发展进入到一个高峰时期，陶器的火候较高，器形变化较多，器表装饰多样化，彩陶比较普及。此后制陶术又有了明显的进步，轮制技术普遍采用，出现了薄胎陶器，磨光黑陶和蛋壳陶技术代表着这一时期的最高水平。

陶器也许正是在人们对新烹饪方式的寻找中发明出来的，早期陶器器类多为釜罐等炊具，这本身就是一个很好的说明。中国在新石器时代制成的陶质炊具主要有釜、甑、鼎、鬲、甗、鬶等，它们的功用主要是蒸煮，而不是炮炙，烹饪的对象不同了，烹法也就有了明显的改变。中国多数新石器文化中都发现了形态各异的陶鼎，这些鼎除了作炊器，也作为食器，这"鼎食传统"传统对早期文明社会产生了很大影响。

我们现代人所熟知的甑，在陶器出现之初还没有发明，它是人们对谷物烹饪又有了新的要求后才创制出来的。在用釜鼎类炊具烹饪时，人们得到的只是粥与羹之类的流质食物。当先民对蒸汽有了认识，又希望得到口味不同的非流质食物，这时甑就发明了。中原地区在仰韶人的时代已开始用陶甑烹饪，只是还不怎么普及，到龙山文化时代甑的使用就相当普遍了，在许多遗址里出土了甑。

在种植水稻的长江流域，甑出现的时代要稍早一些，河姆渡文化居民已制成了标准的陶甑，不过使用并不很普遍，时代更晚的崧泽、大溪、屈家岭文化居民则已大量使用甑作炊器。远古先民用甑烹饪，是将甑套在釜、鼎、鬲上，利用这些炊器产生的蒸汽将食物烹熟。后来在龙山文化时代，更是制成了甑鬲合体的新型炊器，这就是考古学家所说的甗，这种炊器似乎最早出现在长江流域，后来在南北方使用都很普遍。鼎鬲给人们提供的主食是稀粥，有了甑以后，人们就有更多的吃干饭的机会了。虽然还是同样的粒食，但干饭对人们体质的增强提供了新的物质基础，我们还由此看到原始农业有了新的发展，粮食有了较多的剩余。

中国史前发明了甑，这不仅只是一种解决吃饭问题的技巧，它还具有更深的文化意义。原始蒸法是人类利用蒸汽能的最早实践，这是东方饮食文化区别于西方饮食文化的一个明显标志。要知道直到今天，西方人在烹饪时还极少应用蒸法，甚至在一些国家厨师连蒸法的概念也没有。正因为如此，东方是以蒸法见长，所以做出来的是米饭馒头；西方是以烤法见长，所以人家的主食是面包。

在河姆渡文化和仰韶文化中，见到形制不相同的陶灶，仰韶文化居民还使用一种烙饼的陶鏊，这些炊器表明了史前烹饪方式的多样性。考古还发现了新石器时代居民使用陶器进行烹饪的直接证据，如河姆渡遗址见到残留有鱼骨和大米饭粒的陶釜，宝鸡北首岭遗址的一座墓葬中随葬有盛着两条草鱼的陶罐，胶县三里河大汶口文化墓葬出土的陶鼎中也有鱼……许多陶器出土时表面都带有烟炱，有的陶器是直接从先民的火塘中发现的。可以说，没有陶器，就没有史前人类真正的烹饪。

人类的火食自发端以后，在史前大体经过了烧烤、石烹、陶烹几个阶段。烧烤没有采用什么中介传热物质，直接将肉物放在火上烤熟。石烹的导热物质有时是水，有时是固体的石块。陶烹主要以水为导热物质，蒸法又将水导热方式转换为气体导热方式。在文明时代又有了用油导热的烹饪方式，这不同导热物质在烹饪上的运用，不仅体现了人类在科学认识上的一次次飞跃，也体现了人类文化一次次的积累与进步。越来越完善的饮食活动使人类的体魄得到了不断的进化，也越来越丰富了人类文化的内涵。

（原刊《中国历史文物》2004年2期）

史上盘中餐

——关于滋味的考古发现

1. 盘中滋味四方来

史上盘中餐慢慢地变换着，盘中滋味不断展示着无穷魅力。餐桌虽小，却是四方远近滋味的荟萃之所，也是万年传统接续的见证。

历来人们在滋味的追求上，表现有明显的两重性，一是趋本，一是逐流。所谓趋本，就是从小养成的习惯，这是传统，对越是地道的乡土风味就越是欣赏。所谓逐流，则是受他方时尚所吸引，是反传统，追求新奇滋味。

古时帝王爱烧饼，如今小儿爱汉堡，均属逐流者也。烧饼古称胡食，汉堡归属西食，对中原而言，均属外来之食，按古代先人的传统说法，均为胡食。古代中原为华夏所居，历史上的周边民族被称为蛮夷胡狄。汉时将包括匈奴在内的西域和北方民族，统称胡人，更远国度的人自然也是胡人，他们的饮食都被冠以"胡"字，称为胡食。胡食在历史上有数次内传高潮，从皇上到臣民都没有抵挡住这样的诱惑，纷纷做了胡食的俘虏。这种传播对中国饮食传统带来了明显冲击，使它不断更新，不断完善。

中原人最早对远方食物的热切期待，在蛮荒的史前时代已经蕴成。小麦的引种，羊的放牧，也许可以看作是文明时代之前就已经出现的外来饮食冲击潮。到了夏商之际，类似期待依然热情不减，它甚至可以成为王之为王的理由，我们由史籍中关于伊尹以割烹说商汤的记述深信这一点。伊尹名挚，本为弃婴，在庖人的教导下长大成人，后为有侁氏女随嫁的媵臣而为商汤所得，立为三公，官名阿衡。伊尹第一次为商汤召见，他开口就从饮食滋味说起，以此引起商汤的兴趣。伊尹谈到当政的人要像厨师调味一样，懂得如何调好甜、酸、苦、辛、咸五味。天下有哪些美味呢？伊尹从肉、鱼、果、蔬、调料、谷食、水等几方面列举出了数十种，包括肉中佳品猩猩唇、大象鼻及凤凰蛋，鱼中美味洞庭鮒鱼、东海鲕鱼和澧水六脚朱鳖，蔬中上品华阳的芸、云梦的芹和太湖的菁，调料阳朴生姜、招摇桂皮和大夏的盐，饭食不周山的粟、阳山的穄和南海的黍。伊尹特别提醒商王，这些美味几乎没有一种产在商王朝所在的亳地，不先得天下而为天子，就不可能享有这些美味。伊尹的宏篇大论不仅说得商汤馋涎欲滴，而且使得他的思维发生了重大改变。商起初为夏的属国，商汤在伊尹辅佐下，推翻了夏桀的统治，奠定了商王朝的根基。我们虽然不能说商王代夏而立的初衷，仅只是为了那么点口腹之欲，但谁又能否认，美味佳肴的引力就不是其中的一个重要动力？

后世由丝绸之路、海道陆续传入许多的物种，四方滋味不仅满足了饱者饥者上层底层的口腹之欲，也为古老的华夏文化带来滋养，我们的餐桌也不断变换着缤纷的光景。

2. 万年口福大小米

我们餐桌上的主角，最初是大米和小米，黄白二米滋养了南人北人。

远古时代农耕技术的发明，有"绿色革命"之喻，许多学者都认为原始农业的出现，是人类认识世界、改造自然的巨大成功，或者称作是人类社会的第一个转折点。地球上的最后一次冰期结束之后，气候随之逐渐变暖，在改变了的环境中人类也慢慢改变着生产生活方式，世界各地在流浪中的采集与狩猎者集团，独立发明了各种农业技术。许多学者都认定妇女是最早的农人，绿色革命是妇女开创的，是她们将新的生机带给了人类。

原始的农耕垦殖方式出现在 1 万年前，经过了由火耕发展到锄耕的过程。中国锄耕农业的出现，应当不会晚于距今 1 万年前太久。这时的农耕活动已有了较大的规模，已培育出了较好的栽培作物品种，收获量一般能满足人们的生活需要，有了一定数量的粮食储备。根据比较精确的统计，全球粮食、经济、蔬菜、果树等作物共有 666 种之多，起源于中国的有 136 种，也有说是 170 多种。考古学发现的证据表明，中国新石器时代的粮食作物有粟、黍、稻、麦、薏苡和芝麻，另外还有 20 多种植物遗存，如油菜、葫芦、甜瓜、大豆等，有的可能也属于栽培作物。集中体现中国的"绿色革命"的成果，是小米、大米两大谷物的栽培成功。由于地理环境的差异，中国原始农业耕作自一开始，就形成了南北两个不同的类型。

长江中下游及南方地区，气候温暖湿润，雨量充沛，古今农作物均以水稻为主。考古学家发掘到大量的史前稻作遗存，时代最早的发现是在长江中游地区。湖南道县玉蟾岩遗址和澧县八十垱遗址，年代在距今 1 万年以上，发现了目前所知时代最早的稻作遗存（图 1）。江西万年仙人洞遗址也发现过稻作遗存，年代与此相当。稍晚的湖南地区的彭头山文化，也发现了栽培稻的证据，距今已有 9000 年以上的历史。经过了不太长的一段时期的发展，到了距今七八千年前的年代，长江流域的水稻栽培已相当普遍，而且已培育成功了粳、籼两个主要品种。籼稻为基本型，粳稻为变异型，两者的差别是栽培环境的温度不同而分化成的。在一些新石器文化遗址，发现了大量的炭化稻壳堆积，有的陶器内还见到残留的大米锅巴，有的陶胎内还见到掺入的稻壳炭粒。

图 1　湖南八十垱遗址出土稻粒

在发掘浙江余姚的河姆渡遗址的居住区时，发现堆积厚达 1 米的大量炭化稻谷、谷壳、稻杆，还发现了稻穗和米粒。发现稻作遗存的最南端的新石器遗址，是广东曲江石峡遗址，年代晚出许多。

虽然长江及华南的新石器时代居民是以水稻为主要栽培作物，但近年的一些考古发现却明白无误地证实，史前黄河流域也曾有过一定面积的水稻栽培，表明当时的黄河流域可能比起今天要湿润温暖一些。黄河流域最早的稻谷遗存发现在河南舞阳贾湖遗址，年代为距今 8000 年上下。仰韶文化居民也有栽培水稻的经历，陕西华县泉护村发现过类似稻谷的痕迹，河南郑州大河村遗址发现过稻壳痕迹。在龙山时代的豫、陕、鲁地区，都有零星的稻作遗存发现，当时的栽培规模可能不及长江流域。

在气候干燥的黄河流域广大干旱地区，史前农人最早栽培成功的谷物是小米黍和粟。黄河流域原始农业文化的出现，也早到 1 万年以前，与长江流域几乎难分高下。黄土高原土壤结构均匀松散，富含肥力，有利于耐旱作物的生长。黄河中游的地理环境，与世界上农业发生最早的西亚地区的扇形地带接近，具备产生早期农业文化的适宜条件。在黄河流域的一些早期新石器遗址里，考古发掘到了明确的旱作谷物粟的证迹，它们是世界上最古老的栽培黍和粟，表明黄河流域是小米的原产地。粟由禾本科的狗尾草培育而成，生长期较短，耐干旱，生长前期要求温度渐高，光照加长，后期要求温度渐低，光照缩短，非常适宜在黄河流域栽培。

数十处新石器遗址发现了粟和黍的遗存，它们主要分布在黄河流域。年代较早的是河北武安磁山遗址的发现，许多窖穴内发现了粟和黍的堆积。作为仰韶文化主要分布地带的原始农耕技术出现以后，经过 3000 年以上的发展，到仰韶文化时期已经比较成熟。仰韶居民农作物主要品种是粟。在西安半坡遗址数座房址中的陶器内，都发现过碳化的粟。

新近的研究揭示在早期更多种植的是黍，黍又称为糜子，脱粒后为黄米。它的生长期较短，喜温暖耐干旱，耐盐碱，耕作技术要求不高。史前黍的遗存已发现了十几处，多分布在北方地区。塞北地区兴隆洼文化的几处遗址有年代较早的发现（图2），有了不下 8000 年的历史。黍的栽培年代可能同粟一样古老，只是后来种植范围没有那么广泛。

图2　内蒙古敖汉旗兴隆沟遗址出土黍粒

古时将农耕的发明，归功于传说中的神农氏，说在猎获的动物不足以维持生存时，人们就发明了农具，利用天时地利开始农作物的栽培驯育。古代关于农业起源这样的传说，竟与考古学揭示的"绿色革命"的事实大体吻合。

农耕作为新型的食物生产方式，在地球上出现了数千年之后，除了很少一部分仍然以渔猎经济为生的人群以外，使绝大多数的猎人都变成了牧人和农人，农耕文化在一些中心地区起源后，很快就传遍了全球。

谷物生产从根本上改变了人类的饮食生活，这种比较稳固的经济来源，造成了人类长久的定居，农人的聚落出现了，在环境条件较好的地方人口密度明显增加了，这就必然带来了建筑在农耕基础上的人类文明。有了粮食储备的人类，不仅仅是解决了饥饿问题，更有可能将过去几乎全部耗费在寻觅猎物上的能量，投入到了许多新的工作中，于是纺织、快轮制陶、冶金术就出现了，文明最终也出现了。

3. 古老釜甑飘麦香

小麦的出现，让大米小米不再独霸一方。小麦是现代农业最重要的粮食作物，小麦栽培面积和总产量均居世界粮食作物第一位，有 1/3 以上人口以小麦为主要食粮，在中国小麦的重要性也仅次于水稻。

人类最初将野麦草驯化为一粒系小麦，再与拟山羊草杂交产生二粒系小麦，后来又与方穗山羊草杂交成为普通小麦即六倍体小麦。早年有研究认为，小麦最早在西亚栽培成功，在西汉初年传入中国。甘肃民乐东灰山新石器时代遗址出土了栽培小麦数百粒，年代为距今近 4000 年前；陕西武功赵家来龙山文化遗址出土的烧土块上，见到了小麦秆的印痕。曾有人认为中国小麦可能最早在西部高原驯化成功，估计在距今 4000 多年前引种到了黄河中游地区。更多学者的共识是：小麦起源于西亚，后传入欧洲和东亚，并逐渐取代小米成为旱作农业的主体作物。考古表明距今 4500 年左右的龙山文化时期，小麦传入中国古代文化的核心区域。传播主要路线是欧亚草原大通道与河西走廊绿洲通道，甘肃张掖黑水国遗址出土马厂文化碳化小麦，河西走廊是小麦传入中国的关键地区。

小麦在中国传播和普及经历了一个漫长的过程。小麦传入时，没有传入相应的食用方法，经历了粒食到粉食的本土化过程，形成了不同于西亚啤酒面包传统的面条馒头传统。小麦传入后食用经历了几个汉化过程以后，不仅完全适应了东方的土壤与气候，也完全适应了东方的人群。在没有使用合适的加工技术之前，便得不到可口的麦食制品，小麦在更大范围的传播也是不可能的。东方本土的古老粒食传统的借用，是小麦在它的新立足地生根的第一步。

东方粒食主体食用技术是蒸和煮，是大米和小米烹饪的主要方式。不论大米小米，采用蒸和煮是合适而又简便的方式，这是8000年之前即已完备的粒食传统方式，先发明的陶釜与后创制的陶甑成为重要的炊器。后来大量出现的鼎和鬲，也都是改进了的烹制粥和饭的工具（图3）。这其中以甑、鬲的发明更有意义，是人类蒸汽能最早的利用。陶甑出土地点多集中在黄河中下游和长江中下游地区，表明华中华东地区史前居民都有蒸法烹饪技术传统（图4）。

当小麦进入到饮食生活中以后，曾经在很长时期借用了大米小米的粒食方法，只是用于煮粥蒸饭。后来面粉磨制技术成熟后，面粉也使用蒸法食用了。当蒸法借用到面食的烹饪中，一个区别于西方以烤食为传统的面食体系也就建立起来了。面食技术的普遍运用，是小麦在东方立足的第二步，也是它传播更广的主要原因。

小麦面食最重要的技术，是粉碎技术，需要磨面设备。有了合适的磨面设备，小麦的面食才有普及推广的可能。有学者由考古发现研究石磨的起源，说磨起初称"硙"，汉代才叫作磨，据《世本》等文献所记的"公输般作硙"推断，圆形石磨的使

图3　上海青浦崧泽遗址出土陶甑

图4　安徽蒙城尉迟寺遗址出土陶甑

用在战国早期即已开始。圆形石磨分上下两扇，两扇相合，下扇固定，上扇绕轴在下扇上转动。两扇的接触面有"磨膛"，膛的外周有起伏的磨齿。石磨的考古发现有早到战国的，到汉代才逐渐多见，圆形石磨的制作在秦汉已经比较成熟，它的使用时间应当可以追溯到战国时期。

当然在旋转石磨出现之前，小麦也有可能开始使用初级技术粉碎，最可能的是碾法，早期的碾是小盘平碾，不是后来的大盘轮碾，不可能为面食的普及做出太大的贡献，如裴李岗文化流行使用很精致的石碾盘（图5）。更重要的是，那个时代小麦的粒食趋势并没有发生根本的改变，麦饭仍然频频出现在人们的餐桌上。

麦饭，可以看作是小麦古老的粒食故事，是麦食汉化的最初形态。以完形麦粒像大小米那样做饭，起初一定是很自然地发生了，中国自古就有的粒食传统，让小麦找到了最简单的熟食方式。小麦做成麦饭或是麦粥，口感不如大米小米，但在麦饭传到周代以后，贵族们还将它纳入礼食之列，应当也是北方平民的常食之一。王侯们也许将麦饭作为自己的常膳之一，在周王的餐桌上似乎就有麦仁饭。郑注《周礼·天官·膳夫》中的六谷为稌、黍、稷、粱、麦、苽，包括有麦。那会儿麦食可以为日常之食，如《礼记·内则》所说，"妇事舅姑，如事父母。……菽、麦、蕡、稻、黍、粱、秫，唯所欲"；又如《礼记·月令》所说，"孟春之月……食麦与羊"。

当然小麦面食时代开创后，有了磨出的面粉，将面粉制成面条、馒头、包子之类，用蒸与煮的方法烹熟，所以古时就有了汤饼、笼饼和蒸饼。由汉史游《急就篇》的"饼饵麦饭甘豆羹"，可知汉时小麦粒食与面食的同时并存。

汉代扬雄的《方言》提到了饼，饼是对面食的通称。后来刘熙《释名》更明确说"饼，并也，溲面使合并也"，同时提到了胡饼、蒸饼、汤饼、索饼等面食名称，而汤饼与索饼便是地道的面片与面条之属，蒸饼则是现代所说的馒头。西晋束皙《饼赋》

图5　河南新郑裴李岗遗址出土石碾盘

说，"饼之作也，其来近矣。……或名生于里巷，或法出乎殊俗。"面食的名称在开始时并没有太多讲究，以形状、制法为名是最直接的选择，正如明王三聘《古今事物考》引《杂记》所说，"凡以面为餐者皆谓之饼，故火烧而食者呼为烧饼，水瀹而食者呼为汤饼，笼蒸而食者呼为蒸饼。"

史上记录了一些爱吃蒸饼的著名人物，如《晋书·何曾传》说何曾"蒸饼上不坼作十字不食"，他也因为这个理由而被列为豪奢之人。《赵录》说后赵"石虎好食蒸饼，常以干枣胡桃瓤为心蒸之，使拆裂方食"。当发酵技术用于蒸饼以后，这一款采用蒸法制作的面食更受欢迎，也让面食有了更好地普及形式。古代发酵技术最初是用在酿酒工艺上，郑司农注《周礼·醢人》中的酏食，说是"以酒酏为饼"，唐贾公彦疏说"以酒酏为饼，若今之起胶饼"。胶字又写作"教"，通"酵"，所以有人认定酏食是一种发面饼，这也许是发酵技术在面食上最早的应用。

东方的蒸饼，我们现在称作馒头的面食，是8000年蒸法在面食上的成功运用。我们用甑将麦面蒸成了馒头包子，而西人却把它放进炉子烤成了面包、蛋糕，这就是中西饮食文化的一个重要区别。是不同的主流烹饪技术，决定了麦食传统发展的方向，馒头和面包代表了东西不同的饮食传统。稻米与甑结合，带给了我们香喷喷的米饭。小麦面粉与甑结合，带给了我们软绵绵的馒头（图6）。

任何外来物种传入后，都经历了曲折的本土化过程，这是中国化或称汉化的过程，最终得到的是汉式食物，面条、饺子和馒头都是小麦汉化食用成功的范例。

4. 考古奇遇千年饼食

考古发现最丰富的记录，通常是烹饪与饮食器具，碗筷釜灶，应有尽有。偶尔也有古代食物及相关遗物出土，让现代人可以直接见识到那些仅见于或根本不见于文献的食物，也算是幸事一桩。这其中就有几次与面食相关的重要发现，有煎饼、面条、饺子与点心，居然可以看到几千年前的这些传统饼食，这样的发现让人们觉得意外，觉得惊奇。

先说5000年前的煎饼。虽然考古并没有发现古代煎饼实物，但出土了不同时代的饼铛，也发现有制作煎饼的图像，最早的证据属于史

图6　甘肃陇西出土宋代驴推磨画像砖

前的仰韶文化时期。

煎饼标准的煎锅称为鏊，面平无沿，三条腿。鏊在古代，早已有之，是专用于烙饼的炊器。有鏊就有煎饼，我们可以由饼鏊的产生，追溯煎饼的起源。考古发现过一些古代的饼鏊，在内蒙古准格尔旗的一座西夏时代的窖藏中发现一件铁鏊为圆形，鏊面略鼓起，上刻八出莲花瓣纹饰，有稍见外撑的三条扁足，直径44厘米，这是一具实用的铁鏊，烙成的煎饼会印上莲花纹，别有一种情趣。

图7　河南郑州出土陶鏊

年代最早的饼鏊是在新石器时代遗址中发现的，黄河流域的原始居民用陶土烧成了标准的饼鏊。1980年和1981年，在河南荥阳点军台和青台两处仰韶文化遗址，发掘到数量较多的一种形状特殊的陶器，陶色为红色或灰色，陶土加砂，上为圆形平面，下附三足或四足，底面遗有烟炱。发掘者称这种器物为"干食器"，以为是"做烙饼用的铁鏊的始祖，"这推论是不错的，它确确实实就是陶饼鏊，是仰韶文化居民烙煎饼的烙锅（图7）。

这样看来，古代用鏊的历史相当悠久，煎饼的起源，不会晚于距今5000年前。除了发现古代饼鏊实物，也发现过古代用鏊的形象资料。1972年在甘肃嘉峪关附近发掘了一批魏晋时代的画像砖墓，在砖块上彩绘的厨事活动场景中，就有生动的"煎饼图"（图8）。

早年的煎饼，食料应当是小米之类，小米可以煎饼，还可以制成面条，青海民和的喇家遗址，发掘出4000年前一处突发的灾难现场，就出土了一碗小米面条。2002年发掘20号房址的地面时清理出一件反扣的陶碗，碗中盛有面条状物。科学检测确认陶碗中的遗物是面条，原料是粟与黍。令人感兴趣的是，在分析面条样品中，还检测到少量的油脂、类似藜科植物的植硅体以及少量动物的骨头碎片，应当都是这碗面条的

图8　煎饼图，甘肃嘉峪关魏晋墓砖画

图 9　青海民和喇家遗址出土面条　　图 10　新疆吐鲁番阿斯塔那出土唐代饺子与点心

图 11　新疆吐鲁番阿斯塔那出土唐代饺子　　图 12　新疆吐鲁番阿斯塔那出土
唐代擀面女俑

配料，说明这还是一碗荤面（图 9）。先民在 4000 年前已经用谷子和黍子混合做成了最早的面条，由它的匀称的形状判断，它很可能是饸饹，是用简单机械制作出来的美味。可以推想，当周王们还在按照大米小米的粒食方法吃着麦饭的时候，乡间的农妇们早已用饸饹床子为他们的家人做出面条来了。

　　面条能保存到现代实在不易，让考古人更惊诧的是，千年古墓中居然还见到饺子的踪迹，这也是一品传统美食。据明人张自烈《正字通》说，水饺在唐代有牢丸之名，或又称为粉角。宋代称为角子，《东京梦华录》说汴京市肆有水晶角儿和煎角子。饺子古有牢丸、角子、扁食、水包子、水煮饽饽等名称，也有称为馄饨的时候。北齐颜之推有一语说："今之馄饨，形如偃月，天下通食也。"这偃月形的馄饨，其实就是饺子。明代出现专用的饺子名称，《万历野获编》提到北京名食有椿树饺儿，也许是用椿芽做的馅料。特别有意思的是，《万历野获编》引述的是流传于京城中的一些有趣的对偶句，原句是"细皮薄脆对多肉馄饨，椿树饺儿对桃花烧麦"，句中对馄饨、饺子、烧麦已明确区分。

饺子在更早的文献中是很难考究明白，考古却发现了它的踪迹。在新疆吐鲁番阿斯塔那唐墓中曾发掘出不少点心实物，因为那里气候干燥，所以许多面食点心都能完好地保存下来。那些花色点心，模印着漂亮的图案，与现代点心几无分别（图 10）。出土面食中居然见有饺子，无论形状和颜色都保存相当好，实在难得。这些唐代的饺子，与现代常见的饺子在大小形状上几乎是一模一样（图 11）。好口福的阿斯塔那唐代居民，是不是只限于大年初一吃饺子，我们已是不得而知了（图 12）。

图 13　重庆忠县出土三国
时期的庖丁俑

考古发现的古代饺子的证据，还有更早的。在重庆忠县的一座三国时期的墓葬中，出土一些庖厨俑，其中有两件陶塑表现古代厨师正在厨案边劳作，我们见到厨案上摆放了食料，有猪羊鸡鱼，也有一些果蔬等（图 13）。仔细看去，厨案上的中心位置还摆着捏好的花边饺子！

（原刊《中国文物报》2015 年 9 月 11 日）

由汉式饼食技术传统的建立
看小麦的传播

作为重要谷物的小麦，原产地并不是中国，它是在史前由前丝绸之路传入，在历史时期才广泛栽培，这似乎已经是一种定论。但是让人疑惑的是，最初小麦传入的路线我们现在还并不十分清楚，传入的中介也更是不能确切判明，而且小麦物种传入时不仅改变了种植技术，也没有传入相应的加工技术与食用方法。本文重点关注的是后一个问题，根据初步研究，可以确认在没有获得相应的食用技术之前，小麦传入后在中国粒食传统背景下创立了新的面食技术传统，这是一个与小麦原产地不同的全新面食传统。小麦传入后在食用技术上经历了由粒食到粉食的本土化过程，这是不同于西方面包传统的汉式饼食技术传统。

通过一些考古发现，还有许多古老的小麦粒食与饼食故事，我们可以了解麦食传统在中国的变改与完善细节。虽然当今中国面食仍然延续着胡式与汉式两种传统，但面包与馒头作为两个传统的重要标志却是区别明显的，不同的主流烹饪技术决定了传统发展的方向。由汉式饼食技术传统建立的新角度，我们看到小麦传播过程中在东方文化传统中显现出来的另一番景象。

1. 小麦在中国的传播与栽培技术的改进

小麦是现代农业最重要的粮食作物，小麦栽培面积和总产量均居世界谷物第一位，有 1/3 以上人口以小麦为主要食粮，在中国小麦的重要性也仅次于水稻[1]。何炳棣先生论及《中国农业的本土起源》[2]，他说"小麦和大麦尽管原产于西南亚，传入中国又比较晚，但是如同自公元前第 4000 年中期以来在美索不达米亚一样，小麦和大麦在古代中国也是种植在没有灌溉的田里，这一点才真正具有意义，它们已经适应了中国北方典型的旱作农业制度。从谷子和水稻的土生起源，以及我们的其他证据都清楚地

---

〔1〕 曾雄生：《论小麦在古代中国的扩张》，《中国饮食文化》（台北）2005 年 1 期。
〔2〕 何炳棣：《中国农业的本土起源》，《农业考古》1984 年 1 期。本文原载《农业的起源》，Mouton 出版社，1977 年版。

表明了古代东、西方耕作制度的根本区别。"他指出的这一点非常重要，麦作技术"在中国古代农业中有它与众不同的地区特点和性质，是独立于美索不达米亚发展而成的"。关于小麦的种植技术问题，恐怕得留给农学家们去讨论了，我们感兴趣的是东西方耕作技术的区别，小麦在古代中国显然也是借用了同为旱作的粟的种植技术。

小麦的传播是一个热点话题，近年来许多人都由考古发现对小麦的传播途径进行了研究。对中国考古中发现的小麦遗存进行了全面探讨的靳桂云教授，对小麦在中国的传播有自己的认识[3]。她认为西汉以后小麦成为中国北方广大地区主要的粮食作物之一，新石器时代到秦以前的时期是探讨小麦在中国出现和早期发展的关键时期。已知年代最早的小麦遗存是属于龙山时代，空间分布上从甘肃天水西山坪遗址（距今4800年）、甘肃民乐东灰山（距今5000~4000年）、陕西武功赵家来（距今4400~4000年）、岐山周原，到山东茌平教场铺、胶州赵家庄和日照两城镇。她觉得在龙山时代小麦似乎突然在中国黄河流域大范围出现，而且从胶州赵家庄等遗址中出土的炭化小麦形态看，已经是完全驯化成熟的小麦，远远脱离了小麦种植活动的初期阶段。她认为目前中国发现年代较早的小麦遗存是甘肃天水西山坪遗址，年代为距今4800年。更早发现是甘肃民乐东灰山遗址出土的炭化小麦，年代为距今5000~4000年。这样的年代数据是否说明黄河中上游地区的小麦种植比黄河下游早出现，结论要等待更多的考古遗存证据。

陈星灿先生发表有《作为食物的小麦》一文[4]，认为"中国小麦自西亚经新疆沿河西走廊传播而来的道路日渐明显"，山东地区多处龙山时代小麦遗存的发现，和河南地区二里头与龙山文化小麦遗存的发现，对了解中国小麦起源与传播的途径非常重要。他认为这些发现表明，小麦的种植在黄河上中下游都有差不多4500~5000年的历史，因为西部小麦的年代更为久远，可以认为最初小麦是由新疆和甘肃传入内地。

小麦自前丝路传入的说法，近年来又有了一些新的改变。赵志军先生以"小麦之路"为题，近年多次论及中国早期小麦的传播过程问题[5]。他说，"小麦起源于西亚，后传入中国，并逐渐取代小米成为了中国北方旱作农业的主体农作物。……近些年来植物考古学在中国的快速发展，特别是浮选法在考古发掘中的普遍应用，从考古遗址出土了大量的古代植物遗存，其中包括小麦遗存，为探讨小麦传入中国的时间和路线提供了新的实物资料。通过对这些资料的统计分析发现，在中国出土的早期小麦遗存的年代大多在距今3500~4500年之间，这可能就是小麦传入中国的时间。"他还特别指出，目前发现的最早的小麦遗存大多集中在黄河中下游地区，这说明小麦传入中国

〔3〕 靳桂云：《中国早期小麦的考古发现与研究》，《农业考古》2007年4期。

〔4〕 陈星灿：《作为食物的小麦》，《中国饮食文化》（台北）2008年2期。

〔5〕 赵志军：《小麦传入中国的研究》，《南方文物》2015年3期。

的途径也许并不是丝绸之路，可能走的是另外一条路线，或几条不同的路线，如通过蒙古草原或沿着南亚和东南亚的海岸线。小麦可能由海上传入，这是一个新的提法。

陆上与海上，小麦究竟如何传进中国本土，考古又似乎并没有最终的结论。至于小麦传入以后在中国播散的情形，还没有成为考古学者所关注的问题。从事农业史研究的曾雄生先生有《论小麦在古代中国的扩张》一文[6]，专论小麦的传入与在古代中国的传播，他关注"小麦扩张对于中国本土原产粮食作物和食物习惯的冲击"。他显然接受了有的考古学者的说法，说小麦自出现在中国西北之后，在中国扩张经历了一个由西向东，由北而南的扩张过程，直到唐宋以后才基本上完成了在中国的定位。"小麦扩张挤兑了本土原有的一些粮食作物，也改变中国人的食物习惯。"曾雄生还指出，麦子是在中国种植稻、粟之后 4000～6000 年乃至更晚之后才出现在中国的，在黄河流域麦子的进入比稻子还晚，小麦对于稻作区和粟作区来说是个闯入者。

小麦由西北进入到中原地区，其最初的栽培季节和栽培方法和粟一样是春种而秋收，是借用了粟的栽培技术。这正是贾思勰《齐民要术·大小麦》说的"三月种、八月熟"的"旋麦"，也即是春麦。当人们发现小麦的耐寒力强于粟而抗旱力却不及粟时，春季干旱多风的北方并不利于春播小麦的发芽生长，于是发明了秋播夏收的冬麦技术，历史上称为"宿麦"。一些学者注意到冬麦在商代就已经出现，不过依然还是以春麦为多，只是到东周时冬麦的种植面积才有明显扩大[7]。《礼记·月令》说"季春之月……乃为麦祈实"，"仲秋之月……乃劝种麦，毋或失时，其有失时，行罪无疑"，这是东周时期小麦秋种夏收技术存在的一个可信的证明。所以曾雄生评价"冬麦的出现是麦作适应中国自然条件所发生的最大的改变，也是小麦在中国扩张最具有革命意义的一步"[8]。虽然在三北地区，春麦的种植面积在现代也非常可观，但冬麦的出现意义仍然不可低估。

小麦传入后先是沿袭粟的栽培技术，春种秋收。后来改变为上年秋种而下年夏收，真是一个了不得的创造。有了这一个变化，小麦才真正开始适应了东方水土，也就有了向更大范围传播的重要技术基础。

2. 麦食加工技术：碾、磨与蒸、煮

种植技术的变改，其实还只是小麦在古代中国生根的一个方面。小麦传播过程中还有另外一个不容忽视的问题，就是食用技术的传承。有一点非常明确，没有合适的

〔6〕 曾雄生：《论小麦在古代中国的扩张》，《中国饮食文化》（台北）2005 年 1 期。
〔7〕 李长年：《略述我国谷物源流》，《农史研究 (2)》，农业出版社，1982 年；赵淑玲、昌森：《论两汉时代冬小麦在我国北方的推广普及》，《中国历史地理论丛 (2)》，1999 年；杨宽：《冬小麦在我国历史上何时开始大面积种植》，《文汇报》1961 年 2 月 21 日 3 版。
〔8〕 曾雄生：《论小麦在古代中国的扩张》，《中国饮食文化》（台北）2005 年 1 期。

加工食用技术作支撑，就得不到可口的麦食制品，小麦也就不会引起更大范围人群的兴趣，这对它的传播而言也是一个很大的障碍。

蒸和煮，这样的烹调传统在小麦传入前中国早已建立。在古代中国的传说中，谷物最初是用石板烤熟了吃。郑玄注《礼记·礼运》"燔黍捭豚"说，"中古未有釜、甑，释米捭肉，加于烧石之上而食之耳"。说将谷物放在石板上烤熟，虽是一种推测，也在情理之中。《古史考》有黄帝作釜甑之说，并说"黄帝始蒸谷为饭，烹谷为粥"，这都是对古老粒食传统起源的追忆。不论大米小米，采用蒸和煮是合适而又简便的方式，这是 8000 年之前即已完备的粒食传统方式，先发明的陶釜与后创制的陶甑成为重要的炊器。后来大量出现的鼎和鬲，也都是改进了的烹制粥和饭的工具。这其中以甑、鬲的发明更有意义，是人类蒸汽能最早的利用，也是使粒食传统越来越巩固的法宝。

后来汉式饼（面）食传统的建立，正是建立在蒸和煮这样的烹调传统之上。小麦的熟食，在古代中国自然离不了蒸和煮，只是小麦直接用蒸煮方法得到的食品，同大米和小米一样，也还是粥与饭，依然维系着粒食方式。曾雄生先生说[9]，小麦的扩张改变了中国人的粮食结构，唐以前北方始终以粟为主，中唐以后小麦成了与粟平起平坐的主粮之一。小麦的扩张也受到了中国传统饮食习惯的影响，反过来它也影响了中国人的饮食习惯。的确，这样的影响是双向的，新事物与旧有传统的结合，开始是旧有传统为主导，后来新事物会逐渐改变旧传统，催生出新的传统。虽然小麦的食用在很长的时间里都是借用了现成的粒食传统，可是由于小麦粒食的口感远不及大米和小米，这不仅影响了它的传播速度，也影响了它食用价值的体现。

虽然我们现在并不能完全回答小麦由粒食向面食转变的契机，不能回答产生这种转变的确切年代，也不能准确复原这个转变的过程，但这个转变确实发生了，而且转变得非常成功。其实大米和小米也有类似于面食的粉食技术，只是那样的粉食一直没有成为主流饮食方式，它只是粒食的补充形式。小麦有可能最初是借用了这种初级粉食技术，逐渐过渡到精细的面食阶段。

小麦面食最重要的技术，是粉碎技术，需要磨面设备。有了合适的磨面设备，小麦的面食才有普及推广的可能。陈星灿先生注意到这一点，他说"目前在考古学上还罕见从食物加工的角度讨论秦汉之前小麦如何被磨成面粉的研究案例。无论如何，研究中原地区从龙山时代经二里头到商周时代小麦加工方式的演变，可以为我们提供小麦被中国上古居民利用的间接证据"[10]。

卫斯先生由考古发现研究石磨的起源[11]，他说磨起初称"硙"，汉代才叫作磨，

〔9〕 曾雄生：《论小麦在古代中国的扩张》，《中国饮食文化》（台北）200 5 年 1 期。

〔10〕 陈星灿：《作为食物的小麦》，《中国饮食文化》（台北）2008 年 2 期。

〔11〕 卫斯：《我国圆形石磨起源历史初探》，《中国农史》1987 年 1 期；《圆形石磨的起源》，《百科知识》2007 年 21 期。

据《世本》等文献所记的"公输般作硙"推断，圆形石磨的使用在战国早期即已开始，但也有人怀疑《世本》的记述。

圆形石磨分上下两扇，两扇相合，下扇固定，上扇绕轴在下扇上转动。两扇的接触面有"磨膛"，膛的外周有起伏的磨齿。石磨的考古发现，陕西临潼郑庄秦石料加工场遗址有石磨出土[12]。在山东青岛开发区澳柯玛工业园建筑工地，发掘出一个碎成 3 瓣的战国石磨。安徽阜阳双古堆一号汉墓出土了石磨，石磨在河北满城汉墓中也曾有出土，磨扇满布圆窝状磨齿，中心有圆柱形铁轴合套[13]。秦都栎阳出土的秦代石磨仅存上扇，形制与满城石磨相似。圆形石磨的制作在秦汉已经比较成熟，它的使用时间应当可以追溯到战国时期。卫斯认为，圆形石磨的诞生，是大豆和小麦在粮食加工技术上的需要。"磨的诞生，不仅使人们改变了对大豆、小麦粒食的传统吃法，而且促进了小麦的大面积推广种植。"

磨的发明，有人认为是由石碾发展而来，不过有关碾的发现却没有太早的证据。更早的石碾的发现还没有见于报道，较早的明器陶碾在河南安阳隋张盛墓有出土[14]。另有人认为石碾盘是由圆形石磨发展而来，两者的工作原理相似，只是大小区别明显[15]。

圆形石磨和石碾都属于半机械装置，在发明年代上孰先孰后，现在并不易有确定的结论。在更早的时代，谷物加工普遍使用一种磨盘与磨棒配合的工具，在新石器时代有大量发现，考古上通称之为磨盘。这所谓的磨盘，其实是一种碾盘，上面的磨棒不论是长是圆，主要的用力方式是碾而不是磨，并不能使用旋转力。长长的或圆圆的磨棒有一个明显的固定磨面，这是反复碾压形成的磨损面。有的研究者由史前陶车陶轮盘的使用，推测是旋转石磨发明的技术基础[16]，这是很有道理的，不过这还只是属于推论。不论怎么说，旋转石磨真的是一个很伟大的发明，它在没有明显改变的情形下一直使用到现代，即使现代的自动钢磨也都是以石磨工作原理设计的。石磨在有的地方也实现了全自动旋转，还在服务于现代生活。

当面食成为一种新的食物习惯的时候，这种食物习惯对于小麦扩张的影响，已经将原来的阻力转变为动力。

现在所知最早的石磨，时代并没有早出东周，这可以从两个层面作解。一是更早时代小麦的面食并没有出现，一是小麦的粉碎可能有另外的方式。但另外的方式最有可能的是碾法，早期的碾是小盘平碾，不是后来的大盘轮碾，不可能为面食的普及作

〔12〕 秦俑坑考古队：《临潼郑庄秦石料加工场遗址调查简报》，《考古与文物》1981 年 1 期。
〔13〕 中国社会科学院考古研究所等：《满城汉墓发掘报告》，文物出版社，1980 年。
〔14〕 中国科学院考古研究所安阳发掘队：《安阳隋张盛墓发掘记》，《考古》1959 年 10 期。
〔15〕 卫斯：《圆形石磨的起源》，《百科知识》2007 年 21 期。
〔16〕 卫斯：《我国圆形石磨起源历史初探》，《中国农史》1987 年 1 期。

出太大的贡献。更重要的是，那个时代小麦的粒食趋势并没有发生根本的改变，麦饭仍然频频出现在人们的餐桌上。

3. 麦食的汉化：食用传统的借用与变改

小麦进入古代中国，经历了漫长的汉化过程。这个过程的第一阶段是粒食，第二阶段则为半粒食，第三阶段才进入面食或饼食。小麦在中国的食用传统有借用，也有变改，更有新创，最终达到完善。

我们先说小麦的粒食与半粒食阶段，代表性的麦食制品是麦饭与碾转。

麦饭与碾转，从古老的小麦粒食故事，我们可以看到麦食汉化的最初形态。以完形麦粒像大小米那样做饭，起初一定是很自然地发生了，中国自古就有的粒食传统，让小麦找到了最简单的熟食方式。

小麦做成麦饭或是麦粥，人们最初享用它的感觉我们并不知道，口感应当不如大小米。不过我们知道在麦饭传到周代以后，贵族们还将它纳入礼食之列，应当也是北方平民的常食之一。王侯们也许将麦饭作为自己的常膳之一，在周王的餐桌上似乎就有麦仁饭。周天子礼食用九鼎八簋，鼎盛肉食而簋盛饭食，八簋分盛八类谷物烹成的饭食。《礼记·内则》列出的饭有八种，曰黍、稷、稻、粱、白黍、黄粱、稰、穛，当为八簋所盛之食。这其中并没有明确包括麦食。但稰与穛有些可疑，郑玄曰："熟获曰稰，生获曰穛"，又有说稰为熟获而生舂者，而穛为生获而蒸舂者，可能泛指一般谷物。孔颖达《正义》曰："此饭之所载凡有六种，下云白黍，则上黍是黄黍也；下言黄粱，则上粱是白粱也。按《玉藻》：'诸侯朔食四簋：黍、稷、稻、粱。'此则据诸侯，其天子则加以麦、苽为六，但《记》文不载。"他的理解是，天子八饭中必有麦饭，但在《礼记·内则》中却忽略了记述。

郑注《周礼·天官·膳夫》中的六谷为稌、黍、稷、粱、麦、苽，包括有麦。《周礼·天官·食医》曰：掌和王之六食，六饮、六膳、百羞、百酱、八珍之齐。……凡会膳食之宜，牛宜稌，羊宜黍，豕宜稷，犬宜粱，雁宜麦，鱼宜苽。雁宜麦，同样的文字又见于《礼记·内则》。

麦食可以为日常之食，如《礼记·内则》所说，"妇事舅姑，如事父母。……菽、麦、蕡、稻、黍、粱、秫，唯所欲"；又如《礼记·月令》所说，"孟春之月……食麦与羊"。

麦食又可以为祭品，如《礼记·王制》所说："天子社稷皆大牢，诸侯社稷皆少牢。……庶人春荐韭，夏荐麦，秋荐黍，冬荐稻。韭以卵，麦以鱼，黍以豚，稻以雁"；又如《礼记·月令》所说，孟夏之月……农乃登麦，天子乃以彘尝麦，先荐寝庙。是月也，聚畜百药。靡草死，麦秋至；如《仪礼·既夕礼》所说，"筲三，黍、稷、麦"。

小麦烹出的麦饭麦粥，古时还有一个专门的名字：麩。麩，《说文》的解释是“麦甘鬻”，《广韵》说是“麦汁”，《玉篇》说是“煑麦”，《释名》说“煑麦曰麩”。《荀子·富国篇》有“夏日则与之菰麩”，麩为煑麦饭。

汉代麦饭在北方仍是常食，上层社会也有吃麦饭的人。《后汉书·冯异传》说，“光武对灶燎衣，异复进麦饭、菟肩”。谢丞《后汉书》说“李固为太尉，常食麦饭”。《急就篇》有一句“饼饵麦饭甘豆羹”，颜师古注“麦饭，磨麦合皮而炊之也。甘豆羹，以洮米泔和小豆而煮之也。一曰以小豆为羹，不以酰酢，其味纯甘，故曰甘豆羹也。麦饭豆羹皆野人农夫之食耳。”

汉以后，麦饭之名在史书中还经常出现。《魏书·卢玄列传》：“卢义僖为都官尚书，性清俭，不营财利。虽居显位，每至困乏，麦饭蔬食，然亦甘之也。”《南史·罗研传》描述蜀中理想生活，“家畜五母之鸡，一母之豕，床上有百钱之被，甑中有数升麦饭，虽苏张巧说于前，韩白按剑于后，将不能使一夫为盗，况贪乱乎？”

后代还有文学家歌颂麦饭，如宋苏轼《和子由送将官梁左藏仲通》有“城西忽报故人来，急扫风轩炊麦饭”，陆游《戏咏村居》有“日长处处莺声美，岁乐家家麦饭香”。这景象在清代浙江太湖一带还可看到，立夏日要煮麦豆和糖为麦豆羹。麦豆饭与麦豆羹也是江南地方夏至时节的节食，称为夏至饭。

小麦的粒食还有一些变化，经舂磨成麦屑后，依然是直接煮了吃，依然属于粥饭之类。《三国志·魏书·袁术传》记曹操和袁绍争强，袁绍旗下的袁术在败亡之时粮草不济，曾“问厨下，尚有麦屑三十斛”。这麦屑便是粥料。南北朝齐梁交战，“齐军大馁，杀马驴而食之。……是时（梁军）食尽，调市人馈军，皆是麦屑为饭，以荷叶裹而分给”。类似战例又见于《陈书·孔奂传》记陈武帝决战前，令孔奂“多营麦饭，以荷叶裹之，一宿之间，得数万裹。军人食之，尽弃其余”。可见麦饭是一种重要的军粮。

最有特色的麦食是碾转，它是半粒食方式的体现。

古代有尝新之礼，麦子是一年中最早成熟的谷物，将熟之时要尝麦。明代人《酌中志》说，“四月取新麦煮熟，剥去芒壳，磨成细条食之，名曰稔转”。清代《帝京岁时纪胜》中，也有“麦青作撵转”的说法。北方人是在夏至日食碾转，因为麦熟季节晚了一些。

新麦稔转，又写作碾转、连展、撵转，取用的是尚未完全成熟的麦穗。《乡言解颐》说，河北农村取雅麦之“将熟含浆者，微炒入磨，下条寸许，以肉丝、王瓜、莴苣拌食之”。取新麦炒或煮都行，风味当不同。

宋代陆游《邻曲》中有“试盘堆连展”诗句，所以有人说这食法起源于宋代。其实这法子可能出现得很早，也许可以早到小麦初传入的年代。前面提到周王享用的穛与稰，其中也许就包括用“生获”的未熟青麦做的最初的碾转。

碾转的食法，其实可以看作是粒食与面食之间的一种过渡形态，是中国式麦片。在青黄不接的时节，青麦正解了燃眉之急，也许是在不得已中发明的一种食法。根据新近的考古发现，欧洲发现了年代很早的麦片，古代西方在吃面包的同时也没有完全排除小麦的粒食和半粒食方式[17]。

还有一种特别的现象，有了面食，人们还是没有忘记粒食。有了小麦，有了磨，有了面粉之后，居然也还要将面做成饭的样子吃，还美其名曰"面饭"。《齐民要术》引《食经》记有"作麷饭法"，是用麦面先干蒸，用冷水和面，将麦面切成粟粒大小，蒸熟筛过，然后再蒸一次便成面饭了。粒食的传统，就是这样左右着面食的发展，面食中总有粒食的影子。面饭后代乃至现代还有，宋人周辉《清波杂志》卷一记"高宗践祚之初，躬行俭德，风动四方。一日语宰执曰：朕性不喜与妇人久处，早晚食，只面饭、炊饼、煎肉而已"。又明代何良俊《四友斋丛说·杂纪》说，"最喜童子唱曲，有曲则竟日亦不厌倦，至晡复进一面饭"。名不甚雅的炒疙瘩，有名的羊肉泡馍，也都具有面饭的特点。至于在一些地区还流行的麦饭，其实只不过是用面粉裹了蔬菜蒸来吃，本来就是一道菜而已，却仍然要以"饭"为名，已经有些名不副实了。

4. 小麦的饼食：胡汉传统并行

麦饭之名实虽然经过千年传承以至延伸到了现代社会中，但适应古中国粒食传统而流行的麦饭，中途又为兴起的饼食方式所根本改变，麦食的汉化又进入到一个新的阶段。

在一些研究者看来，东周时代旋转石磨的出现，拉开了小麦面食时代的序幕。尽管一些中日学者认为真正的面食，而且在文献上有据可查的，是最早见于汉扬雄的《方言》。但其实古代中国面食在小麦出现之前可能就已经创制成功，近年在青海喇家遗址发现的 4000 年前的小米面条[18]，让我们改变了原有的认识。其实，喇家发现的应当是中国最古老的饸饹，已经是标准的面食。可以推想，小麦传入很久以后，当周王们还在按照大米小米的粒食方法吃着麦饭的时候，乡间的农妇们早已用饸饹床子为他们的家人做出面条来了。

---

〔17〕 澳大利亚广播公司：《科学家发现 8000 年前古人早餐吃麦片》，新浪网。考古学家在保加利亚发现了 8000 年前古人享用的早餐，这是公元前 5920 到公元前 5730 的谷类，由半熟的干小麦制成，新石器时代早期的保加利亚人用热水浸泡几分钟就可食用。他们先煮沸谷物，然后晾干，去麸，打磨成粗粒。使用这种方式，谷物可被保存一整年，而且方便食用，甚至不用煮，只要用热水泡一下就好。研究发表于《植被史与古植物学》杂志上。研究者说，直到现在，干小麦仍是希腊人的主食。其他研究人员也分析了同一地区做面包的早期证据。已知的最早的面包出现的时间是在麦片之前。

〔18〕 王仁湘：《面条的年龄》，《中国文化遗产》2006 年 1 期。

当然小麦面食时代的开创，与石磨的出现一定有不可分割的联系。有了面粉，将面粉制成面条、馒头、包子之类，用蒸与煮的方法烹熟，所以古时就有了汤饼、笼饼和蒸饼。由汉史游《急就篇》的"饼饵麦饭甘豆羹"，可知汉时小麦粒食与面食的同时并存。

扬雄的《方言》提到了饼，饼是对面食的通称。后来刘熙《释名》更明确说"饼，并也，溲面使合并也"，同时提到了胡饼、蒸饼、汤饼、索饼等面食名称，而汤饼与索饼便是地道的面片与面条之属，蒸饼则是现代所说的馒头。西晋束皙《饼赋》说，"饼之作也，其来近矣。……或名生于里巷，或法出乎殊俗。"面食的名称在开始时并没有太多讲究，以形状、制法为名是最直接的选择，正如明王三聘《古今事物考》引《杂记》所说，"凡以面为餐者皆谓之饼，故火烧而食者呼为烧饼，水瀹而食者呼为汤饼，笼蒸而食者呼为蒸饼"。

汉魏时代西域各族的饮食风俗传入中原，称为胡食。胡食中最重要的面食就是烤制的胡饼，应属当今所说的烧饼。东汉后期，出现了一场规模不小的饮食变革浪潮，带头变革的人就是汉灵帝刘宏，他是一个胡食天子。据《后汉书》的记述，汉灵帝喜爱胡服、胡帐、胡床、胡坐、胡饭、胡箜篌、胡笛、胡舞，引得一帮乐师贵戚都跟着学，穿胡服、用胡器、吃胡食，一时间蔚然成风。汉灵帝喜爱的胡食主要是胡饼和胡饭等。胡饭也是一种饼食，是将酸瓜菹长切成条，与烤肥肉一起卷在饼中，卷紧后切成二寸长的小段，蘸醋芹食用。

从西域传来的胡食，也为唐人所喜爱。西域胡人在唐代长安经营酒肆与饼店，胡食中自然有胡饼，白居易有诗说"胡麻饼样学京都，面脆油香新出炉"，明确指明它不同于本土的蒸饼。开元年间开始，富贵人家的肴馔，几乎都是胡食。最流行的胡食是各种类型的小胡饼，特别是带芝麻的蒸饼和油煎饼，特受唐人喜爱。

宋代的两京，南北食风荟萃，各类面馆遍布食肆。宋代时面食花样逐渐增多，因为食法的区别，有了一些特别的名称。《东京梦华录》提到北宋汴京食肆上的面食馆，就有包子、馒头、肉饼、油饼、胡饼店，分茶店经营生软羊面、桐皮面、冷淘、棋子面等。《梦粱录》记南宋临安的面食店，也称为分茶店，经营各种各色的面食。

5. 中西麦食传统的标志：烘烤面包与汽蒸馒头

有一个美国饮食文化研究学者对我说，请为西方食客推荐一组最有特色的中国餐食，按常规说法，也许这个答案会是烤鸭或是涮羊肉之类。我的回答是：馒头 + 稀饭 + 咸菜，这是中国许多人代表性的日常之食，也是旧法与新法完善的传统膳食。

面食在中国古代通称饼食，包括面条、馄饨、包子与馒头之类。史上记录了一些爱吃蒸饼的著名人物，如《晋书·何曾传》说何曾"蒸饼上不坼作十字不食"，他也因为这个理由而被列为豪奢之人。《赵录》说后赵"石虎好食蒸饼，常以干枣胡桃瓤为心蒸之，使拆裂方食"，那时还发明了一种磨车，将石磨安装在车上，车行十里可磨麦一斛 [19] 。

当发酵技术用于蒸饼以后，这一款采用蒸法制作的面食更受欢迎，也让面食有了更好地普及形式。古代发酵技术最初是用在酿酒工艺上，郑司农注《周礼·醢人》中的酏食，说是"以酒酏为饼"，唐贾公彦疏说"以酒酏为饼，若今之起胶饼"。胶字又写作"教"，通"酵"，所以有人认定酏食是一种发面饼，这也许是发酵技术在面食上最早的应用。

不过保守一点看，发面技术的运用可能没有郑司农说的那么早。《南齐书·礼志上》有"荐宣皇帝面起饼"一语，这面起饼是确定的发面饼。而《齐民要术·饼法》引《食经》"作饼酵法"，说用酸浆一斗，煎取七升，下粳米一升煮成如粥。这是一种酸浆酵，书中同时还记有一种酒酵法，以白酒煮白米沥浆为酵。这样的酵力度较弱，所以发面时下酵量很大。这样看来，至少南北朝时已经掌握了发面技术，再往前追溯也许可以早到汉末，那何曾吃的开花蒸饼，还真可能是发面馒头。

东方蒸饼—馒头，蒸成的面食，是8000年蒸法在面食上的成功运用。

蒸食技术传统在中国烹饪中有悠久的历史，这个历史至少可以上溯到史前时代。对于中国蒸食技术的起源与早期发展，古代文献记载没有保留更多的研究证据，文字的出现年代要晚得多，也不能将希望寄托在文献上。魏晋谯周撰《古史考》，说"黄帝始烹谷为饭，烹谷为粥。黄帝作瓦甑"。烹谷为饭和发明饭甑，这说法也只是提供了一个传说证据，或者只是一个推论，而且黄帝的年代也并不能确指，对于蒸食传统的起源情形我们依然不甚了了。不过我们从大量考古提供的证据出发，可以论定烹谷为饭出现的历史能够早到距今8000多年前。

各地新石器时代文化中普通见到的器具陶甑，这是重要的实物证据。中国陶器的创始不晚于1万年前，在南方和北方都发现了年代很早的陶器，而且多是夹砂陶器。早期的夹砂陶器多为敞口圜底的样式，大都可以称为釜，这是为适应谷物烹饪而完成的重要发明。后来的釜不论质料和造型产生过多大的变化，它们煮食的原理并没有改变。随后出现的陶甑，是烹饪提升到一定水平后发明的一种蒸器。釜熟是直接利用火的热能，谓之煮；甑熟则是利用火烧水产生的蒸汽能，谓之蒸。有了甑熟作为烹饪技术手段，史前中国人便奠定了一种具有东方特色的饮食生活传统。

在中原地区，仰韶文化时期烹饪已经使用了陶甑，只是出土数量不是太多，可能使用不是很普遍。到了龙山文化时期，陶甑的使用已十分广泛，黄河中下游地区的几乎每个发掘调查过的遗址都能见到陶甑，而且出现一种甑鬲合体的陶甗，是新型蒸器。不过在淮河区域的裴李岗文化遗址中，陶甑就已经出现了，年代可早到7000多年前。

---

〔19〕（晋）陆翙：《邺中记》。

在长江流域，甑的出现较仰韶文化要早出很多。中游地区的大溪文化居民已开始用陶甑蒸食，至屈家岭文化时使用更加普遍。稍晚的石家河文化制作的陶甑不仅承袭了屈家岭文化的风格，晚期更多制成的是一种无底甑，配合甑箅使用。石家河文化出土有陶甑箅，当时可能更多使用的是竹木甑箅。

长江下游三角洲地区，马家浜文化和崧泽文化居民都用陶甑蒸食，河姆渡文化遗址发现了距今6000年上下的陶甑，而杭州附近的跨湖桥遗址发现的陶甑，年代可早到8000年前。跨湖桥的陶甑与陶釜形制相同，只是在底部刺出了几个孔洞，这是早期陶甑的样式。

从迄今为止的考古发现看，新石器时代的陶甑出土地点多集中在黄河中下游和长江中下游地区，表明华中华东地区史前居民都有蒸法烹饪技术传统。值得注意的是，陶甑分布的这一广大地域的新石器文化中，恰好都发现了共存的水稻遗存，推测陶甑的普及使用可能与主食谷物大米的食用密切相关。淮河以北区域史前居民的水稻种植规模可能远不及长江中下游地区，但也是水稻产区之一，南方的饮食传统一定也影响到了北方。蒸食技术应当是为着适应稻米的食用需要而发明的，它的发明地很可能就是种植水稻较早的江南一带。

新石器时代早期的陶甑与一般陶器在外形上并无多大区别，在器底刺上一些孔洞，以便蒸汽自下上达。使用时将甑底套在釜口上，下煮上蒸，常可收两用之功。崧泽文化居民所用陶甑略有不同，通常做成无底的筒形，然后用竹木制成箅子，嵌在甑底，蒸食时，将甑套入三足鼎口，而不是套入釜口。这样就形成了一种复合炊具，古代称之为甗。龙山文化时期，甗的下部由实足的鼎改为空足的鬲，并且上下两器常常连塑为一体，应用更加普遍。甗在商周时代又以铜铸成，成为重要的青铜炊具和礼器之一。

蒸法是东方烹饪术所持有的技法，它的创立已有不下8000年的历史。西方古时烹饪无蒸法，直到当今欧洲人也极少使用蒸法。西方人18世纪发明了蒸汽机，人类由此进入蒸汽动力时代，东方早在史前时代即已进入了自己的"蒸汽时代"。

当汉文字出现以后，蒸法也出现在文学作品中，《诗经》里就有反复的吟诵。如《诗·鲁颂·泮水》说："烝烝皇皇，不吴不扬。"又《诗·大雅·生民》说："或舂或揄，或簸或蹂。释之叟叟，烝之浮浮。"汉许慎的《说文》也有对甑的解释，说甑就是甗。《方言》则说"甑，自关而东谓之甗，或谓之甗"。对于甑的制作，《周礼·考工记》说："陶人为盆、甑。"清人段玉裁《说文解字注》说，"甑所以炊烝米为饭者，其底七穿，故必以箅蔽甑底"。史前时期石家河文化的陶甑，就已经是这样的形制了，制作非常规范。

蒸食技术在古代中国并没有局限于大米的食用，蒸菜或者菜饭合蒸也很自然地出现在烹饪中。更值得一提的是，蒸菜蒸饭传统进一步发展，又发明了蒸饼技术，即面食蒸制技术。当小麦进入到饮食生活中以后，曾经在很长时期借用了大米的粒食方法，只是用于煮粥蒸饭。后来面粉磨制技术成熟后，面粉也使用蒸法食用了。当蒸法借用到面食的烹饪中，一个区别于西方以烤食为传统的面食体系也就建立起来了。

东方的蒸饼，我们现在称作馒头的面食，这蒸成的美食是8000年蒸法在面食上的成功运用。我们用甑将麦面蒸成了馒头、包子，而西人却把它放进炉子烤成了面包、蛋糕，这就是中西饮食文化的一个重要区别。是不同的主流烹饪技术，决定了麦食传统发展的方向。馒头和面包代表了东西不同的饮食传统，全球受惠于这两个传统的人应当在20亿以上。

小麦食用的汉化过程，先是借用大米小米的传统烹食方法，以粒食和半粒食方式为主。发明粉饼食技术以后，虽然沿用的还是传统煮食蒸食方法，却是建立在粒食传统基础上的新面食传统，麦食最终成功汉化，馒头是小麦汉化食用一个成功的范例。

稻米与甑结合，带给了我们香喷喷的米饭。小麦面粉与甑结合，带给了我们软绵绵的馒头。肉菜与甑结合，带给了我们美滋滋的蒸菜。试想若是没有了蒸食技术的发明，我们今天又会在吃些什么呢？

当蒸汽机车在奔跑了300年之后，在它已然进入博物馆的时候，8000岁传统的蒸汽烹饪技术仍然是蒸蒸日上，为我们的饮食生活增添着美妙滋味。这一重要发明的历史还将延续，蒸食技术传统的发展一定会提升到新的水平。

我们用甑将麦面蒸成了馒头、包子，而西人却把它放进炉子烤成了面包蛋糕，这就是中西饮食文化的一个重要区别。是不同的主流烹饪技术，决定了麦食传统发展的方向。

研究认为面包起源于一种粗糙的扁饼，最早烘制扁饼的是8000年前瑞士的湖滨居民，人们将谷物舂碎合成饼，在烧热的石头上烤熟。西方发酵技术可以追溯到6000年前的古埃及时期，将面粉加水、马铃薯与盐拌在一起，放在热空气中让野生酵母来发酵。埃及人后来又发明了土窑烘炉，开始了烘烤面包的历史。烘焙食品大约在15世纪开始渐渐普及，面包成为许多人的日常面食。

馒头和面包代表了东西不同的饮食传统，全球受惠于这两个传统的人应当在20亿以上。有分析认为身材高大、体魄强健的民族和吃面包有关，吃稻米地区的民族身材相对矮小。小麦粉所含蛋白质是大米的2～3倍，是玉米粉的2倍。含钙量约为大米的4倍，是玉米粉的8倍。维生素B1、B2、尼克酸等含量，都是大米的3～4倍。面食成为越来越多人的常食。

在中餐里出现的谷物，属于本土原产的，主要是大米和小米之类，麦子与玉米却是外来的物种。任何外来物种传入后，都经历了曲折的本土化过程，这是中国化或称汉化过程，最终得到的是汉式食物。

小麦的汉化过程，应当经历了下面几个过程：

1. 引种，克服技术与气候障碍，培育改良本土品种。

2. 粒食，借用大米小米的传统烹食方法，或略加变改创制半粒食方式。

3. 粉饼食，依然是传统煮食蒸食，是建立在粒食传统基础上的面食传统，麦食成功汉化。

4. 烤食，胡食与西食，二次与多次传入麦食传统文化。

物种的传入，同文化的容忍度有关，接纳过程变成了一种文化行为。小麦的传入正是如此，也经历了明确的汉化过程，馒头就是小麦汉化食用成功的一个范例。

面条的年龄

——兼说中国史前时代的面食

　　青海民和的喇家遗址因为发掘出距今 4000 年前一场突发的灾难现场，曾引起各方的关注。2002 年又因为灾难现场出土一碗古老面条的被确认，喇家遗址再次受到广泛关注。这碗意外保存下来的齐家文化的面条，让人们很兴奋，兴奋之余又有些疑惑不解。按我们已有的常识，按祖宗传下的说法，中国古代的面条本来只有 2000 岁上下的年龄，它怎么一下子古老了这么多呢，这个千岁千岁千千岁在我们现存的知识系统中还真不容易放到一个适当的位置上去。

一

　　这碗面条千真万确，4000 岁的古老年龄不容置疑。那是在 2002 年，在喇家遗址的继续发掘中，在 20 号房址内的地面清理出一些保存完好的陶器，其中有一件篮纹红陶碗，略为倾斜地翻扣在地面上。在现场揭开陶碗时，发现碗里原来是盛有物品的，陶碗移开了，地面上是一堆碗状遗物。它的下面是泥土，而碗底部位却保存有很清晰的面条状结构。这些条状的物件粗细均匀，卷曲缠绕在一起，而且少见断头。它的直径大约为 0.3 厘米，保存的总长估计超过 50 厘米。它的颜色，还显现着纯正的米黄色。由图片上可以看到，它没有硬折出的弯度，表明原本具有一定的韧性（图 1）。

　　中国科学院地质与地球物理研究所吕厚远研究员提取陶碗中的实物进行了检测，研究者从碗底到碗口，采了六个部位的样品，三个取自条状物层，三个取自条状物所在的土层内。首先通过分析植硅体的途径，确定标本是否含植物遗存，结果发现有两种类型植硅体含量在条状层特别高。接着通过与西北地区常见的大麦、青稞、小麦、小米、高粱、燕麦、谷子、黍子、狗尾草等近 80 多种植物果实中植硅体形状进行比照，发现这两种植硅体的形状与小米和黍子非常吻合。由此判断条状物层里保存有大量的粟和黍子的典型壳体植硅体颗粒，壳体植硅体的含量高达每克样品中含近 10 万粒

图 1　青海喇家遗址出土陶碗及面条

以上。

为进一步验证，又选择进行淀粉粒偏光实验。淀粉粒也可以在地层里保存上万年，它是由碳、氢、氧组成的一种矿物质，在偏光显微镜观察有削光的特征。偏光实验表明，条状物中的两种物质所呈现出的特征也与小米和黍子最为匹配。在显微镜下观察，条状物中淀粉的光学性质显示大量的淀粉颗粒还没有完全糊化。

通过分析最终排除了其他可能，确认喇家出土陶碗里的遗物为食物，成分是大量的粟与少量的黍。也就是说，陶碗里的条状物是面条，这碗古老的面条是由小米面和黍米面做成的。

实际上小米面本来可以加工成面条，在中国北方农村现代还有用小米磨面做面条的吃法，这样的面条正是在专用的工具里压出来的。

令人感兴趣的是，在分析面条样品中，还检测到少量的油脂、类似藜科植物的植硅体以及少量动物的骨头碎片，应当都是这碗面条的配料，说明这还是一碗荤面。

这么说来，我们的先民在 4000 年前已经用小米和黍子混合做成了最早的面条。虽然它的具体加工工艺还不清楚，但是这个过程中对植物籽实进行脱粒、粉碎、成型、烹调的程序一定都完成了，而且这成品小米面条做得细长均匀。在中国乃至世界食物史上，这应当算是一个重要的创造，也是一个重要的贡献，它为人类的饮食生活增添了一个有滋有味的内容。

二

过去一些学者认为古代中国是以粥饭方式食用五谷，称为粒食传统。而面食传统起源较晚，可能到了汉代才较为普及。有些文章还认为中国的面食技术是汉代自外域传入的，不属本土原有的粒食传统。

一说到面食，必然要提到小麦。一般认为，饼食的出现，与小麦的普及种植相关，也与旋转磨的普及有关。过去一些食物史研究者认为，中国虽然在商代就有了小麦种植，甲骨文上将麦称为"来"，但是就食用习惯而言，仍然同大米和小米一样，采用的也是粒食方式。一直到周代仍是如此，周王的餐桌上摆的也只是麦仁饭，不见饼面之类。再说旋转石磨迟至东周才发明，汉代才比较普及，周王没有口福吃到饼面也是没有法子的事。

但是北方栽培小麦，根据新近的考古发现研究，在黄河中游地区应当开始于龙山文化时期，在距今 4000 ~ 5000 年前它已经不是稀罕之物。不过因为干旱和技术的缘故，更因为产量的限制，那时小麦的种植面积一定没有小米的大，人们的主食仍然以小米为主。

喇家的发现表明，在史前小米并不一定完全采用的是粒食方式，它也可以加工为粉面制品。这种初级的粉食始自何时，现在还不能考定，但北方粟作农业的历史却非常悠久，已经发现的栽培作物粟和黍的遗存，年代可早至距今 8000 年前，这是粉面食出现的一个基本条件。

由喇家遗址 4000 年前面条的发现来看，麦子与磨存在与否，并不是面条产生必备的前提条件。

三

不仅是喇家的发现，其实还有不少考古学证据都说明，饼食在中国史前已经出现多样化发展趋势，史前人享受到的美味，比我们想象的似乎要多一些。它们的盘中餐不仅有面条，还有烙饼、烤饼之类。

北方一些地区流行一种现做现卖现吃的小吃，叫作煎饼果子。煎饼标准的煎锅称为鏊，面平无沿，三条腿。《说文句读》说："鏊，面圆而平，三足高二寸许，饼鏊也。"《正字通》也说，"鏊，今烙饼平锅曰饼鏊，亦曰烙锅鏊。"可见鏊在古代，是专用于烙饼的炊器。有鏊就有煎饼，由饼鏊的产生可以追溯烙饼的起源。

考古在内蒙古准格尔旗的一座西夏时代的窖藏中发现过饼鏊，这件西夏铁鏊为圆形，鏊面略略鼓起，上刻八瓣莲花瓣纹饰，有稍见外撑的三条扁足，直径44、高约20厘米，这是一具实用的铁饼鏊。

年代最早的饼鏊是在新石器时代遗址中发现的，仰韶时期的居民用陶土烧成了标准的饼鏊。1980 年和 1981 年，在河南荥阳点军台和青台两处仰韶文化遗址，发掘到一种形状特殊的陶器，陶色为红色或灰色，陶土加砂，上为圆形平面，下附三足或四足，底面遗有烟炱。发掘者称这种器物为"干食器"，以为是"做烙饼用的"，它真的就是陶饼鏊，是仰韶文化居民烙饼的烙锅。这种饼鏊在这两处遗址出土较多，说明那里的居民比较喜爱烙饼。当时烙饼的原料，亦当是小米面。

从考古发现看，古代中国用鏊的历史相当悠久，可以追溯到 5000 多年以前，这也就说明了这样一个问题，烙饼的起源，不会晚于距今 5000 年前，很可能还能上溯得更早，因为陶鏊已是很成熟的烙饼器具。在此之前可能有更简单的鏊具。西南地区有的少数民族有用石板烙饼的传统，中原地区最早的饼鏊也许就是用的石板。其实喇家遗址发现的烤炉，就是一架石板鏊，说不定喇家先民也烙过小米煎饼吃呢。

烙饼是一种面食，新石器时代晚期有了烙饼的陶鏊和石鏊，成熟的面食技术已经出现。那时虽然还没有发明旋转石磨，但早已使用平板石磨盘，后来又有进步的凹槽磨盘，这样的磨盘可以为谷物脱粒，也可以将籽粒磨成粉面。更何况那个时代的人们有的是时间，比现代人投入饮食活动的精力一定大得多。

北方在史前的面食，原料在一部分地区是以小米为主。南方虽然收获的是稻谷，大米也是可以做成饼的，大米的饼食方式也许更加简单一些。大米在泡过之后，很容易捣成粉面。大米面可以直接入汤做成糁羹之类，也可以像面条一样做成粉食。在周王的餐桌上，有将米麦炒熟捣粉制成的食品，称为"糗饵粉餈"。这个食法，在南方现代还有保留。《说文》便说"饵，粉饼也"，云南人将大米面薄饼称为"饵块"，看来是有些来由的。

其实有了粉面，食物的品类会增加很多，不限于饼面之类。直接用它做成糊糊，更是便当。不过要细细论起来，饼食起源也不是容易考证得明白的，好好的粮食，人类怎么就突发奇想要将它捣碎了来吃呢？也许是舍不得扔掉在脱粒过程中磨碎了的碎末，将它们收集起来烹饪时发现了粘连的特性；也许是为了喂养婴儿，需要有意将米粒捣碎了做成糊糊。有了一种特别的需要，又有了一些基本的技术条件，遇到一个契机，智慧发挥出来，一件发明便会完成，面食兴许就是这样起源的。

还有一个概念问题，史前人用平板磨和凹槽磨加工面食一定没有后来的旋转磨精细，但不论是粉是面，也不论是小米面还是大米粉，都可以做成饼。由粒食到面食，这是人类饮食生活迈向精细化的重要一步。在古代中国，迈出这一步的时间，应当不会晚于 5000 年前。

四

面食在中国古代通称饼食，包括面条、烧饼、馄饨、包子与馒头之类。

按照日本学者的研究，中国古代面食开始的年代，是纪元前后，只有 2000 年左右的历史。而面食的真正普及却是在唐代以后，那就只有 1000 年左右的历史。因为中国古代文献中记述的面食，晚到西汉时期才见到，扬雄的《方言》提到了饼，饼是对面食的通称。后来刘熙《释名》更明确说"饼，并也，溲面使合并也"，同时提到了胡饼、蒸饼、汤饼、索饼等面食名称，而汤饼与索饼便是地道的面片与面条之属。

现在看来，以文献作为出发点的考证有了明显的局限性，不能作为充足的凭信。不过文献对汉唐以后面食发展的研究，却是值得取证的。从文献记述看，面条在东汉称之为煮饼，魏晋则有汤饼之名，南北朝谓之水引或馎饦，唐宋有冷淘和不托，还有特色面条萱草面。宋代时面食花样逐渐增多，因为食法的区别，有了一些特别的名称。《东京梦华录》提到北宋汴京食肆上的面食馆，就有包子、馒头、肉饼、油饼、胡饼店，分茶店经营生软羊面、桐皮面、冷淘、棋子面等。《梦粱录》记南宋临安的面食店，也称为分茶店，经营各种各色的面条有：

猪羊盦生面	丝鸡面	三鲜面	三鲜棋子面
鱼桐皮面	盐煎面	大熬面	虾㸆棋子
笋泼肉面	炒鸡面	丝鸡淘	虾鱼棋子
子料浇虾㸆面	银丝冷淘	耍鱼面	七宝棋子
大片铺羊面	炒鳝面	卷鱼面	笋拨刀
百花棋子面	笋辣面	笋斋面	笋斋淘
笋菜淘	血脏面	蝴蝶面	斋肉菜面
素骨头面			

元代时出现了干储的挂面，明清出现了抻面和削面。后来各地的面食风味也不尽相同，有汤面、凉面、卤面、油泼面、捞面、刀削面、空心面、拉面等，又有宽面、细条、面片、龙须等，烹调方法有热煮、凉拌、脆炸、软烩及干炒等等。面条的世界，就这样越发灿烂起来。

冷面值得说一说。二十四节令中有夏至，旧时北方人此日必得吃面，而且是冷面。冷面见于《帝京岁时纪胜》的记述，说夏至当日京师家家都食冷淘面，就是过水面，称作是"都门之美品"。京城中还流行这样一条谚语：冬至馄饨夏至面。书中又说，京师人无论生辰节候，婚丧喜祭宴享，夏日早饭都吃过水面。

过水凉面的吃法，早在宋代就很流行。宋代林洪《山家清供》提到"槐叶淘"的凉面，做法本出唐代，杜甫有《槐叶冷淘》诗，诗中道出了凉面的制法，说吃这面时有"经齿冷于雪"的感觉，连皇上晚上纳凉，也必定叫上一碗冷面来吃。宋代招待大学士，食物中有肉包子，当时称为馒头。不过在每逢三、八日的例行课试时，这两日又有特别的馔品，有"春秋炊饼，夏冷淘，冬馒头"之说，大学士能吃上冷面，也算是一种特别的待遇。

五

我们现代饮食中仍然喜欢享用的面条，虽然算不上是顶级美食，却是地道的大众食品。面条在世界上许多地区也是很流行的食物，亚洲各国每年收获的约百分之四十的小麦被用于制作面条，统计显示每天全世界有十亿人要吃一次面条。

面条成了全球人的通食，饱食之余，会用些心力探究它的起源地，会关心它的年龄，想弄清楚它为人类服务了多久的时间。

过去的研究以文献记载为依据，认为古代有关面条最早的记录可以追溯到东汉时期，是古代中国人发明。但是在国外流传着另外的故事，认为面条最早是中世纪时期在中东地区发明的，后来通过阿拉伯人传播到了意大利，意大利人进一步把面条食品传播到欧洲以及全世界。

于是，意大利人和阿拉伯人都声称自己最早发明了面条，而且早于中国的东汉时期。意大利人拿面条当作骄傲，还建起了面条博物馆。在现今罗马北方的伊楚利亚古国一幅公元前 4 世纪的古墓壁画中，见到奴仆和面、擀面、切面的场景。但是人们也很清楚，不管是伊楚利亚人或意大利人，通常都是将面拿来烤食，而水煮的面条可能是在公元 5 到 8 世纪之间从阿拉伯世界传到了意大利。这比马可·波罗有可能从中国回到欧洲的时间显然要早，那此前还有的一个历史公案，说面条是马可·波罗自中国带回意大利的说法也就无从说起了。

冯承钧所译《马可·波罗行纪》，涉及中国饮食时提到："……收获小麦者仅制成饼面而食。"所说的"饼面"从中文字面看不明白为何物，万人文库版的英文原著所写"饼"的原文是英文 pastry（面粉糕饼），"面"用的是意大利文 vermicelli（通心粉细面条）。文中用 vermicelli 而不是英文常见的 noodles（面条），说明马可·波罗是借母语中的专有名词，来称呼他在中国看到的形状与他所熟悉的意大利面条相似的面条。这也即是说，马可·波罗出发前在他的老家意大利已经吃到过面条，那么，古代意大利和中国面条之间显然没有什么必然的联系。

过去有国人声称，马可·波罗把面条从中国带到意大利，而意大利人则说马可·波罗之前就有面条，由喇家的考古看来，东西方的面条一定是各有渊源，它与文化传播没有什么关系。

（选自《丝绸之路上的考古、宗教与历史》，文物出版社，2011 年）

苏秉琦先生与彩陶研究

    苏秉琦先生似乎没有作过彩陶专题研究，没有发表过专篇彩陶研究论文，但他又确实非常关注彩陶研究，他的一些彩陶相关研究，其实做得非常深入，他的彩陶研究甚至影响了中国史前考古研究的行进方向。苏秉琦先生的彩陶研究，大体可以分为三个方面，一是彩陶与考古学文化研究，以考察考古学文化特征为目的；二是彩陶演变研究，以判明考古学文化年代为目的；三是彩陶象征意义研究，以探讨彩陶的内涵为目的。苏秉琦先生的这些研究包括了彩陶研究最主要的几个层面，而且都有重要成果问世，对考古学文化研究和彩陶研究产生了深远影响。

1. 彩陶与考古学文化研究

    在新石器时代的特定阶段出现了彩陶，不少考古学文化中都发现了各具特色的彩陶，彩陶因此成为研究考古学文化的一个重要切入点。彩陶的类同与不同，也是了解考古学文化之间的联系与区别的重要标志，不少学者都将彩陶作为研究相关考古学文化的重要路径。

    自彩陶发现开始，彩陶的研究就成为一个非常重要的课题，彩陶吸引了相关学科不少的研究者。由考古学的角度出发，研究者最关注的还是彩陶与考古学文化的研究。如仰韶与龙山文化的区分，又如仰韶文化类型的划分，彩陶就被作为一个重要的内涵。半坡和庙底沟类型的区分，彩陶纹饰就是一个明确的标志。

    和许多学者一样，苏秉琦先生将彩陶作为区别不同考古学文化类型的一个重要标志，不过他的研究显得更细致更具体。例如在《关于仰韶文化的若干问题》中，他不赞成将王湾一期文化划归庙底沟类型，他从彩陶强调了两者的区别，说"白衣彩陶，先出现的是白衣黑彩，后来出现白衣黑红彩，最后白衣变成灰白色。……这类遗存中尽管出有少量类似庙底沟的植物图案彩陶，但白衣彩陶、红衣彩陶在全部彩陶中占大部分；用宽带、直线、平行线、弧线构成的简单几何图案，以及后来流行的以网纹带为主体的图案均富特色"。这是由色彩和图案构成的变化，强调两者的不同。苏先生还指出，山西芮城西王村下层"也不宜归入庙底沟类型"，因为"这类遗存同样缺乏如庙底沟那样发达的植物图案彩陶，彩陶比例小，而多打制石器、细石器"。苏先生由彩陶分析考古学遗存，这些判断的准确性后来都一直为学术界所认可。

在《关于仰韶文化的若干问题》中，苏先生又由半坡和庙底沟彩陶的分布论及两者的关系。他说"两类遗存的分布，虽然常常互相交错，但不是没有分际；两者的影响所及虽然都相当广，但它们各自的主要分布范围都不很大。半坡类型遗址中，含有葫芦口瓶和鱼纹彩陶盆两项主要特征因素，并包括其早晚发展阶段的，据现有发掘材料，只有半坡和北首岭。由此推测，这一类型的主要分布地区是在关中的西半部。庙底沟类型遗址中，含有鸟纹、蔷薇花纹、双唇口瓶三种主要特征因素，并包括它们的早晚发展阶段的，据现有资料，还只有泉护村一处；含有除鸟纹以外其他两种特征思想因素，并包括它们的早晚发展阶段的，据现有资料，大约东不过陕县一带，西不过西安一带。由此推测，这一类型的主要分布地区是在关中东部和河南极西一部"。因为觉得两者分布有明确的范围，所以苏先生从不认为半坡有向庙底沟发展的趋向。

苏先生还曾由彩陶分析姜寨遗址仰韶文化的分期，他看到姜寨二期是接近写实的鱼纹彩陶盆、阴阳三角纹彩陶盆，三期是图案化、长体化彩陶盆，松散化花卉纹彩陶盆，四期变体花卉图案彩陶盆[1]。从彩陶盆的变化，看到了考古学文化的演进过程。

在仰韶文化的研究中，彩陶一直都很受关注，彩陶的研究不仅影响到考古学文化类型的划分，也影响到考古学文化发展演变的进程，还影响到考古学文化关系的认识。更进一步说，彩陶研究也会促进对考古学文化内涵的了解，提升考古学文化研究的整体水准。

2. 彩陶演变与年代学研究

当遗址发掘有了一定数量和规模时，仰韶文化研究中提出了类型划分问题，最早确定的是半坡和庙底沟两个类型。最初在缺乏地层资料的时候，研究者急切地为半坡和庙底沟两个类型的早晚年代作了判断，有相当多的人是以彩陶的繁简为出发点的，所依据的材料一样，因为判断的标准不同，所以结论相反。当时的标准基本是以主观的感受为主，并无客观的标尺。空论花纹繁缛为早期特点或是简单为早期特点，其实只能说服论者自己，而不能说服争辩的对方。最初安特生判断齐家期早于仰韶，就是以为齐家期少而简的彩陶一定是彩陶开始出现时的景象。避开具体的讨论不谈，说彩陶纹饰简单是年代较早或较晚，这两种可能性都是存在的，不能以主观的感受一概而论，而应当列举确凿的论据。

当许多学者在以彩陶的繁简论早晚之时，苏先生并没有发表什么意见，不过他的看法应当已在胸中酝酿。

苏秉琦先生在讨论半坡和庙底沟类型主要文化特征及它们的相互关系时，虽然也

---

〔1〕 苏秉琦：《姜寨遗址发掘的意义》，《考古与文物》1981 年 2 期。

是首先由彩陶纹饰的分析入手的，不过并不是简单地以繁简定乾坤。在《关于仰韶文化的若干问题》中讨论半坡与庙底沟的关系，苏先生认为"两类型中主要彩陶图案作风变化序列相似"。将两类型的彩陶进行比较，他的结论是"庙底沟类型中的植物花纹图案无疑不是从鸟纹发展变化而来，两者是平行发展的。这是从它们的层位、共生关系业已证明了的。庙底沟类型中的鸟纹和蔷薇花纹的原始型式都很逼真，到它们的最后型式都呈现分散解体，这正同半坡类型的鱼纹变化序列互相一致。我们看不到在半坡类型中的鱼纹的最后型式向庙底沟类型中的鸟纹或蔷薇花纹最初型式之间具有发展关系，反过来说也一样。而两类型中的两种彩陶盆的型式变化序列之间则具有相似之处。尽管两种彩陶盆具有不同的体型和风格，但在两者前后期之间的型式变化却具有明显的共同之点：两者的唇沿部分都是从沿面向上变为沿面向里；圆角变为棱角；侈口收腹（口径大于腹径）变为收口曲腹（口径腹径相似或口径小于腹径）"。

苏先生对半坡鱼纹的演变进行了研究，他以西安半坡、宝鸡北首岭两地出土的标本为例，将鱼纹的变化序列归纳为四式[2]（图1）：

Ⅰ式：写实鱼形，画在盆的里壁；

Ⅱ式：简化写实鱼形，鳞纹简化，画在盆的里壁；

Ⅲ式：图案化鱼形，鳍消失，上下对称，画在盆的腹部外壁；

Ⅳ式：发展的图案鱼形，各部分解为几何图案纹。

苏先生的这个归纳，在当初资料还不是很充足的前提下，勾画的鱼纹演变脉络还只是一种粗线条，以后人进一步研究所得的结果来检验，应当说是很准确的。至于他说的鱼纹"各部分解为几何图案纹"，其实他并没有再细分下去，也没有列举相关的例证，不过这后面的演变已有另外一些学者进行了充分研究，这一点在此不再论及。

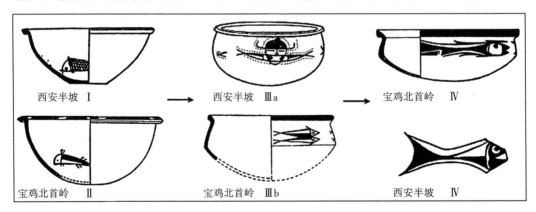

图1　半坡文化鱼纹彩陶演变图

---

〔2〕　苏秉琦：《关于仰韶文化的若干问题》，《考古学报》1965 年 1 期。

苏秉琦先生在对半坡鱼纹研究的同时，对庙底沟鸟纹的演变也进行了研究，他将鸟纹的变化序列归纳为以下五式[3]（图2）：

Ⅰ式：圆框，内加圆点，圆头，有眼、喙，短身；

Ⅱ式：圆框，长头，有眼、喙，短身；

Ⅲ式：长头，有眼、喙，长身；

Ⅳ式：圆点形头，无眼，长喙，长身；

Ⅴ式：圆点形头，无眼、喙，鸟形特征大部消失。

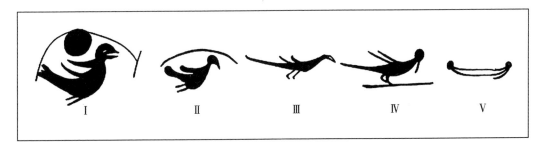

图2　庙底沟文化彩陶鸟纹演变图

这样的一个变化的脉络，正是写实向抽象发展的脉络。当然苏先生列举出来的证据，同他研究鱼纹的变化一样，也还没有提及典型的几何形图案。后来严文明先生也曾指出，"早期的鸟纹还是比较写实的，到庙底沟类型晚期已有简化趋势"[4]。仅由后来发表的华县泉护村的例证可以看出，鸟纹由比较写实到抽象的变化脉络确实比较清晰。前期鸟体壮实，细部刻划认真。后期鸟体修长，有的已没有颈与腹的区别。

正是基于对彩陶演变序列的认识，支撑着苏先生对半坡和庙底沟类型相互关系—主要是年代关系的判断，他始终认为庙底沟与半坡同时，他的认识一直到他去世都没有改变。在《关于仰韶文化的若干问题》一文中[5]，苏先生将半坡类型和庙底沟类型的内涵作了界定，他不同意两类型中有孰先孰后的说法，而认定"两者是大体同时的"。他的根据一是"两类遗存中主要器物变化序列相似"，如小口尖底瓶、平底葫芦瓶都有类似的演变序列；二是"两类型中主要彩绘图案作风变化相似"，半坡的鱼纹和庙底沟的鸟纹变化趋势相似，两者之间并无演变关系可寻，不存在由此到彼的发展关系。

苏秉琦先生一直坚持着他的这个观点。1981年他发表《姜寨遗址发掘的意义》，又一次谈到半坡与庙底沟两个类型是同时并存的关系，主要理由是"半坡类型的重要

〔3〕　苏秉琦：《关于仰韶文化的若干问题》，《考古学报》1965年1期。

〔4〕　严文明：《甘肃彩陶的源流》，《文物》1978年10期。

〔5〕　苏秉琦：《关于仰韶文化的若干问题》，《考古学报》1965年1期。

文化特征因素包括壶罐形口尖底瓶、鱼纹彩陶盆等，庙底沟类型的重要文化特征因素包括双唇口尖底瓶、蔷薇科（玫瑰或月季）花卉图案和鸟形彩陶盆等，它们都有自己的完整发展过程"[6]。

不以彩陶的繁简论早晚，而是以发展的眼光先探讨彩陶的演变，再由演变的脉络判断考古学文化的年代关系，这样的方法树立了彩陶研究新的里程碑。

3. 彩陶象征意义研究

在考古学文化关系讨论上涉及彩陶问题的同时，也开始有学者对彩陶纹饰的含义尝试着进行解释，探讨纹饰演变的规律，还有纹饰所体现的意义的研究。

彩陶是什么？在艺术家眼中彩陶是绘画，在文学家眼中彩陶是诗文，在学者眼中彩陶是历史。其实学者看彩陶也是可以吟出诗文来的，下面便是难得见到的一首吟咏彩陶的诗：

> 华山玫瑰燕山龙，大青山下斝与瓮。
> 汾河湾旁磬和鼓，夏商周及晋文公。

这便是苏秉琦先生所作的七言诗，他还请张政烺教授篆书悬挂在办公室的墙壁上。此诗作于 1985 年山西晋文化学术讨论会，那时候苏先生已经是 76 岁高龄，他并不是诗人，他似乎极少写诗，是彩陶打动了他[7]。史前考古学文化特征与中国文明的形成发展，都融会在这激情的诗文中了。

对于自己的这首诗，苏先生特别珍爱，他在公开场合反复提到，也反复作过注解。第二次提到是 1987 年，见于他发表在《辽宁画报》上的《象征中华的辽宁重大文化史迹》一文[8]。第三次提到是 1988 年，见于他发表在《东南文化》上的《中华文明的新曙光》一文[9]。第四次提到也是 1988 年，见于他在山东青州考古会议上发表的讲话[10]。

他说"华山玫瑰"指的是"源于华山脚下仰韶文化的一个支系，它的一部分重要特征是重唇口尖底瓶和一枝玫瑰花图案彩陶盆"。所谓的"玫瑰花图案"，是庙底沟彩陶上最常见的一种纹饰，苏先生对这类纹饰特别关注，他揭示了它的象征意义，赋予了它特别的含义。

庙底沟文化彩陶上由弧边三角、圆点、勾叶组成的"花卉纹"图形，或简或繁，

〔6〕 苏秉琦：《姜寨遗址发掘的意义》，《考古与文物》1981 年 2 期。
〔7〕 苏秉琦：《晋文化问题》，《华人·龙的传人·中国人——考古寻根记》，辽宁大学出版社，1994 年。
〔8〕 苏秉琦：《象征中华的辽宁重大文化史迹》，《辽宁画报》1987 年 1 期。
〔9〕 苏秉琦：《中华文明的新曙光》，《东南文化》1988 年 5 期。
〔10〕 苏秉琦：《环渤海考古与青州考古》，《考古》1989 年 1 期。

曲回勾连，是中国彩陶中最具特点的图案之一，也是最富魅力的图案之一。同样风格构图的彩陶，在大河村文化和大汶口文化中也相当流行，它的影响还波及到范围更为广大的其他新石器文化，这使它成为许多晚期新石器文化一种共有的图案结构模式。

对于这类彩陶纹饰的研究，自 20 年代安特生发现河南渑池仰韶村遗址之后就开始了。安特生当初虽由仰韶村的彩陶提出了"彩陶文化"的概念，但是因为当时只见到这种纹饰的碎片，没有完整器形，所以并没有引起特别的注意。阿尔纳 1925 年发表《河南石器时代之着色陶器》，将仰韶村等遗址出土的这类彩陶纹饰名之为"真螺旋纹"[11]。不久以后山西夏县西阴村发现了更多的相关彩陶资料，李济先生 1927 年在报告《西阴村史前的遗存》中，对于这类纹饰没有作进一步分析，几乎没有对纹饰的组合进行任何认定[12]。梁思永在研究了西阴村的这批彩陶标本后，在 1930 年发表的论文中称这纹饰为"流动的曲线带"，说它的"形状最近似螺旋纹"，又说"西阴陶器上没有发现真正的螺旋纹"[13]。

安志敏先生主持陕县庙底沟遗址发掘中，发现了不少彩陶。1959 年他在《庙底沟与三里桥》的结语中说，庙底沟遗址的彩陶"图案比较复杂而富于变化，基本上是用条纹、涡纹、三角涡纹、圆点纹及方格纹等组成，但在结构上缺乏固定的规律。花纹虽可以分成许多不同的单元，但这些单元很少固定不变，而互有增减，比较难于把它们固定的母题分析出来"[14]。他的这个说法，到 20 世纪 80 年代还有影响，巩启明先生论仰韶文化，基本上接受了这些说法[15]。不过后来安志敏先生本人对这类纹饰的定名有了明显的改变，1979 年他在《裴李岗、磁山和仰韶》一文中改用了当时已比较流行的"圆点、钩叶、弧线三角和曲线等构成繁复连续的带状花纹"这样的说法[16]。

面对庙底沟遗址的彩陶资料，有不少研究者产生了浓厚兴趣，纷纷著文研究。当然研究者们当时最关注的还是根据彩陶纹饰进行文化的分期研究，至于对纹饰本身的研究却并没有很快深入下去。如吴力先生的《略论庙底沟仰韶文化彩陶纹饰的分析与分期》，就没有具体讨论这类纹饰[17]。杨建芳先生在《庙底沟遗址彩陶纹饰的分析》一文中，采用分解纹饰的方式，分别命名为钩叶、弧形三角、圆点，但却没有提出一个整体名称来[18]。

―――――――――

〔11〕 阿尔纳：《河南石器时代之着色陶器》，《古生物志》丁种第一号第二册，1925 年。

〔12〕 李济、袁复礼：《西阴村史前的遗存》，书林书局，1927 年。

〔13〕 梁思永：《山西西阴村史前遗址的新石器时代的陶器》，《梁思永考古论文集》，科学出版社，1959 年。

〔14〕 安志敏：《庙底沟与三里桥的文化性质及年代》，《中国新石器时代论集》，文物出版社，1982 年。

〔15〕 巩启明：《试论仰韶文化》，《史前研究》1983 年 1 期。

〔16〕 安志敏：《磁山、裴李岗和仰韶》，《中国新石器时代论集》，文物出版社，1982 年。

〔17〕 吴力：《略论庙底沟仰韶文化彩陶纹饰的分析与分期》，《考古》1973 年 5 期。

〔18〕 杨建芳：《庙底沟遗址彩陶纹饰的分析》，《考古》1961 年 5 期。

苏秉琦先生在《关于仰韶文化研究的若干问题》中[19]，依据陕西华县泉护村出土的标本，首次仔细研究了庙底沟时期的这类彩陶。他以阳纹和阴纹混观的方法，辨认出这类彩陶所描绘的是菊科和蔷薇科的两种植物花卉图案，而且花瓣、茎蔓、花叶齐全。他说"仰韶文化诸特征因素中传布最广的是属于庙底沟类型的。庙底沟类型遗存的分布中心是在华山附近。这正和传说华族发生及其最初形成阶段的活动和分布情形相像。所以，仰韶文化的庙底沟类型可能就是形成华族核心的人们的遗存；庙底沟类型的主要特征之一的花卉图案彩陶可能就是华族得名的由来，华山则是可能由于华族最初所居之地而得名；这种花卉图案彩陶是土生土长的，在一切原始文化中是独一无二的，华族及其文化也无疑是土生土长的"。苏先生认为，庙底沟类型彩陶上的花纹，很可能就是生活在华山周围"花族"的图腾。因为远古时期"花"同"华"，所以这里很可能就是华夏名称最早的起源地。在远古时期，庙底沟人以这种神圣的花卉图案控制着诸多群体部落，并向四周相邻的地区施加影响。

从此以后，在30多年的时间里，他不断坚持并发展着这种认识，将彩陶上的这种"花卉"纹饰升格，与红山等文化的龙形图案相提并论[20]。在对庙底沟文化彩陶众多的解释中，以苏秉琦先生"花卉"说的影响最大，也最受学术界重视（图3）。

在《纪念仰韶村遗址发现六十五周年》一文中他也提到见于庙底沟的"两种花卉纹彩陶盆"，不赞成"圆点钩叶弧边三角纹"的提法。两种动物图案彩陶盆，"鱼鸟图像彩陶初现时间和鱼纹开始图案化时间，彩陶图案常以底色（陶色）为主而不是着色为主的技法初现时间，花卉图案初现的时间等都从北首岭遗存得到证明。"玫瑰花图案为"一枝花"或"一朵花"，后者的传播力比前者大得多[21]。这样的观点，在《中国文明起源新探》一书中，又有过强调。在《华人·龙的传人·中国人》一文中，又谈到了花与龙的结合，简绘有旋式花瓣纹图案。

在《关于仰韶文化的若干问题》一文中，苏秉琦先生提出了"仰韶文化的庙底沟类型可能就是形成华族核心的人们的遗存，庙底沟类型的主要特征之一的花卉图案彩陶可能就是华族得名的由来，华山则可能由于华族最初所居之地而得名"的论点[22]。到现在为止，还没有一个人对"花卉纹"图案这么重视。"花卉纹"作为一种图案确实是在华族居住区首创的，可很快它就传播到文化传统并不相同的东夷、西戎、南蛮的祖居之地，这又意味着什么呢？

苏秉琦先生1985年在山西侯马晋文化研究会的发言，谈到庙底沟文化时期"花

〔19〕 苏秉琦：《关于仰韶文化的若干问题》，《考古学报》1965年1期。
〔20〕 苏秉琦：《华人·龙的传人·中国人》，《中国建设》1987年9期。
〔21〕 苏秉琦：《纪念仰韶村遗址发现六十五周年》，《华人·龙的传人·中国人——考古寻根记》，辽宁大学出版社，1994年。
〔22〕 苏秉琦：《关于仰韶文化的若干问题》，《考古学报》1965年1期。

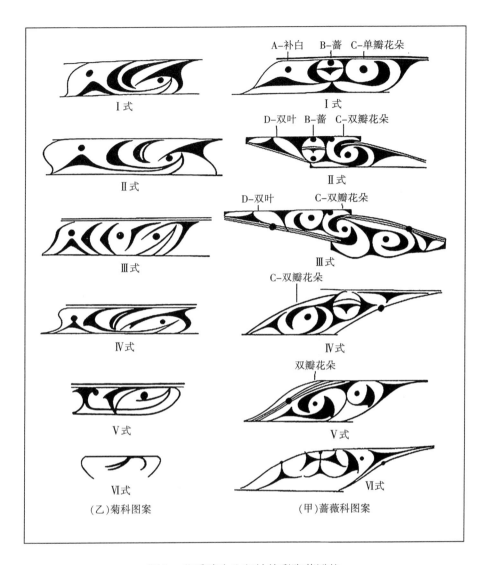

图3 苏秉琦先生归纳的彩陶花瓣纹

卉"图案彩陶的传播[23]，他说："仰韶文化的主要文化特征是两种小口尖底瓶（壶罐口、双唇口），两种花卉图案彩陶（玫瑰花、菊花），两种动物图案彩陶（鱼、鸟），是两类六种。其中生命力最强的是双唇口尖底瓶和玫瑰花图案彩陶。玫瑰花的完整图案是包括花、蕾、叶俱全的'一枝花'，向东去，洛阳郑州间仰韶文化中的玫瑰花是'一朵花'，而不是'一枝花'。向东北方向，经过山西省境，到达河北省西北部张家口地区蔚县西河营一带（属仰韶文化传布范围）的玫瑰花则是'一枝花'。……而'一朵玫瑰花'图案彩陶更远达辽宁朝阳、阜新地区大凌河流域红山文化范围，并有一个相当时间的发展序列，始终保存着玫瑰花'覆瓦状'花冠图案基本特征"。后来他在

---

[23] 苏秉琦：《晋文化问题》，《华人·龙的传人·中国人——考古寻根记》，辽宁大学出版社，1994年。

根据这个发言改写的另一篇文章中，依然表达了这样的认识[24]："源于陕西关中西部的仰韶文化，约当距今6000年前分化出一个支系（宝鸡北首岭上层为代表），在华山脚下形成以成熟型的双唇小口尖底瓶与玫瑰花枝图案彩陶组合为基本特征的'庙底沟类型'，这是中华远古文化中以较发达的原始农业为基础的、最具中华民族文化特色的'火花'（花朵），其影响面最广、最为深远，大致波及中国远古时代所谓'中国'全境，从某种意义上讲，影响了当时中华历史的全过程。"

彩陶的出现，彩陶的传播，它的动能全在于象征性，象征性也是彩陶的灵魂之所在。对于彩陶象征意义研究，许多学者都作过努力，但都仅仅限于讨论彩陶描述的客体，认识比较零乱，难以形成一个整体的架构。苏秉琦先生很早涉及彩陶的象征意义研究，他的解释明显高出一筹。在《关于仰韶文化的若干问题》中，苏先生对彩陶的象征意义有过特别的关注，主张对一些特别的纹饰进行全面的解释。他说"在庙底沟、半坡两类型典型遗址出土的彩陶纹饰的变化，鱼、鸟和植物图案从写实或逼真，描绘谨严，变化到图案化、简化，直到分解、消失，我们不仅应从技术、经济方面去寻找原因，还应该从社会意识形态的变化中来加以解释"。

后来苏先生还进一步指出，以玫瑰花图案彩陶为主要特征因素的仰韶文化庙底沟类型，与以龙鳞纹图案彩陶为主要特征因素的红山文化，这两个不同文化传统共同体的南北结合是花（华）与龙的结合。山西襄汾的陶寺遗址表现出南北文化综合体性质，突出晋南是"帝王所都曰中，故曰中国"的地位。因此他指出，"大致在距今4500年左右，最先进的历史舞台转移到了晋南。在中原、北方、河套地区文化以及东方、东南方古文化的交汇撞击之下，晋南兴起了陶寺文化。它不仅达到了红山文化后期社会更高一级阶段的'方国'时代，而且确立了在当时诸方国中的中心地位，它相当古史上的尧舜时代，亦即先秦史籍中出现的最早的'中国'，奠定了华夏的根基"。[25]

苏先生在他的诗中将"华山玫瑰"和"燕山龙"相提并论，所谓"燕山龙"指的是红山文化的玉龙。1986年在辽宁兴城会议上，苏先生提到"花"与"龙"的关系问题。"庙底沟类型完整的玫瑰花图案，枝、叶、蕾、花瓣俱全，这种图案的分布从华山延伸到张家口，正是一条南北天然通道。红山文化彩陶中特征最明显的是鳞纹，其最早材料见于赤峰西水泉遗址，其演变有头有尾，与庙底沟类型玫瑰花图案演变并行，其向南延伸最远到石家庄、正定一线，与玫瑰花交错是在张家口。"苏先生特别指出，"龙与玫瑰花结合在一起，产生新的文明火花，年代是距今5500年左右，这是两种不

〔24〕 苏秉琦：《谈"晋文化"考古》，《华人·龙的传人·中国人——考古寻根记》，辽宁大学出版社，1994年。

〔25〕 苏秉琦：《迎接中国考古学的新世纪》，《东南文化》1993年第1期，收入《华人·龙的传人·中国人——考古寻根记》，辽宁大学出版社，1994年。

同文化传统撞击产生的文明火花。"[26]

由这样的一些论述，我们更加理解了彩陶的重要性。绘有特定纹饰的彩陶可不是普通的日用器具，由纹饰具有的象征性，我们会很自然地对彩陶器皿的用途作出新的判断。关于彩陶的用途，苏先生也作过考察。1992年在《迎接中国考古学的新世纪》一文中[27]，他在明确阐明距今6000年是从氏族向国家发展的转折点的时候，指出"之所以特别看重距今6000年这个界标，因为它是该区从氏族向国家发展的转折点。这并不是说距今6000年前已出现了国家，而是说氏族社会发展到鼎盛，由此转而衰落，文明因素出现，开始了文明、国家起源的新历程。距今6000年，社会生产技术有许多突破，社会一旦出现了真正的大分工，随着就会有大分化，人有了文、野、贵、贱之分。酉瓶和绘有动、植物纹样的彩陶并不是日常使用的汲水罐、盛饭盆之类，而是适应专业神职人员出现的宗教上的特需、特供。"对彩陶这样的定位，是很有启发意义的。

在《中国文明起源新探》一书"开头的话"中，苏秉琦先生的第一句话意味深长，"我从考古学上探索中国文明的起源是由彩陶和瓦鬲开始的"。由彩陶探索中国文明的起源，确实是一条非常重要的路径。我也以为，"庙底沟文化彩陶的传播，不仅仅是一种艺术思潮的扩散，它有着更深刻的背景。这种传播标志着古代华夏族艺术思维与实践的趋同，也标志着更深刻的文化认同。从这一个意义上看，6000年前以彩陶传播为象征的艺术浪潮，也许正是标志了华夏历史上的一次文化大融合。看来庙底沟文化彩陶传导给我们的信息，远不只是那些闪烁着艺术光芒的斑斓纹样，它还包容着逐渐集聚的文化意识，演化着戚速认同的象征符号，预示着一个伟大文明的开始形成。从这个意义上说，探讨中国文明的形成，彩陶应当是一个非常重要的研究对象。"[28]我也希望在中华文明探源工程新的课题规划中，注意到苏秉琦先生过去的提示，不要忽略了史前彩陶的研究。

苏秉琦先生虽然一直关注史前彩陶研究，但在为张朋川先生《彩陶图谱》所作的序中，我们却没有读到他更多的相关文字，在专门讨论彩陶的著作里没有发表系统的见解，感觉是一个遗憾。不过他在开篇就提到"中国彩陶成为学者研究专题差不多同近代中国考古发展史一样长，这说明它的重要性早就被人们认识到了"[29]。通过苏先生的研究，我们也进一步认识到了彩陶的重要性，相信后来者在这个基础上会有更深入的研究。

（原载《四川文物》2014年5期）

[26] 苏秉琦：《文化与文明—1986年10月5日在辽宁兴城座谈会上的讲话》，《辽海学刊》1990年1期。
[27] 苏秉琦：《迎接中国考古学的新世纪》，《东南文化》1993年1期。
[28] 王仁湘：《彩陶：庙底沟文化时期的艺术浪潮》，《文物》2010年3期。
[29] 苏秉琦：《彩陶图谱·序》，收入《华人·龙的传人·中国人——考古寻根记》，辽宁大学出版社，1994年。

彩陶：庙底沟文化时期的艺术浪潮

　　在中国发现的史前彩陶中，论技法之精与影响之大，当首推庙底沟文化彩陶。庙底沟文化彩陶的发现，从河南渑池仰韶村算起，已经过去了 90 多年的时间。随着资料的逐渐积累，研究在一步步深入，认识也在一层层深化。从某个单一的遗址看，庙底沟文化彩陶占全数陶器的比例并不大，一般只在 3% ~ 5% 之间，彩陶的数量不能算多。不过因为发现的遗址很多，迄今所见庙底沟文化彩陶的总数多得我们可以用"成千上万"这样的词来形容。对于这样一批接着一批出土的彩陶资料，我们不仅感到了数量的丰富，而且还了解到了内蕴的精致。

　　我们可以非常肯定地说：庙底沟文化的彩陶时代，是东方艺术传统奠基的时代。庙底沟文化彩陶在艺术上取得的成就，可能比我们原来所能体会到的要大得多高得多。庙底沟文化彩陶所取得的艺术成就，我们至今并没有认真全面地评价过。仅由装饰艺术的角度而论，庙底沟文化彩陶应当是史前艺术发展的第一个高峰，当时已经有了成熟的艺术理论，题材选择与形式表现都有非常一致的风格。庙底沟时期陶工的艺术素养已经达到相当的高度，陶工中一定成长起一批真正的艺术家，他们是原始艺术的创造者与传承者。

一

　　庙底沟人已经创立了体系完备的艺术原理，在艺术表现上体现最明确的是连续、对比、对称、动感与地纹表现方法，而成熟的象征艺术法则更是庙底沟人彩陶创作实践的最高准则，它应当是当时带有指导性的普适的艺术准则。

　　彩陶制作时对比手法的运用，充分展示了色彩与线条的力量。庙底沟文化彩陶强调了黑白红三色的对比，以黑与白、黑与红的两组色彩配合为原则，将双色对比效果提升到极致，也因此奠定了古代中国绘画艺术中的色彩理论基础。

　　庙底沟文化彩陶的色彩，由主色调上看是黑色，大量见到的是黑彩。与这种主色调相对应的是白色的地子，白色并不像黑色一样是绘上去的彩，而是绘彩前先平涂上去的，也是画工作为一种客观使用的色彩。彩陶上还有并非是画工主动绘出的一种借用色彩，它是陶器自显的红色。这种借用红色的手法，是一个奇特的创造，它较之主动绘上去的色彩有时会显得更加生动。

庙底沟文化彩陶是黑与红、白三色的配合，主色调是红与黑、白与黑的组合。从现代色彩原理上看，这是两种合理的配合。不论是红与黑还是白与黑，它们的配合结果，是明显增强了色彩的对比度，也增强了图案的冲击力。有时画工同时采用黑、白、红三色构图，一般以白色作地，用黑与红二色绘纹，图案在强烈的对比中又透出艳丽的风格。色彩对比是最鲜明的对比，庙底沟文化时代的陶工将有限的色彩，在陶器有限的表面上展示出无限的空间。他们一定掌握了基本的色彩原理，将色彩感觉发挥到了极致。

图形元素一目了然，将不同图形元素按一定秩序排列起来，会产生形状的对比。不同形状元素的对比，会增强彼此的原有特点。画工在彩陶上常常只采用一种图案元素，由一种元素构成的图案，有一种秩序、恒定和平静的美感。画工也常常使用形状对比手法，将不同的元素组合起来，增强构图的动态感，丰富了彩陶的内涵。如圆形与扁弧形组合，象征整形与分割的对比；网格与弧形、圆点组合，象征密集与疏懈的对比；圆形与单旋纹组合，象征闭合与开敞的对比；圆形与叶片纹组合，象征正与斜的对比等等。

地纹手法是中国史前彩陶非常重要的表现方法，它反用了色彩，以间接表现元素的方式构图，是一种复杂思维的体现。庙底沟文化多数彩陶采用地纹手法绘成，庙底沟人完善了地纹表现手法[1]。地纹绘法需要更高的技法，需要掌握"计白守黑"的技巧。地纹彩陶在一定程度上隐藏了纹饰的含义，这种含而不露的用意也许是为着更好地隐现纹饰的象征性。在色彩与构图上的巧思安排，于地纹彩陶上得到了充分体现，彩陶也因成熟的地纹彩陶而将史前彩陶艺术推向了极致，也奠定了古代中国艺术表现的一个非常重要的基础。这是一种衬托手法，它最早应当出现在彩陶工艺上。史前居民有了一些新的认识与思想需要用全新的彩陶形式表达出来，地纹应当就是他们创造的在当时看来可能是最好表现形式（图1）。

彩陶纹饰因连续延伸而表现出一种井然的秩序，而规律性的间断构图则是连续图案行进的节奏。庙底沟文化彩陶遵循着这样一条基本形式原则，就是连续。庙底沟文化彩陶纹饰，多是沿着器物环周表现适形构图，画工在有限的空间表述了一种无限的理念，二方连续构图有着循环往复、无首无尾、无始无终、无穷无尽的性质。庙底沟文化彩陶上最多见到的是二方连续构图，这种艺术形式无疑也体现了庙底沟人在哲理层面的思考。连续形式变无序为有序，变混沌为和谐，这种艺术形式后来成为历代装饰艺术所采用的最基本的构图程式。

---

〔1〕 王仁湘：《中国史前彩陶地纹辨识》，《中国史前考古论集》，科学出版社，2003 年。

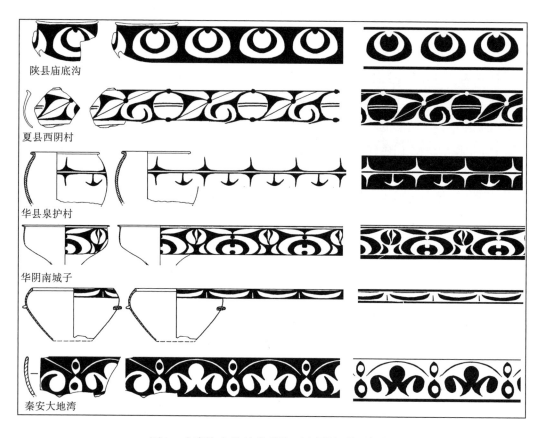

图1　庙底沟文化地纹彩陶（右图为反视地纹）

　　对称与平衡，是艺术设计中两个相互关联的原则。庙底沟文化彩陶在构图中，有对称也有平衡，许多精致的纹饰都采用了对称结构。彩陶图案左右非常对称，两边元素互为镜像，中间有一个或意想中有一个对称轴。大量见到的双瓣或多瓣式花瓣纹，它们的左右两边完全对称。彩陶中对称与平衡原则的掌握，在庙底沟人来说已经是相当熟练了，画面非常简洁，线条也十分流畅。

　　艺术设计中的节奏感和韵律感，是一种更高层次的创作。节奏具有空间感，可以指构图设计中同一元素连续重复时产生的运动感。韵律具有时间感，是节奏的变化与丰富，是节奏的整体表现，它使构图中单一元素重复时的单调状态有所改变，由此产生的变化好似一种变奏，可以增强单调重复的生机感。彩陶上多见富有动感的纹饰，从那些多变的构图上，我们似乎可以感受到慢板、快板、散板和进行曲式的区别，彩陶内在的活力就体现在这律动的构图中。

　　彩陶在二方连续图案上，我们能感受到的节奏是最明朗的。留给我们最明朗的快板印象的，是那些不加间隔元素的二分与四分连续图案。庙底沟文化彩陶中四分式的二方连续图案最多，元素较为固定，构图也非常简练，没有什么修饰图案。这样的快板式节奏图案，是庙底沟文化彩陶的代表性风格之一（图2）。

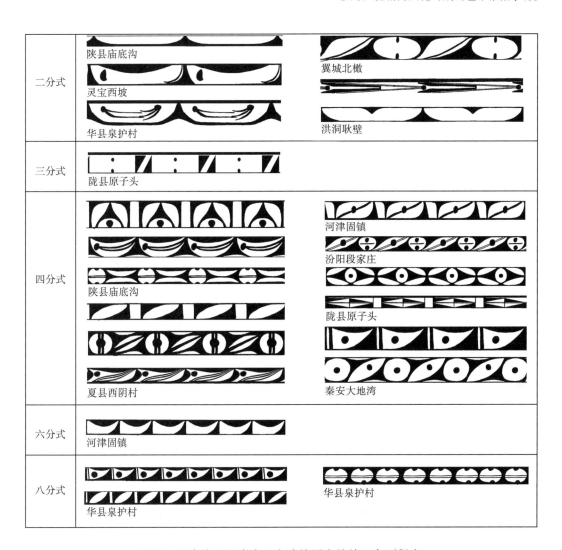

图 2　庙底沟文化彩陶二方连续图案的单元布列程式

平铺直叙的纹饰图案，似乎不会涉及方向感问题。不过由史前彩陶纹饰的绘制看，纹饰方向应当是存在的，画工在陶器上会有绘制的始点和终点，因为纹饰一般都是环绕陶器一周，所以这个始点和终点是紧接在一起的，它们都隐藏在图案中。有时画工也会引导出观者的观察方向，某些特别的图案会特别强调方向感。相当多的彩陶纹饰是这样的，它们有固定的走势，有明确的方向感。

半坡文化彩陶中的图案化鱼纹，几乎全是头右尾左的右向，基本都是剪刀尾向左，大嘴大头向右。庙底沟文化类似鱼纹，鱼头也向着右边，鱼尾向着左边。庙底沟文化的简化鱼纹，以圆点示意的鱼头也是无一例外地向着右边。鸟纹也几乎全是头向右边，尖尖的翅与尾向着左边。

彩陶几何纹的方向不易判断，但也还是有迹可寻。叶片纹的方向，基本上是向右上倾斜。各处发现的"西阴纹"，它起翘的尖角总是指向右边。彩陶中的单旋纹，旋臂不论是向上还是向下，一般都是按照顺时针方向旋转，是一种右旋态势。彩陶中大量见到的双旋纹，两个旋臂旋转的方向，也常常是顺时针方向，与单旋纹方向一致。双旋纹的旋臂只是偶尔见到逆时针旋转的例子，但总体旋动趋势是顺时针方向。

二

　　绘画中的写实是以形写意，以形写意正是绘画艺术的重要宗旨之一。在绘画中如果描绘的对象是一个动物，画出动物的全形，当然是最完整最明确的体现。不过对于史前人来说，这样的做法并不被认为是到处都适用，也不被认为是最可取的方式，完全的形似并不一定是追求的目标，也是不可能达到的目标。他们常常会采用更简单的表现形式，通常是只描绘动物的一个特定的部位，或者就是一个约定的部位。当绘画在表现动物特别部位的时候，还会有明显的夸张变形，有时或者会完全迷失原形，最终绘出的也许只是一个约定的符号而已。这样一个约定的符号，便是无象之象的艺术境界，后世所谓的"大象无形"，也就是这样一种境界的深化。无象之象，不仅是历史时期艺术发达的境界，在史前艺术中也有这样的境界。在庙底沟文化彩陶上，这样的境界就有体现。形已隐，神已藏，仅存意象而已，这便是无象之象。

　　庙底沟文化居民彩陶的创作原则之一，就是充分提炼纹饰的象征性。不论写实与几何形纹饰，不论有形与无形纹饰，象征性是彩陶的第一要义。象征性是彩陶纹饰构图的基础，也是纹饰播散的内在动力。在彩陶纹饰的符号化过程中，庙底沟人丰富和完善了自己的象征性思维，他们的心智得到提升，人格也得到锤炼。

　　庙底沟人表现彩陶纹饰的象征性，是通过纹饰的简化、分解和重组实现的。纹饰的象征性，是预先已经确定了的，本来一般是取自象生对象，后来逐渐抽象出一些图形符号，起初这样的符号多为象生对象的变形、变体和简化图形，是一看便能明知其象征性的。在这样的基础上，后来逐渐以相关联的简单的几何形作预定的象征符号，并不断地化简，不断地分解，又不断地重组，不仅经历了多次的逻辑思维过程，而且经历了反复的艺术加工过程（图3）。在经过了这样的创作过程以后，一些主要的象征符号成为普世接受的符号，象征艺术也已经是普世接受的艺术，人们通过这样的艺术形式作心灵的沟通与文化的交流。

　　人类善于制造和使用各类符号，用符号交流思想和认识事物，表达特定的含义，传递丰富的信息。所以有人说，制造和运用符号是人类的基本特征之一，这也是人类文化的重要体现。彩陶上大量的几何纹饰，其实大多都是这样的人造符号，而且不少符号都是由写实的纹饰简化而成。一个符号制作出来的同时，也经历了认同的过程，只有认同的符号才有传播信息的功能。彩陶鱼纹的变化，也正是经历了这样的符号化过程，后来虽然还会有鱼的含义，但是它却并没有了鱼的形态。

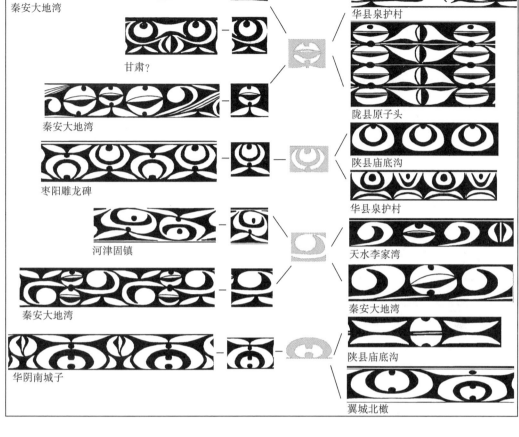

图3　庙底沟文化彩陶鱼纹头部的分解与重组

　　符号化的关键是提取与凝炼象征元素，当原先的象生类图形失去原形的时候，图形就完成了一次升华。原型已不存，但原本的意义却依然保留着，也就是说外形虽然已经改变，但象征意义并没有改变。象征类纹饰完成几何化的转变之后，会焕发出一种新的魅力，这也许是彩陶几何纹饰吸引人的力量之所在。看来史前人就是要以一种比较隐晦的方式来表现彩陶主题，不仅要采用地纹方式，更要提炼出许多几何形元素，也许他们觉得只有如此才能让彩陶打动自己，打动自己之后再去感动心中的神灵。

　　很多的几何纹彩陶与鱼纹具有相同的象征意义，鱼纹对于半坡人和庙底沟人为何如此重要？鱼纹的象征性何在呢？是学者们指出的图腾标志，还是生殖力的象征？近年关于彩陶鱼纹意义的研究，又有研究者提出了"鱼龙说"，认为"中华龙的母题和原型是鱼"，由仰韶文化彩陶上的鱼纹发展演变而成，以为夏族的来源与鱼族有紧密的联系[2]。这也许可以作为解开鱼纹彩陶象征意义的一个非常重要的新切入点，很有希望

---

〔2〕　石兴邦：《中华龙的母题和原型是"鱼"——从考古资料探"中华龙的起源和发展"》；吴锐：《从鱼族、鼋族到夏族》，并见《庆祝何炳棣先生九十华诞论文集》，三秦出版社，2008年。

得出有价值的结论。

三

　　将庙底沟文化彩陶典型的十数类纹饰集合在一起，我们会获得一个很清晰的印象。这十多类纹饰，每类只取一两个式样的标本（图4），同时也将周边文化的同类纹饰作比照（图5），这就是庙底沟文化彩陶的一个典型纹饰系统。各类纹饰之间，存在一定的联系，这证明庙底沟文化彩陶分类系统非常完整，也非常严密。

　　在将庙底沟文化彩陶进行分类研究之后，我们大体可以构建起一个纹饰分类系统，而且进一步尝试证明这是一个明确的象征纹饰系统，包纳其中的最为壮观的是"大鱼

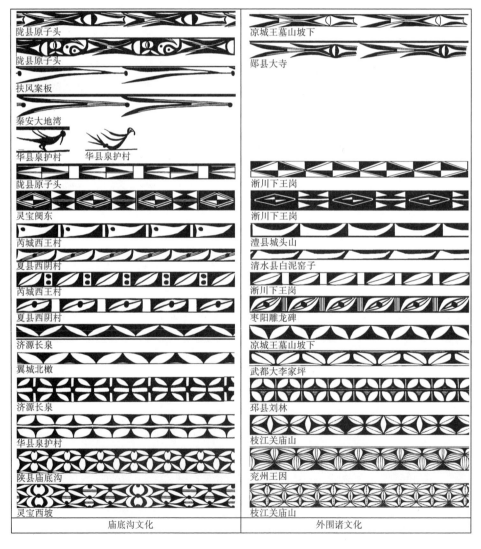

图4　庙底沟文化彩陶典型纹饰集成（1）

图5　庙底沟文化彩陶典型纹饰集成（2）

纹象征纹饰系统"，也是庙底沟文化彩陶中心的象征纹饰系统。揭示了这个象征纹饰系统，我们突然发现原来许多的彩陶纹饰都可以纳入到这个系统中，也就进一步证实了彩陶的象征性。这个象征纹饰系统体现了两方面的意义，一是艺术的文化的，一是意识的思维的，即是说庙底沟文化居民拥有象征艺术形式，还拥有象征思维意识。当然也还会有其他的象征纹饰系统，比如鸟纹系统，只是我们目前还不能完全依据现有材料理出清晰的头绪来。

庙底沟人通过彩陶的形式，将象征艺术一步步提升到极致，他们使彩陶不仅成为史前时代伟大的艺术，也成为人类全史上的一座早期的艺术丰碑。彩陶的象征艺术思维方式，不仅影响了后彩陶时代艺术发展的轨迹，甚至至今还在左右着艺术家乃至常人的艺术思维模式。现在我们可以肯定地说，庙底沟文化彩陶是一种象征艺术，它一定不仅仅只是器具的装饰艺术。庙底沟人通过彩陶方式传导的，是他们的信仰与情怀。那是回荡在历史天空的幻影，那是发自心灵深处的歌唱。

史前同类彩陶的分布，有时会超越某一或者某几个考古学文化分布的范围。彩陶的这种越界现象，为我们理解它的意义、魅力，提供了重要的启示。这种越界即是传播，这传播不仅只是一种艺术形式的扩散，它将彩陶艺术中隐含的那些不朽的精神传播到了更远的地域。在庙底沟文化中，这样的彩陶越界现象发生的频度很高，若干类彩陶纹饰的分布范围，远远超越了这个考古学文化自身的分布范围，让我们感觉到有一种强大的推力，将庙底沟文化彩陶的影响播散到了与它邻近的周围的考古学文化中，甚至还会传播到更远的考古学文化中。这样的推力，也许只有用"浪潮"这样的词来描述最为贴切，彩陶激起的浪潮一波一波地前行，一浪一浪地推进，它将庙底沟文化的艺术传统与精神文化传播到了更广大的区域。

庙底沟文化彩陶某一类纹饰的分布区域，我们可以由发现它的一些点圈出一个大致的范围来，这个范围包括了这类纹饰的中心分布区与外部播散区。我们可以用分布图来说明各类纹饰到达的空间区域，从这样的途径了解庙底沟文化彩陶传播的范围。重点考察典型鱼纹、简体鱼纹、"西阴纹"、叶片纹、双瓣式花瓣纹、四瓣式花瓣纹、多瓣式花瓣纹、圆盘形纹、单旋纹和双旋纹的分布，然后将各类纹饰分布范围叠加起来，可以获得一张庙底沟文化彩陶播散的整体区域图。

典型鱼纹彩陶的分布，是以关中地区为中心，西及渭河上游与西汉水，东至河南西部，南到陕南与鄂西北，北达河套以北的内蒙古地区。相信河套以北的典型鱼纹彩陶一定是来自于渭河流域，也相信以后在这一个中间地带会有新的发现来说明这一条传播路线的具体走向。分布在汉水、西汉水和豫西地区的典型鱼纹彩陶，也应当是来自渭河流域。

简体鱼纹彩陶的分布范围，没有典型鱼纹那么大，不过除了在河套以北没有见到以外，其他地点简体鱼纹的分布地域与典型鱼纹大体吻合。极少发现典型鱼纹的晋中南地区，见到了较多的简体鱼纹彩陶。

彩陶"西阴纹"的主要分布区，是在关中及邻近的豫西、陇东和晋南地区，更远的南方鄂西北、江南洞庭湖地区和北方河套以北地区，也都见到了"西阴纹"彩陶。往东部方向，"西阴纹"彩陶的分布范围应当没有越过豫中郑州地区。

叶片纹彩陶大体沿黄河走向东西横向分布，除了庙底沟文化中心地区以外，向东在大汶口文化的鲁南地区，向西直抵青海东部地区，都有叶片纹彩陶发现。豫西南和鄂西北也是一个扩展分布区，有典型的叶片纹彩陶发现。

双瓣式花瓣纹彩陶的分布有些特别，在庙底沟文化中心区的关中一带少有典型双瓣式花瓣纹彩陶发现。这类纹饰在晋中南地区发现稍多，向北河套及以北地区和青海东部地区也有发现。这类纹饰虽然在晋南地区发现较多，但最早出现并不是在庙底沟文化时期，在半坡文化晚期彩陶上已经见到。

特征非常突出的四瓣式花瓣纹彩陶，分布的中心是在关中及附近地区，东到苏北，西及甘青，扩张到鄂北直至江南一带。从四瓣式花瓣纹彩陶分布的东南西北四限看，它覆盖的范围非常之广，这在一定意义上证实了它的重要。

多瓣式花瓣纹彩陶的分布范围，基本上与四瓣式花瓣纹的分布范围相吻合，也是东到鲁南苏北，西至甘青，往南也到了江南。略有不同的是，关中地区发现的多瓣式花瓣纹彩陶极少，分布的中心偏于晋南豫西一带。多瓣式花瓣纹是在四瓣式花瓣纹彩陶基础上新构的纹饰，最早完成这种构图的可能是生活在晋南豫西一带的庙底沟人。

圆盘形纹彩陶的分布范围较上列几类彩陶要小一些，主要集中在晋南、豫西和关中及邻近的陇东地区，汉水上游和中游地区也有一些发现。圆盘形纹一般不会独立出现，都是组合在复合纹饰中，它也是与鱼纹有关的一种纹饰，它的起源有可能是在陇东与关中西部一带。

单旋纹彩陶的分布主要集中在庙底沟文化中心区域的豫陕晋交界地区，陇东也有发现，向外传播只是沿着汉水往南，到达中游长江岸边。其他地区没有发现明确的单旋纹彩陶，它的传播范围较为狭小一些。

双旋纹彩陶的分布范围最值得注意，因为它分布最广，影响最大。东过苏鲁，西至西汉水，北达河套以北，南抵长江，中心分布区还是在豫陕晋一带。起源的地区应当是在关中或晋南豫西一带，它能传播到这样广大的地域，它非常深刻的内涵更应当引起关注。

重圈圆与双瓣式花瓣纹组合彩陶也是分布范围较广的一种纹饰，它分布的中心还是在黄河中游地区，往东到达下游的山东地区，北限越过河套进入塞北地区，南部则越过淮河进入长江流域。

选择以上几类纹饰彩陶的分布范围叠加起来，我们可以得到一张庙底沟文化彩陶典型纹饰整体分布图。这张分布图覆盖的范围，向东临近海滨，往南过了长江，向西到达青海东部，往北则抵达塞北（图6）。

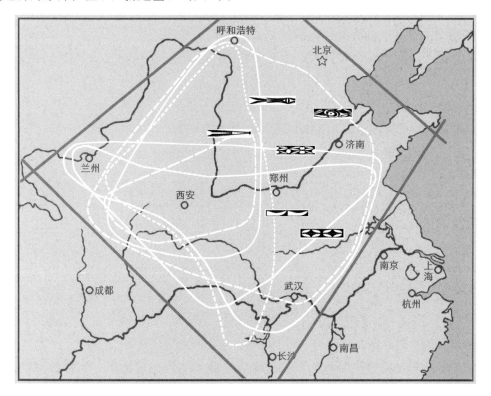

图6　庙底沟文化几类彩陶纹饰分布范围叠加图

　　庙底沟文化彩陶播散到这样大的一个区域，意味着什么呢？这样的一个范围很值得注意，这可是后来中国历史演进的最核心的区域。仅此一点，就足以让我们对庙底沟文化的彩陶好好思考一番了。

　　这是中国文明形成过程中的大范围文化认同，值得关注与深入研究。庙底沟文化彩陶有一种巨大的扩散力，它让我们清楚地感受到了中国史前时期出现的一次规模强大的艺术浪潮。这个艺术浪潮的内动力，是彩陶文化自身的感召力，传播是一种文化趋同的过程，文化趋同的结果，是主体意识形态的成功建构。

四

　　面对这样生动的彩陶纹饰，面对这样完美的纹饰分类体系，对于彩陶研究的意义，感到可以由考古学、艺术史、文化史和历史学层面的研究作整体的阐述。

　　首先在考古学研究上，考古学家最先得到了彩陶，得到了一个重要的标识。他们首先要做的是要为这些彩陶定性，要明确考古学文化的归属，是属于已知的还是未知的考古学文化。其次是判定它的大致年代，明确它在那个考古学文化中的时间位置。这样的研究结果，在资料积累到一定程度以后，可以建立起彩陶演变的序列，也就是说彩陶本身也可以构建起年代学框架，它又可以作为考古学文化编年研究的借鉴。当然考古学家通常是将彩陶放在它所属的那个考古学文化范畴进行研究，将它作为考古学文化的一个重要特征所在。彩陶不仅是评价某一考古学文化发展高度的一个标志，也是辨识考古学文化的重要标志。对于考古学家而言，彩陶研究的意义莫过于此。

　　庙底沟文化彩陶的研究，其次是艺术史层面的研究。

　　中国古代艺术的发展史，可以划出两个大的阶段。前一阶段关乎神界与灵境，表达的是幻像，主要目的是为了娱神。后一阶段关乎人本与自然，师法的是现实，主要目的变成了娱人。两个阶段的分界，大体应当是在两周嬗递之际，而东周至汉代之时，则是两类艺术的混装时代。当然我们可以这样理解，前后两个阶段的艺术，其实要表达的是同一的主题，这就是心之声，艺术是娱悦心灵的重要方式，艺术产品是精神之餐。彩陶正是表达了心之声的主题，它是史前时代的精神大餐。

　　将彩陶放在整个艺术发展史的层面考察，它当然是处在前一发展阶段。彩陶关乎的是神界与灵境，表达的是幻像，主要目的是为了娱神。娱神的目的，也还是为了娱人，愉悦人的性灵，所以彩陶表达的也还是心之声的主题。

　　彩陶艺术虽然是原始时代流行的艺术，但其实它并不原始了，已经是非常成熟的艺术，彩陶是存在于原始社会却并不那么原始的艺术。不论是题材的选择和纹饰的构图，彩陶已经达到非常完美的境界。彩陶的构图法则、用色原理，庙底沟文化彩陶所建立的艺术体系，对中国古代艺术的发展产生了深远影响。即使是在今天，类似彩陶构图的一些商标图案，装饰图案中的许多元素，可以发现它们最先都可以在庙底沟人的作品里寻找到渊源。不少现代所见的时尚元素，与彩陶对照起来观察，我们会发现它们并没有发生什么根本的改变，艺术传统就是这样一脉相承。

彩陶的研究意义，最后是在文化史层面的研究，文化史家在彩陶上发现的是时代精神，他们看到史前人在饮食器皿上寄托的是信仰，营造在彩陶上的是精神家园。那一时代许多的文化信息都储存在彩陶上，都通过彩陶传递到远方。这些信息也随着彩陶的重见天日，逐渐显现到了我们的眼前。彩陶的魅力，绝不只是表现在它是一门史前创立的艺术形式，它是随着史前社会为着传承那些特别信息的需要而创造出来的，更重要的是这些信息本身给史前人带来的那些喜怒哀乐。

这样看来，彩陶的艺术史意义与文化史意义，其实是远远超过了它的考古学意义的。

在彩陶的研究上，我们还倡导由史学层面作研究，这个研究至今还并没有受到重视。将彩陶的传播过程，放到一定的历史背景中考察，我们发现彩陶成了原史中的一个重要表象。庙底沟文化彩陶浪潮般播散的结果，在将这种艺术形式与若干艺术主题传播到广大区域的同时，彩陶所携带和包纳的文化传统，也将这广大区域居民的精神聚集到了一起。作为象征艺术的彩陶明确画出了一个范围，这个范围内的人们统一了自己的信仰与信仰方式，在同一文化背景下历练提升，为历史时代的大一统局面的出现奠定了深厚的文化基础。由这一层面上看，庙底沟文化彩陶书写的一定是中国历史的序章，或者说是那一序章中最美妙的乐章。

庙底沟文化彩陶的传播，不仅仅是一种艺术思潮的扩散，它有着更深刻的背景。这种传播标志着古代华夏族艺术思维与实践的趋同，也标志着更深刻的文化认同。从这一个意义上看，6000 年前以彩陶传播为象征的艺术浪潮，也许正是标志了华夏历史上的一次文化大融合。看来庙底沟文化彩陶传导给我们的信息，远不只是那些闪烁着艺术光芒的斑斓纹样，它还包容着逐渐集聚的文化意识，演化着戚速认同的象征符号，预示着一个伟大文明的开始形成。从这个意义上说，探讨中国文明的形成，彩陶应当是一个非常重要的研究对象。

彩陶作为一种艺术，在庙底沟文化时期它形成振荡史前人心灵的一次大浪潮。这一次彩陶艺术浪潮的影响，大大超越了彩陶的范畴，也大大超越了艺术的范畴。这次艺术浪潮不仅超越了地域，也超越了历史，使得古今传统一脉相承。

（原刊《文物》2010 年 3 期）

彩陶：史前人的心灵之约

　　有一种古物叫作彩陶，这是现代人给出的称呼，它们大多出现在遥远的史前时代。作为一个事物的名称，彩陶对于一般人而言，接受起来也许不会十分顺畅，感觉不知所云何物。彩陶与彩电一样，都是外来语汇的汉化版，不是我们传统里寻得见的。从前没有彩陶这个词，但彩陶却是早早就为我们拥有了。在陶器上绘出繁简不一的纹样，显示出独特的时代与地域风格，这便是考古发现的彩陶。

　　科学与艺术，是社会文化发达程度的两个重要标志。科学让物质变化，艺术使精神升华，艺术较之于科学，是更难理解的人类创造。彩陶是艺术加科学的一项创造，陶器制作技巧和彩陶构建的艺术原理传承至今，惠及我们当今的科学与艺术，我们却将它们产生的时代划归野蛮时代，也许是我们的归纳法则有缺憾，抑或是别的什么原因左右了我们的思维。

一

　　先人们凭借怎样的智慧制作出来这美妙的艺术品，这样的艺术品又传导着怎样的信息？西安半坡遗址出土的人面鱼纹彩陶（图1），我们现在给出的解释答案有20多个，也许其中有一个是正确的，但对于它的论证却很不容易。我们解读彩陶，一般会就某一件彩陶的图案找出一些可能的解释，见仁见智，缺乏全面了解。当我们再深入一些，多多查考一些资料，在对实物有了更多观察之后，认识就会更深一层。当我在西北地区进入几个文物库房，看到那些未及上架堆积如山的彩陶，除了惊诧就是茫然，觉得该下多大的功夫才能读懂它们呀？西北地区出土彩陶数量很多，有时会在一座墓葬中发现100多件用作随葬器的彩陶。画出如此多的彩陶做什么，在某一时期流行同类纹样，仅仅是为着艺术欣赏么？要解读彩陶的原本涵义，须得进行时空的纵横梳理，了解它的演变与传承。

　　进行彩陶研究最关键的一点，是全面了解资料，构建好彩陶的时空坐标。多数彩陶纹饰不会只在局部区域孤立存在，也不会毫无改变地延续存在千百年，都会在时空分布上产生变化。在一个考古学文化中，彩陶会在这样的时空变化中，逐渐形成一个严密的体系，把握住这个体系的运行脉络，我们也就等于掌握了解读彩陶奥秘的钥匙。如庙底沟文化彩陶就拥有自己的体系，它以自己的方式维系自身的发展，也同时影响到周邻几个考古学文化彩陶的发展。庙底沟文化彩陶引领了史前艺术潮流，它作为成熟的艺术传统也为历史时期艺术的发展奠定了坚实的基础。

在彩陶研究中，我们首先会急于确定一个图案像什么，然后就赋

图1　人面鱼纹彩陶盆（陕西西安半坡）

予它包含的种种含义。例如见到一个圆形图案，张看到的可能是太阳，李看到的也许是眼目，圆可能是阳，又可能是目，难辨是非。又如见到一个半圆形图案，你看到的也许是月亮，他看到的却是一个花瓣，花非花，月非月，争执不止。其实我们并不了解彩陶匠人当初就一定是要明明白白表现某个客体，他们绘出的一些几何图形更多的是象征而非象形。那时代的画工显然并不以"相像"的象形作为追求的目标，而是以"无象"的象征作为图案的灵魂。又何况更多的复合图案是通过拆解和重组构成，这都不是通过简单直观的象形思路所能获得正解的。彩陶图案的象形与"无象"，都以象征性合式与否为取舍，象形为明喻，"无象"为隐喻。研究彩陶的象征意义远重于研究它的象形意义，当然由象形的研究入手也无可厚非，因为象征的本源取自象形。史前人正是由彩陶形色之中，传导了形色之外的信仰。在彩陶中寻找由象形出发行进至象征的脉络，这是我们解读大量几何形纹饰的必由路径。

二

中国史前彩陶的风格，在色彩与纹样上，集中体现在红与黑双色显示纹样和二方连续式构图上。绘制彩陶的陶胎一般显色为浅红色，绘彩的显色为黑色，黑红两色对比强烈。有时也会先涂一层白色作地色，黑白两色对比更加鲜明。我们通常读到的彩陶图案，大多是无色的黑白图形，对它们原本的色彩功能，一般是感觉不到的。或者说我们看到的仅仅只是彩陶的构图，而不是彩陶本来的色彩。如庙底沟文化彩陶的色彩，由主色调上看，是黑色，大量见到的是黑彩，与这种主色调相对应的是白色地子或红陶胎色。陶器自显的红色，成为画工的一种借用色彩，这种借用红色的手法，是一个奇特的创造，它较之主动绘上去的色彩有时会显得更加生动。庙底沟文化中少见红彩直接绘制的纹饰，但却非常巧妙地借用了陶器自带的红色，

图2　地纹彩陶及反转效果图（河南陕县庙底沟，左正色右反色）

将它作为一种地色或底色看待，这样的彩陶就是"地纹"彩陶，这是史前一种很重要的彩陶技法（图2）。

庙底沟文化彩陶是黑与红、白三色的配合，主色调是红与黑、白与黑的组合。红与白大多数时候都是作为黑色的对比色出现的，是黑色的地色。从现代色彩原理上看，这是两种合理的配合。不论是红与黑还是白与黑，它们的配合明显增强了色彩的对比度，也增强了图案的冲击力。有时画工同时采用黑、白、红三色构图，一般以白色作地，用黑与红二色绘纹，图案在强烈的对比中又透出艳丽的风格。由彩陶黑与白的色彩组合，很容易让我们想到中国古代绘画艺术中的知白守黑理念。"知白守黑"出自《老子》，所谓"知其白，守其黑，为天下式"。主要以墨色表现的中国画就是这样，未着墨之处也饱含着作者的深意，观者细细品味，一定会有意想不到的收获。同中国画一样，在彩陶上黑是实形，白是虚形，它们相互排斥，又相互依存，相辅相成。可是对观者而言，那白是实形，黑是虚形，画工的意象完全是颠倒的。在彩陶上挥洒自如的史前画工，一直就练习着这样一种"知白守黑"的功夫，他们的作品就是地纹彩陶。

从艺术形式上考察，庙底沟文化彩陶的二方连续式构图就是最明显的特征之一。纹饰无休止地连续与循环，表现出一种无始无终的意境，这是庙底沟文化彩陶最基本的艺术原则，这也是中国古代艺术在史前构建的一个坚实基础。二方连续是用重复出现的纹饰单元，在器物表面一周构成一条封闭的纹饰带，它是图案的一种重复构成方式，是在一个纹饰带中使用一个或两个以上相同的基本图形，进行平均而且有规律的排列组合。彩陶上的纹饰，其实是一种适形构图，它是在陶器有限的表面进行装饰，二方连续图案也就往往呈现首尾相接的封闭形式。画工在有限的空间表述一种无限的理念，那二方连续构图就是最好的选择，它循环往复，无穷无尽，无首无尾，无始无终。彩陶图案的二方连续形式是一种没有开始、没有终结、没有边缘的非常严谨的秩序排列，表现出连续中的递进与回旋（图3）。

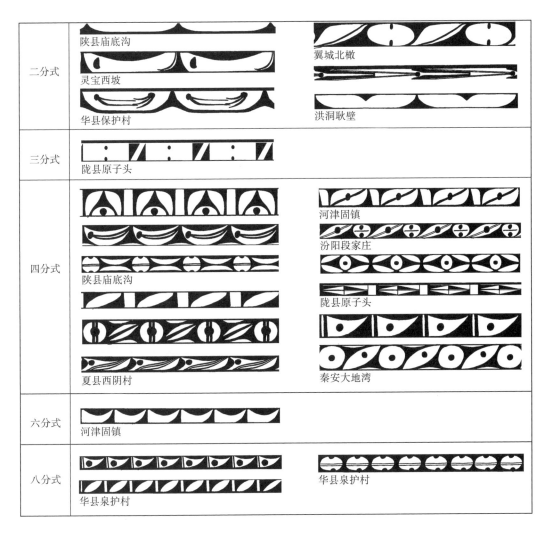

图 3　庙底沟文化彩陶二方连续图案的单元布列程式

三

中国彩陶最早的纹样，只见简单的点线及其组合，它们出现在 7000 年前的前半坡文化时期。到了半坡和庙底沟文化时期，鱼和鸟的象形图案及相关几何形纹饰成为彩陶的流行元素，地纹表现方法与多变的几何图案组合形式构建了彩陶的基本风格。到了马家窑文化时期，旋式连续构图以及由此演化出的四大圆圈纹成为新的主体风格，彩陶经历了由盛而衰的发展过程。

从总量上看，彩陶上的纹饰以几何形居多，象形者极少。象形图案很少，这并不是说这样的图案绘制很困难，其实规范的几何纹饰比起并不严格的象形图案绘制难度一定更大，显然史前人并不是由难易出发进行了这样的选择。看来只有这样一个可能，史前人就是要以一种比较隐晦的方式来表现彩陶主题，不仅仅要采用地纹方式，更要提炼出许多几何形元素，也许他们觉得只有如此才能让彩陶打动自己，打动自己之后再去感动心中的神灵。庙底沟文化彩陶上无鱼形却象征鱼的大量纹饰，应当就是在这样的冲动下创作出来的，它们是无鱼的"鱼符"。无鱼的鱼符，在彩陶上看来有若干种，变化很多，区别很大，是通过纹饰拆解的途径得到的。例如鱼纹全形的演变，在完成由典型鱼纹向简体鱼纹演变的同时，又创造出了均衡对称的菱形纹，菱形纹属于结构严谨的直边形纹饰系统（图4）。变形的鱼唇在拆解后，分别生成了西阴纹和花瓣纹，这是庙底沟文化彩陶非常重要的两大弧线形构图系统（图5）。鱼纹头部的附加纹饰拆解后，分别提炼出旋纹、圆盘形、双瓣花和加点重圈纹等元素，构成了庙底沟文化点与圆弧形彩陶纹饰体系，组合出更多的复合纹饰（图6）。

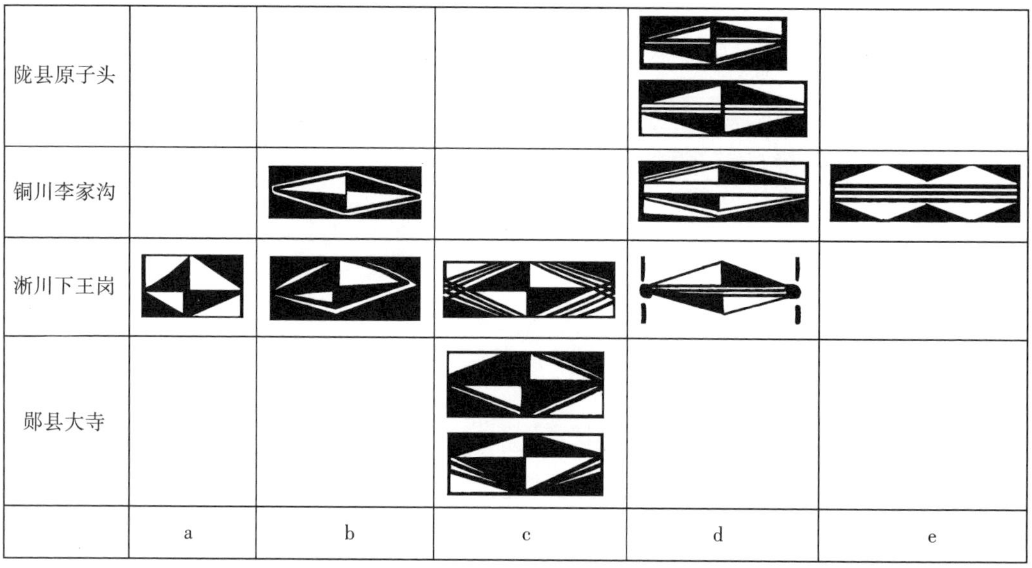

	a	b	c	d	e
陇县原子头					
铜川李家沟					
淅川下王岗					
郧县大寺					

图4　各地彩陶菱形纹的比较

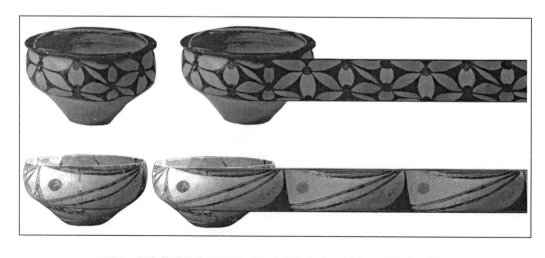

图5　彩陶花瓣纹和西阴纹（均庙底沟文化，河南三门峡庙底沟）

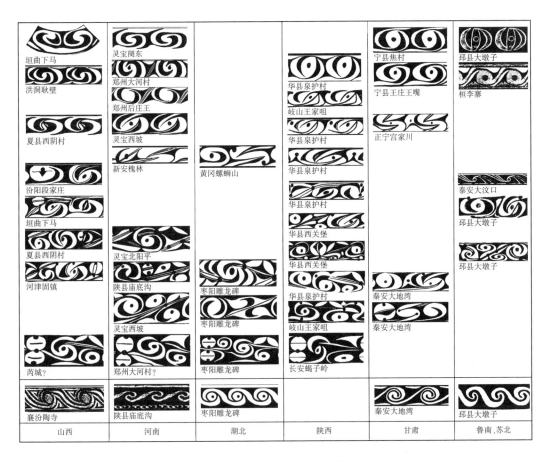

图6　各地彩陶双旋纹比较

　　这样看来，彩陶上的许多纹饰都能归入鱼纹体系。鱼纹的拆分与重组，是半坡与庙底沟文化彩陶演变的一条主线，这条主线还影响到这两个文化的时空之外。彩陶上有形与失形的鱼纹，在我们的眼中完全不同，也许对于史前人而言，它们并没有什么区别，它们具有同一的象征意义，有着同样大的魅力。作为"百变金刚"的鱼纹，我们已经想像不出它为史前人带来过多少梦想，也想像不出它给史前人带来过多少慰藉。"大象无形"，鱼纹无形，鱼符无鱼，彩陶纹饰的这种变化让我们惊诧。循着艺术发展的规律，许多的彩陶纹饰经历了繁简的转换，经历了从有形有象到无形无象的过程。从鱼纹的有形到无形，彩陶走过了一条绚烂的路程。

　　从半坡和庙底沟文化彩陶鱼纹看，简化到只表现局部特征，明显夸张变形，意存形无，这是简化的又一重要原则，不是一般的抽象，也不是一般的象征，也可以说是更高层面的艺术表现。人类善于制造和使用各类符号，用符号交流思想和认识事物，表达特定的含义，传递丰富的信息。所以有人说，制造和运用符号是人类的基本特征之一，这也是人类文化的重要体现。彩陶上大量的几何纹饰，其实大多都是这样的人造符号，而且不少符号都是由写实的纹饰简化而成。一个符号制作出来的同时，也经历了认同的过程，只有认同的符号才有传播信息的功能。当那些最早的模仿因素被历史的选择完全淘汰，它就完成了一个从量变到质变的过程，程式化的符号也就不再是模仿对象的再现，而成为一种逻辑式的抽象表现。彩陶鱼纹的变化，也正是经历了这样的符号化过程，后来虽然还会有鱼的含义，但是它却并没有了鱼的形态。彩陶鱼纹几何化以后，变成了若干种符号，它们大多失去了鱼的形体，这种演变本身就具有非常重要的文化意义。

某些彩陶纹饰的传播，而且是大范围的传播，在这样范围的人们一定在纹饰的含义与解释上建立了互动关系，发明者是最早的传播者，受播者又会成为传播者。彩陶原来存在的文化背景，也随着纹饰的传播带到了新的地方。当某些彩陶纹饰传播到不能生根的地方，互动关系终止。也就是说，如果不能解释或接受这彩陶纹饰所具有的象征意义，传播也就中止了。彩陶的传播当初也会有"解码"过程，如果这个过程并不顺畅，它一定会影响传播的完成。由于文化背景的差异，解码会发生偏差直至失败，传播过程自然便会中止。以彩陶作载体的信仰体系也是一种资源，这个资源取之不尽，无须掠夺，认同即可，传播成为输送这资源的主导形式。

彩陶纹饰由写实演变为几何形之后，构图变得非常简约，含义变得比较隐晦，甚或非常隐晦。史前彩陶中的鱼纹，大体分为三种样式，一种为具象，写实性很强；一种为变形，介于写实与抽象之间；还有一种为抽象，不过是符号而已。半坡与庙底沟文化的彩陶，都有不少的鱼纹。虽然半坡文化的鱼纹风格更接近写实，庙底沟文化鱼纹则更趋于图案化，但这种艺术传统却是一脉相承。半坡与庙底沟居民为何要在彩陶上表现这样多的鱼形呢？

过去有学者将彩陶鱼纹解读为图腾崇拜或生殖崇拜信仰，可能都没有解开真正的谜底。近年关于彩陶鱼纹意义的研究，又有研究者提出了"鱼龙说"，认为"中华龙的母题和原型是鱼"，由仰韶文化彩陶上的鱼纹发展演变而成，以为夏族的来源与鱼族有紧密的联系。这也许可以作为解开鱼纹彩陶象征意义的一个非常重要的新切入点，很有希望得出有价值的结论。

游鱼在水，鱼水相得。绘着鱼纹，盛着清水的彩陶盆，也许真就不是一件平常的日用器皿。这种彩陶绝少出现在成人墓葬中，在西安半坡是这样，在秦安大地湾也是这样，它当初应当是一样圣器。

四

在庙底沟文化之后发展起来的彩陶文化，是西北地区的马家窑文化。马家窑文化彩陶发现数量之多，在中国乃至于世界上看都是绝无仅有的。我们甚至可以推想出马家窑人的彩陶艺术，是一种"全民艺术"，当时人们不仅全都推崇彩陶、珍爱彩陶，而且可能很多人都会制作彩陶，很多人都是绘制彩陶的能手。

西北史前彩陶演变的一条主线可以确定是：旋纹圆圈纹组合—折线大圆圈纹组合—四大圆圈纹，这是黄河上游地区前后相续、一脉相承的彩陶纹饰主题元素，也是主要的演变脉络。它的源头确定无疑是庙底沟文化，旋纹与圆圈纹组合正是承自庙底沟文化彩陶已经出现的构图。马家窑文化早期彩陶以圆圈为旋心，圆圈纹之间以多变的旋线连接（图7）。最引人关注的是，这种旋线可能是借鉴于鱼纹图形，在某些彩陶上找到了确切的证据。这样看来，马家窑文化彩陶一部分也是可以纳入大鱼纹纹饰系统的。后来作为旋心的圆圈越画越大，旋心饰以圆点、十字及三角等纹饰，旋线也越绘越细。到了晚期旋纹的圆心变作大圆圈，圆圈中的纹饰变化多样。最终圆圈之间的旋线消失，成为明确的四大圆圈纹（图8）。

对于甘肃史前彩陶的象征意义，以往许多学者作过阐述，多认为与鸟崇拜有关，有研究者强调了鸟纹和蛙纹的意义，追溯了日月崇拜的原始图景。那么彩陶上旋纹的象征性何在？它既非自然物的模写，亦非自然现象的描绘，更非一般的抽象图案，它的意义确实非常费解。其实在庙底沟文化彩陶上本来就有一种很成熟的旋纹构图，属于地纹表达方式，多为双旋结构。这种双旋纹其实是一种勾连式构图，左右两旋臂呈彼此勾挂式。马家窑文化中更多见到的有圆圈为旋心的旋纹，构图上借鉴了早先庙底沟文化的双旋纹，旋纹一般都直接绘出，很少采用地纹方式表现。关于彩陶旋纹的意义，我们还可以用反推的方法考察。我们知道由旋纹演变而成的四圆圈纹，在圆圈中填绘有各种纹饰，较多见到的是网格纹和十字形纹，这些就可能是太阳的象征，十字形应当是一种明确的太阳符号。更值得注意的是，有时四圆圈纹直接被绘成四个太阳

图7　马家窑文化彩陶壶（青海民和核桃庄）

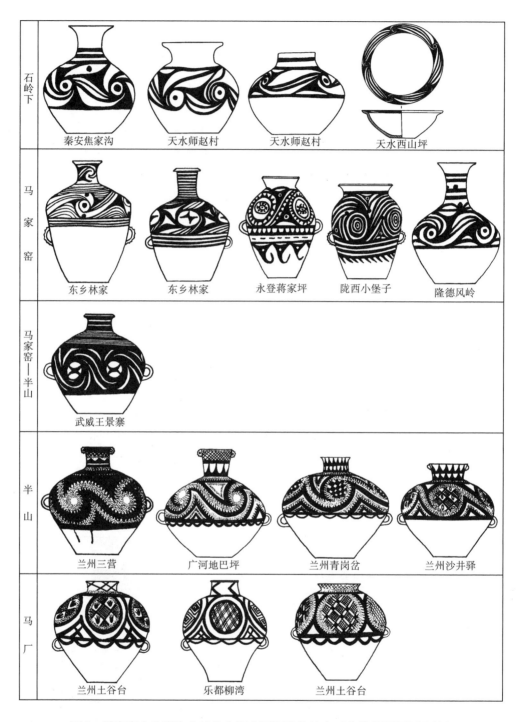

图8　马家窑文化彩陶由旋纹向四大圆圈纹的演变（依张朋川原图改绘）

图形，在青海乐都柳湾就有发现。太阳的旋转运行与升降，都由旋纹表现出来了，这一艺术形式表达的动感，是古人对宇宙的一种非常质朴的认识，也是一种非常理性的逻辑归纳。

太阳崇拜是一种天体崇拜，天体崇拜在史前时代出现较早，在彩陶上有明确的体现。大河村文化和大汶口文化居民的天体崇拜，也以日月崇拜为主要表现形式，彩陶上绘有明确的太阳图形。河南汝州洪山庙遗址瓮棺上的彩绘纹饰有红日和白月，郑州大河村遗址彩陶上有太阳纹、日晕纹、月牙纹和星座纹，都是当时人们对天体崇拜的证据。庙底沟文化时期的天体崇拜已有了深化，人们崇拜的天体已有了明确的标志物，一些研究者认为彩陶上的鸟纹和蟾蜍纹，很可能就是日与月的标志，象征太阳神和月亮神，它是当时天体崇拜的一种方式。而马家窑文化彩陶旋纹的出现，则可以看作是太阳崇拜的一种更艺术的表现方式。到马厂时期彩陶上大量出现的四圆圈纹，是旋纹的一种简略绘制形式，两者的象征意义应当是相同的。

五

我以为中国古代艺术的发展史，可以划出两个大的阶段。前一阶段关乎神界与灵境，表达的是幻像，主要目的是为了娱神。后一阶段关乎人本与自然，师法的是现实，主要目的变成了娱人。两个阶段的分界，大体应当是在两周嬗递之际，而东周至汉代之时，则是两类艺术的混装时代。当然我们可以这样理解，前后两个阶段的艺术，其实要表达的是同一的主题，这就是心之声，艺术是娱悦心灵的重要方式，艺术产品是精神之餐。彩陶正是表达了心之声的主题，它是史前时代的精神大餐。将彩陶放在整个艺术发展史的层面考察，它当然是处在前一发展阶段。彩陶关乎的是神界与灵境，表达的是幻像，主要目的是为了娱神。娱神的目的，也还是为了娱人，愉悦人的性灵，所以彩陶表达的也还是人们心灵之约的主题。

彩陶在史前存在与传播的意义，在以往被低估了。彩陶浪潮般播散的结果，在将这种艺术形式与若干艺术主题传播到广大区域的同时，它所携带和包纳的文化传统，也将这广大区域居民的精神聚集到了一起。这个范围内的人们统一了自己的信仰与信仰方式，在同一文化背景下历练提升，为历史时代的大一统局面的出现奠定了深厚的文化基础。彩陶的传播，标志着古代华夏族艺术思维与实践的趋同，也标志着更深刻的文化认同。从这一个意义上看，彩陶艺术浪潮也许正是标志了华夏历史上的一次文化大融合。

史前人营造在彩陶上的是精神家园。那一时代许多的文化信息都储存在彩陶上，都通过彩陶传递到远方。这些信息也随着彩陶的重见天日，逐渐显现到了我们的眼前。彩陶的魅力，绝不只是表现在它是一门史前创立的艺术形式，它是随着史前社会为着传承那些特别信息的需要而创造出来的，更重要的是这些信息本身给史前人带来的那些喜怒哀乐。不论是题材的选择和纹饰的构图，彩陶已经达到非常完美的境界。彩陶的构图法则，彩陶的用色原理，彩陶所建立的艺术体系，对中国古代艺术的发展产生了深远影响。即使是在今天，类似彩陶构图的一些商标图案，装饰图案中的许多元素，可以发现它们最先都可以在彩陶作品里寻找到渊源。不少现代所见的时尚元素，与彩陶对照起来观察，我们会发现它们并没有发生什么根本的改变，艺术传统就是这样一脉相承。

（选自《大河上下——黄河史前陶器展》，文物出版社，2015）

庙底沟文化鱼纹彩陶论

中国史前有两个考古学文化中发现较多的鱼纹彩陶，一是半坡文化，一是庙底沟文化。半坡文化中的鱼纹彩陶非常典型，历来很受研究者关注。但对于庙底沟文化中的鱼纹彩陶，关注的人却很少。其实在庙底沟文化彩陶分类系统中，鱼纹占有非常重要的地位。庙底沟文化的鱼纹有少量为写实图案，其次是抽象的几何化纹饰，更多的是完全几何化的纹饰。辨析这些几何化的与鱼纹相关的纹饰，是本文研究的重点。庙底沟文化广泛流行的叶片纹、花瓣纹、"西阴纹"、菱形纹、圆盘形纹和带点圆圈等，大都是鱼纹拆解后重组而成，这些纹饰构成了一个"大鱼纹"象征系统。揭示这个隐蔽的大鱼纹象征系统，为真正理解史前彩陶的内涵，有十分重要的意义。

庙底沟文化的鱼纹彩陶承自半坡文化传统，纹饰体系有了进一步的发展，最后完全图案化。由彩陶艺术表现方式研究，鱼纹的演变经历了观物取象、得意忘象的艺术过程，无象之美成为彩陶最大的魅力所在。

1. 彩陶鱼纹分类与判读

庙底沟文化彩陶中的鱼纹，大体分为三种样式，一种为具象，写实性很强；一种为变形，介于写实与抽象之间；还有一种为抽象，不过是象征性的符号而已。我们在讨论时，除去具象的鱼纹，称变形鱼纹为典型鱼纹，称抽象鱼纹为简体鱼纹。

鱼纹彩陶是半坡文化的一个重要标志，在陕西地区的不少遗址都有发现。半坡文化的鱼纹分为两类，一类为写实的具象纹饰，一类为变形纹饰。当然还有一些几何形图案被认为是鱼纹演变而成，但一般并不将它们归入鱼纹之列，因为这些纹饰已经看不到鱼的形体特征了。

因为受材料的局限，过去我们形成了一种思维定式，由彩陶而论，以为半坡文化以鱼纹为主要特征，而庙底沟文化是以鸟纹为重要标志。其实在庙底沟文化中也发现有鱼纹彩陶，而且数量可观。庙底沟文化的鱼纹彩陶，大多与半坡文化的鱼纹彩陶有明显区别，当然联系也是有的。在庙底沟文化中，不仅有鸟纹和鱼纹，也有鱼纹与鸟纹结合的纹饰。最著名的自然是汝州阎村出土的那件瓮棺上的"鹳鱼石斧图"[1]。这

---

〔1〕 临汝县文化馆：《临汝阎村新石器时代遗址调查》，《中原文物》1981 年 1 期。

样的发现也许只能看成是个案，而且上面的鱼纹也是具象图案，不是我们在此要讨论的重点对象。我们更关注的，是那些庙底沟文化彩陶普见的变形鱼纹。

庙底沟文化彩陶中写实的鱼纹，其实在陕西西乡何家湾[2]、铜川李家沟[3]、河南郑州大河村[4]、济源长泉等地也都有发现[5]，基本是以写实的方法描绘鱼体，各处构图并不全同，但多用网格线表示鱼鳞，这是比较一致的手法。在山西垣曲小赵彩陶上见到了最生动的鱼纹[6]，可以算是写实最准确的鱼纹（图1）。这些发现表明，庙底沟人对鱼也相当关注。

在陕西华阴南城子[7]、铜川李家沟和陇县原子头[8]，发现了庙底沟文化典型的鱼纹彩陶。庙底沟文化彩陶中这类鱼纹，大体是承续半坡文化鱼纹的绘法，鱼身强调背腹对称构图，涂彩面较大。剪刀形的鱼尾和鱼鳍对称伸展，长长的鱼嘴张开着，大鳃醒目，但鱼目省略不见。其实类似典型鱼纹彩陶片在陕西临潼姜寨的庙底沟文化层中也曾见到过，因为只存留着鱼纹中段，所以过去没有辨识出来[9]。在陕西华县泉护村也有一件鱼纹彩陶，陶片上只见到鱼尾的中段，即原报告所称的"两条平行反向曲形黑彩带"，这黑彩带的一下有双勾线条，是典型的鱼纹绘法，可以确定这是一件鱼纹彩陶，可能是简体鱼纹（图2）。

在庙底沟文化彩陶介于写实与几何形之间的纹饰中，也只有这一种鱼纹最富于装饰性，只是它并不是庙底沟人自己创造的构图。当然庙底沟人自己也首创了另一种鱼纹的绘法，这是一种非常抽象的绘法，我们称为简体鱼纹，它仅存典型鱼纹常见的尾部，身子与头

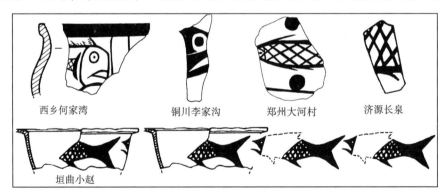

图1　庙底沟文化时期彩陶上的写实鱼纹

〔2〕 陕西省考古研究所等：《陕南考古报告集》，三秦出版社，1994年。
〔3〕 西安半坡博物馆：《铜川李家沟新石器时代遗址发掘报告》，《考古与文物》1984年1期。
〔4〕 郑州市博物馆：《郑州大河村》，科学出版社，2001年。
〔5〕 河南省文物管理局等：《黄河小浪底水库考古报告（一）》，中州古籍出版社，1999年。
〔6〕 中国科学院考古研究所山西工作队：《山西垣曲小赵新石器遗址的试掘》，《考古》1998年4期。
〔7〕 中国社会科学院陕西工作队：《陕西华阴南城子遗址的发掘》，《考古》1984年6期。
〔8〕 宝鸡市考古工作队等：《陇县原子头》，文物出版社，2005年。
〔9〕 半坡博物馆等：《姜寨——新石器时代遗址发掘报告》，文物出版社，1988年。

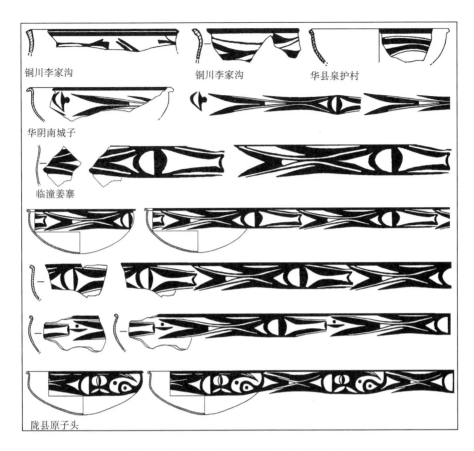

铜川李家沟　　　　　　铜川李家沟　　　　　华县泉护村

华阴南城子

临潼姜寨

陇县原子头

图 2　庙底沟文化时期彩陶上的典型鱼纹

部都已省略，不过前端有一个圆点，大约是用它表示着鱼头。简体鱼纹在山西、陕西和甘肃均有发现，虽然所见数量并不是太多，但它的分布范围却很广。简体鱼纹彩陶在晋南翼城北橄[10]、新绛光村[11]、洪洞耿壁有发现[12]，特点是两尾合拢。在陕西的华阴南城子和扶风案板[13]以及甘肃秦安的大地湾见到的简体鱼纹[14]，两尾张得较开一些（图 3）。

　　在河南灵宝的几个地点都见到鱼纹彩陶，由于陶片过于破碎，发现者当初并没有辨识出来[15]。灵宝的鱼纹既有典型鱼纹，如小常和永泉埠所见；也有简体鱼纹，如南万村所见。在北阳平，这两种鱼纹都有发现。豫西发现的这些鱼纹与山西、陕西和甘肃地区所见并无区别（图 4）。

〔10〕　山西省考古研究所：《山西翼城北橄遗址发掘报告》，《文物季刊》1993 年 4 期。
〔11〕　山西省考古研究所等：《山西新绛光村新石器时代遗址调查》，《文物集刊》1996 年 2 期。
〔12〕　山西省考古研究所等：《山西洪洞耿壁遗址调查、试掘报告》，《三晋考古（第二辑）》，山西人民出版社，1996 年。
〔13〕　西北大学文博学院考古专业：《陕西扶风遗址发掘报告》，科学出版社，2000 年。
〔14〕　甘肃省文物考古研究所：《秦安大地湾》，文物出版社，2005 年。
〔15〕　河南省文物考古研究所等：《河南灵宝铸鼎塬及其周围考古调查报告》，《华夏考古》1999 年 3 期；黄河水库考古工作队河南分队：《河南灵宝两处新石器时代遗址复查与试掘》，《考古》1960 年 7 期。

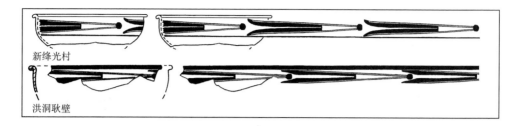

图 3　晋南地区的简体鱼纹彩陶

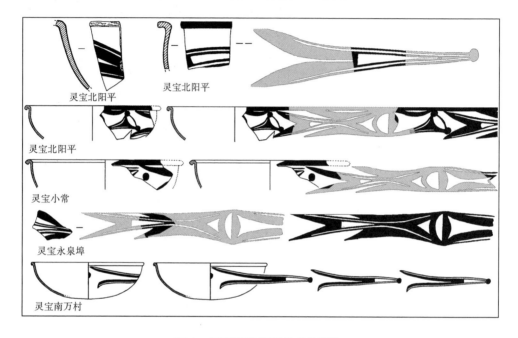

图 4　河南灵宝发现的鱼纹彩陶

彩陶鱼纹图案的确认，是在西安半坡遗址发掘之时。但是鱼纹彩陶更早的发现，却是在渑池仰韶村和夏县西阴村遗址的发掘之时，当然这两个遗址发现的鱼纹彩陶都比较破碎，发掘者并没有将鱼纹彩陶辨认出来。西阴村彩陶片上的简体鱼纹，仅存鱼的身尾接合部，双线勾勒的鱼身轮廓特点明确，可以认定它是鱼纹而不会是其他。从细部特征看，它与大多数典型鱼纹不同，却与华阴南城子的发现相类似，剪刀尾之间的夹角特别小，有较长的细夹缝。但是在陶片上并没有看到应当绘出的鱼鳍，没有鱼鳍那就不会是典型鱼纹，而应当是简体鱼纹。从这个发现看，由典型鱼纹到简体鱼纹之间，可以看到一点变化的脉络[16]。后来石璋如先生在关中地区调查，在邠县老虎煞遗址也发现过简体鱼纹彩陶[17]，属于庙底沟文化（图5）。

〔16〕李济：《西阴村史前的遗存》，清华学校研究院，1927年；山西省考古研究所：《西阴村史前遗存第二次发掘》，《三晋考古（第二辑）》，山西人民出版社，1996年。

〔17〕石璋如：《关中考古调查报告》，《历史语言研究所集刊》第二十七本，1956年。

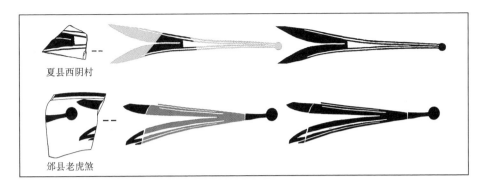

图 5　早年发现的简体鱼纹彩陶

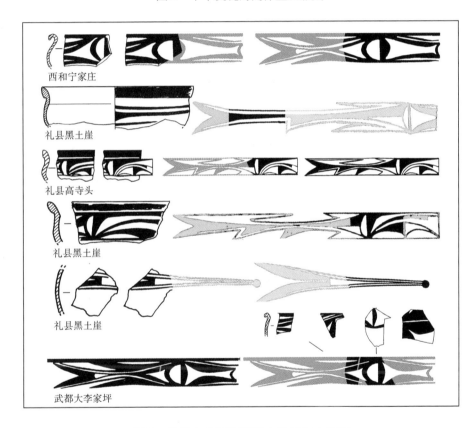

图 6　甘肃白龙江和西汉水地区出土彩陶

在甘南西汉水与白龙江地区的武都大李家坪[18]、陇西二十里铺、西和宁家庄和礼县石嘴村、黑土崖和高寺头[19]，也都见到了典型鱼纹彩陶，它们有的被划归半坡文化范畴，可能时代会晚一些，有的应当属于庙底沟文化（图6）。

---

〔18〕　北京大学考古学系：《甘肃武都县武都大李家坪新石器时代遗址发掘报告》，《考古学集刊（13集）》，中国大百科全书出版社，2000 年。

〔19〕　早期秦文化联合考古队：《西汉水上游新石器时代遗址调查简报》，《考古与文物》2004 年 6 期；甘肃省文物考古研究所等：《西汉水流域考古调查报告》，文物出版社，2008 年。

在西乡何家湾和华阴南城子都同时发现过简体鱼纹与典型鱼纹，表明简体鱼纹出现后，并没有完全取代典型鱼纹，它们在一段时间内有过共存。南城子的简体鱼纹又是最简的形态，可见两种鱼纹共存的时间不会太短。

事实上完整的鱼纹彩陶器发现并不是很多，常常见到的只是一些彩陶片。面对这些破碎的陶片，我们往往不能准确地判断出纹饰主题，它们一般都会被忽略不计。也正是因为这个原因，庙底沟文化彩陶上的大量鱼纹没有得到确认，所得到的印象非常不完整，这严重影响到我们对整个文化彩陶的研究。为着今后能引起发掘者更多的注意，我绘制了一张彩陶典型鱼纹与简体鱼纹残片判断坐标图（图7），希望学者们在发现相似彩陶片时能仔细比对，一定会有所收获。从这个坐标图上，从鱼头到鱼尾分出了7个坐标区，头眼、身子和尾部都分作两区，头与尾的结合部分为1区，可以非常容易地将那些彩陶片归位。过去在这样的碎片出土时，可能因为太过于破碎，残留的纹饰也过于简单，所以被忽略了，甚至在公布资料时将它们搁置起来。如果这样的彩陶片不被认识，甚或让它们重归尘下，那是一件非常可惜的事情。

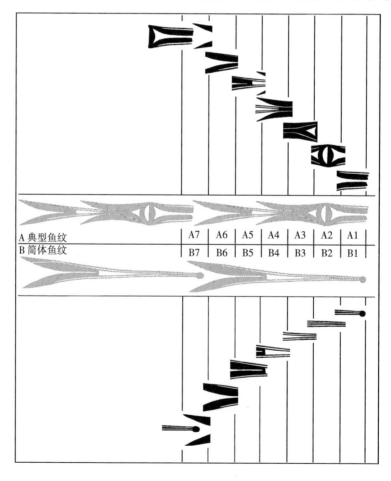

| A 典型鱼纹 | A7 | A6 | A5 | A4 | A3 | A2 | A1 |
| B 简体鱼纹 | B7 | B6 | B5 | B4 | B3 | B2 | B1 |

图7　彩陶典型鱼纹与简体鱼纹残片判断坐标图

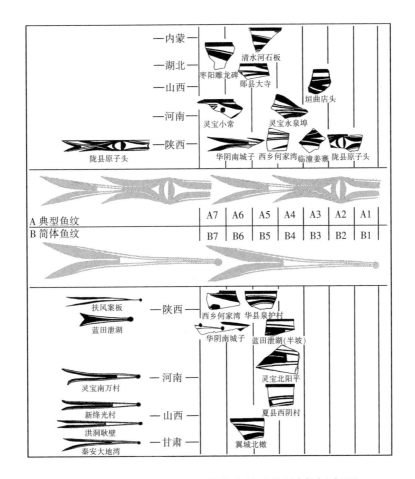

图 8   彩陶上的典型鱼纹与简体鱼纹残片的判断坐标图

其实鱼纹彩陶片并不难辨认，因为它与庙底沟文化彩陶的其他纹饰区别明显，一般是不会混淆的。

我将现有的一些彩陶残片上的图案归入坐标图上，确认不少过去不知全形的纹饰，它们原本就是鱼纹（图8）。

2. 鱼纹彩陶的分布

庙底沟文化典型鱼纹和简体鱼纹的分布有明确的范围，鱼纹确是庙底沟文化彩陶一个不可忽略的要素，过去以为它是半坡文化彩陶独有元素的认识需要修正。

发现典型鱼纹的地点，在豫西有灵宝永泉埠、小常和北阳平，晋南有垣曲店头，关中和陕南有西乡何家湾、华阴南城子，陇县原子头、临潼姜寨和铜川李家沟，甘肃有秦安大地湾、武都大李家坪、陇西二十里铺、西和宁家庄、礼县石嘴村、黑土崖和高寺头等处。

发现简体鱼纹的地点，在豫西有灵宝北阳平、南万村，晋南有夏县西阴村、新绛光村、翼城北橄、洪洞耿壁，关中和陕南有西乡何家湾、华阴南城子、华县泉护村、蓝田泄湖、扶风案板和邠县老虎煞，甘肃有秦安大地湾和礼县黑土崖等处。

更北面的内蒙古凉城，在岱海周围发现一些遗址，研究者一般将它们归入仰韶系统，其中有相当于庙底沟文化的遗址，出土一定数量的彩陶。如王墓山坡下遗址最值得关注[20]，彩陶有宽带彩、双瓣式花瓣纹、网格纹和菱形纹，深腹的盆绘有典型鱼纹，鱼纹构图与渭河两岸所见相同。王墓山坡下遗址有的彩陶具有半坡文化风格，发掘者根据整体特征研究，将它归入庙底沟文化时期，碳十四年代测定的数据也支持这个认识。不远的清水河石板遗址也发现了鱼纹彩陶，它也一直没有被辨识出来[21]。石板彩陶上的鱼纹应当属于典型鱼纹，这是很重要的发现（图9）。

在南方也有重要线索，湖北的郧县大寺遗址后来又作过发掘，新近公布的2006年的发掘资料中，就有一些值得研究的彩陶[22]。纹饰除了大单旋纹以外，还有标准的鱼纹残片。鱼纹虽然典型，但发掘者并没有辨认出来。枣阳雕龙碑也见到一例鱼纹彩陶片，纹饰仅存半尾，不能判断是典型鱼纹还是简体鱼纹，暂作典型鱼纹看待[23]。枣阳雕龙碑是庙底沟文化风格鱼纹分布的南限。

典型鱼纹彩陶的分布，是以关中地区为中心，西及渭河上游与西汉水，东至河南西部，南到陕南与鄂西北，北达河套以北的内蒙地区（图10）。晋中南地区的庙底沟文

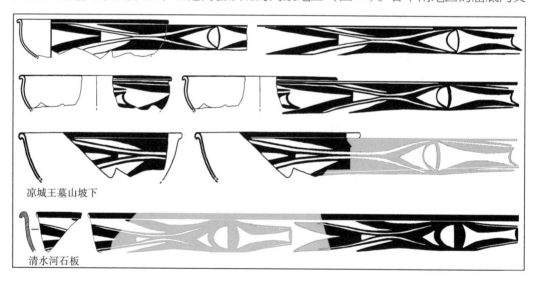

图9　内蒙古南部出土鱼纹彩陶

〔20〕　内蒙古文物考古研究所等：《岱海考古（三）》，科学出版社，2003年。

〔21〕　中国社会科学院考古研究所内蒙队：《内蒙古中南部古文化遗址调查》，《考古学集刊（12）》，中国大百科全书出版社，1999年。

〔22〕　湖北省文物考古研究所、湖北省文物局南水北调办公室：《湖北郧县大寺2006年发掘简报》，《考古》2008年4期。

〔23〕　王仁湘、王杰主编：《雕龙碑史前彩陶》，文物出版社，2006年。

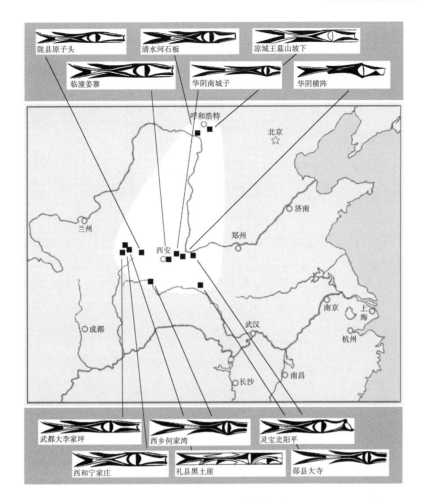

图 10　典型鱼纹彩陶分布范围图

化中只见到极少的典型鱼纹彩陶，这可能是工作的局限造成的，也可能是资料未及公布，或是暂时没有辨识出来。

　　在关中至河套的中间地带，并没有见到典型鱼纹彩陶，我们虽然暂时还不知道这类鱼纹向北传播的过程，但相信河套以北的典型鱼纹彩陶一定是来自于渭河流域，也相信以后在这一个中间地带会有新的发现来说明这一条传播路线。

　　分布在汉水、西汉水和豫西地区的典型鱼纹彩陶，也应当是来自渭河流域。

　　典型鱼纹彩陶最初出现的地区，可以确定是在渭河流域，但具体是在哪一片区域，还值得进一步探索，最有可能是在渭河上游一带，在甘肃天水附近地区。秦安大地湾半坡文化晚期和邻近的陇县原子头庙底沟文化早期层位中出土了较多的典型鱼纹彩陶，这是这类彩陶起源于这一区域的最好证明。

　　简体鱼纹彩陶的分布范围，没有典型鱼纹那么大，不过除了在河套以北没有见到以外，其他地点简体鱼纹的分布地域与典型鱼纹大体吻合。还有一点不同的是，发现典型鱼纹较少的晋中南地区，见到较多的简体鱼纹彩陶（图11）。

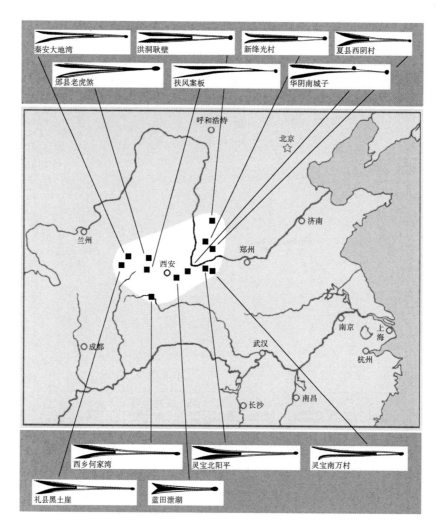

图 11　简体鱼纹彩陶分布范围图

　　陕西蓝田泄湖的半坡文化彩陶上见有简体鱼纹[24]，那里的简体鱼纹与庙底沟文化的并无不同。如果这个发现能够确定无疑，那说明简鱼纹在半坡文化时期就已经出现了，当然还并不是很流行，所以没有更多的发现。不过泄湖的庙底沟文化彩陶上也见到了简鱼纹，只是鱼尾极短小，与他处的发现有些区别。

　　比起典型鱼纹来，简体鱼纹的辨识会更加困难，因为纹饰结构过于简单，陶片破碎以后很难认出纹饰原貌，所以有可能许多资料因为不觉得重要而没能发表出来。这对于了解这类纹饰的分布范围是个缺憾，也许将来学者们认识到这类纹饰的重要性后会给予更多的关注，会公布更多的资料，我们对它的分布范围也会了解得更准确一些。

----

〔24〕　中国社会科学院考古研究所陕西六队：《陕西蓝田泄湖遗址》，《考古学报》1991 年 4 期。

3. 鱼纹图案的拆解与简化

半坡和庙底沟文化彩陶都以鱼纹为重要题材，鱼纹表现的方式多种多样，典型鱼纹一般都是有头有尾，另有一些鱼纹则出现了许多变化。这里要围绕鱼纹的演变展开讨论，将鱼纹的变化重点分为头部、尾部和眼部几部分进行观察。

鱼纹中见到一些特别的情形，就是鱼身与鱼头的分离，有的鱼纹没有头部，有的鱼纹则不绘鱼身，鱼纹图案被拆解开来。在陶工的笔下，彩陶上的无头之鱼与无体之鱼也许各自会有一些特别的意义，但它们也一定还是表示着鱼的含义，是用鱼的某一部位代表整体的鱼。这样的变化最早出现在半坡文化时期，是鱼纹拆解的开始。

在半坡文化彩陶中，常常见到的是全形的鱼纹，也发现有无体的鱼纹。在西安半坡遗址发现过几例无体鱼纹，其中有的被认为是正视的鱼头，还有一例为双头鱼纹，向左和向右的两个鱼头连在一起，没有鱼尾[25]。这一例纹饰也可名为连体鱼头纹，是非常少见的鱼纹构图。山西芮城东庄村也发现一例无体鱼纹彩陶[26]，它是在一件盆形器上绘成，为二方连续构图的鱼头纹，左右鱼头相对，中间有圆点组成的隔断。鱼头张嘴瞪目，自腮以后没有绘出，鱼头就像是从完整的鱼身上切下来的一样（图12），在其他地点的鱼纹彩陶上见到过这样构图的鱼头。

彩陶绘无体鱼纹的用意，也许并无特别的考虑，只是绘法更简单，只用鱼头来表示鱼，对于史前画工来说，应当是一个很好的创意。这样的创意也可能并不仅仅只是限于以鱼头表示全鱼形，它会启示画工作出更多更大胆的选择，比如绘出鱼尾也可以代表鱼形，同样也许绘出鱼眼甚至是鱼唇，都可用于表示全形的鱼。仅从艺术的角度来说，这样的拆解表现方法是非同小可的，它将图案装饰艺术提升到了新的高度，大量简练精致的纹饰也就在这样的启示下被非常有序地创作出来。

在庙底沟文化彩陶上，还没有见到明确的无体鱼纹，不过相关的更简略的表现鱼

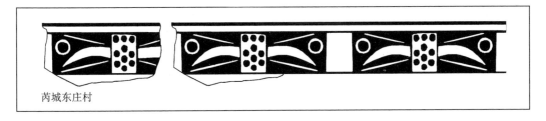

芮城东庄村

图12 山西芮城东庄村半坡文化无体鱼纹彩陶

〔25〕 中国科学院考古研究所：《西安半坡》，文物出版社，1963年。

〔26〕 中国科学院考古研究所山西工作队：《山西芮城东庄村和西王村遗址的发报》，《考古学报》1973年1期。

形的纹饰却更加丰富，不少纹饰都可以纳入到鱼纹系统中来。

彩陶上还有无头鱼纹。彩陶上的无头鱼纹，鱼身与鱼头的分离，在半坡文化晚期和庙底沟文化彩陶纹饰是比较常见的一种特别现象。彩陶上有的鱼纹没有头部，有的鱼纹在鱼身前绘着一些特别的图形。在西安半坡遗址的彩陶上最先发现过一些无头的鱼纹，而且多见双体无头鱼纹，身尾都在，鱼头好似被齐刷刷地斩去。这种无头鱼纹彩陶，在庙底沟文化中也有一些发现，原本应当有的鱼头失踪了，但在鱼头的位置出现了新的图形，它们取代了鱼头。这样的一些图形虽然出现在鱼头的位置，但明眼看来却并不是鱼头，不过这类图形后来又独立成纹，不再与鱼身共存，为研究鱼纹的变化指示出一条隐蔽的线索。

见到半坡文化的鱼纹彩陶后，石兴邦先生试图揭示鱼纹变化规律，在编写《西安半坡》发掘报告时[27]，他注意到了鱼纹简化发展的趋势，认为鱼头与鱼体有分别演变的现象，揭示这样的一个发展过程具有重要意义。将一些特别的几何形纹饰与象生形的鱼纹联系起来观察，这一方法为后来的一些研究者所效仿。

鱼目的拆解，是鱼纹变化的主要方式之一。从半坡与庙底沟文化的发现看，彩陶鱼纹上鱼眼的形状，有空圆圈形，有圈中点睛形，也有偏目形，最常见的还是圆目。仅以甘肃秦安大地湾的发现而言，彩陶鱼纹的鱼眼有圆目，也有偏目，偏目鱼眼数量似乎更多。有的偏目只绘出半个眼珠，个别的甚至绘成半闭着的样子。又在陕西临潼姜寨的彩陶上发现，在第三期文化（半坡文化晚期）中，彩陶鱼眼中的圆圈眼与偏目眼共存，而且还有两种鱼眼出现在同一件彩陶上的例证，有一件彩陶钵上就绘有不同鱼眼的鱼纹。

临潼姜寨半坡晚期彩陶上见到的偏目鱼眼彩陶并不是个别现象，在好几件彩陶瓶上都绘着偏目鱼纹。由于这几件彩陶瓶上的鱼纹绘得比较特别，鱼身曲回，鱼体变形很大，所以不大容易辨认。其中有的鱼身隐没，仅绘出一只鱼眼来，纹饰更为简化。特别值得注意的是，这一类鱼眼的外轮廓都绘成方框形，眼睛也略呈方形，作了明显的变形处理（图13）。本来是圆形的眼睛，结果变幻成了方形，可见史前画工在图形处理方面有一定的艺术原则。

彩陶上大量见到的那些圆形中带点的纹样，它们有可能代表的正是鱼眼，应当是鱼纹的另一种简略的形式。事实上在临潼姜寨遗址，就见到一些以眼睛为主要题材的彩陶，眼形有圆目，也有偏目，相信这中间有的就是鱼目。甘肃出土一件彩陶盆，腹面绘正视的鱼头纹，圆圆的双眼之间，是阔大的嘴。这带点的圆圈形应当就是鱼眼，这样的图形表示的就是鱼纹。值得注意的是两只鱼眼下面的双瓣纹，还有双瓣纹之间的圆盘形纹，它们也都是鱼纹的象征（图14，上）。在甘肃张家川的一件彩陶上，见到了明确

---

〔27〕 中国科学院考古研究所编：《西安半坡》，文物出版社，1963年。

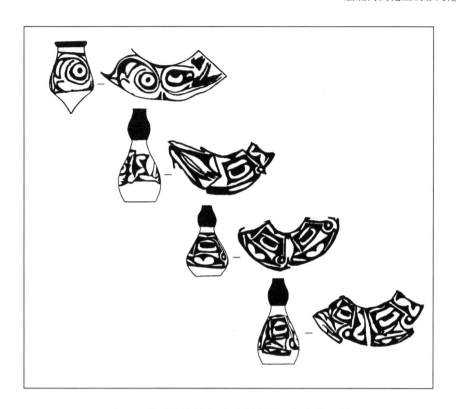

图 13　陕西临潼姜寨遗址彩陶圆目纹与偏目纹

图 14　甘肃出土彩陶上的圆目纹和偏目纹

的偏目鱼纹（图 14，下），这样的鱼目是独立存在的，它所代表的当然就是偏目的
鱼[28]。这些彩陶的年代介于半坡文化和庙底沟文化之间，那后来庙底沟文化彩陶中一

[28]　郎树德、贾建威：《彩陶》，图 19。敦煌文艺出版社，2004 年。

些类似的圆圈与圆点构图，有可能真的与鱼目有联系，是鱼纹的一种最简略的形式。

简体鱼纹，是鱼纹演变的另一个结果。虽然鱼纹的几何化过程在研究者的眼中并不完全相同，但简体鱼纹却是可以看作是这种几何化过程中的一个重要环节的，在这一点上大概不会有什么明显分歧。用典型鱼纹作观照，简体鱼纹将鱼头省略成了一个圆点，保留下来的只是剪刀式的鱼尾，鱼身完全不见了。简体鱼纹的鱼尾变化倒还不是很大，与典型鱼纹并没有太大不同。但是如果独立观察，会觉得简体鱼纹的鱼尾变化也非常大，鱼尾不仅绘得很长，分叉也很大，就像是两片柳叶。好在典型鱼纹上也有这样的鱼尾，我们可以很有把握地将它认定为鱼纹，而且在同一遗址两种鱼纹都见到过，辨认并不是很困难（图15）。

从图案构图的角度来说，简体鱼纹是在借鱼尾表示鱼的全形。如果没有典型鱼纹作观照，我们要将如此简化的图形认定为鱼纹会是很牵强的事。事实上，这类简体鱼纹在20世纪20年代晋南地区的发掘和40年代关中地区的调查中就已经发现，只不过当时并没有辨认出来。

彩陶上简体鱼纹出现的最早时代，可能是在半坡文化晚期，发现的数量也极少，只有一二例。也是因为发现太少，所以现有的资料也让我们有些怀疑它的可靠性。如果这一二例忽略不计，那简体鱼纹可以说是专属庙底沟文化彩陶的。

庙底沟文化彩陶的简体鱼纹与典型鱼纹具有共存关系，它们的时代并无明显距离。在有的遗址，见到两类鱼纹共存的例证。推测简体鱼纹是由典型鱼纹演变而成，是鱼纹的最简化形式。简体鱼纹简化到只存鱼尾，鱼尾拉伸得很长，作了明显夸张处理。

虽然由典型鱼纹到简体鱼纹的演变脉络可以推测出来，但要寻找到两类鱼纹之间的中间形态，这个过程似乎并不那么容易，这是证明这种演变发生过的坚实证据。由

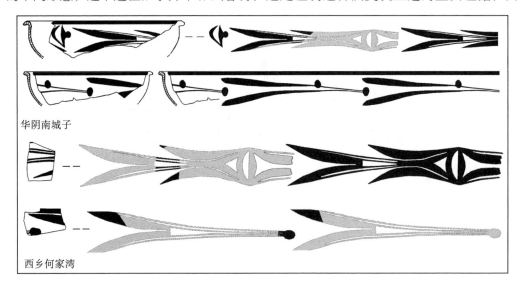

图15　典型鱼纹与简体鱼纹共存举例

简体鱼纹的变化，可以寻找到一些渐变迹象，将典型鱼纹和简体鱼纹进行比较，可以看出两者在形态上的距离并不小。我们怀疑两者之间一定有具备过渡特征的鱼纹形态。一般简体鱼纹的鱼尾，比典型鱼纹鱼尾的分叉比较明显，但从个别例证看分叉也有不很明显的，这是表明两者之间具有密切联系的关键点。再进一步观察，会发现多数简体鱼纹的鱼尾呈反剪形，像是反装的两片剪刀，上下都有一条单线勾勒，一直延伸到与圆点形的鱼头连接，这是标准的简体鱼纹样式。但还有更明显变形的简体鱼纹，鱼尾已经不再是那种剪刀样式，更像是飘扬的两片树叶，上下勾勒的线条也省略了（图16）。

在临潼姜寨遗址，见到典型鱼纹与简体鱼纹共存一器的例证。在一件小型尖底器上绘有并列的两类鱼纹，左为简体鱼纹，右为典型鱼纹。有意思的是，两类鱼纹作绘作跳跃状，不过其中的简体鱼纹比一般的简体鱼纹要复杂一些，而典型鱼纹又比一般的典型鱼纹更简略一些。这主要的区别在于简体鱼纹的头部并不是常见的一个圆点，而是在圆圈中绘一圆点；典型鱼纹鱼体完全省略，只是鱼头与鱼尾结合在一起（图17）。

姜寨遗址这件器物的年代，正好是在半坡文化晚期，在庙底沟文化之前。根据姜寨的这个发现，我们可以绘出两种过渡形态的鱼纹（图18），由典型鱼纹向简体鱼纹演变的中间形态有了，演变的完整图式也就有了。

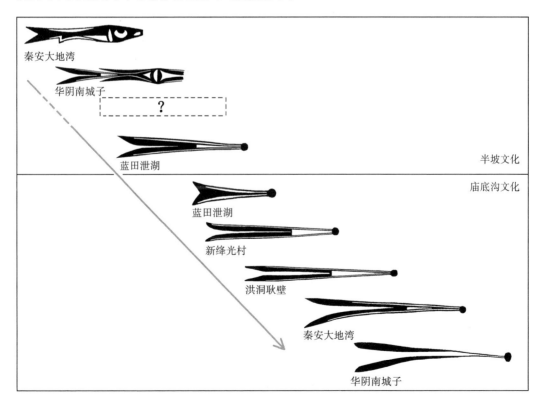

图16　彩陶典型鱼纹到简体鱼纹的演变

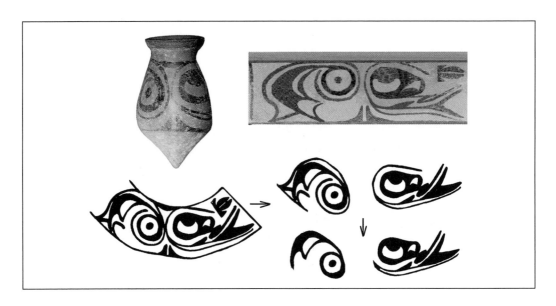

图 17　临潼姜寨遗址出土典型鱼纹与简体鱼纹共存彩陶

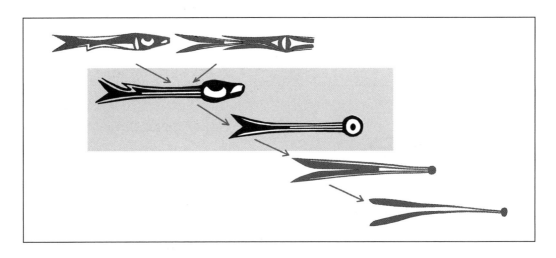

图 18　典型鱼纹向简体鱼纹演变的中间形态

鱼纹构图的变化多端，在彩陶上有许多线索可寻，而变化最大的当然还是在鱼纹的头部。鱼纹的头形、眼睛和嘴形，都有许多变化，变化后的图形完全几何化之后，又被作为新纹饰元素进行重新组合，与原有的本体纹饰有明显不同，呈现出全新的面貌。

从半坡文化彩陶的完形鱼纹头部，可以看到一个弯角状的飞白形状，它表示的是鱼张开的嘴。半坡鱼纹嘴形有一些变化，其中有一种为黑白对比式，也是弯角状，但绘成一黑一白的样子，形成鲜明的对比。不仅鱼纹的眼可以拆解单独为纹，鱼唇轮廓也是彩陶表现的一个重要主题，也可以拆解作为纹饰元素使用。

将这类鱼纹中的嘴唇纹饰提取出来，仔细观察一番之后，我们会有更多的发现。首先我们会发现，那典型的人面鱼纹的阴阳头，也许启发了当初画工的灵感，类似的鱼唇样式似乎是借用了这个构图，两相比较，非常接近（图19，a）。鱼唇纹提取出来后，又被作为新的元素，重新构成另外的纹饰，最典型的是取用这种元素再作一次对称构图，有时还是以斜对称的方式出现，表现手法相当灵活（图19，b）。有时鱼唇纹会与其他纹饰组合，以更加复杂的形式出现（图19，c）；有时又只用这一种纹饰构图，绘出简单的二方连续图案（图19，d）。

彩陶鱼纹唇部的变形与元素提取，大大丰富了庙底沟文化彩陶的艺术表现力。在许多彩陶盆的腹部和唇面上，都见到了这样特别的鱼唇纹，也常常都是明显的黑白对称形式。这种对称，有时又以类似倒影的形式出现，有一种特别的韵味。不过当观察这类标本到一定数量时，会发现当我们的视线只落在地纹上时，这鱼唇纹其实是两种元素的组合，一是弧形边的叶片，一是一端齐一端尖的弯角。这样的组合，在秦安大地湾遗址的那件人形彩陶陶瓶上也能见到，人形满绘的纹饰，主要就是圆盘形纹与鱼唇形纹，都是变体鱼纹头部见到过的元素。这样看来，这件彩陶瓶对于史前人而言，就是一件图案已经几何化的鱼纹瓶（图20）。

鱼唇轮廓上的弯角状图形，我们并不陌生，它就是所谓的"西阴纹"。在半坡文化中，由独立的弯角状元素作二方连续图案的彩陶并不多见，但到庙底沟文化时期，这种被学者称为西阴纹的纹饰传播的范围就相当大了，构图也发生了一些变化，增加了一些修饰（图21）。

我们在大地湾遗址半坡文化彩陶中发现了不少西阴纹因素，但它在多数情况下并没有单独出现，更多地保留有鱼唇纹的构图。庙底沟文化彩陶中的西阴纹就不同

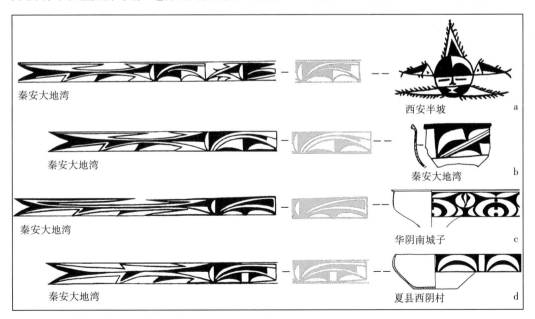

图19　彩陶鱼纹唇部的变形与元素提取

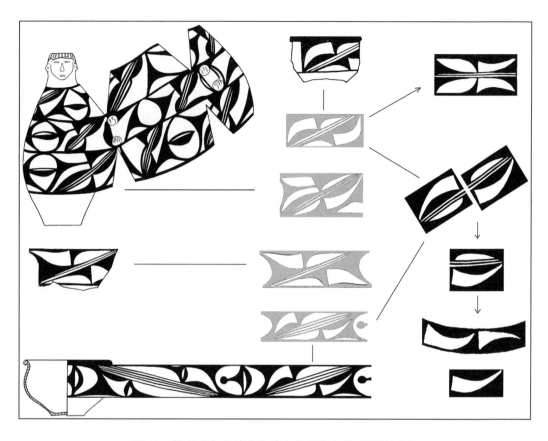

图 20　甘肃秦安大地湾半坡文化彩陶中的西阴纹因素

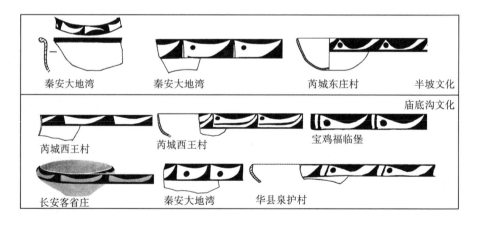

图 21　半坡文化与庙底沟文化彩陶中的西阴纹比较

了，它更多的时候是独立成纹，组成二方连续纹饰，当然也会增加一些附加纹饰，构图也有诸多变化。庙底沟文化彩陶典型的西阴纹主要有两式，Ⅰ式是纯粹的二方连续构图，没有任何附加元素，Ⅱ式增加了隔断，隔断的变化很多（图22）。

　　对于具有弯角形状的西阴纹，它的来历真的是让人百思不得其解。经过这样的观察之后，我们觉得西阴纹就是由鱼唇轮廓变化而来。从另一个角度看，它又可能与人

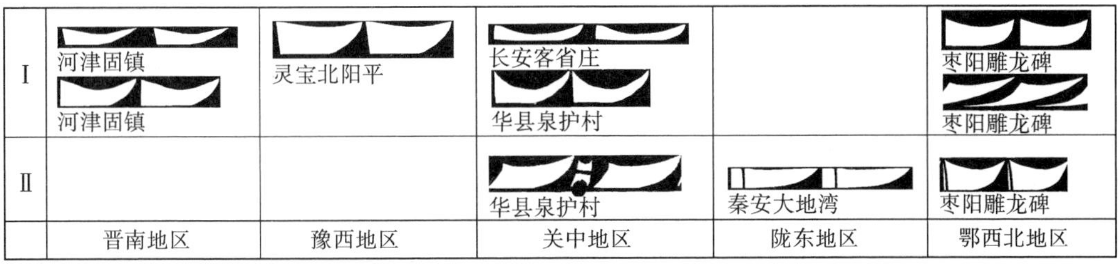

I	河津固镇 河津固镇	灵宝北阳平	长安客省庄 华县泉护村		枣阳雕龙碑 枣阳雕龙碑
II			华县泉护村	秦安大地湾	枣阳雕龙碑
	晋南地区	豫西地区	关中地区	陇东地区	鄂西北地区

图22　庙底沟文化彩陶典型西阴纹

面鱼纹有关，是由人面头形取舍的一个结果。对于"西阴纹"的研究，过去基本没有什么结论，现在看来，它最有可能是鱼嘴图形的局部轮廓，它就是鱼形嘴部的一个象征。西阴纹脱离鱼纹本体以后，是以反复循环的二方连续构图出现，它已经完全没有了鱼纹的特征，成了一种非常简练的符号。

我们注意到，变形的鱼唇其实是由叶片与弯角形两个图形元素构成，而且都是用地纹方式绘出。弯角形成为流行的西阴纹的同时，叶片纹也没有被舍弃，它最终演变成了花瓣纹。花瓣纹的完形是四瓣式花瓣纹，它在半坡文化中已经完成了构形过程，到庙底沟时期成了广泛流行的另一种重要纹饰（图23）。

鱼唇图形中叶片与弯角两相分离，新造出两大纹饰系统，即花瓣纹与西阴纹系统。这样的分解与重组，是彩陶重要的构图规则。

不论西阴纹还是花瓣纹，与鱼纹本体都具有非常密切的联系，它们都可以看作是鱼纹的简化符号。在庙底沟人的眼里，这两种纹饰应当是被当作鱼纹接受的。如果这个推

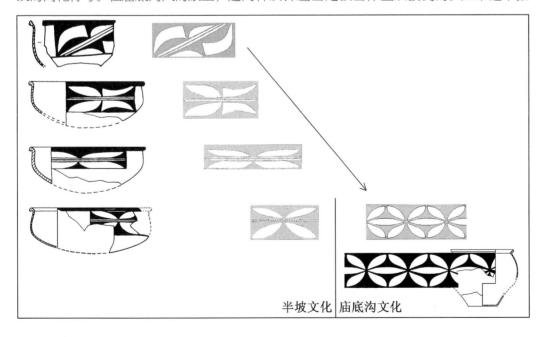

半坡文化｜庙底沟文化

图23　秦安大地湾遗址彩陶中花瓣纹的演变

论成立，那我们对彩陶的理解可能又向前迈出了很重要的一步，这也同时给了我们一个启示，彩陶上许多的几何纹饰，都有必要重新认识，它们可能包含着相当隐晦的象征意义。

4. 得意忘象：鱼纹的替代与重组

绘画艺术的境界，有形似和神似之分。如果两相比较，神似也许可以看作是至高的或者是终极的境界。当然也有形神兼备之说，那也是一种境界，不过也是相对而言，要把握有度并不容易。"得意忘形"这个词，可以作为中国艺术的一个很高的境界，或者可以说是一个至高的境界，这便是神似的境界。不论是绘画还是书法，传写其神，不求形似，得其意而已。这所谓的"形"，是指表达的形式，也指要表达的对象。所以在这里我将得意忘形这个词变换了一个字，改作"得意忘象"，也许这样更贴合我要表达的意思，也更贴合古代中国艺术那个至高的境界。当然得意忘形这个词，在古今还有另外一层意思，是形容一个人心意得到满足而高兴得失去常态，自然是有些贬义在内，那又另当别论了。

得意忘象，用来说明彩陶上那些可能具有象征性的几何形纹饰，也许是太贴切不过的了。画工们将他们心中所要表达的意象，用简单的几何形表现出来，既简明、朴实，又含蓄、神秘。这胸中的意象，本来可能是实有所指的，可是描绘出来时却完全没有了那些实际的形象，这样的艺术化过程，就是一个得意忘象的过程。当然这个过程经历的时间也许是漫长的，经过了许多代画工的传承与变改。

有一种比较流行的说法认为，彩陶中的几何图形，很多都是由象生图案演化而成。研究者对某些图案作过排列分析，有些象生图案经过不断变形和变化，最终简化得非常精练，成为新的几何纹饰。纹饰虽然简化了，却依然可以判断出它的源头，形体已无，意象却还存在。要确定这样的一个变化过程是否一定出现过，寻找那些介于象生形与几何形之间的中间形态的纹样标本至关重要。过去一些研究者在这方面曾经作出了许多努力，有不少成果令人瞩目。

在庙底沟文化彩陶中，常常出现在无头鱼纹的鱼头位置上的纹饰，最主要的是一种双瓣花瓣纹与圆盘形组合。如在陕西陇县原子头的一件鱼纹彩陶盆上，双瓣式花瓣纹与中间绘有圆盘形的圆形组合在一起，这组合出现在鱼头的位置，而鱼头却没有绘出。这里也许透露出了一个重要的信息，加圆盘形的圆形与双瓣式花瓣纹在一起，这是一个非常特别的纹饰组合。

就是这样的一个组合形式，将双瓣式花瓣纹与鱼纹连接在一起了。原子头这样的组合，其实也并不是孤例。查秦安大地湾半坡文化彩陶，至少有三件彩陶片绘出了同样组合的纹饰，都是在鱼纹的鱼头位置，绘着有圆盘形的圆形与双瓣式花瓣纹。只是因为陶片过于破碎，发掘者没有将纹饰的原型复原出来。大地湾半坡文化彩陶上见到多例与原子头鱼纹相同的彩陶，这表明这种纹饰组合在半坡文化时期（应当是在末期）就已经出现（图24）。

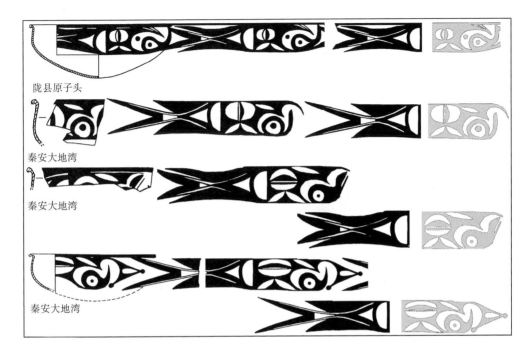

陇县原子头

秦安大地湾

秦安大地湾

秦安大地湾

图 24　彩陶上无头鱼纹纹饰

到庙底沟文化时期，圆盘形与双瓣式花瓣纹组合更多的脱离了鱼纹的鱼体，与其他一些元素构成新的组合。而且双瓣式花瓣纹本体也出现了一些值得注意的变化，重圈圆形或大单旋纹有时取代了圆盘形图案，形成两种新的组合，但它们与原来的构图依然固守着同样的风格，类似彩陶在豫、陕、甘都有发现。湖北枣阳雕龙碑彩陶上的双瓣式花瓣纹，与中原所见并无二致，它与单旋纹组合，与重圈圆形组合，从构图到布局都没有什么明显改变。处在河套地区的内蒙古清水县庄窝坪和准格尔官地，都见到了双瓣式花瓣纹彩陶。庄窝坪还见到一件深腹彩陶罐，绘双瓣花与重圆组合，以一正一倒的方式排列，与大地湾和雕龙碑见到的同类纹饰非常接近（图 25）。

我们将圆盘形与双瓣式花瓣纹再分开作些考察。在半坡文化彩陶上已经见到典型的双瓣式花瓣纹。在秦安大地湾的半坡文化彩陶上，见到不少于 3 例的双瓣式花瓣纹。这时的双瓣式花瓣纹已经是一种定型纹饰了，绘得非常工整，与庙底沟文化的同类纹饰没有明显区别。这表明双瓣式花瓣纹出现很早。将半坡、庙底沟和后庙底沟文化的双瓣式花瓣纹放在一起作比较，三个时期并没有太大变化。而组合型的双瓣式花瓣纹，那些在鱼纹头部出现的双花瓣，庙底沟文化显然也是承续了半坡文化的传统，二者也没有明显不同。而与重圈圆形和旋纹同组的双瓣式花瓣纹，则是在庙底沟文化时期才开始见到，这样的彩陶在后来传播到了外围文化，河套与长江流域都发现了同类纹饰组合。

除了双瓣式花瓣纹，取代鱼头的还有圆盘形纹。我们注意到庙底沟文化彩陶经常能见到一种圆盘形纹，圆盘形纹是一种很重要的纹饰，在过去的研究中注意不够，它甚至还不曾有过一个通行的名称。现在用"圆盘形纹"这个名称，其实并不贴切，暂且这样

图 25 　圆盘形纹与不同纹饰的组合

称呼。所谓圆盘形纹，是在地纹的圆圈中单绘出来的一种图案元素，最常见的是一种飞盘状，一边略平缓，另一面凸起，凸起的一面用色涂实。当然也有的构图有明显变化，如山西夏县西阴村和汾阳段家庄所见，凸起的一面已经不是圆弧形，变成了尖状形，左右伸展如翅，上方有一圆点如鸟首，难怪有的研究者将这图形看作是象形的飞鸟（图26）。

　　在陕西华县泉护村，彩陶上也有这种形如飞盘的图形。在西乡何家湾，彩陶上见到标准的圆盘形纹，是绘在四瓣式花瓣纹之间的圆形中。在华阴南城子和秦安大地湾的彩陶盆上，有非常标准的圆盘形纹饰，它的上方还绘有一个圆点。大地湾还有叠绘的圆盘形纹，两个圆圈上下并列，圆中绘相同的圆盘形纹。在华阴南城子和华县西关堡，彩陶上的圆盘形垂直出现在圆圈中。有时在同一器上，圆盘形纹既有横行的，也有竖列的。这种重叠并列的圆盘形纹也见于陇县原子头的彩陶罐，并列的横行圆盘形纹多达四组，感觉更为张扬。原子头也有双联的圆盘形纹，也见到竖列的圆盘形纹。圆盘形纹一般都是绘在地纹圆圈纹中，这种固定的图案单元一般不会单独出现，它都是作为纹饰组合中的一元出现。它常常出现在各种复杂的旋纹组合中，有时也与一些简洁的纹饰组合在一起。

　　将这种圆盘形纹饰作一个比较，可以区分为几种不同的样式。这种图形出现时的方向并不一致，一般以横平方向为多，而且明显凸起完全涂彩的那一面是向着下方，留白的一面则是向着上方。也有少数图形出现时垂直方向或略为倾斜的样式，倾斜时涂彩凸起的一面也是朝向下方，而垂直时涂彩凸起的一面是朝向左方，个别也有相反的情形。横行的圆盘形纹常有圆点作配合，圆点使纹饰单元产生出一种生动感。

　　这种特别纹饰的构图，过去并不清楚它的来历，也不明白它所具有的象征意义。不

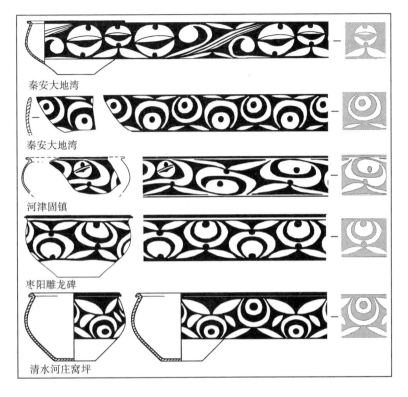

秦安大地湾

秦安大地湾

河津固镇

枣阳雕龙碑

清水河庄窝坪

图 26　双瓣花瓣纹与圆盘形纹组合及变异

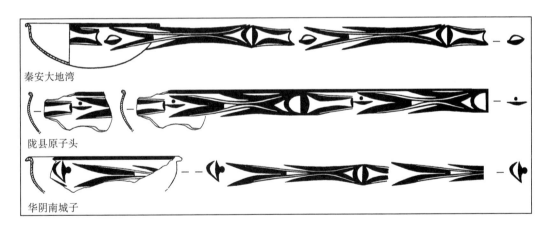

秦安大地湾

陇县原子头

华阴南城子

图 27　鱼纹与圆盘形纹组合

过现在有了一些值得注意的线索，在华阴南城子和陇县原子头，圆盘形纹饰出现在鱼纹的头尾之间，这说明它与鱼之间有一种内在的联系。而在秦安大地湾和陇县原子头，在无头的鱼纹中，本该绘鱼头的位置上出现了这种圆盘形纹饰，这就更有意思了（图27）。

彩陶鱼纹的鱼头失踪之后，取而代之的主要是双花瓣与圆盘形纹饰组合，表明这两种纹饰与鱼纹有着紧密的联系，或者可以说，它们本是代表鱼头的。在它们独立成纹时，或者在纹饰有所变异时，也许依然是鱼的一个象征符号（图28）。

图28　从鱼纹扩展出来的纹饰

　　彩陶鱼纹在整体上的演变，基本上是循着两条脉络，一是线形的，一是块形的。简体鱼纹的演变可以列入线形类构图，下文将要讨论的，则是鱼纹块形类构图的演变例证。

　　鱼纹除了头部的拆解重组，尾部的简化，体部也有明显的变形处理。当"体"也失去了原型的时候，图形就完成了一次升华，这便是一种"无形之象"。原型已不存，但原本的意义却依然保留着，也就是说外形虽然已经改变，但象征意义并没有改变。象征类纹饰完成几何化的转变之后，会焕发出一种新的魅力，这也许是彩陶几何纹饰吸引人的力量之所在。

　　在半坡文化彩陶上见到的黑白相间的菱形纹，石兴邦先生认为它可能是鱼体纹饰演变来的。石先生在《西安半坡》报告中绘出了一些演变图式，认为是无头的鱼体纹演变成了黑白相间的菱形纹；是半黑半白的鱼身纹被几何化以后，变成了黑白相依的菱形纹。这两种菱形纹小有区别，以后一种构图更加典型，流行的范围也更广一些。

　　彩陶上的菱形纹，黑白相间，均衡对称，构图非常严谨。乍一见觉得它不大像是那古老时代的作品，它甚至勃发着一种现代感，这是彩陶时代的一个杰作。不论在半坡文化还是在庙底沟文化中，彩陶上都见到这种精彩的菱形纹，菱形的构图与色块的组织也都相似，艺术表现手法一脉相承，表明它们应当具有同一的来源。当然这种继承也并非是一成不变，庙底沟文化彩陶的菱形纹显得更为丰满，纹饰单元之间常常添加有另外纹饰组成的隔断，看起来显得更加多姿多色（图29）。

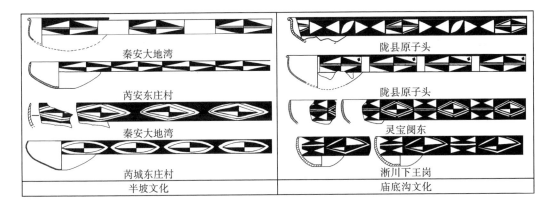

图 29　半坡与庙底沟文化的菱形纹彩陶

　　我们大体也相信，彩陶上美妙的菱形构图的来源可能是与鱼体图形有关，但是我们也不必回避这样的问题，在象征鱼纹向菱形图案演变的过程中，还是缺乏足够的中间图案形态的证据。菱形纹与鱼纹之间，过渡的间隔显得跳跃还是太大了一点。

　　不过甘肃的合水遗址见到了与鱼尾同在的菱形纹，透露出它们之间的密切关系。这件彩陶标本见载于郎树德先生的《彩陶》一书[29]，它其实是在一个简体鱼纹的前面，连接着一个还并不完整的菱形纹。特别要注意的是，画面上出现的菱形纹，仅仅是两个斜向对称的直边三角形纹，另外的两个直边三角其实并没有将斜边用线条封闭起来，我们要想像出这条边的存在才能体味出完整的菱形纹来，我想可以称它为"会意的"菱形纹（图30，下）。这件彩陶的时代，应当属于半坡文化。会意的菱形纹比起完整的菱形纹，显得更为生动含蓄，更富于艺术感。这样的纹样构成非常独特，但也并不是孤证，类似的发现还可以举出一例，它出土自临潼姜寨遗址，是一件彩陶钵残片。由残片上纹饰复原出的结构，与合水遗址所见完全相同，也应当是在一个简体鱼纹前面，绘着一个会意的菱形纹（图30，上）。这件彩陶片上的鱼纹虽然残缺，但我们相信它原本大约是一个简体鱼纹。

　　这两个证据也许至少可以说明，菱形纹与鱼纹有割不断的联系，这联系很明确，也很紧密。过去推断鱼纹向菱形纹演变的种种努力，似乎都还有欠完满之处，但是现在有了这样的证据，即使过去的推论并无可取，也不能否认鱼纹与菱形纹的紧密联系。我们虽然还不能非常肯定说，菱形纹就一定是鱼纹某个部位的几何化图像，但却可以认定菱形纹所指代的就是鱼纹，彩陶上的菱形纹一定具有鱼纹的含义。

　　这样一来，我们似乎可以将菱形纹的出现，理出更清晰一点的脉络来。虽然菱形纹至少有四种小有区别的样式，但彼此应当是互有联系的，它们应当都是鱼纹的替代纹饰。周边没有衬托色块的菱形，是单纯的菱形，也可以说是基本的菱形构图。这种

〔29〕 郎树德、贾建威：《彩陶》，彩图 22。敦煌文艺出版社，2004 年。

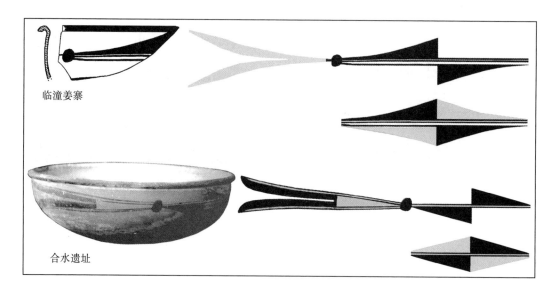

图 30　彩陶上的简体鱼纹与三角纹（菱形结构）

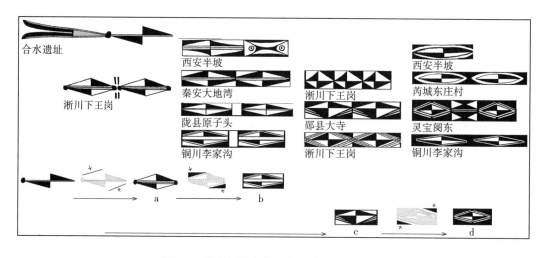

图 31　彩陶鱼纹向菱形纹演变的另类推测

独立的菱形纹虽然并不多见，但却很典型，我们将它归为 a 式。a 式来源于更简单的两个斜对称构图的直边三角，在这个构图基础上用边线连接成另一对斜对称的地纹直边三角，就构成了一个典型的菱形纹，我们在前面已经提及。b 式菱形纹是 a 式的扩展，是在 a 式的外围再结出相应的直边三角，将菱形纹包纳在中间。画工在绘制图案时，特别注意到将黑白（红）两色交错分布，构图井然。当然，没有这样的双色交错，也不可能构成对称的菱形纹。a 式与 b 式一样，在菱形的中间，留有横向的分割带。c 式和 d 式却没有这样的分割带，斜对称的色块紧紧连接在一起。在菱形外围构图上，c 式与 b 式完全相同，它的外围也是用交错的黑白三角纹包围着。从 c 式到 d 式又有变化，菱形的构图相同，但外围包裹的不再是交错的黑白三角纹，而是衬着一个全黑的背景（图 31）。

对于史前人来说，彩陶上的纹饰在经历了许多的变形与简化之后，虽然早已没有了原先的轮廓，但对于这些面目全非的图形，他们并不会觉得陌生，经历了千百年的传承，它的含义，它的象征，一定还保留着。对于这种变化，在这里我们用"形离神存"来作说明，形体早已迷失，象征性依然保留着，这就是彩陶纹饰几何化的意义所在。

5. 符号：鱼纹演化的目标

史前彩陶上的纹饰，以几何形居多，象形者极少，这本身就是一个很值得关注的现象。象形图案很少，这并不是说这样的图案绘制很困难，其实规范的几何纹饰比起并不严格的象形图案绘制难度一定更大，很显然，史前人并不是由难易出发进行了这样的选择。我们必须改变角度来思考这个问题，看来只有这样一个可能，史前人就是要以一种比较隐晦的方式来表现彩陶主题，不仅要采用地纹方式，更要提炼出许多几何形元素，也许他们觉得只有如此才能让彩陶打动自己，打动自己之后再去感动心中的神灵。

彩陶上无鱼形却象征鱼的大量纹饰，应当就是在这样的冲动下创作出来的，它们是无鱼的"鱼符"。无鱼的鱼符，在彩陶上看来有若干种，变化很多，区别很大，是通过纹饰拆解的途径得到的。张朋川先生认为，到了半坡晚期，鱼纹的表现采用了示意性的象征手法，"鱼纹常以分解和复合这两种形式出现。作分解形式的鱼纹，多将鱼的头和身子分开，各自经过概括变形成为几何形纹样。"他认为花瓣式纹样和黑白相间的菱形纹样，正是由鱼身变化而成[30]。通过我们在本书里所作的探索，我们对鱼纹的演变有了更深入的了解，将新发现的纹饰演变脉络作一番梳理，可以绘出几幅新的鱼纹演变图来。

在图中可以看出，鱼纹全形的演变，在完成由典型鱼纹向简体鱼纹演变的同时，又创造出了均衡对称的菱形纹，菱形纹属于结构严谨的直边形纹饰系统（图32）。

变形的鱼唇在拆解后，分别生成了西阴纹和花瓣纹，这是庙底沟文化彩陶非常重要的两大弧线形构图系统（图33）。

鱼纹头部的附加纹饰拆解后，分别提炼出旋纹、圆盘形、双瓣花和加点重圈纹等元素，构成了庙底沟文化点与圆弧形彩陶纹饰体系，组合出更多的复合纹饰（图34）。

这样看来，许多的纹饰都能归入鱼纹体系。鱼纹的拆分与重组，是半坡与庙底沟文化彩陶演变的一条主线，这条主线还影响到这两个文化的时空之外。彩陶上有形与失形的鱼纹，在我们的眼中完全不同，也许对于史前人而言，它们并没有什么区别，

---

[30] 张朋川：《中国彩陶图谱》，文物出版社，1990年。

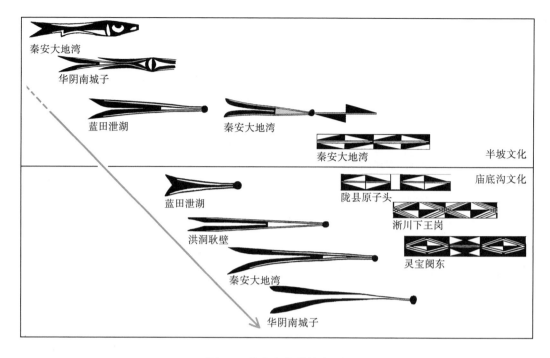

图 32　彩陶鱼纹的演变图

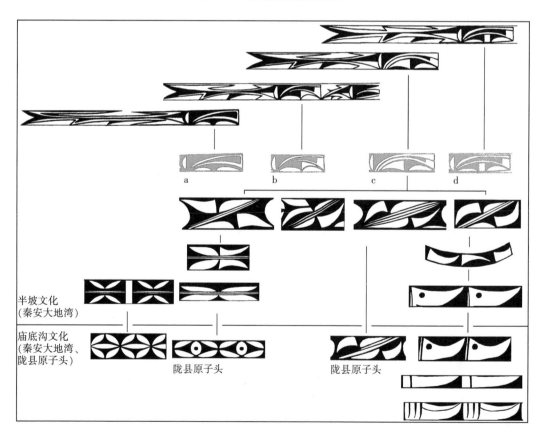

图 33　鱼纹头部的局部扩展之一（除注明者均大地湾出土）

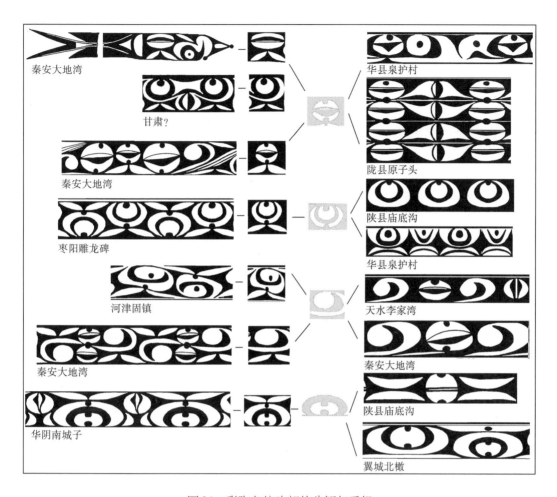

图34 彩陶鱼纹头部的分解与重组

它们具有同一的象征意义，有着同样大的魅力。作为"百变金刚"的鱼纹，我们已经想像不出它为史前人带来过多少梦想，也想像不出它给史前人带来过多少慰藉。

"大象无形"，鱼纹无形，鱼符无鱼，彩陶纹饰的这种变化让我们惊诧。

循着艺术发展的规律，许多的彩陶纹饰经历了繁简的转换，经历了从有形有象到无形无象的过程。从鱼纹的有形到无形，彩陶走过了一条绚烂的路程。

在中国考古中发现的彩陶，不论时代早晚，纹样一般都是几何形，主要元素无非是点、线、方、圆和三角之类。直观告诉我们，由几何形元素构成的图案，它们都应当是一种抽象的表现，这些几何形纹饰许多都有特别的来历。

关于彩陶上几何形纹饰的产生，过去的研究似乎已经有了定论，即是大量的几何形纹饰都是来源于象形纹饰，是象形纹饰逐渐简化的结果。到了后来，纹饰简化到只表现局部特征，而且明显夸张变形，意存而形已无，得其意而忘其象隐其形矣。纹饰如何简化，简化的原则是什么，是否完全依从由抽象到象征变化的规律，这样的问题还需要研究。由彩陶上的鱼纹我们发现，彩陶纹饰不仅有象形与抽象纹饰的结合现象，更有纹饰的替代现象，这样的结合与替代是象征性的改变或是延展，也还有待进一步的研究。

从半坡和庙底沟文化彩陶鱼纹看，简化到只表现局部特征，明显夸张变形，意存形无，这是简化的又一重要原则，不是一般的抽象，也不是一般的象征，也可以说是更高层面的艺术表现。

人类善于制造和使用各类符号，用符号交流思想和认识事物，表达特定的含义，传递丰富的信息。所以有人说，制造和运用符号是人类的基本特征之一，这也是人类文化的重要体现。彩陶上大量的几何纹饰，其实大多都是这样的人造符号，而且不少符号都是由写实的纹饰简化而成。一个符号制作出来的同时，也经历了认同的过程，只有认同的符号才有传播信息的功能。一当那些最早的模仿因素被历史的选择完全淘汰，它就完成了一个从量变到质变的过程，程式化的符号也就不再是模仿对象的再现，而成为一种逻辑式的抽象表现。彩陶鱼纹的变化，也正是经历了这样的符号化过程，后来虽然还会有鱼的含义，但是它却并没有了鱼的形态。

彩陶鱼纹几何化以后，变成了若干种符号，它们大多失去了鱼的形体。这种演变本身就具有非常重要的文化意义。我们可以将彩陶纹饰的演变放到符号学范围作些考察，这对于进一步理解史前彩陶的意义会有一些帮助。研究符号首先要作分类，吴越民先生2007年发表《象征符号解码与跨文化差异》一文，提到美国符号学创始人皮尔斯关于符号的三分法思想，三分法将符号分为图像符号（icon）、指索符号（index）和象征符号（symbol）三大类。"图像符号的表征方式是符号形体与它所表征的符号对象之间的肖似性。这就是说，图像符号的符形是用肖似的方式来表征对象的。指索符号的表征方式，是符号形体与被表征的符号对象之间存在着一种直接的因果或临近性的联系，使符号形体能够指示或索引符号对象的存在。由于指索符号的这一特征，使得它的符号对象总是一个确定与时空相关联的实物或事件。象征符号的符号形体与符号对象之间没有肖似性或因果相承的关系，它们的表征方式仅仅建立在社会约定的基础之上，是基于传统原因而代表某一事物的符号"[31]。

由彩陶纹饰看，既有图像符号，也有象征符号，前者是象形类纹饰，后者是几何类纹饰。至于指索符号的有无，在彩陶上还不能确指，还需要更深入的研究。

在彩陶上大量绘出的是具有象征意义的纹饰，这也许可以称为"象征行为"。就像吴越民先生指出的那样，"透过符号具体形象的表层意义赋予某种特定的象征意义，以传递与符号具体形象相似或相近的观念、思想，或寄托某种特别的感情，我们称为象征行为。那个具有象征意义的符号叫象征符号。象征符号是具有至少双层意义的符号，第一层是符号的本意，即理性意义；第二层是符号经过类比或联想获得的具有象征性

---

[31] 吴越民：《象征符号解码与跨文化差异》，《浙江大学学报（人文社会科学版）》2007年2期。

价值的意义，即象征意义"〔32〕。

　　吴越民先生对象征符号的存在背景也有讨论，他说，"象征符号也只有在传播的互动中才能实现价值，传受的任何一方出现不协调，符号就会失去象征意义。没有传受双方的互动关系，也就没有什么象征意义。在这里"意义－互动－解释"正是象征意义得以产生和实现价值的三个前提性的环节。"〔33〕博厄斯也说，"不论是绘画或造型艺术中的几何纹样，还是音乐中的旋律或乐句，只要具有某种含义，就能唤起人们一定的感情甚至观念。……只有某些众所周知的，具有一定意义的象征符号才能产生象征艺术的效果"〔34〕。某些彩陶纹饰的传播，而且是大范围的传播，在这样范围的人们一定在纹饰的含义与解释上建立了互动关系，发明者是最早的传播者，受播者又会成为传播者。彩陶原来存在的文化背景，也随着纹饰的传播带到了新的地方。当某些彩陶纹饰传播到不能生根的地方，互动关系终止。也就是说，如果不能解释或接受这彩陶纹饰所具有的象征意义，传播也就中止了。

　　研究者还特别强调了象征符号在传播过程中"解码"环节，"对中介符号形态的解码涉及两个方面，一是对意象群的重组、变形或创造。二是对意象隐喻意义的解码。由于艺术隶属于文化，各种文化传统都渗透到艺术活动中来。每一种文化中的宗教、神话、历史等传统都留下了大量具有隐喻性的象征符号，这种象征符号由于具有内容凝练、意味深长的优点常被艺术家作为表意功能单位组合到艺术品中，成为某特定的有机功能整体的组成部分。当这种象征符号形成意象后，就必须对其隐喻意义进行解码，才能深入体味意象群的意味。这种解码大多涉及经验性理解力，一种由文化传统和日常生活经验赋予的理解力。但对不了解该文化的传统的欣赏者来说，可能会发生解码失败或转而求助认知理解力，这种欣赏必然发生某种中断，或未能充分体味其中的意味"〔35〕。如此看来，彩陶的传播当初也会有"解码"过程，如果这个过程并不顺畅，它一定会影响传播的完成。由于文化背景的差异，解码会发生偏差直至失败，传播过程自然便会中止。我们现在研究彩陶，也有一个解码问题，发生解码失败应是常有的事，事实上我们是在"求助认知理解力"，而无法依赖彩陶固有的文化传统背景。而这种认知能力会存在很大的局限，解码成功的几率一定不会很高。

　　有很多学者都曾经试图解释彩陶纹饰的演变脉络，非常关注那些介于象生形与几何形之间的纹饰。以一些考古学家的认识来看，从写实的形象到抽象的几何形纹饰的变化脉络，是在地层关系和类型学研究的基础上认识到的，某种几何形纹饰是由某种象生类纹饰演化而来，演变的轨迹有的似乎非常明晰。有的研究者很明确地指出，"仰

〔32〕　吴越民：《象征符号解码与跨文化差异》，《浙江大学学报（人文社会科学版）》2007 年 2 期。
〔33〕　吴越民：《象征符号解码与跨文化差异》，《浙江大学学报（人文社会科学版）》2007 年 2 期。
〔34〕　[美] 弗朗兹·博厄斯著，金辉译：《原始艺术》，贵州人民出版社，2004 年。
〔35〕　吴越民：《象征符号解码与跨文化差异》，《浙江大学学报（人文社会科学版）》2007 年 2 期。

韶文化的鱼纹、鸟形纹、蛙纹等都是由一种比较写实的图形逐步演化为几何纹样"[36]。李泽厚先生也认为"仰韶、马家窑的某些几何纹样已比较清晰地表明，它们是由动物形象的写实而逐渐变为抽象化、符号化的。由再现（模拟）到表现（抽象化），由写实到符号化，这正是一个由内容到形式的积淀过程，也正是美作为'有意味的形式'的原始形成过程"。"这个由动物形象而符号化演变为抽象几何纹的积淀过程，对艺术史和审美意识史是一个非常关键的问题"[37]。彩陶纹饰由写实演变为几何形之后，人们看到的形式变得非常简约，而内心领会的含义却变得比较隐晦，甚或非常隐晦。

彩陶纹饰的演变，尤其是庙底沟文化彩陶纹饰的演变，在相当多的情况下，其实就是一个符号化过程，是由写实到写意的一个渐进过程。写实与写意的象征性其实都没有改变，改变的只是表达形式。这种改变由形式上看是向着简约的符号化发展，由有形向无象变化；由含义上看是向着象征性发展，由明示向隐喻转变。从有形到无形无象的转变，所经历的路程也许并没有那么漫长，也许并没有太多的曲折。

彩陶上"无象"的图案，它的象征意义却不曾削弱，而且还有增强。我用"得意忘象"来表述彩陶的这种变化，以为是再贴切不过的了。《庄子·外物》有"得意而忘言"，魏晋时的王弼在《周易略例·明象》中引申为"得意在忘象"，所谓"言者，所以明象，得象而忘言；象者，所以存意，得意而忘象"。得其意之后而忘其象，这是早在彩陶时代创立的艺术哲学，不用说这个"象"是有意忘却的，是为着隐喻而忘却的。无象而意存，这是彩陶远在在艺术之上的追求。

末了，我们还是回到鱼纹上来。我们将很多的几何纹彩陶与鱼纹联系到了一起，鱼纹对于半坡人和庙底沟人为何如此重要？当然是在于鱼纹的象征，是鱼纹的象征性决定了它强大的生命力，决定了它在半坡人和庙底沟人心中的位置。

6. 鱼纹的象征

半坡与庙底沟文化的彩陶，都有不少的鱼纹。虽然半坡文化的鱼纹风格更接近写实，庙底沟文化鱼纹则更趋于图案化，但这种艺术传统却是一脉相承。半坡与庙底沟居民为何要在彩陶上表现这样多的鱼形呢？

在以往的研究中，彩陶上鱼纹的喻义被归结为两种：图腾崇拜与生殖崇拜。无论图腾论或是生殖崇拜论，都有深入的探讨。在《西安半坡》发掘报告中，根据彩陶上广泛见到的鱼纹，发掘者认为半坡氏族可能是以鱼为图腾[38]。石兴邦先生认为，"彩陶纹饰是一定的人们共同体的标志，它在绝大多数场合下是作为氏族图腾或其他崇拜

〔36〕　尚民杰：《史前时期的偶像崇拜》，《中原文物》1998 年 4 期。

〔37〕　李泽厚：《美的历程》，中国社会科学出版社，1984 年。

〔38〕　中国科学院考古研究所编：《西安半坡》，文物出版社，1963 年。

的标志而存在的"[39]。根据彩陶纹饰的不同，严文明先生认为"仰韶文化的半坡类型与庙底沟类型分别属于以鱼和鸟为图腾的不同部落氏族"[40]。何星亮先生则认为半坡类型彩陶上的鱼纹、蛙纹、鸟纹、鹿纹等都是图腾，或者是氏族、部落的图腾，或者是个人、家庭的图腾，也可能有一个氏族或家族奉两个图腾的现象[41]。将半坡文化彩陶中的鱼纹认作半坡人的图腾标记，以图腾崇拜理论对彩陶主体纹饰进行阐释，在研究者中有广泛的认知基础[42]。不少研究者都认为仰韶文化时期盛行图腾崇拜，彩陶上见到的各种动物纹很多可能就是图腾标志。如半坡文化大量人面鱼纹彩陶的发现，使得许多研究者认为鱼可能为半坡人的图腾[43]。有的研究者进一步认定，姜寨遗址的半坡人氏族至少有 3 种图腾标志，可能代表着 3 个以上的氏族，这 3 种标志绘在彩陶盆内，它们被分别埋入各自的氏族墓地。在这 3 种标志中，都包含有鱼的图形，表明氏族之间可能存在有特别的关系[44]。汝州阎村彩陶缸上的鹳鱼石斧图，其中的鹳和鱼被有的研究者认作死者氏族的图腾[45]。

不过彩陶图腾论，也有一些问题需要回答。张光直先生 1993 年发表《谈"图腾"》一文，似乎就表达了不大相同的观点，他说，"在考古学的书籍论文里面，常常看到'图腾'这个名词，是指称在古代器物上动物的图像的。例如，半坡村的仰韶文化的陶钵上画着鱼形，于是鱼便是半坡村住民的图腾。殷商青铜器上铸有虎、牛、蛇或是饕餮的纹样，于是虎、牛、蛇、饕餮这些实有的或是神话性的动物，便是殷商民族的图腾。但是'图腾'有什么意义呢？我们怎样来证明它是图腾呢？这些个问题便很少见有人加以处理。"张光直先生特别指出，在中国考古学上图腾这个名词"必须小心使用"。他说如果认为半坡的氏族是以鱼为图腾，就必须将鱼与个别氏族的密切关系建立起来，同时还要将其他氏族与其他图腾的密切关系也建立起来。可是在现有的材料中，建立这两项关系却并不那么容易。同样，殷商青铜器上的虎、牛、蛇和饕餮也适用于这个道理，所以张先生认为"在中国考古学上要证明图腾的存在是很困难的"。[46]这无异于是说，过去的彩陶图腾论，还有进一步检讨的必要，还并不是定论。

半坡文化彩陶上的人面鱼纹，还被一些研究者认为是女性生殖崇拜的证据。到了半坡文化晚期，女性生殖崇拜可能已转化为男性生殖崇拜，姜寨遗址的彩陶中发现的

〔39〕 石兴邦：《关于马家窑文化的一些问题》，《考古》1962 年 6 期。

〔40〕 严文明：《甘肃彩陶的源流》，《文物》1978 年 10 期。

〔41〕 何星亮：《半坡鱼纹是图腾标志，还是女阴象征?》，《中原文物》1996 年 3 期。

〔42〕 钱志强：《试论半坡期彩陶鱼纹艺术》，《史前研究辑刊》，1988 年。

〔43〕 宋兆麟等：《中国原始社会史》，文物出版社，1983 年。

〔44〕 高强：《姜寨史前居民图腾初探》，《史前研究》1984 年 1 期。

〔45〕 严文明：《鹳鱼石斧图跋》，《文物》1981 年 12 期；郑杰祥：《鹳鱼石斧图新论》，《中原文物》1982 年 2 期；牛济普：《鹳鱼石斧图考》，《中原文物》1985 年 1 期。

〔46〕 张光直：《考古人类学随笔》，生活·读书·新知三联书店，1999 年。

男根图形便是证明。在其他一些遗址发现了陶祖和石祖等，是当时普遍流行男性生殖崇拜的表现。汝州洪山庙遗址瓮棺上的彩绘纹饰有有男根图形，与仰韶文化彩陶上的图形相同，揭示了洪山庙人生殖崇拜的具体内容。

赵国华先生是彩陶生殖崇拜论的力倡者，他在发表论文《生殖崇拜文化略论》之后[47]，出版了专著《生殖崇拜文化论》，他研究的主要对象是史前艺术遗存，彩陶图案中的许多纹饰，都被他解释为生殖崇拜的象征。他批评了图腾说的泛化现象，学术界广泛地无保留地接受了图腾理论，说半坡母系氏族公社以鱼为图腾、实行图腾崇拜，后来由半坡原始氏族以鱼为图腾说，又引出了河南庙底沟远古先民以蛙为图腾说、以花为图腾说，其他原始社会遗存中的以鸟为图腾说，还有葫芦图腾说，龙蛇图腾说等等，不仅有考古学家和历史学家提到图腾，民族学家、宗教学家、古文字学家、哲学家、美学家、美术史专家、神话学专家、民间文学专家和民俗学专家也几乎都在讲图腾。但是"许多著述往往是将图腾一词做简单的套用，普遍缺少应有的论证和具体的说明"[48]。赵国华先生批评图腾说，是为着引出他的新说。他认为，"从表象观察，是半坡先民崇拜鱼类；从深层分析，则是他们将鱼作为女阴的象征，实行生殖崇拜，其目的是祈求人口的繁盛"[49]。在一些研究者看来，生殖崇拜论让图腾论已经有了动摇。

赵国华先生说彩陶鱼纹是女阴崇拜，鱼纹是女阴的象征。他的论证也并不是很充分，类似的旁证实在是太少，有人认为将一切都归因于"原欲"，贝壳、石祖、柱头、鱼纹都看成是生殖器的象征，也有推理过度的嫌疑，类似的研究也表现有简单化倾向。后来还有一些研究者发展了生殖说，特别强调庙底沟文化"彩陶图案的中心主题是生殖"，认为"弧边三角"看阳纹是鸟是阳器，看阴纹是花是阴器。[50]不用说，这是一种先入为主的误读，解释的依据也是很难令人信服的。

我们在这里并不准备将纹饰意义的探讨铺展开来，是因为这个问题眼下不可能会有准确的答案，包括下面提及的与鸟纹和蛙纹相关意义的解释，都不会很快有最终的结论。在进行彩陶纹饰变化的讨论时，虽然也感到纹饰一定包含有深层的含义，但并没有企图解开那些眼前并不能完全解开的谜。

其实，像半坡文化彩陶中的鱼纹，也许并非是图腾，也不会是与生殖崇拜有关。

首先，将分布地域这样广大的鱼纹归结为与生殖崇拜相关，也许有将问题简单化的倾向。我们知道半坡人的儿童死亡率非常高，他们的出生率应当并不低，人口增殖并不是社会关注的重要问题，相反过快的人口增长可能反而让他们感到会有更大的压力。从大量存在的儿童瓮棺葬看，半坡人也许实行过包括杀婴在内的种种限制人口

[47] 赵国华：《生殖崇拜文化略论》，《中国社会科学》1988年1期。
[48] 赵国华：《生殖崇拜文化论》，中国社会科学出版社，1990年。
[49] 赵国华：《生殖崇拜文化论》，中国社会科学出版社，1990年。
[50] 余西云：《西阴文化：中国文明的滥觞》，科学出版社，2006年。

增长的方法，而杀婴的结果，造成了男多女少两性比例的严重失调，客观上抑制了人口增长的速度。男多女少的高性比在半坡时代及以后，在整个黄河流域是普见的现象，半坡人的性比高达 1.74∶1，这样的性比有可能是为抑制人口无序增长而有意控制的[51]。半坡人不应当有多产的愿望，将鱼纹解释为生殖崇拜的象征也就没有了立论的基础。

其次，图腾标志必须为一个规模有限的氏族所拥有，而在半坡文化中它却是普见的纹饰，分布范围很广，明显不可能为某一氏族专有。这样看来，鱼纹有可能为更大人类集团的徽识之类，这个集团正是半坡人的联盟，也许就是一种政治或军事组织，它应当是初期文明的一种形式。当然，半坡人为何要选择鱼纹作为这种标识，还值得深入研究。

近年关于彩陶鱼纹意义的研究，又有研究者提出了"鱼龙说"，认为"中华龙的母题和原型是鱼"，由仰韶文化彩陶上的鱼纹发展演变而成，以为夏族的来源与鱼族有紧密的联系。这也许可以作为解开鱼纹彩陶象征意义的一个非常重要的新切入点，很有希望得出有价值的结论。

半坡人的鱼纹为庙底沟人沿用，虽然构图有了很大改变，但传统却是一脉相承，那鱼纹徽识给我们透露出来的信息，就有了更值得关注的内容。

游鱼在水，鱼水相得。绘着鱼纹，盛着清水的彩陶盆，也许真就不是一件平常的日用器皿。这种彩陶绝少出现在成人墓葬中，在西安半坡是这样，在秦安大地湾也是这样，它当初应当是一样圣器。彩陶上的鱼纹图案，可能还是一个谜。

由彩陶艺术表现方式研究，鱼纹的演变经历了观物取象、得意忘象和大象无形的艺术过程，无象之美成为彩陶最大的魅力所在。由彩陶确立起来的艺术传统，对中国古代艺术的发展产生了深远的影响。

史前彩陶鱼纹的流行与扩散，有深刻的文化背景作支撑，在这一次艺术大潮涌起的背后，显示了东方古老文化趋同的发展态势，也是政治趋同的开端，这为后来一统帝国的兴起奠定了深厚的根基。

（原刊《四川文物》2009 年 2、3 期）

---

〔51〕 王仁湘：《中国新石器时代人口性别构成再研究》，《中国史前考古论集》，科学出版社，2003 年；陈铁梅：《中国新石器墓葬成年人骨性比异常的问题》，《考古学报》1990 年 4 期。

彩陶"西阴纹"细说

近年来在系统整理庙底沟文化彩陶资料过程中，发现在受关注的纹饰里，有一类是应当包括而没有包括在内的，它长期以来被研究者忽略了。这是在黄河中游地区流行较广的一种纹饰，是一种二方连续式的弯角状纹饰，是庙底沟文化彩陶中最常见的纹饰之一。

庙底沟文化彩陶中的弯角状纹，是一种典型的地纹彩陶。一般是周围以黑彩作衬地，空出中间的弯角。也许仅仅是因为它的构图过于简练朴素，更可能是因为我们不知道它描绘的究竟是什么，所以在学者们的论著中不常提起它。它因为较早发现于山西夏县西阴村遗址而引起李济先生的注意，而且还特地称之为"西阴纹"。我们觉得这是中国史前彩陶中很值得研究的一类纹饰，它的构图均衡洗练，图与器结合恰贴，时空特征都非常明确。这里准备就弯角状纹饰彩陶的出现与分类作些梳理，相信对进一步认识庙底沟文化彩陶丰富的内涵会有一定帮助。

1. 发现

继安特生在河南渑池村及其他遗址发现彩陶之后，李济先生1926年发掘山西夏县西阴村遗址，也发现了一些特征鲜明的彩陶[1]。按照李济先生的描述，西阴村遗址的彩陶分为两大类，一类添加有或红或白的地色，一类是直接在陶胎上绘彩，颜色以黑色最多，有时黑、红两色并用。彩纹的构成单元，较常见的是"横线，直线，圆点，各样和三角；宽条，削条，初月形，链子，格子，以及拱形也有"。关于纹样的组合，李济先生特别提到当时它处没有发现的一种弯角状纹饰，是左边一个宽头，右边弧收成翘起的尖角，中间有时点缀斜线与圆点，为了表示对这类纹饰特别的重视，李济先生称之为"西阴纹"（图1）。

李济先生在西阴村发现的彩陶，除了他特别提到的"西阴纹"，还有宽带纹、花瓣纹、旋纹、网格纹、垂幛纹和圆点纹等，大都是后来在庙底沟文化遗址中经常见到的一些纹饰。只是因为陶片较为破碎，当时难得看清全貌。我们现在有了较多的对比材

---

〔1〕 李济、袁复礼：《西阴村史前的遗存》，书林书局，1927年。

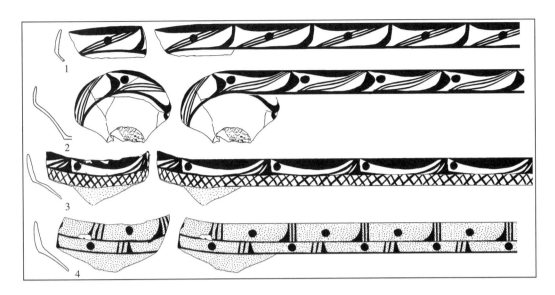

图1　河南夏县西阴村遗址出土"西阴纹"彩陶标本

料，才得以了解这些陶片上的彩纹的原貌。

这其实是后来发现数量很多的一种纹饰，一般作为直口或折腹钵沿外的装饰，都是采用二方连续的构图方式。这种彩陶分布的范围也很广，是庙底沟文化彩陶的代表性纹饰之一。

1994年西阴村遗址经过了较大规模的再次发掘，翻阅发掘报告，虽然又出土了不少彩陶，却并没有发现我们期待中的更多典型"西阴纹"彩陶资料[2]。这当然让人觉得有些不能理解，这里面也许说明两次的发掘有一定的时空距离。不过仔细查看，还是见到了不多的类似"西阴纹"的彩陶（图2）。

我们知道，虽然"西阴纹"彩陶在西阴遗址后来见到并不多，但在其他地点发现数量却不少，它并不仅仅限于西阴一处遗址，它也并不仅仅限于晋南一地。

在晋南地区，永济石庄[3]和芮城西王村遗址[4]，也都有这种绘有弯角状纹的彩陶钵发现（图3）。西王村遗址发现至少5件，5件中就有4种不同的样式，一般以在弯角状纹中填入不同的图形作区别，填入的图形有弧形切分线，有圆点，或两种图形均有，也有的完全空白，没有填入任何纹饰。在河津固镇遗址也出土数件"西阴纹"彩陶，弯角状纹中一般不填入其他纹饰，只有一件填有交叉十字加圆点纹，显得有些

〔2〕　山西省考古研究所：《西阴村史前遗存第二次发掘》，《三晋考古（第二辑）》，山西人民出版社，1996年。

〔3〕　山西省文物管理委员会：《晋南五县古代人类文化遗址初步调查简报》，《文物参考资料》1956年9期。

〔4〕　中国科学院考古研究所山西工作队：《山西芮城东庄村和西王村遗址的发报》，《考古学报》1973年1期。

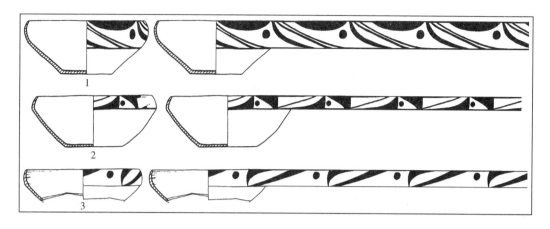

图2　河南夏县西阴村遗址出土类似"西阴纹"彩陶标本

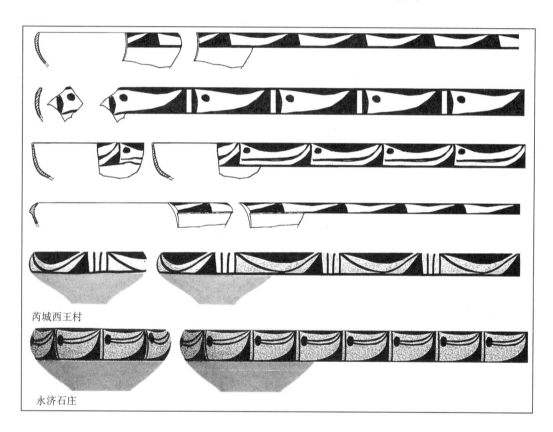

芮城西王村

永济石庄

图3　山西西王村、永济石庄出土西阴纹彩陶

特别（图4）[5]。

　　其实所谓"西阴纹"彩陶纹饰，安特生1921年在渑池仰韶村遗址发掘时就有

　　〔5〕　山西省考古研究所：《山西河津固镇遗址发掘报告》，《三晋考古（第二辑）》，山西人民出版社，
　　　　 1996年。

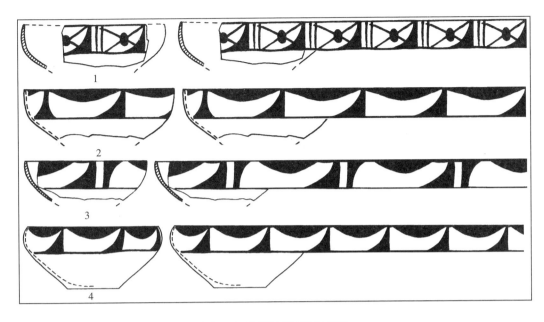

图4　河津固镇的西阴纹彩陶

图5　河南渑池仰韶村遗址的西阴纹彩陶

发现，当初只见到这种纹饰的碎片，没有完整器形，所以没有人特别注意它。翻检仰韶村遗址最初的发掘资料，确定至少有3件彩陶可以认定所绘为"西阴纹"（图5）。所见弯角状纹有长有短，但全都填有附加纹饰，一件填有弧线加圆点，另两件填入弧边三角加圆点纹（过去曾被认为是正面的图案化鸟纹），这在其他地点还不多见[6]。

〔6〕　安特生：《中国远古之文化》，《地质汇报》1923年5号；阿尔纳：《河南石器时代之着色陶器》，《古生物志》丁种第一号第二册，1925年。

　　在豫西地区，重要的发现除了仰韶村遗址以外，还有陕县庙底沟遗址[7]。庙底沟遗址出土不少于4件弯角状纹彩陶，纹饰比较大样，中间填有圆点和分割线。器形多为小型的直口钵，也有一件为高领折腹罐，连续的弯角状纹下方另绘一组纹饰（图6）。典型的弯角状纹彩陶在豫中其他地点很少发现，在郑州大河村遗址一件也没见到。不过郑州后庄王遗址出土一件[8]，在鼓腹罐的腹下绘有与其他纹饰共存的弯角状纹，与典型的直口钵的纹饰不完全相同（图7）。

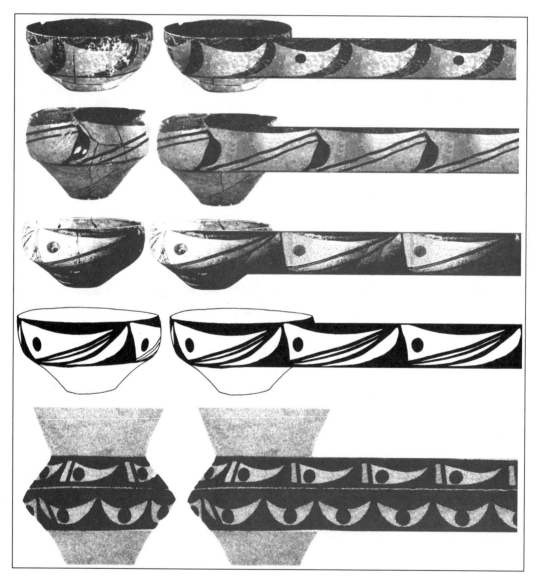

图6　河南陕县庙底沟遗址西阴纹彩陶

〔7〕　中国科学院考古研究所：《庙底沟与三里桥》，科学出版社，1959年。
〔8〕　河南省文物研究所：《郑州后庄王遗址的发掘》，《华夏考古》1988年1期。

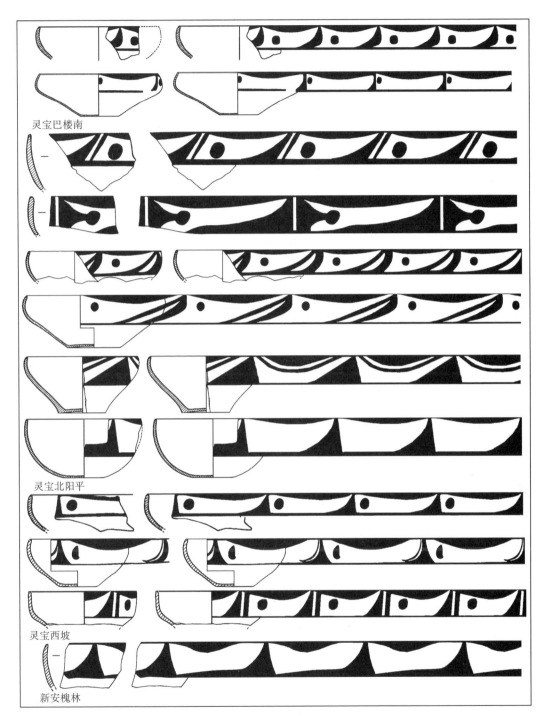

灵宝巴楼南

灵宝北阳平

灵宝西坡

新安槐林

图 7　河南的西阴纹彩陶

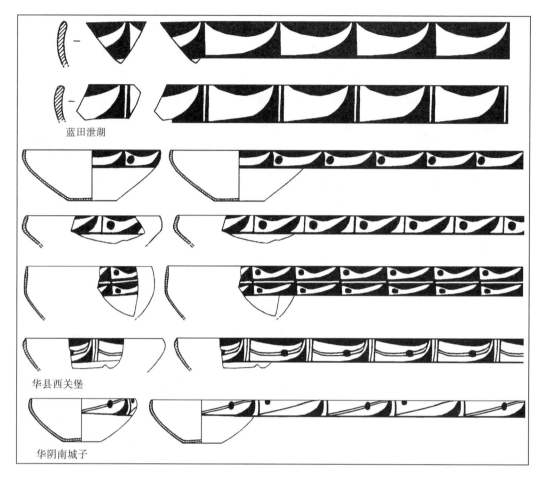

蓝田泄湖

华县西关堡

华阴南城子

图 8 关中地区东部西阴纹彩陶

在关中地区，弯角状纹彩陶在渭南北刘[9]、长安客省庄[10]、长安北堡寨[11]、扶风案板[12]、宝鸡福临堡[13]等遗址都有发现，它们多数都点缀有圆点，而扶风案板的一件点缀的是蝌蚪纹。另有一些特别的是，北刘遗址出土的一件在弯角状纹中间夹绘有一个豆荚纹，也可能透露了两类纹饰之间的关系（图 8、9）。

关中地区弯角状纹彩陶集中的一次发现是在华县泉护村遗址[14]。泉护村遗址出土的敛口钵上，很多都绘有弯角状纹饰，纹饰单元一般为窄长形，有的加绘有不同的隔

〔9〕 西安半坡博物馆等：《渭南北刘新石器时代早期遗址调查与发掘简报》，《考古与文物》1982 年 4 期；《渭南北刘遗址第二、三次发掘简报》，《史前研究》1986 年 1、2 期。
〔10〕 张朋川：《中国彩陶图谱》，图 1569。文物出版社，1990 年。
〔11〕 张朋川：《中国彩陶图谱》，图 1566。文物出版社，1990 年。
〔12〕 西北大学文博学院考古专业：《扶风案板遗址发掘报告》，科学出版社，2000 年。
〔13〕 宝鸡市考古工作队等：《宝鸡福临堡》，文物出版社，1993 年。
〔14〕 北京大学考古学系：《华县泉护村》，科学出版社，2003 年。

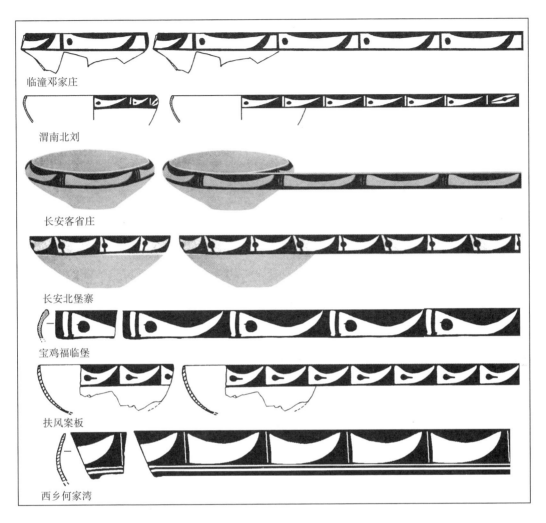

临潼邓家庄

渭南北刘

长安客省庄

长安北堡寨

宝鸡福临堡

扶风案板

西乡何家湾

图 9 关中地区中西部及陕南的西阴纹彩陶

断，多数点缀有圆点，一般不加饰分割线（图 10）。

　　陕南仰韶文化分布区，彩陶上很少发现这类弯角状纹饰，只在西乡何家湾遗址出土一件[15]。

　　在陇东地区，弯角状纹彩陶集中发现于秦安大地湾遗址[16]。大地湾弯角纹彩陶有五六种不同的样式，纹饰单元以宽短形多见，有的加绘有不同的隔断，一般多点缀有圆点，个别加饰有分割线（图 11）。

　　除了上述几个大体与黄河中游的邻近地区，在长江中游以北的鄂西北部地区，也见到了典型的 "西阴纹" 彩陶，这是一个少有的意外。枣阳雕龙碑遗址二期发现数件

─────────────────

〔15〕 陕西省考古研究所等：《陕南考古报告集》，三秦出版社，1994 年。

〔16〕 甘肃省文物考古研究所：《秦安大地湾》，图 99：6、8、102：12、112：12、116：1。文物出版社，2006 年。

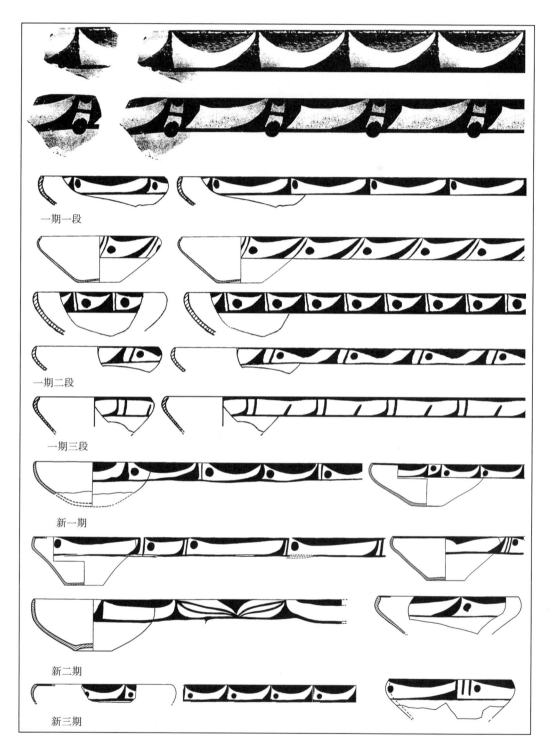

一期一段

一期二段

一期三段

新一期

新二期

新三期

图 10　陕西华县泉护村遗址西阴纹彩陶

弯角状纹彩陶，多数为钵，其中也有一件为罐，所绘弯角状纹较一般为宽短，半数中间没有加填任何图形，其他有的加填圆点，有的加填分割线。雕龙碑三期也发现一件

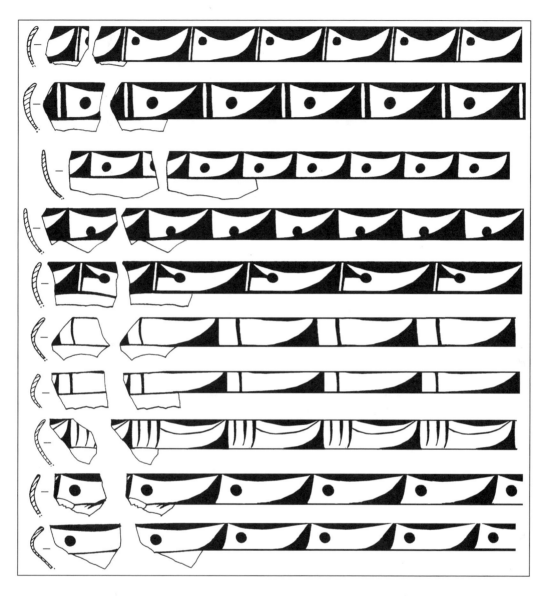

图 11 甘肃秦安大地湾三期的西阴纹彩陶

弯角状纹彩陶罐，上下绘两组加圆点的弯角状纹，两组纹饰间加绘另一组纹饰作为间隔，这是又一例少见的弯角状组合纹饰（图 12）[17]。

综上所述，彩陶"西阴纹"的地域分布，限于晋南、豫西、鄂西北、关中、陇东地区，没有传播得更远。这一类彩陶的年代接近，除了那些零星的发现不能准确作出判断以外，由一些经过较大规模发掘的遗址看来，绝大多数都是属于庙底沟文化，少数属于受庙底沟文化明显影响的外围文化。

〔17〕 王仁湘、王杰：《雕龙碑史前彩陶》，文物出版社，2006 年。

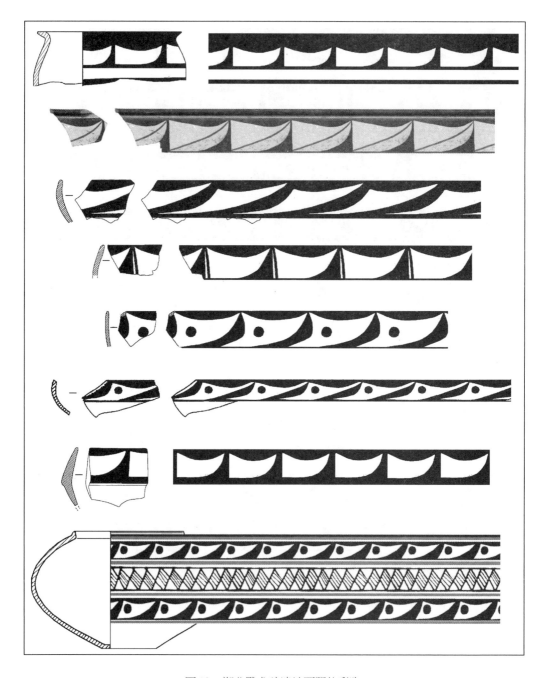

图 12　湖北雕龙碑遗址西阴纹彩陶

　　可以认为，弯角状的"西阴纹"确为庙底沟文化富有特点的彩陶纹饰，它虽然没有庙底沟文化彩陶中的旋纹和花瓣纹影响大，但它的存在还是值得关注的。

2. 分类

　　对于"西阴纹"的研究，李济先生指出了它的重要性，梁思永先生也曾给予关注。

梁先生1930年撰写的论文《山西西阴村史前遗址的新石器时代的陶器》[18]，将"西阴纹"作为第一类纹饰进行了讨论，但他既没有重复李济先生给出的名称，也没有给出新的命名。严文明先生1963年也曾就西阴村遗址作过专门的探讨，他将"西阴纹"定名为"垂弧纹"[19]。

我们在这里讨论的"西阴纹"，确实是一种很有特色的彩陶纹饰。它们的构图虽然基本相同，但细部的变化也是明显的，这些变化体现了地域区别，也应当有年代上的距离。

首先我们认定"西阴纹"是一种地纹彩陶，它的图案要素是以四周涂色，映衬出中间的弯角状纹饰。从大形上看，弯角状纹饰的轮廓有长短和宽窄之分，窄长者弯角较尖，宽短者则弯角较钝，两者之间看不出明确的年代早晚关系。它们之间是否是由此及彼地发展演变，还无法得出结论。还有一个明显的特点是，这弯角形几乎全是宽头在左，尖头在右，按逆时针方向排列。这个程式几乎没有被破坏过，至今还没有发现相反的情形。

如果我们忽略弯角状纹饰的长短宽窄的区别，仅由它们附加的图形来作区分，依据它们的变化，至少可以细分出以下6种形式（图13）：

a式：没有附加图形的弯角状纹，角中无纹，角之间也没有间隔图形。

b式：角中无附加纹饰，但角之间绘有间隔图形。

c式：角中附加圆点纹，角之间没有间隔图形。

d式：角中既附加有圆点纹，角之间也绘有间隔图形。这是发现数量较多的一式，可以看作是弯角状纹的标准形式。

e式：角中绘1~3条分割线，或附加圆点纹，角之间或有间隔图形。这是弯角状纹中的一种完全形式。

f式：角中附加特别纹饰，角之间或有间隔图形。角中的特别纹饰，对于判断不同遗址不同地域之间的关系，有可能提供非常有力的证据。

这6种形式，由地域的分布看，并不是均衡的。如晋南地区缺少b、c式，豫西地区缺少b式，关中地区缺少f式，陇东地区缺少a式，鄂西北地区缺少d式，以陇东地区发现的形式最全。

由横向分布观察，以c、d、e三式发现比较普遍，所以我们可以确定这三式为标准形式。其他各式，有的在两个地区有发现，表明不同地区之间可能存在着联系。

〔18〕 梁思永：《山西西阴村史前遗址的新石器时代的陶器》，《梁思永考古论文集》，科学出版社，1959年。

〔19〕 严文明：《西阴村史前遗存分析》，《仰韶文化研究》，文物出版社，1989年。

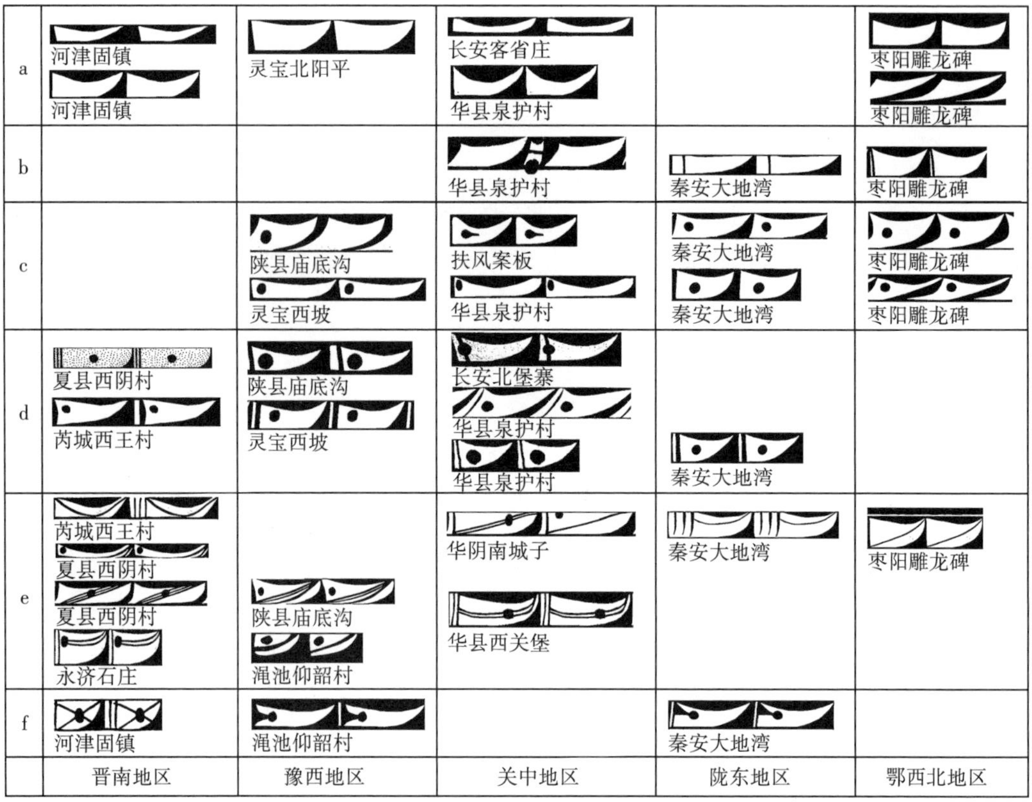

	晋南地区	豫西地区	关中地区	陇东地区	鄂西北地区
a	河津固镇 河津固镇	灵宝北阳平	长安客省庄 华县泉护村		枣阳雕龙碑 枣阳雕龙碑
b			华县泉护村	秦安大地湾	枣阳雕龙碑
c		陕县庙底沟 灵宝西坡	扶风案板 华县泉护村	秦安大地湾 秦安大地湾	枣阳雕龙碑 枣阳雕龙碑
d	夏县西阴村 芮城西王村	陕县庙底沟 灵宝西坡	长安北堡寨 华县泉护村 华县泉护村	秦安大地湾	
e	芮城西王村 夏县西阴村 夏县西阴村 永济石庄	陕县庙底沟 渑池仰韶村	华阴南城子 华县西关堡	秦安大地湾	枣阳雕龙碑
f	河津固镇	渑池仰韶村		秦安大地湾	

图 13　西阴纹分类分区域比较

　　由这样的分类看，弯角状彩陶纹饰的绘制在庙底沟文化时期应当已经确定了程式化标准，它不是陶工们可以随意发挥任意描绘的纹饰。

3. 演变与来源

　　对于各式构图的弯角状纹彩陶的年代，现在还不能有明确的判断。由华县泉护村的发现看，a、b 两式年代稍早，d 式则略晚。也即是说，纹饰中不加圆点和分割线的弯角状纹彩陶年代可能早一些，反之则比较晚一些。我们虽然作出了这样一个初步的判断，但却并不能绘制出一幅弯角状纹彩陶的演变图来，目前的资料还不足以解决这个问题。

　　对庙底沟文化这种弯角状彩陶纹饰的研究，过去研究者涉及较少，对于它的来源问题，自然也没有深入的讨论。只有张朋川先生有过一个大胆的推测，他认定弯角状纹饰是侧视鸟形的简化形式[20]，他还画出了鸟纹由具象到抽象的演化图示（图 14）。这个图示被广为引用，似乎已是一个确定不疑的结论。

---

〔20〕　张朋川：《中国彩陶图谱》，插图 83。文物出版社，1990 年。

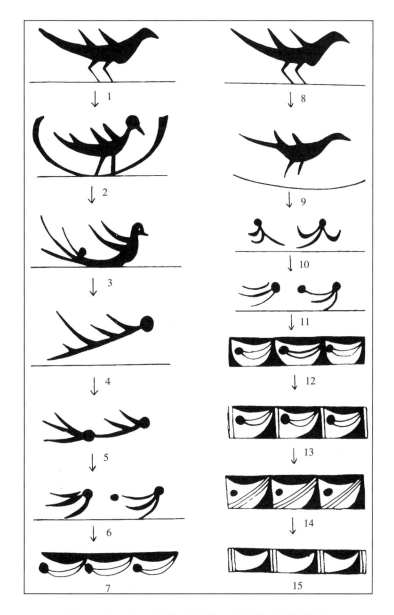

图 14   庙底沟文化彩陶鸟纹演变的推测（据张朋川）

张朋川先生说，侧面的鸟纹由写实的纹样向几何形的纹样发展，后来鸟纹简化到仅以一个圆点表示，身子变成一条细长的弧带。再后来，"由圆点和细弧线组成的侧面鸟纹，还演变成斜线、圆点、月牙形纹组成的几何图案"。从张先生所给出的图示上看，庙底沟文化彩陶鸟纹的演化脉络似乎非常清晰。不过有些遗憾的是，这种推测缺乏确切的考古地层依据，依然只能看作是理论层面的推论，远不是确论。由华县泉护村的地层证据看，最具象的鸟纹与抽象的弯角状纹饰其实是共存的，在发掘者划定的属于庙底沟文化的三个时段中，抽象的弯角状纹饰与具象的鸟纹都是共存的，看不出彼此之间存在什么联系。更重要的是，在秦安大地湾遗址的发掘中，这个证据不仅说明弯角状纹饰出现的时间比我们原来知道的要早得多，它最初是出现在半坡文化末期，而且还提示我们要改变原有思路，不必认定要在鸟纹中去寻查它的来源了。

另外，张先生还论证过正面的鸟纹演变成一种圆点与弧边三角连组的几何纹样，这种纹样广泛见于庙底沟文化的彩陶，也见于其他一些文化的彩陶和划纹陶。事实上这样的几何纹样也是出现在半坡文化时期，与庙底沟文化彩陶上的鸟纹没有必然的联系，在大地湾遗址就发现了典型的标本[21]。

弯角状纹其实最早确实是出现在半坡文化时期，标准的地纹弯角状纹饰普遍见于彩陶盆的沿面装饰，这种沿面装饰其实已经具有二方连续的构图特点，弯角首尾相连，将沿面等份分割成几段。在秦安大地湾和临潼姜寨遗址相当于半坡文化晚期的彩陶上，都有弯角状的沿面装饰，而且都是地纹表现形式（图15）。

在半坡文化时期，除了用作沿面装饰，弯角状纹饰还被用到其他比较复杂纹饰组合中。在秦安大地湾遗址出土了较多这类纹饰组合的彩陶，而且在弯角纹内已经见到了添加的大圆点（图16）[22]。在一件广泛受到关注的人形彩陶瓶上，这种弯角状纹饰更是反复出现，弯角左右相背，上下相对（图17）[23]。这也即是说，在构成二方连续图案之前，弯角状图案已是相当定型的纹饰单元。不过再往前追溯，就不再能见到弯角状纹饰的踪影了，有关它的最早来源，我们仍是很不清楚。

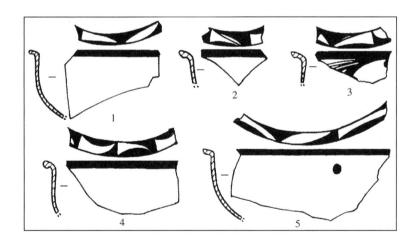

图15　甘肃秦安大地湾二期文化彩陶沿面上的西阴纹

〔21〕　甘肃省文物考古研究所：《秦安大地湾》，图99：6、8、102：12、112：12、116：1。文物出版社，2006年。

〔22〕　甘肃省文物考古研究所：《秦安大地湾》，图111：6、2、114：1：116：1。文物出版社，2006年。

〔23〕　甘肃省文物考古研究所：《秦安大地湾》，图121。文物出版社，2006年。

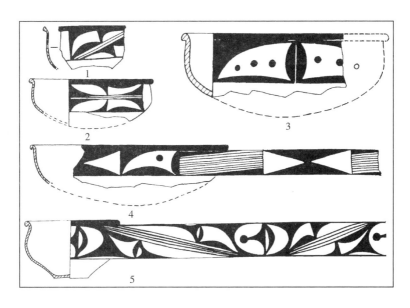

图 16 甘肃秦安大地湾二期文化彩陶组合西阴纹

图 17 甘肃秦安大地湾二期彩陶瓶

更值得注意的是, 以地纹方式描绘的二方连续弯角状纹饰彩陶, 在庙底沟文化之前就已经出现。在秦安大地湾和芮城西王村遗址早于庙底沟文化的地层中, 各发现一件标准的弯角状纹饰彩陶, 无论是器形还是纹饰构图, 与庙底沟文化没有什么区别。

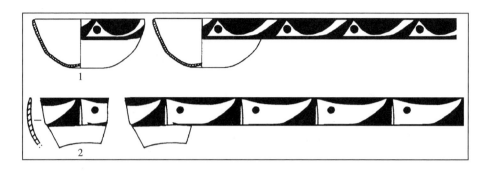

图18　甘肃秦安大地湾二期文化彩陶西阴纹

纹样分别属于本文划定的 c、d 式，是相当成熟的标准形式（图18）[24]。

　　确定了这样两例重要发现，我们就有理由说，弯角状纹饰彩陶最早应当出现在半坡文化晚期，当然它的普及还是在庙底沟文化时期。我们还可以有理由说，弯角状纹饰与鸟纹之间没有必然的联系，相关问题的探讨还有待深入。

　　小型直口或敛口的陶钵，是二方连续构图弯角状纹饰的固定装饰体。这种陶钵，应当是一种日常使用的食器。作为一种食器使用的"西阴纹"，它内在的含义我们现在还不得而知。

　　彩陶"西阴纹"的发现过去了90年的光景，对于它的研究也许只是刚刚开始。我们等待着新资料的出土，等待着完全解开谜底的那一天。

（原刊《古代文明》第7卷，文物出版社，2008年）

［24］　甘肃省文物考古研究所：《秦安大地湾》，图102：9。文物出版社，2006年；中国科学院考古研究所山西工作队：《山西芮城东庄村和西王村遗址的发报》，《考古学报》1973年1期。

大地湾遗址彩陶研究

绪言

甘肃秦安大地湾遗址，是西北乃至整个黄河流域发现的非常重要的新石器时代遗址之一。遗址面积超过 10 万平方米，甘肃省文物工作队于 1978～1984 年进行多次发掘，发掘面积约 1.5 万平方米，发掘与研究都取得了丰硕成果。发掘资料已经正式刊布，为进一步研究提供了全面资料[1]。

大地湾遗址文化内涵非常丰富，下层为前仰韶文化堆积，已经命名为大地湾文化，或以其他名称命名，但所指文化内涵相同。其次为仰韶文化和早期龙山文化堆积，仰韶层分为三期，包括了半坡、庙底沟和晚期仰韶三个时期的遗存，发现有墓葬和大型建筑遗迹，出土大量文化遗物，各期文化中都有彩陶发现。

发掘者对遗址考古学文化的定性有自己的看法，将一期的前仰韶遗存定名为大地湾文化，将第二期认定为仰韶文化半坡类型晚段；将第三期在文化性质与年代上与庙底沟文化相提并论，却并不主张将它纳入庙底沟文化范围，认为应当新命名一个文化；又将四期遗存直接称为大地湾四期文化，实质是后庙底沟文化。后庙底沟文化在黄河中游地区或称为西王村文化，大地湾遗址的这一期文化确实与西三村文化存在较大区别。

本文对发掘者所作的文化分析并无明显不同意见，不过在考古学文化名称采用上会有所不同。对第一期文化我会沿用自己过去的定名，称为白家村文化。第二期直接称为半坡文化，第三期称为庙底沟文化。第四期也同意暂时称为大地湾四期文化，时代大体等同于石岭下类型和西王村类型。第四期文化虽然出现了这些不同的名称，但所指内涵大体相同，这是分布在甘肃地区的晚于庙底沟文化的遗存。

在大地湾遗址的前四期文化中，都有彩陶发现，除一期文化彩陶数量稍少，其他几期彩陶都很丰富。本文准备将彩陶先作分期梳理，进行初步的研究，为后面的进一步研究打下一个基础。

对于大地湾彩陶的研究，在发掘资料全面公布之前就已经有研究者做了不少

---

[1] 甘肃省文物考古研究所：《秦安大地湾》，文物出版社，2005 年。

工作，但已有的研究因为资料的缺陷，其实做得并不系统，结论性的观点并不是太坚实。对于每一期文化彩陶的内涵要有全面观察，在此基础上比较各期彩陶的特点，寻找它们之间的联系与区别，才有可能对彩陶的发展演变作出较为准确的判断。此外，还要通过特定纹饰的比较研究，探讨不同考古学文化之间的横向交流问题。

本文还将分类考察大地湾遗址彩陶流行纹饰的演变轨迹，在此基础上对纹饰元素及主要纹饰组合出现的相对年代排定出一个序列表。希望这个研究对西北地区彩陶研究能有所推进，对中原地区彩陶研究也会是一个借鉴。限于篇幅，本文对于大地湾彩陶象征意义不拟展开讨论，相关的研究过去已经有所推进。

一　大地湾遗址彩陶分期研究

对大地湾彩陶的分段研究，分一、二、三、四期即白家村、半坡、庙底沟和仰韶晚期文化四段，研究的重心集中在中间的二、三期文化两段，即半坡和庙底沟文化两段，这两期发现的彩陶比较丰富，不仅数量可观，纹饰种类也很多。

1. 大地湾一期文化彩陶

大地湾遗址出土的一期文化彩陶数量不多，但却很有特点。依发掘者的描述，这一期彩陶的特征是："彩陶纹样比较简单，主要是以红色绘成的宽带纹、条带纹，还有少量的波折纹。"宽带纹是最流行的装饰，平涂在钵类口沿外面。这种钵分无足和三足两种，无论有无三足，均为圜底，器表通体拍印粗壮的交错绳纹，但口沿预留有绘彩的部位进行过磨光处理，抹去了绳纹痕迹（图1）。所有纹饰均为红彩，颜色略深于陶器表面的土红色。由于是在底绘红彩，颜色显得并不亮丽。

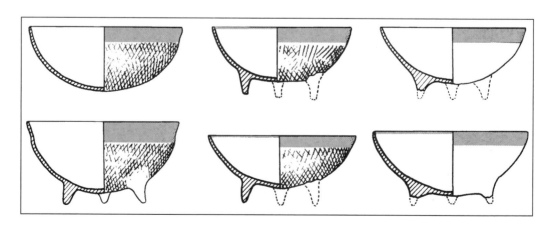

图1　大地湾一期彩陶宽带纹

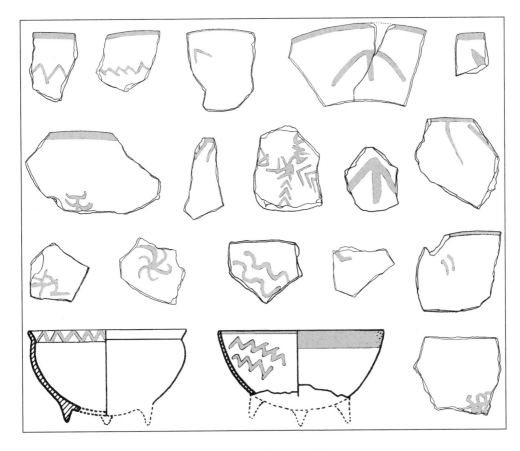

图 2 　大地湾一期彩陶内腹壁纹饰

在一些完整的陶钵内和一些陶片上，还见到十多种彩绘符号类纹饰，由折线、曲线或箭头形构成，图形都非常简单（图 2）。波折纹和其他符号类纹绘在内腹壁，可视作早期内彩，一般绘在三足和圜底钵内，虽然构图还非常简单，也不见象生类图形，却是内彩风格彩陶最早的标准器。

关于大地湾一期文化的彩陶，由于资料并不充足，我们的认识还并不十分到位，还需要等待更多的资料。与大地湾一期文化彩陶相同的发现，较为重要的还有陕西临潼白家村[2]，可以聊补我们认识的不足。白家村见到最多的也是宽带纹，也是装饰在钵类器的口沿外部，涂彩前着彩部位抹光。也有一些内彩图案发现，主要有圆点和波折纹等。值得注意的是，每一器的内彩一般是选择相同的图案元素，分作三点位或四点位大体均衡排列，很有条理（图 3）。

作为前仰韶的大地湾遗址一期文化的彩陶，与后三期即仰韶时期彩陶明显不

〔2〕 中国社会科学院考古研究所：《临潼白家村》，巴蜀书社，1994 年。

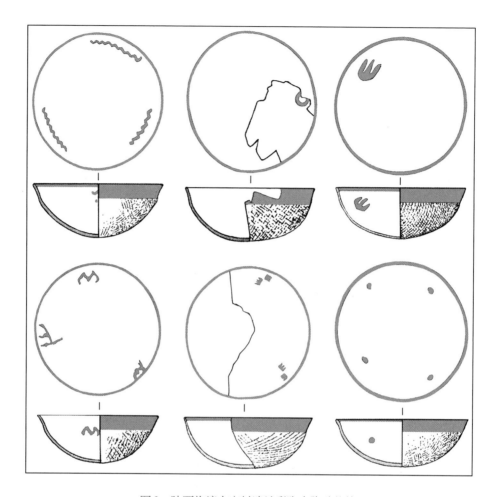

图3　陕西临潼白家村遗址彩陶内腹壁纹饰

同，颜色不同，纹饰元素不同，也没有明显的传承关系，本文对这一期彩陶不拟
展开讨论。

2. 大地湾二期文化彩陶

大地湾二期文化约当半坡文化后半段，出土彩陶较多，占近1/5，数量比例上
表现出逐渐增加的趋势。彩陶颜色以黑彩为主，主要器形有钵、盆、盂和瓶类，
盆上绘彩盛行。依发掘者的描述，这一期彩陶以几何形纹饰为主，有宽窄不同的
条带纹、圆点纹、直线纹、直边三角纹、弧边三角纹、垂弧纹、凸弧纹、侧弧纹、
圆圈纹、菱形纹、豆荚纹、弧线纹，还有鱼纹、变体鱼纹和很少的动物纹与人面
纹等。

大地湾这一期彩陶相当丰富，而且远远超过了其他同期遗址。上面的这些几何纹
名称并不能体现出它丰富的内涵来，本文将纹饰重新作了分类，觉得这一期彩陶有下
面这样一些特点。

　　彩陶见到较多的宽带纹，一般装饰在直口钵和卷沿盆的口唇部位。装饰宽带纹的陶器，多数不再加绘其他纹饰，不过也有些宽沿盆上表现有简单的几何形纹饰（图4）。另外也有些壶形器在壶口位置满涂黑色，与宽带纹属于同一类，只是感觉纹饰没有显现出长带形状来（图5）。

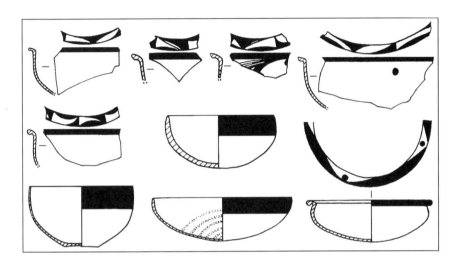

图4　大地湾二期文化宽带纹彩陶

图5　大地湾二期文化彩陶壶

　　二期彩陶纹饰大体可以区分为象生形与几何形两类，以几何形纹饰占绝对多数。而几何形纹饰中又以圆弧类为主，多采用圆形、圆点和弧形元素，组合成复杂一些的图案，单纯的点与圆形组合并不多见（图6）。圆形与弧形的变化也比较多，圆形多用地纹方式表现，而圆点则是用黑彩实绘的点，这样的实点常见于地纹圆形纹饰内（图7~9）。

　　圆弧类纹饰中构图最严谨的是花瓣纹，有双瓣式和四瓣式两类，对称是主要的构图原则，以地纹为主要表现方式。双瓣式花瓣纹左右两瓣呈斜向对称（图10），四瓣式花瓣纹可以看作是双瓣式花瓣纹构图的扩展。少数四瓣式花瓣纹也用直绘方式表现，图式结构与地纹方式相同（图11）。

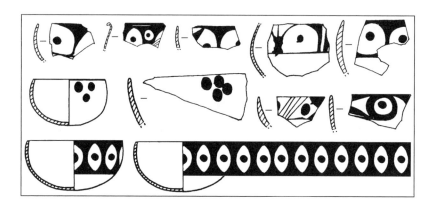

图6　大地湾二期文化圆点和圆形纹饰彩陶

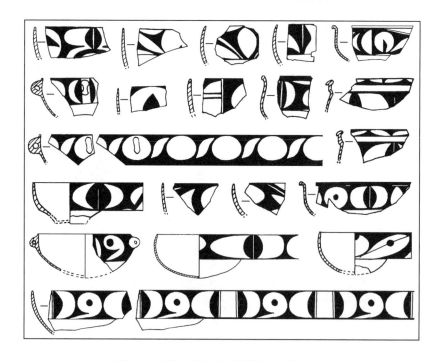

图7　大地湾二期文化圆弧类纹饰彩陶（1）

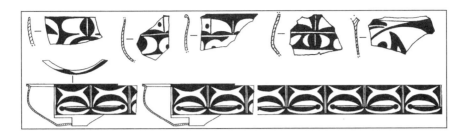

图 8　大地湾二期文化圆弧类彩陶纹饰（2）

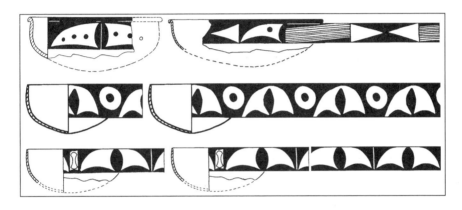

图 9　大地湾二期文化菱角形纹饰彩陶

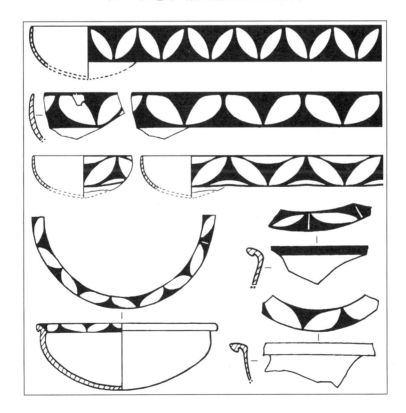

图 10　大地湾二期文化双瓣花瓣纹彩陶

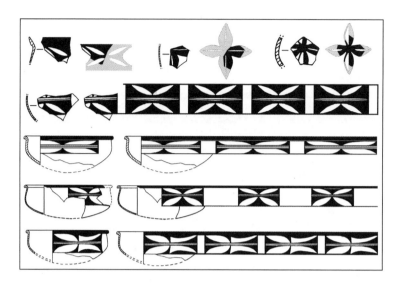

图 11　大地湾二期文化花瓣纹彩陶

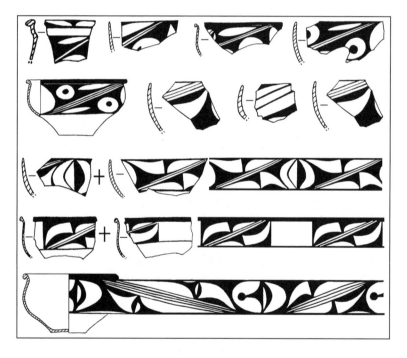

图 12　大地湾二期文化斜分割线构图纹饰彩陶

　　在大地湾二期文化彩陶中，有一种用斜线作分割单元的纹饰组合很有特点。主要构图纹饰是叶片纹和弯角形的"西阴纹"，它们沿着斜线作对称排列（图 12）。这种叶片纹与西阴纹组合有时固定在盆类器的口沿上出现（图 13），它们和用斜线作分割单元的绘法还出现在一件人形瓶上，这是一件非常精致的彩陶作品（图 14）。二期文化中西阴纹单独出现的彩陶也有发现，只是数量很少（图 15）。

图 13　大地湾二期文化叶片纹与西阴纹组合纹饰彩陶

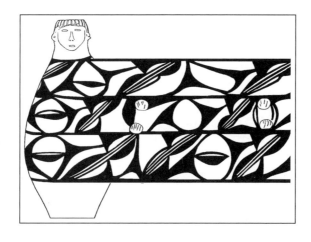

图 14　大地湾二期文化人形彩陶瓶

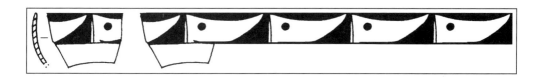

图 15　大地湾二期文化西阴纹彩陶

　　在上述用斜线作分割单元的纹饰组合中，还出现了一种圆盘形纹饰，它还与其他纹饰组合出现，一般都是绘在一个地纹的圆形中。有时也会单独绘出，有时又会出现在鱼纹组合中，这是一种很特别的纹饰（图16）。对于圆盘形纹饰的研究还没有引起注意，这是今后彩陶研究需要深化的课题。

　　大地湾二期文化彩陶中的象生类纹饰不多，主要见到的是鱼纹，此外还有极少的人面纹，都是高度图案化的构图。一部分鱼纹保留了鱼体的主要特点，各部位特别是鱼眼都有表现（图17）。另一部分鱼纹更加抽象化，鱼体变形夸张明显，一般不绘鱼眼（图18）。有时鱼头被绘成另外的几何图形，没有鱼头鱼眼。固定出现在鱼头位置的还有圆盘形纹和双花瓣纹组合，应当有特别的象征意义（图19）。当然也还有不少彩陶片见到绘有鱼纹，但因为较为破碎，鱼纹表现的细节并不十分清楚（图20）。

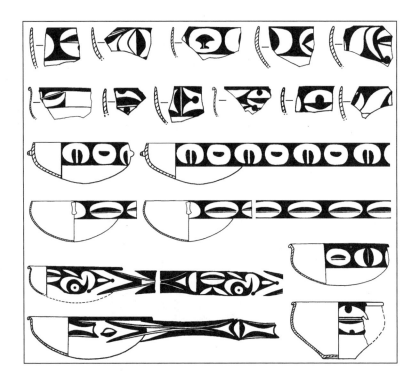

图 16　大地湾二期文化圆盘纹彩陶

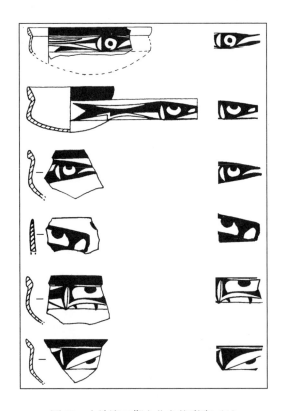

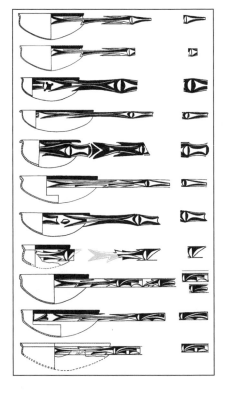

图 17　大地湾二期文化鱼纹彩陶（1）　　　　图 18　大地湾二期文化鱼纹彩陶（2）

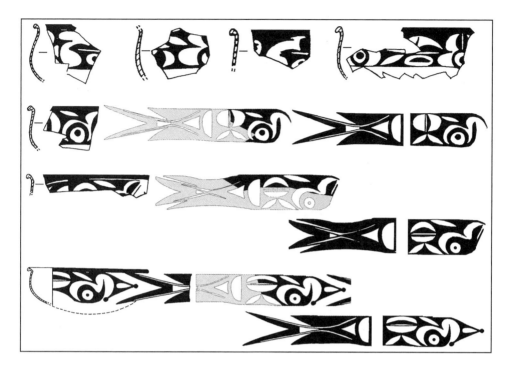

图 19　大地湾二期文化鱼纹相关纹饰彩陶

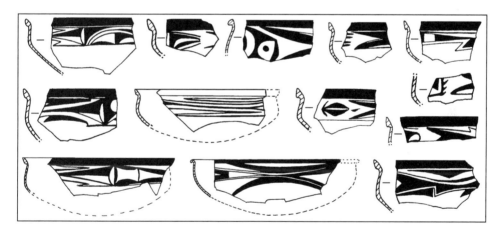

图 20　大地湾二期文化鱼纹彩陶（3）

　　彩陶上见到的人面纹不多，有的是疑似人面，因为陶片破碎而看不清全貌，不过也都能观察到它们已经高度图案化了（图21）。

　　另外这一期彩陶上还见到一些以直边形构图的纹饰，主要构成三角形（图22）、方形（图23）和菱形图案，其中以各式菱形图案构图最为严谨精妙，以地纹和阳纹交错构图，极富巧思（图24）。

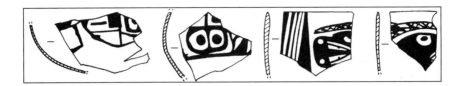

图 21　大地湾二期文化人面纹彩陶

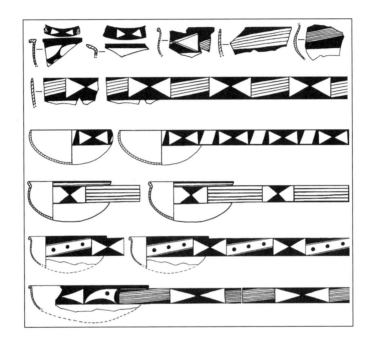

图 22　大地湾二期文化对三角纹彩陶

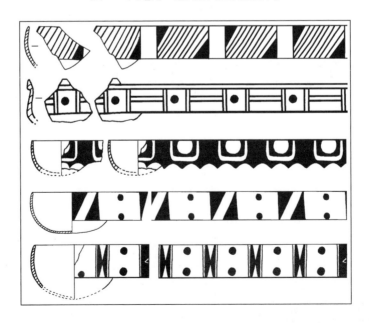

图 23　大地湾二期文化方框形纹彩陶

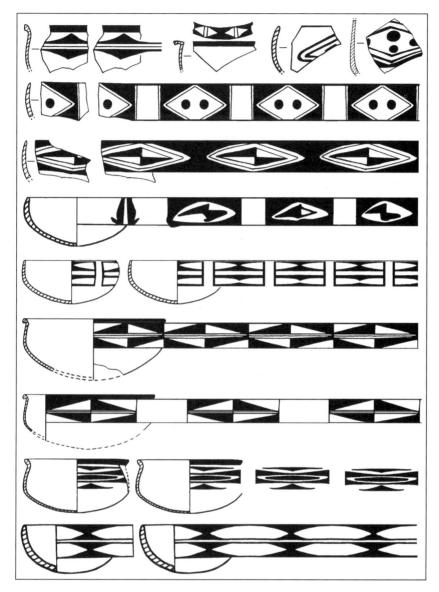

图 24　大地湾二期文化菱形纹彩陶

3. 大地湾三期文化的彩陶

　　大地湾三期文化出土彩陶数量较多，统计占到 1/5。在器形的选择上，与二期文化相同，也是以盆、钵类是主要的装饰对象。以黑彩为主，也见到极少的红、黑、白三彩并用纹饰。图案复杂绚丽，线条自然流畅，依发掘者的分类主要有弧边三角纹、回旋勾连纹、垂弧纹、圆点纹、圆圈纹、弧线纹、圆点弧线纹、豆荚纹、花瓣纹和条带纹，也有少量网格纹和变体鱼纹等。圆点和弧线是出现较多的纹饰单元，圆点多作为组合单元，很少独立出现（图 25~28）。

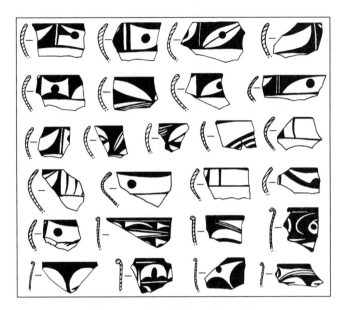

图 25 大地湾三期文化彩陶（1）

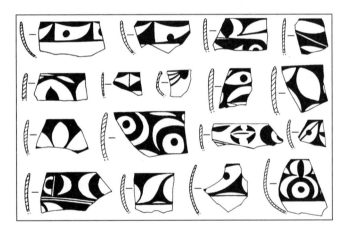

图 26 大地湾三期文化彩陶（2）

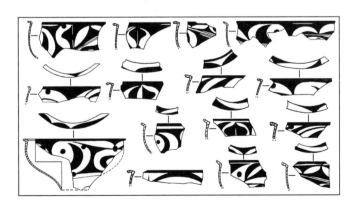

图 27 大地湾三期文化彩陶（3）

图 28　大地湾三期文化彩陶（4）

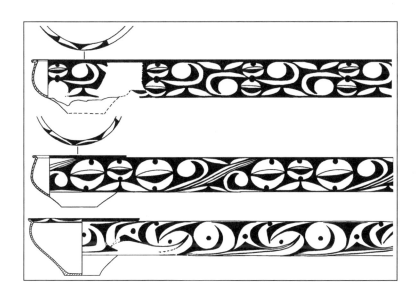

图 29　大地湾三期文化旋纹彩陶（1）

　　三期文化在盆类器的中腹到上腹一般都绘满纹饰，最常见的是构图华丽的各式旋纹，又以大旋心的单旋纹居多（图29）。单旋纹常见与圆盘形纹同组现象，两面对比强烈（图30）。在弧形图案中，有一种重叠的排弧纹很是特别，有竖排式也有横排式，节点上绘有圆点（图31）。

　　大型的盆类器除个别例子外，一般绘出的纹饰单元幅面都较大，最典型的纹饰是多瓣式花瓣纹（图32）。小型的钵类器因为器体表面较小，绘上的纹样一般都比较简练，有叶片纹和花瓣纹（图33），更多见到的是各式"西阴纹"，构图非常朴实（图34）。

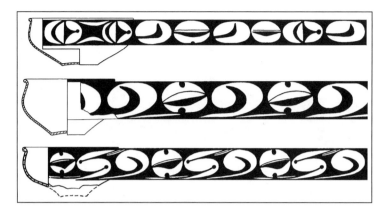

图 30　大地湾三期文化旋纹彩陶（2）

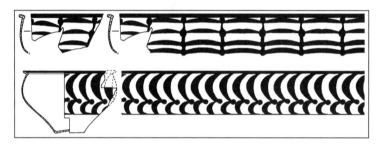

图 31　大地湾三期文化排弧纹彩陶

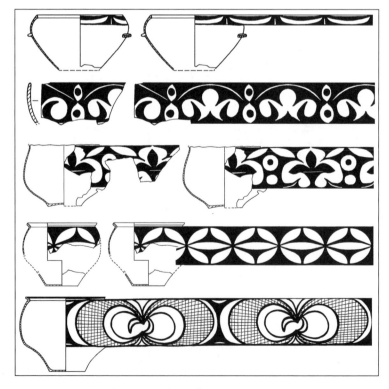

图 32　大地湾三期文化彩陶（1）

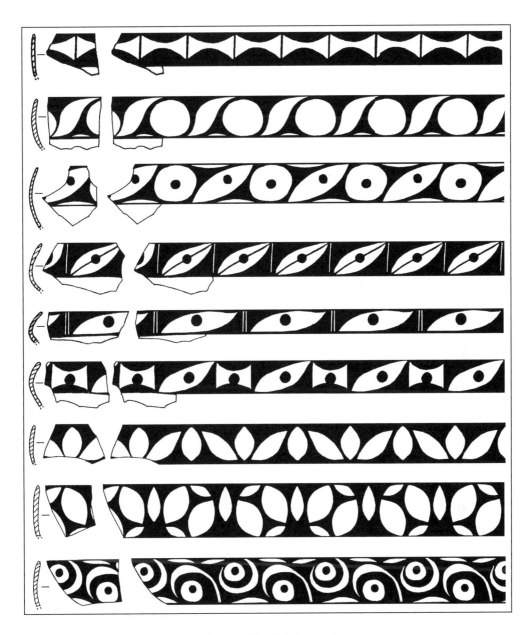

图 33　大地湾三期文化彩陶（2）

　　特别引人注意的是，还发现了一例长尾鱼形纹，是一种简化的鱼纹，无头也无体，只绘出象征性的鱼尾（图35）。

　　对于大地湾遗址三期文化丰富的彩陶，发掘者在进行时代细化分析时也有一定程度的关注，原报告有一张陶器分段图，这里另制成一幅新图，可以寻出彩陶发展变化的一些脉络来（图36）。从图中至少可以看出旋纹在早期已经较为成熟发达，而在晚期则不易见到；长尾的图案化鱼形纹只见于早期，"西阴纹"出现也比较早。

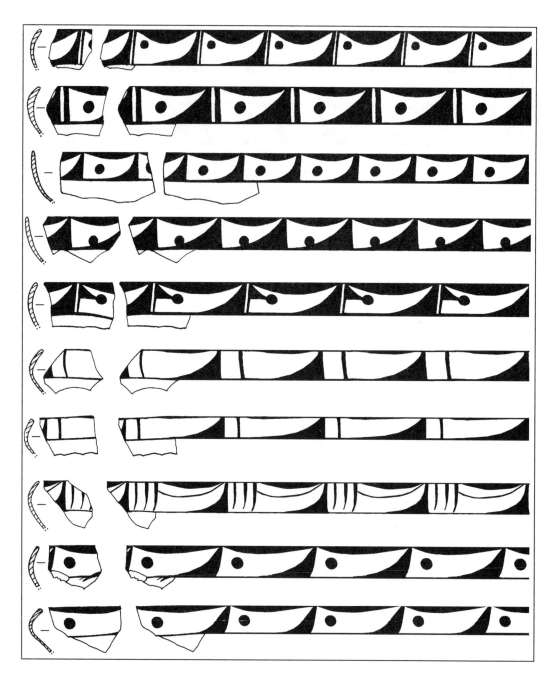

图 34　大地湾三期文化西阴纹彩陶

图 35　大地湾三期文化简体鱼纹彩陶

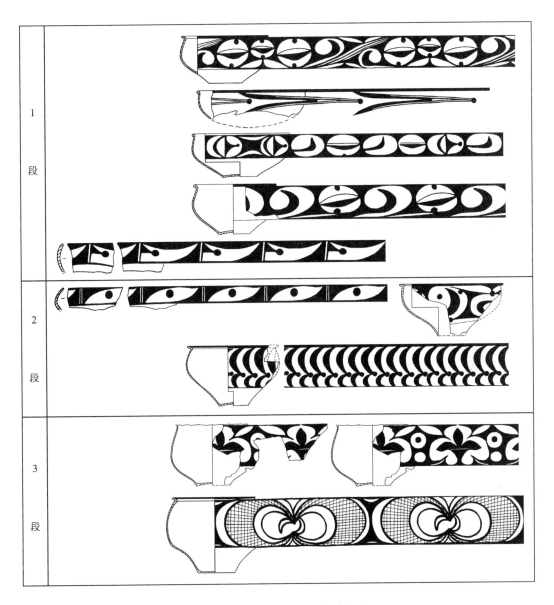

图 36　大地湾三期文化彩陶分段图

4. 大地湾四期文化彩陶

　　大地湾遗址四期文化彩陶数量略少，统计不超过5%，器形主要有钵、碗、盆、壶等，兼见黑、红彩，以黑彩为多。依发掘者的描述，这一期彩陶主要以圆点、圆圈、直线和弧线构成各种几何图案，主要纹饰有对弧三角纹、圆点弧三角纹、三角纹、圆点纹、圆点放射纹、圆点涡形纹、同心圆纹、平行线纹、直线纹、垂弧纹、斜弧纹、连弧纹、网格纹、绳索纹、漩涡纹、锯齿纹、草叶纹、条形纹、花瓣纹、宽带纹等。此外也有蛙、鱼和犬之类的象生纹饰，数量极少。彩陶纹饰与前一期文化既有联系，也有新的变化。

　　这一期文化中的花瓣纹彩陶数量有明显增加，有不少双瓣式（图37），也有典型的四瓣式，不过两种花瓣的绘法较前期略有变化，花瓣显得较为肥硕（图38）。一般花瓣纹彩陶都采用地纹方式绘成，这一期也见到直接绘成的多瓣式花瓣纹，是少有的发现（图39）。

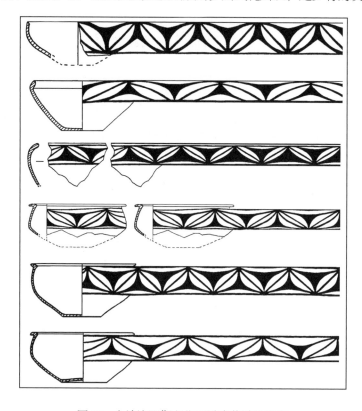

图37　大地湾四期文化双瓣式花瓣纹彩陶

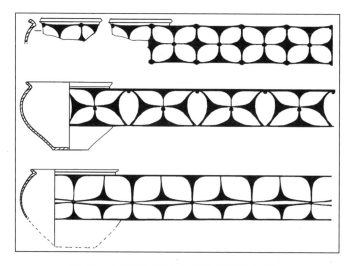

图38　大地湾四期文化四瓣式花瓣纹彩陶

图 39　大地湾四期文化花瓣纹彩陶

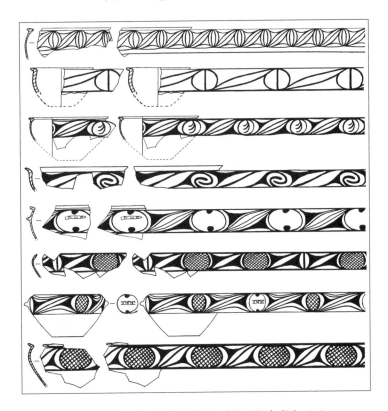

图 40　大地湾四期文化圆圈与叶片纹组合彩陶（1）

　　最值得注意的是，这一期见到较多的叶片纹与圆形纹组合彩陶，虽然叶片纹样式变化不大，但圆形却往往彼此不同，区别主要在圆形内的附加纹饰上，附加纹饰有圆点、竖线，也有网格纹和旋纹（图40）。有时这样的组合又与其他纹饰平行排列在一起（图41），少数彩陶上的叶片纹绘得比较复杂，叶片内外加绘有纹饰（图42）。

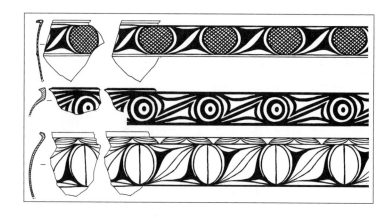

图41　大地湾四期文化圆圈与叶片纹组合彩陶（2）

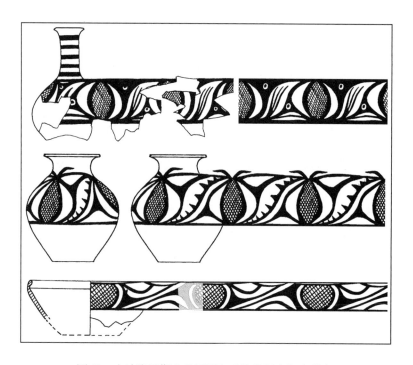

图42　大地湾四期文化圆圈与叶片纹复杂组合彩陶

　　与上述叶片纹与圆形纹组合类似的一种旋纹彩陶，出现的频率也比较高。这应当是前一种组合纹饰演变的结果，叶片变成了明确的旋臂，一臂连二旋的二方连续式旋纹就出现了（图43）。旋纹样式也表现不同，其中有一种旋心绘有圆点，旋臂外有弧边三角纹，以往被研究者看作是鸟眼和鸟身，认为这种组合表现的就是鸟（图44）。其实这应当还是旋纹，与鸟形没有什么关系。也有个别旋纹彩陶没有绘出旋心，是旋纹的一种简略形式（图45）。

图 43　大地湾四期文化双旋纹彩陶

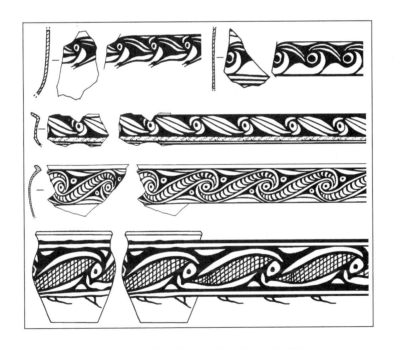

图 44　大地湾四期文化"鸟形"旋纹彩陶

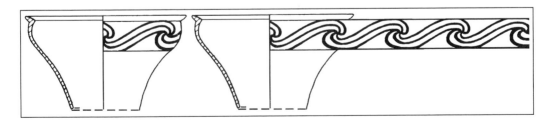

图 45　大地湾四期文化双旋纹（无旋心）彩陶

　　这一期彩陶上新出现的有绞索纹，这是一种很富有特点的纹饰，像是多股绳索绞合在一起。大地湾彩陶上的绞索纹一般不与其他纹饰组合出现，有双股并绞，更多的是四股并绞，有正绞，也有反绞，方向也不一致（图46）。

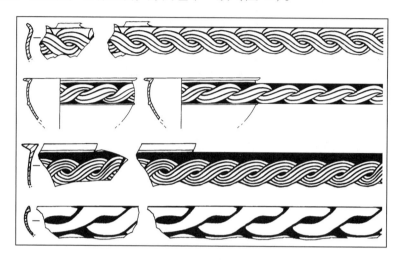

图46　大地湾四期文化绞索纹彩陶

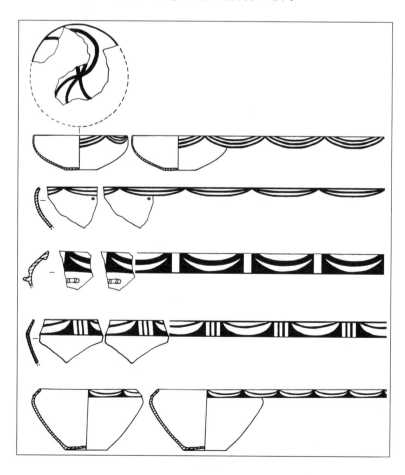

图47　大地湾四期文化垂弧纹彩陶

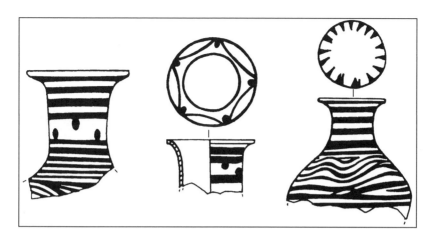

图48 大地湾四期文化平行线纹彩陶

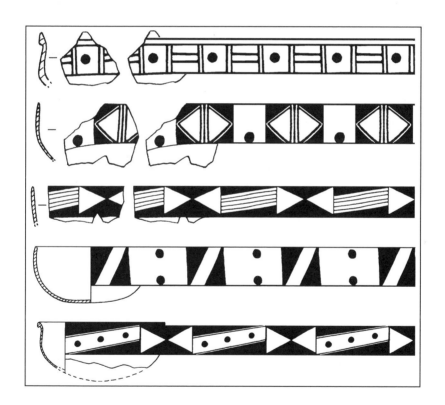

图49 大地湾四期文化四边形纹彩陶

　　这一期还发现若干件垂弧纹彩陶，有明显的庙底沟文化风格（图47）。又见少量平行线纹彩陶壶，器形与纹饰为马家窑文化风格（图48）。

　　直边形几何纹在这一期还能见到，有三角形纹和四边形纹等（图49）。

　　此外还发现少量象生类纹饰，有图案化的蟾蜍纹，也有比较写实的猫和鱼纹。其中一件似绘二猫争鱼图，也有人认为那绘的是狗（图50）。

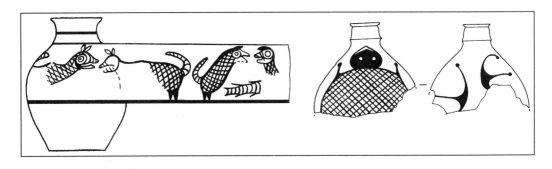

图50　大地湾四期文化动物纹彩陶

二　纵向传承：彩陶纹饰发展演变脉络

自彩陶发现以后，研究者很快就开始研究纹饰变化的规律，寻找纹饰发展演变的脉络。做这样的研究，这一方面是考古学研究自身的需要，可以由这个途径了解考古学文化的内涵与分期，了解不同文化之间的联系；另一方面是艺术史研究的需要，由这个途径可以了解早期艺术的发展规律。本文由大地湾遗址的彩陶来做这样的考察，自然不能完善地解决这两个相关的问题，但选取若干标本丰富的纹饰，再适当参照相关遗址的发现，相信可以理出些许脉络来。

在大地湾遗址出土彩陶中，我们选取了鱼纹、西阴纹、双瓣式花瓣纹、多瓣式花瓣纹、单旋纹和双旋纹六类纹饰来做分类研究，以为由这些彩陶纹饰不仅可以探讨它们本身的演变过程，还可以探讨半坡、庙底沟和马家窑文化的关系。

1. 鱼纹

彩陶中的鱼纹，不论在半坡文化还是在庙底沟文化中，都是很有特色的纹饰，前后出现的纹饰既有联系也有区别。两文化彩陶中的鱼纹，概括起来大体分为三种样式，一种为具象鱼纹，写实性比较强；一种为变形变体鱼纹，介于写实与抽象之间；另一种为抽象鱼纹，不过是符号而已，并没有鱼的全形。前两种纹饰结构非常明确，后一种仅是意象而已，辨认有一定难度。三种鱼纹，有较为明晰的演变关系，可以认定是由具象到抽象的脉络变化，最终完成符号化。

以往不少研究者探讨过彩陶鱼纹的演变过程，得出了一些很有价值的结论。石兴邦先生因半坡遗址的发掘而最先注意到半坡文化的鱼纹彩陶，他是最早试图揭示鱼纹变化规律的研究者。在编写《西安半坡》发掘报告时[3]，他注意到了鱼纹简化发展的

---

〔3〕　中国科学院考古研究所编：《西安半坡》，文物出版社，1963年。

趋势，认为鱼头与鱼体有分别演变的现象。当初所见资料非常有限，能揭示出这样的一个发展过程具有重要意义。他的研究将一些特别的几何形纹饰与象生形的鱼纹联系起来观察，这一方法为后来的一些研究者所效仿，认识也一步步得到深化。

苏秉琦先生很早也注意到半坡文化彩陶鱼纹，并对它的演变进行了研究。他以西安半坡、宝鸡北首岭两地出土的4件标本为例，将鱼纹的变化序列归纳为四式[4]。Ⅰ式为写实鱼形，画在盆的里壁；Ⅱ式为简化写实鱼形，鳞纹简化，也画在盆的里壁；Ⅲ式为图案化鱼形，鳍消失，上下对称，改画在盆的腹部外壁；Ⅳ式为发展的图案鱼形，各部分解为几何图案纹。苏秉琦先生的这个归纳，勾画出的鱼纹演变脉络虽然还只是一种粗线条，后来者的研究检验大体准确。张朋川先生对鱼纹演变的研究也较为深入，他注意到半坡早期的鱼纹"比较写实，刻画形象较为具体"，鱼纹的各个部位都有明确描绘，比例也大体接近真实的鱼体，所见鱼形都是一种正侧视图，虽属写实图形，但图案化特征也非常明显。他当时主要依据的是秦安大地湾出土的新材料，资料较之以前相对较为丰富，所以他的研究显得更充分一些[5]。大地湾出土的鱼纹彩陶相对年代晚于半坡遗址的发现，鱼纹的图案化特征更显著，纹饰构成显得比较抽象，头部变化较大，鱼眼常常没有绘出，不过一看仍很容易确认是鱼纹。参与主持发掘秦安大地湾遗址的郎树德先生，观察到半坡文化彩陶鱼纹的一些特点，他指出，"大地湾鱼纹均为鱼的侧视图，惟独胸鳍的画法例外。胸鳍本在身体两侧，从侧面只能观察到一侧的胸鳍，大地湾先民却改为上下对称的一对胸鳍；无论鱼纹如何变化，尾鳍的画法始终不变。从鱼鳍的画法来分析，表现的鱼类属于淡水鱼。显而易见，地处内陆地区的仰韶先民只能描绘他们日常熟悉的鱼类形象"。郎先生根据器形和纹饰的不同特点，将大地湾彩陶鱼纹划分为以下五个发展阶段：

第一阶段：具有浓厚写实风格的鱼纹，此时的陶盆形制均为圜底侈口，因口沿部系用泥片重叠加厚，可称之为叠唇盆。鱼纹形象生动，尤其是椭圆形的眼睛以及位于眼眶偏上部的眼珠，将鱼表现得活灵活现。鱼鳍不全，无背、腹鳍。但口、眼、鳃、身、尾俱全，鱼的形象一目了然。

第二阶段：器形仍为叠唇盆。鱼头部分开始变长且图案化，复杂多变的画法使得鱼头细部令人费解，大多以直边和弧边构成的近三角纹填充头部，鱼身则变得更为完美，大多数鱼纹的胸、腹、背、尾鳍样样俱全。产生这种变化的原因以及鱼头各类线条所体现的具体含义，学术界尚无一致意见。但可以肯定的是，抽象化的画法自此开始引入鱼纹之中。

〔4〕 苏秉琦：《关于仰韶文化的若干问题》，《考古学报》1965年1期。

〔5〕 张朋川：《中国彩陶图谱》，文物出版社，1990年。

第三阶段：鱼纹仍然仅在叠唇盆上使用，但盆的口径逐渐增大，腹也变浅了。这一阶段最为显著的变化和特点是，鱼头部分变得极为简单而抽象，仅由上下相对的两条弧形纹组成，既扁且长。龟鳍的画法则由斜三角纹变为直三角纹，画法更为规整。

第四阶段：使用鱼纹的器形由叠唇盆改变为卷沿盆，这类盆仍然为圜底，但口沿外卷，因此称为卷沿盆。它们是当时日常生活中大量使用的陶器之一，经常出土于房址和窖穴中。这时的鱼纹整体简化为一种十分稳定的图案。胸、腹、臀鳍三者合一，与拉长的背鳍上下相对，尾鳍前部出现隔断线。鱼的上下两部分完全对称，线条变得流畅柔美。

第五阶段：仍使用在卷沿盆上，此时的盆口部由侈口改为直口，卷沿愈甚。该阶段已跨人仰韶文化中期。大地湾虽未发现此段的完整器物，但根据大地湾出土的残器可以推测复原后的器形和纹饰。……鱼纹更为简化，头部以一圆点表示，鱼身简化为四条弧线，上下鱼鳍皆略去不画，仅保留较为夸张、舒展的尾鳍（图51）。

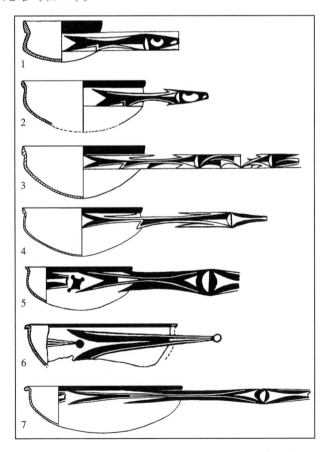

图51　大地湾遗址彩陶上鱼纹的演变（据郎树德《彩陶》）

自仰韶中期以后，鱼纹逐渐消失。……

鱼纹的发展变化总体趋势是不断地简化，自然形态的鱼纹经概括和取舍逐渐凝练为固定化的图案，写意的表现手法逐渐取代了写实的风格。最早的鱼纹颇富个性，每件作品都有其独特的表现和创意，展现出了自然状态下鱼的万种风情。其后，从头部开始，继而鱼身、鱼鳍，不断地简化，最终成为几乎一成不变的固定图案。[6]

我们就半坡文化彩陶整体的鱼纹看，纹饰的变化脉络大略如此。郎树德先生提到的鱼纹变化的第五阶段，正是简体鱼纹流行的阶段，它始于半坡文化末期，盛于庙底沟文化时期。就大地湾遗址的发现看，二期文化的鱼纹类型比较丰富，鱼头鱼体变化也比较大。既有头、眼、体、尾全绘的典型鱼纹，也有无眼、无头（以几何形纹替代）的鱼纹。三期文化中不再有典型的图案化鱼纹，代之而起的是只绘出鱼尾的简化鱼纹。到了四期文化中，图案化的典型鱼纹和简体鱼纹都没有了（图52）。虽然四期文化在个别器物中见到写实的鱼纹图形，但它在纹饰演变的分析上并没有太明确的意义。

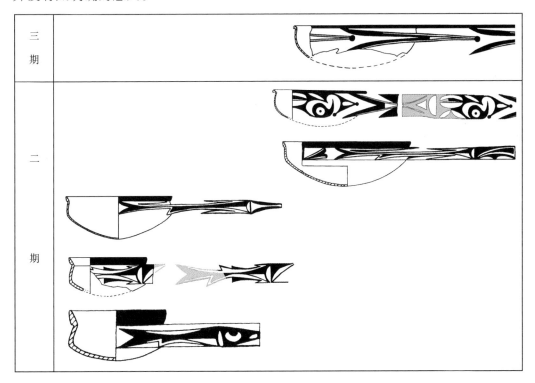

图52　大地湾遗址二、三期鱼纹的演变

〔6〕 郎树德、贾建威：《彩陶》，敦煌文艺出版社，2004年。

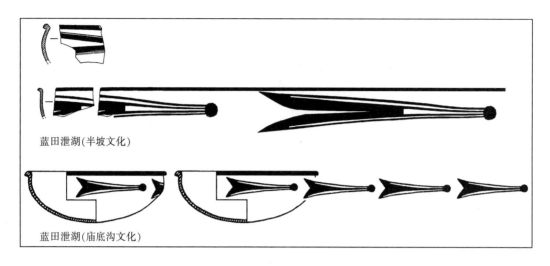

图 53　陕西蓝田泄湖发现的半坡文化与庙底沟文化的简体鱼纹彩陶

　　在半坡和庙底沟文化中都见到简体鱼纹的例证，这一点还可以列举陕西蓝田泄湖遗址的发现。泄湖的半坡文化彩陶上见到了简体鱼纹[7]，那里的简体鱼纹与庙底沟文化的并无不同。如果这个发现确定无疑，那说明简体鱼纹在半坡文化时期就已经出现了，只是还并不是很流行，所以发现不多。泄湖遗址的庙底沟文化彩陶上也见到了简体鱼纹，鱼尾绘得较为短小，与他处的发现有些许区别（图 53）。

2. 西阴纹

　　彩陶中的西阴纹，是几何形纹饰中比较费解的一种纹饰，也是主要采用地纹方式表现的纹饰。它是一种很特别的弯角状纹饰，一般是周围以黑彩作衬地，空出中间的弯角作主体纹饰。它因为较早发现于山西夏县西阴村遗址而引起李济先生的注意，而且还特地称之为"西阴纹"。李济先生对夏县西阴村遗址彩陶作研究时，特别注意到当时它处没有发现的这种纹饰，为了表示对这类纹饰特别的重视，他将这类纹饰称之为"西阴纹"，这也是仅有的以地名命名彩陶纹饰的一个例子[8]。

　　大地湾遗址彩陶上也见到有典型的西阴纹，而且数量也不算少，分见于二、三期文化。二期文化中的西阴纹发现较少，有的绘在小陶钵上，有的绘在盆类的口沿上，构图都比较简单。三期文化见到的西阴纹较多，一般都是绘在小陶钵上，有的构图简单，有的略有变化，中间填充有其他纹饰，或者在单元纹饰之间绘有隔断。四期文化中没有见到西阴纹，不过却有构图近似的垂弧纹，两者之间也许存在有一些联系（图 54）。

---

〔7〕　中国社会科学院考古研究所陕西六队：《陕西蓝田泄湖遗址》，《考古学报》1991 年 4 期。
〔8〕　李济、袁复礼：《西阴村史前的遗存》，书林书局，1927 年。

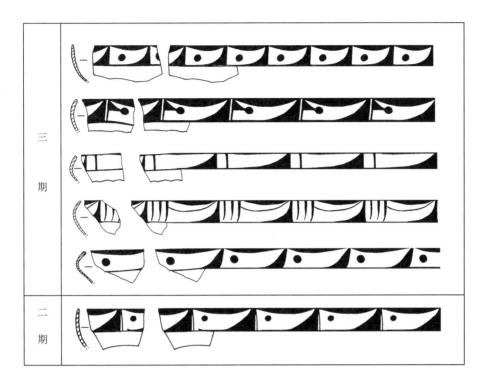

图 54　大地湾二、三期文化西阴纹的演变

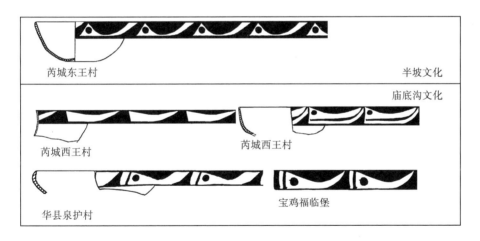

图 55　半坡文化与庙底沟文化彩陶中的西阴纹比较

　　在其他一些遗址，也发现少量与大地湾二期文化时代相当的西阴纹，构图也相对
比较简单。在与大地湾三期文化相当的属于庙底沟文化的层位中，不少遗址都发现了
西阴纹彩陶，而且数量相当可观，纹饰风格也都比较接近（图55）。

　　西阴纹是一种比较独特的纹饰，我曾经就西阴纹进行了专题研究，发现它是一种
分布很广的彩陶纹饰，是庙底沟文化彩陶的代表性纹饰之一。这种纹饰一般作为直口
或折腹钵沿外的装饰，都是采用二方连续的构图方式。小型直口或敛口的陶钵，是二

方连续构图"西阴纹"的固定装饰体。这种陶钵，应当是一种日常使用的食器。作为一种食器装饰使用的"西阴纹"，它内在的含义值得深入探究，它不应当只是一种纯粹的装饰纹样。

各地的西阴纹的构图虽然基本相同，但细部的变化也很明显，这些变化体现了地域区别，也应当有年代上的距离。西阴纹的轮廓有长短和宽窄之分，弯角形几乎全是宽头在左，尖头在右，这个程式几乎没有被破坏过。如果忽略纹饰的长短宽窄区别，仅由它们附加的图形来作区分，依据它们的变化，至少可以细分出以下 6 种形式（图 56）。

a 式：没有附加图形的"西阴纹"，角中无纹，角之间也没有间隔图形。

b 式：角中无附加纹饰，但角之间绘有间隔图形。

c 式：角中附加圆点纹，角之间没有间隔图形。

d 式：角中既附加有圆点纹，角之间也绘有间隔图形。这是发现数量较多的一式，可以看作是"西阴纹"的标准形式。

e 式：角中绘 1~3 条分割线，或附加圆点纹，角之间或有间隔图形。这是"西阴纹"中的一种完全形式。

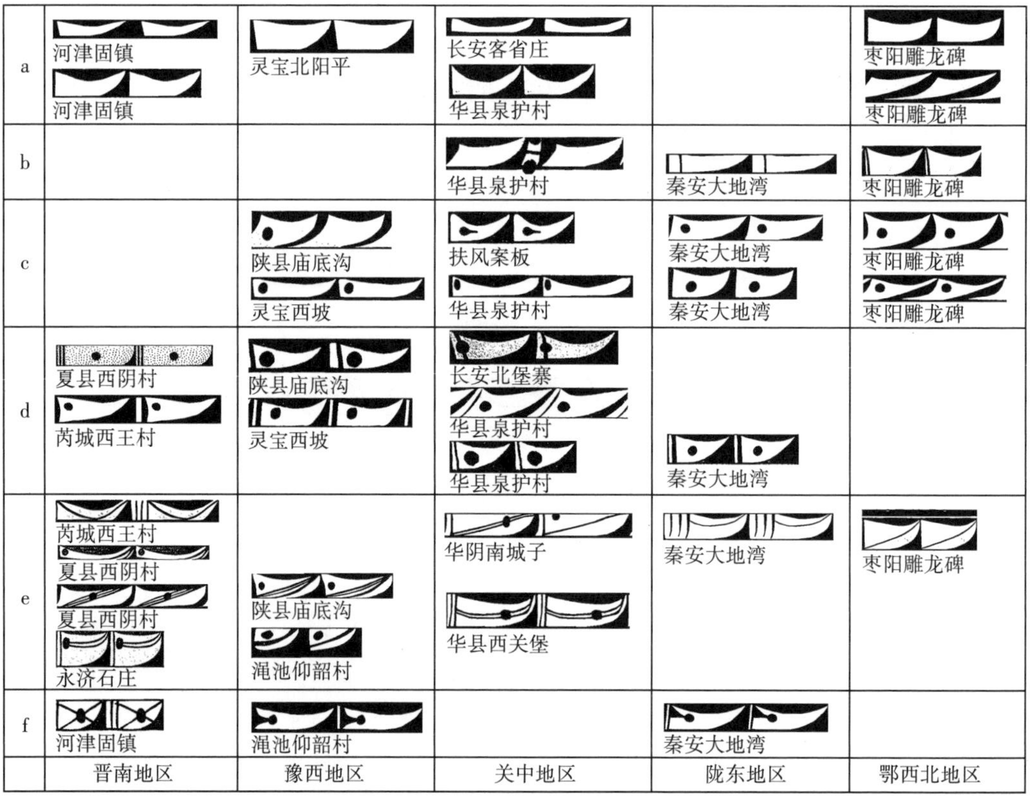

	晋南地区	豫西地区	关中地区	陇东地区	鄂西北地区
a	河津固镇 河津固镇	灵宝北阳平	长安客省庄 华县泉护村		枣阳雕龙碑 枣阳雕龙碑
b			华县泉护村	秦安大地湾	枣阳雕龙碑
c		陕县庙底沟 灵宝西坡	扶风案板 华县泉护村	秦安大地湾 秦安大地湾	枣阳雕龙碑 枣阳雕龙碑
d	夏县西阴村 芮城西王村	陕县庙底沟 灵宝西坡	长安北堡寨 华县泉护村 华县泉护村	秦安大地湾	
e	芮城西王村 夏县西阴村 夏县西阴村 永济石庄	陕县庙底沟 渑池仰韶村	华阴南城子 华县西关堡	秦安大地湾	枣阳雕龙碑
f	河津固镇	渑池仰韶村		秦安大地湾	

图 56　各地彩陶西阴纹分类分区域比较（据王仁湘《彩陶"西阴纹"细说》）

f 式：角中附加特别纹饰，角之间或有间隔图形。角中的特别纹饰，对于判断不同遗址不同地域之间的关系，有可能提供非常有力的证据。

这 6 种形式，由地域的分布看并不均衡。如晋南地区缺少 b、c 式，豫中地区缺少 b 式，关中西部地区缺少 e、f 式，陇东地区缺少 a 式，鄂西北地区缺少 d 式，以陇东地区发现的形式最全。由横向分布观察，以 c、d、e 三式发现比较普遍，所以我们可以确定这三式为标准形式。其他各式，有的在两个地区有发现，表明不同地区之间存在着可能的联系。

对于各式构图的"西阴纹"彩陶的年代，现在还不能有明确的判断。由华县泉护村的发现看，a、b 两式年代稍早，d 式则略晚。也即是说，纹饰中不加圆点和中分线的"西阴纹"彩陶年代可能早一些，反之则比较晚一些[9]。

庙底沟文化以后，"西阴纹"随着彩陶的衰落也基本不见了，但在蓝田泄湖的西王村文化地层中却见到一例"西阴纹"彩陶，构图与庙底沟文化并无显明不同，如果它不是早期地层的混入品，就说明"西阴纹"在庙底沟文化以后在彩陶上还有表现[10]。

3. 双瓣式花瓣纹

在以往的彩陶研究中，双瓣式花瓣纹一直没有引起注意，我们有时甚至忽略了它的存在。双瓣式花瓣纹也属于地纹彩陶，一般也是采用二方连续的构图方式，双花瓣两两成组排列，图案布局非常严谨，也非常简练。我曾经说过，彩陶中的花瓣纹，不论是双瓣式的还是四瓣式或者多瓣式，虽然它们可能都与花瓣无关，但为着描述的方便，依旧还是称之为花瓣纹。

大地湾遗址彩陶上有较多的双瓣式花瓣纹构图，二、三、四期文化都有发现，其中又以四期文化见到最多。二期文化的双瓣式花瓣纹见于圜底小钵上，纹样简练，没有附加元素。三期文化的双瓣式花瓣纹，通常以组合形式出现，没有见到独立出现的例子。与双瓣式花瓣纹组合的纹饰，主要是圆形纹和单旋纹。四期文化的双瓣式花瓣纹有时也出现在较大的盆类器上，构图与二期文化的相似，但一般在都在瓣叶中绘有脉线一两条，风格别有不同（图57）。这种加脉线的花瓣纹很值得注意，它在豫陕晋地区的庙底沟文化彩陶中很少见到的，双瓣式花瓣纹和多瓣式花瓣纹都是如此。

双瓣式花瓣纹是庙底沟文化彩陶上常见的纹饰之一，它单独成纹，也与其他纹饰组合成纹。如果作类型划分，双瓣式花瓣纹可分为简单型和组合型两种，简单型是指

---

〔9〕 王仁湘：《彩陶"西阴纹"细说》，《古代文明（第 7 卷）》，文物出版社，2008 年。

〔10〕 中国社会科学院考古研究所陕西六队：《陕西蓝田泄湖遗址》，《考古学报》1991 年 4 期。

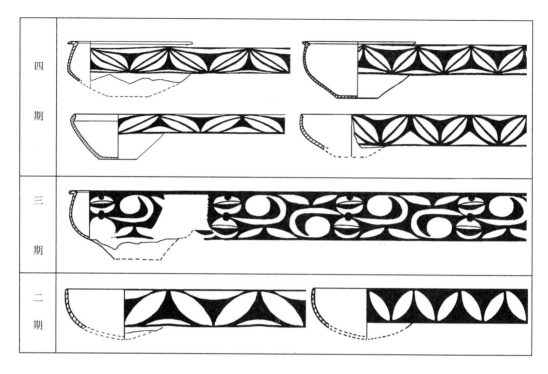

图57　大地湾遗址双瓣式花瓣纹的演变

独立存在的形式，组合型则是与其他纹饰同组的形式。其实双瓣式花瓣纹可以看作是
单瓣叶片纹的另一表现形式，并非是一种花瓣，也许称作对叶纹更好。从构图上看，
它是以上下颠倒交叠的弧边三角作衬底，构成一对对张开的叶片。当弧边三角相对较
大时，花瓣会显得细长一些，反之花瓣则较为宽短。简单型的双瓣式花瓣纹发现虽然
并不是很多，但却非常典型。以山西翼城北橄[11]和洪洞耿壁[12]的发现看，花瓣纹中
的双瓣既宽且大，有一种厚重感。河南济源长泉发现的一例[13]，衬底的弧边三角纹
比较宽大，花瓣的双瓣显得窄长一些，比较秀气。在巩义滩小关见到两例双瓣式
花瓣纹[14]，双瓣绘得较小，排列显得紧凑得多（图58）。

　　组合型的双瓣式花瓣纹，也分为几种不同的情形。它可以与旋纹同组，也可以与
圆形同组，甚至可以与鱼纹同组，在这样一些组合中，双瓣式花瓣纹的意义有了充分
体现。

〔11〕　山西省考古研究所：《山西翼城北橄遗址发掘报告》，《文物季刊》1993年4期。
〔12〕　山西省考古研究所等：《山西洪洞耿壁遗址调查、试掘报告》，《三晋考古（第二辑）》，山西人民
　　　　出版社，1996年。
〔13〕　河南省文物管理局等：《黄河小浪底水库考古报告（一）》，中州古籍出版社，1999年。
〔14〕　河南省社会科学院河洛文化研究所等：《河南巩义市洛汭地带古代遗址调查》，《考古学集刊
　　　　（9）》，1995年。

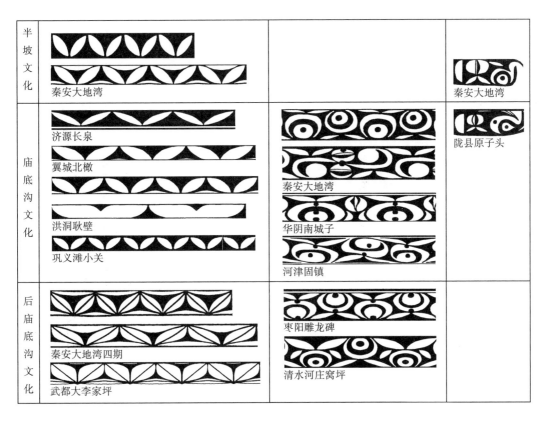

图58　不同文化彩陶双瓣花瓣纹的变化

4. 多瓣式花瓣纹

在几个考古文化的彩陶上都见到精美的多瓣式花瓣纹，有四瓣式花瓣纹，也见到一些多瓣式花瓣纹。这两类花瓣纹构图都非常严谨，绘制非常精致，以庙底沟文化彩陶中的多瓣式花瓣纹最为典型，也是最为重要纹饰。

大地湾遗址二、三、四期文化彩陶上都见到有多瓣式花瓣纹彩陶，以四瓣式花瓣纹为主，一般绘在较大的盆类器上。二期文化彩陶上的四瓣式花瓣纹，叶瓣显得较为细长窄小，可以看作是上下两组双瓣式花瓣纹互为镜像的图形，中间绘有横向的隔断。这一期还见到十字形构图的四瓣式花瓣纹，而且并不采用地纹方式绘出，算是一个特例。三期文化彩陶上的四瓣式花瓣纹绘得比较大气，叶瓣也比较饱满，四瓣叶合围成一圆形，构图非常严谨。四期文化彩陶上的四瓣式花瓣纹绘得更加饱满，出现两个新变化，一是四瓣叶中间加绘有一垂直的叶瓣，二是叶瓣顶部交接处缀有加点。特别引人注意的是，这一期还见到并不是地纹方式绘成的花瓣纹，而是直接用红色表现花瓣纹，花瓣构图也有明显不同（图59）。

通过三个不同时期花瓣纹的比较，可以寻找到其中变化的脉络。大地湾二期文化的四瓣式花瓣纹有细长的特点，构图为外侈式。大地湾三期文化的花瓣变得较为丰满，

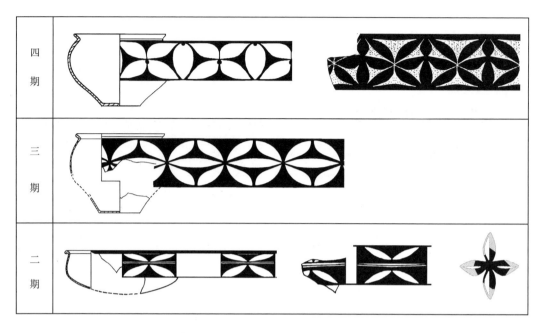

图59　大地湾遗址多瓣式花瓣纹的演变

构图为明确的内敛式。大地湾四期文化的花瓣更加肥硕，构图趋于简洁，仍然主要表现为内敛式。

在庙底沟文化和其他相当的文化中，多数四瓣式花瓣纹为典型的地纹彩陶，纹饰特征非常明显，一般都是二方连续式结构，构图上下左右对称。由地纹观察看来，四瓣式花瓣纹都是四个叶片的向心组合形式，它的衬底纹饰是四个弧边三角纹，也是取向心形式。四个弧边三角形合围的结果，就是一个严谨的四瓣花瓣纹单元。绘制这样的纹饰，画工应当有很好的技巧，不然就得不到精致的画面。

我曾经将庙底沟文化的四瓣式花瓣纹放在一起作比较，观察到一些地域特点。在分布上，河南和陕西是中心地区，发现的四瓣式花瓣纹彩陶标本较多。山西和甘肃发现标本较少，尤其是在山西地区，仅在夏县西阴村见到一例，这个现象值得注意。从四瓣式花瓣纹的类型上看，也是以陕西和河南地区所见最为丰富，其中又以陕西最全。这样看来，关中是四瓣式花瓣纹彩陶分布的最重要的地区，也有可能是它最早的出现地（图60）。

5. 单旋纹

彩陶中的单旋纹和双旋纹，很长时期都没有得到辨认，它们都属地纹彩陶，传统认读方式很难解读。我曾经专文讨论旋纹彩陶的认读问题，也强调了地纹彩陶出现的意义[15]。彩陶单旋纹和双旋纹各有特点，但构图原理相同，都有一个旋心，单旋纹绘

---

〔15〕　王仁湘：《关于中国史前一个认知体系的猜想》，《华夏考古》1999 年 4 期。

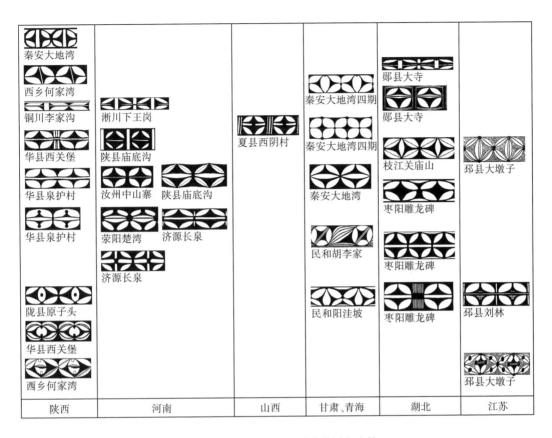

图 60 　不同地区彩陶四瓣式花瓣纹比较

一个旋臂，双旋纹绘两个旋臂。

　　大地湾遗址出土单旋纹彩陶较多，主要属三期文化。三期文化单旋纹的旋心旋臂都很大，旋心位置多数没有加绘圆点。还见到正倒旋纹组合及与双旋组合的单旋纹彩陶，有的旋心绘有圆点，整器纹饰构图较为繁复。其中有一件大单旋纹彩陶，与内填圆盘形的大圆圈组合，构图较为简练。二期文化彩陶上偶尔也能见到单旋纹，但并不典型，与三期文化的大单旋纹不同，旋体较小，旋臂也短，不过旋心位置已经开始加绘有圆点（图61）。四期文化中没有见到典型的旋纹彩陶，不过在其他地点的发现表明它并没有完全消失。

　　仔细观察彩陶单旋纹，觉得构图虽然简单，但它的绘制也有一定之规。单旋纹由旋心和旋臂构成，只有一股旋臂，或上旋或下旋，旋臂方向也不一致，不过以顺时针方向旋转的例子较多，很少有反旋标本发现。单旋纹的旋心一般较大，有的旋心中间加绘一圆点，不绘圆点的单旋纹也比较常见。

　　单旋纹在庙底沟文化时期彩陶上是比较流行的纹饰，单旋纹彩陶在豫西、晋南、关中和陇东都有出土。比起双旋纹来，单旋纹虽然在出现的频度上并不算很高，但它分布的范围也比较广，而且常常与双旋纹形影相随，共同构成复杂的纹饰组合。

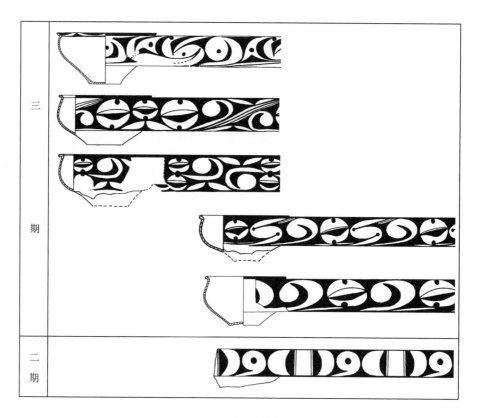

图 61　大地湾遗址彩陶单旋纹的演变

比较各地的标本，发现单旋纹虽然有的有旋心，有的无旋心，旋心也有细微不同，我曾经主要根据组合形式的不同，将单旋纹划分为 6 式（图 62）。

a 式：为大单旋纹，多数在旋心缀有圆点，与双旋纹或圆盘形等图案形成固定组合。这类单旋纹数量多分布广，是单旋纹中的主流形式。

b 式：为小单旋纹，形体较小，一般是组合纹饰中的附属成分。

c 式：为独体单旋纹，这是单旋纹最基本的形式，但发现数量并不多。

d 式：为正倒组合的单旋纹，旋臂带有分叉，有的呈逆时针方向旋转。发现数量虽然并不多，但分布范围并不小。

e 式：也是正倒组合的单旋纹，旋臂方向一正一反，这种单旋纹分布的范围也比较广，豫、晋、陕、陇均有发现。

f 式：为正倒组合的单旋，单旋纹无论正倒，旋臂都是向顺时针方向旋转，分布范围较广（图 63）。

彩陶上的单旋纹是非常吸引人的元素，虽然出现的频率并不算太高，但其重要性却是不言而喻的，它与双旋纹一起使庙底沟文化时期的彩陶增加了许多神秘的色彩。

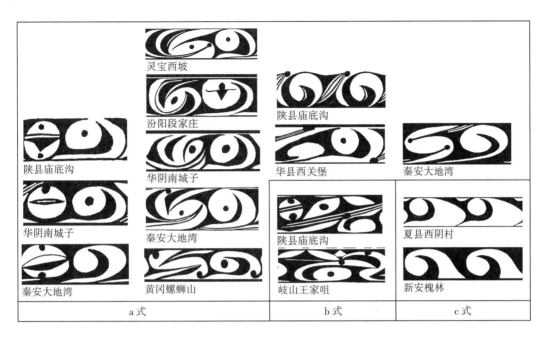

图62　庙底沟文化大单旋与小单旋线彩陶

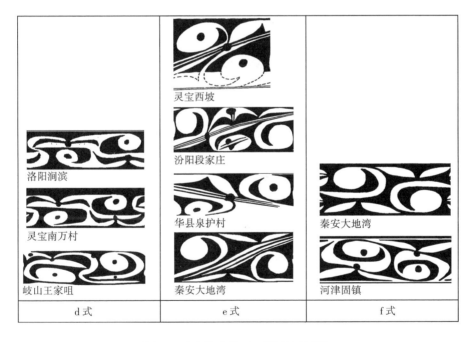

图63　庙底沟文化正、倒单旋纹彩陶

6. 双旋纹

双旋纹彩陶在大地湾三、四期文化中都有发现，前后有明显区别，两期特征鲜明。双旋纹一般都绘制在盆类器具上，常见与其他纹饰组配在一起，构成较复杂的组合纹饰，画幅也比较大。

　　三期文化彩陶上的双旋纹，发现有两件彩陶盆，图案都是大双旋与大单旋的组合，纹饰的幅面都比较大，两者之间难分主次。其中一件为松散式双旋纹与大旋心单旋纹的组合，它们的旋心都缀有圆点，双旋纹上面的旋臂上也缀有圆点。另一件的双旋纹绘得比较别致，可以归入标准式之列，无论双旋纹和单旋纹的旋心都没有圆点。大地湾的这两件彩陶上的单旋与双旋纹，旋臂都是向着顺时针方向。四期文化彩陶上的双旋纹几乎都是独立出现，旋心明显缩小，旋臂左右相连，构成完整的二方连续图案。双旋纹的旋心有的缀有圆点，有的没有圆点。值得注意的是，三、四期都见到有叶片与圆圈的组合纹样，我们认为四期文化中的双旋纹正是在这样的基础构图中形成的，而这样的基础构图在二期文化彩陶上就已经开始见到（图 64）。这是一种很重要的图式，这一点后文还要提及。

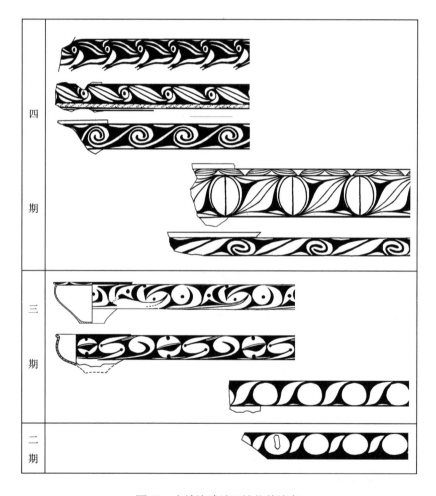

图 64　大地湾遗址双旋纹的演变

　　认读彩陶中的双旋纹同单旋纹一样，都有一定的难度。以地纹方式反视纹饰，这种图案的中心部分，也就是纹饰结构的主体，都是一种相同的旋纹。阳纹的勾叶、弧边三角及不规则的弧边形，都无一例外是衬底图形。它们衬托出来的阴纹，有圆形的旋心，有曲回的旋臂，构图谨严缜密。过去一些研究者认为这类图案的组合没有固定的章法，甚至无法将它分割为独立的单元，如果采用反视阴纹的方法，这个问题就完全不存在了，我们发现它的章法不仅十分的严谨，而且纹饰清丽秀美异常。采用反视方式观看阴纹所看到的彩陶上的旋纹，多数虽然有较为一致的构图，都有旋心和旋臂，不过细作分析，也存在明显区别。区别集中表现在旋纹的旋臂上，根据旋臂的特点与数量，还有旋纹的组合方式，我们将双旋纹归纳分类，粗分为单体双旋纹和组合双旋纹两大类。在这两类双旋纹中又有细微的区别，合并划分为六式：

　　单体双旋纹分标准式、松散式和变形式三式，组合双旋纹分简单组合式、复杂组合式、单旋纹与双旋纹同组式三式（图65）。

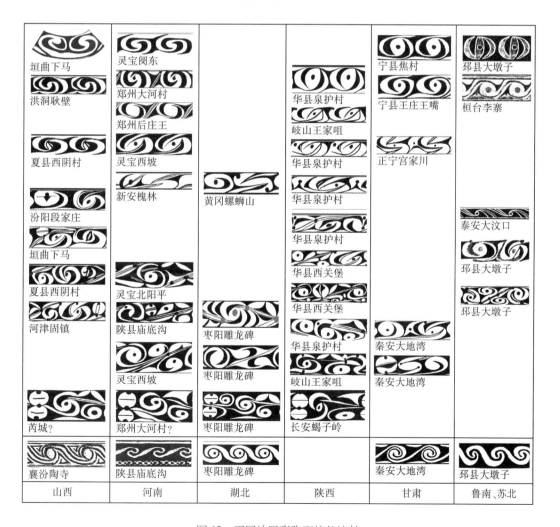

图65　不同地区彩陶双旋纹比较

a式：单体双旋纹之标准式　双旋纹中有一种最简单的形式，以单体形式组成二方连续图案，也没有附加的元素，是一种基本的标准形式。山西垣曲下马的一件彩陶瓶[16]，甘肃宁县焦村出土一件类似的双旋纹彩陶罐[17]，旋动的两条旋臂回旋飘逸，旋心都缀有圆点。标准的单体双旋纹彩陶，在晋南和豫西都有发现。

b式：单体双旋纹之松散式　在标准的单体双旋纹之外，还有一种结构松散的单体双旋纹，旋心与旋臂的结构不很明显，但旋动的感觉还是有的，有的在旋心位置也缀有圆点。垣曲店头的一件双旋纹彩陶盆绘双勾的旋臂，旋心没有圆点[18]。在渭南北刘出土了几件这种松散式双旋纹彩陶盆[19]，旋心旋臂都很明显，旋心无一例外地都缀有圆点。

c式：单体双旋纹之变形式　有时由于旋纹中的旋臂绘得不很流畅，旋心也不明显，构图作了变形处理，这样的双旋纹可能更难辨认。还有一种非常特别的双旋纹，既不是常见的几何元素，也不是采用地纹方式表现，但构图却是双旋纹格式。

d式：双旋纹之简单组合式　除了以单体双旋纹构成的二方连续图案，双旋纹更多的时候是以组合形式出现，与其他元素一起构成各种组合，将它的动感带给整组纹饰。组合双旋纹之简单组合例证，在晋、陕、豫都能见到。

e式：双旋纹之复杂组合式　进入复杂组合的双旋纹，在数量上明显多于简单组合，双旋纹出现在复杂组合中的频度要高一些。复杂组合双旋纹彩陶发现较多，分布范围较广。

f式：单旋纹与双旋纹同组式　有时单旋纹与双旋纹会出现在彩陶纹饰的同一组合中，互相映衬，彼此如影相随。这种特别的组合形式在豫西、晋南、关中和陇东都有发现，分布范围也比较广泛。

一般的双旋纹旋心在中间，有两股旋臂，双臂一般以上下方式排列，也有以左右方式排列的，有时臂尾延伸很长。双旋纹一般都不单独出现，较大的旋纹也有两个或两个以上构成一组，多以平行方式排列，左右旋之间互不连接。大地湾三期文化的旋纹图案彩陶，与豫陕晋地区庙底沟文化的同类彩陶并无明显不同，也见到双旋纹、单旋纹与其他纹饰同组的复杂形式，它们属于同一系统。只是到了四期文化中，彩陶双旋纹才有了明显的变化，主要是旋心变小，旋臂左右连接，而且一般不与其他纹饰同时出现在一个器物上。

7. 彩陶从仰韶到马家窑文化的演进脉络

安特生当初在西北主要是在甘肃地区发现的大量彩陶，虽然他都将它们全部归入仰韶文化，其实大多已经不属于中原仰韶文化范畴，内涵与时代都有不同。后来在甘

〔16〕　代尊德等：《山西垣曲下马村发现新石器时代陶器》，《考古》1963 年 5 期。

〔17〕　程征、钱志强：《黄河彩陶》，台北南天书局，1994 年。

〔18〕　中国国家博物馆考古部：《垣曲盆地聚落考古研究》，科学出版社，2007 年。

〔19〕　西安半坡博物馆等：《渭南北刘遗址第二、三次发掘简报》，《考古与文物》1986 年 1、2 期。

肃及邻近的青海东部地区新发现大量的彩陶遗址，为探索甘肃青海地区彩陶的来源提供了新资料。关于马家窑文化与仰韶文化的关系，以往石兴邦[20]和严文明先生[21]都进行过研究，确认马家窑文化彩陶的源起与中原地区的仰韶文化有关。

马家窑与仰韶文化的关系，在以后揭示的多处地层证据中得到进一步确认。特别是秦安大地湾[22]、天水师赵村与西山坪[23]、武山傅家门等遗址的发掘[24]，不仅在地层上确认了仰韶文化与马家窑文化的早晚关系，出土大量彩陶也为追寻彩陶的源头找到了线索。

大地湾四期文化的面貌，与仰韶时期的庙底沟文化表现有更多的联系。表现在彩陶上，承续了庙底沟文化的一些特点，如圆点、三角、旋纹图案都有相似之处。也孕育了马家窑类型彩陶因素，如较多旋纹，特别是形似变形鸟纹的旋纹与圆圈纹奠定了马家窑类型彩陶纹饰演变的基础。先前许多学者认为马家窑文化是仰韶文化的继续与发展，证据是越来越充实了。

甘肃及青海东部地区在距今6000年前左右，就已经是仰韶文化的分布区域，马家窑文化彩陶的来源应当就在这个本土区域，应当就是仰韶时期的庙底沟文化。从文化的分布与地层堆积关系找到了甘肃地区考古学文化明确的传承关系，由彩陶纹饰演变的考察也能寻找到传承的脉络。虽然研究者对石岭下类型或是大地湾四期的名称与归属存在明显分歧，不过对于它所具有的过渡文化性质，却是并没有明显不同的认识。甘肃晚期仰韶的彩陶，正是联结仰韶与马家窑文化彩陶的纽带。大地湾遗址四期文化彩陶的特点，发掘者的描述是"彩陶以黑彩为主，少量为红彩，图案以圆点、弧线和少量直线构成，有弧线三角纹、花瓣纹、漩涡纹、绳索纹、网格纹、叶纹、平行线等。还有个别的蛙纹、写实动物纹。"我们将发现较多的纹饰作一番梳理，可以为大地湾四期文化彩陶的特点重新作这样的概括：大地湾四期文化彩陶的主要类别，是双瓣与四瓣式花瓣纹、叶片纹与圆形组合、旋纹、绞索纹、直边三角和四边形构图，以圆弧类元素构图多见。其中最有特点的应当是旋纹，是最流行的纹饰，包括一部分过去被认作"鸟纹"的旋纹，我们特地用了一个"鸟式"旋纹的名字来指称它。如果将叶片纹与圆形组合也归入旋纹类，这一期彩陶的旋纹从数量上明显超出半数，它可以认定是这一阶段的一种主体纹饰。

我们知道，彩陶上所见的叶片纹与圆形组合，与"鸟式"旋纹共存共见，它甚至在年代更晚的马家窑类型彩陶上还能偶尔单独见到或者与标准的旋纹共绘一器，它在

〔20〕 石兴邦：《有关马家窑文化的一些问题》，《考古》1962年6期。

〔21〕 严文明：《甘肃彩陶的源流》，《文物》1978年10期。

〔22〕 甘肃省文物考古研究所：《秦安大地湾》，文物出版社，2005年。

〔23〕 中国社会科学院考古研究所：《师赵村与西山坪》，中国大百科全书出版社，1999年。

〔24〕 中国社会科学院考古研究所甘青工作队：《武山傅家门遗址的发掘与研究》，《考古学集刊（16）》，科学出版社，2006年。

两个方面表现出的特点值得引起我们特别的注意。一是它出现的时代远早于"鸟式"旋纹，同样构图的纹饰在庙底沟文化彩陶上经常见到。二是在构图上两类纹饰非常接近，它们都以同样的圆形作为纹饰的重心，稍有区别的是一个以叶片纹作圆形之间的连接，一个以旋线作为圆形间的连接。与圆形组合的叶片纹，都是呈斜行样式，左角接左边的圆形，右角接右边的圆形，很多例子都显现出旋形构图。而标准的旋纹组合在两圆形之间绘出的旋线，其实也是一例叶片纹，只是作了较大的变形处理而已。那些"鸟式"旋纹也是如此，中间被看作是鸟首的带圆点的小圆形，连接圆形的正是变形的地纹叶片纹。这样看来，彩陶上的叶片纹及圆形组合纹饰与"鸟式"旋纹和标准旋纹其实可以等同视之。又由于前者出现的时代更早，应当是旋纹的初形，后者的来历正是这种初形变化的结果。"鸟式"旋纹的来源，是叶片纹圆形组合纹的艺术变形，具体来说是叶片纹变形后构成的新图式。

在庙底沟文化彩陶上，见到较多的叶片纹与圆形组合纹饰。叶片纹与圆形互为间隔，呈左右延伸的二方连续形式排列。在组合形式上，叶片纹也表现出一些特点。叶片纹一般绘得宽窄适中，少数也有很宽或很窄的例子。庙底沟文化彩陶的叶片纹与圆形组合图案，是甘肃地区晚期仰韶文化彩陶旋纹出现的构图基础。

如果将庙底沟文化彩陶联系起来考察，甘肃史前彩陶演变的一条主线可以确定是：叶片纹与圆圈纹组合—旋纹圆圈纹组合—折线大圆圈纹组合—四大圆圈纹，这是黄河上游地区前后相续一脉相承的彩陶纹饰主题元素，也是主要的演变脉络（图66）。

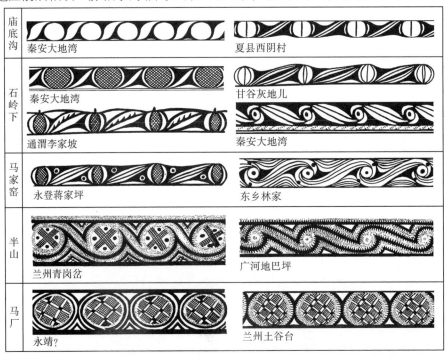

图66　叶片纹、旋纹向四大圆圈纹的演变

彩陶的纵向传承，由纹饰的演变，我们看到了由庙底沟文化到马家窑文化联通的纽带。关于这一点，我们另有专文《甘肃史前彩陶：起源、传承与象征》进行探讨，在此不再展开讨论。

三 横向交流：非序列彩陶纹饰

在一个考古学文化中，某一彩陶纹饰一般都显现有一段演变轨迹，这样的纹饰可以称为序列纹饰。当然偶尔也会见到一些不能确定有演变轨迹的纹饰，这样的纹饰可以称为非序列纹饰。非序列纹饰的出现，往往见证了不同考古学文化之间的交流，它有可能是外来影响的结果。这是一种横向文化交流，这种交流或近或远，或间接或直接。

在大地湾遗址的彩陶上，我们也发现有见证考古学文化远距离交流纹饰，这便是四期文化彩陶上见到的绞索纹。大地湾遗址四期文化有若干件绞索纹彩陶，这些绞索纹一般不与其他纹饰组合出现，有双股并绞，更多的是四股并绞，有正方向并绞，也有反方向并绞，方向不一（图67）。

大地湾四期文化彩陶上的绞索纹，显然是突然出现的，它不是本地传统的体现，推测应当是来自外部彩陶的影响。在寻找这个影响的来源中，我们注意到长江中游地区发现过不少的绞索纹彩陶，在豫陕晋地区的庙底沟文化中也见到绞索纹彩陶，大地湾遗址彩陶上的绞索纹，可能与东面的庙底沟文化有关，也可能与南面的大溪文化有关。由此我们确信文化交流在当时的三地之间是一定存在的，也许这种交流还非常密切。

在豫陕晋地区的庙底沟文化中，有一组绞索纹彩陶没有引起过注意。这组器物的器形和纹饰都比较特别，它们原本并不属庙底沟文化风格。这组器物共 5 件，河南渑

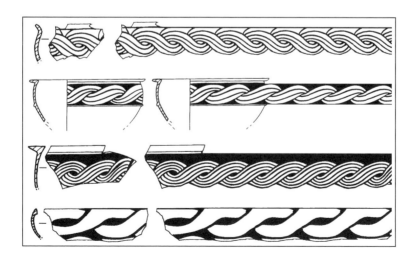

图67 大地湾四期文化绞索纹彩陶

池仰韶村遗址一件[25]，器残，绘绞索纹与花瓣纹组合纹饰，绞索纹为双线型，索结较大。陕县庙底沟遗址一件[26]，绘平行斜线与绞索纹组合纹饰，绞索纹为折线双线型。汝州中山寨遗址一件[27]，绘花瓣纹与绞索纹组合纹饰，绞索纹为弧线双线型。山西夏县西阴村遗址一件[28]，绘平行斜线、三角与绞索纹组合纹饰，绞索纹为弧线形双线型。陕西华阴西关堡一件[29]，敞口斜壁矮圈足豆，器形完整，腹壁绘花瓣纹、平行斜线、三角与绞索纹组合纹饰，绞索纹为折线双线型（图68）。将这5例特别的彩陶放在一起，虽然只有西关堡一件为完整的豆，其他4例残损过甚，但明显属于同一类器形，都应当是折腹直壁矮圈足豆，折腹处起突棱。这类豆形器在庙底沟文化中十分少见，像是外来品，南来自两湖地区的可能性较大。所绘绞索纹全是双股并绞，风格比较一致。与绞索纹组合的纹饰在两湖多见，但四瓣式花瓣纹又是明显的庙底沟文化风格，应当是大溪人仿庙底沟文化彩陶纹饰结合本地特色制作的产品，似乎不大可能是庙底沟人自己的作品。

长江中游主要分布在峡江和两湖区域的大溪文化，从现在的发现看它的彩陶似乎表现得并不那么突出，无法与庙底沟文化相提并论，而且它明显受到后者的影响，但它也向外传播过自己的彩陶文化，也曾影响了黄河及其他区域的文化。大溪文化中最重要的彩陶，就是绞索纹彩陶，风格独特，它是本土文化中萌生的艺术主题。在大溪文化分布区内，许多遗址都出土了绞索纹彩陶。彩陶上的所谓绞索纹，也有学者称为绳索纹、链条纹，或又称为绹纹与绹索纹，甚至有称为旋纹的，它像是描绘两股或多股绳索拧合的样子，称为绞索纹也许更恰当一点。大溪文化彩陶上的绞索纹可以分作若干类，由大类看有弧线式，也有折线式，由细部区别看又能分出双线型和多线型。此外绞索纹也还有长结和短结的不同，长结绞索纹绘得流畅精致，短结绞索纹绘得细碎粗疏。绞索纹是大溪文化彩陶的标志性纹饰，绞索纹彩陶是大溪文化的一个重要标志。

大溪文化彩陶中最有特色的是一种筒形瓶，在包括巫山大溪在内的若干遗址都有出土，多数筒形瓶上都绘有一组或一组以上的绞索纹。大溪遗址发现两例绞索纹彩陶瓶，其中一件彩陶瓶在上部绘一组弧线形三线型绞索纹，另一件彩陶瓶上下各绘一组弧线形三线型绞索纹。还有一件陶罐的中上腹部，也绘有一组弧线形三线型绞

[25] 安特生：《中国远古之文化》，《地质汇报》1923年5号；河南省文物研究所等：《渑池仰韶遗址1980-1981年发掘报告》，《史前研究》1983年1期。

[26] 中国科学院考古研究所：《庙底沟与三里桥》，科学出版社，1959年。

[27] 中国社科院考古所河南一队：《河南汝州中山寨遗址》，《考古学报》1991年1期。

[28] 李济：《西阴村史前的遗存》，清华学校研究院，1927年；山西省考古研究所：《西阴村史前遗存第二次发掘》，《三晋考古》第二辑，山西人民出版社，1996年。

[29] 中国社会科学院考古研究所陕西工作队：《陕西华阴西关堡新石器时代遗址发掘》，《考古学集刊》第6辑，中国社会科学出版社，1989年。

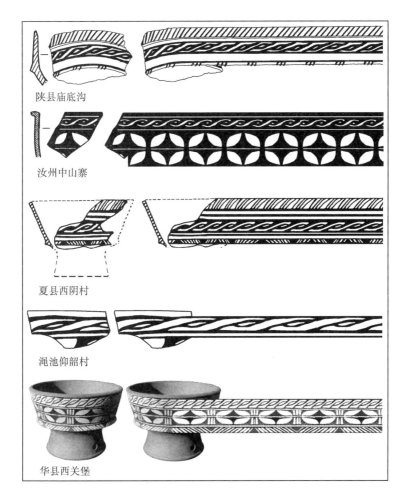

陕县庙底沟

汝州中山寨

夏县西阴村

渑池仰韶村

华县西关堡

图68　黄河中游庙底沟文化彩陶

索纹〔30〕。同样分布在峡江区域的湖北宜昌中堡岛遗址〔31〕，也发现了与大溪遗址相似的彩陶瓶，其中一件残器除了在上端绘一组弧线形三线型绞索纹外，在中部位置另绘一组变体绞索纹。根据其他遗址的发现，这类瓶的下部也应当绘有一组纹饰，是三组绞索纹共绘一器。另外在一件豆盘上也绘有绞索纹，属于不多见的弧线形四线型绞索纹。中堡岛还见到一些刻划有绞索纹的粗陶器座，刻划的都是折线形绞索纹，有三线型，也有多至五线型的。

　　出峡江口也有几处大溪文化遗址发现了绞索纹彩陶。湖北枝江关庙山遗址发现一件保存完好的彩陶瓶，绘有三组弧线形三线型绞索纹，中间所绘为变体绞索纹。在另一件大陶罐上，绘出一个单体的绞索纹结，这样的纹饰单元在其他遗址的彩陶上也发

〔30〕　四川长江流域文物保护委员会文物考古队：《四川巫山大溪新石器时代遗址发掘记略》，《文物》
　　　　1961年11期；四川省博物馆：《巫山大溪遗址第三次发掘》，《考古学报》1981年4期。
〔31〕　国家文物局三峡考古队：《朝天嘴与中堡岛》，文物出版社，2001年。

现过[32]。湖北松滋桂花树遗址也发现几件典型的绞索纹彩陶[33]，一件彩陶瓶绘三组绞索纹，纹饰构图及布局与关庙山的那一件所见完全相同，纹饰属弧线形三线型。在一件彩陶罐上腹位置，绘一组弧线形三线型绞索纹，线型较为粗壮。还见到一件彩陶器座，绘一单体的绞索纹结，也与关庙山所见类同。湖北东部麻城金罗家遗址发现一件大溪文化陶簋形器[34]，在中腹绘一周围清秀的绞索纹，属弧线形三线型，上缘还附绘一周菱形纹。

在湘北洞庭湖区域的澧县城头山遗址，在大溪文化层发现了绞索纹彩陶和刻画[35]。在一件彩陶罐上腹绘一周双线绞索纹，还见到一件彩陶片绘弧线形三线绞索纹，与峡江所见相同。在有的陶器上，见到弧线形双线绞索纹刻划（图69）。

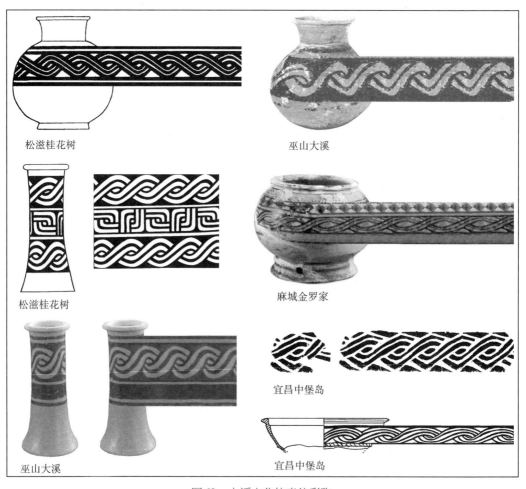

松滋桂花树　　　　　　　　　　巫山大溪

松滋桂花树　　　　　　　　　　麻城金罗家

巫山大溪　　　　　　　　　　　宜昌中堡岛

宜昌中堡岛

图69　大溪文化绞索纹彩陶

〔32〕　中国社会科学院考古研究所湖北工作队：《湖北枝江县关庙山遗址第二次发掘》，《考古》1983 年 1 期；《湖北枝江县关庙山新石器时代遗址发掘简报》，《考古》1981 年 4 期。

〔33〕　湖北省荆州地区博物馆：《湖北松滋县桂花树新石器时代遗址》，《考古》1976 年 3 期。

〔34〕　麻城市博物馆：《麻城金罗家遗址调查简报》，《江汉考古》1992 年 3 期。

〔35〕　湖南省文物考古研究所：《澧县城头山》，图四五五，3；彩版四五，2。文物出版社，2007 年。

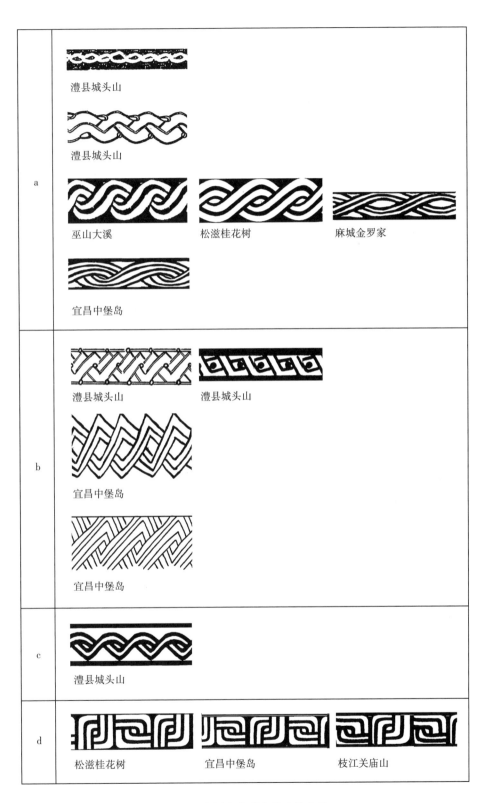

图70　大溪文化彩陶绞索纹分类

大溪文化彩陶绞索纹有不同的构图模式，将绞索纹刻画一并分类，大体可以划分为四式（图70）：

a式：绞索纹弧线形，又分单线、双线、三线和四线几种，以三线较为常见。

b式：绞索纹折线形，又分双线、三线和五线几种。

c式：绞索纹上缘弧线形下缘折线形，很少见。

d式：变体绞索纹折线形，图案环环相扣，但左右线条并不连续，与前三式区别明显。

a式中的弧线形三线型最为多见，为最具代表性的绞索纹，分布也最为广泛。d式也极有特点，应当是体现大溪人当时精致绘彩技巧的代表作，仅分布在峡江及峡口附近地区。

彩陶的横向交流，在庙底沟文化时期达到高峰，西北地区在后来也还继续着这种交流。大地湾四期文化中的绞索纹彩陶，更有可能是来自长江中游地区的大溪文化，并不是来自豫陕晋区域的庙底沟文化。包括庙底沟文化中为数不多的绞索纹彩陶，也都应当是来自大溪文化。不过大地湾四期文化中的绞索纹彩陶，与大溪文化的同类纹饰相比，也略有不同，虽是交流，却并不是原器输入。当然，不同地域间的交流也是双向的，不仅大溪文化间接影响到西北地区的彩陶，长江中游地区也曾发现过西北风格的彩陶就是证明。如湖北枝江关庙山大溪文化遗址也见到了双旋纹彩陶[36]，是一种松散式的双旋纹，旋心有圆点。在很长时间内这样的纹饰被认作是图案化的鸟纹，它本是西北地区彩陶上的一种流行风格，大地湾四期文化就发现有类似纹饰的彩陶（图71）。

图71　湖北枝江关庙山遗址旋纹彩陶

四　彩陶纹饰元素及纹饰组合

彩陶的发展，有一个渐进的成熟过程。表现在彩陶纹饰上，就是基本纹饰元素活用技巧不断提升，创造提炼出性格鲜明的一组特色元素，再不断拆解重组拼合出新的

---

〔36〕 中国社会科学院考古研究所湖北工作队：《湖北枝江县关庙山遗址第二次发掘》，《考古》1983年1期。

图案来。当然重组过程一般都会围绕既定的象征性主题进行，并不是没有章法的随意描绘。

　　彩陶图案一般常见的元素，是点、线、面这三大元素，元素虽然简单，构成图案却变化多姿，而且体现出时代与地域风格。观察大地湾遗址出土彩陶，可以对不同时期不同考古学文化彩陶元素及纹饰组合排出一个大致的序列，这样的序列真切地反映了彩陶的发展演变过程。可以看出各类特色元素出现及延用的时间是不同的，特定组合也有特定的延续时间。

　　大地湾一期文化（白家村文化）纹饰元素主要有宽带、折线、圆点和圆圈，还有一些类似符号化的元素不在此列。除了圆圈形以外，极少见到弧线类元素。这一时期的纹饰大体是以基本元素出现，构图非常朴素，相关的纹饰组合基本不见。

　　大地湾二期文化（半坡文化晚期）纹饰元素主要有宽带、折线、圆点和圆圈，这与前期大体相同，只是圆圈已经改作地纹形式了。其他元素有明显增加，比较有特点

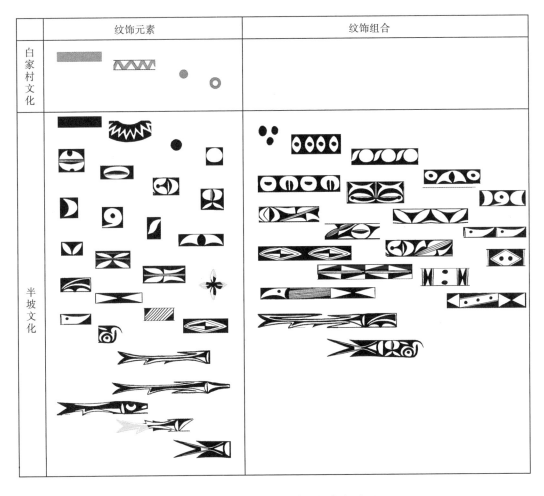

图72　大地湾遗址彩陶元素及组合序列（1）

	纹饰元素	纹饰组合
庙底沟文化		
后庙底沟文化		

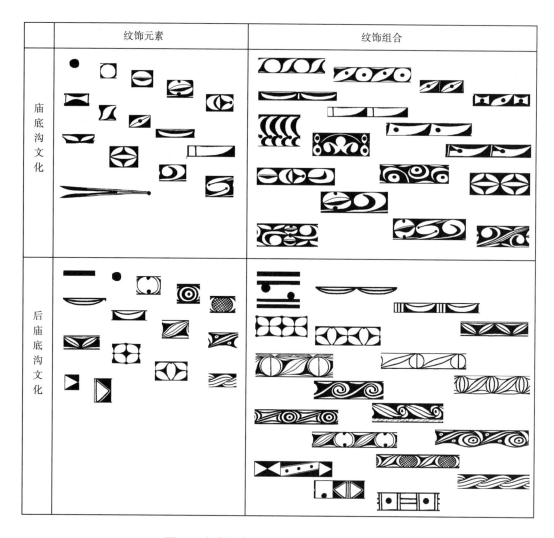

图 73 大地湾遗址彩陶元素及组合序列（2）

的是半月形纹、横竖不一的圆盘纹、叶片纹、单旋纹、双瓣式花瓣纹、多瓣式花瓣纹、对三角纹、西阴纹、菱形纹、双瓣式花瓣纹、平行斜线纹和图案化鱼纹等。相关的纹饰组合有同一元素自组的纹饰如三圆点纹、西阴纹、菱形纹等，还有不同元素合组的纹饰如叶片与圆形纹、圆盘形纹与西阴纹、对三角与平行斜线纹、单旋纹与半月形纹、鱼纹与圆盘形纹等。

　　大地湾三期文化（庙底沟文化）纹饰元素主要有圆点、圆圈、各式圆盘形、叶片、垂弧、西阴纹、双瓣式花瓣纹、多瓣式花瓣纹、单旋纹、双旋纹和简体鱼纹等，相关的纹饰组合中，同一元素自组的有西阴纹、双瓣式花瓣纹、多瓣式花瓣纹及叶片纹等，不同元素合组的纹饰有叶片纹与圆圈纹、单旋纹与圆盘形纹、双旋纹与单旋纹、双旋纹与单旋纹与圆盘形纹等。

　　大地湾四期文化（后庙底沟文化）纹饰元素主要有圆点、宽带纹、圆圈、同心圆、网格纹、叶片、垂弧、绞索纹、对三角纹、双瓣式花瓣纹、多瓣式花瓣纹等，相关的纹饰组合中，同一元素自组的有垂弧纹、绞索纹、双瓣式花瓣纹、多瓣式花瓣纹等，不同元素合组的纹饰有圆点与宽带、叶片与各式圆圈纹、叶片与圆圈纹与双瓣式花瓣纹等，其中叶片纹与各式圆形的组合，一般以旋纹结构为特征，这也是这种组合追求的图案效果。

彩陶纹饰元素及纹饰组合出现与延用的时间，参照附图所示，可以一目了然，在此不再详述（图72、73）。

彩陶纹饰特色元素逐渐增多，组合也逐渐丰富，但这并不能掩盖这样一个事实，就是重组过程一般都会围绕既定的象征性主题进行，并不是没有章法的随意描绘。这一点关系到纹饰象征性的讨论，已经另备专文研究。

五　结语

考古界已经不再用"彩陶文化"、"彩陶时代"这样的词来定义含有彩陶的新石器文化，不过对于甘青地区的马家窑文化来说，也许用这样的词来定义并没有什么不合适的，那确实是一个繁荣的彩陶时代。对于这个彩陶时代来临的过程，它与中原彩陶文化的联系，成了许多研究者关注的课题。

秦安大地湾遗址，就地理位置而言，是处在西北与中原文化带的边界，或者说它地处西北，但更邻近中原。在这样一个特别的位置，大地湾及与它邻近的一批遗址显示出了一种纽带作用，它们既联结着中原文化，又发展起本区域特色。由大地湾四期文化彩陶探讨西北彩陶的起源，探讨甘青彩陶与豫陕晋区域的联系，是一个很好的着力点。综合本文及以往学者的研究，我们确信至少自前仰韶文化时期开始，邻近中原的西北区域与中原特别是关中地区的考古学文化已经属于同一系统。到了半坡和庙底沟文化时期，这种一体化态势得到延续，只是在庙底沟文化以后，情形才开始有所改变，西北地区迎来了自己的彩陶时代。

庙底沟文化以后，西北区域考古学文化地方特点开始突显，很快过渡到马家窑文化时期，进入到一个新的彩陶时代。从秦安大地湾遗址出土彩陶诸多纹饰分析，西北彩陶的演进过程，在前期与关中地区同步发展，后期开始延续发展出个性系统，彩陶的发展也逐渐达到繁荣。西北区域史前彩陶演变的主线，可以确定是"叶片纹与圆圈纹组合—旋纹圆圈纹组合—折线大圆圈纹组合—四大圆圈纹"，这是黄河上游地区前后相续一脉相承的彩陶纹饰主题元素，也是主要的演变脉络。

（未刊稿）

甘肃史前彩陶：起源、传承与象征

自仰韶文化彩陶发现开始，我们就得到了开启中国史前艺术之门的钥匙。主要分布在黄河中游地区的仰韶文化彩陶，以它卓越的成就奠定了中国古代艺术发展的根基，而在此基础上发展起来的黄河上游地区的马家窑文化彩陶，则将史前艺术水准提升到了前所未有的顶峰，构筑起一座辉煌的艺术殿堂。

甘肃是马家窑文化彩陶的主要分布区域，甘肃史前彩陶有完整的起源与发展序列，是学界非常重视的研究领域，考古和艺术史家都给予了很多关注。甘肃彩陶是中国史前艺术的一座宝库，寻找这一地区彩陶艺术的起源，探求纹饰发展传承的脉络，诠释彩陶图案的象征意义，是历来学者们重点关注的课题。我想在前人研究的基础上就甘肃彩陶的起源、传承和象征这三个问题略抒己见，希冀对彩陶的研究能有所补益。

1. 起源

瑞典学者安特生于 1921 年的年末正式发掘了河南渑池仰韶村遗址，随后安特生又在渑池调查发掘了其他一些遗址，他认为这些地点的发现都属新石器时代末期的同一类遗存，于是提出了"仰韶文化"的命名。因为这些遗址都出土了风格类似的彩陶，所以安特生又称之为"彩陶文化"。从此以后，彩陶的研究进入中国学术领域。

在中国突然发现的发达的彩陶文化有怎样的发展过程，它又是怎样起源的？在这样的思考中安特生将他的目光转向了西亚，他与一些国外学者推想中国的彩陶并非本土起源，它的技术与文化传统应当是来自遥远的国度。于是安特生将自己的研究方向转到中国西北，他希望在那里寻找到彩陶东传的证据，他推测那里应存在着一条彩陶自西向东传播的通道。

1923～1924 年，安特生沿着古老的黄河西行，去追溯仰韶文化和彩陶文化的源头。他本来打算只在西北地区考察几个月就返回北京，但在甘肃和青海一带发现了丰富的古文化遗存，发现了比中原数量更多的彩陶，这使得他留连忘返，一直在那里待了近两个年头。在西北甘青地区，安特生发现了不同于河南地区仰韶文化的另五种新考古学文化，在这些文化中都见到了彩陶，认为这些考古学文化处于新石器时代晚期到向青铜时代过渡的时期，绝对年代约在公元前3500～前1500年之间，包括仰韶在内它们代表了6个发展阶段，它们是齐家期、仰韶期、马厂期、辛店期、寺洼期和沙井期，这便是他创建的仰韶文化"六期说"[1]。将齐家期放在仰韶期之前，现在看来是个十分明显的错误，正是这个明显的错误，为仰韶文化和中国文化西来说提供了重要依据。齐家期简单而质朴的彩陶纹饰，被认定是彩陶开始出现的证据。

安特生在西北主要是在甘肃地区发现的大量彩陶，现在看来大多已经不属于中原仰韶文化范畴，内涵与时代都有不同。虽然包括他在内的一些国外的研究者急于将中国彩陶与西亚彩陶相提并论，由此倡导中国文化很早就表现有西来特征的学说，但是他所找到的证据虽然在他看来是那样确凿无疑，当时的提法在后来者看来其实并不能成立。尽管在后来还有一些研究者仍然着力于演绎中国彩陶西来说，但在大量新发现面前，那些论说早已没有了存在的根基，从研究的理论与方法层面上暴露出许多无法弥合的漏洞。

对安特生在学术上出现的错误，中国的考古学家们在大半个世纪以前就彻底纠正了。1937年尹达先生即撰文指出，仰韶村遗址包含有龙山文化遗存，甘肃史前文化的齐家期不一定早于仰韶期[2]。1945年以后，夏鼐先生通过在甘肃的一系列发掘，澄清了安特生在考古发掘过程中所犯的层位颠倒的错误，他指出甘肃地区史前文化正确的时间顺序应当是仰韶文化、马厂文化、齐家文化，后面的辛店、寺洼、沙井文化已进入青铜时代[3]。安特生所说的甘肃古文化六期中的"仰韶期"，主要内涵是20多年后夏鼐命名的马家窑文化，后来的一些研究者常常称之为甘肃仰韶文化，但并不能等同于黄河中游的仰韶文化。

在20世纪五六十年代，在甘肃及邻近的青海东部地区新发现大量的马家窑文化遗址，同时也进行了一些发掘工作，为探索马家窑文化及彩陶的来源进行了深入研究。关于马家窑文化与仰韶文化的关系，体现在彩陶上的线索非常明确，石兴邦先生就此进行了探讨，他在1962年发表的一文中认为马家窑文化彩陶受到庙底沟类型彩陶的影响，纹饰母题与演变规律都有相似之处[4]。严文明先生1978年发表的《甘肃彩陶的源流》[5]，论及半坡类型向陇东和庙底沟类型向陇西及青海东部的扩展，确认马家窑文化彩陶的源起与中原地区的仰韶文化有关。

马家窑与仰韶文化的关系，在以后揭示的多处地层证据中得到进一步确认。在临

〔1〕 安特生著，乐森珣译：《甘肃考古记》，农商部地质调查所，1925年。
〔2〕 尹达：《龙山文化与仰韶文化之分析》，《新石器时代》，生活·读书·新知三联书店，1979年。
〔3〕 夏鼐：《临洮寺洼山发掘记》，《中国考古学报》第四册，1949年；《齐家期墓葬的发现及其年代之改定》，《中国考古学报》第三册，1948年。
〔4〕 石兴邦：《有关马家窑文化的一些问题》，《考古》1962年6期。
〔5〕 严文明：《甘肃彩陶的源流》，《文物》1978年10期。

洮马家窑—瓦家坪遗址发现了马家窑文化叠压在仰韶文化庙底沟类型之上的地层关系，在武山石岭下遗址发现了早于马家窑类型的石岭下类型遗存，在天水罗家沟遗址又发现庙底沟类型、石岭下类型与马家窑类型由早到晚的三叠层关系，有关马家窑彩陶来源的研究取得了实质性的进展[6]。特别是后来又发掘了秦安大地湾[7]、天水师赵村与西山坪[8]、武山傅家门等遗址[9]，不仅在在地层上确认了仰韶文化与马家窑文化的早晚关系，出土大量彩陶也为追寻彩陶的源头找到了线索。

一部分研究者所称的石岭下类型，主要分布于渭河上游的秦安、天水、武山一带。也有一部分研究者将这一内涵的文化直接称为仰韶晚期文化，特别是像秦安大地湾四期文化的面貌，与仰韶时期的庙底沟文化表现有更多的联系。表现在彩陶上，石岭下类型承续了庙底沟文化的一些特点，如圆点、三角、旋纹图案都有相似之处。石岭下类型也孕育了马家窑类型彩陶因素，如较多旋纹，特别是形似变形鸟纹的旋纹与圆圈纹奠定了马家窑类型彩陶纹饰演变的基础。根据大地湾等遗址木炭标本碳十四测定结果判断，石岭下类型年代约为公元前3500～前3000年，年代上限大体与庙底沟文化相衔接[10]。先前许多学者认为马家窑文化是仰韶文化的继续与发展，可见证据是越来越充实了。

甘肃境内既有仰韶早中期半坡和庙底沟文化分布，又有仰韶晚期文化发现，在青海东部也有仰韶中晚期文化遗存发现。由这些发现看，我们就可以为甘肃彩陶繁荣时期的兴起作出一个基本的判断，甘肃及青海东部地区在距今6000年前左右，就已经是仰韶文化的分布区域，马家窑文化彩陶的来源应当就在这个本土区域，应当就是仰韶时期的庙底沟文化，与遥远的西方没有什么关系。当然这是安特生当年所没有见到的资料，我们排除他在主观因素和方法论上的原因不论，那时资料的不系统不完善也是出现"西来说"错误的一个重要原因。

随着田野考古的深入，后来又在秦安大地湾、天水师赵村和西山坪遗址发现更早的前仰韶文化彩陶，这些具有初始特征的彩陶将甘肃及以西邻近地区彩陶起源的年代追溯到了距今7000年前的年代。已有的发现完全能证实甘肃史前彩陶具有完整的起源与发展序列，这样的序列不仅在中国其他区域没有见到，在世界其他区域也没有见到，由这一个角度看，这是一个非常值得关注的原始艺术生长的典型区域。

---

〔6〕 谢端琚：《论石岭下类型文化性质》，《文物》1981年4期。
〔7〕 甘肃省文物考古研究所：《秦安大地湾》，文物出版社，2005年。
〔8〕 中国社会科学院考古研究所：《师赵村与西山坪》，中国大百科全书出版社，1999年。
〔9〕 中国社会科学院考古研究所甘青工作队：《武山傅家门遗址的发掘与研究》《考古学集刊（16）》，科学出版社，2006年。
〔10〕 郎树德、贾建威：《彩陶》，敦煌文艺出版社，2004年。

2. 传承

从文化的分布与地层堆积关系找到了甘肃地区考古学文化明确的传承关系，那么由彩陶纹饰演变的考察是否也能寻找到传承的脉络？答案是肯定的，甘肃史前彩陶传承的脉络不仅能找到，而且还相当清晰。

由陇东秦安大地湾遗址的发现观察，前仰韶与半坡文化彩陶同关中地区同期文化相类，从器形和纹饰构图上都找不出明显区别，只是分布地域大体限于陇东，与关中应属同一文化区。到庙底沟文化时期，向西有明显的文化扩张态势，不仅在甘肃大部，直至邻近的青海东部地区，也都见到不少庙底沟文化风格彩陶。如在青海民和胡李家出土的垂弧纹和排弧纹彩陶[11]，与秦安大地湾和河南陕县庙底沟所见的同类纹饰非常接近。民和阳洼坡发现一例与圆形组合的叶片纹[12]，叶片较为宽大，圆形中填有十字形（图1，1），与后来马家窑文化类似纹饰接近。在秦安大地湾后庙底沟文化彩陶中，就可以看到这种叶片纹变化的轨迹。在一些彩陶上，原来的叶片纹与圆形组合发生了

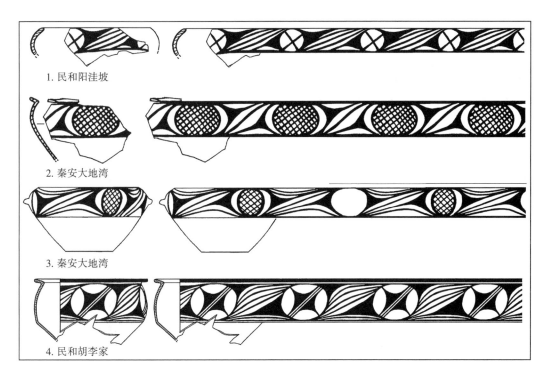

1. 民和阳洼坡
2. 秦安大地湾
3. 秦安大地湾
4. 民和胡李家

图1 庙底沟与后庙底沟文化彩陶叶片纹与圆形纹组合纹饰

〔11〕 中国社会科学院考古研究所甘青工作队等：《青海民和县胡李家遗址的发掘》，《考古》2001年1期。
〔12〕 青海省文物考古队：《青海民和阳洼坡遗址试掘简报》，《考古》1984年1期。

角色互换，圆形增大变成了主要单元，叶片已经明显变成了次要的单元（图1，2、3）。这个变化的结果，就是马家窑文化流行的四大圆圈纹的出现。圆圈纹加大了，叶片纹扭曲后变成了圆圈之间连接的纽带。

又如四瓣式花瓣纹在甘青地区也有发现，见于民和阳洼坡和胡李家。阳洼坡的一例四瓣式花瓣纹，在花瓣合围的中间绘一纵向的叶片纹，构图与中原庙底沟文化大体相同。胡李家的一例则是在花瓣合围的中间绘三条平行线，像是扩大了的横隔断。胡李家的另一例四瓣式花瓣纹最有特点，花瓣绘得十分工整，整体作倾斜状，构成一个独立的单元，构图非常严谨，与中原的发现没有什么分别。花瓣单元彼此之间，用宽大的叶片纹作连接，这又是一例典型的叶片纹与圆形组合纹饰（图1，4）。

甘肃南部嘉陵江支流白龙江一带发现包含彩陶在内的庙底沟文化及后庙底沟文化遗存，如武都大李家坪就出土了一些庙底沟文化时期的彩陶，其中就有鱼纹[13]。当然由于陶片较为破碎，纹饰仅存鱼尾和鱼腮局部，不大容易辨别出来（图2，1）。甘肃西南发现鱼纹彩陶的地点还有陇西二十里铺、西和宁家庄和礼县石嘴村、黑土崖和高寺头[14]。宁家庄见到的一件鱼纹彩陶，仅存鱼腮与身的接合部，复原的纹饰为无眼的典型鱼纹。黑土崖也有一件典型鱼纹残陶片，鱼身可能稍长一些。黑土崖的另一例鱼纹彩陶所绘为无头鱼纹，在本来为鱼头的位置绘着黑白对称的弯角弧形几何纹，复原的纹饰与秦安大地湾见到的同类鱼纹相同。又见高寺头也见到一件与黑土崖这件纹饰非常接近的彩陶片，也可能两者就是同一件。这几例无目与无头鱼纹，与秦安大地湾所见雷同（图2，2~5）。黑土崖还有一例彩陶片绘有简体鱼纹，纹饰仅存鱼纹尾身接合部（图2，6）。这种简体鱼纹是晋豫陕地区庙底沟文化彩陶标志性纹饰之一，同样在秦安大地湾也有发现。

此外在一些地点还出土了双瓣式花瓣纹彩陶，武都大李家坪就见到两例，纹饰绘在与庙底沟文化相同的深腹盆上，叶片较为肥硕，中间也都绘有中分线（图3）。

庙底沟文化向西以及向南的扩张，在这些彩陶的发现上可以看得非常清楚。甘肃地区在庙底沟文化之后发展起来的石岭下类型，在彩陶上也表现出明确的传承关系。我们知道，虽然研究者对石岭下类型或是大地湾四期的名称与归属存在明显分歧，不过对于它所具有的过渡文化性质，却是并没有明显不同的认识。正是有这样的一个共识，为我们确认仰韶文化彩陶与马家窑文化彩陶的传承关系，提供了一个重要的认识基础。我们先来考察甘肃晚期仰韶的彩陶特点，看看它是怎样成为联结仰韶与马家窑文化彩陶的纽带的。

〔13〕 北京大学考古学系：《甘肃武都县武都大李家坪新石器时代遗址发掘报告》，《考古学集刊（13）》，中国大百科全书出版社，2000年。
〔14〕 早期秦文化联合考古队：《西汉水上游新石器时代遗址调查简报》，《考古与文物》2004年6期；甘肃省文物考古研究所等：《西汉水流域考古调查报告》，文物出版社，2008年。

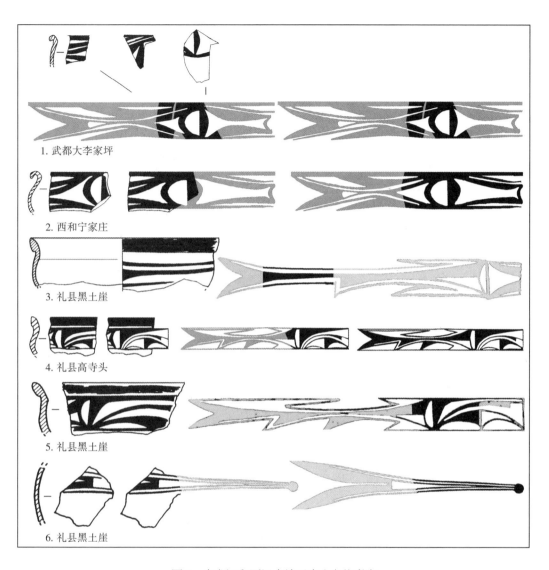

1. 武都大李家坪

2. 西和宁家庄

3. 礼县黑土崖

4. 礼县高寺头

5. 礼县黑土崖

6. 礼县黑土崖

图 2　白龙江和西汉水地区出土鱼纹彩陶

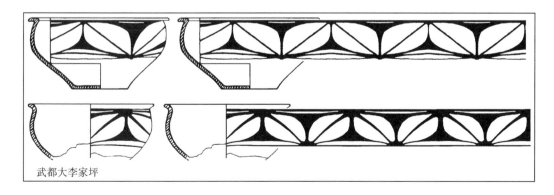

武都大李家坪

图 3　武都大李家坪双花瓣纹彩陶

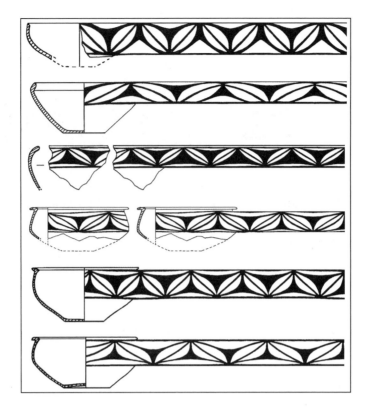

图 4 秦安大地湾四期文化双瓣花瓣纹彩陶

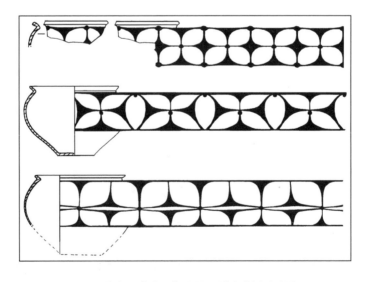

图 5 秦安大地湾四期文化四瓣式花瓣纹彩陶

我们以秦安大地湾遗址四期文化作为考察的中心。根据发掘者的描述，大地湾四期文化彩陶的特点是："彩陶以黑彩为主，少量为红彩，图案以圆点、弧线和少量直线构成，有弧线三角纹、花瓣纹、漩涡纹、绳索纹、网格纹、叶纹、平行线等。还有个

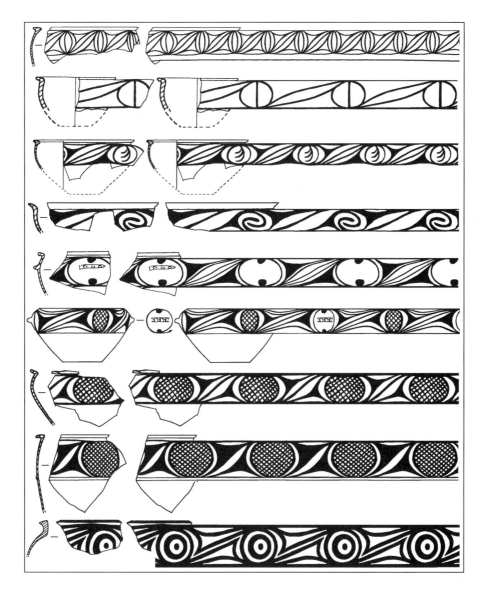

图 6   秦安大地湾四期文化圆圈与叶片纹组合彩陶

别的蛙纹、写实动物纹。"我们将发现较多的纹饰作一番梳理，可以为大地湾四期文化彩陶的特点重新作这样的概括：大地湾四期文化彩陶的主要类别，是双瓣与四瓣式花瓣纹、叶片纹与圆形组合、旋纹、绞索纹、直边三角和四边形构图，以圆弧类元素构图多见（图 4，9）。其中最有特点的应当是旋纹，是最流行的纹饰，包括一部分过去被认作"鸟纹"的旋纹，我们特地用了一个"鸟式"旋纹的名字来指称它（图 7）。如果将叶片纹与圆形组合也归入旋纹类（图 6），这一期彩陶的旋纹从数量上明显超出半数，它可以认定是这一阶段的一种主体纹饰。

有了对大地湾四期文化彩陶这一特点的把握，我们再看其他遗址同期文化遗存的彩陶，可以加深对旋纹主题的认识。作过较大规模发掘或调查过的同期遗存还有

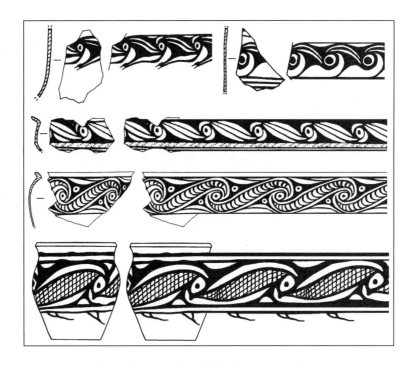

图 7　秦安大地湾四期文化"鸟式"旋纹彩陶

图 8　秦安大地湾四期文化双旋纹彩陶

武山傅家门、甘谷王家坪、礼县石家坪、秦安高家庙、焦家沟、山王家、天水师赵村、西山坪、寨子、籍河、张沟几处，所发现的彩陶都是以叶片纹与圆形组合和"鸟式"旋纹为主体，风格非常一致。在高家庙、山王家、傅家门和西山坪遗址所见彩陶叶片纹与圆形组合还与"鸟式"旋纹同绘一器，后者在上，前者在下，纹饰平

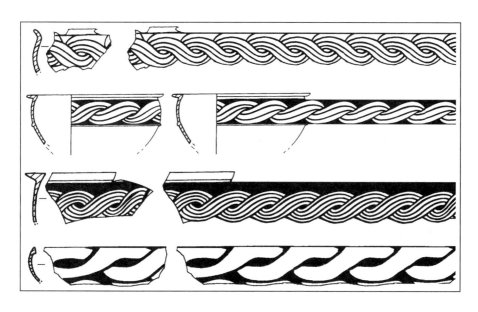

图9 秦安大地湾四期文化绞索纹彩陶

行排列，构图严谨华美（图10）。

我们知道，彩陶上所见的叶片纹与圆形组合，在上述这些同期遗存中与"鸟式"旋纹共存共见，它甚至在年代更晚的马家窑类型彩陶上还能偶尔单独见到或者与标准的旋纹共绘一器，它在两个方面表现出的特点值得引起我们特别的注意。一是它出现的时代远早于"鸟式"旋纹，同样构图的纹饰在庙底沟文化彩陶上经常见到。二是在构图上两类纹饰非常接近，它们都以同样的圆形作为纹饰的重心，稍有区别的是一个以叶片纹作圆形之间的连接，一个以旋线作为圆形间的连接。但值得注意的是，与圆形组合的叶片纹，都是呈斜行样式，左角接左边的圆形，右角接右边的圆形，很多例子都显现出旋形构图，真正非常对称的叶片纹很少见。而标准的旋纹组合在两圆形之间绘出的旋线，其实也是一例叶片纹，只是作了较大的变形处理而已。

那些"鸟式"旋纹也是如此，中间被看作是鸟首的带圆点的小圆形，连接圆形的正是变形的地纹叶片纹。只是这种变形的叶片纹为一般观者视而不见，反而将作为衬底的弧边三角形看成了鸟形的身体。可是这样的鸟形其实是绘出了一上一下或一左一右的两个弧边三角，人们没法解释为何绘出这样的双身鸟形图像。其实这图形虽是像鸟但并不是鸟的形象，认定这一点非常重要。

这样看来，彩陶上的叶片纹及圆形组合纹饰与"鸟式"旋纹和标准旋纹其实可以等同视之。又由于前者出现的时代更早，应当是旋纹的初形，后者的来历正是这种初形变化的结果。"鸟式"旋纹的来源，是叶片纹圆形组合纹的艺术变形，具体来说是叶片纹变形后构成的新图式。

在庙底沟文化彩陶上，见到较多的叶片纹与圆形组合纹饰。叶片纹与圆形互为间

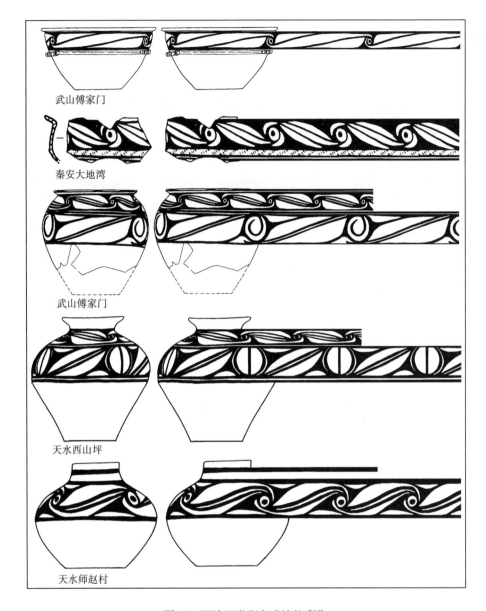

图 10　石岭下类型鸟式旋纹彩陶

隔，呈左右延伸的二方连续形式排列。在组合形式上，叶片纹也表现出一些特点。叶片纹一般绘得宽窄适中，少数也有很宽或很窄的例子（图 11）。

　　往前追溯了庙底沟文化彩陶的叶片纹与圆形组合图案，我们认为这是石岭下类型旋纹出现的构图基础。

　　经过了石岭下时期的过渡阶段，马家窑文化彩陶进入到繁荣发展的时期。一般研究者将马家窑文化主体分为前后相续的三期，即马家窑类型、半山类型和马厂类型，表现在彩陶上，这三期既有明显的区别，又有紧密的联系。马家窑类型流行的旋纹，作为旋心的圆圈纹到半山时期逐渐增大，到马厂时期演变为四大圆圈纹，成为非常流

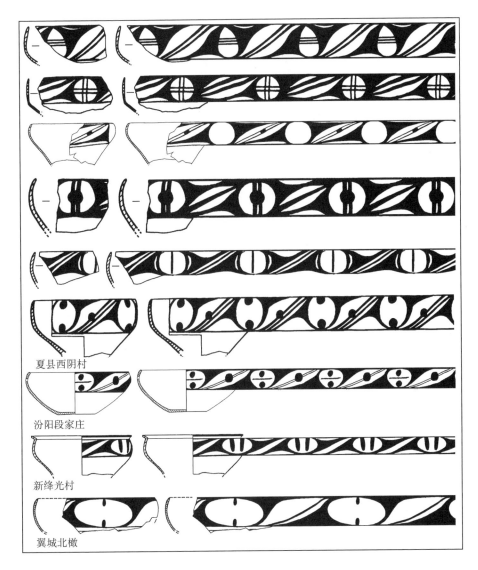

夏县西阴村

汾阳段家庄

新绛光村

翼城北橄

图 11　庙底沟文化彩陶圆形与叶片纹组合纹饰

行的主体纹饰。马家窑文化彩陶上旋纹的演变，前期多见旋式四圆圈纹（马家窑和半山类型），后期则是折线与四圆圈纹组合或纯四大圆圈纹（马厂类型）。马家窑文化前后三期彩陶的中心主题相同，但在构图上有明显的变化。变化的脉络是：小圆圈旋纹—大圆圈旋纹—大圆圈纹，最终的构图形式是四大圆圈纹。

　　如果将庙底沟文化彩陶联系起来考察，甘肃史前彩陶演变的一条主线可以确定是：叶片纹与圆圈纹组合—旋纹圆圈纹组合—折线大圆圈纹组合—四大圆圈纹，这是黄河上游地区前后相续一脉相承的彩陶纹饰主题元素，也是主要的演变脉络（图 12）。

　　甘青地区彩陶纹饰演变的主线，即由旋纹向四圆圈纹的演变趋势，以往一些研究

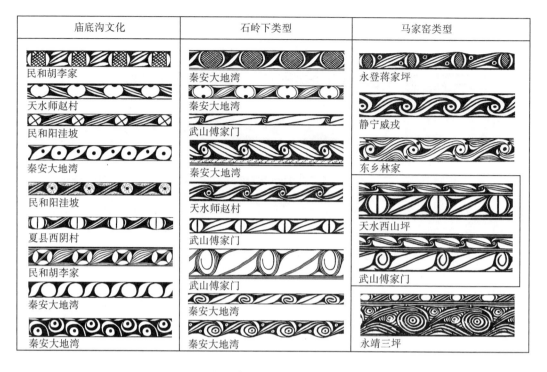

庙底沟文化	石岭下类型	马家窑类型
民和胡李家	秦安大地湾	永登蒋家坪
天水师赵村	秦安大地湾	静宁威戎
民和阳洼坡	武山傅家门	东乡林家
秦安大地湾	秦安大地湾	天水西山坪
民和阳洼坡	天水师赵村	武山傅家门
夏县西阴村	武山傅家门	永靖三坪
民和胡李家	武山傅家门	
秦安大地湾	秦安大地湾	
秦安大地湾		

图12　彩陶从叶片纹圆形组合到旋纹的演变

者已有明察。张朋川先生对于旋纹向四大圆圈纹发展的脉络，曾经有比较明晰的勾勒。他说"以石岭下彩陶的变体鸟纹发展成以圆点纹为旋心的二方连续纹。石岭下彩陶的瓶和罐经常将变体鸟纹列在上层，将变体鱼纹列在下层，而结合成分层的图案。"虽然对于这些与旋纹相关的纹饰究竟是不是鸟纹和鱼纹的变体还需要斟酌，但他对纹饰演变过程的描述却是可取的。他进一步指出，"马家窑类型彩陶这类图案花纹的结构与石岭下类型彩陶相同，以表示头的圆圈为旋心，圆圈两边斜对的弧边三角纹反向地旋动。但在弧边三角纹内出现了小圆点，作为旋心的圆愈来愈大，由圆点纹变为同心圆纹，显示出旋纹的雏形。发展到半山文化时期，旋纹有了成熟的面貌，成为半山类型彩陶的主要花纹。半山的旋纹完全成为脱离了自然形的几何图案，早期的旋纹，实体的弧边三角纹变成弧边三角的线纹，斜对的弧边三角纹之间的距离拉长，旋心圆之间以两或三根旋线连接起来。半山中期旋纹的旋心圆不断扩大，旋心圆中饰以圆点、十字、对三角等简单的花纹，以红色带纹作为连接旋心的旋线……发展到半山晚期，旋纹的旋心圆变为大圆圈，圈内的花纹较复杂，有网纹、叶纹或十字、米字的间隙中再填圆点等各种花纹。""发展到马厂时期，四大圈之间连接的旋纹消失，这种四大圈纹成为马厂彩陶的代表花纹之一。"（图13、14）圆圈纹内结构多样的填纹，在马厂时期又有了更多变化。

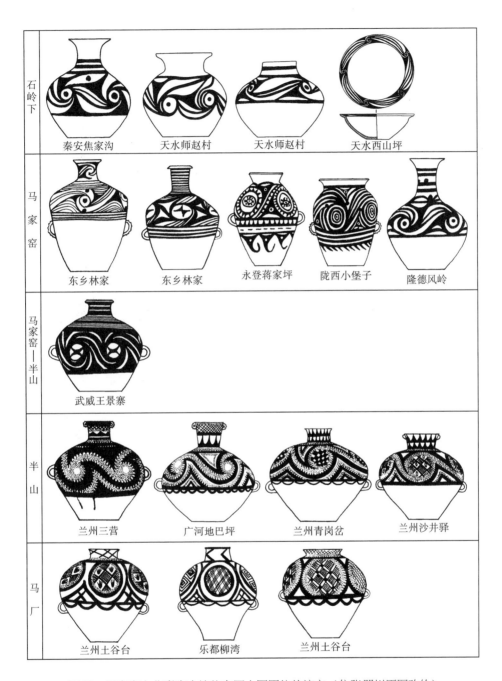

图 13　马家窑文化彩陶由旋纹向四大圆圈纹的演变（依张朋川原图改绘）

　　我们也注意到张朋川先生这样的论说，他说"从半山彩陶的旋纹发展到马厂彩陶的四大圈纹，不再有什么确定的具体含义，只是对传统花纹的因袭和发展而已。"这个说法显得有些武断，如果纹饰的演变失去了原本的含义，它的生命力会大受影响。这涉及彩陶纹饰的象征意义问题，正是我们在下面要探讨的内容。

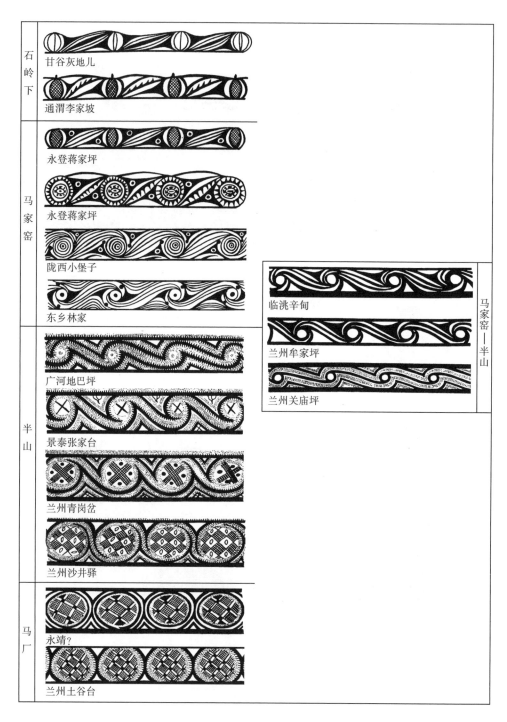

图 14　马家窑文化彩陶由旋纹向四大圆圈纹的演变（依张朋川原图改绘）

3. 象征

甘肃及邻近地区马家窑文化彩陶发现数量之多，在中国乃至于世界上看都是绝无仅有的。我们甚至可以推想出马家窑人的彩陶艺术，是一种"全民艺术"，当时人们不仅全都推崇彩陶、珍爱彩陶，而且可能很多人都会制作彩陶，很多人都是绘制彩陶的能手。

大量彩陶出现在生活中，埋葬在墓穴里，这对彩陶的制作者和所有者而言，是非常重要的事情。大量彩陶存在的背景，就是大众层面广泛的认同，是对彩陶内涵的认同，也即是对彩陶纹饰象征性的认同。

当然彩陶首先是一种装饰艺术，原本是普通的陶器，因为绘彩而成为史前时代最重要的一种艺术载体。但彩陶又不仅仅是装饰艺术，对于史前人而言，彩陶上纹饰的构成体现有象征意义，彩陶是共同信仰与观念传播的重要媒介，彩陶并不是一般的艺术品。我们通过对彩陶纹饰象征意义的探讨，可以感受史前时代艺术的真谛。

一般的装饰图案可能都在某种程度上体现有象征意义，彩陶纹饰也应当不会例外。在选择用作装饰的纹样时，创作者至少有两个方面的考虑，一是形式美感，再就是象征或喻义。这种象征与喻义，绝不会是个体意识的展现，它一定要获取共鸣共识，不然就没有存在的意义。彩陶纹饰的创作或是选择，也应当遵循了这样的原则。我们认为就彩陶纹饰的意境与象征性而言，可以分作两大类，一是明喻，一是隐喻。明喻自然是一看便能明白的象征图形，而隐喻则多是一些不能直接读出意义的符号，后者更多表现为一种约定的比喻以图形构成而言，明喻与隐喻采用的方式有明显不同，前者更直接更明确，后者更曲回更隐晦。一般写实或偏于写实的图形更多用于明喻，而抽象图形则更多用于隐喻，当然两者都表现有浓厚的约定成分。不论明喻还是暗喻，心理认同是非常重要的，没有了认同，纹样也就没有了任何象征意义。在经过了时间的洗礼以后，不论是明喻还是隐喻，真实的象征意义可能会被忘却，要准确恢复人类早期艺术中那些早已失忆的内容，是一件非常困难的事，许多研究者努力作过一些尝试，尝试找回那些忘却的记忆。

一个特别的纹饰，就是一个具有象征意义的符号。有研究者注意到，符号和它所象征的概念之间有些相同，否则就不能起到象征作用；也有些不同，否则内容与形式恰相吻合，就失却了应有的象征性。由于有些不相同，从形式上就不大可能明确地看出内容，所以象征艺术都有些暧昧的感觉。这里所说的暧昧，就是不明确，就是一种心理约定。对于一些有意表述不明确的符号，我们要将它的象征性说得很明白，那确实会是一件非常困难的事。

对于甘肃史前彩陶的象征意义，以往许多学者作过阐述。如石兴邦[15]、严文明和张朋川先生都就旋纹相关的彩陶的象征意义进行过探讨，他们多认为与鸟崇拜有关。

---

〔15〕 石兴邦：《有关马家窑文化的一些问题》，《考古》1962 年 6 期。

严文明先生在《甘肃彩陶的源流》[16]一文中，既论了西北彩陶与中原彩陶的源流关系，更讨论了一些特别纹饰的象征意义，强调了鸟纹和蛙纹的意义，追溯了日月崇拜的原始图景，是对彩陶象征意义的一次比较系统的解释。

在庙底沟文化彩陶上确实见到不少鸟的写实图像，这些彩陶主要分布在关中地区。从这样的一些鸟纹复原庙底沟人的飞鸟崇拜，根据是充分的，结论也是可取的。不过由甘肃及青海东部的史前彩陶看，我们并没有发现较多明确的鸟纹，即便是那类鸟式旋纹也与鸟并没有明确的象征关系。其他有一些几何形纹饰，有研究者认定是鸟纹变化而成，但演变的脉络并不清晰。石岭下类型彩陶上共存的鸟式旋纹和圆圈形与叶片纹组合，虽然有研究者将它们分别看作是鸟和鱼的象征，但也缺乏应有的论证，还有进一步探讨的必要。我们确认旋纹是甘肃彩陶纹饰演进的主线之一，那么解释它的象征意义就显得非常重要，不过这也是一件非常困难的事情。

彩陶上旋纹的象征性何在？它既非自然物的模写，亦非自然现象的描绘，更非一般的抽象图案，它的意义确实非常费解。其实在庙底沟文化彩陶上本来就有一种很成熟的旋纹构图，属于地纹表达方式，多为双旋结构[17]。这种双旋纹其实是一种勾连式构图，左右两旋臂呈彼此勾挂式，有时虽见到明确的旋心，却并不绘成圆形。秦安大地湾四期就见到若干件这样的双旋纹彩陶，但它的构图与庙底沟文化已经有了一些区别，不过前后相续的发展脉络还是清楚的（图8、15）。虽然这样的双旋纹在马家窑文化中并不多见，但更多见到的有圆圈为旋心的旋纹，在构图上也许同时借鉴了早先庙底沟文化的双旋纹。在马家窑文化和半山文化中，双旋纹彩陶非常流行，虽然偶尔还能看到弧边三角作旋纹的衬底，但旋纹一般都直接绘出，很少采用地纹方式表现。这时的双旋纹都是连臂式，与先前的勾连式有明显的区别。庙底沟文化彩陶旋纹虽然与仰韶文化晚期和马家窑文化的旋纹在构图上有些区别，但也许在象征意义上有相似之处，这一点我们暂且不论。

前面已经分析过了，在甘肃地区仰韶晚期文化和马家窑文化彩陶上，鸟式旋纹与一般旋纹一样，都应当是同一类纹饰演变而成，即圆形与叶片纹组合。如此看来，追索彩陶上圆形与叶片纹组合的由来，应当是解释旋纹象征性的关键所在。

彩陶上圆形与叶片纹组合中，圆形似乎是图案的重心，叶片纹起一种纽带作用。我们先看圆形图案，圆形纹饰是庙底沟文化彩陶上常见的元素之一，包括有大体规整的正圆圈纹和椭圆圈纹，既有作为主体纹饰的圆圈形，也有作为组合纹饰中次要纹饰的圆圈形。以圆圈内的附加纹饰区分，较多见到的是单点穿圆、双点穿圆和直线穿圆几类，也有少量用网格填圆的例子。

---

〔16〕 严文明：《甘肃彩陶的源流》，《文物》1978 年 10 期。

〔17〕 王仁湘：《关于中国史前一个认知体系的猜想》，《华夏考古》1999 年 4 期。

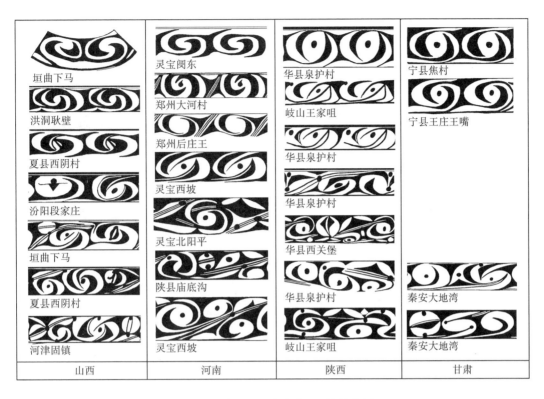

图15　庙底沟文化彩陶典型双旋纹构图

　　单点穿圆是在圆圈的中心缀有一个圆点，这圆点像是圆心一样，圆点一般并不很大，但却很醒目。晋南与豫西地区一些遗址的彩陶上都见到典型的单点穿圆纹，是在正圆圈纹中缀有圆点。关中和陇东的彩陶也见到典型的单点穿圆纹，在秦安大地湾的一件彩陶钵上，以左右两个弧边三角衬出一个大圆圈纹，中间缀有一个圆点。其他一些地点的单点穿圆纹有的也很典型，一般都在装饰在陶钵上。庙底沟文化单点穿圆纹彩陶发现数量并不算太多，但分布范围却比较广。双点穿圆纹是相对于单点穿圆而言，是圆圈的上下缀有两个圆点，这圆点象是穿透圆形的小孔一样，圆点一般也不很大，但也很醒目。有时双点穿圆纹还有附加纹饰，在圆圈中间再绘出一两条横线，成为横线穿圆纹饰。圆圈中横穿一条线，或者是两条线，偶尔也能见到三条线。这横线虽然多数大体呈水平状态，有时也会有些倾斜。有时横线穿圆还有另外一些特别的变化形式，横线会变作垂线，或者为十字相交形。如山西夏县西阴村的彩陶上不仅见到垂线穿圆纹，也有双线十字圆圈纹（图16）。

　　在圆圈内加饰，可以加圆点、直线、十字和网格，这在庙底沟文化彩陶上已经非常流行。这样的做法在石岭下类型彩陶上得到承袭，小圆圈内多用圆点，大圆圈内用直线和网格纹等。这样的一些圆形，是旋形组合的基础纹饰，或者说是旋纹的重心，是旋心所在。在叶片纹组合中，圆形正是重心所在，圆形是当时很受关注的

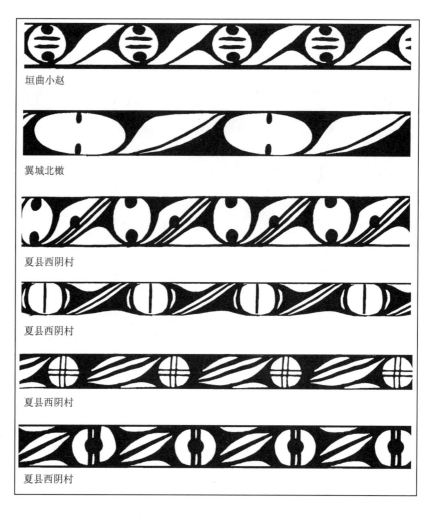

图 16　庙底沟文化彩陶圆形图案内填充纹饰的变化

纹饰。在马家窑文化彩陶中的圆圈纹，特别是四圆圈纹，虽然不再适合在圆圈中加绘圆点，但加填的主体元素仍然是网格和十字形之类，这也应当是自庙底沟文化遗留下来的传统。

　　十字纹的象征意义，过去有许多解读，在世界上很多地域很多古代民族中，十字都曾被视作是太阳的象征[18]。

　　圆中加圆点的象征意义，最直接的解读应当是眼睛，而眼睛的象征所在，在很多古代民族中常常是指代太阳的，太阳是天之眼。当然对于彩陶上的圆形图案，这是一个可能的解释。

　　如果说彩陶上圆形与叶片纹组合中圆形的意义还算比较明确，那叶片纹的意义就

---

〔18〕　高福进：《太阳崇拜与太阳神话——一种原始文化的世界性透视》，上海人民出版社，2002 年。

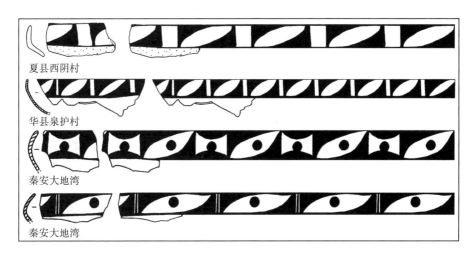

图 17　庙底沟文化彩陶叶片纹简单组合

比较难于理解了。叶片纹在庙底沟文化彩陶上是常见的元素之一，有单叶片纹，也有双叶片纹，与我们这里的讨论相关的是单叶片纹。

　　庙底沟文化彩陶叶片纹可分为若干式，有的叶片内没有附加元素，是最简单元素的叶片纹，见于晋南和关中东部地区，出土地点只有山西夏县西阴村和陕西华县泉护村两处。不仅叶片纹没有装饰，叶片之间的隔断也没有什么装饰，显得比较简洁。有的叶片中缀有一个圆点，在秦安大地湾见到几例。夏县西阴村也发现一例，但不很典型（图 17）。有的叶片中加绘有中分线，最少绘一条，多的绘有三条。晋南河津固镇、芮城西王村、夏县西阴村、翼城北橄都有发现。有时叶片中既附加有圆点纹，也有中分线，这是发现数量较多的一式，可以看作是叶片纹的标准形式。因为这类叶片纹形如豆荚，一些研究者曾称之为"豆荚纹"，当然并不是当它为写实的豆荚之类（图 18）。

　　这种豆荚形的叶片纹很值得注意，它很容易让我们想到会不会是表现的眼目纹。彩陶上很多鱼纹绘出了眼睛，鱼纹的眼睛，还有诸多的变化。张朋川先生研究半坡文化彩陶鱼纹，虽然他并没有专门展开讨论，但在《中国彩陶图谱》所附插图上，曾注意到过鱼纹眼形的区别[19]。我们从图中不仅看到了圆圈形鱼眼，也有圆圈中带点的鱼眼，还有眼睛偏于眼圈一侧的偏目鱼眼。彩陶鱼纹鱼眼中的圆目与偏目，是两种很不相同的构图。半坡与庙底沟文化彩陶鱼纹上鱼眼的形状，有空圆圈形，有圈中点睛形，也有偏目形，最常见的还是圆目。仅以秦安大地湾的发现而言，彩陶鱼纹的鱼眼有圆目，也有偏目，偏目鱼眼数量似乎更多。有的偏目只绘出半个眼珠，个别的甚至绘成半闭着的样子。又在陕西临潼姜寨的彩陶上发现，在第三期文化（半坡文化晚期）中，

――――――――――

〔19〕　张朋川：《中国彩陶图谱》，文物出版社，1990 年。

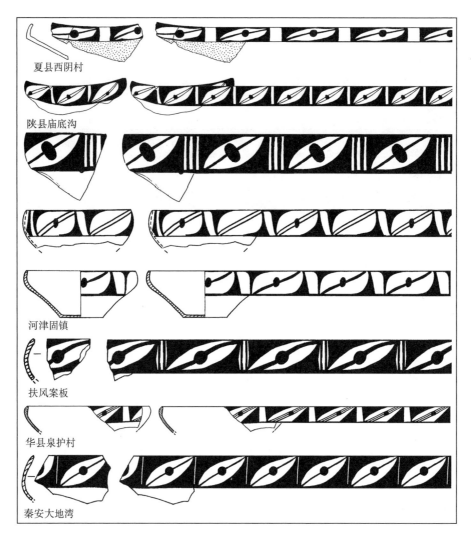

图 18　带中分线加点的叶片纹

彩陶鱼眼中的圆圈眼与偏目眼共存，而且还有两种鱼眼出现在同一件彩陶上的例证，有一件彩陶钵上就绘有不同鱼眼的鱼纹。甘肃出土一件彩陶盆，腹面绘正视的鱼头纹，圆圆的双眼之间，是阔大的嘴。我们一点也不会怀疑，这带点的圆圈形应当就是鱼眼，这样的图形表示的就是鱼纹。在甘肃张家川的一件彩陶上[20]，见到了明确的偏目鱼纹，这样的鱼目是独立存在的（图19）。

秦安大地湾半坡文化彩陶的各种全纹中就有典型的偏目鱼纹，而且有的还在眼中加绘一条斜线，好似鱼眼一开一合的样子。有时又见到脱离鱼体的这种鱼目，它被组合绘成了新的纹饰（图20）。这种中间绘斜线的鱼目纹，其实就是上面说到的豆荚形的

---

[20]　郎树德、贾建威：《彩陶》，图19。敦煌文艺出版社，2004年。

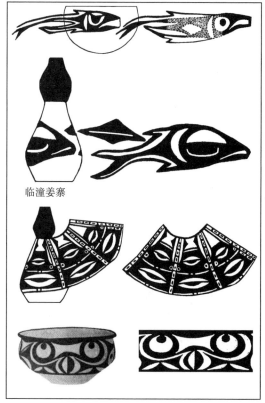

临潼姜寨

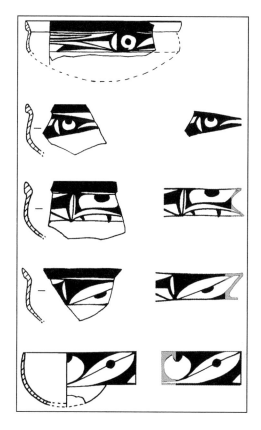

图 19　半坡文化彩陶鱼纹和鱼目纹　　　　图 20　秦安大地湾二期（半坡文化晚期）
　　　　　　　　　　　　　　　　　　　　　　　　彩陶鱼目图形向叶片纹的演变

　　叶片纹。如果这个判断没有疑问，那类似的叶片纹也许真的与鱼纹有些关联，也许就
真的是鱼形的象征。

　　这样看来，彩陶旋纹中的圆形和旋线都可能与眼睛图形相关，既是眼睛的象征，
也是太阳的象征。在古代很多民族中都将太阳神绘制成眼睛状，在诸多古代神话中太
阳被认为是"天之眼"[21]。彩陶上由眼形移作太阳的一个象征性标识，而且又与鱼纹
有这样的关联，这其中的文化内涵还有待探究。

　　关于彩陶旋纹的意义，我们还可以用反推的方法考察。我们知道由旋纹演变而成
的四圆圈纹，在圆圈中填绘有各种纹饰，较多见到的是网格纹和十字形纹，这些就可
能是太阳的象征，十字形应当是一种明确的太阳符号。更值得注意的是，有时四圆圈
纹直接被绘成四个太阳图形，在青海乐都柳湾就有发现[22]。

　　过去研究者讨论马家窑文化彩陶四圆圈纹，有人说四大圆圈纹没什么意义，也有

〔21〕　汤惠生、张文华：《青海岩画——史前艺术中二元对立思维及其观念的研究》，科学出版社，2001
　　　年。
〔22〕　刘溥：《青海彩陶纹饰》，图90。青海人民出版社，1989年。

人说它与太阳崇拜有关。现在看来，太阳的旋转运行与升降，都由旋纹表现出来了，这一艺术形式表达的动感，是古人对宇宙的一种非常质朴的认识，也是一种非常理性的逻辑归纳。

太阳崇拜是一种天体崇拜，天体崇拜在史前时代出现较早，在彩陶上有明确的体现。大河村文化和大汶口文化居民的天体崇拜，也以日月崇拜为主要表现形式，彩陶上绘有明确的太阳图形。河南汝州洪山庙遗址瓮棺上的彩绘纹饰有红日和白月，郑州大河村遗址彩陶上有太阳纹、日晕纹、月牙纹和星座纹，都是当时人们对天体崇拜的证据。庙底沟文化时期的天体崇拜已有了深化，人们崇拜的天体已有了明确的标志物，一些研究者认为彩陶上的鸟纹和蟾蜍纹，很可能就是日与月的标志，象征太阳神和月亮神，它是当时天体崇拜的一种方式[23]。而马家窑文化彩陶旋纹的出现，则可以看作是太阳崇拜的一种更艺术的表现方式。到马厂时期彩陶上大量出现的四圆圈纹，是旋纹的一种简略绘制形式，两者的象征意义应当是相同的。

甘肃及邻近区域的彩陶，距今 7000 年以前起源于陇东—关中一带，经过半坡和庙底沟文化时期的提升发展，到马家窑文化时期进入繁荣发展阶段。前仰韶和仰韶前期（半坡和庙底沟）的彩陶，与中原地区属于同一系统，自仰韶文化晚期即石岭下类型开始，彩陶体现出一定的地域特色。进入马家窑文化时期，彩陶的地域特色彰显，形成独特的纹饰发展演变体系。马家窑文化彩陶演变的主线是由旋纹到四圆圈纹，这类纹饰应当具有为马家窑人认同的特定的象征意义，有可能表现的是太阳崇拜观念，它的具体内涵还有待进一步认定，目前的研究还只是初步的认识。

（选自《无限悠悠远古情——佟柱臣先生纪念文集》，科学出版社，2014 年）

---

[23]　严文明：《甘肃彩陶的源流》，《文物》1978 年 10 期。

雕龙碑彩陶艺术小识

中国新石器时代的彩陶，以黄河流域出土最多，代表着史前彩陶的一个繁荣时代。在黄河以外的区域，许多新石器文化中都发现有彩陶，但在数量上和艺术表现力上一般都无法与黄河彩陶相比，尤其是不能与仰韶文化彩陶相提并论。倒是在属于长江中游地区的湖北枣阳雕龙碑遗址，在1990~1992年的发掘中出土了大量的彩陶标本，让我们感到非常意外。更让人觉得意外的是，这些彩陶除了体现长江本土文化的特点外，多具有黄河彩陶的风格，是黄河文化扩展至长江流域的一个重要见证，或者说它是黄河长江文明密切交流的一个重要见证，这是非常值得深入研究的一个课题。

在本文中我们试图对雕龙碑遗址的彩陶特征作初步描述，由文化分期探寻彩陶的发展与演变轨迹。对这批彩陶出现的文化背景以及它们的艺术功能，也要进行初步探讨。

1. 雕龙碑遗址彩陶的艺术特点

雕龙碑遗址出土彩陶非常丰富，虽然能复原的完整器形并不多，但彩陶片数以千计，数量相当可观。在长江中游乃至整个长江地区，雕龙碑彩陶最为丰富，不仅数量最多，纹饰种类也比较多，富于变化。

初步观察的印象，雕龙碑彩陶器体为泥质陶，器表多呈红色或橙红色，外体较为光滑。彩陶器形以盆类器较多，也有一些罐和碗类，中期还有少量蛋壳彩陶。绘彩的部位，主要是在器表上部，部分小型器通体上彩。有些盆类器口沿上也绘有纹饰，地色与彩色互为映衬，构图简约明了。

雕龙碑彩陶的色彩比较艳丽，以多层次的复彩表现纹饰，各种色彩相得益彰。纹饰所用色彩主要有黑、褐和红三色，红色和褐色还有深浅之分。少量深色纹饰采用白彩勾边，有意强调对比效果。还见到罕有的黄彩，与深色纹饰搭配使用，亮色和暗色互为映衬，对比也很强烈。特别引人注意的是，大量的纹饰都采用白色作衬地，更加突显出深色纹饰的构图效果，有一种特别的感染力。在这些白地纹饰中，可以发现很多地纹彩陶，这种地纹彩其实是深色反衬为地，以白色为主体纹样。如较多见到的花瓣纹，它虽然是以深色的弧边三角作纹，但却是为了反衬浅色的地子，真实的纹样显现在并没有着笔的地方，浅色的四片五片乃至六片花瓣很自然地出现在眼前。

中国史前彩陶中本来是存在地纹彩陶的[1]，但过去研究者没有注意到这一点，有时还将地纹等同一般彩陶纹饰看待，虽然强作解释，却还是不得其解。在雕龙碑遗址也发现了一定数量的地纹彩陶，都是二方连续式的构图，采用深色作衬色，纹样有花瓣纹、旋纹、叶片纹、菱形纹和花蕾纹等，属于最精致的一类纹饰。雕龙碑彩陶中的地纹因为白色地子的广泛采用，纹饰显得更有张力，更加引人注目。

彩陶绘画的技法，一般是色块与线条结合使用，也有的是单纯以线条或色块表现主题。相当多的纹饰画得非常认真，构图严谨，线条流畅。当然也有部分纹饰显得较为潦草，笔法稚拙。那些精致的纹样显然是出自于熟练老道的陶工之手，笔法细腻，一丝不苟。那些重叠繁复的纹样，在正式绘彩之前可能有一个起稿的过程，所以能做到错落有致，繁而不乱。

雕龙碑彩陶纹样全部为点、线、面构成的几何形，纹饰的构图，主要采用了一种非常成熟的图案结构方式，就是二方连续形式。二方连续构图显示出均衡、对称、重现的原则，纹样在器无首无尾，在有限空间体现了无限循环。这也是中国新石器时代彩陶使用最广泛的构图方式，它是彩陶技术成熟的一个标志。雕龙碑彩陶的二方连续式图案比较丰富，现在有把握作复原展开的纹饰，基本都是二方连续式构图。这些图案的基本元素变化较大，统计数量在 10 种以上。

根据一般的分类原则，雕龙碑彩陶按构图单元划分，可以归纳出宽带纹、弧边三角纹、平行线纹、菱形纹、网格纹、花瓣纹、叶片纹、旋纹、斜行线纹、并行弧线纹、并行三角纹角状地纹、大圆点纹和太阳纹等 10 多类，其中以弧边三角纹、平行线纹、菱形纹、网格纹、花瓣纹和旋纹数量较多，雕龙碑彩陶的整体风格由这些纹饰体现出来。

在雕龙碑彩陶中，大多数纹饰都体现有连续和重复的特征。二方连续式图案自不必说，其他许多纹饰也都是用平行和并行方式重复排列组合，平行线纹、斜行线纹、并行弧线纹、并行三角纹都是如此，简单的重复就能体现出不同的美感。

当然也应当看到，雕龙碑遗址出土彩陶虽然数量不少，但却是以碎片为主，可以复原的完整器太少。我们尽可能将可以观察出构图的纹饰作了展开复原，这样可以获得更为清晰一些的印象。不过能复原的纹饰所占比例并不高，多数因为陶片过于破碎而无法完全复原。虽然如此，从复原展开的纹饰和可以观察到局部纹饰的陶片上，遗址彩陶的整体风格与特征还是可以把握住的。

---

〔1〕 王仁湘：《中国新石器时代地纹彩陶辨识》，《21 世纪的中国考古学与世界考古学》，中国社会科学出版社，2002 年。

2. 雕龙碑遗址彩陶分期特征

雕龙碑遗址是一处新石器时代中晚期聚落遗址，根据发掘者的研究，大致可分为早中晚三期。遗址地层堆积的第 5 层为一期文化，第 4A、4B 层为二期文化，第 3、2 层为三期文化。从出土彩陶的数量上看，属于一期的最少，属于二期的最多，但都是以陶片为主，能复原的很少。为了研究的便利，我们选择一部分陶片，对纹饰作了复原展示，将它们作为一个独立部分附在本书中。

一期彩陶的特征是色彩较为单一，纹饰构图也比较简单，以弧边图案为主要单元。色彩以黑、褐两色为主色，褐色一般较深，与晚期的浅褐色区别明显。绘彩有时分用单色，有时又两色并用。一般地子为泥陶本身的自显红色，由于火候原因，红地有深有浅。也有近半数在红陶色外涂以纯白色作地，然后以黑、褐色作图（图 1）。少数虽然不涂白地，但却采用白彩为黑彩勾边，黑白互衬，对比非常强烈。

相比而言，一期纹饰构图较为简单，全部为几何纹。以弧边三角为主要图形单元，代表性纹饰有旋纹、叶片纹、四片对称花瓣纹、大圆圈加圆点纹和不多的凹边菱形框网格纹。多采用二方连续样式，沿器物上腹部构成主要纹饰带。不难看出，纹饰多接近黄河流域庙底沟彩陶风格。图案大都描绘认真大方，走笔谨慎细腻，色块边缘平滑，线条流畅整洁。

属于二期文化的彩陶片出土数量最多，纹饰种类也最为丰富。二期白地彩在数量上有明显增加，达到一半以上，还较多运用红彩加入，并见到新石器时代罕有的黄彩。一期的纹饰在二期基本都能见到，弧边三角依然是主要的结构单元，二方连续样式的旋纹、花瓣纹和凹边菱形框网格纹等仍然保留了早期的风格，构图没有明显变化。新

图 1　一期彩陶复原展开图

图 2　二期彩陶复原展开图

出现的纹饰主要有直边菱框网格纹、平行线纹、斜行线纹、并行弧线纹、圆点菱形纹、宽带纹、角状地纹、大圆点纹等，多数纹饰也都是以二方连续形式出现（图2）。

二期还见到了蛋壳彩陶，都是小型的杯碗，橙红色的地子上绘宽带纹、绳索形和排点状黑彩，风格与大件彩陶明显不同。

与一期相比较，二期彩陶有一个显著变化，就是采用不同纹饰所作的简单组合与复杂组合的现象较为普遍，构图繁复，用红、褐、黄、黑彩分绘不同的单元，辅以白地作衬，对比强烈，纹样亮丽。如标本 T2722F12（4）4，复原为一件宽沿浅腹盆，这种器形并不多见。上层的彩绘很有特点，先在红陶底上满涂一层白地，再用深褐色在平展的沿面上绘一周弧曲的宽带纹，弧曲部位另绘并列弧边三角作支撑，最后在宽带上再以白彩均匀地点染三列小圆点。盆腹外侧对称地用褐彩衬出白地上的大朵花蕾图形，构图比较简练。这件彩陶不仅器形少见，平沿上的纹饰也是首次见到，可能有特定的含义（图3）。其他还有一些用地纹表现手法绘成的图案，表现了成熟的绘画技巧。

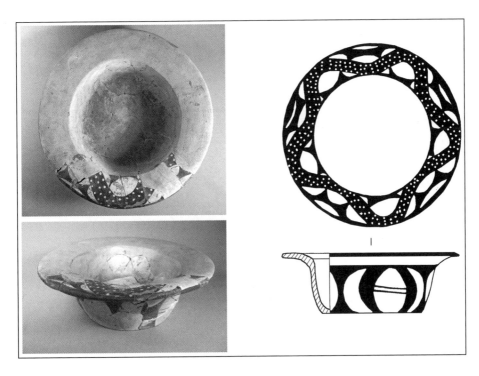

图3 彩陶盆（T2722F12（4A）4a）

三期文化的彩陶在总体风格上与二期区别不太明显，构图仍然是以二方连续式为主。只是复杂组合纹饰有明显增加，而且构图更加繁复。复杂组合常常表现为纹饰的多层次重复叠加，绘制非常细腻，表现了相当高的绘画技巧。大量见到白地彩陶，所占比例要高到90%以上。纹饰中较有特色的是网格纹，而且多为细网格纹。新见的还有并列长三角纹和类似太阳图形的纹样，也许都是为着表现太阳，是几何化了的天体象征。三期最精致的一件彩陶作品是编号为F17：4的小口双耳罐，中腹以上满饰彩绘。先衬一层白地，再用深褐色绘出图案，间以红色细线条勾勒。纹饰分三层以二方连续方式排列，上两层构图相同，下层纹饰稍宽大，均为弧边三角和弧线组成的花瓣纹，图案样式不见于其他遗址。下层为双排菱形纹，以地纹方式描绘。还有H5：1小口罐，图案亦是分多层排列，一层叠一层，以红线作间隔，以白彩作地。上下两层纹样相同，是以地纹方式描绘的二方连续角状图案，角状中间饰圆点。中层以较细的线条绘菱形纹，中间填有平行的斜线。还值得特别提到的是T2208（3）11小口罐，在白地上绘有精致的旋纹图案，构图均衡对称，线条流畅自然，是难得的史前彩陶精品佳作（图4）。

雕龙碑彩陶三期有一些共性，如流行白地复彩，有相同和相似的纹饰组合。早晚的变化趋势也有轨迹可寻，如弧线和弧边色块在早期运用较多，也较为熟练，晚期用直线较多，白地有明显增加的趋势，由早期的不足50%上升到晚期的90%以上。另外

图 4　三期彩陶复原展开图

菱形边框网格纹早期较少，中期渐多，晚期更甚，且变化也多。

　　尽管我们在分期上对遗址出土彩陶的变化进行了考查，形成了一些初步认识，但是这还不能说是什么结论。雕龙碑彩陶留下的问题很多，例如我们不能明白陶片数量可以多到数以千计，但是能复原的却只有 10 件左右，而按最低的估计，彩陶的个体当有数百件之多。而且绝大多数陶片破损得过于碎小，不论出自地层的或是灰坑的都是如此。又如有些纹饰在三期中都能见到，而且晚期见到明显表现有早期特点的彩陶，这令我们不得不作出这样的判断：在地层堆积上会不会有早期扰动？事实上晚期地层上混入早期遗物也是正常的埋藏现象，但是有时要明确分辨它们却又不是轻而易举的事。在以上所作的分期研究中，我们对这种可能存在混淆现象作出了臆断，也尽量不以个别例子举证，但是依然不能肯定讨论是否客观、结论是否可靠。后续的深入研究，还有待相关遗址更多资料的获取，还需要更丰富的材料作比较研究。

3. 从雕龙碑彩陶看黄河、长江史前文化的交流

雕龙碑遗址这样丰富的彩陶遗存，为我们提出了多方面的研究课题，其中有一个不能回避的问题是，这里的彩陶传统的形成过程是怎样的？换言之，雕龙碑彩陶的源头在哪里？

直接的观察印象告诉我们，雕龙碑彩陶除了它自身的特点外，还体现有浓郁的长江中游两岸的文化色彩，而且更多地体现有黄河中游地区的文化色彩。也即是说，雕龙碑彩陶至少有两个源头可寻，一是长江中游，一是黄河中游，两地文化的交汇是雕龙碑彩陶表现出灿烂色彩的主要原因。

雕龙碑遗址所在的湖北枣阳市武庄村，处于鄂西北东部、南阳盆地南部地区，北有桐柏山，南有大洪山，两山脉之间是著名的随枣走廊，从史前时代起，这里就是关中和中原与江汉平原之间交往的重要陆路通道之一。西部依次有唐白河水系和汉丹水系，为鄂西北、豫西南山区与江汉平原及至长江沿岸之间交往提供了便利的水上通道。在河流沿岸附近地区分布着许多古代文化遗址，雕龙碑遗址就是其中一处重要的新石器时代中晚期聚落遗址。由于雕龙碑遗址地处中国古代长江与黄河南北文化的接壤地带，促使这一地区的区域性文化在发展过程中形成了一种比较复杂的面貌，在与周边文化频繁交流过程中兼收并蓄，在形成自身特点的同时兼具周边文化因素，文化特征具有了明显的混合性，这是一个与南北文化有着千丝万缕联系的杂交体。这样的文化遗存在考古学上并不多见，它为探寻南北文化相互交流提供了重要的实证。

从出土器物观察，雕龙碑既有类似北方半坡文化的尖底瓶和庙底沟文化的陶釜陶炉，也有受南方大溪文化和屈家岭文化影响的黑陶和蛋壳陶。由彩陶的发现看，雕龙碑彩陶明显地具备了一种双重特征，同时体现有长江与黄河文化的色彩。彩陶器类包括曲腹杯、戳孔圈足豆、陶响球和蛋壳彩陶等，与大溪文化和屈家岭文化所见相同，表明它们之间具有密切的联系。不过彩陶中更多见到的旋纹、花瓣纹、弧线三角纹、网格纹、宽带纹等，又具有浓厚的仰韶文化色彩。雕龙碑彩陶中的庙底沟文化色彩特别浓厚，表明黄河文化这里已经不是用"影响"可以确切描述的了，可以说黄河文化在此一度成为了主流文化。纹饰中较多见到的花瓣纹和旋纹等，都是庙底沟文化典型的风格。如 T2307（4B）220 彩陶盆片，纹饰是单旋、双旋、圆点、圆圈、花瓣的复杂组合，这是庙底沟彩陶中一种最经典最富时代性的纹饰组合（图 5）。在复原的不多的几件彩陶中，半数以上都属于仰韶文化的典型器，制作工艺并不在仰韶居民之下。我们由仰韶系统文化在豫东南和鄂西北的广泛分布看，雕龙碑遗址体现的双重文化特征也是可以理解的，这里是文化交流碰撞的一个"特区"（图 6 ~ 8）。

图5　具有仰韶文化特点的彩陶纹饰展开图

图6　地纹彩陶

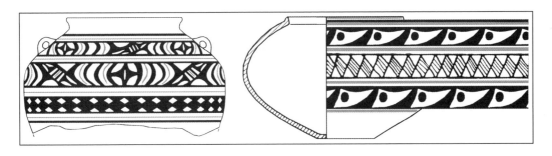

图7　仰韶风格彩陶

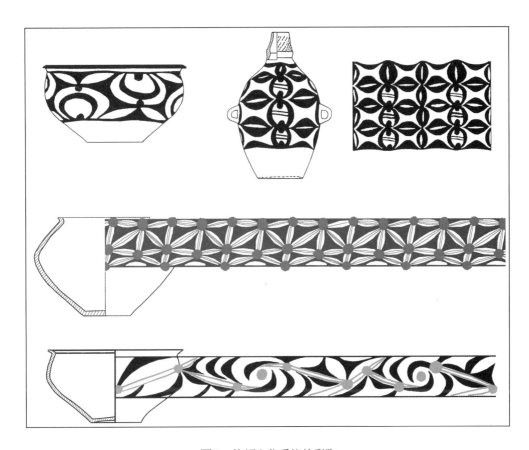

图8　仰韶文化系统的彩陶

黄河史前文化对长江流域的影响，在整个汉水支流都是存在的。在汉水中上游地区，从前仰韶时期到仰韶文化时期，黄河文化的影响并不是局部的或短暂的，这一地区实际上是可以划入大黄河文化地理范围之内的。这么看来，大体处于汉水中游范围内的雕龙碑遗址体现出浓厚的黄河文化色彩也就不足为怪了。这一地区至少从新石器时代中期开始，也即是从仰韶时期开始，就是黄河与长江文明的荟萃之地，是南北文化交融之所，这是一个值得更多关注的重要地区。

从这个意义上说，雕龙碑遗址的发现是非常难得的，我们所发现的不仅是一座彩陶文化宝库，我们同时还发现了一个文化汇聚地带。雕龙碑居民的包容精神，雕龙碑文化的兼容特性，由这些彩陶上得到了充分体现。

4. 余论：史前彩陶的意境

中国彩陶是中国远古艺术中灿烂的篇章之一。中国新石器时代的彩陶艺术不仅体现了史前先民能动的艺术创造能力，而且同时体现了史前先民的艺术表达能力，彩陶纹饰向我们展示了史前时代所达到的绘画艺术水平，也展示了当时人们精神生活中的未知世界。

彩陶上的纹饰所具有的欣赏性，从它强烈的艺术性上体现出来。彩陶作为一种古老的视觉艺术，它由视觉途径将美感传达给人的大脑。当时虽然掌握的色彩类型并不太多，图案结构也不是太复杂，但就是一些简单的色块与线条，也能给人们的心灵以愉悦的感受，而且这感受还会一代一代传递下去，一个一个地域传播出去。彩陶是迄今发现的最早的中国的装饰艺术品，它在很大程度上奠定了中国古代绘画艺术的审美基础，奠定了中国古代装饰艺术的基础。彩陶纹饰取材丰富，日月星辰、工具、植物、动物和人本身等等，都是史前人乐意在彩陶上描绘的客体。描绘的方式，或抽象或具象，以写意的抽象方式表达为主。

一般说来，史前彩陶纹饰的创作原则起初应该是对客观世界的视觉描摹，即"观物取像"的创作原则。在半坡文化和庙底沟文化的彩陶上，就有一些象形图案，有各种人面，有鱼、鸟、蛙、鹿等（图9）。一些研究者认为许多三角形和弧线形图案，是从象形的鱼和鸟的图形抽象出来的，经过了一个再创作的过程。正如人的认识过程一样，几何纹饰一般是直接从自然物象中产生或抽离出的；而另一种情况则是有意识地由"象形"不断变化逐渐演化出来的。在两种可能性中，都离不开"观物取像"的艺术原则。彩陶艺术的出现，促进了人们的形象思维能力和审美意识；使人类的造型能力、装饰能力由此进入了一个高度发展的阶段。到了新石器时代晚期，彩陶艺术的发展达到了高峰，庙底沟文化彩陶就是卓越的代表。史前各种彩陶文化纷呈异彩，向我们展示着在没有文字记录的远古人类的精神面貌。

成熟的彩陶又绝不仅仅只是单纯描绘客观世界，它最终所要表达的还是精神层面的东西，所以从这个意义上说，彩陶又是先民主观世界的体现，是先民精神世界的缩影。纹饰并不仅是为了单纯的艺术欣赏，因为人们感兴趣的母题非常集中，而且不同地域又有太多的相似性，这是一种认知传统的传承，而不单单只是艺术传统影响的结果。

半坡和庙底沟文化彩陶是中国史前彩陶的代表。两个文化都盛行几何图案和象形花纹，纹样的对称性较强。发展到后来，纹饰格调比较自由，内容增多，原来的对称

图9　仰韶文化彩陶纹饰（1）

结构发生了一些明显变化。半坡居民的彩陶流行用直线、折线、直边三角组成的几何形图案和以鱼纹为主的象形纹饰，象形纹饰有鱼、人面、鹿、蛙、鸟和鱼纹等，鱼纹常绘于盆类陶器上，被研究者视为半坡居民的标志。鱼纹一般表现为侧视形象，有嘴边衔鱼的人面鱼纹、单体鱼纹、双体鱼纹、鸟啄鱼纹等。早期鱼纹写实性较强，到晚期部分鱼纹逐渐向图案化演变，有的简化成三角和直线等线条组成的写意图案。在陕西西乡何家湾遗址出土的一件彩陶盆上，盆中心绘一较大的人面，在它周围绘有4个小人面，与半坡遗址所见的人面彩绘相似，但不见鱼纹装饰。在陕西南郑龙岗寺遗址出土的一件尖底陶罐上见到的人面彩绘更加精彩，尖底罐腹部上下分两排绘10个神态不同的人面像（图10）。

庙底沟文化的彩陶增加了红黑兼施和白衣彩陶等复彩，纹饰显得更加亮丽。彩绘的几何纹以圆点、曲线和弧边三角为主，图案显得复杂繁缛，其中以一种"阴阳纹"彩陶最具特色。阳纹为涂彩部分，阴纹是未涂彩的地色，阴阳纹都体现有强烈的图案效果。庙底沟几何纹彩陶主要表现为花卉图案形式，它是庙底沟彩陶的一个显著特征。

图 10　仰韶文化彩陶纹饰（2）

花卉图案以若干相同的单元并列，构成二方连续式的带状纹饰。花卉图案在庙底沟类型从早到晚的发展中，经历了由较为写实向简化的过渡，庙底沟彩陶对周围地区的影响也主要表现为这些花卉图案的大范围传播上。

庙底沟彩陶的象形题材主要有鸟、蟾和蜥蜴等，鸟纹占象形彩陶中的绝大多数，既有侧视的，也有正视的形象，鸟姿多样，有的伫立张望，有的振翅飞翔，还有的伺机捕物或奋力啄食。与半坡的鱼纹一样，庙底沟的鸟纹也经历了由写实到抽象、简化的发展过程，一部分鸟纹也逐渐演变成一些曲线而融汇到流畅的几何形彩陶中。

在这样一个繁荣的彩陶时代，有些彩陶纹饰是某一地某文化所仅见的，也有些纹饰在不同的地区都有发现，受到不同文化传统的居民的共同喜爱，由此可以看到远古文化存在地区间的交流，也表现了一定意义上的文化融合。如庙底沟文化彩陶常见的花瓣纹和旋纹，在大汶口文化、大溪文化和雕龙碑文化彩陶上都有较多的发现，它的分布几乎遍及整个黄河流域和长江中下游地区，而且年代也比较接近，构图表现出惊人的相似。

彩陶不仅仅是将粗糙的陶器变得多姿多彩了，丰富的纹饰也不是陶工们随心所欲的作品，而是那个时代精神的表露，是人类情感、信仰的真情流露。考古已经发现了许多新石器时代的彩陶艺术珍品，它们的纹样有的让我们一看便似乎能明了其中的意义，有的却又让我们百思不得其解。例如仰韶居民在彩陶上描绘的人面鱼纹，在关中和陕南地区都有发现，基本构图都比较接近，圆圆的脸庞，黑白相间的面色，眯缝的眼，大张的嘴，尖尖的帽子，左右有鱼形饰物。或以为它是半坡人的图腾标记，或以为是当时巫师的形象，现在要检验这些认识的正确与否并不容易。

在《山海经》中，有一个神话说太阳的运转是乌载着的，汉代时的帛画与画像石上将太阳中间绘有三足乌，就是这神话的形象写照。在庙底沟文化的彩陶上见到了金乌负日的图像，与汉画意境非常相似，这使我们不得不相信《山海经》的神话一定是从史前流传下来的，它反映古代天文学传统应当可以上溯到遥远的野蛮时代。我们还在郑州大河村遗址和山东大汶口文化遗址出土的陶器上，看到绘有光芒四射的太阳纹，这些恐怕不仅仅只是表明先民们对天体的一种兴趣。大河村人在他们的陶钵上一下子绘有 12 个太阳，这可能说明当时已建立了明确的年与月的概念。农耕文化部落在对天文气象的观测中形成了自己的宇宙观，在丰富的经验积累中建立起初步的历法体系。

在雕龙碑遗址的彩陶上，也见到了光芒四射的太阳图形，也有庙底沟文化典型的旋纹和花瓣纹，可以说身处长江流域的雕龙碑人的艺术精神与黄河流域的庙底沟人是同一的，他们有同样的信仰，有同样的艺术表现形式，有不分彼此的彩陶。

彩陶纹饰是史前先民装饰器表最形象和最直接的艺术语言，它是陶工用线条和图案表达的那个时代的审美精神以及文化传统。从雕龙碑遗址出土的丰富的彩陶上，我们明确地感受到了这种细腻的艺术精神，也隐约感受到了彩陶纹饰的意境所在。但是，要完全真切感受彩陶的意境，也许是不可能的。因为史前人将自己的灵魂注入到了他们的艺术中，就像有的人类学家说的那样，我们可能永远也不会知道史前艺术家在进行他们的艺术创作时想到了什么。我们如何才能理解史前人的艺术语言呢？最简单而又最不容易的办法是，让我们的大脑穿越时空，回到遥远的史前。过去人类学家这样告诫过我们：我们今天拥有的古代图像是一个古代故事的若干片断。虽然我们迫切想了解它们含义的愿望是强烈的，但明智的做法是承认我们理解力可能会有的限制。这话非常有道理，可我们的好奇心常常驱使着我们，要将那些一时无法真正明白的事物考究出一个结论来。这种努力是必要的，也是值得的，未来学者也许会拥有对先祖行为完全理解的能力，总会对史前艺术理解得越来越透彻，到那个时候，彩陶的意境一定会得到更好的揭示。

（原载《东亚古物（A 卷）》，文物出版社，2004 年）

庙底沟文化彩陶向南方两湖地区的传播

以豫陕晋黄河中游为主要分布地区的庙底沟文化，虽然存在的时间并不算很长，但对周边地区文化的影响却非常大，尤其是它富有特点的彩陶的传播，更是掀起了中国史前非常壮阔的艺术大潮。庙底沟文化彩陶对文化差异明显的南方两湖地区的影响也非常明显，这种影响直至跨越长江，向南播及到很远的地方。

庙底沟文化对南方最明显的影响，主要还是体现在长江中游地区。长江支流汉江是彩陶传播的一个重要通道，上游本来就是半坡与庙底沟文化的分布区，顺江而下，淅川、郧县、枣阳一带都发现了一些典型庙底沟文化风格的彩陶，有叶片纹、西阴纹、四瓣式与多瓣式花瓣纹、菱形纹和双旋纹等。

半坡文化彩陶上习见各类鱼纹，而庙底沟文化也见到不少鱼纹彩陶，只是更为图案化一些。庙底沟文化的图案化鱼纹大体可以分为两类，其中一类是较复杂的图形彩陶中的鱼纹，大体分为三种样式，一种为具象，写实性很强；一种为变形，介于写实与抽象之间；还一种为抽象，不过是符号而已。我们在讨论时，除去具象的鱼纹，称变形鱼纹为典型鱼纹，抽象鱼纹为简体鱼纹。

鱼纹彩陶是半坡文化的一个重要标志，在陕西地区的不少遗址都有发现。半坡文化的鱼纹分为两类，一类为写实的具象纹饰，一类为变形纹饰。当然还有一些几何形图案被认为是鱼纹演变而成，但一般并不将它们归入鱼纹之列，因为这些纹饰已经看不到鱼的形体特征了。

过去我们形成了一种思维定式，由彩陶而论，以为半坡文化以鱼纹为主要特征，而庙底沟文化是以鸟纹为重要标志。我们这里要说到的是在庙底沟文化中也发现有鱼纹彩陶，而且数量可观。首先应当肯定的是，庙底沟文化存在鱼纹彩陶，不过它们与半坡文化的鱼纹彩陶有明显区别，当然联系也是有的。仔细寻迹，庙底沟文化彩陶中的鱼纹并不少见，这说明鱼纹并不仅仅是半坡人的专宠，庙底沟人其实不仅崇鸟，也非常爱鱼。

让我们最感兴趣的是，鄂西北也发现了与庙底沟文化相同的典型鱼纹彩陶。这是在南方找到的重要线索，枣阳雕龙碑见到一例鱼纹彩陶片[1]，纹饰仅存半尾，不能准

---

〔1〕 王仁湘、王杰主编：《雕龙碑史前彩陶》，文物出版社，2006 年。

确判断是典型鱼纹还是简体鱼纹，是典型鱼纹的可能性较大。郧县大寺遗址在后来
2006年的发掘中，也见到一例标准的鱼纹残片[2]，纹饰只保留着鱼纹身与尾的接合部
位，这是一例非常明确的典型鱼纹，陶片因为过于残碎，所以发掘者并没有辨认出来
（图1）。当我们将这两例标本的纹饰放在鱼纹判断坐标图上观察后，很容易证明它们
为典型鱼纹（图2）。大寺与雕龙碑发现的彩陶非常重要，这是目前所知庙底沟文化风
格鱼纹彩陶分布的南限，这已经到达江汉平原的北缘。

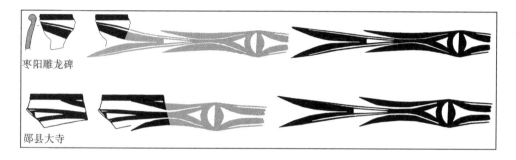

图1　湖北地区出土彩陶上的鱼纹

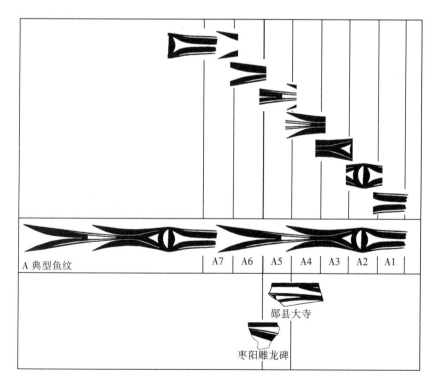

图2　两例彩陶典型鱼纹残片在鱼纹判断坐标图上的位置

[2]　湖北省文物考古研究所、湖北省文物局南水北调办公室：《湖北郧县大寺2006年发掘简报》，《考古》2008年4期。

我们特别注意到，"西阴纹"在南部文化的彩陶中也扮演过重要角色。鄂西北部地区见到不少典型的"西阴纹"彩陶，枣阳雕龙碑有比较集中的发现。雕龙碑遗址二期发现数件"西阴纹"彩陶多数为钵，其中也有一件为罐，所绘"西阴纹"一般较为宽短，半数中间没有加填任何图形，其他有的加填圆点，有的加填中分线。雕龙碑三期也发现一件"西阴纹"彩陶罐[3]，上下绘两组加圆点的"西阴纹"，两组纹饰间加绘另一组纹饰作为间隔，这是一例少见的"西阴纹"组合纹饰（图3）。雕龙碑见到的"西阴纹"很多都用复彩绘成，当然衬底的主要色块仍然还是取用黑色。

更值得关注的是，远在湖南的澧县城头山也发现了一件"西阴纹"彩陶钵。这件彩陶标本编号为 H210∶3，出自灰坑，定器名为"盆"，为 14 件 A 型Ⅲ式盆中的一件，其实可能称为钵更确切一些。发掘者有这样简略的描述："口及上腹饰弧连三角形（花瓣形）黑彩，并以窄条黑彩带镶边。口径 24.4、底径 8.8、高 9.8 厘米"。从彩图上看，色彩有剥落，不过由墨线图的描绘看，纹饰构图清晰[4]。依照墨线图和彩图，将

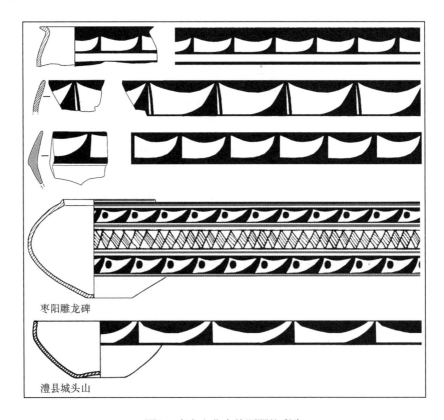

枣阳雕龙碑

澧县城头山

图 3　南方文化中的西阴纹彩陶

〔3〕 王仁湘、王杰：《雕龙碑史前彩陶》，文物出版社，2006 年。

〔4〕 湖南省文物考古研究所：《澧县城头山》，图四五五，3；彩版四五，2；文物出版社，2007 年。

这件彩陶的纹饰展开来看，这是一件中原地区常见的典型的地纹彩陶，是在红陶钵上腹部，以黑彩作衬底，空出弯角状的红地作为主体纹饰。图案构图作二方连续式，纹饰沿器腹作四分布列，均衡对称有序，循环往复无穷，这正是典型的一例"西阴纹"彩陶（图3，下）。

发掘者将这件标本的时代归入大溪文化二期，同一期也出土了一些典型的大溪文化蛋壳彩陶。发掘者当然也明确提到"本期少量彩陶图案明显具有中原仰韶文化特征"，指的便是这件"花瓣形图案"彩陶。无论是器形或是纹饰，它都是一件典型的庙底沟文化彩陶。我与发掘者的看法略有不同，觉得它的纹饰并不属于所谓的花瓣形，而是一件标准的地纹式"西阴纹"彩陶。

城头山遗址的"西阴纹"彩陶，与庙底沟文化之间一定具有非常密切的关系。在没有进一步分析测定之前，我们当然不能说这件彩陶是直接由黄河中游传入的，姑且就认作是城头山人按照庙底沟人的蓝本制作的，那城头山人一定是见过这蓝本的。当然我们也可以设想递进传播的可能性，不过城头山彩陶所见的"西阴纹"属于年代稍早的结构简练变化较小的一种，那表明这种传播发生的时代可能较早。从年代上看，城头山遗址大溪文化二期的年代大致在接近距今6000年左右，与庙底沟文化前期年代相当。再由处在中程位置的出土较多"西阴纹"彩陶的枣阳雕龙碑遗址看，二期文化的年代也是接近距今6000年。这样看来，假设的"西阴纹"彩陶的递进传播，可能是发生在6000年前。那传播的路线，则应是由豫西经豫西南到鄂西北，再经江汉进入洞庭湖周围。

由彩陶的发现看，庙底沟文化的影响，一定是越过了大江，到达了遥远的江南。彩陶"西阴纹"的地域分布，并不仅限于晋南、豫西、鄂西北、关中、陇东地区，它还传播到南面的长江流域和北面的河套地区。这一类彩陶的年代接近，除了那些零星的发现不能准确作出判断以外，由一些经过较大规模发掘的遗址看来，绝大多数都是属于庙底沟文化，少数属于受庙底沟文化明显影响的外围文化。

与"西阴纹"构图接近的叶片纹，较多见于淅川下王岗和枣阳雕龙碑，叶片之间都绘有简单的隔断，叶片内多绘有中分线。叶片一般都绘得比较宽短，也是以左下向右上方向倾斜构图。枣阳雕龙碑一期彩陶中见到较多的叶片纹，形式也比较丰富，有纯粹的a式和带中分线的c式，也有同时带中分线和圆点的d式。叶片纹也有与圆形组合的例子，多是以垂直的平行线作隔断。在淅川下王岗也有叶片纹彩陶发现[5]，所见多是简单的a式，也有带中分线的c式。除了没有装饰的简单隔断外，还见到对顶三角元素的隔断（图4）。

菱形纹彩陶在豫西南和鄂西北也出土不少。下王岗和大寺发现较多的菱形纹，包

---

〔5〕 河南省文物研究所等：《淅川下王岗》，文物出版社，1989年。

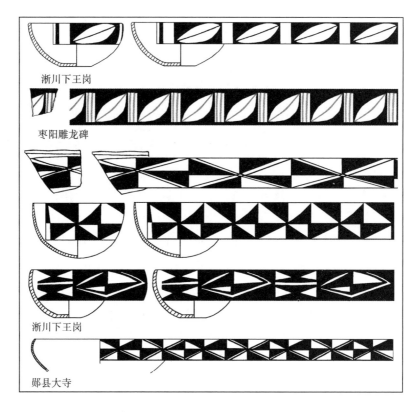

图 4　南方文化中的叶片纹与菱形纹彩陶

纳了庙底沟文化菱形纹中的三种样式，也都是以黑白三角作斜对称的构图方式。叶片
纹和菱形纹大都绘在小型的直口钵上，这也是庙底沟文化的标准器形。

　　枣阳雕龙碑还见到一些另样的菱形纹彩陶，有地纹菱形纹，也有网格菱形纹，
都是二方连续构图。网格菱形纹是以菱形为廓，中间填绘网格形。最特别的是雕
龙碑彩陶还见到菱形纹与花瓣纹结合的构图，图案的外围是标准的四瓣式内敛花
瓣纹，中间填以网格纹，网格的外框正好为菱形。这虽然并不是刻意绘成的菱形
纹，但由那些独立的菱形网格纹看来，很可能是受了这个构图的启发而绘成的
（图 5）。

　　在南部文化中，双瓣式和多瓣式花瓣纹彩陶也有一些发现，它的分布也到达了长
江南岸。枣阳雕龙碑彩陶上的双瓣式花瓣纹，与中原所见并无二致，它与单旋纹组合，
与重圈圆形组合，从构图到布局都没有什么明显改变。四瓣式花瓣纹彩陶较为集中的
发现是在豫西南和鄂西北一带，淅川下王岗、郧县大寺和枣阳雕龙碑，都见到典型的
四瓣式花瓣纹。下王岗的彩陶器座、小型的钵上，见到外侈式的花瓣纹，花瓣细且长。
大寺除了有与下王岗相同的细长花瓣纹，也有那种带隔断的肥硕的花瓣纹，还有包裹
纹饰的花瓣纹（图 6）。带有隔断的花瓣纹有区域特色，花瓣纹构图的整体风格与庙底
沟文化比较接近。

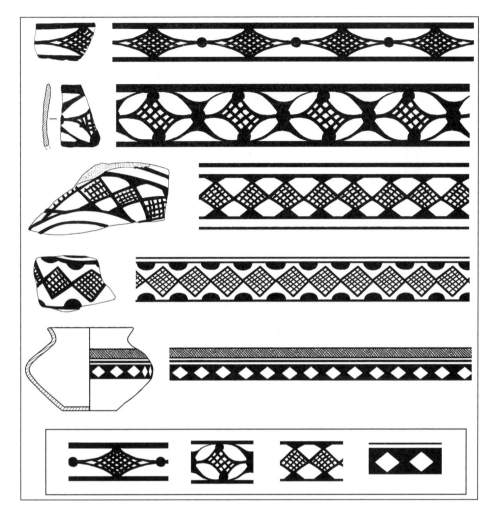

图 5　湖北枣阳雕龙碑遗址菱形纹彩陶

　　枣阳雕龙碑出土四瓣式花瓣纹彩陶较多，也很有特点。既见到无附加纹饰的简式花瓣纹，也有带横隔断的花瓣纹，还有带纵横隔断的花瓣纹。另有比较特别的一式，就是上面提到的是在原本为弧边三角的中心位置绘出网格纹，构成一个呈菱形图案，在菱形纹的四个顶端也就是花瓣的顶端点缀上较大的圆点。这样的花瓣纹常常是用复彩绘成，显得较为艳丽。雕龙碑还有一件彩陶瓶，绘白地褐彩，所绘也是四瓣花，但并不是那种四瓣斜向合围的构图形式，而是取十字形平直伸展的形式，这种构图并不多见，与前述陇县原子头的变体花瓣纹相似（图7）。

　　典型的四瓣式花瓣纹在大溪文化中也有发现，处在长江以南的枝江关庙山出土一件彩陶豆[6]，绘精致的白地黑彩四瓣式花瓣纹，花瓣间绘有纵向叶片作为隔断，花瓣

──────────

　　〔6〕　中国社会科学院考古研究所湖北工作队：《湖北枝江县关庙山遗址第二次发掘》，《考古》1983年1期。

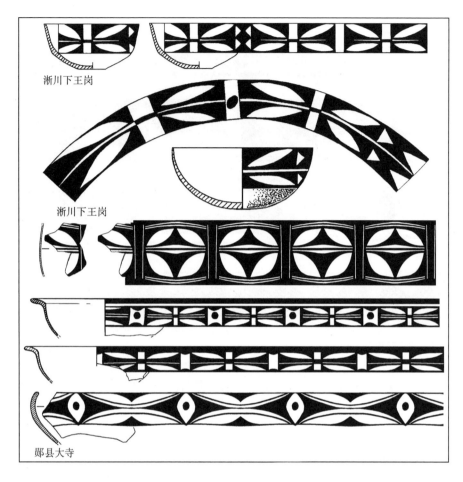

图6 豫西南和鄂西北地区的四瓣式花瓣纹彩陶

内绘有中分线（图7，下）。关庙山的这个发现，可以看作是现在所知的庙底沟文化四瓣式花瓣纹彩陶传播的南限。

多瓣式花瓣纹彩陶在长江流域也有发现，如枣阳雕龙碑和枝江关庙山就出有很精致的标本。雕龙碑发现一件彩陶罐，以复彩绘多瓣式花瓣纹，为五六瓣复合式。花瓣较为纤细，瓣中都绘有中分线，花瓣接合部缀有圆点。雕龙碑另有一件花瓣纹彩陶片，复原后也是五六瓣复合式，但没有中分线。关庙山的一件小口彩陶罐，也绘的是五六瓣复合式花瓣纹，构图同于雕龙碑。花瓣中也都绘有中分线，瓣尖处有圆点，但花瓣较雕龙碑的那件稍宽一些[7]（图8）。花瓣绘中分线的做法，在庙底沟文化彩陶上通常是没有的，但在大汶口文化中却很普遍，这一点很值得注意。

――――――――――――

[7] 中国社会科学院考古研究所湖北工作队：《湖北枝江县关庙山新石器时代遗址发掘简报》，《考古》1981年4期。

枣阳雕龙碑

枝江关庙山

图7　湖北出土的四瓣式花瓣纹彩陶

　　旋纹彩陶在南部文化中也有发现，有的绘得非常精致。单旋纹虽不多见，但却很典型，如郧县大寺见到的一件彩陶上绘出的单旋纹，绘大旋心的单旋纹，旋纹间以圆盘形作间隔（图9，上）。枣阳雕龙碑的一件残片复原的纹饰，为双旋纹与单旋纹组合，风格同于庙底沟文化。在黄冈螺蛳山发现的一件彩陶罐[8]，绘单旋纹与变形双旋纹组合，单旋的旋心缀有圆点。这是单旋纹彩陶分布的南限，绘法也非常精细，是典型的庙底沟文化风格。枣阳雕龙碑的一些彩陶片上也见到了典型的双旋纹彩陶，虽然陶片比较破碎，从复原出来的纹饰上还是不难发现双旋纹的存在。雕龙碑彩陶上的双旋纹，既有标准式的单体双旋纹，也有单旋纹与双旋纹组合，旋臂一般都是向着顺时

---

〔8〕　中国科学院考古研究所湖北发掘队：《湖北黄冈螺蛳山遗址的探掘》，《考古》1962年7期。

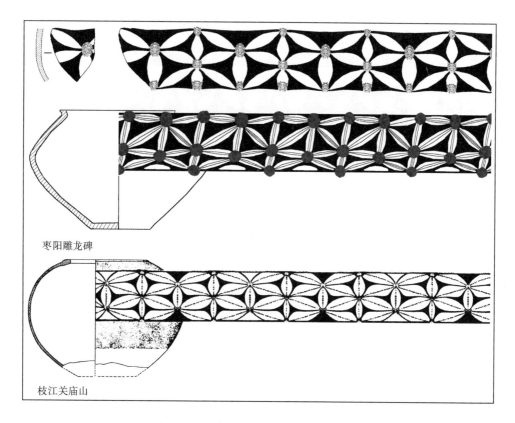

枣阳雕龙碑

枝江关庙山

图8　湖北出土的的多瓣式花瓣纹彩陶

针方向旋转。也有两件完整的彩陶罐，一件绘单旋纹与松散式双旋纹组合，旋臂向顺时针方向旋动，单旋纹的旋心和双旋纹的旋臂缀有圆点。另一件绘单体变形双旋连续图案，旋心与旋臂区分不明显双旋纹（图9，下）。

雕龙碑还有一件非常精美的彩陶罐，施白衣后用褐红两色绘单旋纹与双旋纹组合。双旋纹非常端正，旋臂向逆时针方向旋动。单旋纹绘作上下对合的连体形，旋心旁出尖角之形。这样的单旋纹，在其他地点还没有见到过。遗憾的是，考古报告发表的图案却出现了偏差，原本非常规整清晰的双旋纹被绘成了大旋心的单旋纹，在比对照片后我们才发现了这个不该出现的错误（图10）。

分布更向南的大溪文化中，在江南之地也见到了明确的双旋纹彩陶。湖北枝江关庙山出土有双旋纹彩陶片[9]，可以看出那是一种松散式的双旋，旋心有圆点（图11）。值得特别注意的是，这件彩陶与西北地区的彩陶在风格上表现有更紧密的联系，这其中的原因很值得探讨。

---

〔9〕　中国社会科学院考古研究所湖北工作队：《湖北枝江县关庙山遗址第二次发掘》，《考古》1983年1期。

郧县大寺

枣阳雕龙碑

图 9　湖北地区发现的旋纹彩陶

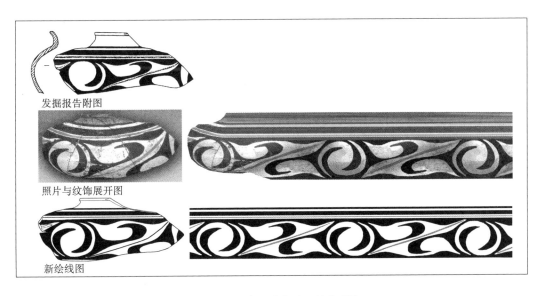

发掘报告附图

照片与纹饰展开图

新绘线图

图 10　湖北枣阳雕龙碑双旋纹彩陶

图 11　湖北枝江关庙山出土旋纹彩陶

京山屈家岭

淅川县黄楝树

黄冈螺蛳山

图 12　屈家岭文化旋纹彩陶

　　在稍后的屈家岭文化中，也见到一些类似的双旋纹彩陶。如黄冈螺蛳山的彩陶罐，绘双旋纹与单旋纹组合，双旋纹的旋臂与旋心分界不明显，两条旋臂上都缀有圆点。而淅川黄楝树的彩陶壶[10]，所绘双旋纹已经变形为"多旋"，旋心也隐没不见了。京山屈家岭的一件器盖上[11]，也绘有一周变形双旋纹，旋心也不明显（图 12）。

　　在庙底沟文化彩陶南传的途中，有一个地点特别值得关注，这就是枣阳雕龙碑遗址。这个地点出土了丰富的彩陶遗存，为我们提出了多方面的研究课题。雕龙碑彩陶除了它自身的特点外，还体现有浓郁的长江中游两岸的文化色彩，而且更多地体现有黄河中游地区的文化色彩。也即是说，雕龙碑彩陶至少有两个源头可寻，一是长江中游，一是黄河中游，两地文化的交汇是雕龙碑彩陶表现出灿烂色彩的主要原因。

　　〔10〕　长江流域规划办公室考古队河南分队：《河南淅川黄楝树遗址发掘报告》，《华夏考古》1990 年 3期。

　　〔11〕　中国科学院考古研究所：《京山屈家岭》，科学出版社，1965 年。

雕龙碑遗址所在的湖北枣阳市武庄村，处于鄂西北东部、南阳盆地南部地区，北有桐柏山，南有大洪山，两山脉之间是著名的随枣走廊，从史前时代起，这里就是关中和中原与江汉平原之间交往的重要陆路通道之一。西部依次有唐白河水系和汉丹水系，为鄂西北、豫西南山区与江汉平原及至长江沿岸之间交往提供了便利的水上通道。在河流沿岸附近地区分布着许多古代文化遗址，雕龙碑遗址就是其中一处重要的新石器时代中晚期聚落遗址。由于雕龙碑遗址地处中国古代长江与黄河南北文化的接壤地带，促使这一地区的区域性文化在发展过程中形成了一种比较复杂的面貌，在与周边文化频繁交流过程中兼收并蓄，在形成自身特点的同时兼具周边文化因素，文化特征具有了明显的混合性，这是一个与南北文化有着千丝万缕联系的杂交体。这样的文化遗存在考古学上并不多见，它为探寻南北文化相互交流提供了重要的实证。

从出土器物观察，雕龙碑既有类似北方半坡文化的尖底瓶和庙底沟文化的陶釜陶炉，也有受南方大溪文化和屈家岭文化影响的黑陶和蛋壳陶。由彩陶的发现看，雕龙碑彩陶明显地具备了一种双重特征，同时体现有长江与黄河文化的色彩。彩陶器类包括曲腹杯、戳孔圈足豆、陶响球和蛋壳彩陶等，与大溪文化和屈家岭文化所见相同，表明它们之间具有密切的联系。不过彩陶中更多见到的旋纹、花瓣纹、"西阴纹"、弧线三角纹、网格纹、宽带纹等，又具有浓厚的庙底沟文化色彩。雕龙碑彩陶中的庙底沟文化色彩特别浓厚，表明黄河文化这里已经不是用"影响"可以确切描述的了，可以说黄河文化在此一度成为了主流文化。纹饰中较多见到的花瓣纹和旋纹等，都是庙底沟文化典型的风格。如 T2307（4B）220 彩陶盆片。纹饰是单旋、双旋、圆点、圆圈、花瓣的复杂组合，这是庙底沟彩陶中一种最经典最富时代性的纹饰组合。在复原的不多的几件彩陶中，半数以上都属于仰韶文化的典型器，制作工艺并不在庙底沟居民之下。我们由仰韶系统文化在豫东南和鄂西北的广泛分布看，雕龙碑遗址体现的双重文化特征也是可以理解的，这里是文化交流碰撞的一个"特区"。

黄河史前文化对长江流域的影响，在整个汉水支流都是存在的。在汉水中上游地区，从前仰韶时期到仰韶文化时期，黄河文化的影响并不是局部的或短暂的，这一地区实际上是可以划入大黄河文化地理范围之内的。这么看来，大体处于汉水中游范围内的雕龙碑遗址体现出浓厚的黄河文化色彩也就不足为怪了。这一地区至少从新石器时代中期开始，也即是从仰韶时期开始，就是黄河与长江文明的荟萃之地，是南北文化交融之所，这是一个值得更多关注的重要地区。

从这个意义上说，雕龙碑遗址的发现是非常难得的，我们所发现的不仅是一座彩陶文化宝库，同时还发现了一个文化汇聚与汇流地带。雕龙碑居民的包容精神，雕龙碑文化的兼容特性，由这些彩陶上得到了充分体现。

图13　长江下游出土的花瓣纹彩陶

　　庙底沟文化彩陶向南的传播，在长江下游地区也有所体现，在几个考古学文化的若干地点中，都见到过庙底沟文化风格的花瓣纹彩陶片。在薛家岗文化中，安徽潜山薛家岗遗址发现一块彩陶片[12]，白地绘棕色彩，复原为五瓣花，组合形式不明。在长江三角洲的崧泽文化中，上海青浦崧泽[13]、江苏海安青墩[14]和吴县草鞋山[15]，都发现过花瓣纹彩陶片，因残破过甚，花瓣结构不清晰，但也都是庙底沟文化彩陶的风格（图13）。可能是因为保存条件所限，长江下游地区见到彩陶较少，庙底沟文化彩陶对那里产生的影响还看得不是很明晰，但我们相信这种影响是明显存在的，期待以后会有更多的发现来证实这一点。

　　由彩陶向两湖向长江两地区的传播，可以看出南北文化的趋同态势，可以肯定地说，这种文化趋同是一统文明建立的重要基础。将彩陶的传播过程，放到一定的历史背景中考察，我们可以发现彩陶是原史中的一个重要表象。庙底沟文化彩陶浪潮般播散的结果，在将这种艺术形式与若干艺术主题传播到广大区域的同时，彩陶所携带和包纳的文化传统，也将这广大区域居民的精神聚集到了一起。作为象征艺术的彩陶明确画出了一个范围，这个范围内的人们统一了自己的信仰与信仰方式，在同一文化背景下历练提升，为历史时代的大一统局面的出现奠定了深厚的根基。

（原刊《江汉考古》2009年2期）

〔12〕　安徽省文物工作队：《潜山薛家岗新石器时代遗址》，图三，11。《考古学报》1982年3期。

〔13〕　上海市文物保管委员会：《上海市青浦县崧泽遗址的试掘》，图版一七，1。《考古学报》1962年2期。

〔14〕　南京博物院：《江苏海安青墩遗址》，图五，1、4。《考古学报》1983年2期。

〔15〕　南京博物院：《江苏彩陶》，图43，文物出版社，1978年。

大溪文化彩陶溯源

彩陶作为黄河流域仰韶时期新石器时代的一个重要特色，它的影响波及到南北广阔的区域。峡江及两湖区域也发现了一些彩陶，属于大溪文化的数量虽然不是太多，但这些彩陶特点也非常突出，从器形到纹饰都有特别之处。但峡江及附近彩陶的出现，既有本地传统的体现，明显也有外来文化影响的结果，同时也对外部文化的发展产生了一定的影响。由彩陶追根溯源，我们得知这样的影响不仅来自中原地区，也可能有的来自其他地区。本文主要由彩陶花瓣纹、西阴纹、绞索纹及所谓"鸟式"旋纹的研究，对大溪文化彩陶起源及大溪文化时期与周边文化多边影响的路径进行初步探讨。

一

大溪文化出土的彩陶，按纹饰划分当以花瓣纹、西阴纹和绞索纹比较有特色，也见到有旋纹等。这其中又以绞索纹彩陶数量最多，分布也较广。

大溪文化的花瓣纹彩陶，既有四瓣式，也有多瓣式。典型的四瓣式花瓣纹在湖北枝江关庙山遗址有出土[1]，一件彩陶豆上绘精致的白地黑彩四瓣式花瓣纹，花瓣间绘有纵向叶片作为隔断，花瓣内还绘出中分线（图1，1）。这样的四瓣式花瓣纹，是黄河流域庙底沟文化彩陶常见的纹饰之一，关庙山的这个发现，可以看作是现在所知的庙底沟文化四瓣式花瓣纹彩陶传播的南限。

多瓣式花瓣纹彩陶在大溪文化也有发现，同样见于关庙山遗址。一件小口彩陶罐上绘五六瓣复合式花瓣纹[2]，花瓣中也都绘有中分线，瓣尖处有圆点，但花瓣较雕龙碑的那件稍宽一些（图1，2）。这种多瓣式花瓣纹彩陶，在庙底沟文化中也很常见。

当然有一点值得注意的是，彩陶花瓣纹绘中分线的做法，在庙底沟文化彩陶上通

---

[1] 中国社会科学院考古研究所湖北工作队：《湖北枝江县关庙山遗址第二次发掘》，《考古》1983 年 1 期。

[2] 中国社会科学院考古研究所湖北工作队：《湖北枝江县关庙山新石器时代遗址发掘简报》，《考古》1981 年 4 期。

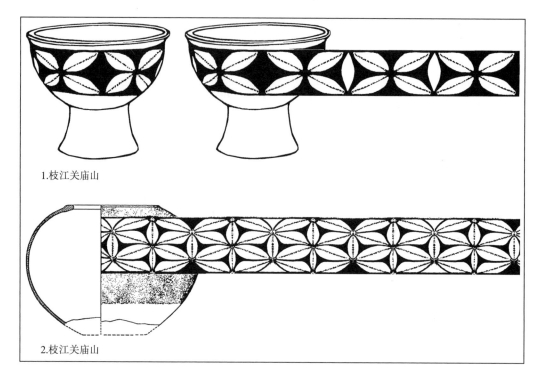

1.枝江关庙山

2.枝江关庙山

图1　大溪文化花瓣纹彩陶

常是不见的，但在大汶口文化中却很普遍，这也许表明大溪文化与大汶口文化有过直接的交流。

庙底沟文化彩陶"西阴纹"因在西阴村发现较多而得名，分布范围较广，在大溪文化彩陶中也有发现，而且绘得非常精致。重庆巫山大溪遗址见到几件典型的西阴纹彩陶，器型有钵也有罐，钵上单元纹饰较尖长，而罐上单元纹饰略显宽短[3]。一件敛口小陶钵绘出又尖又长的西阴纹，布局较为疏朗。罐上所绘西阴纹一般较为宽短，中间加填有圆点和中分线。一件彩陶罐上下绘两组加中分线和圆点的西阴纹，两组纹饰间加绘弦纹作为间隔。陶罐上的西阴纹采用复彩绘成，以白色为底，用黑色绘纹（图2，1-3）。大溪遗址彩陶上的西阴纹是在本文成文时才辨认出来的，因为纹饰作了些变形处理，所以不能一目了然。大溪文化彩陶西阴纹构图也非常严谨，较之庙底沟文化彩陶上的同类纹饰多出几分精致，像这样双排叠置的西阴纹在庙底沟文化中也是不多见的。

湖南澧县城头山遗址也发现了一件西阴纹彩陶钵[4]，依照墨线图和彩图，将这件

〔3〕　四川长江流域文物保护委员会文物考古队：《四川巫山大溪新石器时代遗址发掘记略》，《文物》1961年11期；四川省博物馆：《巫山大溪遗址第三次发掘》，《考古学报》1981年4期。

〔4〕　湖南省文物考古研究所：《澧县城头山》，图四五五，3；彩版四五，2。文物出版社，2007年。

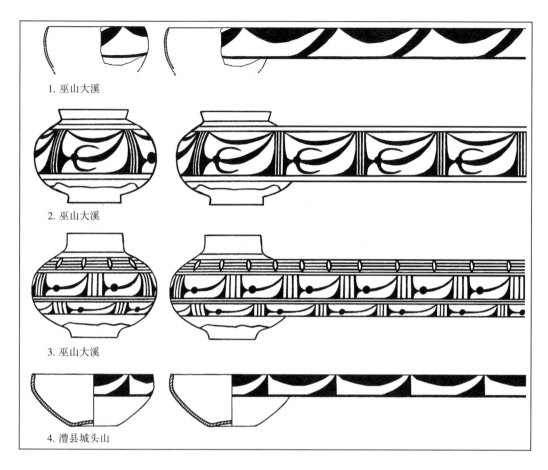

1. 巫山大溪

2. 巫山大溪

3. 巫山大溪

4. 澧县城头山

图2 大溪文化彩陶西阴纹

彩陶的纹饰展开来看，这是一件庙底沟文化常见的典型地纹彩陶，是在红陶钵上腹部，以黑彩作衬底，空出弯角状的红地作为主体纹饰。图案构图作二方连续式，纹饰沿器腹作四分布列，均衡对称有序（图2，4）。发掘者将这件标本称作"花瓣形图案"彩陶，归入大溪文化二期。无论是器形或是纹饰，它都是一件典型的庙底沟文化西阴纹彩陶。城头山这件西阴纹彩陶更多体现了庙底沟文化原本的风格，揭示了这类庙底沟文化彩陶传播的南限，它是南北区域大跨度分布的一种重要的彩陶纹饰[5]。

大溪文化也见到了双旋纹彩陶，枝江关庙山遗址出土有双旋纹彩陶片[6]，是一种松散式的双旋纹，旋心有圆点（图3）。在很长时间内这样的纹饰被认作是图案化的鸟纹，它本是西北地区彩陶上的一种流行风格。正因为如此，关庙山这件旋纹彩陶在风格上与西北地区的彩陶表现有更紧密的联系，是很值得探讨的问题。

---

〔5〕 王仁湘：《彩陶"西阴纹"细说》，《古代文明》第7卷，文物出版社，2008年。
〔6〕 中国社会科学院考古研究所湖北工作队：《湖北枝江县关庙山遗址第二次发掘》，《考古》1983年1期。

图 3　湖北枝江关庙山遗址旋纹彩陶

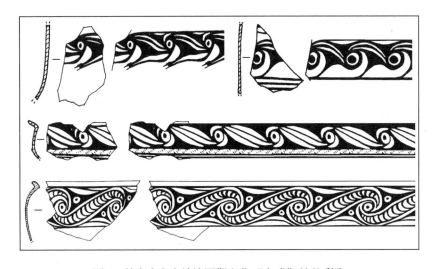

图 4　甘肃秦安大地湾四期文化"鸟式"旋纹彩陶

西北地区所见的这类纹饰，其实并不是鸟纹，而是旋纹中的一种，或可称作"鸟式"旋纹。图案中被看作是鸟首的带圆点的小圆形，是常见的圆圈纹，而连接圆形的是变形的地纹叶片纹。这种变形的叶片纹为一般观者视而不见，反而将作为衬底的弧边三角形看成了鸟形的身体。这样的鸟形其实是绘出了一上一下或一左一右的两个弧边三角，人们没法解释为何绘出这样的双身鸟形图像，其实这图形虽是像鸟但并不是鸟的形象，认定这一点非常重要。甘肃秦安大地湾遗址就发现了一些这样的旋纹彩陶[7]，年代属于仰韶晚期，略晚于庙底沟文化（图4）。其他遗址同期文化遗存的彩陶中也发现不少这种旋纹，如作过较大规模发掘或调查过遗址武山傅家门[8]、天水西山坪[9]，所发现的彩陶都是以叶片纹与圆形组合和鸟式旋纹为主体，风格非常一致。傅家门和西山坪遗址所见彩陶鸟式旋纹还与叶片纹与圆形组合同绘一器，后者在上，前者在下，纹饰平行排列，构图严谨华美（图5）。

---

〔7〕　甘肃省文物考古研究所：《秦安大地湾》，文物出版社，2005 年。

〔8〕　中国社会科学院考古研究所甘青工作队：《武山傅家门遗址的发掘与研究》，《考古学集刊（16）》，科学出版社，2006 年。

〔9〕　中国社会科学院考古研究所：《师赵村与西山坪》，中国大百科全书出版社，1999 年。

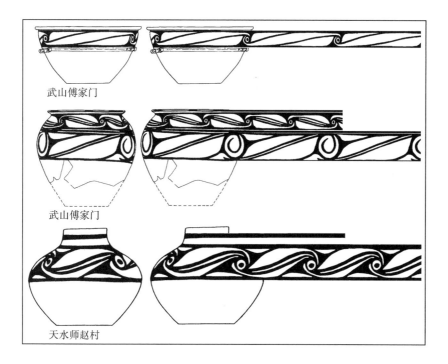

图5　甘肃仰韶晚期文化鸟式旋纹彩陶

　　将关庙山遗址的旋纹彩陶与西北地区的同类彩陶放在一起，我们不会怀疑两者之间可能存在的紧密联系，前者一定受到过后者的强烈影响，或者系最直接的传播也未可知。

　　这样看来，由彩陶上找到的线索表明，分布于长江中游地区的大溪文化与同期的黄河文化有着密切的联系，这种交流也是双向的，由下文论及的绞索纹我们可以更明确的看到这一点。

二

　　在大溪文化中还有一种更重要的彩陶，即是绞索纹彩陶，它是本土文化中萌生的艺术主题。在大溪文化分布区内，许多遗址都出土了绞索纹彩陶，而且在很多外围文化和时空距离较远的文化中也发现了一些同类彩陶，对于它的起源与传播，学界还没有来得及进行研究。

　　所谓绞索纹，也有学者称为绳索纹、链条纹，或又称为绹纹与绹索纹，甚至有称为旋纹的，它像是描绘两股或多股绳索拧合的样子，我们觉得称为绞索纹也许更恰当一点。大溪文化彩陶上的绞索纹可以分作若干类，由大类看有弧线式，也有折线式，由细部区别看又能分出双线型和多线型。此外绞索纹也还有长结和短结的不同，长结绞索纹绘得流畅精致，短结绞索纹绘得细碎粗率。绞索纹是大溪文化彩陶的标志性纹饰，绞索纹彩陶是大溪文化的一个重要标志。

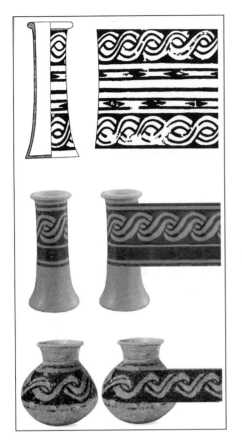

图 6　重庆巫山大溪遗址大溪文化彩陶

我还认为，大溪文化彩陶上的绞索纹也属于地纹表现形式，纹饰呈二方连续形式排列，上下一般都填充有弧边三角作为衬底。双线型的绞索纹其实是用二实线衬出中间的单条地纹来，三线型为三实线衬出双条地纹，四线型即为三条地纹。为着约定俗成的说法，本文在描述时并不以地纹表现的线条数目为准，依然以实线的数目描述和进行分类比较。

大溪文化的彩陶，最早是因分布在峡江的重庆巫山大溪遗址的发掘受到关注。大溪文化彩陶中最有特色的是一种筒形瓶，在包括大溪在内的若干遗址都有出土，多数筒形瓶上都绘有一组或一组以上的绞索纹。大溪遗址发现两例绞索纹彩陶瓶，其中一件彩陶瓶在上部绘一组弧线形三线型绞索纹，另一件彩陶瓶上下各绘一组弧线形三线型绞索纹。还有一件陶罐的中上腹部，也绘有一组弧线形三线型绞索纹（图6）。这三件彩陶所绘绞索纹风格一致，年代应当较为接近。

同样分布在峡江区域的湖北宜昌中堡岛遗址[10]，也发现了与大溪遗址相似的彩陶瓶，只是都已残断。其中一件残器除了在上端绘一组弧线形三线型绞索纹外，在中部位置另绘一组变体绞索纹。根据其他遗址的发现，这类瓶的下部也应当绘有一组纹饰，是三组绞索纹共绘一器。另外在一件豆盘上也绘有绞索纹，属于不多见的弧线形四线型绞索纹。中堡岛还见到一些刻划有绞索纹的粗陶器座，刻划的都是折线形绞索纹，有三线型，也有多至五线型的（图7）。

出了峡江口，也有几处大溪文化遗址发现了绞索纹彩陶。经过大规模发现的湖北枝江关庙山遗址，发现一件保存完好的彩陶瓶，绘有三组弧线形三线型绞索纹，中间所绘为变体绞索纹。在另一件大陶罐上，绘出一个单体的绞索纹结，这样的纹饰单元在其他遗址的彩陶上也发现过（图8）。

湖北松滋桂花树遗址也发现几件典型的绞索纹彩陶[11]。一件彩陶瓶绘三组绞索纹，纹饰构图及布局与关庙山的那一件所见完全相同，纹饰属弧线形三线型。在一件

〔10〕　国家文物局三峡考古队：《朝天嘴与中堡岛》，文物出版社，2001年。
〔11〕　湖北省荆州地区博物馆：《湖北松滋县桂花树新石器时代遗址》，《考古》1976年3期。

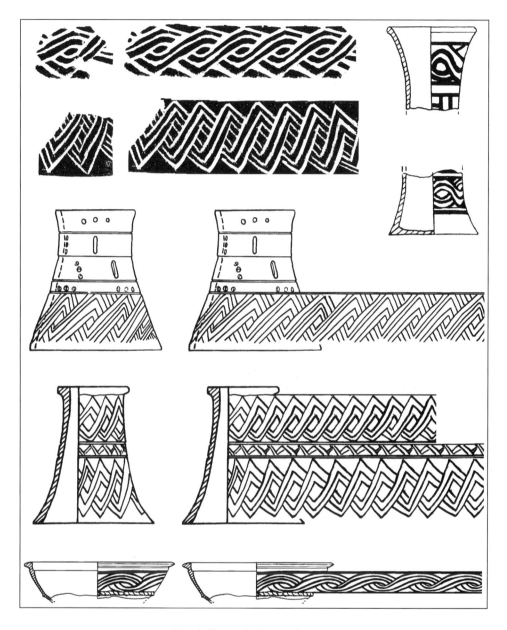

图7　湖北宜昌中堡岛遗址大溪文化陶器纹饰

彩陶罐上腹位置，绘一组弧线形三线型绞索纹，线型较为粗壮。还见到一件彩陶器座，绘一单体的绞索纹结，也与关庙山所见类同（图9）。

　　湖北西部麻城金罗家遗址[12]，意外出土一件大溪文化陶篮形器，在中腹绘一周围清秀的绞索纹，属弧线形三线型，上缘还附绘一周菱形纹（图10）。在其他地点还不曾见到类似器形的彩陶，这个发现值得注意。

〔12〕　麻城市博物馆：《麻城金罗家遗址调查简报》，《江汉考古》1992 年 3 期。

图 8　湖北枝江关庙山遗址彩陶

图 9　湖北松滋桂花树遗址大溪文化彩陶

图 10　湖北麻城金罗家墓葬出土大溪文化彩陶

湘北洞庭湖区域的澧县城头山遗址，文化堆积主要是汤家岗文化和大溪文化，在大溪文化层发现了绞索纹彩陶和刻纹陶，但风格有所变化，更见到一些变体的绞索纹。在一件彩陶罐上腹绘一周双线绞索纹，较为特别的是，它的上缘绘成弧线形，而下缘却绘成折线形。还见到一件彩陶片，绘弧线形三线绞索纹，与峡江所见相同。在其他陶器上，见到弧线形双线绞索纹刻划（图11）。有的陶器上的绞索纹刻划为单线型，显得简单而草率（图12）。

图11　湖南澧县城头山遗址大溪文化彩陶与刻纹陶

图12　湖南澧县城头山遗址大溪文化刻纹陶

大溪文化彩陶绞索纹有不同的构图模式，将绞索纹刻划也一并分类，大体可以划分为四式：

a 式：绞索纹弧线形，又分单线、双线、三线和四线几种，以三线较为常见。

b 式：绞索纹折线形，又分双线、三线和五线几种。

c 式：绞索纹上缘弧线形下缘折线形，很少见。

d 式：变体绞索纹折线形，图案环环相扣，但左右线条并不连续，与前三式区别明显。

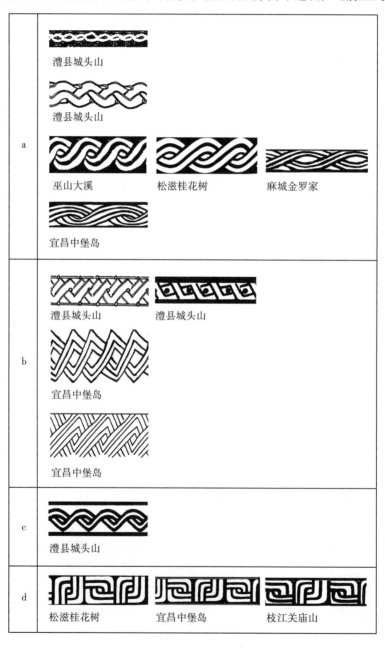

图 13　大溪文化彩陶绞索纹分类

a 式中的弧线形三线型最为多见，为最具代表性的绞索纹，分布也最为广泛。d 式也极有特点，应当是体现大溪人当时精致绘彩技巧的代表作，仅分布在峡江及峡口附近地区（图 13）。

三

分布在峡江和两湖区域的大溪文化，从现在的发现看它的彩陶似乎表现得并不那么强势，而且它明显受到黄河同期文化的影响，但它也向外传播过自己的彩陶文化，也曾影响了黄河及其他区域的文化。

在检索资料过程中，一组属于庙底沟文化的绞索纹彩陶进入我们的视线。这组器物的器形和纹饰都比较特别，它们原本并不归属于庙底沟文化。这组器物共 5 件，河南渑池仰韶村遗址一件[13]，绘绞索纹与花瓣纹组合纹饰，绞索纹为双线型，绞索结较大。陕县庙底沟遗址一件[14]，绘平行斜线与绞索纹组合纹饰，绞索纹为折线形双线型。汝州中山寨遗址一件[15]，绘花瓣纹与绞索纹组合纹饰，绞索纹为弧线形双线型。山西夏县西阴村遗址一件[16]，绘平行斜线、三角与绞索纹组合纹饰，绞索纹为弧线形双线型。陕西华阴西关堡一件[17]，器形非常完整，敞口斜壁矮圈足，腹壁绘花瓣纹、平行斜线、三角与绞索纹组合纹饰，绞索纹为折线形双线型（图 14）。

将以上 5 例彩陶放在一起，虽然只是西关堡一件为完整的豆，其他 4 例残损过甚，但明显属于同一类器形，都是折腹直壁矮圈足豆，折腹处起突棱。这类豆形器在庙底沟文化中十分少见，像是外来品，南来自两湖地区的可能性较大。所绘绞索纹全是双股并绞，风格比较一致。与绞索纹组合的纹饰在两湖多见，但四瓣式花瓣纹又是明显的庙底沟风格，应当是大溪人仿庙底沟文化彩陶纹饰结合本地特色制作的产品，似乎不大可能是庙底沟人自己的作品。

中原地区自然也见到仿制的绞索纹彩陶，郑州大河村遗址就发现有数例[18]。其中有三例属于"仰韶二期文化"，与庙底沟文化年代相当，绞索纹全绘为折线形双线型，单元纹饰较小。还有一例年代略晚，绘弧线形三线型绞索纹，绘工较为草率（图 15）。

---

〔13〕 安特生：《中国远古之文化》，《地质汇报》1923 年 5 号；河南省文物研究所等：《渑池仰韶遗址1980–1981 年发掘报告》，《史前研究》1983 年 1 期。

〔14〕 中国科学院考古研究所：《庙底沟与三里桥》，科学出版社，1959 年。

〔15〕 中国社科院考古所河南一队：《河南汝州中山寨遗址》，《考古学报》1991 年 1 期。

〔16〕 李济：《西阴村史前的遗存》，清华学校研究院，1927 年；山西省考古研究所：《西阴村史前遗存第二次发掘》，《三晋考古（第二辑）》，山西人民出版社，1996 年。

〔17〕 中国社会科学院考古研究所陕西工作队：《陕西华阴西关堡新石器时代遗址发掘》，《考古学集刊(6)》，科学出版社。

〔18〕 郑州市博物馆：《郑州大河村》，科学出版社，2001 年。

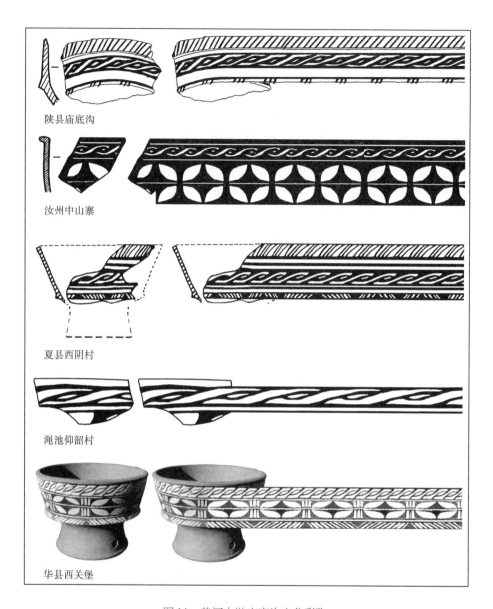

陕县庙底沟

汝州中山寨

夏县西阴村

渑池仰韶村

华县西关堡

图 14　黄河中游庙底沟文化彩陶

图 15　河南郑州大河村遗址绞索纹彩陶

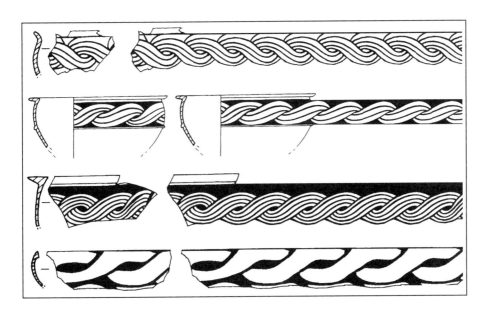

图16 甘肃秦安大地湾四期文化绞索纹彩陶

　　黄河上游地区，在甘肃秦安大地湾遗址略晚于庙底沟文化的四期文化层中，出土若干件绞索纹彩陶[19]。大地湾彩陶绞索纹一般不与其他纹饰组合出现，有双股并绞，更多的是四股并绞，有正绞，也有反绞，方向不一（图16）。大地湾四期文化的面貌，与仰韶时期的庙底沟文化表现有更多的联系，也孕育了马家窑类型彩陶因素，如较多旋纹，特别是形似变形鸟纹的旋纹与圆圈纹奠定了马家窑类型彩陶纹饰演变的基础。联系到前文提到的鸟形旋纹彩陶，表明长江中游地区与黄河上游地区的交流是一定存在的，也许这种交流还非常密切，我们现在只是看到了一点眉目而已。

　　黄河下游地区的大汶口文化，也有绞索纹彩陶发现。最标准的一件绞索纹彩陶出自山东泰安大汶口遗址[20]，一件小型陶钵上绘四股并绞的折线形绞索纹，非常接近大溪文化风格（图17，1）。大汶口文化还有一例绞索纹彩陶是在江苏墩县大墩子遗址发现的[21]，主体纹样为折线双股并绞的绞索纹，但上下还有附加重叠的绞索纹，构图比一般绞索纹要繁复（图17，2）。相似的较为复杂的绞索纹陶器在湖南澧县城头山遗址发现过，很像是编织纹，但基础构图还是绞索纹。

　　东部地区除大汶口文化外，年代稍晚的良渚文化中也有加绘绞索纹的陶器发现。如江苏吴江梅堰遗址出土的一件良渚文化漆绘陶[22]，黑陶上用金黄、棕红二

〔19〕　甘肃省文物考古研究所：《秦安大地湾》，文物出版社，2005 年。
〔20〕　山东省文物管理处、济南市博物馆：《大汶口》，文物出版社，1974 年；山东省文物考古研究所：《大汶口续集》，科学出版社，1993 年。
〔21〕　南京博物院：《江苏邳县四户镇大墩子遗址探掘报告》，《考古学报》1964 年 2 期。
〔22〕　陈玉寅：《江苏吴江梅堰新石器时代遗址》，《考古》1963 年 6 期。

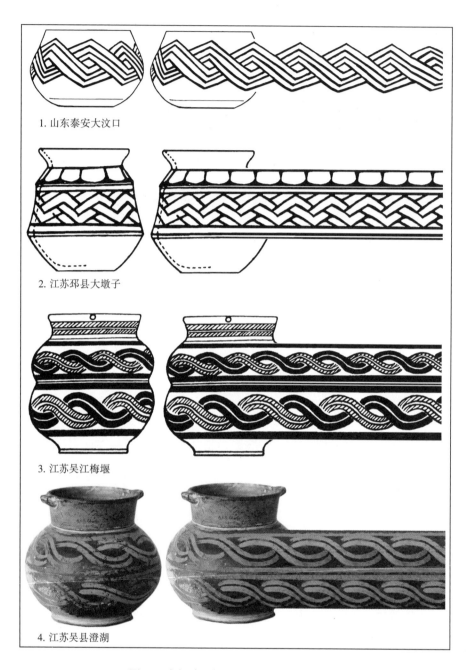

1. 山东泰安大汶口

2. 江苏邳县大墩子

3. 江苏吴江梅堰

4. 江苏吴县澄湖

图 17 东部地区新石器文化彩陶与彩绘陶

色绘两行绞索纹，属弧线形绞索纹（图 17，3）。类似发现还见于江苏吴县澄湖古井群的发掘[23]，在一件贯耳壶上也是绘有两行弧线形双股并绞式绞索纹，线条十分流畅（图 17，4）。良渚文化年代虽然要晚于大溪文化，超越了时空距离的文化影响在绞索纹

---

[23] 南京博物院、吴县文管会：《江苏吴县澄湖古井群的发掘》，《文物资料丛刊（9）》，文物出版社，1985 年。

彩绘陶上还是反映得很清楚的。

值得注意的是，东部区域发现的这几例绞索纹大多为反绞，与大溪文化的绞索纹方向相反。它们在受大溪文化影响的同时，对绞索纹的绘制也有变更，形成了新的风格。

四

大溪文化彩陶特点突出，我们找到它的源头部分是在黄河流域，不过它自身独特的纹饰绞索纹，对外围特别是黄河文化产生了明显的影响，它的起源又是怎样的呢？

彩陶绞索纹的起源，就在两湖地区的前大溪文化中。在湘北地区由于考古工作较为深入，考古学文化序列也相对较为清晰，已知明确的前大溪文化是汤家岗文化（峡江区域或称柳林溪文化）。汤家岗文化年代距今 6800～6300 年，注重陶器纹样装饰，纹饰除绳纹、刻划纹、戳印纹外，还有许多以篦点纹构成的纹饰，还有用各种预制图案或图形模具模印的几何印纹[24]。其中压划、刻划和彩绘绞索纹，也构成了一大文化特色，这也是年代更早的文化中所不见的。

汤家岗文化中最早见到的绞索纹陶器，就是在湖南安乡汤家岗遗址出土的[25]。在一块可能是豆盘的盘壁上，压划出一周粗壮的折线形绞索纹，样式类同大溪文化彩陶上的双股并绞式绞索纹（图 18）。而更多绞索纹陶器的发现是在湖南安乡划城岗遗址[26]，有压划纹陶器，也有少量彩陶。最多见到的是一种刻划的折线形双股并绞式绞索纹，纹饰比较工整，形如链式，所以被一些研究者称为链条纹。这类绞索纹单元图案也有长短不同，而且不同大小单元的组合有时共存一器（图 19）。也有一些已经明显变形的绞索纹、类似编织状的绞索纹和比较粗率的短结绞索纹，后者在大溪文化陶器上也能见到（图 20）。刻划和绘彩中已经见到标准的弧线形绞索纹，有双股并绞、三股并绞和四股并绞的不同，这些与大溪文化所见已经没有什么区别了（图 21）。在一件陶豆外表压划的双股并绞弧线形绞索纹，从器形到纹饰结构都与大溪文化所见相同。而另一件陶罐上刻划的复式折线形绞索纹，在大溪文化中也得到传承（图 22）。

汤家岗文化陶器刻划与彩绘的绞索纹，粗分也是两大型，即弧线形和折线形，也有少量的混合型（图 23）。这时形成的陶器装饰传统与风格完全为大溪文化所继承，大溪文化彩陶主体风格和传统的主要来源，正是汤家岗文化。主要分布于峡江地区的柳林溪文化，包括秭归柳林溪遗址在内[27]，虽然陶器上饰有丰富的刻划纹饰，却并没有

［24］ 尹检顺：《汤家岗文化初论》，《南方文物》2007 年 2 期。
［25］ 湖南省博物馆：《湖南安乡县汤家岗新石器时代遗址》，《考古》1982 年 4 期。
［26］ 湖南省博物馆：《湖南安乡划城岗新石器时代遗址》，《考古学报》1983 年 4 期；湖南省文物考古研究所：《湖南安乡划城岗遗址第二次发掘报告》，《考古学报》2005 年 1 期。
［27］ 国务院三峡工程建设委员会办公室、国家文物局：《秭归柳林溪》，科学出版社，2003 年。

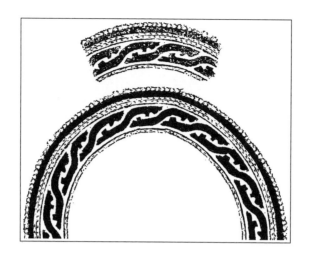

图18　湖南安乡汤家岗遗址汤家岗文化陶器绞索纹饰

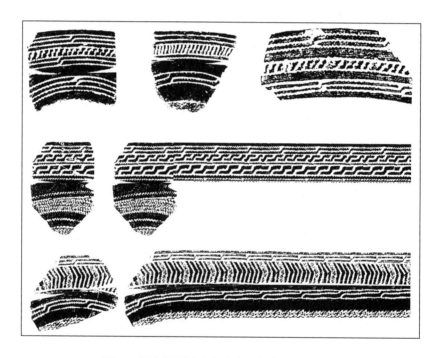

图19　湖南澧县城头山遗址汤家岗文化刻纹陶

见到一例标准的或变形的绞索纹，只是在少量彩陶上绘有变形的旋纹，更证实大溪文化陶器装饰的绞索纹应当是直接来源于汤家岗文化。

在汤家岗和大溪文化中，陶器装饰彩绘与刻划采用相同的纹饰主题，这在其他新石器文化中还不多见。作为陶器装饰特有风格的绞索纹对外围文化也产生了影响，它的重要性我们至今还没有给予应有的关注。大溪文化的绞索纹来源虽然可以追溯到汤家岗文化时期，但更早的文化中并没有这样的装饰传统，它的演变脉络还不十分清晰，

图 20　湖南安乡划城岗遗址汤家岗文化陶器纹饰

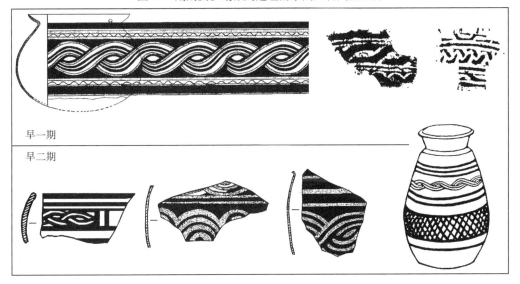

图 21　湖南安乡划城岗遗址早期陶器纹饰

它的意义也并不清楚。

　　对于彩陶纹饰而言，任何一类主流图案都宣示着一种信仰，一种观念。对于绞索纹来说，我们揣度不出意义何在。我们可以直观地解释它为象形的绳索或编织图形，也可以认为它并没有什么特别的含义。但这却是一个非常费解的问题，为何要以这样

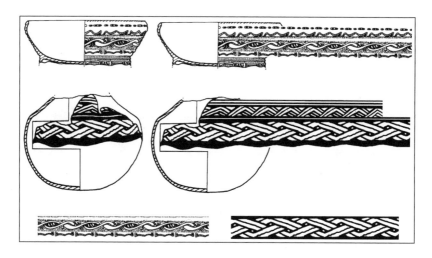

图 22　湖南安乡划城岗遗址汤家岗文化陶器纹饰复原

弧 线 形	折 线 形	弧 兼 折 形
安乡划城岗		
安乡划城岗		
安乡划城岗		
安乡划城岗	安乡汤家岗	
安乡划城岗	安乡划城岗	
安乡划城岗	安乡划城岗	
安乡划城岗	安乡划城岗	安乡划城岗

图 23　汤家岗文化陶器绞索纹分类

的图案作为精美彩陶的主流纹饰？如果没有时代认同的含义，人们基于什么样的理由绘出同样的图案，这图案又为何还会传播到不同的区域去？这是一个需要解释的问题，但眼下没有合适的答案。

对于陶器上装饰图案的起源，历来有不同的说法，有人说几何纹是象形图案的几何化结果，也有人说几何纹起源于编织结构。其实两种可能性都是存在的，不能一概而论。当讨论大溪文化绞索纹的时候，我们会自然地判断它有可能是起源于编织图案，它已经是艺术化的编织纹。但这并不是说它仅仅只是用作装饰的编织纹而已，大溪人或许赋予了它特别的含义，不然它不会那样流行，也不会传播得那么广。弗朗兹·博厄斯说，"不论是绘画或造型艺术中的几何纹样，还是音乐中的旋律或乐句，只要具有某种含义，就能唤起人们一定的感情甚至观念。……只有某些众所周知的，具有一定意义的象征符号才能产生象征艺术的效果"[28]。史前时代某些彩陶纹饰在大范围的传播，有时甚至是超越考古文化的传播，在这样范围的人们一定在纹饰的含义与解释上建立了互动关系，彩陶原来存在的文化背景，也随着纹饰的传播带到了新的地方。当某些彩陶纹饰传播到不能生根的地方，互动关系就会终止。也就是说，如果不能解释或接受这彩陶纹饰所具有的象征意义，传播也就中止了。对于大溪文化彩陶上的绞索纹，我们也可以作如是观，只是它真实的含义我们还不得而知。

（原载《中国考古学会第十三次年会论文集》，文物出版社，2011年）

---

〔28〕 ［美］弗朗兹·博厄斯著，金辉译：《原始艺术》，贵州人民出版社，2004年。

红山文化彩陶简论

在黄河与长江两大流域都发现了丰富的新石器时代彩陶，而且都有了较为充分的研究。在两河以外的区域也有彩陶发现，只是在数量和类型上有较大差距，所以对它们的研究没有引起太多的重视。辽河流域发现的新石器时代彩陶，多属红山文化，这些彩陶因为资料不系统，目前还没有人进行全面研究。

红山文化彩陶自成体系，特征突出，它与黄河彩陶也有过交流。本文是对红山文化彩陶资料的一个简单的梳理，以期对北方史前彩陶的研究能有所推进。

1. 红山文化彩陶的发现

在北方地区发现的年代较早的彩陶，较多见于西辽河地区的红山文化，在赤峰红山后[1]、蜘蛛山[2]和西水泉遗址[3]发现红山文化典型彩陶器，引起研究者的关注。其他发现彩陶的地点还有敖汉旗三道湾子[4]、巴林左旗南杨家营子、辽宁凌源县三官甸子城子山[5]、阜新胡头沟遗址等[6]，近些年在辽宁凌源牛河梁[7]和内蒙古敖汉旗兴隆沟遗址又有一些新发现，为红山文化彩陶增添了新的内容。此外还有一些未及发表的新资料，其中包括一些比较重要的资料，有的彩陶纹样还是过去很少见到或是从未见过的，值得关注。

红山文化彩陶很多都出土于墓葬中，居址中也有一些发现。由墓葬的发现看，红山文化彩陶有的是专用的墓葬用器，不是日用器皿。如大量见到的高筒形器，有时并列排放在墓室周围，它们不能作为容器使用。由于大规模发掘的遗址很少，对红山居

[1] 滨田耕作、水野清一：《赤峰红山后》，1938 年。
[2] 中国社会科学院考古研究所内蒙古工作队：《赤峰蜘蛛山遗址的发掘》，《考古学报》1979 年 2 期。
[3] 中国社会科学院考古研究所内蒙古工作队：《赤峰西水泉红山文化遗址》，《考古学报》1982 年 2 期。
[4] 辽宁省博物馆等：《辽宁敖汉旗小河沿三种原始文化的发现》，《文物》1977 年 12 期。
[5] 杨恭笃等：《辽宁凌源县三官甸子城子山遗址试掘报告》，《考古》1986 年 6 期。
[6] 方殿春等：《辽宁阜新胡头沟红山文化玉器墓的发现》，《文物》1984 年 6 期。
[7] 辽宁省文物考古研究所：《辽宁牛河梁红山文化"女神庙"与积石冢群的发掘》，《文物》1986 年 8 期；辽宁省文物考古研究所：《辽宁牛河梁第二地点四号冢筒形器墓的发掘》，《文物》1997 年 8 期。

民日常生活使用的彩陶目前还不能获得全面的印象，但可以肯定有些精美的彩陶原本是用于日常生活的，当然不会为一般居民所拥有。

对于红山文化彩陶的研究，仅仅见于一些综合性研究论文附带提及[8]，很少见到专门性的研究论文。

2. 红山文化彩陶的特点

红山文化彩陶特点鲜明，多是在细泥红陶上以黑彩绘出纹饰，敷彩面一般较大，要占到陶器表面的大半位置。彩陶器形主要有钵、碗、盆、罐和壶等。

红山文化彩陶纹样基本都是几何形，纹饰以菱格纹、钩旋纹和叠弧纹最有特色，还有并行斜线纹和平行竖线纹等，也有并列三角纹和类似花瓣纹等（图1~3）。以直线和弧线为图案基本元素，纹饰朴实简洁，构图对称均衡；讲究色块对比，采用衬托手法表现纹饰互映效果。其中如菱格纹的黑彩与陶器表面的红地黑红相间，色块整齐，对比强烈，有如棋盘一般（图4）。还有整齐的叠弧纹，粗壮的弧线重重叠叠从陶器口沿下平行垂下，潇洒飘荡，形如叠帐（图5）。又如钩旋纹亦是以黑彩衬红地，环环相扣，层层相叠，图案给人以很强的冲击力。钩旋纹又分单钩和双钩两种，排列都非常整齐，很有韵感（图6、7）。另有一种主要装饰在筒形器上的宽带纹也很有特色，黑彩宽带多层平行，纹饰虽然简洁，但却显得很有气势（图8）。此外还有一种伞盖状的图案，将陶罐上部画出伞状图案，有如荷叶形盖子，很有装饰意味（图9，1）。

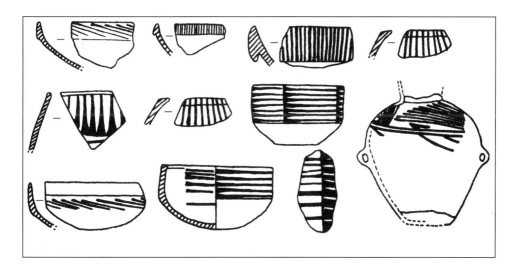

图1　红山文化彩陶（1）

〔8〕　杨虎：《辽西地区新石器—铜石并用时代考古文化序列与分期》，《文物》1994年5期；郭大顺、马沙：《以辽河流域为中心的新石器文化》，《考古学报》1985年4期；张星德：《红山文化分期初探》，《考古》1991年8期。

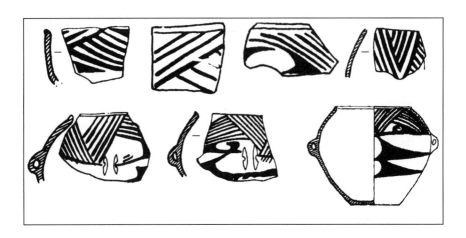

图 2　红山文化彩陶（2）

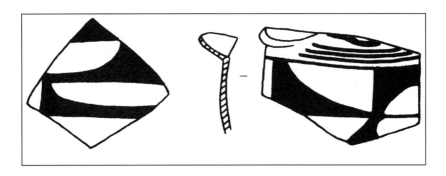

图 3　红山文化彩陶（3）

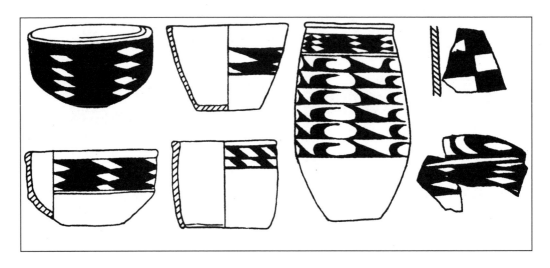

图 4　红山文化彩陶（4）

　　红山彩陶中许多器物都是一器绘一种纹饰，成行成排，罗列有序。有时也见到两种纹样同绘一器，对比强烈，相得益彰。

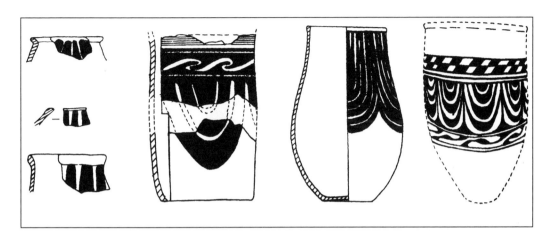

图 5　红山文化叠弧纹彩陶

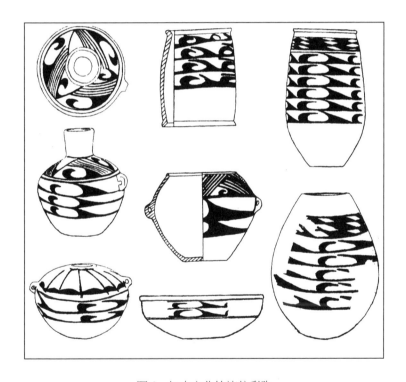

图 6　红山文化钩旋纹彩陶

　　红山文化彩陶有别于其他新石器文化彩陶，它的图案构成极有特点。张朋川先生
的评价是：红山文化彩陶“花纹绘制较严谨工整，善于运用斜线和弧线，使花纹既有
曲直变化，又有钩回呼应。图案常以不同纹样组成的图案带在陶器上腹作多层的排列，
用重复出现的纹样来加强装饰效果，因此图案的结构是别具一格的”[9]。

——————

〔9〕　张朋川：《中国彩陶图谱》，文物出版社，1990 年。

图 7　红山文化钩旋纹彩陶

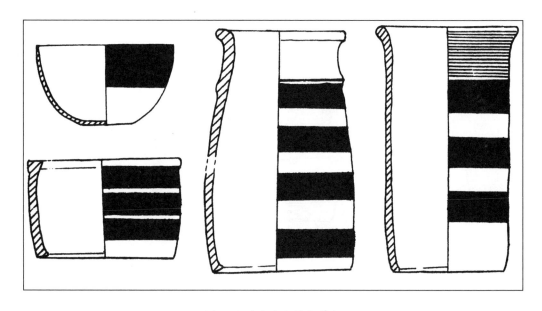

图 8　红山文化宽带纹彩陶

　　红山文化彩陶具有强烈的艺术感染力，自身特点比较突出，整体风格与黄河流域彩陶有明显区别。由于资料的局限，目前尚不能完全明晰它的发展演变脉络。

　　杨虎先生曾将红山文化划分为三个地方类型，即兴隆洼 F133 代表的类型、西水泉类型和东山嘴类型，分别代表红山文化早晚不同发展阶段。兴隆洼 F133 代表的早期类型，没有彩陶发现。西水泉类型彩陶发现较多，"彩陶常先在器表涂红衣，再绘黑彩，

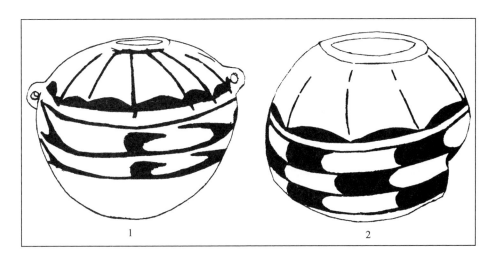

图9　红山文化伞盖状图案彩陶

均为几何纹。单一母题组成的纹带有宽带纹、蝌蚪形斜平行线纹、麟形纹、菱形纹等。复合纹饰有平行线纹，以单条竖线间隔；平行斜线三角纹，空隙处填涡纹。彩陶纹饰多呈横带形环绕器表。"东山嘴类型彩陶出现新的纹样及新的组合，有平行宽横条纹，顶角三角纹和勾叶圆点纹等，有一定数量的内彩，新的典型器主要有彩陶筒形器等。红山彩陶是先有单条宽带彩，后有多条平行宽带纹，麟纹由平行窄条变为平行宽条[10]。

红山文化彩陶有一定的地域特点，发表的现有资料比较零散，还不足以勾画出清楚的轮廓。

3. 红山文化彩陶的含义

从彩陶规范的表达模式看，我们对许多纹样一定包含着特定的信息深信不疑。流行的纹饰一定有它固定的象征意义，它是史前人抽象出来的观念符号。对于彩陶纹饰含义的研究，许多研究者都进行过的尝试，虽然这种尝试很难取得确定的结论，但这样的努力对于深入探讨史前人的精神生活总会有所收益。

虽然红山文化中的彩陶无论是数量还是纹样的种类都不算太多，系统的研究也并没有跟进，但研究者对一些流行纹样象征意义的研究，却是有了急切的探讨。由于红山文化盛行龙崇拜，出土了许多玉龙标本，有的研究者便希望能在彩陶中找到龙的身影。于是彩陶中的叠弧纹被认作是龙麟纹，这样的彩陶也就成了红山人奉行龙崇拜的又一个证据。郭大顺先生认为，多见于敛口罐和筒形器上的叠弧纹是龙麟纹，在红山及其他遗址的彩陶上还有龙身纹，这种龙身纹与陶寺龙盘所见完全相同（图9，2），后

---

〔10〕 杨虎：《关于红山文化的几个问题》，《庆祝苏秉琦考古五十五年论文集》，文物出版社，1989 年。

者源于前者的发展脉络清楚[11]。不能否认，叠弧纹确实有麟片的形状特征，但作为一种纹饰，它的来源并不清楚，在玉龙身上也没有见到相似的图案，还需要等待新出土相关资料印证。再者，红山文化龙的原型，据研究是猪的可能性较大，或许猪龙本是不会有麟片的。那与陶寺龙盘接近被认为是龙身的纹饰，更有可能是菱格纹的变体，不一定就是表现的龙的身子。

从彩陶筒形器看，它是一种无底的特型器物，不是一般的日常生活使用的容器，它往往出土于大型墓葬中。一些研究者都认为，红山文化的类似彩陶可能是专用的祭器[12]。如果是祭器，它上面的纹饰不会不具有特别的含义。我曾将红山文化钩旋纹（钩连花卉纹）笼统归入旋纹看待，读的是地纹。红山文化居民对这种纹饰特别重视，除了在彩陶上大量描绘，还用刻划的方式将它装饰在陶器上，阜新胡头沟遗址就出土了这样的陶片。类似旋纹式地纹彩陶在仰韶和大汶口文化中发现较多，应是一种特别的象征，它的真实含义还有待进一步研究。

4. 红山文化彩陶的来源与去向

红山文化中的彩陶似乎是突然出现的，因为在西辽河流域的前红山文化中，没有发现更原始的彩陶资料。如果是突然出现的，它最有可能是周边文化影响的结果。但是由红山文化彩陶中的主流纹饰看，在南边的仰韶和大汶口文化中都找不到源头，这似乎说明红山文化彩陶又表现有相对独立发展的特点。

红山文化彩陶特点突出，它一开始就显得比较成熟，它的来源不明。虽然与其他文化没有明显联系，但也不是一点联系也看不出来。

在东部辽东半岛地区的大连长海郭家村等遗址出土一批彩陶，从纹饰上看就有与红山文化类似的彩陶（图10），它们都有以钩连弧边三角作衬底的旋纹彩陶[13]。这种纹饰的源头也许可以追溯到大汶口文化，在江苏邳县大墩子就出土了不止一件的旋纹彩陶鼎（图11），纹样构图与大连的发现完全相同[14]。从这种纹样的彩陶可以看出不同文化之间存在的联系，但无论是在红山文化还是在大汶口文化中发现都不是太多，不是主流纹饰，所以究竟是谁影响谁还没有最终的判断。如果再往前溯，仰韶文化的庙底沟时期也有类似彩陶图案发现，也算不上主流纹饰。

西部河套地区阿善文化或海生不浪文化的发现，证实了仰韶文化北上向那里的扩

---

〔11〕 郭大顺：《辽西古文化的新认识》，《庆祝苏秉琦考古五十五年论文集》，文物出版社，1989 年。

〔12〕 傅宗德：《筒形器用途初探》，《辽海文物学刊》1991 年 1 期；刘国祥：《红山文化无底筒形器的考古发现及其功用》，《中国文物报》1994 年 9 月 11 日三版。

〔13〕 旅顺博物馆等：《旅顺于家村遗址发掘简报》，《考古学集刊1》中国社会科学出版社，1981 年；辽宁省博物馆等：《长海县广鹿岛大长山岛贝丘遗址》，《考古学报》1981 年 1 期。

〔14〕 南京博物院：《江苏邳县四户镇大墩子遗址试掘报告》，《考古学报》1964 年 2 期；《江苏邳县大墩子遗址第二次发掘》，《文物》1972 年 3 期。

图 10　辽宁大连郭家村遗址出土彩陶

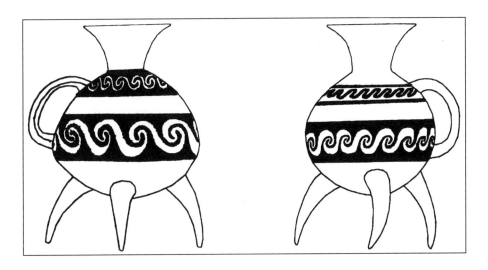

图 11　江苏邳县大墩子遗址彩陶鼎

张。河套地区不仅发现了与半坡和庙底沟文化相当的遗存，也发现了典型仰韶文化的彩陶。在大量彩陶中见到一些与红山文化有关联的纹样（图 12），如钩旋纹和叠弧纹等[15]。自然我们一时还不能明白红山文化彩陶是否受到河套地区彩陶的影响，但它们之间的联系却是明确存在的。

　　文化之间的传播与影响应当是相互的，是双向的。值得注意的是，红山文化彩陶有可能对仰韶文化产生过一定影响。在河南陕县庙底沟遗址曾出土一片钩旋纹彩陶

〔15〕　吉发习：《内蒙古托克托县新石器时代遗址调查》，《考古》1978 年 6 期；苏昳：《内蒙古自治区黄河沿岸的彩陶艺术》，《内蒙古日报》1981 年 10 月 21 日。

图 12　河套地区出土彩陶

图 13　河南陕县庙底沟遗址出土彩陶片

（图 13），纹样风格与仰韶文化彩陶区别明显，类似彩陶在仰韶遗址再无发现，但它却是红山文化彩陶大量见到的图案，我们有理由说庙底沟遗址的这片彩陶与红山文化有关，而且有可能是直接由红山文化传入的原创彩陶[16]。

红山文化彩陶的去向，最有可能的是后续的小河沿文化。小河沿文化也发现有较丰富的彩陶，其中以内蒙古翁牛特旗石棚山墓地的资料最为丰富。1977 年发掘的石棚山墓地，随葬品中包括有大量彩陶，不仅细泥红陶上绘彩，在部分灰陶和夹砂陶上也有彩绘图案。彩陶多为钵形器，使用或红或黑的单彩绘制图案，纹样多正倒相间的三角和半圆形，使用平行竖线或斜线作间隔[17]。其中平行的斜线和直线与红山文化彩陶

〔16〕　中国科学院考古研究所：《庙底沟与三里桥》，文物出版社，1959 年。
〔17〕　李恭笃：《昭乌达盟石棚山考古新发现》，《文物》1982 年 3 期。

多少有些联系，但全然不见红山文化典型的钩旋纹与菱格纹。有研究者认为这些彩陶与黄河中游的后冈一期文化联系更为紧密，但因两者年代差距较大，无法进行对比研究。

红山文化的彩陶有鲜明的特点，它有独立发展的一面，也部分接受了周边文化的影响或是在一定程度上影响了邻近的文化。

（原载《红山文化国际研讨会论文集》，文物出版社，2006年）

简论红山文化彩陶三元素之来龙去脉

　　10 年前，我曾经就红山文化的彩陶进行梳理，认识到红山文化彩陶纹样基本都是几何形，纹饰以菱格纹、钩旋纹和叠弧纹最有特色，还有并行斜线纹和平行竖线纹等，也有并列三角纹和类似花瓣纹等。以直线和弧线为图案基本元素，纹饰朴实简洁，构图对称均衡；讲究色块对比，采用衬托手法表现纹饰互映效果。其中如菱格纹的黑彩与陶器表面的红地黑红相间，色块整齐，对比强烈，有如棋盘一般。还有整齐的叠弧纹，粗壮的弧线重重叠叠从陶器口沿下平行垂下，潇洒飘荡，形如叠帐。又如钩旋纹亦是以黑彩衬红地，环环相扣，层层相叠，图案给人以很强的冲击力。钩旋纹又分单钩和双钩两种，排列都非常整齐，很有韵感[1]。

　　红山文化彩陶虽然特点鲜明，但感觉红山文化中的彩陶似乎是突然出现的，因为在西辽河流域的前红山文化中，没有发现更原始的彩陶资料。如果是突然出现的，它最有可能是周边文化影响的结果。例如由红山文化彩陶中的宽带纹看，应当与南边的仰韶文化的影响有关。旋纹是红山文化居民特别重视的一种纹饰，除了在彩陶上大量描绘，还用刻划的方式将它装饰在陶器上，阜新胡头沟遗址就出土了这样的陶片。这种双旋纹可能是庙底沟文化影响的结果，不过整体风格有了一些改变，与庙底沟文化的双旋纹区别明显。

　　当初也注意到这样一点，文化之间的传播与影响应当是相互的，是双向的。也觉得红山文化彩陶有可能对仰韶文化产生过一定影响，如在河南陕县庙底沟遗址曾出土一片钩旋纹彩陶，纹样风格与仰韶文化彩陶区别明显，类似彩陶在仰韶遗址再无发现，但它却是红山文化彩陶大量见到的图案，可能是直接由红山文化输入的彩陶。

　　近年红山文化彩陶又刊布了一些新资料，特别是牛河梁遗址发掘报告问世，不仅让我们对红山文化彩陶题材有了更多了解，对于其中一些元素的来龙去脉也有了新的思考[2]。本文将以红山彩陶中的三元素菱形纹、旋纹和绞索纹为例，讨论红山彩陶的来龙去脉。

---

〔1〕　王仁湘：《红山文化彩陶简论》，《红山文化研究》，文物出版社，2006 年。

〔2〕　辽宁文物考古研究所：《牛河梁：红山文化遗址发掘报告 1983－2003 年度》，文物出版社，2013年。

1. 菱形纹

红山文化彩陶上的菱形纹，过去不大受关注，一些研究者甚至只当作三角纹描述。其实它是由双色直边三角建构的菱形纹，一色是绘上的黑彩，一色是器表的红色，双色三角交错构成菱形，黑红对比鲜明，呈二方或四方连续方式排列（图1）。这种菱形纹一般出现在筒形器上，有的绘制相当规整[3]。

图1 红山文化菱形纹彩陶

类似的菱形纹，在中原半坡和庙底沟文化彩陶上都有发现，数量也不算太少。黄河流域典型的菱形纹，是用三角形纹组合而成，这样的三角都是直角三角，黑红颠倒。拼合出来的菱形，在外围还要用另外的黑红三角衬托，构图非常严密。这样的菱形在构图细微处也还有一些差别，可分为两类，一类为构成菱形的四个三角紧密联结，一类是上下两对三角之间留有隔断。在有的地点只见到其中一类菱形纹，有的地点两类菱形纹都有。

以对称的黑白（红）三角形组成的菱形纹在半坡文化彩陶上就已经出现，在西安半坡、芮城东庄村和秦安大地湾都发现许多菱形纹彩陶。半坡时期的菱形纹也是由对称的黑白（红）三角组成，构图已经非常成熟，有了几种定型的形态。庙底沟文化中的菱形纹完全承袭了半坡文化的构图，几乎没有什么改变，改变的只是在菱形之间添加了新元素的隔断（图2）。

不论在半坡文化还是在庙底沟文化中，彩陶上都见到这种精彩的菱形纹，菱形的构图与色块的组织也都相似，艺术表现手法一脉相承，表明它们应当具有同一的来源。当然这种继承也并非是一成不变，庙底沟文化彩陶的菱形纹显得更为丰满，纹饰单元

---

〔3〕 辽宁文物考古研究所：《牛河梁：红山文化遗址发掘报告 1983–2003 年度》，文物出版社，2013年。

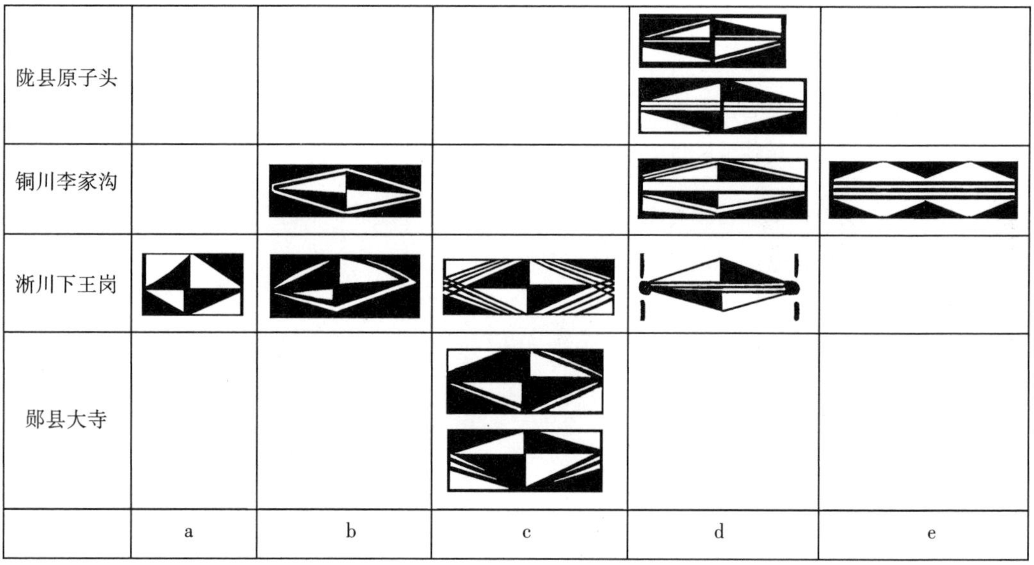

	a	b	c	d	e
陇县原子头					
铜川李家沟					
淅川下王岗					
郧县大寺					

图 2　仰韶文化彩陶菱形纹的比较

之间常常添加有另外纹饰组成的隔断，看起来显得更加多姿多色[4]。

红山文化的菱形纹，显然与中原地区的同类纹饰存在密切的联系，应当是后者传播的结果。稍有不同的是，红山文化对这种纹饰又有新的表现，因为筒形器上有了更多的空间，原本是二方连续的构图变成了四方连续式，使得纹饰组合有了更强的视觉冲击力。

值得注意的是，在内蒙古凉城王墓山坡下遗址发现了菱形纹彩陶，菱形纹绘在直口钵上，也是黑红三角对称的构图，没有什么附加纹饰，与中原地区所见相同，接近庙底沟文化风格[5]。凉城这一带正处于中原与辽西的中间地带，恰恰发挥了文化传播的接力作用。

2. 双旋纹

红山文化彩陶最重要的代表性纹饰是旋纹，旋纹亦是地纹彩陶，以黑彩衬红地，环环相扣，层层相叠，图案给人以很强的冲击力。旋纹又分单旋和双旋两种，排列都非常整齐，很有韵律感。双旋纹分为大小两式，即繁简两式，都没有绘出明显的旋心。大双旋纹常是单独构成多行的二方连续图案，小双旋纹一般是与其他纹饰配合使用（图3）。凌原牛河梁出土的两件盖罐，都绘着三行双旋纹，构图非常严谨[6]。

〔4〕　王仁湘：《史前中国的艺术浪潮——庙底沟文化彩陶研究》，文物出版社，2012 年。
〔5〕　王仁湘：《史前中国的艺术浪潮——庙底沟文化彩陶研究》，文物出版社，2012 年。
〔6〕　辽宁文物考古研究所：《牛河梁：红山文化遗址发掘报告 1983–2003 年度》，文物出版社，2013 年。

图3　红山文化双旋纹彩陶

在很多新石器文化中都见到了旋纹彩陶，以庙底沟文化中发现的最多，构图也最为典型。彩陶上的旋纹一般是以未涂色处为主要构图的阴纹形式出现，中心部分也就是纹饰结构的主体，都是一种相同的旋纹。阳纹的勾叶、弧边三角及不规则的弧边形，都无一例外是衬底图形。它们衬托出来的阴纹，有圆形的旋心，有曲回的旋臂，构图谨严缜密。过去研究者认为这类图案的组合没有固定的章法，甚至无法将它分割为独立的单元，如果采用反视阴纹的方法，这个问题就完全不存在了，我们发现它的章法不仅十分的严谨，而且纹饰清丽秀美异常。采用反视方式观看阴纹所看到的彩陶上的旋纹，多数虽然有较为一致的构图，都有旋心和旋臂，不过细作分析，也存在明显区别，可大体区分为单旋和双旋两种。双旋纹中最典型的是单体双旋纹，以单体形式组成二方连续图案，也没有附加的元素，是一种基本的标准形式[7]（图4）。

在陕县庙底沟遗址的第二次发掘中，出土多例单体双旋纹彩陶，都没有附加纹饰（图5）。甘肃正宁王庄王嘴的一件彩陶罐，也是绘单体的双旋纹，没有附加纹饰。距离不远的宁县焦村，也出土一件类似的双旋纹彩陶罐，旋动的两条旋臂回旋飘逸，旋心都缀有圆点。比较标准的单体双旋纹彩陶，在晋南也有发现，洪洞耿壁的一件彩陶盆绘连续的双旋纹，双旋纹较大，没有其他合组的纹饰。灵宝阌东有一件彩陶盆与耿壁的基本相同，也是绘单体双旋纹。这几件彩陶所绘双旋纹，在旋心位置都没有加绘圆点。灵宝西坡的一件彩陶盆绘单体双旋纹，旋心加绘有圆点[8]。

---

〔7〕　王仁湘：《史前中国的艺术浪潮——庙底沟文化彩陶研究》，文物出版社，2012年。
〔8〕　河南文物考古研究所：《华夏之花》，上海古籍出版社，2013年。

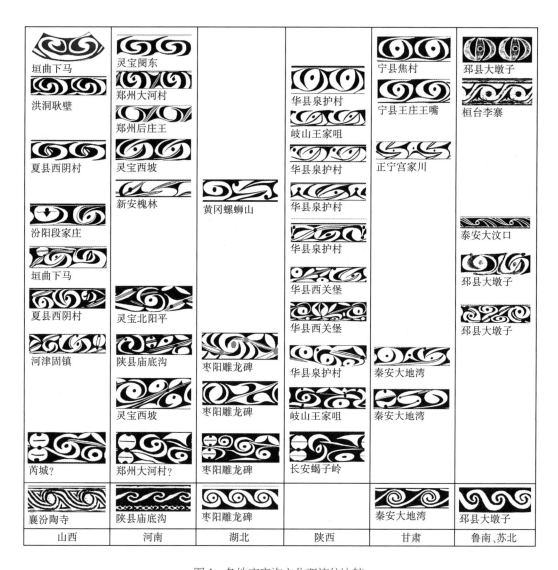

图4　各地庙底沟文化双旋纹比较

这类单体双旋纹虽然也排列成二方连续式，但单体纹饰之间并不连接。到后庙底沟文化时期，双旋纹构图有了明确改变，左右双旋通过旋臂连接为一体，左双旋的下旋臂成了右双旋的上旋臂，不分彼此。秦安大地湾遗址四期文化彩陶见有多例这类双旋纹，其中就包括一部分过去被认作"鸟纹"的旋纹[9]（图6）。

同是双旋纹，红山文化与庙底沟文化双旋纹区别比较明显，与后庙底沟文化双旋纹比较接近，区别只在前者的双旋主体呈扁形，而后者的呈圆形。这两类双旋之间有明确的亲缘关系，只是哪个文化起了主导作用还不很清楚。

〔9〕　甘肃省文物考古研究所：《秦安大地湾》，文物出版社，2005年。

图5　河南三门峡庙底沟遗址新见双旋纹彩陶

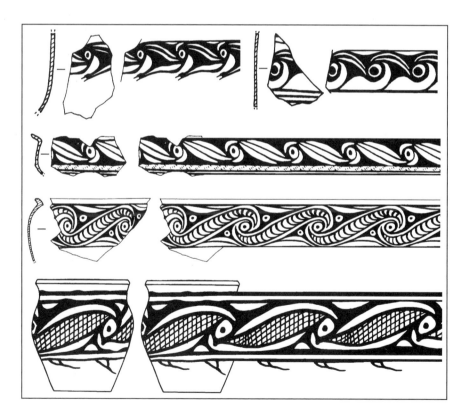

图6　甘肃秦安大地湾四期文化"鸟形"旋纹彩陶

3. 绞索纹

红山文化彩陶中还有一种我们过去没太注意的一种元素，这就是绞索纹。在赤峰博物馆展示的红山文化彩陶，有一件三环足钵形器，不论器形或纹饰，都是以往未见到过的新品（图7）。在敖汉旗博物馆还展示有另一件类似的三环足彩陶，虽然纹饰不同，但却证明这样的器形并不是孤例。另外敖汉旗博物馆还陈列有一件深腹大陶瓮，下腹刻画着绞索纹，表明绞索纹在红山文化中的发现也不是孤例。

图7　红山文化绞索纹彩陶

绞索纹彩陶在长江中游的大溪文化中有较多发现，它是大溪文化彩陶的主流纹饰。要说它与红山文化彩陶有什么直接联系，可能过于牵强，不过我们在中间环节上还是找到了一些值得注意的研究线索[10]（图8）。

在黄河上游地区甘肃秦安大地湾遗址四期文化中，出土了若干件绞索纹彩陶。大地湾彩陶绞索纹一般不与其他纹饰组合出现，有双股并绞，更多的是四股并绞，有正绞，也有反绞，方向不一[11]（图9）。黄河下流地区的大汶口文化，也有绞索纹彩陶发现。最标准的一件绞索纹彩陶出自山东泰安大汶口遗址，一件小型陶钵上绘四股并绞的折线形绞索纹，非常接近大溪文化风格。大汶口文化还有一例绞索纹彩陶是在江苏墩县大墩子遗址发现的，主体纹样为折线双股并绞的绞索纹，但上下还有附加重叠的绞索纹，构图比一般绞索纹要繁复[12]。

更重要的是，在检索资料过程中，一组属于庙底沟文化的绞索纹彩陶进入我们的

〔10〕　王仁湘：《大溪文化彩陶溯源》，《中国考古学会第十三次年会论文集（2010）》，文物出版社，2011年。

〔11〕　甘肃省文物考古研究所：《秦安大地湾》，文物出版社，2005年。

〔12〕　山东省文物管理处、济南市博物馆：《大汶口》，文物出版社，1974年；山东省文物考古研究所：《大汶口续集》，科学出版社，1993年。

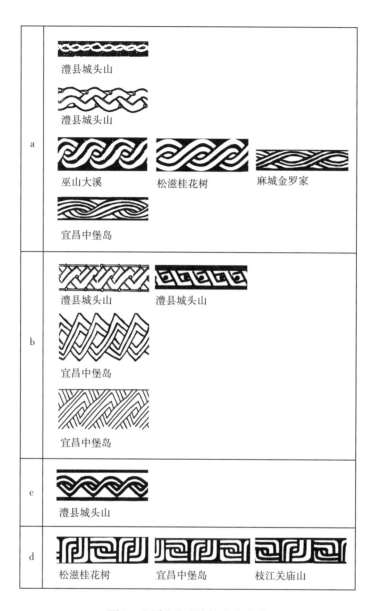

图 8　大溪文化彩陶绞索纹分类

视线。这组器物的器形和纹饰都比较特别，它们原本并不归属于庙底沟文化。这组器物共 5 件，河南渑池仰韶村遗址一件，绘绞索纹与花瓣纹组合纹饰，绞索纹为双线型，绞索结较大[13]。陕县庙底沟遗址一件，绘平行斜线与绞索纹组合纹饰，绞索纹为折线形双线型[14]。汝州中山寨遗址一件，绘花瓣纹与绞索纹组合纹饰，绞索纹为弧线形双

---

〔13〕　安特生：《中国远古之文化》，《地质汇报》1923 年 5 号；河南省文物研究所等：《渑池仰韶遗址 1980–1981 年发掘报告》，《史前研究》1983 年 1 期。

〔14〕　中国科学院考古研究所：《庙底沟与三里桥》，科学出版社，1959 年。

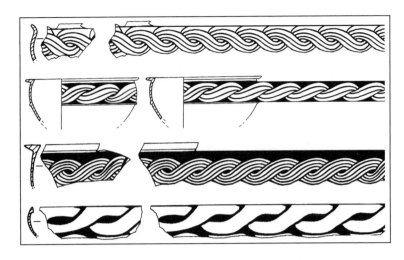

图9　甘肃秦安大地湾四期文化绞索纹彩陶

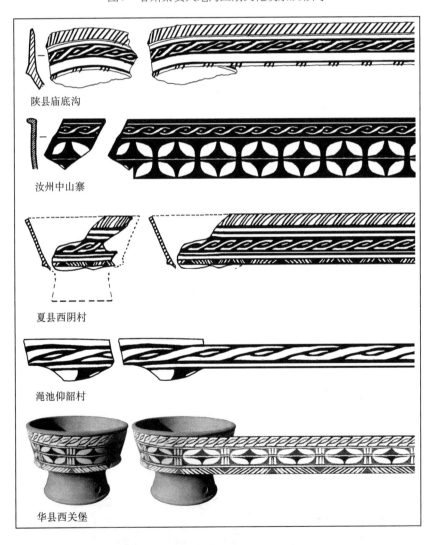

陕县庙底沟

汝州中山寨

夏县西阴村

渑池仰韶村

华县西关堡

图10　黄河中游庙底沟文化绞索纹彩陶

线型[15]。山西夏县西阴村遗址一件，绘平行斜线、三角与绞索纹组合纹饰，绞索纹为弧线形双线型[16]。陕西华阴西关堡一件，器形非常完整，敞口斜壁矮圈足，腹壁绘花瓣纹、平行斜线、三角与绞索纹组合纹饰，绞索纹为折线形双线型[17]（图10）。

将以上5例彩陶放在一起，虽然只是西关堡一件为完整的豆，其他4例残损过甚，但明显属于同一类器形，都是折腹直壁矮圈足豆，折腹处起突棱。这类豆形器在庙底沟文化中十分少见，像是外来品，来自两湖地区的可能性较大。所绘绞索纹全是双股并绞，风格比较一致。与绞索纹组合的纹饰在两湖多见，但四瓣式花瓣纹又是明显的庙底沟风格，应当是大溪人仿庙底沟文化彩陶纹饰结合本地特色制作的产品，似乎不大可能是庙底沟人自己的作品。

中原地区自然也见到仿制的绞索纹彩陶，郑州大河村遗址就发现有数例。其中有三例属于"仰韶二期文化"，与庙底沟文化年代相当，绞索纹全绘为折线形双线型，单元纹饰较小。还有一例年代略晚，绘弧线形三线型绞索纹，绘工较为草率[18]。

由于红山文化的绞索纹彩陶很少，可以初步判断这类纹饰的创制者不是红山人。

由红山文化彩陶中的菱形纹、旋纹、绞索纹这三元素分析，可知红山文化与中土新石器文化有明确交流。交流是互动的，由具有特色的变形旋纹可以看到红山文化彩陶元素也可能有过输出。彩陶元素的交流，是艺术交流，也是信仰互渗，是文化认同与趋同的表现。

（原载《第八届红山文化高峰论坛论文集》，辽宁大学出版社，2014年）

[15] 中国社科院考古所河南一队：《河南汝州中山寨遗址》，《考古学报》1991年1期。
[16] 李济：《西阴村史前的遗存》，清华学校研究院，1927年；山西省考古研究所：《西阴村史前遗存第二次发掘》，《三晋考古（第二辑）》，山西人民出版社，1996年。
[17] 中国社会科学院考古研究所陕西工作队：《陕西华阴西关堡新石器时代遗址发掘》，《考古学集刊（6）》，中国社会科学出版社，1989年。
[18] 郑州市博物馆：《郑州大河村》，科学出版社，2001年。

西南地区史前陶器衬花工艺探讨

——由西藏曲贡和卡若文化的发现说起

　　对于史前时期陶器的研究，过去学者们比较关注彩陶、蛋壳陶、磨光黑陶等，这些都是史前陶工制作的品质较高的陶品。但是史前可以列入高品质之列的陶器，还并不只限于这些类别，至少还有一种以衬花工艺制作的陶器，我们认为它完全可以与彩陶和磨光黑陶等相提并论，也应当可以算作是古代精品陶作之一。

　　对于这种衬花陶，研究者过去没有给予应有的关注，基本上没有开展研究。所谓衬花陶器，是指采用衬花方法表现纹饰的一种陶器。这种陶器上的图案一般是以压剔刻划的阴纹为衬地，而以并不饰纹的磨光面为主要纹饰，构成较为明晰的图案单元。这种以反衬方法制成的图案繁简不一，以几何形纹饰带为主，构图一般较为工整，做工也较为细腻。以细腻的地纹，衬出光滑的纹样，是衬花陶器的工艺特色。这种陶器装饰工艺，在西藏、云南和川西南地区的晚期新石器遗址中发现有较多的例证，表明它们并不是孤立存在。衬花陶器在其他地区也有发现，它是中国周边地区新石器时代晚期出现的一种新的陶作工艺，很可能是在彩陶衰落以后出现的又一种类型的艺术陶器品种。

一

　　衬花陶器的发现，数量已经不算太少，但一直没有引起研究者应有的重视。这可能是因为它没有彩陶那样艳丽的色彩，也没有黑陶那样坚实的质地，而且它的出土地大都在远离中原的周边地区，它们不被看作是传统主流文化产品。我们现在讨论衬花陶器的发现与分布，需要将视线远远地拓展到周边地区。我们先由西南地区几处重点遗址的材料，来了解新石器时代衬花陶器的发现情况。

　　曲贡遗址　我最早注意到史前时期这种衬花工艺的存在，是在发掘西藏拉萨曲贡遗址的时候。在整理曲贡遗址出土陶片的过程中，发现了一些比较特别的刻划和压划纹饰的陶片，这些纹饰乍一看往往表现有双关的特点，在饰纹处和纹饰间的无纹处都

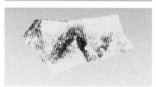

图1 曲贡遗址出土衬花陶片

能构成明确的图案单元。细细观察，会发现主体纹饰却是在无纹处，所饰纹样其实不过是一种衬纹[1]。曲贡遗址所见的这种衬花工艺陶器标本虽然在数量上并不是很多，尤其是复原器很少，但是却很典型，图案单元主要有菱格纹、圆圈纹和折线纹等，有的制作非常精致（图1）。

曲贡发现的最典型的一件带耳圈足杯，为磨光细泥红陶质，在折腹的上腹部饰有精美的衬花纹饰，用一周糙面衬出二方连续的菱形纹饰带，在菱格内再用糙面衬出小菱纹或圆圈纹（图2）。这件标本的衬花纹饰让人觉得有彩陶的意味，是曲贡文化中见到的一件精品衬花工艺陶器。曲贡遗址的发掘过去了十多年，后来每一提及曲贡，我都要说道那特别的陶器衬花工艺。后来我们还特地约请李文杰先生对曲贡遗址的衬花陶作了实验研究，仿制出了一批衬花陶器（图3）。

图2 曲贡遗址出土衬花陶杯

[1] 中国社会科学院考古研究所：《拉萨曲贡》，中国大百科全书出版社，1999年。

图3　曲贡遗址衬花陶（实验复制品）

卡若遗址　西藏昌都卡若遗址发掘在曲贡遗址之先，出土陶器上饰有较丰富的刻划纹饰，其中有相当一部分应属衬花纹饰[2]，只是当时没有从这个方面认识。卡若遗址流行一种三角带状刻划纹，是先在陶器显著部位划出一周波折纹，然后在波折纹的上端或下端填上细划线，一般是在一个三角内填三四根线条。在填线与未填线的两个区域内，形成明显的对比，填线的三角衬出光面的三角，两种三角各自构成连续的纹饰带（图4）。另外在有的陶器上还有以同样的方式衬出的光面波折纹，有时波折纹层层重叠，体现出一种韵律感（图5）。

卡若遗址的这两种衬花纹饰在曲贡遗址都能见到，由此也可以看出两个文化关系之密切。

新光遗址　让我再次注意到史前衬花陶器的存在，还是近年的事情。为了筹备云南边境地区的考古发掘，在2000～2001年间，我往云南地区调查史前遗址，发现在若干地点都有类似的衬花陶器存在，有的还相当精彩。在查阅了相关资料后，使我相信在西南史前时代晚期的遗址中，普遍见到这种衬花图案陶器。在云南最先引起我注意的是永平县新光遗址出土的陶器，在永平观摩这些陶器时令人有耳目一新的感觉，它比过去印象中的云南新石器时代的陶器要精致得多。

----

〔2〕　西藏自治区文物管理委员会等：《昌都卡若》，文物出版社，1985年。

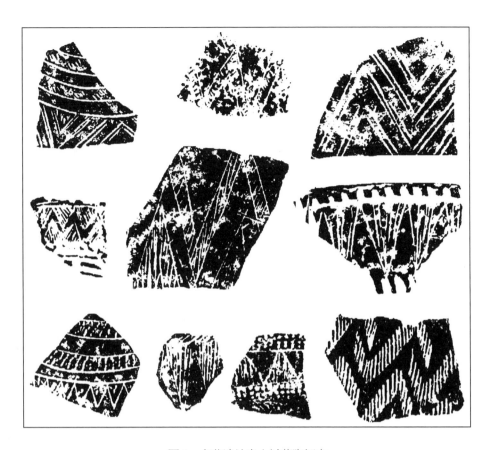

图 4　卡若遗址出土衬花陶拓本

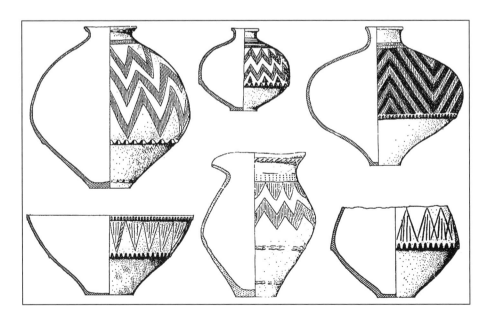

图 5　卡若遗址出土衬花陶器

图 6　新光遗址的衬花陶

　　这批资料的重要部分最近已经公布，让我们有机会细作研究[3]。新光遗址的陶器近半数都有纹饰，纹饰以刻划纹为主，以一种"细密刻划纹"最富特点。它是以细而密的线条刻划出成组的图案单元，构成均衡对称的纹饰带，制作技法娴熟。在这样的纹样中，有一部分采用的是衬花技法，用细密的地纹衬出各种折线纹和涡纹等（图6）。值得注意的是，"刻划部位还常常涂有彩绘，计有红彩和白彩"，它们是陶器烧成后绘上去的，颜色容易脱落。这种加彩的衬花陶器，体现有更高的艺术价值。

　　菜园子遗址　不久前在与云南省文物考古所合作发掘的永仁县菜园子遗址中，也见到非常典型的衬花陶器。它一般是用成排的篦点纹衬出光滑的折线纹和弧线纹，构图比较严谨。这样的陶器纹饰在构图上，有的与西北地区的彩陶非常接近[4]。因此有理由认为，衬花工艺是在彩陶工艺基础上发展起来的。当然西南的衬花陶与西北的彩陶两者之间，它们究竟是什么关系，还可以进一步讨论。

　　大墩子遗址　云南元谋大墩子遗址是西南地区较早发掘的新石器遗址之一，出土的大件夹砂陶器多较粗糙，表面的纹饰可能已经剥落。但是小型泥质陶器表面的纹饰保存尚可，多数也是用比较整齐的篦点衬出折线纹和条带状纹饰，还见到少量具有律动感的旋形纹饰（图7）。衬花纹饰在大墩子遗址早晚两期的地层中都有发现，不同的是早期纹样中还见到菱形纹和三角形纹饰，纹饰更丰富一些[5]。

　　〔3〕　云南省文物考古研究所等：《云南永平新光遗址发掘报告》，《考古学报》2002 年 2 期。

　　〔4〕　云南省文物考古研究所和中国社会科学院考古研究所发掘资料。

　　〔5〕　阚勇：《云南大墩子新石器时代遗址》，《考古学报》1977 年 1 期。

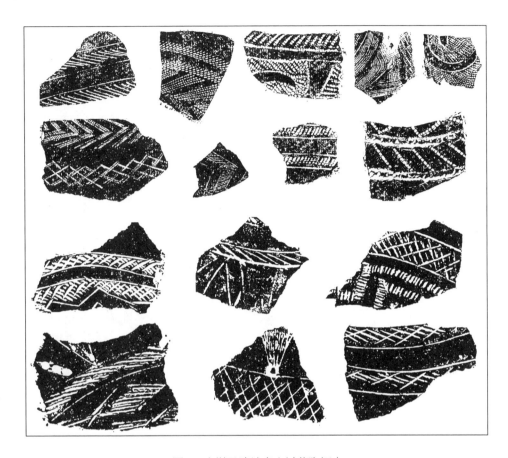

图7 大墩子遗址出土衬花陶拓本

石佛洞和蓝碧桥遗址 云南耿马石佛洞遗址1984年做过试掘，在不大的面积内出土了一些大件陶器，外表见到繁复的衬花纹饰。与石佛洞距离不远的蓝碧桥遗址，也出土过类似的衬花陶器。石佛洞遗址出土的衬花陶非常精致。不论大型还是小型陶器，一般在显著部位都装饰有纹饰，多以衬花方式表现各种图案。陶器表面先行磨光，然后划出主体纹饰轮廓，采用排列有序的篦点纹衬底。纹样均衡对称，构图多采用二方连续的形式，主体纹饰有勾连旋纹和圆圈纹等。其中有一件褐陶的纹饰为弧边三角作衬的旋形，旋纹连接处留出圆形空白构成四个圆圈纹，远距离观察有彩陶风格。另一件磨光黑陶的纹饰为圆圈纹，上部用密集的篦点作衬纹，空出原器表的光面组成10个圆圈纹，构图十分严谨。石佛洞遗址的这两件衬花陶，工艺水平与艺术价值，一点也不逊于那些最精致的彩陶（图8）。

值得提到的是，石佛洞遗址衬花陶的纹饰构图竟与遥远的西北地区马家窑和半山文化彩陶出奇的相似，我们无法否认它们之间具有的紧密联系[6]。此外在云

─────────────

〔6〕 王大道：《再论云南新石器文化的类型》，《西藏考古（第1辑）》，四川大学出版社，1994年。

图8　石佛洞遗址的衬花陶

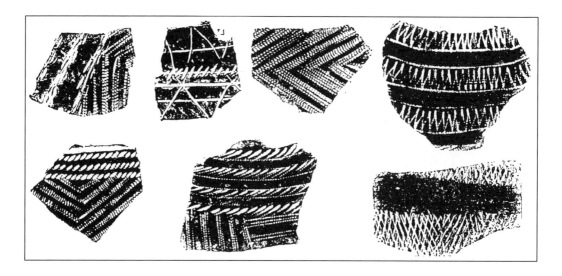

图9　白杨村下层衬花陶拓本

南通海县海东村遗址，也发掘到了精致的衬花陶器，衬出有动物纹样，实属少有的发现[7]。

白羊村遗址　云南宾川白羊村遗址早期文化层中发现了一些典型的衬花陶（图9），多是以整齐的篦点为地，衬出光滑的折线纹和条带状纹[8]。

海门口遗址　云南剑川海门口遗址属早期青铜时代，出土的陶器上也有衬花纹饰。在发掘报告上所附的陶片拓本上看不清楚，但报告在描述平底陶钵时说，"腹部划饰Z

---

〔7〕　何金龙：《通海县海东村贝丘遗址》，《中国考古学年鉴（1990年）》。在后来刊出的简报中，并没有提及这种衬花陶，附图上也没有明确表现，见《通海海东贝丘遗址发掘报告》，《云南文物》1999年2期。

〔8〕　云南省博物馆：《云南宾川白羊村遗址》，《考古学报》1981年3期。

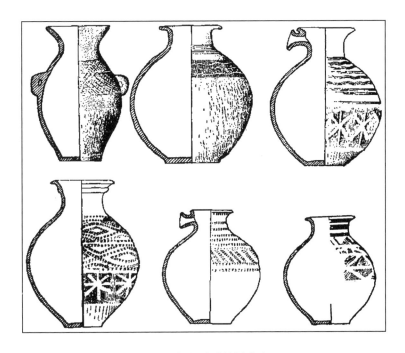

图 10　礼州遗址的衬花陶

字形线条组成的带纹和方格纹，空隙处刮平磨光"〔9〕，那刮平磨光处可能是衬花主纹所在。

下湾遗址　2002 年 4 月我在攀枝花市调查下湾新石器遗址，在一位乡村教师家中见到他采集的不少衬花纹饰的夹砂陶片。一般都是以密集成行的篦纹作衬，空出条带状光面作纹饰。由于所获陶片较小，衬花纹饰的构图并不明了，但可以看出是以弧形条带为主要单元，与云南地区所见有类似之处。下湾遗址与永仁菜园子遗址地理位置相去不远，主体文化内涵接近，衬花陶器的风格也比较接近。

礼州遗址　西昌礼州遗址也发现有衬花陶器，但是制作方法有些不同。它是在器表先施底纹，然后在底纹上用压划方法绘出米字形纹等（图 10）。虽然这与以上列举的衬花纹饰有区别，但是效果却是一样的，它的主纹也要靠地纹衬托出来〔10〕。

目前云南、西藏和川西南所在的中国西南地区发现的新石器时代遗存，时代都比较晚，一般年代都只在距今 4000 年左右，少有超出 5000 年前的。在经过重点调查和发掘过的遗址中，一般都有衬花陶出土，说明衬花陶在这一地区有较为广泛的分布。换言之，衬花陶是西南地区晚期新石器文化的一个共有特征。当然如果观察仔细一些，我们会发现在西藏的卡若和曲贡文化中，衬花陶的底纹以刻划纹为多，而云南地区衬花陶的底纹却以篦纹为主，不同地区存在一定区别。实际上这两种风格

---

〔9〕　肖明华：《云南剑川海门口青铜时代早期遗址》，《考古》1995 年 9 期。

〔10〕　礼州遗址联合考古发掘队：《四川西昌礼州新石器时代遗址》，《考古学报》1980 年 4 期。

的衬花陶，除了底纹的不同，主纹也表现出一些差别，但都见到折线纹，它们的共性也很明显。

二

关于史前陶器的衬花工艺，在过去的陶瓷史著作中一般都没有提及，多数研究者似乎还没有注意到史前有这种陶器工艺存在。这主要是因为相关资料较为零散，数量显得也不是太多，让人不容易获得完整印象。更重要的原因是，过去习惯上是以刻绘留下的直接痕迹辨识陶器纹饰的内容，篦点仅是篦点，刻划仅是刻划，对于纹饰本体研究还比较欠缺，没有意识到这种工艺存在的意义。我在发掘西藏拉萨曲贡遗址之时开始注意到衬花陶器的存在，是因为遗址中出土了一些精美的衬花陶片，精美得让人不能忽略它的存在。解读这些具有特别装饰风格的陶片，当时并没有觉得太过于困难，因为它的构图非常明晰，明晰到你根本不必去看它直接刻画的那些纹饰，一眼就能读出那些并没刻划的光滑的纹饰带。曲贡遗址陶器上有些精美的纹饰甚至让人有彩陶的感觉，衬花显现出不同的色泽，构图匀称，刻工细腻，代表了西藏地区史前陶作的最高成就。

在撰写曲贡遗址考古发掘报告时，发掘参与者之一的古方先生对曲贡陶器作了全面描述，他对遗址所见的陶器衬花工艺进行了初步讨论。我们当时议定将这种工艺定义为"磨花"工艺，制成的纹饰就是"磨花纹饰"。在发掘报告对这种工艺的描述是："所谓磨花就是在陶器表面先刻划出纹饰图案的轮廓线，在轮廓线内用磨光的的方法将所要表现的纹饰打磨出来，如菱格纹内的重菱线条和圆圈、平行线或折线内的横人字纹的相间部分等。磨光纹饰周围必然要留有糙面或与糙面部分相间。磨花方法与刻花相反，是通过与周围糙面的明暗反差对比表现纹饰图案，磨花与刻花方法在同一陶器纹饰的制作上常结合使用"[11]。在很长时间内，我们在其他场合提及这种工艺时，所下的定义都是"磨花工艺"，认为曲贡人在制陶时采用的这种装饰工艺，是一种非常精致的工艺，过去国内史前考古还不曾有过类似的发现。它是在陶器表面打磨光亮后，再刻划出糙面作底纹，使保留下来的光面构成素雅的图案，这种无彩的装饰胜于有彩，是曲贡人独到的艺术创造[12]。

起初我们对曲贡陶器工艺所作的基本研究，在很大程度上是根据李文杰先生所做的制作和焙烧试验得出的结论。李先生认为，曲贡陶器在磨光后，"在粗糙的地儿上施加密集而纤细的放射状划纹"，有的"在磨光的表面上用刀具进行横向刮削，形成一周

---

〔11〕 中国社会科学院考古研究所：《拉萨曲贡》，中国大百科全书出版社，1999 年。

〔12〕 王仁湘：《雪域远古农牧文明探寻》，《文物天地》1997 年 5、6 期。

粗糙的宽带纹"。有的时候是在纹样之间磨光与划纹并用，使单色的纹饰形成对比。这样光线照在光滑的表面时形成反射而富有光泽，照在粗糙的地子上时则形成漫反射而没有光泽[13]。也就是说，这是一种在单色陶器上表现出多种光感的工艺，是史前制陶工艺上的新发展。

现在看来，当时以"磨花"之名来定义这种陶器工艺，并不十分贴切。它实际上是用刻划压印等不同方法在陶器上制出地纹，用以衬托出主体纹样，所以本文提出更名为"衬花"工艺，用这种工艺装饰的陶器，称为"衬花陶"。为叙述方便，我们将史前陶器上用于衬托的纹饰称为地纹，而将陶工要表现的主体纹饰称为主纹。地纹一般采用比较细小的纹饰单元，使用点、线、小型几何形刻划或是糙面作衬。主纹一般是磨光的光滑器表组成连续的纹饰带，也以几何形纹多见。

对于史前陶器衬花工艺的程序，根据标本观察和实验过程的了解，我们认为有磨光、刻划纹饰轮廓、衬地和打磨几道工序，分述于下：

磨光 磨光虽然不是陶器衬花工艺的独有程序，但却是一道很重要的程序。很多衬花图案主纹的基础，是在全器打磨光滑时就有了。衬花工艺选用的陶器，大多是较为细腻的泥质陶（也见到少量的夹砂陶），实际上只要按照传统的泥质陶打磨工艺将器表打磨光滑就可以了。一般要在陶胎半干时进行磨光，依李文杰先生试验的结果，以含水量在11%～13%时磨光效果最好。磨光采用的工具是表面光滑的骨器或小块砾石，磨光的结果，是陶器表面结构更加紧密而富有光泽。许多彩陶在施彩后也要磨光，使彩料压入表层，经焙烧后彩纹显得更加光洁美观[14]。由这一点看，衬花工艺与彩陶工艺的关系是非常紧密的。

划出主纹图案轮廓 衬花陶器上的主纹图案，多呈二方连续或四方连续形式，构图一般都比较严谨，有的还显得相当繁复，勾勒轮廓是少不了的一道工序。轮廓线用粗细适度的锥状物划出，在操作中也不排除用色料先绘出图案，然后于图案周边进行双勾处理。我自己有这样的经历，在黑板上写楷体空心字时不容易掌握好，就先用蘸水的毛笔把字写出，乘水未干时将轮廓用粉笔描出，水干后构形美观的空心字就显露出来了。在字外还可以衬些别的色彩或图案，使无色的字显得更有生气，这与衬花陶的感觉非常近似。实际上在衬花陶上我们很容易找到依然保留的主纹轮廓线，轮廓描绘认真的，成品衬花纹饰都非常精致。

去光衬地纹 主纹轮廓确定后，选取不同的方法在主纹轮廓外作地，使主纹更加突出。衬地的方法，又分刻划、压印、剔刺和糙化几种。刻划一般是以短细的线条呈

〔13〕 李文杰、黄素英：《曲贡遗址制陶工艺实验研究》，《拉萨曲贡》，中国大百科全书出版社，1999年。

〔14〕 李文杰：《黄河流域新石器时代制陶工艺的成就》，《中国古代制陶工艺研究》，科学出版社，1996年。

平行或放射状地填满地子，有时这种刻划本身也是一个个较小的纹饰单元。压印是以排齿类器具在地子上压划出篦纹或类似的纹饰，一般排列都比较整齐。剔刺是以用尖锥工具以点状或三角形刺出地纹，这样的地纹排列不一定整齐，但一般都会比较匀称。糙化是用刷子或小刀去除地子上的光滑面，使主纹和地纹在光感度上形成明显的对比。

不同方法衬地的目的，都是为了去除主纹轮廓外陶器的光滑面，以没有光泽的地子突出衬出光滑的主纹，这样衬花的装饰效果就达到了。

局部打磨　陶器在衬好地纹以后，主纹已清楚地显现出来。为了使主纹更加整齐流畅和醒目，有时还要进行局部打磨，一般的精品衬花陶都要经过这道工序，以精益求精为目标。

在上面提到的这些工序之外，衬花陶也有一些较为简略的做法，就是先在器身预设的纹饰带施满地纹，然后直接在地纹上压划上纹饰，如四川礼州遗址的米字纹陶罐便是这样。这是一种比较简化的做法，不容易做出精品衬花陶，类似的标本在衬花陶中见到的并不是很多。

值得注意的是，西南新石器时代衬花陶器中的衬地纹饰，常见的是篦纹或类似的点划纹，这是发现篦纹标本较多的一个重要原因。过去研究者将这类标本都归入篦纹陶范畴，没有作深入的讨论。以篦纹和刻划纹作地的衬花陶器凸显了西南史前陶业的一个重要特点，对这种富有特征的陶器装饰工艺的研究，应当引起必要的重视。

三

确定西南地区新石器晚期存在较为普遍的衬花陶工艺以后，我们会很自然地要寻求它的起源，也会很自然地把目光转向中原地区，转向黄河和长江中游地区。

分布在西南地区的新石器时代衬花陶，大致年代在距今 4500 年上下，相当于龙山文化中期。翻检黄河中下游地区龙山文化的陶器资料，却没有发现明显的证据表明制陶有这样的衬花工艺，可以确定地说，中原史前陶业中没有使用过衬花装饰技术。在中原史前陶器中没有找到相关的证据，中原在新石器时代晚期陶器上流行的是绳纹、篮纹和方格纹，这些都是拍印纹饰，与衬花陶工艺中的压划和刻划技术有明显不同。在中原边缘的一些地点却有重要发现，如山西太谷县白燕遗址约当夏商时代的陶片上，就见到典型的衬花纹饰，也是以刻划线条或剔刺纹作衬底，衬出光滑的三角形纹饰。其实在殷墟考古中，类似的衬花陶也并不鲜见，许多陶器的肩腹部都有以绳纹作衬的角状纹饰，偶尔还能见到以绳纹作衬的饕餮纹残片（图 11）[15]。

值得注意的是，商周青铜器上的纹饰，不少都采用这种衬花工艺铸造，尤以商代

---

〔15〕　中国社会科学院考古研究所：《殷墟的发现与研究》，科学出版社，1994 年。

后期的饕餮纹最为典型，细细的雷纹衬托出饕餮醒目的嘴脸。西周早期铜器上的一些饕餮纹也沿用了这种表现手法，衬底的雷纹排列得井井有条。到了东周时期，在作为主体纹样的饕餮纹退出青铜器的装饰后，采用衬底手法表现的纹样在铜器上仍然还有见到。虽然不能说铜器上的衬托表现手法与陶器上的衬花工艺完全相同，但铜器上的这种衬底工艺，必定也是受了年代更早的衬花陶器工艺的影响，或者说是直接脱胎于陶器的衬花工艺。

图11　殷墟兽面纹衬花陶片

　　我们特别注意到，东周时期开始出现的暗花黑陶，与衬花陶的工艺非常接近。河北平山战国墓出土的暗花陶器非常精美[16]，装饰手法实际上是衬花工艺的延展。它是在全器打磨光滑的基础上，先要在预设的纹饰带做出整体的糙面，然后再在糙面上压划光滑的纹饰。虽然不能说它与史前陶器的衬花工艺存在太直接的联系，但两者的工艺属于同一传统应当是可以认定的。类似的衬托表现方式还见于战国时代的漆器纹样上，在随州曾侯乙墓出土的鸭形漆盒上就有采用衬底方法绘出的图案单元。我们把目光再延伸一些，中国古代后来装饰艺术中的加地和减地技法，也应当是根源于这种衬花工艺的。

　　虽然中原地区没有发现年代较早的衬花陶，但是在除西南地区以外其他周边地区的史前文化中，我们注意到也有衬花陶发现。在北方地区的诸多史前文化陶器上，普遍见到篦点纹，不过篦点的排列并不以地纹方式出现，装饰风格同西南地区的陶器迥然有别。但在年代稍晚的北方新石器文化中，却也发现过以衬花工艺制作的纹饰陶器，虽然数量较少，但史前陶工已经掌握衬花工艺这一点则可以肯定。如内蒙古岱海地区距今4000~4500年的老虎山文化中，就见到表现有折线和菱形等图案的衬花陶器。凉城大庙坡遗址87F1和老虎山遗址F26出土的敛口瓮，就见到了这样的衬花图案[17]，为图案衬底的是细碎的划纹和点压的小三角纹，衬出的图案平整光滑。在其他一些地点也发现与衬花工艺相似的陶器，像吉林和龙兴城遗址所见，一般不是以衬花为特征，而是在主体纹饰中填纹，而不是在纹饰外填纹。但在细密刻划纹填以篦点纹组成的各

〔16〕　文物出版社、光复书局企业股份有限公司编：《中国考古文物之美——河北平山中山国王墓》，文物出版社，1994年。
〔17〕　内蒙古文物考古研究所：《岱海考古》，图461。科学出版社，2000年。

种复合纹饰，也见到一些图案具有衬纹特点，纹饰单元有雷纹、菱形纹、涡纹和三角纹等[18]，其年代不晚于距今4300年前。

同类的发现还见于辽宁大长山岛小珠山和上马石遗址。小珠山遗址中上层和上马石遗址上层都见到典型的衬花陶，是以刻划细线或点状衬出纹饰[19]。这里的衬花陶年代在距今5000～4000年之间。

在东北地区的夏家店下层文化中，也发现了相当典型的衬花陶器。内蒙古敖汉旗大甸子遗址夏家店文化墓葬中随葬的陶器除极富特征的彩陶外，还见到一些衬花陶，不少盉、鬲类的袋足器上都见到衬花纹饰[20]。一般是在器腹位置用篦点和糙面衬出光滑的宽带与三角带状纹饰，宽带多为数条平行排列，做工细腻。

我们再将眼光转向东南，便会发现陶器上的衬花工艺，在中国史前有可能最早出现在良渚文化中，良渚文化的许多遗址都发现了水平很高的衬花陶器。如上海青浦福泉山遗址出土阔把黑杯刻画的太阳鸟等图形，就是在鸟形外衬上垂直连缀的方块图形而使鸟形突出。不过这种光面的方块图案却是由细刻的线条衬出来的，这样的衬花陶采用的是一种复式衬法，需要有更高的刻画技巧[21]。从这一点看，良渚文化的衬花陶已是非常成熟的作品，它不会是衬花陶起始阶段的产物。良渚文化陶器的衬花工艺应当会有更早的渊源，但是从时代比它早的崧泽文化中却并没有见到衬花陶，我们还是没法找到衬花陶起源的证据。

东南地区良渚文化的衬花陶虽然时代比较早，但我们并不能由此确定它就是东北和西南地区新石器文化中衬花陶的源头，因为它与后两个地区的风格有着明显的不同。仅就西南地区的衬花陶而言，它的技法源起应当与彩陶有一定的关系。证据主要有三个，一是有的衬花陶有加彩现象，二是有的衬花图案与彩陶图案在构图上有相似之处，三是衬花陶的时代晚于彩陶。与彩陶技法相比，衬花陶在工艺上有更高的技巧要求，更耗工费时。更进一步的论证还需要有更多的资料，还有待来日。

在研究者以往的印象中，西南史前时期的陶业处于相当原始的状态，一些规模不大的发掘也能证实这一点，出土的陶器质地粗糙，纹饰也很简单。特别是民族调查提供的资料显示，直到当代，西南民族地区的陶业还停留在原初发展阶段，具有器表少纹饰、无窑焙烧、火候较低等特点。可是由衬花陶的发现看来，现在是到了重新评价西南史前陶业发展水平的时候了。应当说，在新石器时代晚期，西南地区的制陶工艺还是较为发达的，不仅有了磨光黑陶，也有了在中原地区见不到的衬花陶。而且衬花陶作为一种重要的工艺技术，它对后来的铜器饰纹技术产生的影响不可低估，如果它

〔18〕 吉林省文物考古研究所等：《和龙兴城》，文物出版社，2001年。
〔19〕 辽宁省博物馆等：《长海县广鹿岛大长山岛贝丘遗址》，《考古学报》1981年1期。
〔20〕 中国社会科学院考古研究所：《大甸子》，科学出版社，1996年。
〔21〕 上海市文物管理委员会：《福泉山——新石器时代遗址发掘报告》，文物出版社，2000年。

的起源是在中原以外的周边地区，那么它出现的意义恐怕就不仅仅在于它自身了。还要提到的是，史前时代的衬花工艺在西南有一个明确的扩展范围，它背后的文化意义是什么，还值得进一步研究。

由目前获得的资料看，衬花陶的分布在史前仅限于周边地区，南北两个方向都有重要发现，以东南和西南地区的衬花陶比较典型。史前时期的衬花陶是一个新的研究课题，我们现在已经大体明确衬花陶是中国周边地区新石器时代晚期成熟起来的一种新的陶作工艺，它为什么在史前仅存在于周边地区而不见或少见于中原地区，这是另一个很值得探究的课题。

（原刊《四川文物》2008 年 1 期）

琮璧名实臆测

琮璧向来是玉器研究中受关注的对象，关注的核心是它们的形制和用途。不过关于琮璧的名称，却没有见到太多议论。我最近对这两种古代重要玉器的名称，有一种猜度，其中的道理并无十足的把握，想提出来供学界讨论。还要由名称而侧及用途，对过去人们不大注意的琮璧的另类用途略抒己见，希望能引起相关研究者的兴趣。

1. 琮、璧与宗、辟

琮璧的名称，让人颇费思量。依《说文》的解释，两字的部首，是表玉质，"宗"与"辟"则都是表音。这两个音，我觉得其实应是实名，并不是单纯的注音，它们各有来历。

先说辟。《诗经》中有辟王，如《大雅·棫朴》"济济辟王，左右趣之。济济辟王，左右奉璋"，《周颂·载见》有"载见辟王，曰求厥章"。这里的辟王，就是周天子。孔颖达《毛诗注疏》解"荡荡上帝，下民之辟"，说上帝是托言君王，辟就是君，是天子。

《尚书》中也有辟，也指的是天子。如《尚书·尧典》："嗣王戒哉，祗尔厥辟"，《书传》说，"辟，君也"。《尚书·洪范》："惟辟作福，惟辟作威，惟辟玉食。"《尚书全解》引王肃语曰"辟，君也"。

古人注《书》解《诗》，均以辟为君，为周王，为天子。《尔雅》也说：皇，王后；辟，君也。

还有《汉书·五行志》有"辟遏有德"，应劭注云：辟为"天子也"。汉晋称天子征召为"辟命"，如《后汉书·贾逵传》："隐居教授不应辟命"。

贾谊《新书·审微》说到这样一个故事：卫侯要朝见于周天子，周行人问他的名号，说是"卫侯辟疆"。周行人听了不高兴，对卫侯说："启疆、辟疆为天子之号，诸侯是用不得的。"卫侯不得已更改了自己的名字，如此天子才接受了他的朝见。可见辟字的用法，还是有明显的限制的。

还需要提到的，《礼记·王制》曰：天子之学曰辟雍。《韩诗外传》说，辟雍"圆如璧，雍之水"。班固《白虎通》说："天子立辟雍，何所以行礼乐、宣德化也？辟者，象璧圆法天；雍之以水，象教化流行。"辟雍之义，本取象于璧，《论衡》干脆写作"璧雍"。《说文》和《说苑》又说，辟雍为天子飨饮之处。天子或讲学或饮酒，不论怎样说，这辟雍都是天子活动的地方，以辟（璧）取名，也在理中。

《五经通义》云，辟雍为养老教学之所。辟雍的建筑，以形制言之：雍，甕也；辟，璧也。甕水环之，圆如璧形。以义理言之：辟，明也；雍，和也。

后代学人也都没有异说。元代刘瑾《诗传通释》云：辟，璧通；廱，泽也。辟廱，天子之学，大射行礼之处也。水旋丘如璧，以节观者，故曰辟廱。清李光地《诗所》说：辟廱，学名也。辟，璧也。廱，甕也。四面甕水环之，周圜如璧也。

这些解说将天子、辟、璧相提并论，这样说来，辟之名，可以是天子，也可以就是璧。享天子以璧，璧是献给天子的，璧因此有了天子的称名"辟"。璧的得名，是顺理成章的事，辟（天子）之璧用以祭天，也是顺理成章的事。

再说宗。《玉人》说："驵琮五寸，宗后以为权。大琮十有二寸，射四寸，厚寸，是谓内镇，宗后守之。"宗后是天子之后，是王后。据明代王应电《周礼图说》的解释，"宗后者，或先王之后，或王后。世次相传以主内政，故曰宗也"。

日本学者林巳奈夫说，玉琮是主，又称为宗[1]。中国学者像这样理解琮的还不多，这是一个很值得重视的说法。

享宗后以琮，琮是献给宗后的，琮因此有了宗后的称名"宗"。琮的得名，是顺理成章的事，宗后之琮用以祭地，也是顺理成章的事。

天子之璧，宗后之琮，在周代仪礼中这种区别是明显的。《周礼》之《典瑞》与《玉人》，多次提及祭祀与献享都用到璧琮，而且对规格大小还有限定。最高规格的璧是九寸，为诸侯献享天子的礼品。诸侯享夫人，用的是八寸瑑琮。宋代王昭禹《周礼详解》论及《小行人》中"合六币，璧以帛，琮以锦"，为侯伯之享礼，"盖璧有辟之道，礼天之玉也，故以享天子。琮有宗之道，礼地之玉也，故以享后"。辟之道就是天子之道，而宗之道就是宗后之道。享天子璧以帛，享宗后琮以锦，两样玉器的包装都是有区别的。

也许这样的说法是一种倒置，不一定是礼天之玉才用以享天子，而是因璧为天子所用玉才可以祭天。同理，不一定是礼地之玉才用以享宗后，而是因琮为宗后所用玉才可以祭地。

在本文撰写过程中，意外读到了周南泉先生一文，很受鼓舞。原来他在 20 年前就发表过类似的认识，周南泉先生引用《说文》所言，"璧，从玉，辟声"，说"辟，显然是璧所具有的真正含义。查诸古籍，辟字的本意有多种，其代表和象征着天、君主和法"。辟究竟何指，他没有明说。谈到琮的名称，周南泉先生说，琮，从玉，宗声。

---

〔1〕 转引自丁乙：《良渚文化璧琮意义研究》，《中国文物报》1989 年 11 月 24 日。

"查宗字，共有三种含义：一是自然界的某种神及日、月、星、河、海、岱的代表和化身；二是祖庙的同义词；三是主管祭祀之某种特定的官职名。"宗究竟何指，他也没有明说。周先生虽然没有进一步展开讨论，但是他已经接触到了问题的实质。可惜他的讨论没有引起注意，没有产生明显影响[2]。

2. 琮璧本义及引申

我们以周代的相关制度为依据，说琮璧的名称与天子和宗后相关。但在周代之前，琮与璧早已出现，它们最初的名称是什么，我们并不能知道。假设周代琮璧的名称是承自更古老的时代，比如是辗转承自良渚人，那我们要问辟、宗之名会有如此久远的历史吗？

不少研究者注意到，在良渚文化墓葬中，随葬琮璧可能已经形成一定的制度。蒋卫东先生就指出过，"良渚玉璧的使用界限不及玉琮、玉钺分明。玉琮，只出土于规格较高的良渚大墓，而玉钺的界限更严，只有在良渚最高级别的大墓中才有出土，有玉钺必有玉琮，一般一座墓只随葬一件玉钺。玉璧的使用界限相对要宽松得多，也更具有独特性"。瑶山12座墓葬有几座是出土玉钺玉琮的最高级别大墓，却不见一件玉璧[3]。

虽然良渚人墓葬中璧与琮的随葬已经有了一定的规制，但我们还不能确定当时已经有了王与后的名位。假设由琮璧的名称判断那时真的是出现了王与后，哪怕还只是最初意义的王与后，那也将是探索文明形成的一个新的命题，值得深入研究。另外，假设同时出土玉钺玉琮的最高级别的大墓，表示出的是女权至上的特征，对于良渚人社会的研究，这是又一个新的命题。

当然，我们也可以作一种反向思考。也许是先有了璧和琮的物名，比如是良渚人最先赋予了两种玉器这样的名称，也不必去问为什么要取这样的名称，因为两种玉器拥有者的身份不同，可能会用玉器名称去指代拥有者，璧和琮就分别成了身份的代称。或许在造字之初，还没有玉字的部首，只有"辟"与"宗"，及至周代，这样的名称还被保留着。不过到了汉代，一般的人就不明所以了，还要进行注解才能明白。

这样说来，天、天子、辟、璧，是一组同义词，地、宗后、宗、琮是对应的另一组同义词。辟与宗，是我们展开讨论的基点，辟与宗是理解璧与琮的门径。

3. 关于琮、璧的来源

许多的玉礼器，都可以找到实用器的原型，它们是实用器逐渐演变的结果。但对

---

〔2〕 周南泉：《试论太湖地区新石器时代玉器》，《考古与文物》1985 年 5 期。
〔3〕 蒋卫东：《试论良渚文化玉璧》，《浙江省文物考古研究所学刊》，长征出版社，1997 年。

于琮璧而言，却很难给出一个确切的定义，不大容易明白它们的来源。学者们多年来进行了许多探索，有许多的推测。

琮的形制，尤其是多节长琮的形制，让我们很难明了琮的来源。从已经发表的诸多见解看，琮源出环镯的议论占有优势，也较有说服力。杨建芳先生根据早期琮的形态特征，认为琮起源于镯[4]。赵晔先生对良渚玉琮的形制和出土位置作了研究，指出"玉琮的基体是圆筒形，从类型学上看，它们都应来源于玉镯。在良渚文化中，玉镯一路向筒形器发展，另一路向玉琮发展"。通过玉琮在墓葬中出土的位置，认定其中有些琮是戴在腕上的，而且以右手多见，形态较为扁平，孔径一般在7厘米左右，接近镯的样子。那些多节的高筒形琮时代较晚，一般不再适于佩戴[5]。不过多节琮一般表现有上大下小的特点，殷志强先生注意到这一点，认为"良渚文化玉琮上大下小，上大和内圆均象征天，下小和外方均象征地"。[6]是否也可能因为加宽的手镯，本来就要求上大下小，以适于手臂的上大下小？琮虽然不再适合佩戴，但在制作时依然保留原先作为手镯佩戴的形态特征。还值得注意的是，有研究者统计过大琮的内径，一般都是在6～8厘米左右，这也是它曾作为手腕佩戴物遗留下来的又一形态特征。琮原本的形态当为镯为环，它是由实用饰品演化出来的礼器。

王明达先生认为良渚文化琮与镯无关，理由是许多葬钺的男性墓有琮，女性墓却少见[7]。我们在判定墓主性别时，可能以是否拥有钺为前提的，那会不会是相反的情形呢？如果钺与琮都为女性所有，那就可能是另外的解释了。

关于璧的来源，过去讨论很少。读《说文》的定义，"璧，瑞玉，环也"，会有一些启发。璧作为一种环状器，与瑗一样，可能也是起源于实用的环镯。蒋卫东先生论良渚文化玉璧，提及良渚早期的张陵山4号墓，出土琮为接近镯的短圆筒形，还有好倍肉的"瑗式璧"2件[8]。所谓瑗式璧，是规格还不大标准的璧。

璧、瑗之类圆环形玉礼器的祖源应是环镯类实用装饰品，其他如有领环、有领璧也可能都是由环镯变化而来。环镯由平面方向发展，成瑗成璧，随着"肉"宽的变化，形状有明显改变，逐渐趋于扁平形。环镯由立体方向发展，成筒成琮，随着高度的变化，形状有明显改变，逐渐趋向高筒形。环镯的变化就这样循着一横一纵两个方向改变，变成了璧与琮两大类新器形。时代再晚一些，又出现了有领璧和有领环。对于这样的变化，可以用图示表达如下：

〔4〕 杨建芳：《玉琮之研究》，《考古与文物》1990年2期。

〔5〕 赵晔：《良渚玉琮新探》，《纪念浙江省考古研究所建所20周年论文集》，西泠印社，1999年。

〔6〕 殷志强：《良渚文化玉琮为何上大下小》，《东南文化》2000年2期。

〔7〕 王明达：《良渚文化若干玉器的研究》，《东方博物》1996年3期。

〔8〕 蒋卫东：《试论良渚文化玉璧》，《浙江省文物考古研究所学刊》，长征出版社，1997年。

↗筒形器→琮

环镯   ↘

↘瑗→璧→有领璧、有领环

筒形器很值得关注，它是琮的过度形态，琮出现后它仍然存在。筒形器还可能与璧、瑗结合产生有领璧、有领环。

虽然环镯在形态上发生了明显改变，但它们也有不变的地方，它们始终保持着初始的一个特征，就是它们的孔径（好）大体是接近的，也许这可以看作是它们不能改变的胎记。无论是瑗、璧、琮、筒形器、有领璧、有领环，它们与环镯的内径都是接近的。

4. 好三寸以为度

环璧的内径，古称为"好"。《周礼·玉人》说，璧"好三寸以为度"，意思是璧"好"的规格一般是以三寸为准，或者说是大不过三寸。

以发掘报告粗略统计，广汉三星堆二号坑玉璧瑗环，好径多在 6.2 ～ 6.7 厘米之间，最多不过 6.8 厘米。如以战国一尺约 23 厘米计，3 寸当 6.9 厘米，"好"应当没有超过 3 寸之数。

我们注意到在《三星堆祭祀坑》报告中，有这样的一段话："璧、环、瑗等玉石器由大到小，似呈有规律的递减，但大小器物的好径却基本相等，只是肉的宽度不同。……这可能是因为当时制作这类玉石器的管钻工具有特定的直径大小，或者在制作上较为随意。另一方面，这也可能与当时玉璧类礼器的使用有关，似乎这些器物都由大到小按规律依次递减变化制作成配套组合的形式。1931 年在广汉真武村发现的玉石器窖藏中的石璧就是按大小递减，垒叠成尖塔状；1987 年又在真武村仓包包发现一祭祀坑，据调查，坑内的石璧也是按大小依次递减，叠垒成塔状，同样证明了璧、环、瑗的大小呈递减形式与使用方式有关。"[9]

岂止如此，其他地点也是如此，璧、环、瑗之外，琮、镯、戚之类，凡是需钻大孔的，孔径大都在 5 ～ 7 厘米之间。

这只说明一个问题，这些器物的造型可能只有一个祖型，它应当是镯。镯径大小，为女子之腕径，正在 5 ～ 7 厘米之间，平均 6 厘米左右。正因为有了这个祖型，所以好径才没有改变。也正因为如此，考古才发现了这样的一些证据：琮有戴在腕上的，有领环也有戴在腕上的，镯、钏、环之类，就更不用说了。

好三寸，自然是腕三寸，以三寸之腕为度。这三寸应当不超过 7 厘米，一寸不过 2 厘米有余，大体合于周汉尺度。这三寸（约 7 厘米）可以看作是一个常数，是腕围镯

---

〔9〕 四川省文物考古研究所：《三星堆祭祀坑》，文物出版社，1999 年。

径之数，现代的环镯内径仍然是如此。以腕围定内径，也在情理之中。肘、指、手、足，在古代都可以是量度的参照。

如果以商尺长 15.8 厘米左右计，周以前的三寸不足 5 厘米，也许与史前的情形相去不远。要达到 7 厘米的常数，应当是 4～5 寸。

环形器同"好"，好三寸，这"三寸"取自镯径，琼、璧、瑗好多为三寸，这是非常值得关注的现象。

5. 璧羡度尺

《周礼·典瑞》说："璧羡以起度。"这个意思在《玉人》中再次提及："璧羡度尺，好三寸以为度。圭璧五寸，以祀日月星辰。璧琮九寸，诸侯以享天子。"《玉人》还说："璧琮八寸，以眺聘。牙璋中璋七寸，射二寸，厚寸，以起军旅、以治兵守。驵琮五寸，宗后以为权。大琮十有二寸，射四寸，厚寸，是谓内镇，宗后守之。驵琮七寸，鼻寸有半寸，天子以为权。……瑑琮八寸，诸侯以享夫人。"

《周礼》提到璧琮之于度量与权衡的关系，对于这一点，过去研究者似乎没有太多注意。不过古代的经学家倒是作过一些解释，尽管他们的结论并不完全一致。

先来看"璧羡度尺"。何谓璧羡？宋代卫湜《礼记集说》言："周公摄政，始作璧羡，以起天下之尺度"，这是说璧羡就是一个可以作尺子使用的器具。宋聂崇义《三礼图集注》说："《典瑞》云：璧羡以起度。先郑云：羡，长也，此璧径长尺，以起度量。后郑云：羡，不圜之貌，盖广径八寸，袤一尺。又案《玉人》云，璧羡度尺，好三寸以为度。先郑解羡，径也；好，璧孔也。"先郑解释"璧羡"就是璧的直径，也就是说用直径为一尺的大璧当标准尺子使用。后郑却说这璧羡是长径一尺、短径八寸的一只扁璧。宋代王与之《周礼订义》依从此说，以为"周人璧羡之制，纵十寸横八寸，皆为度尺"。根据这样的理解，在宋代杨甲《六经图》上璧羡的模样，被画成了中间有穿孔的梭形。

明代邢云路《古今律历考》说，"先郑释羡为径是，后郑释羡为延非。康成谓羡不圜，延其袤一尺而广狭焉者，盖以璧应圜九寸，减广一寸以益上下之袤一寸，则上下一尺，广八寸狭为八寸，此说非也"。他不同意后郑之说。实际上，这"璧羡为度"，也不会是要造出一个扁璧来，是说有了九寸之璧，那八寸十寸之数自然就可以准确得到了。

我们也注意到，在今人的著作中，有将一种璧式钺认作是"璧羡"的，这还值得斟酌。

璧羡度尺，是过去研究者关注不多的话题。可以作标准尺使用的璧是天子九寸大璧，我们期盼考古能有发现。

6. 驵琮以为权

《周礼》记驵琮有七寸、五寸的分别，分属天子与宗后。何谓驵琮？宋代王昭禹《周礼详解》说，"以琮为权，以组系之，则谓之驵琮。权以等轻重，先王惧其制之不存，则天下后世无所考焉，故天子与宗后皆有驵琮以为权"。这是说穿系上组带，驵琮就可作为权来使用了，这驵琮便是组琮了。元代陈友仁《周礼集说》便说，"以琮为权，以组系之，则谓之组琮"。

周汉时代衡秤（天平）所用的砝码为环权，倒是一个值得注意的线索。驵琮为权，这权自然是砝码之属。这样的砝码，并不是后来的秤锤，用不着什么穿系的鼻，"驵琮七寸，鼻寸有半寸"未必是实。

这驵琮之权，过去几乎没有讨论，至今也还没有发现可以确定为权的琮，也许宗后的权琮，今后也会有出土的。不过考古发现中有一个现象还是值得注意的，就是良渚人的玉钺，常常有小琮作装饰，一二件小玉琮用丝绦穿起，挂在钺背，这显然是一种象征，一定是"权"的象征。后来宗后以组琮为权，渊源也许就在这里。

宋代王安石说过，"度在乐则起于黄钟之长，在礼则起于璧羡。先王以为度之不存，恐礼乐之文息，故作此使天下后世有考"。之所以有璧羡和组琮，是因为"以璧羡起度，则尺寸不可移；以组琮为权，则轻重不可欺"。[10] 实际上，璧并不会作尺子用，琮也不会作权用，象征的意义更明显一些。

7. 由"石璧谋"所想到的

依《周礼·大宗伯》所说，"以玉作六器，以礼天地四方。以苍璧礼天，以黄琮礼地；以青圭礼东方，以赤璋礼南方，以白琥礼西方，以玄璜礼北方"。又见《典瑞》说，"疏璧琮以敛尸"。这样一看，祭天、礼地、敛尸，就成了琮与璧的主要用途之所在，考古界和收藏界的许多讨论也都围绕着这些论点展开。

但仅以《周礼》所述，琮璧的作用并不只有这些。除了礼神敬祖之外，它其实更常见的用法应当是亲人，是卑下亲尊上的必备的礼物。

我们在《周礼》上读到与琮璧用途相关文字还有一些，如《小行人》说："小行人掌邦国宾客之礼籍，以待四方之使者。令诸侯春入贡，秋献功，王亲受之，各以其国之籍礼之。……朝、觐、宗、遇、会、同，君之礼也；存、眺、省、聘、问，臣之礼也。……成六瑞，王用瑱圭，公用桓圭，侯用信圭，伯用躬圭，子用谷璧，男用蒲璧。合六币，圭以马，璋以皮，璧以帛，琮以锦，琥以绣，璜以黼，此六物者，以和

---

〔10〕 王安石：《周官新义》，商务印书馆，1937 年。

诸侯之好故。"王公侯伯子男,想见时用不同的玉器作为象征,地位不同,象征他们身份的玉器也有不同。

《管子·轻重》中就有一个很特别的故事。一天齐桓公愁容满面地对管子说:"寡人很想西行朝贺周天子,可是献礼的贡物不足,难以成行,有什么办法呢?"管子想了想,作出了这样的回答:"请下令城中阴里人家,筑起三重院墙,紧闭九道门窗,让玉人在里面秘密地琢石为璧。石璧径尺者定价一个万钱,八寸者八千,七寸者七千,珪四千,瑗五百。"等到石璧的数量足够时,管子专程西见天子,他对天子说:"我们小邑之君,想率诸侯前来朝拜先王祖庙,来领略周室风范。请下令使天下诸侯前来朝贺的人,一定要用彤弓石璧作献礼。没有带彤弓石璧的,不准进入庙堂。"天子居然高兴地答应了,以管子的说辞号令于天下。结果是,天下诸侯满载着黄金珠玉五谷文采布帛,日以继夜地赶往齐国,去换取齐人的石璧。齐国的石璧因此流传天下,而天下财物也就源源不断运送到了齐国。这一次的收获,让齐国八年没有征收赋税。

这被称之为"阴里之谋",又称之为"石璧谋"。汉代时造银锡为白金,而以白鹿皮为皮币,值四十万之钜。王侯宗室朝觐聘享,必以皮币荐璧。这个办法与阴里之谋如出一辙,可见石璧谋也未必不会是事实。

不论这石璧谋是否真有其事,但这里是明白道出了包括珪瑗在内的环璧类器的另外的用处。这么说来,考古发现的环璧类玉石器,更多的可能是献享用品,或者说它们原本曾是献享用品。后来它们有可能派上另外的用场,祭祀场所和敛尸的墓穴应当是两个主要的去向。

献享的过程是一个反复的过程,献享的礼物会不断得到积累,越在高位,琮璧便会积累得越多。回过头再看,墓葬中随葬的琮璧类玉器,不能一概视作祭祀用器。除了那些实用器以外,更大的可能是属于献享所用,而且不是享神,而是享祖。有一些粗糙的璧,有可能是专为敛尸制作的。

史前、商周至西汉时代那些随葬较多璧的墓葬,人以为是升天用的,大概是因为人们认为璧有通天的灵性,正如汉儒郑玄注《周礼》所说:"疏璧琮者通于天地。"

古代圆环类的器物,它们的作用有一个变化的过程,由单一用途变为多用途,器形也由单纯变化为复杂。最先是比较纯粹的饰物,后来赋予了礼器的性质,造型也脱离了实用的要求。大琮大璧的出现,是饰物完成向礼器化转变的一个标志。璧羡与驵琮的出现,又使特定的礼器有了明确的权威性。璧羡为度,驵琮为权,自然也只是体现了一种象征性。在两周时代实用的尺和权,我们还不明白是否一定与璧羡和驵琮具有直接的联系。

关于玉器中的琮与璧,其中还有一些问题,我们现在还并不能完全明白。如《玉人》中提及"璧琮九寸，诸侯以享天子"。又说"璧琮八寸，以眺聘"。琮璧连称，很有些费解。这里的琮璧，似乎既非琮，亦非璧，又以"八寸"、"九寸"这样的尺度给它一个规格，应当指的是一件器物。最有可能是一套合体的琮璧，考古也真就发现过这样的琮与璧，璧之好可以套接在琮之射上。也许这就是所谓的"琮璧"，提及尺寸大小时，一定是以璧的直径为准。天与地，王与后，璧与琮就是这样体现了相关性，琮璧连称，似乎也不是很难理解。

（原刊《文物》2006 年 8 期）

史前玉器中的"双子琮"

——兼说良渚文化玉器上的兽面冠饰

玉琮在良渚文化中是玉之重器，玉琮的研究备受关注。虽然玉琮研究取得了很大成绩，研究者由不同角度进行了探讨，但是我们还不能说问题已经完全解决。本文提出的双子琮问题，可以说是一种新的概念，希望由这个角度的研究能对史前玉琮的认识有所推进。

关于双子琮的定义，简而言之，是指可以上下拼接为一体的两件同类型的琮。或者说是两件原本就是一体的琮，是在制作过程中或制作完成以后玉工将它一分为二了。它们的取料和制作同工，纹饰配合成组，两两成双，我们将它们称之为"双子琮"。这样的琮有时会成对出土，有时则单独出现，另一件去向不明。

通过粗略的观察就可以发现，并存的双子琮有一些明显的特征。主要是在两琮接合部的处理上表现非常清晰，接合部两射的大小规格等同，完全可以对接起来。双子琮可分为预制和改制两种，这是一种组合琮。预制和改制，都是将一个整体的琮一分为二，一分为二的目的，又是为了合而为一，这是一种值得关注的文化意象。

研究者过去已经注意到成对发现的双子琮，它们有的是预制双子琮，有的是改制双子琮，但并没有深入研究，也没有进一步的解释。

本文除了将双子琮作为玉琮的一种存在形式进行探讨以外，还由双子琮纹饰的组合特征论及玉琮纹饰的结构与意义，初步指出琮上神兽面与人面的组合其实是一个整体，那所谓的人面可能依然还是一个兽面，它只是神兽的冠面装饰图案而已。

一 双子琮的发现与判别

良渚文化玉器中的琮往往成组随葬在大型墓葬中，这其中偶尔会包括双子琮。双子琮虽然数量并不多，但是它在琮中属于非常独特的一类，所以在有发现时会受到特别的关注。

迄今发现的确认的双子琮只有两套，都属于良渚文化。这两套双子琮一套出自上

1

2

图1　良渚文化墓葬出土的双子琮

海青浦福泉山墓地，一套出自浙江余杭横山墓地。

　　浙江余杭星桥横山2号墓出土双子琮一套[1]。整体形态是上略大下略小，两琮高度相差不大，每节刻有3组半简化兽面纹，中部一组分归上下两琮，恰可合成7组完整的神面（图1，1）。这是用同一玉料制成的双子琮，器形规整，纹饰完整，属于本文划分的预制双子琮。这套双子琮出土时分置在死者的腰下和脚部。发掘者认定它们是用一件8节长琮分割改制而成，实际上它并不是改制的，原来的长度也并不是8节。

　　双子琮数量也许并不太少，但是能同时同地发现的极少，所以横山M2发现的这套双子琮更显出它的重要性。

　　上海青浦福泉山良渚文化墓葬M40出土一套双子琮[2]。这套琮为滑石料，虽然同出于一墓，也并不在同一位置。上面的琮编号M40:110，饰3组简化的神面纹，下面一组神面的鼻部已失。下面的琮编号M40:26，也有3组简化的神面纹，但上面一组神面的顶部已失（图1，2）。发掘者认定这是一件琮分割成的两件琮，分割时为了制作射部，所以将上琮的下面1组纹饰和下琮的上面1组纹饰都破坏了。这套双子琮原本有6组完整的神面纹，改制后中部的两组纹饰都不完整了。这套双子琮器形规整，但纹饰不完整，是用制好的单体琮改制的，属于本文划分的改制双子琮。

---

〔1〕　古方主编：《中国出土玉器全集》第8卷，科学出版社，2005年；浙江省文物考古研究所：《浙江余杭横山良渚文化墓葬清理简报》，《东方文明之光》，海南国际新闻出版中心，1996年。

〔2〕　上海市文物管理委员会：《福泉山——新石器时代遗址发掘报告》，文物出版社，2000年。

有了这两例重要的发现，也正是知道了这两例发现，我们才开始注意到双子琮在史前的存在，这是玉琮一种比较特别的存在形式。我们相信，双子琮的存在不会是偶然现象，通过双子琮的辨识与研究，一定会对史前玉器的内涵获得更多更深的了解。

我们还可以设想，一定还有一些双子琮没有甄别出来，尤其是那些"单飞"的双子琮，它们可能就在眼前，但我们不一定就能判别出来。

双子琮在使用时的放置情形，我们现在并没能了解得很明白。以墓葬中出土琮的摆放情形看，一般的琮都是平放在墓主人附近。即使是确定的双子琮，也不一定两琮就放置在一起。不过像良渚文化的玉琮四面都有纹饰，可以推想琮在平常放置时可能是直立的形态。琮两端射的径围有大小之别，过去人们在讨论时大致也确认直立的琮是大端向上，从琮上兽面纹饰的方向看，正视兽面时琮的大端也是向上的。双子琮常规的放置方式，也应当是取直立的形态，这样两琮有可能是一上一下对接起来叠放在一起。不过有的双子琮叠置时也许较高，不会太牢稳，也不排除会有垂直并列摆放的可能。为了叙述的便利，我们假设双子琮是上下叠置的，上面的称"上琮"，下面的称"下琮"。

由于许多不明的原由，双子琮并不会始终同时出现在我们的视线里，我们更多见到的是其中的一件。如果是失落的双子琮之一，判断它原来是不是双子琮，可以按下面两个标准作观察。

第一个判断标准是射的规格。一般来说，如果是单体琮，上射与下射的径围会有一定差距，但高度应当较为接近。如果一件琮的下射明显低于上射，可以考虑它应当是失落的双子琮中的上琮。如果是上射高度明显低于下射，那它应当就是双子琮中的下琮。

第二个判断标准是纹饰的组合。一般的单体琮，常见的纹饰是一大兽面配一小兽面（过去习惯上称为"人面"），如果一件琮上的纹饰并没有完整的组配形式，那它就可能是失落的双子琮之一。再细化一点看，如果是上端只有大兽面而没有小兽面，这件琮就是双子琮中的下琮。如果是下端只见小兽面而没有大兽面，这件琮可以确定为双子琮中的上琮（图2）。

还有另外一种可能，就是琮面上的纹饰并不是大兽面与小兽面的组合，而是只见到一种兽面，或者只有大兽面，或者只有小兽面。如果是双子琮，通过这样的纹饰作观察也不难判断。因为无论是大兽面还是小兽面，它们都有附加纹饰，兽面上方都有两组平行的弦纹，这种附加的纹饰应当就是兽面的冠。如果一件琮缺失了下面的兽面，那它就是双子琮中的上琮。如果是上面的兽面缺失了弦纹带，那它就是双子琮的下琮。

如果结合这两条标准判断，那些失落的双子琮应当都是可以甄别出来的。

会不会有不同料而同工的双子琮存在，现在还不好论定。我们觉得"同工"应当是双子琮的根本特征，是否同料，可以不必作为必备条件。不同料而同工，要制作出

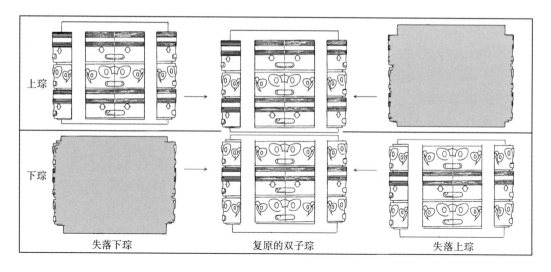

上琮

下琮

失落下琮   复原的双子琮   失落上琮

图 2 双子琮辨识示意图

规格与纹饰相匹配的双子琮，难度会增加许多，也难怪玉工要得到双子琮时宁可用长琮改制了。实际上，本来要判别出失散的同工同料双子琮难度就很大，而要甄别那些同工不同料的双子琮就更是难上加难了，如果真有这样的双子琮存在的话。

双子琮的高度，不一定是等高的。这是因为上琮与下琮虽然本来可以连接为一体，但由于玉琮整体是上大下小的造型，那下琮的体量一定是小于上琮的，高度与径围都会有一些差别。另外，在纹饰的布局上，上琮与下琮也有区别，上下纹饰并不是对等的。不过，一般来说，上下纹饰应当是配合成组的，两相照应，不会没有一点联系。

二 双子琮的预制和改制

1. 双子琮的预制

以现在发现的资料而论，双子琮可分为预制与改制两种。预制双子琮，是事先有周密设计而制作的，上琮与下琮的形态和纹饰都很完整。

预制和改制的双子琮，应当是以预制的为主，改制也许只是不得已时所为。双子琮的制作与一般玉琮不同，在工艺上有更高的要求。与单体琮相比较，标准的双子琮在制作前要有更周密的设计，它的制作要点是在中部要在未来的接口处预留两射的位置，不然在分割后，上琮没有下射，下琮没有上射，就会失去琮的常规形态。改制双子琮为了使琮的形态完整，在分割后为了射的制作，肯定会伤及原有的纹饰，这样的双子琮就留下了明显的缺憾。不过正是有了这样的缺憾，我们就有了辨别单独出现的双子琮的重要线索。

预制双子琮在玉料的选择上，应当与单体琮没有什么特别之处。不过因为它的体量一般较大，所以选料时会稍加考虑，玉料要求稍大一些。双子琮在制作前，玉工对成品的规格、形制和纹饰会有相当周密的设计。形制的设计与单体琮相同，应当是上下两琮整体成形，待所有琢磨工序都完成之后，再一分为二切割开来。

预制琮纹样的制作比单体琮复杂一些，主要是要预留中部接口处双射的位置，更重要的是，要使上下两组纹饰互相关联，能作一体观。上琮的下射和下琮的上射高度都要低一些，这样设计的出发点，可能有两个考虑。一是为了双子琮在并列放置或单独出现时，不失单体琮的常态。二是为了让上下琮之间的纹饰有一个更密切的关照，因为接合部的上琮和下琮的纹饰一般都是半组，被两射分割开了，如果叠加的射部过高，显然会影响纹饰的观看效果。

由横山2号墓出土双子琮对合相当严密的情形看，它们应当是在完全成器后再行分割开的，并不是分别做成后再合为一体的。《中国出土玉器全集》在介绍这套玉琮时，特别强调它是"有意分别制作"，这可能与事实不符。我们再看上琮与下琮有一条贯穿的裂纹，裂纹如此吻合，说明它是一次产生的，很可能是在分割时破裂的。由此裂纹看，这套双子琮也应当是合体预制的，不是分别制作的。

当然会不会存在分别单体制作的双子琮，还需要作细部观察才能确认。如果存在这样的双子琮，判断也并不会太困难，可以由拼合的状态观察纹饰的布局是否一致，特别是要观察拼合处的上下射部是否完全吻合。

可以想见，其他刻N组纹饰再加半组纹饰的琮，一定是缺失了一件的双子琮。这样的例证在良渚文化中还有若干，后文还将摘要分述。

2. 双子琮的改制

将一件长琮改制为双子琮，这是一种特例，琢玉过程中发生这样的事情并不多，但也绝非孤例。

一件长琮，改制成两件时，因为要补琢两射，所以一定会伤及原有的纹饰。而预制的双子琮，因为已经预留了射的位置，也布置好了纹饰所占的空间，所以不会发生伤及纹饰的现象。这一点很重要，它是区别双子琮是预制还是改制的一个关键。另外，改制琮虽然伤及纹饰，但分离开的纹饰拼合时还是吻合的，而预制琮则不是，预制琮分离的纹饰不会吻合，而且拼合起来纹饰的高度会高得多，这是因为预留了两个射部的缘故。

在良渚文化墓葬中，发现了不止一例改制的双子琮，有的两件琮同时出土，有的则仅见一琮，但改制痕迹都很清晰。

例如上海福泉山M40出土的双子琮，我们前面已经提及，那是一套典型的改制双子琮。除此之外，这种改制的双子琮在浙江也有发现。

上琮失落

下琮

双子琮复原

图3　浙江海宁佘墩庙 M6 双子琮复原

　　浙江海宁佘墩庙 M6 出土玉琮一件，下射高 0.8 厘米，上射略低[3]。器体方正，饰简化神面纹 2 组半，半组为神面的嘴部，居琮上方。依纹饰布局看，这是一套双子琮中的下琮。它的上琮也应有纹饰 2 组半，那半组纹饰居下方，为简化兽面的冠部，上下琮合并为 5 组纹饰。《中国出土玉器全集》发表此琮时的描述是："原为高琮，上部被锯掉，残剩下部 2 节半。"如是，则是又一件难得见到的改制的双子琮（图3）。

　　在余杭反山 M21 出土一件琮，编号为 M21：4[4]。上射略高，饰 4 组半简化兽面纹。中间分节伤及上下纹饰，制作设计有明显缺陷。发掘者推测，这件琮原来当长一些，应有 5 组兽面纹。其实这也是一套双子琮中的上琮，下琮失落。下琮也应有 4 组半纹饰，下琮上部的半组纹饰应为兽面的嘴鼻，与上琮下部兽面的冠形对接，上下琮合并为 9 组纹饰。特别值得注意的是，在上琮的第三和第四组纹饰之间，还见到较深的切割痕，当初玉工似乎要将上琮再行切割，虽然并没有完成，却提供了一个重要的证据，它说明双子琮的制作都可能是在全器纹饰完成之后，再一分为二分割开来（图4）。

　　这种改制的双子琮，按常理推测，应当是在长琮制作完成一段时间以后才重新改制的。不过这中间究竟有多大的间隔，长琮又经历过了什么样的使用过程，又为什么

---

〔3〕　古方主编：《中国出土玉器全集》第 8 卷，科学出版社，2005 年。

〔4〕　浙江省文物考古研究所：《反山》，文物出版社，2005 年；古方主编：《中国出土玉器全集》第 8 卷，科学出版社，2005 年。

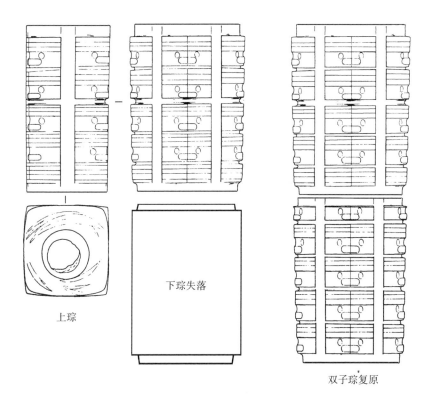

上琮

下琮失落

双子琮复原

图4　浙江余杭反山 M21∶4 双子琮复原

一定要一分为二地改制,都还暂时无法回答清楚。当然也不能排除在制作完成后当即改制的可能,我们只是觉得这种可能性比较小。如果是当时改制,无异是在纠正一个重大的错误,精于琢磨之工的良渚玉工当不至于那么容易发生诸如此类的设计错误。

改制双子琮虽然不如预制的那么完善,但它提供了我们更多的思考线索。它表明双子琮是按照某种特别的需要制作的,甚至在某种需要中它是必不可少的,不然就没有必要将一件完整的琮一分为二,这是以破坏为前提的。当然我们现在并不知道这样的需要里包含什么内容,但显然不只是为了凑足某一个数才将一变为二的[5],这里面的原因还有待进一步探索。

三　失落的双子琮

双子琮并不都能同时见到,发现它时我们常常只能见到其中的一件,另一件

〔5〕　中村慎一:《良渚文化的遗址群》,《古代文明》第二卷,文物出版社,2003 年。文章在讨论类似玉琮这种切割现象时,认为"其意图可能是通过切断一件玉琮来增加玉琮的数量"。

上琮

下琮(失落)

复原的双子琮

图5　浙江余杭反山 M12：97 双子琮复原

原因不明地失落了。掌握了基本的辨识方法，我们并不难从众多的玉琮中找出那些打单的双子琮。已经见到的和没有见到的不成套的双子琮，都可以说是失落的双子琮。

从现有资料中甄别出来的失落的双子琮，可列举下面的这些例子为证。

浙江余杭反山 M12 出土一件琮，编号为 M12：97[6]。下射低矮且有残损，饰一组半纹饰。中间为复杂兽面纹，上下为简化兽面纹，中上一简一繁为一组，下面简化兽面纹为半组。很明显这是一套双子琮中的上琮，下琮失落。下琮应有一组半纹饰，兽面纹为两繁一简，与上琮合并为 3 组纹饰（图5）。

反山 M17 出土一件琮，编号为 M17：2[7]。下射低于上射，饰一组半纹饰。中间为复杂兽面纹，上下为简化兽面纹，下面简化兽面纹为半组。这也是一套双子琮中的上琮，下琮失落。下琮当有一组半纹饰，兽面纹为两繁一简，与上琮合并为 3 组纹饰（图6）。

〔6〕　浙江省文物考古研究所：《反山》，文物出版社，2005 年；古方主编：《中国出土玉器全集》第 8 卷，科学出版社，2005 年。

〔7〕　浙江省文物考古研究所：《反山》，文物出版社，2005 年；古方主编：《中国出土玉器全集》第 8 卷，科学出版社，2005 年。

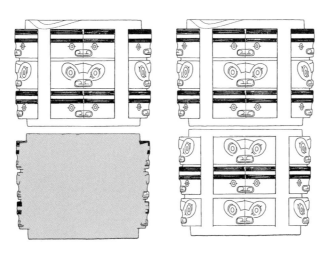

图 6　浙江余杭反山 M17：2 双子琮复原

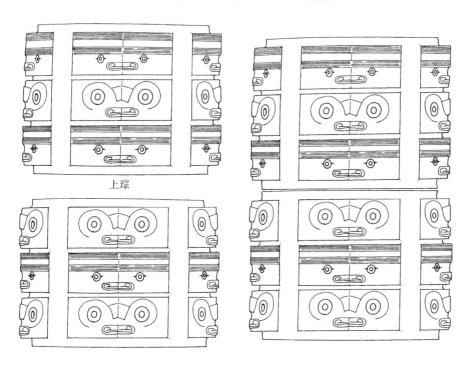

上琮

图 7　浙江余杭瑶山采 2842 双子琮复原

　　余杭瑶山采集一件矮体玉琮，编号为采 2842[8]。琮体饰一组半纹饰，中间为大眼的神兽面纹，上下为简化的兽面纹，上面的简化兽面与中间的大眼兽面合为一组，下面的简化兽面纹半组。这应是一套双子琮中的上琮，下琮失落。下琮的纹饰也应是 1组半，中间应是简化兽面纹，上下是大眼兽面纹，上琮与下琮拼合纹饰合为三组，都是一大一小的组合形式（图 7）。

〔8〕　浙江省文物考古研究所：《瑶山》，文物出版社，2006 年。

上琮

失落的下琮想象图

复原的双子琮

图 8 江苏武进寺墩 M5：13 双子琮复原

江苏武进寺墩 M5 出土一件玉琮，编号为 M5：13[9]，琮体较低，上下射均不高。只有 1 组半纹饰，中间为复杂的兽面纹，上下为简化的兽面纹，上面的简化兽面与中间的复杂兽面合为 1 组，下面的简化兽面纹半组。以纹饰观察，下面简化兽面纹应是另一件琮上复杂兽面纹的同组纹饰。那这一件琮就是双子琮中的上琮，本套双子琮失落了下琮。下琮的纹饰也是一组半，它的中间是简化兽面纹，上下是复杂兽面纹。上琮与下琮拼合起来后，这套双子琮的纹饰合并为 3 组，都是繁简配合的形式（图 8）。

以上发现的单飞的双子琮，都属于良渚文化。在良渚文化之外，也有类似双子琮发现。

广东封开县杏花镇禄美（又写作鹿尾）村的对面岗，曾出土一件玉琮，属石峡文化[10]。琮呈上大下小的方筒形，高 7.3 厘米。从图片上看，上射高出下射 1 倍有余，饰简略的兽面纹 2 组半，那半组纹饰是在琮的下端，表明这是双子琮的一件上琮。失落的下琮应当也有 2 组半纹饰，这一套双子琮对接起来是 5 组纹饰（图 9）。

双子琮失落打单的原因可能很多，我们猜测其中也许有它在用途上表现出的特别原因，是因为使用过程中出现了失落现象。双子琮也可能有"合符"的功用，

〔9〕 古方主编：《中国出土玉器全集》第 7 卷，科学出版社，2005 年；江苏省寺墩考古队：《江苏武进寺墩遗址第四、第五次发掘》，《东方文明之光》，海南国际新闻出版中心，1996 年。

〔10〕 古方主编：《中国出土玉器全集》第 11 卷，科学出版社，2005 年；杨式挺：《封开鹿尾村新石器时代墓葬》，《中国考古学年鉴（1985 年）》，文物出版社，1986 年。

图 9　广东封开对面岗出土双子琮复原

但会在什么样的场合使用，也还不能说得明白。如有合符过程，双子琮的单飞就不可避免。

　　不过有一点是值得注意的，墓葬中发现的双子琮除了少数是成双出土外，多数都只见到上琮，只有个别下琮发现。这也许透露出了一个重要线索，上琮的保存可能要妥善一些，或者说下琮移动的几率要高得多。下琮单飞了，剩下的上琮就随着主人入土了（表 1）。

表 1　史前双子琮数据统计　　　　　　　　　　　单位：厘米

出土地点（原编号）	高	射径（上射、下射）	孔径	纹饰	备注
上海青浦 M40：110	8.2	6.2~6.5、6.1~6.2	4.9~4.7	2 组半	良渚文化，属改制琮
福泉山 M40：26	8.1	6.1~6.2、5.1~5.9	?	3 组	
江苏武进 M5：13	7.3			1 组半	良渚文化，属预制琮，下琮失落
寺墩	?				
浙江海宁	?				良渚文化，属预制琮，上琮失落
佘墩庙 M6	5.9	?~6.6	?~3.4	2 组半	
浙江余杭 M12：97	9.8~9.9	8.37~8.42、8.27~8.37	6.6~6.4	1 组半	良渚文化，下琮失落
反山	?				

出土地点（原编号）	高	射径（上射、下射）	孔径	纹饰	备注
浙江余杭 M17：2 反山	6.9	7.6～8.3、7.4～7.9	5.94	1 组半	良渚文化，下琮失落
	?				
浙江余杭 M21：4 反山	11.3	6.2～5.9	2	2 组半	良渚文化，下琮失落
	?				
浙江余杭 M2：14 横山 M2：21	7.5	5.9～5.8	5～4.9	3 组半	良渚文化，属预制琮
	7.6	5.8～5.6	4.9～4.8	3 组半	
浙江余杭采 2842 瑶山	5.85	6.6～?	5.9	1 组半	良渚文化，属预制琮，下琮失落
	?				
广东封开 M? 对面岗	7.3	7.1～6.6	5.9～6.1	2 组半	石峡文化，属预制琮，下琮失落
	?				

四　余论：关于玉琮上的兽面与人面纹饰

由双子琮的发现与确认，我们知道史前玉琮有成组制作的特征。除了这样的两件套的双子琮，也许还有三件套或 N 件套的多子琮。《周礼》上有"驵琮以为权"之说，这驵琮就是组琮，也就是一套多件的多子琮。驵琮是什么样式，考古至今一无发现，也许早有发现但我们没有辨认出来。

是否存在多子琮，这是后话，暂且不提。不过由双子琮的辨识，却是提出了另外一个问题，我怀疑过去的研究者在玉琮纹饰的认识上存在较大偏差。这里想就玉琮纹饰的判读问题，提出一点新的看法。

良渚玉器是史前艺术品中的杰作，它的造型，它的纹饰，体现了良渚人的艺术精神，也体现了良渚人的信仰。尤其是玉琮上繁复的纹饰，更是那个时代完美艺术的体现，是良渚人深邃精神切入的极点。我们有许多的研究者都想解开玉琮纹饰的秘密，但遗憾的是过去人们都误解了良渚人。

就一般情形而言，良渚玉琮上的纹饰单元有弦纹、简目、繁目、阔嘴这几种。所谓简目，就是简化的眼目，一般是一个圆圈，或者再附加两个三叉形眼角，这便是人们认定的神人面纹。而繁目则是那种扁圆的多重圈眼，中间常常填有繁复的涡漩纹，与它一起出现的是阔嘴，组成人们常说的神兽面纹。这兽面与人面，成了研究者描述良渚玉器纹饰约定的词汇。

玉琮纹饰有以下几种组合形式（图 10）：

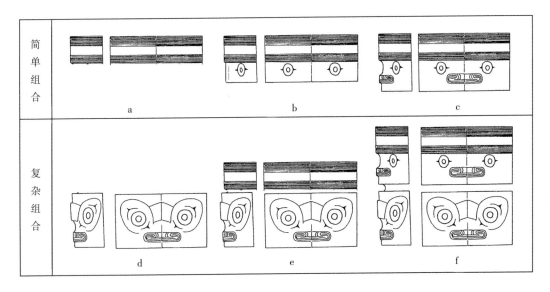

图 10　良渚文化玉琮纹饰组合分类

a. 弦纹

b. 弦纹 + 简目

c. 弦纹 + 简目 + 阔嘴

d. 繁目 + 阔嘴

e. 弦纹 + 繁目 + 阔嘴

f. 弦纹 + 简目 + 阔嘴 + 弦纹 + 繁目 + 阔嘴

在这样的六个组合中，可以粗分为两大组，第一组是 a、b、c，第二组是 d、e、f。第一组为简单组合，第二组为复杂组合。

第一组简单组合中，a 为最简组合，b 为一般组合，c 为完全组合。

第二组复杂组合中，d 为最简组合，e 为一般组合，f 为完全组合。

在这些组合中，应当体现有时间序列，这个问题留待以后再另文进行讨论。我们在此重点关注一下多数组合中都能见到的成组弦纹，弦纹由若干条平行线组成，一般是两组合成，它是冠的简略表现形式。

我们要特别强调的是，玉琮上出现这种冠，有简略的表现形式，也有复杂的表现形式。所谓复杂的表现形式，就是在两组弦纹间再刻出一对简目和一张简单的阔嘴。这样的组合纹饰出现在繁目兽面纹上方时，它应当表示的就是神兽面的冠。

在史前和文明时代前期的艺术中，人神之冠常常表现为兽面的样式，这是一种威武的象征。良渚大型墓葬中的墓主人头部有时会发现 4 枚兽面玉牌饰（图 11），它们正是死者的冠面装饰[11]。我们意识到死者的这种装束，其实正是玉琮纹饰一个很好的图解。

〔11〕　牟永抗：《良渚玉器上神崇拜的探索》，《庆祝苏秉琦考古五十五年论文集》，文物出版社，1989 年。

图 11　良渚文化玉兽面半圆饰（反山 M12）

　　如此看来，在本文划定的第二组复杂组合中的完全组合 f，所表现的其实是一个神兽面戴着一个兽面冠。不作如是观，我们很难解释为何一个繁目组合一定要配上一个简目组合，更没有办法解释为何一个神兽面一定要配上一个"人面"。

　　兽面纹琮绝少见纯兽面纹饰，它一般都配有冠。检索玉琮和其他玉件上发现的各类冠的表现形式，大略有如下数种样式（图 12）：

　　a. 双组弦纹平冠

　　b. 双组加饰弦纹平冠

　　c. 双组弦纹兽面冠

　　d. 双组加饰弦纹兽面冠

　　e. 纵梁羽冠

　　玉琮上最常见到的，是双组弦纹兽面冠，这是最典型的冠式，或者说是玉琮上标准的图式。

　　关于玉琮上的人面纹，陈星灿先生曾产生过疑问，他解释上面的人面纹"其实正应该是鸟的面相，因为除了排齿不类以外，溜圆的眼睛正是鸟的特征，制作者大概是以圆眼和利爪作为鸟的象征的。从这个意义说，所谓神人兽面纹，其实表现的主要是鸟和猛兽的复合形象"[12]。这样的认识，应该是颠覆性的。与此相关的讨论，是对良

────────────

〔12〕　陈星灿：《兽面玉雕·兽面纹·神人兽面纹》，《远望集》，陕西人民美术出版社，1998 年。

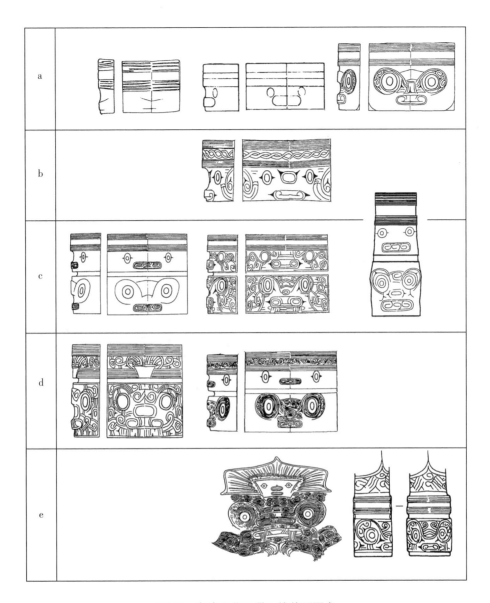

图 12　良渚文化玉器上的兽面冠式

渚玉器"神徽"图像的重新认识。一般研究者都以为，神徽像上高大的羽冠下那张并不生动的脸，便是神灵原本的模样。而杨伯达先生认定那只不过是一个假面具，是巫师扮作神灵的一个道具而已[13]。

杨先生的这个说法虽然还没有引起明显的反响，但这种改换角度的新观察，却是不可忽视的。在玉琮所见的冠式上，其实也出现了这样的图像，如良渚瑶山玉琮（采2789）上面冠饰兽面纹，虽然没有标出眼鼻，但它明显就是神徽"人面"的模写，这

〔13〕　杨伯达：《玉傩面考》，《中原文物》2004 年 3 期。

图 13　良渚文化玉器上的"人面冠"图像

是最清晰的冠饰（图 13，1）。见到了这样的兽面，我们再回头看看那些"神徽"，就会知道那所谓的"神人面"一定只是一个装饰，它就是冠上的一个兽面图案（图 13，2~4）。这是一顶完美的兽面冠，它的后面并没有藏着一张脸，神或巫师的脸是在这兽面冠的下方。

　　我们由双子琮的探讨，由双子琮纹饰的组合特征观察，论及玉琮纹饰的结构与意义，指出玉琮之神兽面与人面的组合其实是一个整体，所谓的人面其实依然还是一个兽面，它只是神兽的冠面装饰图案而已。良渚人在玉琮和其他玉件上雕刻了兽面，这兽面常常还戴有兽面冠，这样的构图形式虽然并没有过于深奥之处，但它还是迷惑了我们的眼睛，让我们将一个简单的事物复杂化了。

（原刊《文物》2008 年 6 期）

器小成大用

——崧泽文化随想

　　30 年过去了，我对崧泽已经逐渐淡忘了，这两天的活动和研讨又让这些印象慢慢清晰起来，有旧的印象也有新的印象。说一说感受吧，想来崧泽也是我曾经的最爱。

　　在此说崧泽，我想要表达的一个中心意思是，汇流在中国古代文明中有很重要一部分是东南的源泉或者说东方的源泉。中国古代文化的形成，并非是局限于某时某地自生自长，而是具有明显的汇流性质。汇流就是交汇是容纳，是择其优而聚之，可以是远距离洲际间的汇流，亚欧、亚非都可以，也可以是东西南北不同流域的交汇。

　　以礼仪观念而论，崧泽文化的钺和璜，包括良渚文化的琮和璧，它就是汇流于中国文明中的东南的重要源泉。

　　以饮食传统而言，崧泽文化的鼎、豆和甗，也是汇流于中国文明中的很重要的东南源泉。

　　先说玉器。玉器中的钺我们这次在展览中看得很清楚，还有前两年我们看的张家港东山村的钺，印象最深的是我们知道的扁平形或近风字形的很张扬的钺，钺呈扁平形，它很轻便，但不失威严。可是我们知道这个时期的庙底沟的钺是什么样的？考古中也发现有玉钺，李新伟先生在灵宝西坡发掘到随葬玉钺的墓葬，那个钺虽然是玉，还是一把斧头嘛，很明确的类似石斧的形状，就是阎村的陶缸上的绘出的那个钺，它也是斧子，就不像良渚这样的，不像崧泽这样的。良渚的作为礼器的钺在崧泽就已经定型了，大致是与庙底沟的年代同时。我也记得海安青墩出过这个时期的陶钺，那就是一个礼器的模型，我也记得这个时期的金坛三星村，出过装备比较齐全的有头有尾的钺，当然还有晚一点的良渚的更精致的钺，现在我们知道这种扁平形长弧形的钺是崧泽人的首创，成为良渚和后来商周钺的一个定式。

　　商周的王钺就是这个样子，整体保留了崧泽和良渚时的形态。大家还知道商周的钺有玄黄之分，玄钺黄钺，我认为这个钺有可能有性别，一个很重要的例子就是，武王灭商的时候，砍纣王拿的是玄钺，纣王已经是自焚没命了，还要象征性用玄钺再砍它一下。可是接着去砍纣王的几个妃子的时候用的黄钺，为什么有这个区别？这不是钺本身颜色的区别，一定是有更深层的用意，我们希望在良渚文化中能找到这样一些分别。

接下来要说的是玉璜，这两天有好几位先生都讲这个璜，今天我还在杨晶身边问她关于用璜的性别关系证据，认为在一定范围是女性特别拥有的饰品，我们浙江所的几位先生的研究也基本上是这么一个结论，这是很有意思的一个现象。我们知道璜在四方神四方风系统中是代表着一个方位的，它在这个四方的概念里是北方的象征，东是龙—圭，西是虎—琥，南是鸟—璋，北方是玄武—璜。璜是什么？我一个直接的认识应该是鱼，可是我们没有见到早期的鱼形璜，鱼和鸟是北方和南方的标志性形象，可是我们一般只知道北边的符号是玄武，去读山海经再往前追，早期的北方神的象征是多元的，其中就有鱼、鹿，总之它是代表阴性，南边代表阳，就是鸟。在汉代的四神图中，我们也发现过鱼形占据玄武位置的图像。这个话说多了，可以简略地说，其实璜在后来中国文化的发展当中非常重要，它是始于崧泽璜，特别是那种半璧形璜，当然更早的还有那种条形璜。

璜的出现问题，我觉得现在并没有完全解决，到底是不是左骏和朱乃诚先生讲的，一种可能是断玦改制，一种可能是破璧改制，将它的起源归结为残器改制，都是由残器变为定式以后成为一个流行器。是不是这样，有这样的可能，但是不是完全可能这样确定呢？我觉得还可以进一步讨论。古代一个有意思的说法叫半圭曰璋，半璧曰璜，这似乎也是讲起源的，当然这个说法并不能理解成残器改制。圭是东方的符号，璋是南方的符号，从玉器看东跟南有这么一层关系。说起璧和璜的关系，由此我还想到一个词叫珠联璧合，很简单的一个词，似乎很容易理解，所以我们一般不会去深究它的含义。这个珠子不是单独用的，珠要一颗一颗连起来，串起来，这就叫珠联。那璧合是什么意思呢？我们没讨论过，璧也不是单个用的，一定是有一组，怎么叫合璧我说不清楚，应该是全套，我们也知道有合璜为璧的，崧泽有发现，西北齐家也很流行，称作三联璧，合璧是不是有这个意思呢？这个另说。

这里面还有需要深层追究的这样一些问题，所以关于琮和璧这样的观念性而非实用的玉器，它们对中国早期文明中的信仰体系的影响非常之大。我曾将琮和璧的名称来源做了一番梳理，认为分别就是王和后的意思。琮就是宗，宗后。璧就是辟，辟即王，掌有生杀大权的辟，这样的人拥有璧作为象征。在早期文献里辟就是辟王，璧字面底下的玉只是它的一个内涵，但是它的明义就是上边的辟，辟的象形就是拿着一把斧子把一个人的头砍下来，下面的这个口字就是人头。所以这个璧的意思也可以好好研究。

再说陶器。陶器着重要说的是鼎与豆。昨天栾丰实教授也讲了鼎，豆也讲了，他讲的也是我想讲的。关于豆，大汶口早期的豆不是很流行，后来才流行，这个豆是哪来的？当然在这个地方，在太湖周边，马家浜就有，那种喇叭口的豆很典型。但是多彩、多变化、精致的豆是崧泽人创造的，从鄂东到太湖都见到同时期的豆，都非常精彩。我觉得豆是高雅饮食生活的一个标志性的器皿，不然为什么要把它做得那么漂亮，那么美？豆在后来就是一种礼器，一种祭器，就不是放一般的食物了。我觉得一般生活当中不需要这样讲究，像个高脚杯的，它一定是用途上提升了的，我们知道在文明早期，在商周，豆也是常用器。三礼中读到笾豆，笾也是豆，笾豆成为特定文化生活的一个代名词。诗经里说笾豆有楚，肴核维旅，笾豆有践，兄弟无远，都是说的这个豆。豆在东方百花齐放，至少说明了崧泽人饮食生活的精致。特别要注意的，豆在仰韶中期还好像过不了关西，就是说到不了关中，只在东边，有明显的边界。到了历史时期，这个豆在中原文化中已经是常见之物，随葬器物的鼎豆壶组合，成为一种定式一种标准，实际上体现了一种现实的或者说一种理想生活的追求。

下面要说的是甗。最早的发明者是谁呢？我们看已有的论说，一说是太湖地区，一说是在北边，东北地区新乐文化里的甗我还没来得及解说，它还是不确定的。但是我觉得确定的甗，是在崧泽时期普及开来的，或者说早在马家浜晚期已经有了它的身影。我看的一个图，西溪的那个连鼎的东西，中间是不是一个甑，它是连为一体的，这个甑一直深入到鼎里头去了。展览看到南河浜的大鼎，大鼎内中间有一条凸棱，我们在出版的图录里只说外形，没说里外都有凸棱，外头的凸棱很明显，其实里面也有一条凸棱，是放算子的。出土品还不止这一件，过去在上海的松江就有发现，是很明显的定型器，鼎的中部有个隔算子的地方，下面盛水上面蒸食物，这便是早期的甗，是鼎式甗，与后来的鬲式甗不大相同。我突然想到这样的鼎式甗在使用时，鼎下面的水不会放得太多，蒸的食物有可能是熟食，如果是主食的话，可能是那种捞起滤去米汤的米饭，要不然生米要蒸饭的话可能水蒸干了，米还没变成饭。

甗这种炊器，应该是古代饮食传统提升阶段的一个创造。我们知道甑在太湖文化区域这个地方也是发现很早的，跨湖桥发现最早的甑，七千多年前的创造。甑的使用，是甗创制的基础。甗是甑作用的提升，可以看作是饮食生活向精致方向的提升。

后来在青铜时代，青铜甗也是一个标准的烹饪器具，也成为一种礼器，成为食器组合中重要的一员。

我们知道蒸法和烤法是中西古代烹饪各自拥有的代表性技法，东西不同的烹技造成了彼此不同的饮食传统，法国传统的烹饪大师不知道蒸食的方法，或者是他不采用这个方法，虽然西方发明了蒸汽机，但是不知道那蒸汽可以用来烹饪食物。我们的跨湖桥人崧泽人在这方面是非常成功的，他们是蒸汽能的最早发现者和利用者，这个对后世的影响了不得。我们得到的麦子怎么吃？这在最初确实是个大问题。无论北方南方，因为米食的关系，流行的都是粒食传统。这粒食传统，就是无论大米小米都是脱粒后煮了吃，有了麦子，也是照样如此。周王的餐桌上摆的都是麦仁饭，也是粒食食品。当然这不是个好办法，麦子直接煮了吃，那滋味远不及大米小米。当石磨普及以后，用麦子磨面，磨成的面粉再用水合并成团制成新食品，因为有合并的操作过程，所以这面食起初的名字都叫作"饼"，显然是专门新起的名，新造的字。麦子的饼食较之粒食，不仅是口感好，滋味也更美了。得到了面粉，我们没有烤面包，我们却是蒸出了馒头，就是炊饼。这馒头就是面粉和古老的技术传统结合起来的产物，食料变了，我们继续走自己的路，让外来的麦子融合到了本土文化中。实现这种成功融合的关键发力点，就是甑和甗。

还要提到一个人——伊尹，商代的这个政治家，出身是个厨师，《吕氏春秋》记载他是一个弃儿，有一个女子采桑捡到他，把这个婴儿交给烰人抚养。烰这个字什么意思呢？在《诗经》里有"烝之烰烰"，与烹饪相关，烰人就是会蒸菜、会蒸饭的。这么一个厨师把他带大，耳濡目染，所以他懂得烹调，擅长于烹调术。伊尹见到商汤的时候，他说，你要懂得做饭的道理，你就知道治理国家的道理，你就知道掌管天下的道理。这么一个由厨师成长起来的政治家，他跟甑和蒸是有关系的。古文字里边，"甑"就是一个曾经的"曾"的象形字，而且还没有下边的"日"，就是上半截，上半截就是一个甑箅子，或者说是一个俯瞰甗的构造，然后冒出两缕烟来，成为字面上的两点。我们还知道春秋时期中原有三个曾国，有学者认为，就是他们擅长于使用甑、甗，用这炊具作国名，有点意思。三曾其中一个在山东一个在河南，另一个在湖北。最近湖北的曾国考古发掘有了大丰收，也有用甑的传统，非常有可能曾国跟用甑有关系。

还有鼎，就不用多说了，大家都知道它的起源，它的分布，和它后来的相关观念，它成为一种重要标志。传说禹铸九鼎，象征九州，夏商周三代都是奉九鼎为传国之宝。还有后来问鼎、求鼎的这样一些典故，都说明这些观念对早期的一些政治生活制度的影响。后来唐武后宋徽宗也铸九鼎，当然这就是一种传统的延续了，它的重要性已经不是那么被人们所看重了。但是我们可以由此看到一点，就是天下之大事是以食为首，一个小鼎居然可以扩展成这么重要的一个观念出来，作为国家之神器，是因为饮食为天，所以鼎就有这么一个意义。到后来的钟鸣鼎食，生不五鼎食啊，有这样志向的一些人都是受这种观念的影响。

还要多说一点的是关于崧泽文化塔形器的问题。我这两天没听到大家发表什么意见，我不知道过去发掘有过什么看法。很奇怪，崧泽流行的塔形壶，究竟用途是什么。在这之前，我恰好去四川藏区松潘考察，看到一个香薰，跟这个塔形器形状大致类似，带有斜口的大圆洞，所以我觉得它有没有可能是香薰？有没有可能是蚊熏？有没有可能是火种罐？因为仰韶发现了类似于这样的器物。所以它一定是有特定用途之器，应该跟饮食没有直接的关系，这是我的一点看法。

该结束我的发言了，又想起在我受聘到南京师范大学的时候，我曾经让两个学生做了学位论文，一个是写璜，一个是写豆，这都是我感兴趣的，他们也感兴趣。这个豆我三十年前就想写，一直没有写成，收集了很多资料，栾教授讲了一些，我估计我也做不了，将来在座的有可能把这些给做了，还挺有意思，主要是觉得它这个内涵特别丰富，把握的难度很大。

百川归海，中原古代核心文化的形成是汇流五方文化的结果，崧泽文化对中国古代文化的贡献应当还不止我说的这些，比如还有祭礼祭坛这些好像更重要的东西，没有太多地去说。当然我提到的这些也是很重要的部分，器小，大用，这是我要说的一个主题。崧泽人为后来的大中华贡献了自己的居家之食法，是生计；又贡献了治国的理念这种象征的标志物，不仅仅是象征符号。有虚有实，既关照了每一个人，也关照了人们的精神世界。我认为崧泽文化的时代应该是文明开始出现的时代，它的高雅，它的精致，它的品质和它表现出的和谐，这些细节，也是文明发达的基础。

（2014 年 10 月 11 日在杭州"崧泽文化学术研讨会"上的发言，根据录音整理。）

唤醒沉睡的废墟

——大遗址记忆的中国大历史扫描

我们的过去，都成为了历史。曾经的辉煌，曾经的精致，在历史的风雨中化作废墟，静静地沉睡在地下。

这些废墟经历了千百年乃至若干万年的风雨磨砺，昔日凝重的历史印记仍旧深深地铭刻在它们的上面。废墟变幻的本体，斑斓的色调，是一个时代、一族人群、一种文化留给后世的纪念。当考古人唤醒废墟的时刻，一段忘却的历史，一页缤纷的画卷，一曲悠远的长歌，便会豁然眼前，响亮耳畔。

每一处废墟被唤醒，都曾牵连出一段久远的历史，都曾重构历史的一些局部轮廓与许多细节。考古人在洞穴里寻访远古狩猎者的足迹，在河流旁揭示史前时代的农耕聚落遗址，发现古老的城堡残垣；循着史前末世居民的足迹进入到青铜时代的废墟，探查三代废都，遍寻列国陈迹，考察秦汉帝国一统时代的伟业；清理南北对峙乱世时代的墓穴，目睹隋唐盛世的风采，鉴赏宋明时代的珍宝。几代学人艰辛探索，将有形有声有色的华夏百万年大历史的辉煌篇章逐渐展现出来。

1. 大历史的序幕

我们从哪里来，我们历史的开端是在什么年代？

18 世纪后半期西方学术界流行中国文明西来说，认为可能是来自埃及的殖民者创造了中国古文明，或以为中国文明与巴比伦文明有亲缘关系。随着中国考古学的发展，在一个又一个的新发现面前，一些西方学者逐渐看到了古代中国文明的自身特色，指出东方文明虽有可能受到来自西方的刺激，但仍不失为独立产生的文明。随着日益丰富的中国史前考古学文化的发现，国外学者开始将中国与美索不达米亚、埃及、印度、墨西哥、玛雅同视为世界文明发祥地。

在 20 世纪 20 年代，一系列旧石器遗址的发现将人们认识中国大历史的序幕徐徐拉开。1920 年外国学者在宁夏灵武市水洞沟断崖中发现了打制石器，3 年后又有人在水洞沟发现了 5 个旧石器地点，发掘获得大量打制石器和动物化石。这几处旧石器晚期遗址地质时代为晚更新世，首次证实中国有旧石器文化存在。后来水洞沟又有多次调查和发掘，出土大量动物化石、石制品和骨器等。

瑞典地质学家安特生在北京周口店发掘之前就到那里进行过考察，1923年师丹斯基开始在周口店发掘，1929年中国学者裴文中发现了第一具北京人头盖骨化石，还发掘到北京人的石器、骨器和用火遗迹。在以后陆续进行的发掘中，共发现北京猿人包括头盖骨5个在内的40多个个体的化石，同时发掘到的还有北京人的数万件石器，以及大量用火的遗迹。周口店的发现证实，华北地区几十万年前就有人类生存繁衍。

就在周口店开始发掘的第二年，河北阳原发现了泥河湾遗址。在以后80多年的时间里，有许多国家和地区的数百位学者在那里进行过发掘和研究，发现早期人类文化遗址数十处，出土大量古人类化石、动物化石和各种石器，对探索早期人类及其文化的演变具有重要意义。

自1920年在中国大陆上发现第一批旧石器开始，中外学者陆续在宁夏、内蒙古、北京及陕、晋等地区发现了旧石器材料，全国大部分省区都发现了旧石器时代的人类化石及石器。自早年代中外学者发现北京猿人和河套人以后，又陆续发现200多万年前的巫山人、100多万年前的云南元谋人及约2万年前的北京山顶洞人，代表着直立人、早期智人和晚期智人阶段，形成一幅较为完整的人类进化图。这些发现证实从200多万年前起，我们的先祖就在东方大地繁衍生息，开发着古老的家园。

大约是在1万多年前旧石器时代结束，先民们走出混沌，走到了新石器时代，出现了农耕文化、制陶工业和石器磨光技术，出现了以建筑技术为前提的定居聚落。新石器时代考古的不断进展，揭示了一个前所不知的早期农人的世界。

1918年，安特生发现河南省渑池仰韶村新石器时代遗址，不久进行了正式考古发掘。安特生又在周围的其他一些地点进行了调查发掘，认为一系列发现都属新石器时代末期的同一类遗存，他命名为"仰韶文化"。安特生为了寻找仰韶文化的来源，1923～1924年他沿着黄河西进，在甘肃和青海一带发现了多种考古学文化。甘青地区的新石器文化，多以彩陶为重要特征，划分为马家窑、半山、马厂几个类型，统称为马家窑文化。中国新石器时代发现彩陶数量最多的是马家窑文化，出自黄河上游地区的彩陶色彩鲜丽，纹样十分丰富。

1928年，吴金鼎在山东章丘县龙山镇发现城子崖遗址，因发现与仰韶文化有明显区别的精美磨光黑陶而命名为龙山文化。遗址的主体为一座龙山文化时期的城址，是较早发现的史前时期的大型古城址。

到20世纪40年代末，学者们已经了解到东部有"黑陶文化"，中西部有"彩陶文化"，北部有"细石器文化"，南方有"印纹陶文化"等的区别。到了20世纪50～60年代，在黄河流域进行大量的发掘工作，对所谓的彩陶文化和黑陶文化进行系统研究，基本上理清了黄河流域新石器时代中、晚期的文化体系。

陕西西安半坡与河南陕县庙底沟遗址的发掘，将仰韶文化的研究提升到一个新阶段。半坡是中国首次大规模发掘的史前聚落遗址，让我们更全面认识了仰韶文化的内涵。庙底沟的发掘，则对解决中原地区新石器时代文化发展序列具有举足轻重的作用。因为这两处遗址的发掘，仰韶文化划分为半坡类型和庙底沟类型，两个类型分布地域相当，构成了仰韶文化的主体。

后来更大规模发掘的陕西临潼姜寨和甘肃秦安大地湾遗址，将仰韶时期的聚落考古提升到新水准。姜寨发掘揭露出一座包括居住区、窑场和墓地的半坡时期大型居址，村外有一周壕沟，村内有巨大的中央广场，广场的周围密集的房屋明显地成群分布。大地湾发现仰韶文化墓葬和大型建筑遗迹，揭示出殿堂一类的大型宗教性建筑，其中901 号房址是一座由前殿、后室和东西两个厢房构成的多间式原始殿堂建筑，建筑规模宏大，布局有序，工艺精良。

20 世纪 70 年代以后，黄河流域新石器前期文化的发现取得了突破性进展，在东北地区、长江流域、华南地区也不断有新的发现。在黄河流域确立了若干个前仰韶时期的文化类型，有老官台文化、磁山文化和裴李岗文化。其他地区的重要发现主要有东部的北辛文化、大汶口文化，东南的河姆渡文化，中南的城背溪文化、彭头山文化，华南的石峡文化，西南的卡若文化，东北的兴隆洼文化、赵宝沟文化和新乐文化等。

河南新郑裴李岗和河北武安磁山是距今 7000 多年的新石器时代早期遗址，两个遗址代表的文化有较大的相似性。在经济上经营以粟为主的农业经济，都有制作精致的石铲、石斧、石镰等农业工具，以及石磨盘、石磨棒等加工粮食的工具。陕西华县老官台、临潼白家村，甘肃秦安大地湾等前仰韶遗存的发现，使人们比较清楚地了解了华北地区新石器时代早期社会、经济以及其他多方面的基本情况。

黄淮下游地区大汶口文化的发现让我们认识了前龙山文化。山东泰安大汶口和兖州王因都发现了规模很大的墓地，大汶口人盛行用猪随葬，大型墓中大量随葬陶质酒器，而且使用木质棺椁葬具。安徽蒙城的尉迟寺遗址发掘到了大汶口居民的中心聚落，东西南北都有两间一组或多间短排房构成的居住群，中部偏北为多组长排房构成的中心建筑群，最长的排房长达 100 米左右。

南方地区的发现也受到广泛关注，浙江余姚河姆渡遗址的发掘，让我们认知了一个六七千年前的稻作农业文化。河姆渡还发现栽桩架板的干栏式长屋，表现了很高的建筑水准。

浙江余杭县的良渚遗址，在 1936 年施昕更发现后受到关注，但半个多世纪以后我们才真正认识到它的价值所在。1986 年发掘反山遗址，1987 年发掘瑶山遗址，1990 年发掘汇观山遗址，1992 年发掘莫角山遗址，都发现了良渚文化的祭坛遗址。祭坛上还发现一批大墓，墓中出土大量制作十分精美的玉琮、玉璧、玉钺等。正是因为大量玉礼器的出土，使得研究者将玉器的制作与文明起源联系起来。

1987 年发掘的安徽含山县凌家滩遗址，也让我们进一步认识了史前玉器文化。墓葬出土随葬品有陶器、石器和玉饰品，以玉龟、玉人、玉龙和玉版最为重要。

与玉器相关的发现还有东北地区的红山文化，20 世纪 80 年代在辽宁省凌源、建平两县交界处牛河梁红山文化遗址，发掘出规模宏大的石构建筑基址和密集的积石冢。积石冢内是石棺墓，随葬精美的玉器，冢上有整齐的石墙，石墙下整齐地摆放着彩绘的陶鼓。离积石冢不远的小山上建有"女神庙"，北边为一石筑的大型山台，南边有 3 处大冢和祭坛，发掘出泥塑彩绘女神像残体。这应当是一处以祭祀女性先祖为主的多神礼拜场所，是一处非常重要的原始宗教中心。

年代最早的玉器出自兴隆洼文化。20 世纪 80 年代在内蒙古敖汉旗发现了中国年代最早的环壕村寨兴隆洼遗址，村寨规划严密，周围是一条大壕沟，居址分成十几排，每排房屋数量不等，120 多座方形房址排列有序。兴隆洼人用玉制作装饰品，掌握了精细的玉作技术。

中国史前最早栽培成功的农作物，主要是粟和稻。1988 年在湖南澧县彭头山发现距今 9000 年左右的稻谷遗存，道县玉蟾岩和江西万年仙人洞遗址发现了距今 1 万年以上的稻作遗存，表明长江中游可能是稻作农业的发祥地之一。华北地区最早的人工栽培作物是粟和黍，后来又引种了小麦。

到新石器时代晚期，早期铜器问世，随着建筑技术逐渐成熟，人类生存条件得到明显改善，出现了规格较高的建筑，社会有了明显的贫富分化，以掠夺为目的的战争逐渐频繁，大大小小的城堡也成批出现了。

仰韶文化时期已有相当规模的城堡，年代较早的城址在河南郑州西山遗址就有发现，城址平面略呈圆形，城墙采用方块版筑法构筑。河南还发现有龙山时期的淮阳平粮台城和登封王城岗城等，王城岗发现了两座并列的城址，在城内发现有殉人和殉兽的奠基坑等。

山东发现的龙山文化时期古城址有邹平丁公城、寿光边线王城、章丘城子崖等几座城址。

湖北有天门石家河城和石首走马岭城等，石家河城兴建于屈家岭文化时期，面积达 120 万平方米，是考古发现的最大的史前古城址之一。城墙为夯筑而成，城外有壕沟环绕。石家河城址周围是一个很大的遗址群，共有时代、文化特点基本一致的大小遗址 50 余处，表明这一带当时是相对繁荣的中心地区。

浙江有余杭莫角山城，城中有许多夯筑的高台遗迹，应是宫殿与宗庙建筑基址。

四川在成都平原发现的有新津宝墩城、温江鱼凫城、都江堰芒城、崇州双河城和郫县古城。其中新津宝墩城保存较好。

在龙山文化时期，长江中游和黄河中下游地区已是城堡林立，各地史前城址一个接一个地被发现。史前城址平面形状多数不很规则，方形、圆形直到椭圆形的都有；

城垣夯土堆筑而成，有的城垣并没有完全封闭；城的面积不等，小的有几万平方米，大的十数万乃至百万平方米。

这些大大小小城堡的出现，表明了大大小小政治经济中心的形成，它们也许就是一个个以部落联盟为基础的城邦。史前时代晚期众多城堡的产生，是社会结构发生重大变化的反映，表明当时可能已经出现具有一定规模的城邦式早期国家。

2. 青铜铸就英雄时代

从万国林立到三代相继，我们的大历史经历了一个雄浑时代，这是青铜造就的英雄时代。

新石器时代结束，人类历史跨进到青铜时代，这是文明时代的开端。夏、商、周三代，属于考古学上的青铜时代。历史学家过去对三代的了解，完全停留在传说和不完整的文献记录上。考古学的努力重建了三代历史，将三代璀璨的青铜文明原原本本展现出来。

三代考古起步于 20 世纪初，最早开展的工作是殷墟的发掘。后来郑州商城和偃师商城的发掘，又将商代考古向前推进了一大步。接着又有二里头文化发现与研究，为寻找夏文化走出了坚实的一步。

许多学者相信中国历史上确曾有过一个夏王朝，可真实的夏代遗迹到哪里寻找呢？

徐旭生最先将夏文化作为一个考古学问题提出来，分析了有关史料后，1959 年他开始在豫西平原考察，结果发现了偃师县二里头遗址，这是夏文化考古研究的一个重要成果。二里头遗址在陆续发掘中发现大型宫殿建筑夯土基址，还发现不少水井、道路遗迹，发现铸铜、制陶、制骨等手工业作坊遗迹，出土各种青铜礼器、工具、武器，包括陶器、玉器、石器、漆器、蚌器和骨角牙器等。二里头可能是夏代的都邑遗址，中国文明社会也许就开始于二里头文化时期。

还有人认为中国的国家形态早在仰韶文化晚期就诞生了，也有不少学者认为中国文明的开始阶段是在龙山文化时期。山西襄汾县陶寺发掘一处大型龙山时期墓地，墓葬可以分为大、中、小三种规格，大型墓使用木棺，随葬品达一二百件，包括彩绘陶器、木器、玉石质礼器，通常还包括整头的猪。后来陶寺又发现了城垣遗迹，许多学者认为陶寺文化已跨入阶级社会，可能已产生了国家或国家雏形。陶寺所在的晋西南地区自古有"尧都"、"夏墟"之称，陶寺遗址是探寻五帝文化重要的遗址之一。

商代自成汤立国至纣灭国，曾多次迁都。考古确认的商都故地除殷墟之外，还有郑州商城和偃师商城。偃师商城的建造分若干阶段完成，营建宫殿后在外围夯筑起长方形城垣，又修建有外城，宫殿区不断扩建。宫城内发掘了多座大型宫殿建筑基址，其中 2 号宫殿主殿面积超过 1000 平方米。有学者认为这很可能是商朝开国所都的"西亳"，也有学者推测可能只是商初伊尹放逐太甲的"桐宫"。郑州商城宫殿区分布于城内东北部，发现大、中型夯土建筑基址若干，城内发掘到水井、房基、窖穴等等，城外发现铸铜和制陶作坊。有人说郑州商城是商初成汤所都之"亳"，又说是中商时期仲丁所建的"隞"。

商代都城的发掘研究以殷墟最为深入。殷墟为公元前 14 世纪盘庚所迁国都之地，从此 273 年不再徙都，直到被周人取代。1899 年身为国子监祭酒的金石学家王懿荣因病吃药而识得带字甲骨，正是因为甲骨提供的线索发现了安阳殷墟，殷墟使司马迁《史记》中的《商本纪》成为了信史。殷墟并没有发现城墙，宫殿宗庙区在今小屯村一带，已发现数十处大型夯土基址。殷墟清理近万座墓葬，发掘到一些王室墓葬，如著名的武官村大墓和妇好墓等。殷墟历年出土的有字甲骨数以万片计，是商史和古文字研究的重要资料。新发现的洹北商城年代稍早，宫殿区位于城址南北中轴线南段，已发现大型夯土基址 30 余处。其中规模最大的一处基址总面积达 1.6 万平方米，是迄今所见面积最大的商代单体建筑基址。

商代周边地区的考古学文化，在受到商文化强烈影响的同时，也表现出明显的区域特色，比较重要的发现有湖北黄陂盘龙城遗址、江西樟树市吴城遗址、新干大洋洲墓地、四川广汉三星堆遗址和成都金沙遗址等。

湖北黄陂盘龙城商城平面略为方形，夯筑方法与郑州商城相同，城外有壕沟，沟内有建桥遗迹。城东北角高地上有大型宫殿建筑基址，城北城南有居住址，城东有墓地。一般认为，这是商王朝在南方建立的一个政治、军事据点。

江西樟树市吴城遗址清理出道路、房基、窖穴、水井、灰坑、陶窑、墓葬等遗迹，出土大量富有特色的陶器、骨器、青铜器和石器等。以吴城遗址为代表的遗存定名为吴城文化，是以赣江中下游为核心分布地带的青铜文化。新干大洋洲发现一座吴城文化大型墓葬，出土青铜器、玉器、陶器、石器和骨器等，青铜礼器达 50 余件，大都是巨型重器。吴城文化已进入国家发展阶段，可能是江南尚不知晓的一个强大方国。

四川广汉三星堆自 1929 年发现大量玉器，至 1986 年发现两处埋藏有丰富青铜器的器物坑而倍受关注，器物坑中堆放着大量巨型青铜人头像和全身像，伴出的还有其他铜器、金器和玉石器。进一步的发掘证实三星堆是一座古城遗址，发现用土坯垒筑的城墙，城址中轴线上分布着三星堆和月亮湾等台地，应当是宫室类建筑基址。

三星堆是商代早期蜀国的都城遗址，成都金沙则是新发现的又一处年代稍晚的古蜀都城遗址。金沙遗址发现祭祀场所、大型建筑基址和墓地等，祭祀场所出土大量金器、铜器、玉器和石器，还有大量象牙及其他兽骨等。成都还发现古蜀晚期的大型船棺葬，葬具用楠木制成，数十具船棺合葬一穴，可能是古蜀王族的一处墓地。

武王灭商，周王朝登上历史舞台。周原是灭商以前周人的政治大本营，迁丰之后仍然是周的一个政治中心。周原发现岐山凤雏建筑基址和扶风召陈建筑基址，凤雏基址作封闭长方形结构，整体建于大型夯土台基上，以门道、前堂、后室为中轴，两侧配置厢房。基址西厢房的窖穴内出土大量卜骨和卜甲，200 余片卜甲上有刻辞，记述周人与商王朝及其他方国的关系，以及太保、毕公等重要朝臣的名号。岐山董家村发现包括"裘卫四器"在内的 37 件铜器，扶风庄白发现包括"史墙盘"在内的 103 件微氏家族铜器，都是西周历史的记录。

西周初年周文王所都的丰京与周武王所都的镐京，隔沣水相望，自公元前 11 世纪至周平王东迁，这里一直是西周王朝政治、经济和文化中心。丰镐遗址清理出房址、灰坑、水井、墓葬和车马坑等遗迹，井叔墓出土大批铜器和玉器。

周王朝外围的封国都城遗址也有发现，北京琉璃河遗址就是比较重要的一处。琉璃河遗址发现城墙、居址和墓地等，城内有高大的夯土台基。其中 1193 号大墓墓主人，推测是西周初年被封至燕地的首封之君召公奭，印证了西周初年分封诸侯的文献记载。

山西曲沃天马－曲村遗址为晋国始封之地，通过一、二号大墓清理找到一代晋侯墓地，确认这一带为晋国始封地故绛。两座晋国大墓是带墓道的甲字形大墓，出土大量青铜礼器、车马器、兵器和玉器，部分铜器上铸有铭文。进一步勘察表明墓地埋葬着从西周到春秋初年的 17 位晋侯和他们的夫人，这些墓葬多为两两成组，为夫妇并穴合葬。晋国墓地尤其是晋国国君之墓的发现，明晰了晋国历史的许多重大问题。

周平王东迁后，王室衰微，诸侯势力日益强大，小国之间互相攻伐，征战不断。大量发现春秋和战国时期的城址和墓葬，是东周时代列国争雄的见证。

东周王城遗址在今洛阳市的洛、涧河之滨，平面不甚规则。城墙夯土筑成，城外有深壕。大城西南角有一座矩形小城，可能是宫殿区。在东周王城广场发现"天子驾六"车马坑，共发现车马坑 18 座。

河南新郑县郑韩故城，先为郑据，后为韩都，又称郑韩故城，平面分东西两城，地面尚存城垣。西城为宫城，中部和北部有密集的宫殿夯土台基。东城为郭城，城内发现许多手工业作坊遗址。宫城南部和郭城西南部，发现春秋贵族墓地，平民墓在城外。

河北邯郸赵故城城址分宫城与郭城两部分，宫城由平面呈"品"字形结构的三个小城组成。宫城西城中部有大型夯土台基，是所见战国时期最大的宫殿建筑遗迹。郭城在宫城东北部，平面略作长方形，东部发现多处冶铁和制陶等作坊遗迹。城址以西发现墓葬区，城北发现五组赵王陵。

战国中晚期燕国都城易县燕下都遗址，城址平面略呈长方形，为战国都城中面积最大的一座。燕下都分为左右两城，东城为内城，内城北部中央有大型夯土建筑遗迹，属燕下都的主体宫殿群所在。东城的西北角有两个公室墓区，见到 10 多座高大的封土堆，发掘出 9 鼎和 7 鼎墓，推测为燕王和王后墓。

山东曲阜鲁国故城平面近椭圆形，城门街道、宫殿、手工业作坊、墓葬区均已发现。齐国故城在山东临淄境内，由东北、西南嵌筑的大小两城组成，小城是宫殿区。小城在大城的西南角外，平面为长方形，宫殿区在小城北部，发现有许多建筑基址。大城平面略呈长方形，城内建有全城性的排水系统。大城内还发现两处春秋时期的墓地，其中一座石棺大墓外围的殉马坑中，发现殉马 145 匹，应属国君墓葬。

秦国都城遗址包括秦德公初居的凤翔雍城、献公所都的栎阳城以及孝公徙居的咸阳城，三城都有许多重要文物出土。

湖北荆州楚纪南城为楚国长期使用的郢都。城址略呈长方形，城外有城壕。城内有夯土建筑基址数十座，大多集中在城中偏东南部位，应为宫殿区。城中发现大量水井和一些手工业作坊遗址。

发掘东周时期晋国和楚国墓葬也取得重大收获，长沙楚墓、信阳楚墓、江陵楚墓、淅川下寺楚墓等都有重要发现。淅川下寺楚墓所包括的墓葬有明显的等级差异，其中规格最高的 2 号墓，出土了著名的"令尹子庚鼎"。与楚关系密切的随州曾侯乙墓，出土随葬品数量达万件之多，中室以礼乐器为主，包括排列井然有序的 9 件青铜鼎和 8 件青铜簋。

青铜铸就了英雄时代，青铜记录着辉煌时代。中国青铜时代从公元前 2000 年前后开始，古史上的三代正是中国青铜文明辉煌灿烂的时期。青铜时代前后持续了约 15 个世纪，商初至西周前期，是中国青铜时代的繁荣阶段，商周王朝疆土范围内大量发现青铜器，边远地区各方国遗址中也有成批铜器出土。西周中晚期至春秋，是中国青铜时代发展的顶峰。楚、晋、齐、鲁、燕、秦、虢等国遗址中，都发现大批青铜器。从出土青铜器上我们看到了三代雄浑的历史篇章，寻回许多久已模糊的历史片断。

3. 一统融合的家园

从秦汉时代开始，赤县神州化一，历史的车轮在一统的旗帜下滚滚向前。

中国一统的大业成于秦汉，中央集权的大帝国经济繁荣，国力强大，文化艺术发达，对外交往频繁。考古使得湮没的盛世风貌再现，那残垣犹存的秦宫汉城，威武雄壮的兵马俑，藏满珍奇的王陵，无不诉说着秦汉盛世的伟业。

陕西咸阳市渭河北岸黄土塬上的秦咸阳宫殿遗址，是公元前 350 年秦孝公由栎阳迁都新建的都城所在，秦始皇统一六国后，仍以咸阳为都，咸阳成为一代强秦的统治中心。咸阳城地势北高南低，宫殿群遗址分布在城北阶梯形叠起的北阪上。秦每灭一国后便在咸阳北部仿建一座该国宫殿，咸阳宫殿群出土过燕国和楚国型制的瓦当，是"六国宫殿"存在过的证据。城外西南有著名的阿房宫遗址，至今尚存高大夯土台，前殿做过系统的考古调查。

秦兵马俑坑是为秦始皇陵随葬陶兵马俑而修建的地下坑道建筑，发现大量大型武士俑、木质战车、陶马、青铜器和车马器，推测原来可能埋有武士俑不下 7000 个、驷马战车 100 多乘、战马 100 多匹。这些兵马俑是模拟送葬军阵的仪仗俑群，所表现的是以车兵和步兵为主力的部队，车、骑、步、弩混合编列。兵马俑坑最能体现强秦气势，正是这样的气势最终一统六合，开创了大历史的新时代。

西汉都城长安，汉高祖刘邦始筑，经惠、文、景帝的修建，长安城初具规模。汉武帝时大兴土木，在城内外修建了许多宏伟的宫殿，扩充了上林苑。长安城平面近似正方形，宫殿区包括未央宫、长乐宫、桂宫、北宫和明光宫，未央宫是皇宫，四周筑有宫墙。前殿是未央宫的主体建筑，保存有完整高台宫殿遗址，已发掘少府官署、皇后居住的椒房殿等遗址。武库在未央宫和长乐宫之内，平面呈长方形，四周筑有高大的围墙，是一座封闭式的兵器库。

汉代的墓葬为揭示强盛的汉文明的提供了丰富的实证，比较重要的发现有马王堆汉墓和南越王墓等。湖南长沙马王堆汉墓是西汉初年长沙国丞相轪侯利苍及妻与子的墓葬，1 号墓保存最好，墓内保存完好的女尸是利苍之妻。三座墓都由坟丘、墓道、墓坑和墓室构成，为长方形土坑竖穴，斜坡墓道，墓室填木炭和白膏泥密封。随葬品主要有满盛衣物、食品和药材等物品的竹笥、漆器、陶器和木俑，以及"遣册"竹简和帛书等。帛书多为古佚书，包括哲学思想史、历史、自然科学、医学、天文学等多方面的著作和兵书图籍，主要有《老子》、《周易》、《五星占》、《相马经》和《五十二病方》等。

汉初赵佗建立割据政权南越国，广州发掘南越国第二代王赵眜的墓葬，使得南越国的历史变得清晰起来。南越王墓由墓道、外藏椁、前室、东耳室、西耳室、主棺室、东侧室、西侧室和后藏室组成，墓室用红砂岩大石砌墙，大石板作顶盖。南越王身着丝缕玉衣，身上发现九枚玺印，墓中清理出铜、铁、金、银、陶、玉石和玻璃等大量遗物，是研究秦汉时期南方社会经济、文化以及对外交往的重要资料。

自东汉建安元年曹操迎献帝都许昌起，一直到隋文帝杨坚灭陈统一为止，战乱与动荡延续了近 400 年之久，这是三国两晋南北朝时期。原居住于东北及西北边境地区的匈奴、鲜卑、羯、氐、羌等少数民族陆续向中原迁徙并建立政权，与汉民族不断融合，促进了经济与文化的进步。河南邓县彩色画像砖墓、辽宁北票北燕冯素弗墓、河北磁县湾漳村北朝大型壁画墓，洛阳汉魏故城，曹魏至北朝末期的邺城遗址，还有敦煌石窟和云冈石窟等佛教遗迹，是这一时期动荡历史的见证。

汉魏洛阳城始建于周，东汉、曹魏、西晋及北魏均在此建都。洛阳城为不规则长方形，北墙及西墙北段外侧保存较多马面遗迹。城西南角的金墉城始筑于曹魏，由三座南北相连的小城组成，城内有 20 余处夯土台基及其他遗迹。北魏宫城位于城内中轴线北部，中轴线上是铜驼街，铜驼街两侧发现了大面积的夯土台基，是司徒府、太尉府等衙署和宗庙社稷所在地。经发掘的主要有辟雍、太学、明堂、灵台遗址，太学遗址出土一些汉魏石经残块。《洛阳伽蓝记》记洛阳有佛寺 1300 余座，以永宁寺规模最大。永宁寺塔基发掘出土大量石雕、砖、瓦等建筑材料和一批大型佛、菩萨、比丘、武士泥塑残件，是北朝陶塑中的精品。

邺城遗址包括南北相连的两座城，东汉建安时曹操开始营建，后作为曹魏五都之一。十六国时期，后赵、冉魏、前燕均建都于邺北城。东魏自洛阳迁邺后，始筑邺南城，作为东魏北齐的首都。城内东西大道北侧的中部，发现10余处大型夯土建筑基址，是邺北城的宫殿区。城址中间的中阳门大道，形成中轴线布局，这种规制改变了汉代以来宫殿区分散的布局，都城规划更为对称和规整，对以后的都城规划产生了重要影响。邺城西北有3台，自南向北依次为金虎台、铜爵台和冰井台，金虎台保存较好，3台地处邺城制高点，军事防御作用非常明显。邺南城城外西、南、东三面绕以护城壕沟，宫城位于北部正中，发现多座大型夯土宫殿基址。邺南城的布局吸取了邺北城及北魏洛阳城的特点，中轴线布局更加规整，影响了隋唐长安城的设计建造。

北朝上承汉魏，下启隋唐，在河北、河南、山西、陕西等地相继发现并发掘了一些北朝帝王陵墓，这一时期的帝王陵寝制度在古代陵寝制度史上占有重要地位。

山西大同永固陵为北魏文明太皇太后冯氏的陵墓，墓冢封土高大，墓前有建筑遗迹。墓室为砖筑，主室近方形，墓室内有精美石刻。陵园布局受到佛教影响，墓地与佛寺结合的理念对北朝晚期陵墓影响很大。永固陵不远有北魏孝文帝拓跋宏陵墓，墓室结构与永固陵相同，墓室内有石雕武士像。

北魏孝文帝迁洛至孝武帝分为东西魏，6位皇帝均葬于洛阳邙山上，根据出土墓志等材料确定了4座陵墓的位置。世宗宣武帝的景陵进行了发掘，墓冢平面略呈圆形，地宫由墓道、前甬道、后甬道和墓室组成。墓室平面近方形，墓室地面铺砌石板。

河北磁县一带，地处邺城西北郊，有许多高大土冢，为东魏北齐的皇陵区，共有墓葬130余座。磁县湾漳村106号墓由墓道、甬道、墓室组成，墓室平面为方形，由5层砖砌成，四壁攒尖结构，墓室墓道都绘有大幅壁画。墓主人应是东魏北齐皇室成员，也许是一位皇帝。

南京在三国两晋南北朝时期曾作为东晋和宋、齐、梁、陈的首都，帝王陵墓分布在南京、丹阳一带。南京富贵山大墓为东晋恭帝司马德文的陵墓，依山而建，墓室平面长方形，墓室前有长方形甬道，墓中有排水系统。丹阳胡桥鹤仙坳大墓推测为南齐景帝萧道生的陵墓，也是依山而建，墓室平面长方形，壁面嵌有拼砌的模制砖画，内容有羽人戏虎、竹林七贤、鼓吹骑从、甲骑具装和四神等。南京西善桥南朝晚期大墓，推测为陈宣帝陈顼的陵墓，墓室平面呈椭圆形，四壁砌花纹砖。

隋唐是中国历史上空前繁荣的时代，从两代留下的丰富文化遗存，我们可以感受到盛世伟业的灿烂与辉煌。

隋灭陈结束了魏晋南北朝近300年的分裂局面，将中国这片辽阔的国土重新纳入中央集权之下，统一与稳定推动了思想文化的融合以及中外文化交流。继之建立的唐王朝，进入古代经济文化发展的鼎盛时期。

隋朝初年，仍然建都于原汉长安城内，营建了新都大兴城。唐代都城长安在隋大兴城基础上修建，城墙外侧有护城壕。皇城和宫城位于城内北部正中，宫城分为东、中、西三部分，正中为宫殿区。皇城在宫城之南，为中央衙署所在地。长安城为中轴线布局，以外郭城南墙正门明德门、皇城正门朱雀门、宫城正门承天门所在的南北向直线为中轴线，东西对称。纵横街道将城内划分为 108 坊，城内还有东、西市。唐代在外郭城北又修建了大明宫，主要宫殿有含元殿、宣政殿、紫宸殿、麟德殿等。对含元殿、麟德殿等处遗址的发掘，为探讨大明宫布局及宫殿复原提供了依据。唐长安城的设计继承了邺南城的风格，布局更加严密，对以后的城市建设以至相邻国家和政权的城市建设产生了深远影响。

隋炀帝为着加强对关东及江南的控制，营建东都洛阳，唐代继续沿用。隋唐洛阳城由宫城、皇城、外郭城等组成，不同于长安城布局。宫城位于外郭城内西北部，南接皇城，主要宫殿分布在宫城中部以南、应天门以北。外郭城平面近方形，城内里坊布局整齐。

唐代有 18 位皇帝的陵墓集中分布于陕西关中盆地北部，称"关中十八陵"。唐陵布局自乾陵开始已形成定制，乾陵依山为陵，墓室在山南的半腰处，高踞于陵园北部，四周筑有围墙，外设外城墙。帝陵石刻规模庞大，有石狮、仪仗、翼兽、中外王宾像、华表和碑石等。陵区内除帝陵外，还有许多陪葬墓。已发掘的帝陵陪葬墓有章怀太子李贤墓、懿德太子李重润墓及永泰公主李仙蕙墓等。这些墓葬规模很大，墓室及墓道满绘精美的壁画，内容有列戟图、游乐图、狩猎出行图、马球图、宾客图等。有线刻石棺椁，刻四神、武士、伎乐、飞天、星象等。

大唐的盛世气象，在宗教文化中也有体现。陕西省扶风县的法门寺发掘到唐代塔基地宫，获得惊人发现。地宫位于塔基的正下方，每道室门均精雕细刻，纹饰生动，彩绘鲜艳，昔日皇家气韵真切展现在眼前。地宫前室的门前立着两通石碑，详细记述法门寺寺庙的沿革、地宫中佛指的尺寸和形状以及唐懿宗、僖宗迎送舍利的盛况，记述地宫所藏物品的名称、数量、器物重量及奉献者。清单所列物品，大部分来自皇家，是唐王室为供奉真身舍利而置于地宫之内的。发现佛骨舍利 4 枚，藏于地宫最秘处的第三枚佛骨，为佛祖释迦牟尼的真身遗骨。地宫出土大量的金银器，均为唐代皇帝的御用供品。还出土了一些玻璃器，有些为外国传入，为唐代中西交流提供了重要物证。

中国历史到了宋辽元明时代，进入封建时代的后期。两宋与明王朝传承发展了汉文明，北方辽、金、西夏和元少数民族建立的政权传承了汉文明的辉煌，也为汉文明注入了新的活力。

通过勘测和发掘辽中京、辽上京、北宋东京城、南宋临安城、金中都和元大都等都城遗址，发掘包括河南禹县白沙宋墓、安徽合肥北宋包拯家族墓、福州南宋黄昇墓，内蒙古赤峰辽驸马墓、辽宁法库叶茂台辽墓，金齐王墓、大同元冯道真墓、明北京定陵、山东曲阜明鲁王墓、四川成都明蜀王世子墓等重要墓葬，对这一时期的历史与社会生活有了真切的了解。

北京从元代开始营建为都城，忽必烈时称为大都，是当时世界上很著名的都市。对元大都的城垣、街道和河湖水系遗迹进行了调查和重点发掘，对大都的平面规划作了复原。大都城址平面呈长方形，皇城位于城南部中央，宫城偏居皇城东部。明代北京城在元大都基础上营建，永乐改大都名为北京。明北京城沿用了原来的中轴线，内城从长安街以北仍使用元大都的街道。在宫城前的中轴大路两侧，对称地布置了太庙和社稷坛、中央官署和五军都督府、天坛和山川坛，烘托了宫城的地位，突出了皇权至上的思想。

辽与金是中国封建社会后期民族建立的两个重要政权，与宋长期对峙。辽曾建有五京，金也有前后二京。位于内蒙古巴林左旗的辽上京由皇城和汉城两大部分组成，北城为皇城，是宫殿区和契丹贵族居住的区域，城内现存很多建筑遗迹，属官署、府第、庙宇和作坊遗址。位于内蒙古宁城县的辽中京分为外城、内城和皇城3部分，布局依照北宋汴京的设计，外城北部有寺庙、廊舍、驿馆和官署遗址，内城在外城中央稍偏北位置，皇城在内城的正中偏北，皇城南墙正门向北的中轴线上有一处大型宫殿遗址。位于黑龙江阿城县白城子的金上京，由南北两城构成，平面呈曲尺形。两城之间筑隔墙，夯土城垣、城门、角楼、马面、瓮城等遗迹尚存。南城西北为皇城，皇城午门外有土阙，阙门内的中轴线上有5座宫殿基址。位于北京旧城外西南部的金中都，宫城在全城的中央，平面呈方形。皇城在宫城的南侧，宫城、皇城和外郭城的正南门均在同一条轴线上。

古代城市在商周时期是以帝王的宫殿和祖先的宗庙为主体的城市，从东周开始城市建制出现变化，列国都城普遍实行"两城制"，以宫庙为主的宫城和以居民商业区为主的郭城两城并立。汉代都城以宫殿区为主体结构，宗庙居次要地位，市民里坊和商业区正式纳入城市规划。经魏晋到隋唐城市逐步发展为封闭里坊制结构，唐末宋初封闭式里坊制又渐变为开放式街巷制，元大都城被认为是这种城市规划的典型。元大都有重城式结构，有开放式街巷的道路系统，有明确的中轴线。这样的布局至明北京城更趋于对称平衡，宫城皇城居中，被看作是"为帝王设计的最杰出的城市规划"。

宋辽陵墓的调查发掘，了解到不同的陵墓制度。位于河南巩义市的宋陵，有自宋太祖赵匡胤至宋哲宗赵煦帝陵多座，还有不少陪葬墓。巩义皇陵依同一制度营建，每一陵都有兆域、上宫和下宫。兆域内除皇陵外，还有附葬的皇后陵及宗室子孙和当朝重臣的陪葬墓。

辽代帝陵分布在辽宁、内蒙古境内的5处地点，辽庆陵位于内蒙古巴林右旗，包括辽圣宗耶律隆绪和宣德、钦爱皇后的永庆陵、兴宗耶律宗真和仁德皇后的永兴陵、道宗耶律隆基和宣懿皇后的永福陵。3 座帝陵都有陵门、享殿和神道，墓室分前、中、后室和四个侧室，墓壁有彩绘壁画。内蒙古奈曼旗发现辽陈国公主驸马合葬墓，墓葬为砖砌多室墓，由墓道、天井、前室、后室及东、西耳室组成。墓中出土文物丰富，墓主人穿戴着契丹贵族独有的金银殡葬服饰，包括鎏金银冠、金面具、金花银枕、银丝网衣、金花银靴等。

明代 13 位皇帝葬在北京昌平天寿山南麓，陵墓以长陵为中心，向左右排列。十三陵中的定陵是明神宗万历皇帝朱翊钧与孝端、孝靖二皇后的合葬墓，墓室由前、中、后三殿及左右配殿组成，全部用石材垒砌起券。万历皇帝和两个皇后的棺椁置于后殿的棺床上，棺内放有大量服饰、丝织品、金银器、玉器、瓷器和珠宝首饰等。

宋元时期由于国内外商业贸易的发展，瓷器需要量大增，出现了专门烧造宫廷用瓷的官窑和大量民窑，形成具有不同风格的瓷窑系。除隋唐五代已有的越窑和定窑以外，又出现了龙泉窑、景德镇窑、钧窑、磁州窑、建窑、耀州窑等名窑。

位于浙江省南部的龙泉窑兴起于北宋，南宋至元代进入全盛时期。龙泉窑的窑床结构为长条斜坡状，窑具有匣钵、垫座、垫环、垫饼等。龙泉窑产品随时代不同有明显变化，北宋盛产青瓷，釉色黄绿，纹饰较简单，器形有碗、盘、罐等。南宋青瓷器种类繁多，出现了塑像、玩具等。元代龙泉窑盛烧大型器，纹饰题材丰富多彩。

位于江西省景德镇的景德镇窑，以宋元时期的窑址发现最多，窑床有介于龙窑与圆形窑之间的"蛋形窑"。唐代窑址中发现有青釉、白釉两种产品，宋代窑址器物以釉色有白釉和影青釉，元代窑址除影青釉外还见到白釉"枢府瓷"。

位于河南省禹县的钧窑盛烧于宋代，窑炉一般呈圆形或马蹄形，窑炉结构及装烧方法便于控制火候，烧出色彩变幻的钧瓷效果。钧窑釉色以各种浓淡不一的蓝色乳光釉为主，以釉色取胜，纹饰较少。

位于河北省曲阳县的定窑始烧于唐代后期，盛于北宋。北宋定窑开始以煤作燃料，普遍采用覆烧装匣方法。瓷器内壁用印花、刻花和划花的技法装饰花纹，以花卉图案和动物形象为主。

优雅洁净的瓷器，在历史中不断提升着品质，它装点了古中国人的生活，也美化了全世界餐桌上的风景。

历史的车轮从秦汉行进到明清，虽然在一统的洪流中，也时而出现南北对峙、东西分割的局面，这些其实都是新一轮融合的前奏曲，只不过是滚滚洪流中出现的一些旋流。经历了 2000 多年风雨的洗礼与考验，华夏一统基业越来越稳固，多民族融合的家园越来越美好。

4. 涌动的血脉

一个文化、一个族群的发展，外不能孤立封闭，内不可滞塞壅阻，血脉通畅涌动，才会有强劲的生命力。长城、秦直道、汉唐丝绸之路与大运河，正是这样的文化血脉，涌动的血脉连接东西，通达南北，带来勃勃生机。

长城在古代一代一代修筑了2000多年，是沉重历史的显著标志，又是民族精神与力量的重要象征。长城是由早期城、堡发展而来，长城最早出现于春秋，到战国有魏国西河长城、赵国漳水长城、中山国西部长城、燕国易水长城和齐国泰山长城。长城阻滞了北方游牧人的袭击和掳掠，也加速了古中国统一的进程。

战国北方的长城，以秦、赵、燕三国兴建的规模较大。秦、赵、燕利用山川形势险要长城，在山口与平原地区都建筑高大的城墙，长城沿线内外制高点还建有烽火台、障、城等配套建筑，构成了一套完整的军事防御体系。

秦汉为抵抗北方匈奴的侵犯而修建的长城，分布在辽宁、内蒙古、河北、山西、陕西、宁夏和甘肃一线。秦将蒙恬占领黄河河套地区后，连接起燕赵旧长城，加上秦长城形成一条西起甘肃岷县东至辽东长达5000多公里的坚固防线，称之为"万里长城"。西汉在居延至敦煌又新筑一条长城，称为"河西长城"。武帝还在蒙古高原增修了一条长城，秦汉长城规模至此完备。秦汉长城分土筑和石筑两种，沙漠和平原上为土长城，山岭上为石长城。长城配备有报警烽燧、瞭望亭候和屯田边城，居延汉代长城沿线遗址发现的简牍，记述了汉代边塞屯戍的许多细节。

明朝在"外边"长城之外，还修筑了"内边"长城和"内三关"长城，内三关长城在很多地方和内边长城并行，有些地方还修筑了大量"重城"，加强了长城的防御能力。

历史上有20多个诸侯国和王朝修筑过长城，将各代长城累计加起来，大约有5万多公里。秦长城西起临洮东止辽东，汉长城西起新疆东止辽东，明长城西起嘉峪关东到鸭绿江畔，秦、汉、明三代长城都超过了5000公里。

秦筑了长城，还修了直道，也是一项浩大的工程。秦直道南起都城咸阳军事要地云阳林光宫，北至九原郡治，南北直向，全长700公里，路面最宽处约60米。秦直道跨陕西淳化、旬邑、宜君、黄陵、富县、甘泉、安塞等县，沿子午岭北上，多在山岭间修建，是一条重要的交通线。秦以后直道仍然发挥着重要的作用，西汉时利用秦直道防御匈奴南犯，唐时防范突厥南侵关中也借助了直道，一直到明代直道仍是通途。

蜿蜒的墙体，坚实的路基，保留至今的长城与直道都是一种记忆，记忆着游牧文明与农业文明的冲突与融合。古代农耕文化的发展，也曾借力于游牧文化。以农为业的夏商周三代文明，受到过蒙古利亚人种和汉藏语系内部的一些游牧民族的入侵，商代就有来自西北方的游牧民族的频频入侵，西戎北狄构成了黄河流域农耕文明的主要威胁。正是因为这样的威胁，周王室不得不东迁洛阳，北方列国不得不修筑坚固的长城，秦始皇统一后不得不连筑万里长城。有人认为秦汉帝国是游牧民族与农耕世界冲突、融合的历史结果，而今依然耸立着的烽火台，还有土筑的城垣残迹，记录着那些血与火的历史。

就在这样的入侵中，游牧人将战马战车传给了农人，马与车也同样让农耕文化插上了翅膀。还有青铜冶铸技术的传入，也是游牧人的功劳。东周时代农业文明内部的搏杀，也因此变得更加频繁，更加惨烈，大一统的步伐也在这样的争战中加快了速度。同时羊也为农耕文化所接受，农人们的餐桌上与传统猪肉一起出现的又有了羊肉，羊酒成了美食的代名词。

即使是强大的汉唐时代，还有宋明时代，中原农耕文化依然要面对来自北方和西方游牧文化的入侵。东西纷争，南北割据，胡汉对峙，又是一段段漫长的血与火的历史。入主中原的牧人们，最终都融入到了农耕文化的洪流中。在一定意义上说，农牧两种文化的碰撞与融合成为了古中国历史的主动脉。柔弱的农耕文化不断融入游牧文化血液，也不断强盛起来。

丝绸之路是历史上横贯欧亚大陆的贸易交通线，一般定义是汉代时张骞通西域后打开这条通道。前丝绸之路早已有贸易与交流，小麦物种在史前经过远距离传播进入东亚，青铜时代羊和马的传入让东方古老的游牧人插上了翅膀，使得强健的牧人们得到了更多入侵农人家园的机会。丝绸之路起点是西汉都城长安，经河西走廊分为两条路线，一条由阳关经鄯善沿昆仑山北麓西行，过莎车逾葱岭，出大月氏至安息，或由大月氏南入身毒；另一条出玉门关经车师沿天山南麓西行，出疏勒逾葱岭，过大宛至康居、奄蔡。这条东西通路将中原、西域与阿拉伯、波斯湾连接起来，最终成为亚洲和欧洲、非洲古代各国经济文化交流的孔道。丝绸是丝路贸易中最重要的奢侈品，丝绸的西传也改变了西方各国对中国的印象。西来的葡萄、核桃、胡萝卜、胡椒、胡豆、菠菜、黄瓜、石榴和调味品等，为东方人的餐桌增添了更多滋味。

汉以后丝绸之路因战乱时有中断，唐时为重新打通这条商路，在击破突厥之后控制了西域地区，设立安西四镇作为控制机构，开放沿途关隘，商路再度迎来繁荣时期。往来于丝绸之路的不再只有商队和军队，不同信仰与文化交流使者也出现在这条通道上。中国造纸印刷等先进技术传播到其他国家，佛教和景教也等到了在中国广泛传播的机会，唐代文化更显丰富多彩。扶风法门寺和西安何家村出土的金银器、玻璃器，许多隋唐墓葬中出土的金币，都反映了这种交流的频繁。非洲大陆大量出土的中国唐代陶瓷甚至成了这些遗址地层断代的标尺，则进一步证明了隋唐文化对世界文化的深远影响。

除了连接中西的丝绸之路，我们还有沟通南北的京杭大运河，这是世界上开凿最早、最长的一条人工河道。大运河北起北京，南达杭州，流经河北、天津、山东、江苏、浙江，沟通海河、黄河、淮河、长江、钱塘江五大水系，长近 2000 公里。京杭大运河从公元前 486 年始凿，至公元 1293 年全线通航，前后持续了 1779 年。

春秋末期吴王夫差为北上伐齐，开挖自今扬州经射阳湖到淮安入淮河的运河，古名"邗沟"，长江水由是引入淮河，这是最早的一段运河。隋统一后经济上依赖江淮，为控制江南地区，开凿从洛阳经山东临清至河北涿郡的"永济渠"，开凿洛阳到江苏淮阴的"通洛渠"，开凿江苏镇江至浙江杭州的"江南运河"，洛阳与杭州有了一条船舶直通的航道。

唐宋对大运河时有疏浚整修，唐时兴修船闸，宋时将运河土岸改建为石驳岸纤道，运河通航能力得到提高。唐宋专设转运使和发运使，统管运河和漕运。由于航运的发展和商业的繁荣，运河沿岸出现文化名城苏州和杭州、船业基地镇江和无锡、对外贸易港口扬州等重要城市。大运河使得扬州因独特的地理位置成为物资集散中心，城市建设迅速发展。扬州城有子城和罗城，子城位于罗城的西北角，是一座曲尺形小城，城墙夯筑，城门及角楼包砌青砖。罗城长方形，形状规整，城墙夯筑，城门青砖包砌。

元代定都北京，为南北相连开挖了"洛州河"和"会通河"，将天津至江苏间的天然河道和湖泊连接起来，新的京杭大运河缩短了不少航程。

经历了风云变幻，历史一页一页渐渐隐没了自己的内容，一切都早已归于寂静。当我们唤醒沉睡的大遗址，我们感受到了废墟记忆的中国大历史的波澜壮阔，从百万年前徐徐拉开的序幕，经历青铜熔铸的英雄时代，走进一统融合的家园，一幕幕生动的历史场景历历在目。

（原刊《中国文化遗产》2010 年 2 期）

洒扫沉埃

——斜说考古学

问：

在座有多少是学习考古学的？希望今天我讲的内容对你们更有用处。

其他专业的学生也别着急，我还是没有离开历史谈考古，觉得你们也会有些兴趣，也可以做一个旁观者，看看考古学有些什么热闹之处。

一　解题

新年伊始，接到中国社会科学院研究生院一个让我手足无措的安排，要求给史学片的研究生上一次大课。之所以说手足无措，是因为要求讲学科前沿的话题，我自己是从未在前沿行走，也不曾在前沿观过风景，怎么开讲呢？那就别讲了，省得误了后生们的宝贵光阴，我倒是想着要推辞，但坚辞又显得有点矫情，于是就这样硬着头皮站到讲台上了。

我断然是讲不了学科前沿的，还由于是讲考古学，那就更不容易把握了。如果讲自己熟悉的研究，更是与前沿不相干，有些莫奈何。

但我很快想到了一个题目，是如何看待考古学，也即是说考古它有什么用处。这是没有定论的话题，虽不那么前沿，却也还不至于很过时，那就从此处开说吧。当然纯粹是个人领悟，说到与前人不合流处，就算是自以为是了，不要责怪于我。如果说到与听者读者诸君不中听处不中读处，也请一笑了之，一己之见，不屑与他辩驳，高抬贵手吧。

我原来定的题名是"形色历史"，这次在准备过程将内容稍稍扩展了一下，改名叫"洒扫沉埃"，还有一个附题是"斜说考古学"。

不要以为我写错了这"沉埃"的沉和"斜说"的斜，下面就允许我先来作一个解题。

1. 沉埃的意义

黄土的沉积，造就了黄土高原；历史的沉积，造就了考古人的舞台。考古人是与尘土打交道的，扫除一层层的土层，这也是历史的沉积，如同翻过一页页的历史。所以我用了"洒扫沉埃"这一个词组，想形象一点地概括考古。

有时揭开的一个土层，就代表了一个时代，商与周，汉与唐，颜色分明。许多的历史证据就埋藏在尘埃里，许多的历史细节就是在尘埃中发现的。甚至有不少记载历史的文字，也都被先人有意无意地埋藏在地下，它们说不定有重见天日的时刻。

透过那一遛灰黑色的土层，你也许能找到商纣王的车辙，或是武王的脚印。见到史前人留存在土陶上的指印，还有王侯们烹煮在青铜里的佳肴，工匠们刻画在玉石上的表情，这都不算什么奇迹。乃至隐约听到万年前的悠扬笛声，千年前的金石之乐，或是千年前劳苦人的一声叹息，这也都不算什么奇迹。这些就是有形有色有声有情的历史，我称作"形色历史"。

例如，两周时代大量埋入地下的车乘，早已化为尘土，考古匠却能将这样的车完整清理出来，然后复原展示在博物馆里。

唐孟郊《罗氏花下奉招》诗曰："眼见枝上春，落地成埃尘"。美丽的花朵，生机勃勃的人体，五彩纷呈的场景，都会化作尘埃，都会变作历史。

那些历史片断在没有完全化作尘埃的时候，如果进入到考古匠的视线，它就有了回复本来面目的机会，也就可以成为重新回挂在历史主干上的一片绿叶、一瓣落英。即便是化作了尘埃，考古匠也会找到越来越多的方法，找到贮存在尘埃里的信息，变腐朽为神奇。

洒扫沉埃，历史学者不会做，虽然他们也会由考古发现缝补一些历史的豁口，但他们并不能算作是考古人。

全国同行都时兴将考古现场称为工地，挖土的工地，必有铁锹、小铲、扫帚、刷子。洒扫沉埃，是考古人日常研究状态的形象写照。

2. 斜说非邪说

斜说考古学，只是换了一个旁观的角度。我没有准备由走习惯了的正门进入，角度变了，也许看到的风景会有所不同。

斜为正衬，无斜便无正。斜说非邪说，斜中之斜即是正？若干年后，再回头看看，未必不是正说。

也可以叫作斜看考古，或者还可以站到考古门外看考古。刚读到王益人先生大文，他也解释什么是考古学的问题，他说要从什么不是考古学说起，说挖宝、收藏都不是考古，这也属于斜说考古。我说挖宝和收藏还是沾一点边，挖与藏的宝贝它都可以用来做考古研究不是?

斜说也可以理解为旁观，也许旁观者清。我现在退出了岗位，退出了氛围，也不再作系统研究，可以以旁观者的身份出现了。当然我这斜说，只是旁观的开始，远没有到达"清"的境界。

3. 考古：爱与不爱

特别要交待的是，本人做了近40年考古人，开始也是为稻粱谋吧，并不属于热爱职业的人，有若干回决意要逃离"苦海"。有先生说过，古字上面长了草就是苦，涉及古代的学问脱不了苦痛的感受。我倒还不是因为怕苦想跳槽，主要还是心生迷惘，不知考古该向何方行走，心与力均是不济。所以切不要以为我在此说考古是要为考古张目，只是几十年下来，还是有些感受可以说道的，并不以为正确，当然也不以为很不正确。

我想起了初入道的那会儿，那时的考古，是文革后的恢复时期，回归传统是主流，显然没有当今这样的氛围，那时还比较传统，也比较纯粹。看器物说话，拿遗迹论事，不得越雷池一步。考古应当怎么做不应当怎么做，好像是有些固定的章程，没有前沿的概念，要有，前沿也不是好遛达的。年轻时觉得自个儿有劲头遛达一回，结果得到的是一个唬人警告：你还想不想当考古学家了？可能那是越位了，你向真理多跨出一步都可能是谬误，何况离真理本来就很遥远呢。

郁闷，郁闷至极！郁闷到要跳槽，要改行。

那时的我，显然没有领会到考古的真谛，特别是还有它的戒律。其实也有一些年轻的考古人同我一样，在郁闷中徘徊，觉得不知所措。

现在看来，我是并不爱当时的考古学的，觉得做那样的考古匠，并没有多大学问。

4. 考古匠、厨师与木匠

前人讨论过"什么是考古学"这样的命题，也许大家觉得这可能是个伪命题，没有讨论的必要。就像要问什么是化学、数学、物理学一样，又像是问什么是史学、经济学、美学一样，用得着大张旗鼓地讨论一番吗？问题就奇怪在这里，一般的学科，不会这样对自己的目标发问，而考古学不同，大约是因为学科太年轻吧，还不那么成熟吧，不仅要问，还要反复地问：考古学你到底是干什么的呢？

之所以要反复地问，是因为并没有公认的标准答案，也许一段时间内有这样一个答案，可总会有人要进行修正，发表一些不同意见。若干年前，我也在网上匿名参与过讨论，发表过一个非常简短的意见。我说的大意是，问考古是做什么的，有点像问厨师是干什么的一样，很明白的事，非要认真讨论一番，将简单的事说得很复杂，结果可能就变得很不明白了。

我的意思是厨师也是分很多行当的，比如有白案红案之分，有煎炒烹炸之别，各有擅长，虽然也有一些串堂的高手，但多数大厨也都是各专一门，精益求精。考古是不是如此？其实不同的学者用的是完全不同的手段，做的是完全不同的研究，你不能说谁就不是考古，说他不传统、不纯粹。

我还拿木匠说事，以为考古学家有一个最不必要讨论的问题，那就是"什么是考古学"。要说问这样的问题，如同问木匠是干什么的？当然这可以说是明知故问。不过且慢，要知道有些最浅显的问题有时又是最不易回答明白的。考古嘛，挖墓取宝、考察古代的事情。说起来也很简单，听起来也不糊涂，其实呢，远不止于此。考古学大概也属于浅显而难于阐释的一类学问，要不然夏鼐先生就不会积一生之体验，在他逝世的前一年以《什么是考古学》为题，细作8000言的解说了。

夏先生去世后，20多年过去了，我们仍然还在热烈地讨论"考古学是什么"这样的问题，有时我们自己把自己也弄糊涂了，不知是不是夏先生原来的定义存在什么不妥。我想这是不是有点像木匠们聚在一起，反复讨论木工是做什么的这样的事情。也许小木匠说他是做桌椅板凳的，老木匠说他是修楼阁宫殿的，自然还有人会说木匠也曾造过浑天仪，神话中的天梯也可能是木匠修建的。凡做木制品者，皆木匠也。是不是可以说，凡研究古旧事物的，都是考古匠呢？也许建造宫殿的人，是不愿你将他们与做桌椅的小工匠相提并论的。考古这个行当似乎也有这样的心理，也有高下之别吧，但总归都是考古匠呀。

还是拿厨师来说事。周官中的天官主要分宰官、食官、衣官和内侍几种，其中宰官为主政之官，食官在天官中的位置仅次于宰官。周代食官根据《周礼》的叙述，又分为膳夫、庖人、内饔、外饔、亨人、盐人等20余种。各种食官中又有属下多人，如府、士、史等，分工合作，各司其职，共2294人。其中还有徒、奚一类的直接操作人员，共1816人，管理官员约400人。

庖人在周代的职权范围是掌管六畜、六兽、六禽，还有其他所有已死和鲜活的动物，负责辨认各类动物的名称。庖人并不直接参与厨事，至多动刀杀牲而已，他要掌握的主要是动物解剖知识。庖人手下还有8个贾人，负责采购食物原料。

内饔掌割烹煎和之事，辨动物体名肉物，辨百品味物料，负责原料的选择，制定周王每日食谱。亨人即烹人，"掌共鼎镬，以给水火之齐。"内外饔所需烹煮的食物，都由烹人制作。烹人直接主持灶事，主要负责"大羹"、"铏羹"的烹制。

这些食官司职位的设置，都与烹饪有关，但很多并不直接上灶，有设计菜谱的，有采购的，有屠宰的，有烹调的，都是为着同一的目标：备办御膳。他们都是食官，但职掌又有明显的区别，缺一不可。

考古学研究也有许多的分工。田野调查、发掘、整理资料，这是基础研究。又有许多检测、化验、分析，这也是基础研究。然后是专题研究和综合研究，全面解释考古获得的资料。完成这些研究的人，大都可入考古匠之列。但至少有两类人做了考古之事却未必可列为考古匠，一是部分科技检测者，一是历史学者，前者只是提供更明确的资料，后者只是参与解释资料，他们在考古学的外围参与研究。

我们也许不太容易说明白外围学者与外围学科之于考古学的关系，当然考古学最不易理清的是与史学的关系。有时会宁愿新立几个学科名称，如科技考古学、历史考古学，以示区别明确。但要回答明白这些新学科的目标，也未必很容易有一个确切的定义。

唐际根博士最近说，考古学作为一门学科走出历史学和人类学，成为独立学科的同时，并不妨碍其在方法论和技术手段上与其他学科共享。考古学已经变成一个开放的体系，不必只有那些具有人类学或历史学背景的人可以成为考古学家，学习其他学科的学生，无论你原来是学中文的、学铸造的，还是学物理或化学的，都可以成为优秀的考古学家。

如果有人以作为考古学家为荣，相信他们知道唐际根的高论后会倍受鼓舞。一个历史学者要成为考古学家，是近水得月，很便当，但要有勇气，考古是充满艰辛的职场。

5. 中国考古学的诞生

考古学与历史学，应当说是非常密切的一对学科组合，两者的关系，有时疏离，有时暧昧，偶尔还会势如冰炭。中国考古学诞生于 20 世纪初，在开始时它可能连历史学的兄弟都排不上，它是史学羽翼下的新宠。在中国，考古学一开始就是历史学的一部分，考古学的兴起，就是历史学者力倡的结果，这一点不能忘记。

我在一本书里这样写过：近代考古学在西方诞生半个世纪以后，通过各种途径开始向中国传播。19 世纪末，对于西方已经渐趋成熟的考古学，中国的学者们不仅十分关注，而且开始著文介绍。章太炎 1900 年在《中国通史略例》中论及西洋史学思想时，提及研究历史已非典籍一途，地下埋藏的史迹可补记述之不足。1901 年梁启超在《中国史叙论》中，则直接介绍了欧洲考古学家对于古物的石器、铜器、铁器的三期划分法，并将中国古史传说初次按这三个时代进行了比附。梁启超 1926 年还有一篇讲演，题为《中国考古学之过去及将来》，论及考古发掘的重要性，提出要进行"有意识的发掘"，而且要注意方法的改进，并建议在大学设立考古学专科，学习欧人的考古学发掘研究方法。他在这次演讲中谈到"旧方法的改良"和"新方法的引用"，极有远见：

> 旧方法的改良　例如从前利用器物上的花纹文字，以断定它的年代，这种方法，当然十分精确；不过遇着器物上没有花纹文字，那就没有办法了。今后应当

在它的质料、形状、色泽上寻出标准，纵然没有文字花纹，亦可能推定它的年代。

新方法的引用　例如有地质学的知识，可以用崖层状况，以判定时代的早晚；有人类学的知识，可以考出头颅骨骼的派别。这类科学，于考古方面，直接间接，裨益甚大。我们一面要得前人所未得的资料，一面要用前人所未有的方法，从荒榛断梗中，辟出一块田园来。

梁启超当时所提倡的，已是正统的考古类型学和地层学了。他作这演讲的时候，刚过 20 岁的儿子梁思永正在美国哈佛大学研究院攻读考古学和人类学，后来成为中国著名考古学家。

与梁启超并称清华四大导师的教授，还有王国维、陈寅恪和赵元任，王、陈也都是考古学研究的积极倡导者。1925 年王国维发表了题为《古史新证》的演讲，对于史学家能拥有考古资料作研究非常兴奋，他说"吾辈生于今日，幸于纸上材料之外，更得地下之新材料。……此二重证据法，惟在今始得为之"。他对考古材料之重视，由"二重证据法"的提出充分体现出来。只可惜，他还没有太多的践行，在他说这话两年后就捐弃了宝贵的生命。陈寅恪在《王静安先生遗书序》中评论王国维的学术及治学方法时归纳为三个要点，"一曰取地下之实物与纸上之遗文互相释证，二曰取异族之故书与吾国之旧籍互相补正，三曰取外来之观念，以固有之材料互相参证"，将地下出土实物摆在史学研究的重要位置。

我们还注意到，顾颉刚 1926 年在《古史辨》第一册的《自序》中说，"我知道要建设真实的古史，只有从实物上着手的一条路是大路，我的现在的研究仅仅在破坏伪古史的系统上面致力罢了"。实物大路，自然是考古之路。傅斯年 1928 年的《历史语言研究所工作之旨趣》，提出"上穷碧落下黄泉，动手动脚找东西"，这句话明白是在倡导考古研究，为当时学术发展指出了新方向。

我们特别要注意以上诸家演说、写作的时间，是在 20 世纪之初，特别集中在 1925～1928 年之时。正是在这期间，中国考古学开始迈出了踏实的步伐。

那当口已有许多外国学者进入中国，做了不少探险考察和发掘。中国学者中也有了主持田野考古发掘的考古学家，1926 年山西夏县西阴村史前遗址的发掘，主持者是当年从美国学习人类学归来的李济。特别重要的是，正是在这一时期，中国相应的考古学术团体也开始建立起来。北京大学研究所国学门在 1922 年就成立了考古学研究室，1924 年北京大学考古学研究室又设立了考古学会。1928 年中央研究院历史语言研究所成立，内设考古学组，当年首派董作宾前往河南安阳小屯进行考古调查和发掘，这是中国学术机构独立进行的首次科学发掘，所以被认为是中国考古学诞生的重要标志之一。不久中国地质调查所新生代研究室和北平研究院史学研究会也都分别成立了考古组，中国有了专门从事考古研究的若干权威学术机构，这是中国考古学诞生的又一个重要标志。

中国考古学诞生之后，中国的古史研究获得了新生。探索史前文化，探索商文明，很快就有了一批重要成果。那些历史场景，那些历史遗物，真真切切地展示到研究者面前。

但是考古学揭示的历史情节，不论是已知的还是未知的，都是历史学前所不见也不可能见到的，这是别样的历史，我称作是形色历史，是有形有色有声有滋味、可感可视可闻可触摸的历史。

中国考古学已过 100 岁，但它还非常年轻，它要走的路还很长很长。

6. 中国史学的古典人类学与民族学传统

考古学的学者队伍很小，不像历史学的那样先后出现很多流派，如有新史学派、古史辨派、南高派、国粹派、食货派、保守派、史料学派、生机史观派、生物史观派、战国策派、马克思主义学派、考古派等。影响最大的是史料与史观学派，前者重材料发掘，后者重理论引进，两派对立明显。

史料学派为传统学派，直接指导和影响了考古学研究，有着深厚的根基，我以为这根基就是古典人类学与民族学传统。古代学人对传世和出土文化遗物及古代遗址的研究考察，早在先秦时代已经开始，也可以说史料学的学术传统已经开始建立。

前年我在一次边疆考古论坛上说到孔子，说孔子也许算是一个民族考古学先驱，大家都笑了，有表赞同的，也有不以为然的。

我说的孔子的准考古活动，见《国语·鲁语下》的记述：

> 仲尼在陈，有隼集于陈侯之庭而死，楛矢贯之，石砮其长尺有咫，陈惠公使人以隼如仲尼之馆问之。仲尼曰：隼之来远矣，此肃慎氏矢也。昔武王克商，通道于九夷、百蛮，使各以其方贿来贡，使无忘职业。于是肃慎氏贡楛矢……

孔子在陈国讲学，有几只隼鸟落下死在陈侯的宫庭里，身上插着楛木制成的石箭，陈惠王派人将隼送到孔子处求教，孔子说这些隼是从远方来的，因为那些箭是肃慎族的箭。又说武王克商后，要周边民族把自己的特产送来，于是肃慎人就进贡了楛矢石砮。孔子从楛矢推测出这些隼是从东北飞来的。"楛"木是桦木，又写作楛，是寒带的树种，在兴安岭生长繁盛，中原罕见，蒙古语称"桦树"为 hus。直到清代，桦木箭杆仍是甯古塔将军和黑龙江将军献给朝庭的例贡。

这里面孔子可能有一个判断失误，其实那箭可能是已经送达中原的贡品射中的，几只鹰在东北中箭后飞越千里到达陈国，也太奇迹一点了。但孔子用了民族资料，也用了历史资料，又用了现实资料，是一个综合研究案例。我说孔子是民族考古学先驱，一点也没有夸张吧。

孔子还曾入鲁桓公庙，观庙中陈列的敧器，向守庙者打探它的来历和用途，让学生当场试验敧器的用法，这又有点实验考古的味道（《荀子·宥坐》）。

还有韩非子，对观察到的古物作过时代推断，他说土簋为尧器，彩色土器为大禹祭器，雕琢刻镂的精品为殷器（《朝非子·十过》），说法虽然并不很准确，用现代知识判断，韩非子排定的古物的年代序列却基本是正确的。还有《吕氏春秋》，在五个篇章中都对周鼎纹饰的意义有过揣测，也可以算作是对古物一种初步的研究。

汉代的史家，在历史著述中有实地考察之举。司马迁著《史记》，其中《五帝本纪》一篇兼采百家之说，追述人类初祖事迹。他曾经"西至空桐，北过涿鹿，东渐于海，南浮江淮"，考察五帝遗迹，以近乎现代人类学的艰辛调查，去印证文献与传说的记述。司马迁还曾访问孔孟的家乡，"观孔子之遗风"，"观仲尼庙堂车服礼器"。为写《魏世家》，他到"大梁之墟"访古。为写《春申君列传》，他到楚地考察春申君故城。为写屈原，他又"适长沙，观屈原所自沈渊，未尝不垂涕，想见其为人"。为丰富刘邦功臣事迹，他又"适丰沛，问其遗老，观故萧、曹、樊哙、滕公之家"，实地考察了一大圈。

汉代的学者不仅重视古物的研究，对古器上的铭刻文字也有了探析，如人们对古文经书的辨识，还有刘敞对出土尸臣鼎铭文的考释。许慎撰《说文》，也曾注意到各地出土古器上的"古文"。在《礼记·祭统》中，还可读到关于周鼎铭文意义的论说，留给我们一些重要的信息。最值得提到的是，汉袁康撰《越绝书》，在《宝剑篇》中借他人之口，以工具的质料划分时代，具备了一种"原始考古学"的眼光。袁康将人类历史粗分为石、玉、铜、铁几个相互接续的时代，这与近代考古学最初获得的认识相当接近，实属难得。

先哲们的这些努力很清楚地表明，过去的世界并没有完完整整地保留在传说中和诗文里，没有也不可能原原本本地写入史书中。那些太遥远太古老的故事，被后来的历史或多或少无情地埋没了。于是要根据实物补充研究，要到实地考察访问，这就是一种治学传统，是中国史学的优良传统。

这是2000多年的传统，可谓根深蒂固呀！

7. 车之两轮：考古学与历史学

我们很习惯于将考古学归入历史学，很长时期内考古是史学的二级学科，最近据说升为一级学科了。前面说过，中国考古学诞生于20世纪初，在开始时它可能连历史学的兄弟都排不上，它是史学羽翼下的新宠。真是斗转星移，隔辈的小仔，与老者称兄道弟了。

很有意思，考古学归入历史科学的过去与现在，历史科学却并不部分更不全部是考古学，我觉得历史学不太容易善待考古学，只是当有需要时，才觉得考古有点学问。考古匠只不过多一点儿雕虫小技，会洒扫沉埃而已，有些看家本事还是从盗墓贼那儿学来的呢。

很长时间内，中国考古学的目标定为是"研究人类古代社会历史"，据说英国考古学的研究目的是"阐释人类的历史"，有相同之处。考古人还觉得可用实物遗存来"补充文献资料之不足"，或者还说要补写或改写部分历史。不能否认中国考古学具有史学传统，考古从来都宣称研究的是"历史"，被看作是传统历史学的扩展。

美国考古学曾经并不认为学科与历史学存在什么联系，研究目标是"社会和文化的过去"，考古学重建的是文化史，解释文化发展过程。这是考古学的人类学传统，这是与美洲背景密不可分的，研究方法也几乎全部依赖自然科学，与历史学没有必然的联系。就像宾福德所说，"美国的考古学要么是人类学，要么什么也不是"。当然我们也不认为，美洲考古就不会也没有解决历史问题，只不过这远不是它要完成的全部任务。

夏鼐先生在《中国大百科全书》开篇有《考古学》一文，明确指出"考古学属于人文科学领域，是历史科学的重要组成部分。其任务在于根据古代人类通过各种活动遗留下来的实物，以研究人类古代社会的历史"。又说"考古学和历史学，是历史科学（广义历史学）的两个主要的组成部分，犹如车的两轮，不可偏废。但是，两者的关系虽很密切，却是各自独立的。它们都属'时间'的科学，都以研究人类古代社会历史为目标，但所用的资料大不相同，因而所用的方法也不相同"。采用不同的方法，选择不同的材料，建造着同一座大厦。在这时，历史学与考古学已经成了弟兄，但它们又都从属于广义历史学。

朔知认为考古学"就是要唤起一个民族乃至全人类渐已淡漠的记忆，再现一个民族或全人类的历史，使我们能够和历史衔接，驱逐人类在历史长河中的孤独和迷惘，照亮前进的方向"。这个担当，非常沉重。

历史学，也许是考古想摆脱却又摆不脱的羁绊，它们的联系实在太紧密。不过近些年释放出的信号，却让我们又有了新的感觉，考古学要与历史学平起平坐，觉得也已经有把年纪了，已经是相当成熟了。

有学者开始了这样的思考，思考考古学明确的定位问题。如陈淳 2001 年发表《谈考古学的学术定位》，对考古学数十年的发展发出感叹，说它没有在完善和改进自身理论方法上下功夫，"却在史学的学科定位上裹足不前，将印证史籍看做是具有最大成就感的工作，并将发现稀世珍宝和评出十大发现视为最高学术荣誉"。

在 2001 年中国社会科学院考古研究所主办的"考古学的定位"学术研讨会上，一些青年学者积极参与探讨。当时，现任考古所所长王巍先生给考古学下的定义是："考古学是主要依据过去的人们活动遗留下来的实物资料（即遗迹和遗物）及其与人类活动有关的遗存研究人类的文化与社会的发展过程，并探索其背景和动因，总结其发展变化的规律的一门科学"。注意这里面没有提到研究历史，可不可以认为这是一个转变的信号呢？美国考古学在"作为考古学的考古学"的强烈呼声中，开始走出人类学的考古学，中国考古学是不是正在走出历史学呢？

我们认可的考古学重要著作，有多少是符合初衷探讨了历史发展规律呢？我个人以为，除了一部《中国通史》的第 2 卷，没有一部考古人写的历史巨著。即便是那一部，我仍然以为只是一部考古学著作。我们更多做的事，是为历史打一些补丁，涂抹上一些色彩，增加一些观赏性而已。

我对日常的考古研究，有过这样的一些概括的话，外行会由此了解一点考古人的状态：

一件件补不齐的朽古董
一桩桩断不明的无头案
一场场演不真的历史剧
一段段辨不清的巧因缘

一个个写不全的老故事
一盅盅品不够的陈酿酒
一处处看不尽的旧风景
一条条走不完的回头路

8. 平面与立面：历史学与考古学的根本区别

我倒是觉得，如果一定要说考古学与历史学就是一回事，考古要解决的也是特别的历史问题，是传统史学解决不了的问题。考古学不是历史学的一部分，它的主要任务也不能叫"证史补史"，而是重造形色历史。历史学关注的是无色无形无味无质的历史，这是口传、心思和书写历史。二者可以渗透影响参照，却不可替代，也不会完全合而为一。

有研究者认为，考古学和历史学之间的差别还表现在两者的研究课题各有侧重。历史学侧重社会史，关注政治、军事、经济等社会方面的内容，在研究思想史等方面尤其有优势。考古学侧重文化史，关注人类更基本的生活方式，在理解人与自然的关系，研究文化变迁的过程和原因等方面有明显优势。考古关注更多的好像是细节。其实这些显然不是本质区别，这样的区别也并不正常。

历史与考古，两者是在不同的维度上呈现自己的面貌，前者是平面，后者是立体，这是一个根本的区别。

考古学应当有全景视野，它看见的历史是有声有色的。它虽不能真正复原历史，却可以在一定程度上了解真实的历史，或者说是全真历史。也可以说是直接进入到历史层面，实地实景考察记录历史。当然这样的考察是琐碎的工作，也会因判断有误而错读历史，也需要反复验证。

而古今的书写历史，是书写者好恶的取舍记录，可真可不真，去伪存真也是真功夫。

历史学与考古学的不同还可以这样表述：历史对象只形于大脑，只可以阅读和想象，史家面对的是记述历史；考古对象现于眼前，甚至可以聆听和触摸，考古学家面对的是形色历史。

中国考古学很长时间内都是以考察研究历史的面目出现，但它并不是传统的历史学，它要求尽可能有效采用各种方法从历史的原初状态中直接获取尽可能多的信息，并对这些信息进行粗加工。考古学可以与历史学共享考古资料，但历史学家并没有可能直接去进行发掘。一旦他将发掘付诸实施，他也就蜕变成考古学家了。

我们还可以用小说与电影的关系来作说明，也是平面与立面的关系。电影是形色小说，小说对象只形于大脑，电影对象现于眼前，电影不是小说。同理，戏剧中的剧本与演出，也是平面与立面的关系。还有菜谱和菜肴的关系，同样是平面与立面的关系。

这样一说，似乎有抬高考古学的嫌疑，只是为着形象的说明彼此的区别，并无它意。

9. 考古学是变色龙？

我斗胆用"变色龙"这个词来标示考古学，考古学确实有这个特性。

考古学是什么，有个定义真难。张光直先生觉得在字面上给考古学寻求一个尽善尽美的定义并不容易，他使用了一些模糊的语言来说明：考古学是一种具有独特对象和独特技术、方法的特殊的历史学；考古学的研究范围和内容是富于变化的，而且要与许多学科做点或面上的接触；因此考古工作者的训练应有灵活性和多样性。

这相当于没有定义，但他说出现了"富于变化"这个词，这很关键。他还希望，考古人要灵活性和多样性训练，这不是变色龙的特质吗？当然变色龙这个比喻并不十分恰当，现代人用这个词是为着讽喻善于伪装，考古学的变色不仅仅是伪装，它是里里外外都在改变。

不只是张光直先生这样认为。还有栾丰实等认为，考古学在不断发展，考古学研究的资料和领域等都在不断扩展，采用的技术和方法也逐渐增多，"故应从发展的角度看待考古学的定义"。

很显然，当哪方面需要考古时，考古就会带上哪方面的色彩。它可以是历史考古学、史前考古学、考古人类学、民族考古学，还可以有科技考古、环境考古、天文考古、音乐考古、艺术考古等，考古是变色龙吧？

我在进入考古专业学习时，被告知考古学是边缘学科，而且是保密专业，让人有些兴奋。当时说的保密专业好像只有考古学和核物理，现在的考古学好像再没有保密要求了。那时边缘学科的定义，是指处在社会与自然科学的边缘。这个定义应当没大错，如果没错，那考古学就不该由历史学花魁独占了。

我们再这样反推一下，如果现在的一切都变成了历史，你觉得将来的几个考古学家可以将这样的历史研究明白呢？碰到了废弃的核反应堆遗址、火箭发射场遗址、强子对撞试验场遗址，又奈何得了？

想起了一段我写的"碎片"，念出来大家听一听，想一想：

> 过去，都成为了历史。
> 现实中的一切都会成为过去，
> 都会成为历史。
> 已然成为历史的一切事物，
> 它们有的会永远在人类的视线中消逝，
> 有的会永远在人类的记忆中存留，
> 有的会变作碎片天东地西地叠次散落。
> 这是一些永恒的历史碎片，
> 是永恒历史的一些碎片……
>
> 这些碎片有的散落在地表，
> 有的深埋在地下，
> 经历了几百年、数千年，
> 甚至是若干万年的风雨磨砺，
> 昔日凝重的历史印记仍旧辉煌地铭刻在它们的上面。
> 它们变幻的本体，
> 它们斑斓的色调，
> 它们鲜活的表情，
> 是一个时代、一族人群、一种文化留给后世的宗谱。
> 只要我们破译了它们的密码，
> 开解了它们的谜底，
> 一段精彩的历史、一页昨天的画卷、一曲悠远的长歌，

便都会豁然出现在眼前，

响亮在耳畔。

已经成为历史的一切就是一样，像我们现在这些领受考古学身份的学者，你又能研究清楚多少片断呢？我们应当承认，破译碎片的密码，并不是都掌握在并不都那么聪慧的自以为是全才的考古人手里。考古学一直在变，你知道将来它又会变成啥样，再过 100 年啥样，再过 1000 年啥样？不敢想象。这条变色龙，我们只能作出这样的预言，它是一定要变，而且要大变，会不断地变下去。

10. 借力蹒跚向前

变色龙如何变？

千百年后的未来遇到废弃的核反应堆遗址、火箭发射场遗址、强子对撞试验场遗址，一定要求助，求助于其他学科，求助于其他学科的聪慧者。这个求助的过程，就是一个变化的过程。

突然觉得，这也许是一条定理，所有学科都会有持续发展问题，而且常常是借力其他学科完成发展，学科之间相互支撑的作用越来越明显。

考古学借力甚多甚大，几乎所有学科都有助于考古学的发展。历史学、人类学、自然科学，……考古学的成长与发展，是在这借力的过程中完成的，这过程使得考古学不断变换着模样。

历史学不能解决全部历史问题，考古学也不能解决全部考古问题，也不能全部解决历史学遗留的问题。例如科技史问题、艺术史问题，……所以要有扩展，要有回归，不是包揽一切。要相互支撑，而不是相互排斥。

考古学可以解决史学的问题，又不容易也不能完全解决问题。即便可以由后面要说的十个角度去关照历史，也不能完全解决问题，所以一定要回归相关学科，或者建立新的边缘学科来研究相关问题。

考古学与历史学、人类学及其他的人文科学相比，它应当没有自己特别的目标，它只是通过考古的手段获取真实的历史片段（实际是碎片），将那些片段缀合并进行解释。最后的解释，需要包括历史学和人类学在内的许多学科的参与，甚至是包括现代新兴学科在内的许多自然科学学科的参与，而这些对考古学家自己来说是无能为力的。

你说你发现了一段被人类忘却的历史，或者是一个数千年前的奇迹，那又如何呢，你未必就能完整地解释它，你要阐明这些发现的意义，一定要回归到历史学或者其他相关学科。

一定要回归到人类学。

一定要回归到建筑学。

一定要回归到地质学。

一定要回归到历史学。

一定要回归到天文学、地理学、冶金学、动物学、植物学、农学、音乐学……

在这样的回归中，考古学不断前行。

一定注意这回归的出发点，出发点是考古学。

11. 考古学的独立性与纯洁性何在?

有了这样多的回归，考古学似乎被分解了，它还有无独立性与纯洁性可言呢?

这个问题也很难回答。若干年前，我听到过资深考古学者呼吁维护考古学的纯洁性，好像它受到了太多的污染，它已经太多地改变了模样。

英国考古学家戴维·克拉克有一篇文章《考古学纯洁性的丧失》，他说考古学"纯洁性"的丧失是不可避免的，"考古学学科意识的扩展是以学科纯洁性的丧失为代价的，代价虽高，收获却颇丰富，而纯洁性的丧失已是不可挽回的了"。

学科之间划分出界限，本来也是学科发展的必然结果，但学科之间的内在联系却并不会因此切断。许多学科从它自个学科的角度出发，都觉得自己是包罗万象，可以包打天下，能够包容它科。其实是每个学科都有局限，学科的生命力在很大程度上在于寻找学科之间的结合点，彼此借力发展。这样看来，学科并无绝对的纯洁性可言，考古学也一样。考古学自一诞生，就是混血模样，采纳了多学科的精华，体现出边缘学科的特点，本无纯洁性一说。

事实上考古学纯洁性的丧失，主要表现在获得信息的手段和分析研究的方法，尤其是相对微观层面的研究，已经不是传统考古学所能应付的了。这其中特别是化学检测分析方法在考古学研究中的广泛应用，打开了一片片新天地，这是与以坛坛罐罐为主打的考古时代不可同日而语的。

考古学的纯洁性似乎越来越丧失了，但它的独立性是不是也不存在了呢?

依我自己的感觉，随着纯洁性的丧失，考古学的独立性不仅没有受到威胁，似乎越来越巩固了。考古学向其他学科的回归，其实也是一种渗透，这是它强大活力的一种集中表现。将许多的学科力量整合，贴上考古学的标签，考古学应当有非常良好的感觉才是，为何要生出担心独立性会丧失的悲哀呢?

未来世界有了核物理考古学、电子考古学等等，说不定那些未来学者会笑话我们现在这个样子，是不是有点太土太幼稚了呢?

考古学的独立性在于：考古人是直接进入到历史的层面去获取未知信息，考古人的工作就是完成穿越时空的旅行与采风，将从前的事物与消息带给现代人，也带给未来人。

12. 考古学是考古学自己

> 你做啥子？挖蚯蚓的？抓蛇的？你在找啥子？
>
> 我们在找……（没听太明白）
>
> 什么时候掉的？
>
> 丢了几千年了。
>
> 怎么丢的，是从飞机上掉的吧？
>
> 不是……
>
> 丢几天也不一定找得着，找几千年的东西，没眼！

这是 20 年前我在四川凉山和攀枝花做田野调查时，在田边村头与农民的一些对话片断。

每一个做田野的考古人，都可能会遇到这样的事情。过去你若回答一个路人说你是干考古的，十有八九他不会明白是怎么一回事。数十年过去了，这样的事情在许多地方并没有明显改观。不过近些年我们也感觉到了一些变化，有时进入偏僻的乡村，只要你说是做考古的，年轻人还是懂得，知道你是寻找古物的人。他们从电视直播中知道了老山汉墓，知道了三星堆和雷峰塔，也知道了这世上还有考古这个行当。

考古学是什么？我们总在问这样的问题。有人说，"我们干考古的，经常接触的有墓葬和房址。一个人，没有了灵魂，叫作尸体。一座建筑，没有了灵魂，叫作废墟。考古学要把尸体和废墟等等的魂都招回来，因此，考古学是什么？招魂。"这说法有点幽默，倒也不错。

我还想举一个例子，通过情书与和情书上吻痕，来看什么是考古学。

日本学者国分直一、金关丈夫著有《台湾考古志》，卷首金关丈夫假拟国分直一说："假设内人写信给我，信上并没有特别注明我爱你，那么这封信就不能成为了解内人爱我的史学性资料。可是仔细看这封信，在写我名字的地方有些许潮湿的痕迹。虽然没有用词语表达爱意，但推测这可能是内人曾在我名字上亲吻过，成为了解内人爱我的极佳的考古学性资料。这就是史学和考古学的差异。"

多么生动的解释，这里说的就是"实证"，获取古代实证进行研究，正是考古学的特征所在。

蒋乐平高论《实物是考古学的前提与目的》说，"实（古）物就是考古学的前提与目的。当我们将实（古）物作为一种资料见证历史、复原历史或解释文化、推演人类行为时，其真实的意义恰好相反，我们是用历史的、文化的、人类行为的角度阐释实（古）物的丰富内涵与不可替代的价值。我们说甲骨文的发现印证了《史记》中的殷王世系，体现了极高的研究价值，这对历史学而言，应该是对的，但在考古学的意义上，殷王世系恰恰成为证明甲骨文价值的资料"。

真的是这样，表面上看是甲骨文证实了文献的真实性，而实际上却是文献证明了甲骨文的价值。

媒体上最近又有人在讨论，说要明白考古学是什么，先要明白考古学不是什么，不是收藏、不是挖宝、不是猎奇，是什么呢？当然这是由大众层面在讨论，解决不了我们的问题。但也让我们明白，实证的获取过程是一个科学的过程，没有经过这样一个过程的古物，它的价值是要大打折扣的。

按照传统上的理解，考古学的目标是复原历史，要完成传统历史学所不能完全解决的任务。但又不全是如此，考古学的目标不应当完全是从属于历史学的。考古学是在努力将历史真实化和具象化，而历史学却不是，也不能。我们甚至可以夸张一点说，历史学是在力争将真实的历史文本化和逻辑化，与考古学正相反。当然历史学与考古学其实都完成不了复原历史的担当，是什么标准程度的复原？又是什么立场什么角度什么原则的复原？

最近发表的一次网评：考古学探索什么？本不必讨论，却很需要讨论，也很值得讨论。考古学很无奈，目标过于高远也是枉然，探索历史规律一定是越俎代庖。历史如有规律，自有它的去向，不必杞人忧天。历史如果没有规律，何从探得明白，不是白用了功夫？况且，还有历史学在那儿，你把它想做的事做了，它也无奈了。自以为考古不过是将知道的不知道的历史具象化，让它展现出本来的质感、色彩、形态、声音、味道等等而已，这是传统历史学办不到的事情。

考古学与所有的科学学科之间，都存在关联，而不仅仅是与历史学相关联。考古学要涉及传统历史学所不感兴趣的更广阔的领域，它凌驾于文本的历史之上。从一定的意义上说，考古学是一种工具，不仅是史学的工具，也是许多其他学科的工具。考古学采集古代信息，进行粗加工处理，再交给相关学科去消化。或者改变或充实相关学科的内容，建立起新的分支学科，建筑考古、天文考古、冶金考古、农业考古、动物考古、音乐考古、饮食考古、纺织考古等就属于这样新型的分支学科。考古学包罗万象，不能要求考古学家成为万能学者。

前几天刚在网上就特里格《考古学思想史》第二版发表评论：其实我们可能忽略了一点，考古学的发展未必是考古学家所左右的，说白了并不存在什么高深的理论。一个时代需要你这么做，你又可以这么做，你也就这么做了。考古学的目标为什么会游移，为什么总想定位又定不了位，可能永不会有什么定位。考古学涉及历史、科学史、文化史的方方面面，考古学家其实并不能独立解决什么问题，遇到每一个问题都要回归到相关学科去，不要希求考古人对他所获得的所有材料都有准确的阐释，他更重要的是他要明白获得的材料可能有什么用处，知道哪个哪些学科会更有权威解释它。……

有些学者热衷于讨论考古学理论，我的印象是，学科发展的现实其实有两个极端：一是理论探讨，多跟风国外考古学的发展趋势，变换速率比较快，我们自己并无建树；二是重于实践，从不关心什么理论问题，所以经常会将方法论混同于理论，认重大发现为硬道理。

考古学是什么？考古是干什么的？

如果这问话出自乡曲的花甲农民，我们会觉得很正常。可是现在却是考古匠们在千万次地自问：我们是干什么的？本来不是问题的事情，却成了大问题，这说明考古学科本身并不很成熟，它毕竟是一门非常年轻的学科。

考古学就是考古学自己，让我再重复一次上面说过的话：

考古学的独立性在于：考古人是直接进入到历史的层面去获取未知信息，考古人的工作就是完成穿越时空的旅行与采风，将从前的事物与消息带给现代人，也带给未来人。

二 正题：形色历史

现在才进入正题，显然是晚了一点。不过我们是在斜说，其实正题的许多内容，在前面已经有了铺陈，所以这里就可以简单一点。

考古是由至少十个方面解决历史问题的，简称为历史十面观，或称为历史十面体。

十面体简语：质、色、形、状、风、味、音、象、艺、术。

（1）质：不同时代具有特别的质感，历史学常常忽略这一点。由现代回望古代，由电子时代回溯，瓷器、铁器、铜器、石器时代，甚至还有前石器的木器时代，又有另类的玉器时代。地书将不同质感的时代有序地层累起来，考古地层学是一把解读地书的钥匙。

（2）色：史书上的历史是苍白的，考古可以看作是历史的显色剂。历史是叙述体，可能白描体都不是，没有光感。即使说到红黄蓝，也无法体验光感，考古展示历史的五彩本色。

青石、青铜、青砖青瓦、青瓷、青花，并非是一色的青；

白陶、白玉、白丝白绸、白瓷、白银，未必是一色的白。

这一切色泽，考古都可让我们一目了然。

（3）形：史书上的春秋无色亦无形，眼看不到，抚摸不着。考古可以触摸万年千年的历史事物，那上面留有古人的手泽。

考古最常见到的成形材料，有建筑和器具等（生产工具、生活用具、武器、文具、服饰），是研究社会生活与文化的直接证据。

（4）状：观察器具形体的变化，锚定静止中的动态，这是考古研究的基本方法之一，即考古类型学研究。主要是通过器具形体及装饰的动态考察，由动态信息论发展演变，考古学编年部分就是在这样的过程中完成的。

（5）风：我说的风，特指区域特色与时代特色，可以概括为考古学文化研究。考古学文化的区分、演变与融合、取代，表现出历史与文化发展演进的复杂过程。在探讨中国文明起源的途径上，这是最基本的研究。

聚落考古，都城考古，陵墓考古，分门别类的研究，比较不同时空的异同、影响与交流。

文化交流通道的研究，丝绸之路、茶马古道、海底沉船考古，直接了解中外、东西南北文化交流内容。

（6）味：这里的味分为两个层次，即韵味与滋味。

韵味或韵致，文物美学的扩展研究，内涵非常丰富，目前的研究相对比较缺乏。

滋味自然指食物之味，包括食物生产史与饮食史的考古研究。出土食谱、食物、饮食烹饪器具、相关绘画，都是研究的对象。

（7）音：声音转瞬即逝，但考古却能捕捉到历史上消失的声音。出土大量古代乐器，为音乐考古研究提供了便利，已经取得显著成绩。

古代乐律、乐音直接保存在乐器上，许多乐器特别是金石类乐器出土后还能演奏，我们可以听到先人欣赏过的八音和鸣。

（8）象：象分具象与抽象。前面说的形与状，都属于具象。这里指的象专对抽象而言，具象的客体，很多都有象征，有义理，有特别的含义。许多符号和标志，更是包含着或明或隐的象征意义。探讨先人的精神生活，了解不同时代的世界观和宇宙观，及信仰与崇拜方式，考古提供了许多实证。

艺术考古，玉器考古，彩陶研究，古代纹饰研究，墓葬制度研究，墓葬壁画研究，都有很多成果。

（9）艺：曾经专指农耕，如《孟子·滕文公上》所说的"树艺五谷"，《说文》也说"艺，种也"。汉代所说的五经六艺，不再指代农耕。

这方面有农业考古，动物植物考古，环境考古。

（10）术：术的本义指道路，引申为方法、技能，可以按现代汉语理解为技术，我用这个字并指古代的科学和技术。石器、玉器、建筑、冶金，纺织、铸造、陶瓷、造纸印刷技术的研究，考古担起了重任。

近年发展势头强劲的考古科技，扩展了考古学的视野，让考古回归到相关学科，研究成果引人注目。

三　结束的话：考古的感觉

今天我似乎涉及到学界热心谈论的考古学理论问题，不过我一向并不热心这样的话题。我觉得理论主义者较少解决实际研究，多少显得有些空洞，更何况还是拿来主义，与我们的实际有明显距离。当然也不可否认国际学术思潮的影响，呼吁接轨之声此起彼伏。不过有一点要注意，西方学术主流也会有摇摆，你往哪个轨接呀，你不是也要跟着摇摇摆摆吗？好了，不说这个话题，考古更多做的是具体的研究，一类陶器，一座废墟，一群墓葬，一坑垃圾，一组壁画，这才是我们的日常话题。

还要说明一点，我今天所说到的一些例证，大家可能觉得都是一些细微末节的东西，其实不是。我想大问题可能这半天也说不明白一个，为了让信息丰富一点，所以讲得这么琐碎。大家千万别以为考古只是做这样的事情，大长城、大古都、大聚落、大陵墓、大丝路，都是我们研究的对象。我们研究农业起源、文明起源、国家起源、文字起源、技术发展等课题，还涉及文化、艺术、精神范畴诸多课题。

考古是苦累叠加的职业，惊喜与神秘的遭遇，远没有艰辛那么多。考古可能很有些用处，可能也并无多大用处。一个社会，一个时代，不会因有考古而增添更多的光彩，也不会因没有考古而黯然失色。不过现时代还是需要考古的，未来时代也一定还需要，需要是学科发展的主动力之一。还有一个重要动力，我觉得是人性，人常常要憧憬未来，也常常要回味自己的过去，当有越来越多越来越精的技巧可以用来回味有声有色的过去，考古人感受到的荣耀应当要超过那些艰辛。

只是在我们还没有发明幻想中的时空机器之前，在还没有获得一眼望穿千万年的本领之前，还得用许多的艰辛来陪伴日月，为人类能美美地回味过去的时光贡献出我们的智慧。

要知道考古人的职业感觉，请读读我的这一首诗，或许可以领悟到一点一滴。

　　　　人在从前
　　　　那些身影
　　　　在郊原走遍
　　　　在乡曲缠绵
　　　　总在从前的光景里隐现
　　　　考先人留下身影的地点
　　　　也许有许多天
　　　　那不经意的时刻
　　　　古今身影重叠在瞬间

那些目光
在青铜闪烁
在土陶留恋
总在从前的器用上流连
看先人送去目光的月圆
也许有许多天
那不经意的时刻
唐宋月光重映到窗前

那些足印
在废墟徘徊
在古道蜿蜒
总在从前的瓦砾堆盘跚
寻先人印下足迹的田园
也许有许多天
那不经意的时刻
秦汉足印重合在眼帘

那些思绪
在碧落驰骋
在黄泉牵连
总在从前的记忆里蜕变
念先人记下的象形古典
也许有这一天
那不经意的时刻
亘古向往重光在心田

（2011 史学片研究生"史学前沿"大课讲稿）

后　记

　　2003 年科学出版社出版了我的《中国史前考古论集》，十多年过去，我发现自己虽然专业岗位变了，问学的定位也变了，可还是那么悄悄留恋着史前考古。最近搜罗一番，结果也很意外，居然在这个行当里又有不少收获。

　　粗略整理一下，将那些自己还看得过去的文字收拢起来，就编成了现在这样一个续集。因为篇幅所限，也不得不舍弃了一些。收入续集的有一篇关于大地湾彩陶研究的论文，是未刊稿。与此同时，我还有一部关于图像考古的文集也在筹备出版中，收入本集中的有两文也编入到那个集子中，也是反复考量后决定的。

　　这个集子的主打作品，属于仰韶文化的研究范畴，所以我选定了自己一篇朝圣仰韶村的文字作为代序，自我感觉还过得去吧。

　　另外，由于原作刊发在不同刊物，行文风格并不相同，注释规范也有差异，此次合于一集未作大的改动。有的论文部分内容超出史前范畴，为保持原作完整，也未作删改。这些方面都要请读者谅解，没有兴趣的段落可以略去不读。

　　从五年前开始，专业论文的写作已经基本停止，所以这个集子出版以后，也许很难会再有同一研究范围的集子了，特此告别这个史前考古舞台，也真诚感谢与我的文字有过交集的读者朋友们。

　　特别感谢责任编辑周燕林的编辑加工，付出许多心力，为拙作多有增色，谢谢了。

王仁湘

2016 年 1 月 11 日

于京中九龙山